言語와 意味

意味論의 現況과 展望

言語와 意味

意味論의 現況과 展望

金 鎭 宇 著

한국문화사

言語와 意味

意味論의 現況과 展望

1판1쇄 발행 2016년 11월 25일

지 은 이 김 진 우
펴 낸 이 김 진 수
펴 낸 곳 **한국문화사**
등 록 1991년 11월 9일 제2-1276호
주 소 서울특별시 성동구 광나루로 130 서울숲 IT캐슬 1310호
전 화 02-464-7708
전 송 02-499-0846
이 메 일 hkm7708@hanmail.net
홈페이지 www.hankookmunhwasa.co.kr

책값은 뒤표지에 있습니다.

ISBN 978-89-6817-425-4 93700

이 도서의 국립중앙도서관 출판예정도서목록(CIP)은 서지정보유통지원시스템 홈페이지(http://seoji.nl.go.kr)와 국가자료공동목록시스템(http://www.nl.go.kr/kolisnet)에서 이용하실 수 있습니다.(CIP제어번호: CIP2016026912)

서문

언어는 크게는 하나의 의사소통의 도구이면서 작게는 하나의 의미적 체계인 이상, 그것의 본질이나 실체를 파악하려는 주된 노력은 당연히 의미론적인 것이 되어야 함에도 불구하고, 그동안까지는 꼭 그렇지는 못했었는데, 이런 현상은 결국에 원래 형식과 대비했을 때 의미는 분석하고 기술하는 데 어려움이 많게 되어있다는 의미론의 태생적 속성에서 비롯되었다고 볼 수밖에 없다. 다시 말할 것 같으면 의미론은 그동안 내내 통사론이나 문법에 대한 연구가 언어연구의 주도권을 잡은 상태에서 일종의 이류적 학문으로 자라왔던 것이다.

이 책의 목적은 앞으로의 의미론의 발전은 바로 이와 같은 잘못된 전통을 극복하는 일로부터 시작되어야 한다는 견해에서, 그런 전통이 가져다준 현황을 먼저 파악한 다음에 그것의 개선방안을 모색해보는 것이었다. 또한 그것을 구현하기 위한 방안으로는 크게 세 가지가 채택되었는데, 그중 첫 번째 것은 공시적인 기술이 핵심부를 이루되 기회가 있을 적마다 통시적인 기술도 필요한 만큼씩 첨가시켜서 간접적으로나마 의미론 전체의 발달의 모습이 드러나도록 하는 것이었다.

그중 두 번째 것은 책 전체를 통하여 최대한 어휘 의미론과 문장 의미론, 담화 의미론 등의 세 가지 의미론이 고르게 다루어지도록 함으로써, 현대 의미론의 제일 큰 특징 중 한 가지가 바로 좋게 말하자면 접근의 다양성이고 나쁘게 말하자면 노력의 방만성이라는 사실이 제대로 부각되도록 하는 것이었다. 물론 이렇게 한 이유는 실제에 있어서는 어휘 의미론과 문장내지는 형식 의미론이 양대 산맥을 이루고 있다는 것을 부인하려는 것이 아니라 앞으로는 그들 외에 담화 의미론이라는 제3의 산맥이 형성되는 것이 바람직한 일이라는 주장을 펴고 싶었기 때문이었다.

그중 세 번째 것은 오늘날 거의 전방향적으로 전개되어 있는 연구의 현황이 그대로 드러날 수 있도록, 그동안에 제안된 이론이나 의견들 중 앞으로도 논의 될 가치가 있다고 판단되는 것들은 모두 다 다루도록 하는 것이었다. 이렇게 하다보면 자연히 마치 의미론은 방향감 없이 흘러가는 학문인 듯한 인상을 줄 수도 있겠기에 이것을 막는 방안으로는 각 분야나 영역에서의 여러 이론이나 의견간의 역사적 연계성을 강조하는 방법이 쓰였다. 예컨대 형식 의미론을 논의하는 마당에서는 프레게의 합성성의 원리가 훗날 몬태규 문법에서는 어떻게 실현되게 되는가가 집중적으로 다루어졌다.

그런데 목적을 이렇게 거시적으로 잡음으로써 거두게 되는 최대성과는 역시 나름대로의 의미론의 미래상을 그려볼 수 있게 되었다는 점이다. 간단히 말해서 이 학문의 미래는 그것이 힘이 들지만 보람은 있는 학문임이 분명해질 만큼 밝은 것이었다. 우선 지금의 의미론자들 앞에는 정태적 의미론을 동태적 의미론으로 바꾸어야하는 힘든 과제가 놓여있다. 논리적 방법으로 문장의 진리치를 가려내는 것이 정태적 의미론인데 반하여, 동태적 의미론은 그런 언어적 요소 외에 상황이나 문맥적 요소와 언어사용자의 의도나 심리적 요소가 보태어졌을 때만 문장의 의미는 제대로 파악될 수 있다는 것이니까, 이런 변화는 일종의 패러다임 변화와 맞먹는 것으로 볼 수도 있다. 이만큼 이 과제는 힘들고 어려운 일이다. 그러나 그런 노력으로 인하여 의미론의 위상이 일종의 인간학의 위상으로 크게 격상될 것이 분명하다. 일찍이 통사론자들은 통사론은 인간의 본성을 구명할 수 있는 최선의 창구일 수 있다고 주장한 바가 있는데, 따지고 보자면 이런 말은 의미론자들이 보다 자신 있게 할 수 있는 말이다.

끝으로 나는 이번에도 예전처럼 나의 원고를 좋은 책으로 만들기 위해서 최선을 다해주신 데 대하여 김진수 사장님께 뜨거운 사의를 표명하고 싶다. 바라건대 이런 분의 배려로 우리나라의 언어학, 특히 의미론의 발달이 크게 촉진되었으면 좋겠다.

2016년 7월

저자

■ 차례

제3장
어휘 의미론의 양상

제4장
문장 의미론의 양상

제5장 담화 의미론의 양상

제6장
과제와 전망

제1장
언어학에서의 의미론의 위상

1.1 언어학의 패러독스

20세기 초에 과학적 인문학의 시범학문으로 등장한 언어학은 한 세기라는 짧은 기간 동안에 인문학뿐만 아니라 모든 첨단학문의 방향을 제시하는 일종의 향도적 학문으로 성장했다. 이 세기가 「언어학적 전향의 시대」로 불리게 될 만큼 이 학문이 그동안에 다른 학문의 발전에 미친 영향은 대단한 것이었다. 언어학의 위상을 이렇게 높이는 데 주역의 역할을 한 사람은 변형주의 이론의 창시자인 Chomsky였고, 그 전에 그의 언어이론의 전신에 해당하는 구조주의 이론을 창안한 사람은 Saussure였다. 간단히 말해서 그동안에 Saussure가 일으킨 현대 언어학의 학세는 「촘스키의 혁명」의 바람으로 바뀌어서 그것은 드디어 인문학 전체를 뒤덮게 된 것이다.

그러나 현대 언어학의 이런 눈부신 발전 뒤에는 작게는 이 언어학 자체의 아픈 「아킬레스건」이고, 크게는 지난 2천 수백 년에 걸친 언어연구 전체의 아픈 「아킬레스건」이 숨겨져 있었다. 의미론이 바로 그 아픈 아킬레스건이다. 다시 말하자면 그동안 내내 언어연구는 형식과 의미의 융합체라는 자명한 진리를 망각한 채 그 실체를 밝히는 방책으로서 두 요소 중 오직 한 가지, 즉 형식만을 구명하는 방법을 택해왔던 것이다. 이런 현상은 물론 언어는 결국에 의사소통이나 의미전달의 한 도구거나 아니면 형식은 의미표현의 한 수단이라는 또 하나의 상식적인 진리와도 정면으로 배치가 된다.

특히 근래에 이르러서는 일찍이 Saussure가 과학적 언어연구라는 슬로건을 내세우고 나섰을 때는 물론이고, 그 후 Chomsky가 문법구조에 대한 기술적 적절성보다는 그것에 대한 설명적 적절성을 확보하는 것을 언어연구의 궁극적 목적으로 삼아야 한다고 주장하고 나섰을 때도 이들의 안중에는 이미 의미의 문제는 없었다. 이들이라고 해서 형식이 곧 언어의 전부가 될 수 없다는 것을 모를 리가 없었기에 의미의 문제에 대한 나름대로의 해결책을 강구하지 않은 것은 아니었다. 예컨대 Saussure는 기호이론을 내세워서 의미는 과학적 언어연구의 정당한 대상이 될 수 없음을 강조했고, 또한 Chomsky는 통사론에서는 문장의 의미성이 아니라 구조적 정형성을 밝히게 되어있다고 말하면서 「Colorless green ideas sleep furiously.(무색의 녹색 상념들이 사납게 자다.)」와 같이 아리송한 예문을 논쟁거리로 제시했다.

이렇게 보자면 이들은 적어도 속내로는 자기네들의 언어연구가 기껏해야 언어의 실체를 구성하는 두 부분 중 어느 한쪽만을 연구하는, 일종의 반쪽짜리 연구라는 것을 알고 있었다고 볼 수가 있다. 그런데 이들의 진짜 지혜로움은 의미의 문제는 아직 과학적 논의의 대상이 될 수 없는 이상, 이 문제는 결국에 자기네들이 추구하는 언어연구의 과학화 작업과는 아무런 관계가 없을 정도가 아니라 어떤 의미에서는 그것을 훼방하는 장애물이 될 수 있다는 사실을 익히 알고 있었던 데 있다고 볼 수가 있다. 이들의 학문적 대성공은 연구 과제와 대상 중 오직 절반만을 택하면서 나머지를 완전히 버리는 지혜로부터 비롯된 셈이었다.

그러나 현대 언어학의 이런 태생적 한계성으로 말미암아 그것의 업적의 빛이 밝아짐에 비례해서 그것의 그림자가 더 뚜렷하게 드러나는 현상이 일어나게 되었다. 언어학의 발달이 사상 초유의 수준에까지 이르게 되면서 그것의 패러독스는 바로 의미론이라는 사실이 더욱 분명해진 것인데, 그 이유는 형식에 대한 연구가 앞서가면 앞서 갈수록 의미에 대한 연구의 후진성은 더욱 뚜렷이 드러나게 되어있기 때문이었다. 물론 사람에 따라서는 이런 견해와는 정반대로 그동안의 형식에 대한 연구의 놀라운 진전은 자연히 의미에 대한 연구의 촉진제의 역할도 하게 되었다고 주장할 수도 있다. 그러나 크게 보았을 때 최근에 아무리 의미론에 대한 연구의 양과 질이 그전과 달라졌다고 해도 형식론 내지는 통사론과 의미론 사이의 원래의 간격이 별로 좁아지지 않은 것은 부인할 수 없는 사실이다.

그러니까 이상적으로 말하자면 앞으로는 의미론적 연구의 속도를 그 수준이 형식론의 그것과 맞먹을 수 있을 만큼 높아질 때까지 가속화하는 것이 언어학자들이 해야 할 일이다. 그러나 이상과 현실 간의 괴리의 현상은 더 악화되면 되었지 개선될 여지가 보이지 않는 것이 지금의 언어학의 현실이다. 간단히 말하자면 지금까지의 형편으로 보아서는 바라는 것처럼 두 연구 간에 균형이나 조화의 현상이 일어나는 것이 아니라 이들 간에 점점 차별성이나 대조성만이 더 두드러져가는 현상, 즉 형식론의 발전이 점점 더 빨라질수록 의미론의 그것은 점점 더 뒤처지는 현상이 일어날 가능성이 높은 것이다.

그런데 더 큰 문제는 이렇게 되면 결국에 언어연구는 하나의 통합적 이론이나 모형의 창출을 지향하는 양태 대신에, 형식론적 연구와 의미론적 연구가 평행선을 그어가는 양태를 띠게 될 것이라는 점이다. 앞에서 이미 지적했듯이 언어의 실체는 하나의 통합체이기 때문에 그중의 어느 한 면이나 부분에 대한 연구가 아무리 진전되었다 해도 그것에는 으레 그래서는 결코 언어의 실체는 밝혀질 수 없다는 태생적 한계성이 주어져 있게 마련이다. 더 구체적으로 말하자면 어떤 의미에서는 형식론보다는 의미론이 더 본질적일 수 있다는 언어학의 속성을 무시한 채, 그동안에 해오던 대로 형식론에만 매달린다는 것은 언어학자들 스스로가 자기네 학문의 모습을 계속해서 왜곡시키는 결과만을 가져오는 것이다.

이런 불균형의 현상과 관련하여 또 한자기 유념할 사실은 학문도 일종의 현실이지 당위가 아니라는 점이다. 현대 언어학의 발전이 Saussure나 Chomsky와 같은 개인의 힘에 의해서 이루어졌듯이, 그전까지의 그것도 그때그때의 선각자에 의해서 이루어졌다는 사실을 통해서 우리는 언어학도 다른 학문과 마찬가지로 학리적 당위성에 맞추어서 미리 정해진 마스터플랜에 의해서가 아니라 특정한 개인들의 산발적 노력에 의해서 발전되어 왔음을 알 수가 있는데, 이제부터라고 해서 이런 발전의 기본 모형에 어떤 변화가 있을 리가 없다. 간단히 말해서 과거처럼 앞으로도 형식론의 학세가 의미론의 그것을 억누른 상태에서 언어학 전체를 이끌어가는 비정상적인 현상이 그대로 유지될 것이 확실하다.

1) 난삽성

이상과 같이 의미론의 장래를 자못 비관적으로 내다볼 수밖에 없는 근거로는 크게 두 가지를 내세울 수가 있는데, 그중 첫 번째 것은 이것의 난삽성이다. 의미론이 난해한 학문이 될 수밖에 없는 첫 번째 요인으로는 일반적인 지식의 크기는 언어지식의 그것보다 비교도 할 수 없을 만큼 크다는 사실을 들 수가 있다. 물론 일찍이 Saussure는 언어의 특징에 관한 한 그것의 형식에는 정교한 구조성이 있다는 사실만큼 놀라운 사실이 없다고 주장했고, 그 후 Chomsky는 문법은 곧 유한한 규칙으로 무한한 문장을 생성해낼 수 있는 기구라는 사실만큼 중요한 사실은 없다고 주장하는 식으로, 언어의 형식적 탁월성을 부각시켰다. 더불어 이들은 하나같이 언어의 형식적 탁월성은 오직 익히 검증된 과학적 방법에 의해서만 밝혀질 수 있다는 점도 강조했다.

그러나 이들의 진짜 위대함은 언어의 형식은 아무리 오묘할 정도로 정교하다고 해도 결국에는 과학적 기술의 대상이 될 수 있는 데 반하여, 그것의 의미는 그렇지가 못하다는 사실을 솔직히 파지한 데 있었다. 더 구체적으로 말하자면 이들은 지혜롭게도 의미의 문제는 과학적 논의의 대상이 될 수 없을 만큼 복잡하고 난삽한 문제이기 때문에 일단 언어연구의 영역에서 그것을 배제시키는 것이 가장 합리적인 조치라고 판단한 것이다. 역설적으로 말해서 그러니까 이들의 학문적 대성은 바로 이들의 이런「정확한」의미관에 위에서 이룩된 것이나 다름이 없다.

이들의 판단이 결국에 틀린 것이 아니라는 것은 우선 앞에서 제시된 Chomsky의 예문을 분석해 보아도 쉽게 알 수가 있다. 그가 이 예문을 제시한 것은 문법기구의 첫 번째 특성은 그것의 독립성이나 자율성이라는 점을 설명하는 자리였었는데, 바로 여기에서 그는 이 예문은 문법적인데 반하여,「Furiously sleep ideas green colorless.」는 그렇지 못한 사실로 미루어서 1)문법적 문장은 관찰된 문장이 아니라는 것과, 2)문법적이라는 말은 유의적이라는 말과 같지 않다는 것, 3)문법적이라는 말은 통계적 근사성이 높은 것이라는 말과 같지 않다는 사실 등을 알 수 있다고 주장했다.(Chomsky, 1962, pp.15~16)

그가 여기에서 대조시키고 있는 정문과 비문 사이에는 분명히 어순이 맞느냐 틀리느냐의 차이밖에 없다. 그는 그러니까 설사 의미적 해석에 약간의 어려움이 있다손 치더라도 문법적으로 하자가 없는 문장은 얼마든지 정문이 될 수 있다는 점을 설명하기 위해서 이런 예외적인 예문을 만들어낸 것이다. 구체적으로 이들 두 문장들은 「똑같이 무의미한」 문장이라는 말까지 하고 있다. 그러나 의미론자의 입장에서 보자면 과연 그의 주장대로 이 예문을 하나의 무의미문으로 단정할 수 있느냐가 문제가 될 수 있다. 결론부터 말할 것 같으면 경우에 따라서는 이 예문을 하나의 유의적인 문장으로 볼 수도 있는 데, 그 이유는 문법적 일탈성이나 하자성은 단순 논리로 파악이 될 수 있는데 반하여 의미적 애매성이나 모순성은 그렇지가 않기 때문이다.

이 문장이 하나의 무의미문으로 치부되는 것은 크게 세 가지의 모순성을 지니고 있기 때문이다. 그는 물론 의도적으로 무려 이 짧은 문장의 세 군데에서나 의미적 모순관계가 있도록 한 것인데, 그중 첫 번째 것은 「Colorless green」이라는 수식부이고, 그중 두 번째 것은 「ideas sleep」라는 주술부이며 그중 세 번째 것은 「sleep furiously」라는 술어부이다. 그러나 경우와 사람에 따라서는 얼마든지 그의 의도와는 다르게 이들 세 표현들을 의미적으로 모순된 것이 아니라 해석 가능한 것으로 볼 수도 있다는 데 바로 문제가 있다. 간단히 말해서 통사론과 의미론의 근본적 차이점은 바로 이런 점인 것이다.

예컨대 이런 확대된 의미론적 해석법을 이 예문에 적용해 본다면 이것은 하나의 무의미문이 아니라 하나의 유의미문이라는 사실이 당장 드러난다. 먼저 「Colorless green」이라는 수식부의 문제성을 분석해보자면, 그것은 먼저 「Colorless」의 의미를 사전에 나와 있는 대로 「무색의」가 아니라 「색이 흐릿한」으로 잡은 다음에 「green」의 의미를 「녹색의」가 아니라 「싱싱한」이나 「친환경적인」으로 잡으면 해결이 된다. 그 다음에 「ideas sleep」라는 주술부의 문제성으로 넘어가보자면, 그것은 일상적 언어에서 「weeping willow(수양버들)」이나 「Fortune smiles on us.(행운이 우리에게 웃음 짓는다.)」와 같은 의인법적 표현들을 발견하는 것은 어려운 일이 아니라는 사실로써 익히 해결이 될 수 있으며, 마지막으로 「sleep furiously」라는 술어부의 문제성을 분석해보자면 「furiously」라는 부사의 의미를 「사납게」 대신에 「맹렬히」나 「깊게」로 잡으면 익히 해결이 된다. 엄밀하게 따지자면 이 마지막 문제점의 해결 방안에는 비상식적인 억지가 있다고 볼 수가 있다. 그렇지만 시인 같은 사람은 시에서 이런 예외적인 표현들을 자주 쓰고 있다. 그러니까 Chomsky가 원래 의도했던 것과는 다르게 그것의 의미를 「흐릿한 녹색의 상념들이 깊게 잠자고 있다.」 정도로 잡으면 이 문장을 굳이 무의미문으로 볼 필요가 없어진다.

통사론자답게 그의 주된 관심은 원래부터 문장의 문법성이나 정형성을 구명하는 데 있었지, 그것의 의미성을 밝히는 데 있지는 않았는데, 그것의 근거로 내세울 수 있을만한 사실이 바로 그는 언어지식을 이 세상일에 관한 일반적인 지식과는 완전히 별개의 것으로 보았다는 점이다. 그는 언어 지식의 가장 중요한 특징으로 그것의 보편성과 내재성을 들면서 그 점을 밝히는 것을 그가 언어연구의 궁극적인 목표로 삼았다. 한마디로 말해서 그는 「Colorless green ideas sleep furiously」와 같은 문장의 의미가 무엇이냐를 밝히는 일은 통사론과 대치적인 위치에 있는 의미론에서 할 일이라고 생각했던 것이다.

그가 말하는 언어지식이 구체적으로 어떤 것인가 하는 것은 2002년에 낸 「자연과 언어에 대하여(On Nature and Language)」에서 제시하고 있는 예를 통해서 익히 알아볼 수 있다. 우선 그는 비동일지시의 원리는 일종의 보편적 지식이라고 주장하면서 그 근거로 「*[He said that John was happy.]」는 비문인데 반하여, 「John said that [he was happy.]」와 「The people who saw [him playing with his children] said that John was happy.」는 정문이라는 사실을 내세웠다. 두말할 필요도 없이 이런 차이는 우리의 일반적 지식과는 아무런 관계가 없다.(앞의 비문의 경우, He와 John이 서로 다른 사람

일 때는 문제가 달라진다.)(Chomsky, 2002, p.7)

또한 그는 의문사 의문문의 보편성과 언어 간 차이를 설명하는 자리에서 겉으로 보아서는 중국어의 「Ni xihuan shei?(You love who?)」는 영어의 「Who did you meet—?」와 크게 대비되는 것처럼 보이지만, 이런 차이는 의문사 이동을 명시적으로 하느냐 아니면 암묵적으로 하느냐의 차이에서 비롯된 것일 뿐, 어느 언어에서나 의문사는 으레 높은 통사적 위치로 이동하게 된다는 보편적 원리는 지켜지게 되어있다고 주장하고 있다. 다시 말해서 그의 설명은 영어에서와는 다르게 중국어에서는 의문사가 논리형식이 사고체계와 인터페이스 하는 과정에서 암묵적으로 이동하게 되어있다는 것이었다. 의문사 변형과 관련하여 그는 「*[How do you wonder who solved the problem—?]」의 경우처럼, 의문부사는 삽입절에 부가시킬 수 없다는 원리도 일종의 보편적 원리로 작동되고 있다고 보았다.(Ibid, p.18)

언어지식을 일반적 지식과 구별하는 그의 언어이론과 연관해서 또 한 가지 유념할 것은 그는 언어지식을 「우리 종의 생물학적 재능의 일분인 인지적 능력」으로 보았다는 사실이다. 그는 여기에서 「이런 능력은 인간의 두뇌에 물리적으로 표현되어 있으며, 따라서 자연과학의 안내도내에서 익히 연구가 가능하다.」와 같은 말도 하였다. 결국 이런 견해는 「언어=정신=두뇌」로 표현될 수 있는 그의 생물언어학적 언어관을 나타내고 있는 것인데 여기에서 무엇보다도 중요한 사실은 그는 과학화라는 미명하에서 언어의 기능이나 의미의 문제 등을 언어연구의 대상에서 배제시켰다는 점이다. 다시 말해서 그가 언어를 자연적 대상으로 본 점은 Saussure가 일찍이 그것을 사회적 대상으로 보았던 것과는 크게 대비가 된다.(Ibid, preface)

그런데 여기에서 문제가 될 수 있는 점은 바로 언어지식이 우리의 인지적 능력의 일부라는 점만을 내세웠지,(일부라는 의미를 부정관사인 「a」로써 나타내고 있다.) 우리의 인지적 능력 가운데는 그 밖에 다른 것도 있다는 말은 하지 않고 있다는 사실이다. 더 구체적으로 말해서 결국에는 이것도 인간의 지적 활동이나 능력에 관한 논의를 하는 자리인 이상, 내재적인 인지능력이 아무리 크고 중요하다고 한들, 그것은 경험이나 학습을 통해서 얻어진 일반적인 지식과 합쳐져서 작동하게 되어있다는 말은 했어야 되었던 것이다.

아울러 그는 마땅히 내재적 언어지식은 직관이나 본능에 의해서 작동되기 때문에 적용 절차가 단선적이면서 즉각적인 데 반하여, 학습된 일반지식은 인지적 필요성이나 의도성에 의해서 작동되기 때문에 그것이 복선적이고 지연적이라는 말도 했어야 했다. 예컨대 그는 「Colorless green ideas sleep furiously.」라는 문장이 문법적으로 이상이 있는가 없는가를 판단하는 데는 거의 아무런 시간도 걸리지 않지만 이것이 의미적으로 정상적인가 아닌가를 판단하는 데에는 일정한 시간이 걸리게 되어있는 말 정도는 했어야 했던 것이다.

심리학적으로 따지자면 일반적 지식의 적용 절차가 복잡하고 시간소모적인 것은 우리의 머리 안에 저장되어 있는 그것의 크기가 상상 이상으로 크기 때문이다. 현재의 인지나 언어 심리학의 능력으로 일반 지식의 크기를 헤아리려고 하는 것은 무모한 일이다. 그렇지만 우리는 Aitchison이 일찍이 영국 대학생이 알고 있는 단어의 수를 최소한 5만으로 잡은 점 하나만 가지고도 그것이 대단히 클 것이라는 추측을 쉽게 할 수가 없다. 영어의 총 어휘수를 45만으로 잡고 보면, 그것의 1/9을 개인은 쓰고 있는 것이다. 우리가 가지고 있는 일반 지식은 물론 개념적인 것 이외에 사실적인 것과 절차적인 것도 있다. 특히 우리는 논리력이나 연상력 등에 의해서 개별적 지식들을 상호 연결시켜서 더 큰 지식을 만들어내기도 한다. 결국 이렇게 본다면 우리의 일반적 지식의 크기는 지력에 의한 개념적 지식의 확대 절차에 의해서 결정된다고 볼 수가 있는데, 그렇다면 응당 그것이 우리의 상상을 초월할 만큼 클 것이라는 것을 누구나 쉽게 짐작할 수가 있다.(Aitchison, 1987, p.7)

무의미하고 무모한 일이어서인지 아직까지는 누구도 영어에서 쓰이는 문법적 규칙의 수를 계산해본 적이 없다. 그러나 그것에 대한 추산은 누구나 쉽게 할 수 있을 텐데, 최대한 1000개 이내일 것이라는 것이 바로 그 결과일 것이다. 이 숫자는 물론 5만과는 비교도 할 수 없는 것이다. 이렇게 보자면 Chomsky는 늘 유한한 규칙으로 무한한 문장을 만들어낼 수 있는 문법력이 바로 언어적 창조력의 근원이라는 점을 강조해왔는데, 사실은 그런 근원은 극도로 제한된 언어지식, 즉 문법력이 아니라 엄청난 크기의 일반적 지식력일 것이다.

의미론에서 다루는 것은 결국 이렇게 크고 복잡한 일반적 지식이라는 사실만큼 왜 그것이 지극히 난해한 영역일 수밖에 없는가를 단적으로 설명해주는 사실도 없다. 그런데 그것을 난해한 영역으로 만드는 또 하나의 요인으로는 일반적 지식의 유동성을 들 수가 있다. 우선 아무리 복잡한 구조를 가진 문장이라 할지라도 그것의 문법성이나 정형성을 판단하는 절차는 다분히 고정적이고 객관적이다. 그렇지만 한 문장의 의미를 파악하는 절차를 그렇게 볼 수는 없는데, 그 이유는 하나의 지적 정보는 문맥이나 상황에 따라서 일정한 심상을 유발시키면서 새로운 지적 정보로 산출하게 되기 때문이다. 의미파악의 절차가 이렇게 유동적이고 개별적인 것이라는 것은 곧 기존의 일반적 지식은 필요에 따라서 얼마든지 새로운 지식의 산실의 역할도 할 수 있게 된다는 말이나 같은 말이다.

이것의 가장 좋은 예가 바로 어휘나 문장이 은유적으로 쓰이고 있는 현상이다. 은유란 쉽게 말해서 기존의 어휘를 매개체로해서 새로운 지적 정보를 창출해내는 장치이다. 예컨대 「All nature smiled.」라는 은유문을 사용하는 사람은 으레 그것은 「만물이 모두 미소 지었다.」라는 자의적 의미 이외에 「모두가 몹시 행복했다.」나 「자연이 무척 아름다웠다.」와 같은 오직 은유적으로밖에 나타낼 수 없는 의미, 즉 일종의 심리적 의미를 나타나게 된다는 사실을 잘 알고 있다. 은유가 가장 편리한 시적 표현법 중 한 가지라는 것을 시인들은 잘 알고 있다. 그러나 엄밀하게 따지자면 그것은 일반인들이 일상적인 언어생활에서도 즐겨 쓰는 표현법 중의 한가지이다.

의미론을 난삽한 영역으로 만드는 세 번째 요인으로는 언어적 의미에는 적어도 어휘적인 것과 문장적인 것, 상황적인 것 등의 세 가지가 있다는 사실을 내세울 수가 있다. 의미표현의 최소단위는 물론 어휘이다. 그러나 일반적으로 언어 사용의 기본단위는 문장이고, 그것은 으레 일정한 상황 속에서 담화의 일부로 쓰이게 되어있는데, 문제는 문장의 의미는 경우에 따라서 구성어휘의 의미의 합산 이상의 것일 수가 있고, 상황적 의미는 문장적 의미와는 직접적으로 관련성이 없는 것일 수가 있다는 점이다. 이것이 바로 의미론은 일찍부터 어휘 의미론과 문장 의미론, 화용 의미론 등으로 나뉜 까닭이다.

의미론을 난해한 영역으로 만드는 네 번째 요인으로는 어휘 의미의 추이 현상을 들 수가 있다. 발음이나 문법도 세월이 흐르면서 으레 변하기 마련이지만 그것의 폭이나 정도가 낱말의 의미의 변화의 그것만큼 심하지는 않다. 어떤 의미에서는 이런 특징은 어휘 의미의 유동성의 특징으로 부르는 것이 더 적절할 텐데, 그 이유는 그렇게 되면 우선 언어연구의 통시성 대 공시성의 구분을 놓고서의 부질없는 논쟁이 필요 없게 될 것이고, 그 다음으로는 어휘적 지식의 문법적 지식과의 차별성이 한층 더 뚜렷해지기 때문이다. 만약에 어휘적 지식이 문법적 지식처럼 다분히 고정적인 것이라면 아무리 세월이 흐른다고 해도 어휘의 의미가 송두리째 바뀌는 현상은 일어나지 않을 것이다.

그렇지만 무엇보다도 중요한 사실은 이런 특징에 대한 연구가 그동안에 역사언어학적 연구라기보다는 오히려 의미론적 연구의 주요 흐름으로 자리 잡게 되었다는 사실이다. 이렇게 된 것은 그동안에 이 주제에 관한 연구가 의미론에 관한 다른 연구보다 작게는 의미론이고 크게는 언어연구 전체의 발전에 더 많은 기여를 하게 되었기 때문인데, 이것의 가장 비근한 근거로는 Traugott의 말대로 「과거에는 비체계적인 것으로 간주되던 의미변화의 현상이 최근에는 특히 범언어적으로 중요한 체계성과 일방향성을 가진 현상으로 밝혀졌다.」는 사실이다. 그녀는 이것의 근거로 의미변화의 표준적 유형에는 다음과 같은 여섯 가지가 있다는 사실을 들고 있는데 여기에서 특별히 주목할 것은 은유와 환유가 그 안에 들어있다는 점이다. 은유와 환유적 절차를 이렇게 중요시하는 접근법은 아직까지는 의미론에 관한 다른 어느 연구에서도 쓰인 적이 없다.(Traugott, 2006, p.125)

1. 광의화(일반화 또는 확대)
   예: 고대 영어의 docga(강력한 종류의 개)
   > dog (일반적인 개)
2. 협의화(특수화 또는 제약)
   예: 고대영어의 deor(동물) > deer(사슴)
3. 향상(긍정화)
   예: 라틴어 nescius (무지한) > nice(좋은)
4. 하락(부정화)
   예: 고대영어 selig(축복받은) > silly(바보스런)
5. 은유(두 개념의 사상 작용)

예: 라틴어 musculus(작은 생쥐) > muscle(근육)

6. 환유(부분으로 전체표시)

예: 고대영어 feoh(소) > fee (보수)

2) 형식주의의 전통

현재로서 의미론의 장래를 자못 비관적으로 볼 수밖에 없는 또 다른 근거는 크게 보았을 때 지난 2천 몇 백 년에 걸친 언어 연구의 역사가 형식 위주의 것이었다는 사실이다. 20세기에 이르러 Saussure와 Chomsky가 언어학의 과학화를 표방하게 되면서, 이것이 한 차원 격상된 것은 사실이지만, 엄밀한 의미에서 보자면 이런 패러다임 추이로 인하여 오래된 전통에 근본적인 변화가 생긴 것은 아니다. 이들도 결국은 오래된 서구의 형식 위주의 학풍을 그대로 전승한 것이다. 그리고 더 구체적으로 말하자면 이들도 언어연구에서 의미의 문제를 배제시키는 오래된 전통을 그대로 이어가고 있었던 것이다.

그동안의 서구에서의 언어연구가 형식주의적이었다는 말은 크게 두 가지 의미로 해석이 될 수 있는데, 그중 첫 번째 것은 그것은 문법에 관한 연구에 집중되었다는 의미로 해석하는 것이고, 그중 두 번째 것은 그것은 수리 내지는 논리적 기호나 형식을 언어분석에 사용했다는 의미로 해석하는 것이다. 여기에서 특별히 유념할 것은 이들 두 가지 전통은 크게 보자면 서구의 학문 전체에 관련된 것이지 언어 연구에만 관련된 것은 아니라는 사실과, 이들은 모두 의미론 발전에 결정적인 영향을 끼쳤다는 사실이다.

먼저 첫 번째 영향에 대해서 살펴볼 것 같으면 기원전 1세기경에 Dionysius Thrax가 최초의 희랍어 문법서를 완성함으로써 시작된 문법 중심의 언어연구의 전통은 그 후 오늘날에 이르기까지 한시도 끊기지 않고서 이어져왔다. 그의 책은 원래가 희랍어와 그것에 의한 문학작품을 새로 정복한 소아시아와 이지프트에 퍼뜨리는 것을 목적으로 해서 쓰인 것이기에 응당 이것에서는 희랍어의 품사론과 통사론뿐만 아니라 그것의 문자를 기준으로 한 음운론과 어형론도 다루어졌다. 그러나 무엇보다도 중요한 사실은 이것을 쓰는 데 비록 문학적 표현들을 분석대상으로 삼기는 했지만 관찰이라는 경험주의적 방법이 쓰였다는 것과 이것이 뒷날 로마시대 때 라틴어 문법의 모형이 되었다는 것이다.

4세기경에 Thrax의 문법을 모형으로 삼아 라틴어 문법을 완성시킨 사람은 Donatus와 Priscian 이었다. 라틴어 교본으로는 Donatus의 문법책 (Ars Major , Ars Minor)이 큰 역할을 했지만, Robins의 말을 빌리자면 「기술언어학의 희랍로마적 전통을 세우는 데 결정적 역할을 수행하게 된 것은 Priscian의 1125쪽이나 되는 「문법서(Institutiones Grammaticae)」이었다. 이 당시의 라틴어는 국제어로서의 기능과 교회 언어로서의 기능을 담당하고 있었기에 언어학자들은 그 문법을 일종의 보편문법의 모형으로 받아들였다.(Robins, 1988, p.468)

중세 때에 이르러 라틴어 문법을 모형으로 해서 최초의 보편문법이론을 내세운 사람들은 바로 프랑스의 사변 내지는 철학적 문법가들이었다. 철학적 문법운동의 특징은 문법을 문학이나 언어교육용으로 연구하던 그 동안의 전통에서 벗어나 그것을 심리나 철학과 같은 인간의 본성을 연구하는 매체로 한 차원 격상 시키는 것이었는데, 이것의 대표적인 이론가가 Erfurt지역의 Thomas와 Courtrai지역의 Siger이었다. 이들은 예컨대 Priscian은 그의 문법서에서 라틴어의 문법을 제대로 기술하는 일에만 전념했지, 그것을 보편문법의 모형으로 내세우는 일에는 관심을 보이지 않았다고 비판했다.

13세기에 이르자 이런 사변 내지는 철학적 문법운동은 드디어 하나의 커다란 결실을 맺게 되는데 이른바 「양태문법(Modistae)」의 출현이 바로 그것이었다. 이 학파의 대표주자로는 Thomas를 위시하여 Bacon, Brito, Kilwardby 등을 들 수가 있는데, 이들의 문법이론의 특징은 역사상 최초로 통사론과 의미론이 통합된 일종의 통일 이론이었다는 점이다. 이들은 언어나 문법에 대한 연구는 크게 이 세상의 사물의 속성들을 연구하는 수준 (modi essndi)과 그들을 심리적으로 인지하는 능력을 연구하는 수준 (modi intelligendi), 인지된 것을 기호 내지는 언어화하는 능력을 연구하는 수준(modi significandi) 등의 세 가지 차원에서 이루어질 수 있는데, 이들이 궁극적으로는 상호연관되어 있지만, 그래도 굳이 따지자면 마지막 수준에 의한 연구가 바로 문법가들의 주된 임무라고 보았다.

양태문법가들은 언어연구의 발전에 이정표적인 기여를 했다고 볼 수가 있는데, 역사상 최초로 「추상성과 일반성에 있어서 일반적 Appollonius와 Priscian의 업적을 뛰어넘는 일반적 통사이론」을 세웠다는 것이 바로 그 기여였다. 이것의 기본 개념은 명사의 계속적 존재의 양태(modus entis)와 동사의 시간제한적 추이의 양태(modus esse)를 결합하면 하나의 문법적 구조체가 형성되게 되는데, 이것에 필요에 따라서 삽입과 순환의 두 절차가 적용되면서 많은 문장이 생겨나게 된다는 식으로 오늘날의 통사이론과 유사했다. 이렇게 보자면 결국에 이때에 이르러 서구의 언어연구에서는 통사론 중심의 것이 되면서 한층 더 형식주의적인 전통이 강화된 것이다.(Ibid, p.471)

이상과 같은 프랑스에서의 언어연구의 흐름을 17세기에 그대로 계속해 간 것은 Lancelot 와 Arnauld등이 창안한 「포르루아얄 문법(Port-Royal Grammar」이었다. 이들이 낸 책의 이름이 「일반 및 이성적 문법」이었다는 사실이 익히 말해주고 있듯이 이것의 제일 큰 특징은 언어의 통사적 특성을 인간의 정신 작용에 근거한 것으로 보려는 일종의 이성주의적 문법관을 구현시킨 문법이라는 점이었다. 더 구체적으로 말하자면 이것은 그 당시에 Ramus나 Descartes등이 이끌어 가던 이성주의적 철학이론을 언어이론으로 발전시킨 것이었다. 특히 이것의 창안자들은 인간의 기본적 정신작용과 논리학을 문법학의 기본으로 삼으려는 발상법을 가지고 있었다. 예컨대 이들은 「인간의 정신적 절차에는 인지와 판단, 추리, 명령 등의 네 가지가 있는데, 이중에서 앞의 세 가지를 다루는 것이 바로 문법학」이라고 생각했다.(Bouquin, 2010, p.413)

이 문법의 기본이론에는 크게 두 가지가 있다고 볼 수가 있는데, 그중 첫 번째 것은 어휘에 관한 기호 이론이다. 이것에서는 어휘를 「마음속의 생각을 나타낼 수 있는 기호」로 보았는데 우선 근본적인 의미에서는 이런 발상법은 뒷날 Saussure가 제안하는 기호 이론의 그것과 유사한 것이라고 볼 수가 있다. 그렇지만 언어적 기호를 일단 마음속의 대상을 나타내는 것과(명사, 관사, 대명사, 분사, 전치사, 부사), 마음의 형식과 태도를 나타내는 것(동사, 접속사, 감탄사)로 대별한 점과 이중에서 특히 동사를 실사적 동사와 형용사적 동사로 양분해서 단순명제의 기축어로 삼은 점 등은 이것에서만의 독창적 발상법이었다.(Ibid, p.416)

그중 두 번째 것은 복문에 관한 복합명제 이론인데, 바로 이것에 기본적으로 문법을 논리적 표현법으로 보려는 이들의 사고방식이 드러나 있었다. 여기에서는 우선 언어적 명제는 단 하나의 주어와 속성어로 이루어진 단순명제와 몇 개의 주어나 몇 개의 속성어로 구성된 복합명제로 나뉠 수 있는데, 일단 복합명제는 실제로는 논항자체가 「부가적 명제를 내포하고 있는 것이기 때문에」 단 하나의 판단만을 요구하게 되는 단순명제의 복합체로 해석될 수 있다고 보면서 이것의 가장 확실한 예로 관계사문을 내세웠다. 이들은 예컨대 「Invisible God created the visible world.」라는 문장은 의미적으로 「God, who is invisible, created world, which is visible.」이라는 문장과 동일하다고 주장했다. Chomsky

는 훗날 「Cartesian Linguistics(데카르트 언어학)」(1966, p.42)에서 이런 발상법은 자기가 제안하는 심층구조 대 표면구조의 개념의 선행자로 볼 수 있다고 주장했다.(Ibid, p.417)

근대에 이르러서의 Priscian의 라틴어 문법의 일차적 계승자를 「포르루아얄 문법」으로 치자면 그것의 이차적 계승자로 볼 수 있는 것이 바로 전통문법이다. 전통이라는 이름으로 보아서는 이것을 희랍어 및 라틴어 문법의 완성이나 보완작업을 주된 과제로 삼았던 서구의 언어 연구의 전통의 정당한 계승자로 보아야 마땅할지 모르지만 대부분의 언어사학자들은 그렇게 보지 않는다. 그 이유는 물론 이것은 결국에 일종의 모방 문법일 뿐, 새로운 언어이론에 의한 하나의 발전된 문법은 아니기 때문이다. 어떤 의미로 보아서나 여러 나라에서의 전통 문법가들에 의한 것이 아니라 프랑스에서의 사변 문법가들에 의한 것을 이 시기의 언어연구의 주류로 보는 것이 맞는 일이다.

그러나 우리는 일부 사람들은 지금의 언어연구의 현황을 전통문법과 구조문법, 변현문법이라는 세 가지 문법들이 정립되어 있는 상태로 보고 있다는 사실을 그대로 간과할 수가 없다. 더 극단적으로 말하자면 이들은 지금의 언어연구의 장은 크게 전통문법이 배경이 되고 비전통문법이 전경이 되는 식으로 양분되어 있다고 보기까지 하는 것이다. 우선 전통문법의 위력이 세계 어디에서나 문법하면 으레 그것을 가리키게 될 만큼 커지게 된 이유는 일찍이 라틴어 문법의 그것이 그랬던 이유와 동일하다. 학교문법이나 규범 문법으로 불리는 사실이 익히 말해주고 있듯이 이것은 원래 새로 탄생한 여러 근대국가에서 학교에서의 문법교육을 목적으로 해서 개발된 것이기에 전문성 보다는 대중성을 앞세운 문법이었다고 볼 수가 있다.

그런데 엄밀하게 따지자면 이 문법의 역사는 18세기 전후의 모방의 시기와 20세기 전후의 과학화의 시기로 나뉘어질 수가 있다. 모방의 시기란 간단히 말해서 각국의 라틴어 학자들이 라틴어 문법을 그대로 복사해서 최초로 자국의 문법을 만들어 낸 시기였다. 영문법의 경우를 예로 들자면 1762년에 나온 Robert Lowth의 「A Short Introdution to English Grammar」와 1795년에 나온 Lindley Murray의 「English Grammar」가 바로 그것의 효시들이었다. 그 후 전통문법은 자국어의 특성에 맞는 문법으로 조금씩 변모해가는 과정 즉, 자립화의 과정을 조금씩 밟아가다가 20세기에 들어서면서 드디어 일부 전통문법 학자들은 자기네 문법에 「과학적 전통 문법」이라는 이름을 붙이기 시작했다. 이들은 자기네들의 학문적 목적은 더 이상 규범적인 교육용 교과서를 쓰는 것이 아니고, 대상언어의 문법조직을 경험주의적 방법에 의해서 연구하고 그 실체를 밝히는 것이라고 선언하고 나섰다.

이들의 새 움직임은 적지 않은 업적도 남겼다. 라틴어의 것을 거의 모방했던 전통적인 품사론과 통사론의 문제점을 수정하고 보완하려는 이들의 노력은 백가쟁명적으로 신술어와 신이론을 만들어 내는 현상을 가져왔는데, 이것의 가장 좋은 예가 바로 우선 Poutsma(1926)와 Kruisinga(1932) 등이 제안한 「명사적 술부(Nominal Predicate)」의 이론이다. 이들은 문장의 술부에는 크게 그것의 중심적 의미를 동사 자체가 나타내는 동사적 술부 (예: She ran away.)와, 그것을 동사 뒤에 오는 보어, 즉 명사나 형용사가 나타내는 명사적 술부(예: She became tired.)의 두 가지가 있다고 보았다. 일부 학자들은 과거에도 동사를 동작동사와 연계사로 양분하려는 발상법을 가지고 있었다.

두 번째의 이런 예로 들 수 있는 것은 Jesperson(1949)이 제안한 「넥서스(Nexus)」이론이다. 그는 영어의 표현 가운데에는 문이나 절처럼 하나의 정형동사를 가지고 있지 않으면서도 의미적으로는 그것처럼 주어와 술어

관계를 나타내는 것이 적지 않게 있다는 사실에 착안하여, 그런 것들을 「넥서스」로 부를 것을 제안했다. 이 이론에 따르자면 영어의 표현들은 크게 「정크션(junction), 즉 주어부 하나만을 가지고 있는 것과 (예: a furiously barking dog), 「넥서스」, 즉 주어부와 술어부를 다 가지고 있는 것으로(예: The dog barks furiously.) 대변될 수 있었다. 이렇게 함으로써 종전문법에서의 분사적 표현들에 관한 구구한 설명들을 하나로 통일시킬 수 있었다. 예컨대 「I found my purse gone.」과 같은 목적 보어문이나 「With night coming, it became cold.」와 같은 분사구문들을 모두 넥서스의 범주에 넣을 수 있게 되었다.

언어연구의 대상에 관한 한 20세기 초에 이르러 등장한 구조주의 언어학은 오랫동안 고수해온 궤적에서 이탈한 일종의 이단자의 모습을 띠게 되었다고 볼 수 있는데, 그 이유는 이것에서는 통사론이 아니라 음운론이 주도권을 잡게 되는 현상이 일어나게 되었기 때문이었다. Saussure가 원래 생각한 구조는 크게 음운적인 것과 통사적인 것의 두 가지였을 텐데도, 학문의 대세는 앞의 것만을 연구하는 식으로 굳어져버렸다. 물론 언어학의 발달과정을 음운론, 어형론, 통사론, 의미론, 화용론 등의 다섯 단계로 나누고 보자면 이런 움직임은 결코 비정상적인 것이 아니다. 또한 따지고 보자면 후기 구조주의자들은 얼마 뒤에 직접구성소 방법과 같은 새로운 통사이론을 개발했었다. Saussure를 위시한 구조주의자들은 결국에 19세기 독일에서 번창했던 역사언어학의 비과학성을 혹독하게 비판은 하면서도 음운적 조직보다도 오히려 통사적 조직을 연구의 주된 대상으로 삼는 혜안을 가지고 있지 못했던 것이다.

이런 의미에서 볼 때 20세기 후반에 이르러 구조주의가 변형주의에 언어연구의 주도권을 내주게 된 사실에서 찾을 수 있는 제일 중요한 의의는 바로 비교적 짧은 기간 내에 언어연구를 문법이나 통사론을 기본대상으로 삼는 원래의 전통으로 회귀시켰다는 점일는지도 모른다. 일찍이 Hockett같은 신 Bloomfield학파의 중진은 언어의 제일 중요한 특성으로 구조의 이원성, 즉 그것은 음운 구조와 문법구조라는 두 개의 구조로 구성되어있다는 점을 들었었다. 그러나 Chomsky는 그것을 문법구조 한가지의 특이성으로 보았다. 물론 그의 진짜 공로는 변형주의적 기술방법에 의한다면 그전까지는 미처 손도 대지 못했던 문법모형이나 문법적 원리와 같은 본질적 문제들을 해결할 수 있다는 사실을 실증한 것과, 이런 실적을 근거로 해서 언어학을 결국에는 인간의 본성을 구명할 수 있는 고차원적인 학문으로 격상시킨 것일 것이다. Robins의 말을 그대로 빌리자면 「중세 때의 사변문법가들이 Priscian을 비판했듯이, 그는 언어학은 그 목적을 기술적 적절성에서 설명적 적절성으로 격상시키고, 또한 화자 겸 청자가 된다는 것이 어떤 것인가에 대한 보다 깊은 이해로 그것을 초월시킬 수 있고 또한 초월시켜야 한다고 주장했던」 것이다.(Robins, 1988, p.482)

서구의 언어연구의 역사가 형식주의적이었다는 말은 두 번째로 언어기술에는 으레 일정한 논리적 기호나 형식을 사용해서 그것의 객관성과 준엄성을 최대한 유지하려고 했다는 의미로 해석 될 수가 있다. 흔히들 Chomsky의 문법을 가장 전형적인 형식문법으로 보면서 그 근거로 분석이나 기술법이 다분히 수리적인 것이라는 점을 내세우는데, 따지고 보자면 이런 학풍의 원조는 희랍의 Aristotle이었다고 볼 수가 있다. 3단 논법을 흔히 Aristotle 논법으로 부르는 사실로써 알 수 있듯이 현대적 논리학의 기본적인 모형을 제시한 사람이 바로 그였는데, 따지고 보자면 그의 이런 논리적 사고방식이 그 후 2천 수백 년 동안에 서구의 학문적 발전의 원동력이 되어왔다고 볼 수가 있다.

당시 그는 논리적 사고방식의 구현책으로 크게 두 가지를 제안했었는데, 그중 첫 번째 것은 기본적 지식이나 개념을 설정함에 있어서 과학적인 원리를 지키는 것이었다. 그는 「범주론(Categories)」에서 「실체이론」을 내세웠는데 이것의 요점은 「궁극적인 실체, 즉 일차적 실체는 구체적인 것」이고, 이차적 실체는 「일차적 실체의 자질이나 속성을 부류적으로 나타내는 것」이었다. 그는 또한 범주를 개별적인 것과 보편적인 것으로 양분하기도 했다. 예컨대 「Socrates」는 일차적 실체이고 「man」은 이차적 실체이었다.(Mautner, 2005, p.44)

그중 두 번째 것은 범주간의 관계를 밝히거나 명제적 논의를 함에 있어서 3단 논법과 같은 논리적 추리법을 사용하는 것이었다. 그의 이런 발상법은 형식 논리에 관한 최초의 이론서라 할 수 있는 「분석 이전(Prior Analytics)」과 「분석 이후(Porterior Analytics)」에서 구체적으로 토의되고 있는데, 여기에서 제시된 연역적 논리체계는 Mautner의 말을 그대로 빌릴 것 같으면 「19세기에 이르기까지 논리적 모형의 표준」이 되었다. 이와 함께 그는 그의 경험주의적 과학이론도 제안했었는데, 그것의 근거로는 그가 최초의 원리는 연역적인 방법이 아니라 「통찰」과 같은 귀납적 방법에 의해서 얻어지게 된다고 본 사실을 들 수가 있다. 구체적으로 그는 이런 경험주의적 내지는 과학적 방법을 사용해서 생물학의 영역에서 많은 업적을 남겼다.(Ibid, p.45)

20세기에 이르러 Aristotle의 고전적 논리학을 현대화 하는 데 결정적인 역할을 한 사람은 독일의 수학 교수였던 Frege였다. 그는 한마디로 말해서 「합성성의 원리」를 충실히 지킨다면 모든 철학적 이론이나 주장들은 「논리적 환원의 프로그램」으로 고쳐 써지게 되어서 결과적으로는 그것의 진리성이나 타당성이 보다 명석하고 객관적으로 증명될 수 있다고 생각했다. 구체적으로 그는 전통적으로 사용해오던 2항 판단의 형식(예: S is P) 대신에 「Fa」처럼 기능과 논항을 단일화한 형식을 사용하게 되면 「all」과 같은 양화사의 문제가 쉽게 해결 될 수 있다고 주장했다.

논리주의가 궁극적으로는 수학이나 언어철학의 분야에서 가장 예민하게 받아들여지게 된 것은 너무나 당연한 일이었지만 부수적으로는 그것은 언어연구의 방향을 형식주의 쪽으로 재설정하는 역할도 하게 되었는데, 그 이유는 그가 실제로 언어적 의미와 지시의 문제에 대해서 새로운 의견을 내놓았기 때문이다. 그가 논쟁거리로 삼은 대표적인 문장이 바로 얼핏 보기에는 하나의 동어반복문이나 모순문처럼 보이지만 사실은 그렇지 않은 「The Morning Star is the Evening Star」라는 문장이었다. 그의 해결책은 「Morning Star」의 지시물은 금성이지만 그것의 의미는 금성이 아니라 「아침에 뜨는 밝은 별」로 잡는 것이었다. 쉽게 말해서 그의 논리 이론은 언어연구의 분야에서 진리 조건적 의미론이나 모형이론적 의미론이 형식 의미론의 기본형으로 자리 잡게 되는 데 선도적 역할을 했다.(Ibid, p.234)

크게는 언어연구이고 작게는 의미연구의 양태가 논리나 형식주의적인 모습을 띠게 하는 데는 폴란드의 논리학자였던 Tarski도 적지 않게 기여를 했다. 특히 일부에서는 그를 형식 의미론의 시조로 봐야한다고 주장하리만큼 그의 논리학이 언어학의 발전에 기여한 바는 컸다. 1933년에 발표한 「The Concept of Truth in Formalized Languages(형식화된 언어에서의 진리의 개념)」에서 그는 「눈이 흰 경우에만 눈은 희다는 참이다.」의 예처럼 「오직 P(명제)가 참일 경우에만 S(문장)은 참이다.」라는 자동적 진리이론을 제시했다. 이런 문장은 뒤에 「T-문장」으로 불리게 되면서 언어연구에서 진리조건적 의미론이나 모형이론적 의미론뿐만 아니라 가능세계 의미론을 발전시키는 데 널리 쓰이게 되었다.(Ibid, p.608)

1930년대에 영국의 철학계에서 일어난 논리적 경험 또는 실증주의 운동도 비록 Frege나 Tarski의 논리주의처럼 직접적인 영향은 아닐지라도 언어 연구의 방향을 형식주의 쪽으로 기울게 하는 데 일조를 하였다. 이것이 분석 철학이라는 이름의 신 학풍을 일으킬 만큼 현대 철학의 발전에 큰 기여를 한 것은 더할 나위가 없지만, 궁극적으로는 언어 연구의 발전에도 적지 않은 영향을 미쳤다. 예컨대 이 운동의 대표주자였던 Carnap이나 Ayer, Whitehead 등과 함께 Russell은 초기에는 진리를 논함에 있어서의 자연언어의 부적절성을 지적하면서 그 대신에 수학적 논리형식을 사용할 것을 주장했었지만, 나중에는 「언어를 분석의 기본적인 대상으로 간주하게 되었으며」 그 결과 「분석철학은 가끔 언어 철학으로」 불리게까지 되었다.(Ibid, p.22)

1970년대에 와서 미국에서의 언어연구의 양태가 논리나 형식주의적인 모습을 띠게 되는 데 결정적인 역할을 한 것은 바로 Montague의 문법 내지는 의미이론이었다. 미국의 논리학자였던 그는 수리 언어학계에서 「몬태규 문법」이라는 이름이 하나의 고유명사로 자리 잡게 될 정도의 지배적 언어 이론을 내세우게 되었는데 이것의 가치는 크게 첫 번째로는 Chomsky의 문법이론과 익히 맞설 수 있는 의미이론이었다는 점과, 두 번째로는 일찍이 Frege가 제안했던 합성성의 원리와 그 후 Tarski와 Carnap등이 개발한 이론들을 한층 확대하고 발전시켰다는 점에 있었다. Partee의 말을 그대로 빌릴 것 같으면 그가 1973년에 발표한 「PTQ(The Proper Treatment of Quantification in Ordinary English 일상영어에서의 양화사의 적정처리)」라는 논문은 Chomsky의 「Syntactic Structures(통사적 구조)」가 통사론에 미친 만큼 심오한 영향을 의미론에 미치게 되었던 것이다.(Partee, 2006, p.256)

그의 이론의 특징은 크게 보았을 때는 「영어를 하나의 형식언어로 보고서 문장과 의미의 관계를 체계적으로 기술할 수 있는 모형」을 제시했다는 점인데, 구체적으로 보았을 때는 그것은 그동안에 의미론에서 주된 논쟁거리로 되어오던 함의관계와 양화사 문제, 동의어 문제, 중의성 문제 등을 종합적으로 다루었다는 점과, 이런 것들의 분석과 기술을 철두철미하게 수리적인 형식과 절차에 의해서 했다는 점일 것이다. 예컨대 다음과 같은 「Penguins do not fly.」라는 문장의 분석 절차를 살펴보게 되면 그의 모형에서는 통사론은 결국에 의미론의 한 부분에 불과하다는 것을 익히 알 수가 있다. 먼저 이 분석절차의 첫 번째 단계는 아래에 제시되어 있는 것과 수형도를 그리는 것이고, 그 다음 단계는 두 개의 문법규칙(R1, R2)과 두 개의 의미해석 규칙 (M1, M2)을 R1: 동사를 부정함, M1: 보어형성, R2: 명사구와 동사구간에 일치 현상유지, M2: 셋 포섭처럼 적용시키는 것이다.(Janssen, 2006, p.247)

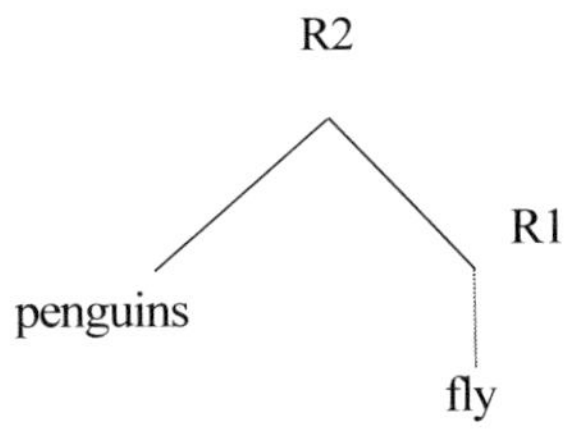

물론, 이 무렵에는 Montague의 괄목할 만한 업적에 힘입어서인지 다른 언어철학자들도 적지 않게 형식 의미론을 발전시키는 데 참여했는데 David Lewis와 Max Cresswell, Donald Davidson, E. Beth 등이 바로 그들이었다. 예컨대 Beth가 1960년대에 만들어낸 「의미적 배열표(Semantic tableau)」는 논리주의적 언어분석자들로 하여금 기본적 논리의 완전성을 믿게 하는 데 결정적인 역할을 하였다. 또한 이들의 노력으로 형식 의미론에서는 시제적 논리형식과 서법적 논리형식을 개발할 수 있게 되어서 이른바 가능세계 의미론이 형식 의미론의 최첨단 영역으로 자리를 잡게 되었다.

그러나 형식 의미론의 발달은 역설적으로 좋게 말하자면 의미론의 연구 양태를 지금의 것처럼 굳히는 데 있고, 나쁘게 말하자면 그것의 고유적 한계성을 더 분명하게 노출시키는 데 기여했다. 한마디로 말해서 시야가 넓은 언어학자라면 으레 형식 의미론이 더 발달하면 발달할수록 과연 의미의 현상을 형식이나 논리주의적인 방법으로 기술하고 분석한다는 것이 가능한 일인가 라는 기본적인 질문을 다시 던지게 되는 것이다. 그 이유는 물론 형식 의미론에서 다루고 있는 것은 결국에는 문장이나 명제적 의미뿐이고, 그것도 그 실체나 내용이라기보다는 진리성이나 유의미성이기 때문이다.

여기에서 구체적인 예를 하나 살펴보게 되면 이 점이 더욱 분명해진다. 일찍이 Montague는「PTQ」에서 앞으로의 의미론에서는 마땅히「Every man loves a woman.」과 같은 중의문을 제대로 분석할 수 있어야 한다고 내세웠었다. 즉, 그는 앞으로의 의미론에서는 이 문장의 의미에는 어느 한 여자를 모든 사람이 사랑하고 있다는 식의 광의 또는 특수 해석적인 것과 ($\exists x$ [woman(x)$\wedge$[$\forall y$ man(y)$\rightarrow$love(x, y)]]), 모든 사람이 애인 한명씩을 가지고 있다는 식의 협의 해석적인 것($\forall y$ [man(y)$\rightarrow\exists x$ [woman(x)] $\wedge$love(y, x)]])의 두 가지가 있을 수가 있다는 사실을 제대로 설명할 수 있어야 한다고 주장했었다. 그러나 그 후 일부 언어학자들은 가장 그럴싸한 의미해석은 으레 양화사가 붙어있는 명사구들의 어순과 부정문의 어순에 의해서 결정되게 되어있다는 일반원리를 내세우면서 실제에 있어서는 두 가지 중 오직 두 번째 것만이 사실적인 것이라고 반박하고 나섰다. 간단히 말해서 이들의 견해로는 이런 문장은 중의문이 될 수 없다는 것이었다. 그러자 곧이어 또 다른 언어학자들은 이들의 일반원리의 이론을 맞지 않는 것이라고 비판하면서 Montague의 원래의 입장을 편들고 나섰다. 다시 말해서 그들이 보기에는 「Every man loves a woman.」과 같은 문장은 분명히 하나의 중의문이었다.(Janssen, 1994, p.2530)

물론 형식의미론자들의 입장에서 볼 것 같으면 이상과 같은 논쟁이 절대로 시간낭비적인 헛짓은 아닐 것이다. 이들은 심지어 이런 예야 말로 여러 종류의 의미론 중 앞으로 의미론의 발전을 이끌어갈 수 있는 것은 형식의미론뿐이라고 주장할지도 모른다. 그러나 이것은 작게는 양화사의 적용범위에 관한 논쟁일 뿐이고 크게는 문장의 명제적 의미에 관한 논쟁일 따름이다. 무엇보다도 중요한 사실은 이런 예는 결국에 아무리 정교하고 정확한 형식이나 논리적 기법을 쓴다고 해도 문장의 의미를 제대로 분석하고 기술한다는 것은 불가능한 일이라는 것을 보여주고 있다는 사실이다.

아마도 형식 의미론의 이상과 같은 태생적 한계성을 가장 쉽게 확인할 수 있는 방법은 어느 권위 있는 의미론자가 제안했던 의미의 종류를 살펴보는 것일 것이다. 영국의 의미론자인 Leech는 일찍이 「Semantics(의미론), (1974)」에서 의미의 종류를 우선 크게 개념적 의미와 연상적 의미, 주제적 의미 등의 세 범주로 나눈 다음에, 두 번째 것을 다시 함축적 의미와 사회/문체적 의미, 정의적 의미, 반사적 의미, 연어적 의미 등의 다섯 가지로 나눔으로써 모두 일곱 가지로 잡았는데, 이 분류에 의할 것 같으면 형식의미론자들이 다루고 있는 의미는 이 중 첫 번째 것인 논리적 내지는 개념적 의미 한 가지뿐이다. 그리고 이와 관련하여 여기에서 반드시 던져보아야 할 질문은 과연 첫 번째 것 이외의 의미도 첫 번 것처럼 형식 또는 논리적인 기법으로 기술될 수 있겠느냐 하는 것일 것이다.(Leech, 1994, p.9)

1.2 통사론적 의미론

통사론적 의미론이라는 말이 의미론자들이 정식으로 사용하고 있는 술어는 아님에서 불구하고 굳이 이 절의 제목으로 내세운 것은 그동안의 Chomsky의 의미관을 나타내는 데 이만한 것이 없다고 판단되었기 때문이다. 언어는 결국에 의미전달의 도구이다. 따라서 아무리 철저한 반의미론자라 할지라도 궁극적인 의미에서는 의미의 문제를 완전히 배제시킨 상태에서의 언어 연구는 존재할 수 없다는 것을 모를 리가 없는데, 이런 사실을 쉽게 확인할 수 있는 방법 중의 한 가지가 바로 Chomsky의 문법이론의 지금까지의 변화과정을 살펴보는 것이다. Montague는 일찍이 그의 변형이론의 가장 큰 문제점은 의미의 문제를 연구대상에서 제외시킨 점이라고 보았지만, 엄밀히 따지자면 그의 문법이론에서 의미의 문제가 완전히 배제된 적은 단 한 번도 없었다. 추측컨대 그동안 내내 속으로 그를 괴롭힌 것은 틀림없이 의미의 문제이었을 것이다.

그의 문법이론의 제일 큰 특징은 50여년의 긴 기간 동안에 초기이론을 출발이론으로 삼아 표준이론, 확대표준이론, 보편문법이론, 최소주의이론 등으로 변형되어 왔다는 점일 텐데, 흥미롭게도 이에 따라서 의미처리의 방법도 꾸준히 바뀌어왔다. 그렇다고 해서 통사론은 근본적으로 의미론과는 전혀 별개의 영역이라는 그의 기본적 언어 연구관에 어떤 변화가 있었던 것은 아니다. 또한 여러 종류의 의미 중 오로지 논리적 내지는 개념적 의미만이 언어연구에서 다루어질 수 있는 것이라는 그의 생각에 어떤 변화가 있었던 것도 아니다. 그러니까 쉽게 말해서 그의 이론에서는 생성된 문장의 개념적 의미를 어디서 해석하게 되느냐에 따라서 문법모형도 달라지게 되어있었던 것이다.

앞에서 이미 논의가 되었듯이 그의 초기 이론의 제일 큰 특징 중의 한 가지는 바로 그의 반의미론적 의미관이었다. 그것의 원전격인 「통사적 구조」에서의 「무색의 녹색문」에 대한 그의 논쟁은 형식주의적 문법이론의 진수를 보여주는 것이었다. 역사상 어느 문법이론에서도, 예컨대 전통문법이나 사변문법, 구조문법 등에서도 이렇게 극단적인 반의미론을 편 적은 없었다. 이 책의 서문에서 그가 「여기에서 다루는 통사적 구조는 넓은 의미에서는 의미론이고 좁은 의미에서는 음운론과 어형론과 대립되는 것」이라는 말을 한 사실로 미루어 볼 것 같으면 언어연구를 크게 통사론과 의미론으로 양분될 수 있다고 볼 만큼 의미론의 위상을 중요시한 것은 사실이다. 그러나 그것은 바로 통사론과 의미론을 완전히 분리시키는 극단론을 낳게 했다. 지혜롭게도 그는 형식문법의 성공을 위한 첫 번째 조치는 역시 의미의 문제를 완전히 배제시키는 것이라는 것을 알고 있었던 것이다.(Chomsky, 1962, p.5)

그러나 표준이론 때에 이르러서의 의미에 대한 태도는 완전히 부정적인 것으로부터 상당히 긍정적인 것으로 바뀌었다. 이것은 곧 이때에는 그의 문법모형 자체가 의미의 문제를 다루도록 바뀌었다는 의미인데, 이런 변화에는 크게 두 가지가 있었다. 그중 첫 번째 것은 아래의 도표와 같이 문법 모형을 의미해석을 수행하는 심층 구조와 음운적 형식을 도출하는 표피구조 등의 두 개의 층으로 이루어진 것으로 본 점이었는데, 초기이론 때의 그것은 표피구조 하나만을 가지고 있는 일종의 단층구조이었다는 점을 감안한다면 이로써 그는 자기의 문법관 자체가 혁명적으로 변화했다는 것을 선언한 것이나 다름이 없다. 이 이론의 원전격인 「통사이론의 양상(Aspects of the Theory of Syntax)」에 따르자면 심층구조에서 얻어지는 의미는 오직 논리적 내지는 개념적 의미뿐이다. 그러나 그와 같은 형식 문법 이론가의 문법모형 내에 의미문제가 정식으로 다루어지는 부위가 설정 되었다는 것은 놀랄만한 사실이다.

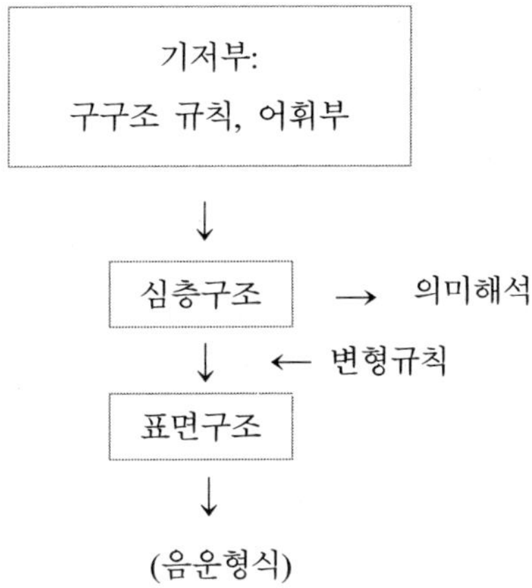

그중 두 번째 것은 기저부에서 도출되는 심층구조가 무의미적이거나 비정형적인 것이 되는 것을 막는 조치로 구구조를 생성하는 과정에서 정밀하위 범주화 규칙과 선택규칙을 적용하도록 했다는 점인데, 이로써 그는 한 문장이 통사적으로 정형성이 있다는 것은 곧 그것이 의미적으로 유의의성이 있다는 것으로 해석 되어야 한다는 점을 분명히 한 셈이다. 우선 정밀하위 범주화 규칙은 예컨대 「frighten」은 하나의 타동사인데 반하여 「sleep」는 하나의 자동사라는 사실을 a. frighten [+___NP], b. sleep[+___]처럼 각 어휘의 문맥을 규제하는 규칙이고, 선택규칙은 「admire」나 「frighten」과 같은 동사의 목적어는 사람이어야 된다는 사실을 [+N, －Count, +Common, +Animate, +Human]처럼 밝혀놓는 규칙이다. 심층구조는 구구조상에 범주기호로 나타나 있는 자리에 적절한 어휘를 삽입함으로써 완성되는 것인데, 이때 쓰일 수 있는 각 어휘의 통사적 자질이 명시되어 있는 이상 만들어진 심층구조는 예컨대 「Sincerity may frighten the boy.」와 같은 정문은 될 수 있지만, *「The boy may frighten sincerity.」나 *「May frighten the boy sincerity.」와 같은 비문은 될 수 없었

다.(Chomsky, 1965, pp.5~6)

그는 이렇게 문법모형을 2층 구조적인 것으로 만들다 보면 우선 정형성과 유의미성의 관계에 대한 문제를 해결하게 될 뿐만 아니라 구조적 중의성의 문제도 익히 제대로 해결할 수 있다고 주장했다. 예컨대 「She is eager to teach.」와 「She is easy to teach.」라는 두 문장은 표면구조상으로 아무런 차이가 없지만, 의미상으로는 「She」가 한쪽에서는 주어, 즉 동작주인데 반하여 다른 쪽에서는 동사의 목적어인 식으로 큰 차이를 보이고 있는데, 이런 사실은 두 문장의 심층구조상에 분명하게 드러나 있게 되어 있다는 것이었다. 그는 의미의 문제와 관련하여 이른바 「변형절차의 의미보존의 원리」를 주창하기도 했다.(Ibid, p.162)

이 책의 마지막 장의 첫 절의 이름이 「The Boundaries of Syntax and Semantics(통사론과 의미론의 경계선)」으로 되어 있다는 사실로써 익히 알 수 있듯이, 그도 정밀하위 범주화 규칙과 선택규칙을 설정하는 것 정도로 의미론적 문제를 통사론의 범주 내에 완전하게 흡수할 수 있다고 보지는 않았다. 먼저 그는 문장의 정형성을 결정짓는 규칙에는 이상의 두 가지 의외에 언어사용과 관련되는 문맥적 규칙도 들어간다는 사실을 지적하면서 그 근거로 정밀하위 범주화 규칙을 어긴 문장에 비해서 선택규칙을 어긴 문장이 일탈성이 훨씬 적은 것으로 판단된다는 사실을 들었다. 특히 그는 의인화문의 경우처럼 선택규칙은 문장의 의미의 은유적 해석을 위하여 일부러 위반될 수 있다는 점을 들었다.

또 한 가지 여기에서 눈에 띄는 사실은 그의 첫 책에서 일종의 간판문으로 제시했던 「무색의 녹색 문」을 하나의 선택규칙을 어긴 예로 다시 내세우면서, 이것의 일탈성은 *「John found sad.」처럼 정밀하위 범주화 규칙을 어긴 문장보다 훨씬 덜 하다는 말을 우선 강조한 다음에, 이것과 동류의 예안에 「Misery loves company.」라는 비교적 널리 쓰이는 잠언을 포함시키고 있다는 점이다. 그는 여기에서 「They perform their leisure with diligence.」라는 문장도 유사한 일탈문으로 제시하고 있는데, 따지고 보면 이들 두 문장을 같은 수준의 일탈문으로 볼 수는 없다. 간단히 말해서 앞의 잠언은 일탈문이 아님이 분명한데 그는 이것을 하나의 대표적인 예로 내세우고 있는 것이다.(Ibid, p.149)

그 다음으로 그는 제대로 된 의미 이론을 정립하는 데 큰 장애로 작용하고 있는 사실로서 어휘의 의미를 결정하는 것이 생각만큼 간단하지 않다는 점을 지적하였다. 첫 번째로는 사전적 정의에 따를 것 같으면 「의미적 자질에 대한 보편적이고 언어 독립적 제약」, 즉 어디에서나 사용 가능한 개념을 찾아내기가 어렵게 되어 있었고, 두 번째로는 언어체계마다 관련 어휘들은 특이한 「장 자질」적 체계성을 유지하고 있는데, 현재로서는 이런 면에 대한 연구가 거의 전무한 상태라는 것이었다. 예컨대 영어에서는 「have」라는 동사가 「The man has an arm.」과 「The arm has a fingers.」, 「The finger has a cut」등의 세 가지 문장에 쓰일 수 있는데 어느 언어에서나 다 그런 것은 아니었다. 다시 말해서 한 언어에서의 어휘의 의미간의 관계는 사실 간의 관계와 일치하는 것은 아니었다.(Ibid. p.161)

일단 여기에서는 그가 「통사론과 의미론의 경계선」을 자기 문법 이론의 한낱 남겨진 문제로 치부해 놓았지만 실제로는 이 보다 더 근본적인 문제가 없다는 사실이 차차 밝혀져 갔는데, 이런 움직임은 크게 대외적인 것과 대내적인 것으로 나뉘어 나타났다. 이들 중 먼저 나타난 것은 대외적인 것이었는데, 1960년대 후반에 일어난 생성의미론과 어휘해석론간의 싸움이 바로 그것이었다. 생성의미론(Generative Semantics)이라는 것이 실제로는 하나의 통사론일 따름이어서 정당한 의미론이 될 수가 없는데도 불구하고, 이것의 주창자인 McCawley가 이런 역설적인 이름을 일부러 고안해낸 이유는 Chomsky의 표준이론에서의 의미처리의 방식에 동의를 할 수 없다는 점을 분명히 하기 위해서였다.

한마디로 말해서 그가 보기에는 기본적으로 Chomsky의 표준이론은 의미구조를 기술하기에는 부적절한 것인데, 그 이유는 그가 말하는 대로 두 개의 구조 중 심층구조에서는 의미해석을 해야 되는데, 실제로는 여기에서도 통사적 분석만을 하게 되어있기 때문이었다. 그는 심층구조가 「더 심층적」인 것으로 바뀌었을 때만 의미해석이 제대로 이루어질 수 있다고 생각하고서 그 방안을 다음처럼 제시했다. 그는 우선 기저부내에 설정하게 되어있는 어휘부를 폐지하고서, 그 자리에 일종의 보편적 의미원소의 목록이 들어서야 한다고 보았다. 그 다음으로 그는 명사, 동사, 문장과 같은 기본적 논리 기호와 n-항의 서술형식과 같은 기본적 논리형식을 사용해 이들 원소들의 배열체를 만들어 내면 된다고 보았다.

이렇게 되면 결국에는 Chomsky가 말하는 심층구조 자체가 문법모형에서 완전히 사라지게 되는 셈이었는데, McCawley가 1968년에 발표한 논문의 제목이 「Lexical Insertion in a Transformational Grammar without Deep Structure(심층구조가 없는 변형문법에서의 어휘삽입)」처럼 되어있다는 사실이 그것을 익히 증거하고 있었다. 예컨대 여기에서 그가 제안한 「Mary killed John」이라는 타동사문의 기술법은 일종의 어휘적 기술법이지 더 이상 Chomsky류의 통사적 기술법은 아니었다. 구체적으로 말해서 이 기술법에서는 「kill」이라는 동사는 아래처럼 세 개의 문구조, 즉, 세 번의 어휘대치규칙을 거느리게 되어있었다.(Andrews. A, 1988, p.65)

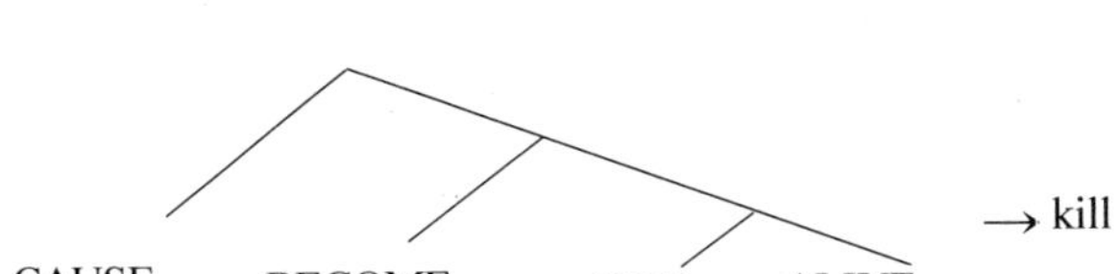

물론 이 시기에는 이처럼 크게는 통사론이 아니라 의미론이 문법의 핵심이 되어야 한다는 것이고, 작게는 변형규칙이 하게 되어있는 기능을 대폭 어휘규칙이 맡게 되어야 한다는 생각을 갖고 있는 사람이 오직 그만이 아니었다. 이런 집단에는 예컨대 Ross를 위시하여 Lakoff, Gruber 등이 속해있었다. 그런데 이들이 내세운 생성의미론에는 그것을 Chomsky의 변형이론과는 정면으로 대결할 수 없게 만드는 결정적인 약점이 있었다. 첫 번째로 이들의 이론들은 각양각색이었고, 두 번째로 이들의 이론들은 준엄한 형식성을 지니고 있지 못했다. 한마디로 말해서 이들의 이론들은 Chomsky로 하여금 그의 변형이론을 수정하고 보완하게 만드는 자극제의 역할 밖에 하지 못했다.

바로 이 무렵에 Chomsky의 변형이론이 어휘론이나 해석의미론으로 불리게 되었다는 사실이 이런 점을 익히 뒷받침하고 있다. Jackendoff와 Emonds, Postal 등을 위시한 Chomsky학파들은 그의 표준이론에 밝혀져 있는 대로 어휘부에 있는 어휘들에 그들의 통사적 자질, 즉 하위범주 규칙들을 명시해주게 되면 의미적 역할의 표시 문제는 모두 해결될 수 있다고 보았다. 그렇지만 원래의 이론대로라면 하위범주 규칙 중 일부는 구구조규칙이 하는 기능을 중복적으로 수행하게 되어있었고, 또한 「From NP」나 「For NP」와 같은 전치사구를 사용하지 않게 되어있어서 다논항적 문제를 기술하는 데 적절치 못했다. 따라서 이후 Chomsky를 비롯한 해석의미론자들의 노력은 당연히 이런 단점들을 보완하는 데 집중되었다.

그러나 Chomsky와 그의 학파들은 1970년대에 접어들면서 생성의미론자들의 도전을 계기로 해서 그것의 기본 틀은 그대로 지키되 의미의 문제를 보다 적극적으로 개입시키는 쪽으로 표준이론을 수정하는 일에도 손을 대게 되었다. 이런 대내적인 움직임으로 인하여 이른바 표준이론이나 개정확대 표준이론이 변형이론의 새 정통이론으로 연거푸 자리 잡게 되었는데, 옛 이론과의 차이점은 바로 의미해석의 작업이 심층구조에서만 이루어지는 것이 아니라 표층구조에서도 이루어지게 된 점이었다. 구체적으로 말해서 이제부터는 부정문이나 양화사문, 초점문, 전제문등의 의미해석은 표층구조에서 수행되게 되었다.

물론 이 무렵에 구 표준이론이 신 표준이론으로 바뀔 수 있었던 배경에는 Chomsky와 그의 동료들에 의한 변형의 개념과 절차에 대한 보다 심층적이고 광범위적인 연구와 논의가 있었다. 이들의 이런 노력은 원래의 표준이론을 크게 어휘적 기능을 최대로 확대하면서 변형의 기능을 가급적 축소시키려는 쪽과, 보편적 규칙을 많이 설정하려는 쪽으로 변형시켜 놓았다. 이때 새로 설정된 X′이론과 하위인접 조건, 구조보존 가설 등이 그런 변화의 견인차 역할을 했다. 한마디로 말해서 Chomsky는 역시 통사론자였다. 즉, 그의 주된 관심은 여전히 보다 우아하고 과학적인 통사론적 이론을 개발하는 데 있었으며, 따라서 새로운 의미론적 이론의 개발에는 아무런 관심도 없었다.

그런데 그의 문법이론에 관한 한 1960년대의 표준이론에 이어서 또 하나의 모형으로 받아들여지게 된 것이 1980년대에 등장한 원리와 매개변인 이론(Principle and Parameters Theory)인데, 의미의 문제를 놓고서의 그의 기본적인 태도는 바로 여기에서 다시 뚜렷해졌다. 이 이론의 또 다른 이름이 보편문법 이론(Universal Grammar <UG> Theory)인 사실이 익히 말해주고 있듯이, 이때에 이르러서의 그의 문법연구의 목적은 영어의 정형문을 가장 효율적으로 산출할 수 있는 문법모형을 개발하는 것으로부터 모든 어린이들의 머리 안에 내재되어 있는 보편문법의 실체를 찾아내는 것으로 격상되어있었다. 그래서 그는 여기에서 의미의 문제에 대해서도 아주 새로운 견해를 내놓게 되었는데, 논리 형식(Logical Form: LF)이라는 개념의 설정이 바로 그런 조치였다.

의미의 문제에 관한 한 이번에 「지배와 결속이론(Lectures on Government and Binding)」(1981)이라는 책의 출간을 계기로 그가 얼마나 혁신적인 견해를 갖게 되었는가 하는 것은 먼저 아래와 같은 신문법 모형에서 어느 자리에 논리형식이 위치하고 있는가를 살펴봄으로써 익히 확인될 수 있다. 종전의 모형에서는 주된 의미해석은 중간단계인 심층구조에서 이루어지게 되어 있었으니까, 그 일을 이번에는 마지막 단계에서 하도록 한 것은 커다란 변화임이 틀림없다. 또한 이런 변화와 직접적으로 연관되어 있는 변화는 심층구조와 표층구조의 명칭을 각각 D-구조와 S-구조로 바꾼 것이다. 여기에서의 문장 생성의 절차는 그러니까 범주부와 어휘부로 구성되어있는 기저부에서 우선 D-구조가 만들어지게 되면, 그 다음에는 이동규칙 한 가지로 단순화된 변형규칙을 그것에 적용시켜서 S-구조가 생성되게 되고, 마지막에는 그것에서 음성형식과 논리형식을 도출해내는 식이었다.(Chomsky, 1981, pp.7~8)

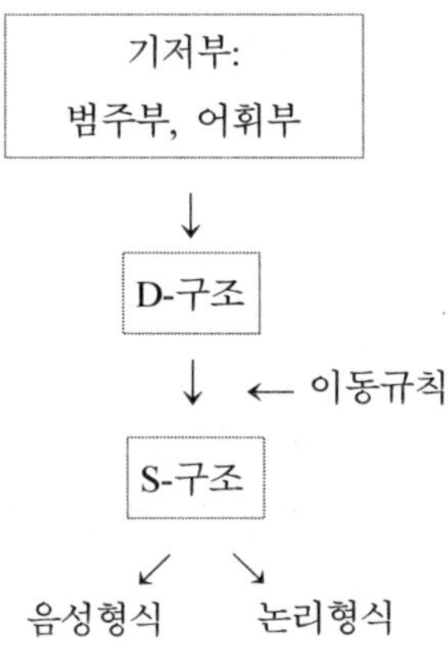

그런 사실은 그 다음으로 그가 말하는 논리 형식이 과연 어떤 것인가를 알아봄으로써 쉽게 확인될 수 있다. 그는 우선 이 술어의 개념은 다분히

일반적인 것이라는 점을 명시하고 있다. 예컨대 그가 「LF라는 술어가 제시하는 바는 바로 이 수준에서의 표현체들은 보통 말하는 '논리형식'이 가지고 있는 자질들을 지니고 있게 되어 있다는 점이다.」와 같은 말을 하고 있는데, 이런 것으로 보아서 그가 의미해석부의 이름을 이렇게 정한 진짜 이유는 그는 한 문장의 의미는 바로 그것의 논리적 내지는 명제적 의미가 전부라는 생각을 가지고 있기 때문이라는 것을 유추할 수가 있다.(Ibid, p.16)

LF라는 술어에 대한 해명에 이어서 그는 그것의 기능이나 작동요령에 대해서도 일정한 설명을 하고 있는데, 바로 이 대목에서 그의 통사이론의 제일 결정적인 문제점은 역시 의미해석에 관한 것이라는 사실이 분명히 드러나고 있다. 아래와 같은 그의 말을 분석해보면 그의 의미관에는 표리가 같지 않은 일종의 이중성이 감추어져 있다는 사실을 익히 확인할 수가 있다. 우선 그는 허울 좋게 「문법의 목표는 형식의 표현체와 의미의 표현체간의 연립관계를 밝히는 것」인데, 자기의 문법모형에서는 마지막 작업이 S-구조를 음성형식 및 논리형식과 사상시키는 것으로 되어 있으니까, 결국에 자기의 통사이론은 제대로 된 것임을 알 수 있다고 주장하고 있다.

그의 설명의 허울 좋음은 그 다음에 나오는 「음성형식과 논리형식은 일종의 정신적 표현체인 문법적 능력과 개념체계나 신념체계, 화용적 능력, 언어 산출 및 분석 체계 등의 다른 체계들 사이의 인터페이스 자리에 자리하고 있다고 상정하는 것은 자못 합리적인 일이다.」와 같은 말에서 더욱 확실하게 노정되어 있다. 이 말은 곧 한 문장의 의미는 으레 그것의 문법체계와 그것과 관련된 개념이나 지식체계간의 정교한 인터페이스에 의해서 도출되게 되어있다는 말인데, 따지고 보자면 이 보다 더 그럴싸한 말은 있을 수 없다. 왜냐하면 아직까지는 어느 심리학자나 언어학자도 그런 절차의 구체적인 내용을 밝히지 못했기 때문이다. 그가 궁극적으로 찾아내려는 문법적 능력은 일종의 보편문법이나 이상적 언어에 관한 것이어서 그런지, 그는 더 나아가서 「논리형식의 규칙은 언어 간에 변이성을 거의 드러내지 않는다.」고 상정할 것도 주장하고 있다.(Ibid, p.18)

그런데 실제로는 이 당시의 그의 주된 관심은 보편문법의 형식적 특성, 즉 그것의 통사적 규칙이나 원리를 찾아내는 데 있었지 의미해석의 절차를 밝히는 데 있지 않았다는 사실을 다음과 같은 두 가지 사실만큼 분명하게 증거하고 있는 것도 없다. 첫 번째로 그는 우선 보편문법을 구성하고 있는 상호교섭적 하위체계는 크게 규칙적 하위체계와 원리적 하위체계로 나뉠 수 있는데, 앞의 것에는 어휘부와 통사부(범주부와 변형부), 음성형식부, 논리형식부 등이 들어가고, 뒤의 것에는 한계이론과 지배이론, 결속이론, Θ이론, 격이론, 통제이론 등이 들어간다고 정리한 다음에, 그 다음에는 그의 책 전체를 통해서 이들에 관한 설명과 논의만을 하고 있다. 이들 규칙이나 원리들은 하나같이 통사적 문제에 관한 것들이지 의미적 문제에 관한 것은 아니다.(Ibid. p.5)

두 번째로 그는 많은 경우 S-구조와 논리 형식 간에는 아무런 차이가 없어서 이들 간의 사상절차는 기껏해야 사소한 관심거리 밖에 될 수 없다는 점을 밝히고 있는데, 만약에 그렇다면 의미해석을 위한답시고 논리형식을 굳이 설정할 필요가 없게 된다는 결론이 나온다. 예컨대 그는 「The students prefer for Bill to visit Paris.」와 「The students prefer that Bill visit Paris.」라는 두 문장의 의미가 같다는 것은 결국에 이들은 아래처럼 표시될 수 있는 공통된 논리형식을 갖고 있다는 사실로써 익히 알 수가 있다고 주장하면서, 아울러 이것과 이것의 기저 구조인 S-구조는 동일한 것으로 가정할 수 있다는 말도 덧붙이고 있다.(Ibid, p.19)

The students[VP prefer [$\bar{S}$ COMP[s Bill INFL [VP visit Paris.]]]]

물론 어떤 의미에서는 그가 여기에서 제시하고 있는 논리형식의 실체를 살펴보는 일이 그것은 실제로는 S-구조와 다르지 않다는 점을 유념하는 일보다 더 중요하다고 볼 수가 있는데, 그 이유는 그렇게 되면 그가 생각하는 의미해석의 절차가 구체적으로 어떤 것인가가 당장 드러나게 되어있기 때문이다. 이 표현체에는 모두 네 개의 괄호가 쓰이고 있다는 사실이 잘 말해주고 있듯이 이 문장의 의미해석은 우선 내포문의 동사구인 「visit Paris」의 의미를 포착한 다음에, 그 다음에는 그것에 그것의 주어인 「Bill」을 연결시켜서 하나의 명제적 의미를 도출하며, 세 번째에는 그것에 「for」나 「that」 같은 보문사(COMP)를 연결시켜서 하나의 목적절이나 부정사 구조를 만들고, 네 번째에는 주동사인 「prefer」와 그것을 연결시키며, 다섯 번째에는 마지막으로 이렇게 완성된 술어부를 주어인 「the students」와 합치는 식으로, 크게 다섯 단계의 절차에 의해서 이루어진다.

이상과 같은 사실로 미루어 보아서 그가 생각하는 의미란 결국에 한 문장의 논리적 내지는 명제적 의미라는 사실이 우선 분명해진다. 그보다도 더 중요한 사실은 이런 식의 의미관은 다른 논리학자들의 것과 아무런 차이가 없는데, 그렇다면 왜 그만은 일부러 논리형식은 으레 개념체계나 신념체계, 화용적 능력체계와 같은 것들과 상호교섭을 하게 되어있다는 말을 내세우게 되었는가를 새삼 물어보지 않을 수가 없다. 다시 말하자면 적어도 속으로는 그는 기본적으로 하나의 통사론자임과 동시에 하나의 논리주의자이기에 그런 방식에 의해서 문장의 의미는 익히 해석될 수 있다고 믿고 있는 것이다.

1995년에 「The Minimalist Program(최소주의 이론)」이라는 책이 나오면서 그의 문법이론은 드디어 마지막 변신을 하게 되었는데, 흔히 「최소주의 이론」으로 불리고 있는 이번 이론의 큰 특징은 문법모형은 바로 앞의 것과 한눈에 차이를 알아차릴 수 있을 정도로 크게 달라졌음에도 불구하고 의미해석의 문제에 있어서는 그런 차이를 거의 찾아볼 수 없다는 점이다. 특히 이 책에서 논의되고 있는 사항들을 살펴보게 되면 이 이론은 큰 의미에서 볼 때 원리와 매개변인의 이론의 후속이론이지 신이론이 아님이 당장 드러난다. 쉽게 말해서 이번의 변신으로 그의 주된 관심은 시종일관 최선의 문법체계를 개발하는 데 있지, 의미의 문제를 해결하려는 데 있지 않다는 사실이 더욱 분명해진 것이다.

이번 이론의 문법모형을 일단 아래처럼 도형화하고 보자면, 이름에 걸맞게 그는 이번에 문법체계를 최소화 하는 것을 궁극적인 목표로 삼았다는 사실이 쉽게 밝혀진다. 이 책의 서두에서 그는 「언어는 일종의 완전한 체계」인데, 「그런 체계가 정신/두뇌의 조직 내에서 어떻게 탄생되게 되었는가」를 알아내는 것이 바로 최소주의 이론의 과제라는 말과, 그런 체계는 아마도 「개념적 자연성의 조건, 즉 단순성과 경제성, 대칭성, 비잉여성 등」을 특징으로 가지고 있을 것이라는 말을 하고 있는데, 한마디로 말해서 그의 이런 발상법을 구체화한 것이 바로 이 모형이다(Chomsky, 1995, p.1)

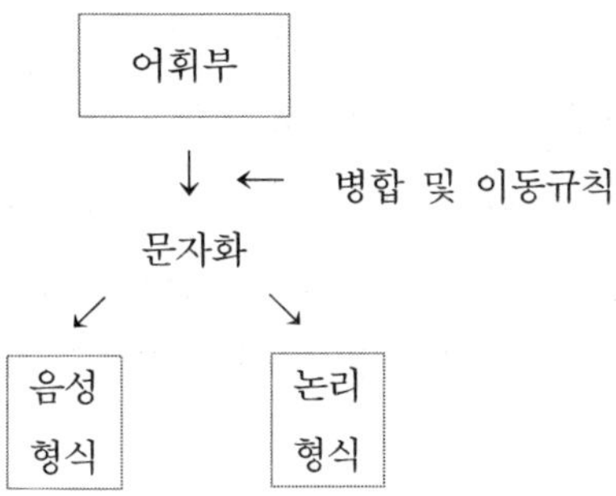

이 도표를 읽는 데 먼저 이해해야 할 것은 여기에서 최초로 쓰이게 된

문자화(spell out)라는 술어의 의미인데, 우선 이것은 하나의 표현체적 수준이 아니라 변형적 도출절차에 의해서 추상적인 표현체가 사실적인 표현체로 바뀐 결과물이다. 또한 이것은 각각 일정한 지각체계나 개념체계와 상호 교섭하여 음성형식이나 논리형식을 만들어내는 매체적 표현체이다. 그러니까 이번 이론의 제일 큰 특징은 기본 모형이 표준 이론 때 2층적이었던 것이 중간에 아무 표현체도 없는 무층 구조적인 것으로 바뀌었다는 점이다.

그런데 사실은 이상과 같은 도표는 일종의 이해의 편의를 위한 약식형일 뿐으로서 실제로 작동되는 문법절차는 그것과 적지 않게 다를 수가 있다. 첫 번째로 실제적인 모형에서는 문자화의 국면이나 사이클의 수가 단 하나가 아니라 여럿으로 바뀔 수 있다. Lasnik(2006)의 주장에 따를 것 같으면 실제에 있어서는 일찍이 Epstein이나 Uriagereka가 내세웠던 「다중적 문자화」의 접근법이 적용되게 마련인데, 한 번의 도출적 국면이나 사이클이 끝날 적마다 그 결과물은 「캡슐화」되어서 의미적 및 음운적 해석을 위하여 바로 인터페이스부로 송부된다는 것이 그 요점이다. 두 번째로 실제적인 모형에서는 음운형식과 논리형식의 수준이 따로 설정되지 않고서, 단지 그런 작업을 담당하는 부위만이 존재하게 된다. Epstein은 이런 변화가 D- 나 S- 구조의 폐지에 못지않게 문법작업의 단순화에 크게 기여하게 된다고 보았다. 그러니까 결국 Chomsky와 그의 동료들이 자기네 이론을 최소주의 이론으로 부르게 된 사실 자체가 이들의 주된 관심은 여전히 통사적 문제를 해결하는 데 있지, 의미적 문제를 해결하는데 있지는 않다는 사실을 익히 증거하고 있는 것이다.(Lasnik, 2006, p.153)

그런데 따지고 보자면 이번에도 그의 의미관은 전혀 바뀌지 않았다는 것을 가장 웅변적으로 드러낸 것은 이 책이 나오기 2년 전에 발표된 「A

Minimalistic Program for Linguistic Theory(언어이론을 위한 최소주의적 프로그램)」이라는 논문에서였다. 이 논문이 특별히 주목을 받게 된 것은 아마도 바로 여기에서 그가 그동안까지의 주장을 수정하여 언어능력에는 인지체계뿐만 아니라 수행체계도 들어가게 된다는 말을 했기 때문일 텐데, 이 말은 곧 언어능력에는 문법적인 능력뿐만 아니라 의미적인 능력도 들어간다는 말이 되는 탓으로 누구나 일단은 갑자기 그가 이런 말을 하게 된 동기를 의심할 수밖에 없다.

그의 언어능력에 대한 언급의 내용을 구체적으로 살펴볼 것 같으면 그것은 이런 의심을 사기에 딱 어울리는 것이라는 것이 당장 드러난다. 그가 여기에서 제시한 언어능력 체계도에 따르자면 크게 그것은 어휘부에서 하나의 배번집합이 얻어지는데서 그것이 일정한 도출 절차를 거치게 되는 단계, 즉 문자화 단계를 밟은 다음에 바로 음성형태와 논리형태를 만들어내게 되는 데까지의 인지체계부와, 이들이 각각 조음청취체계나 개념의도 체계와 상호 교섭한 결과 일정한 소리와 의미를 나타내게 되는 데까지의 수행체계부의 두 부분으로 이루어져 있었다.

우선 그동안까지는 그가 이들 중 오로지 첫 번째 부분만이 언어기술의 대상이 될 수 있다고 끈질기게 고집해 온 사실을 고려한다면 이것은 분명히 혁신적인 변화이다. 이것에서는 적어도 외견상으로 언어수행과 연관된 문제도 언어 연구의 대상에 들어가게 되어있으니까 이 이상의 큰 변화는 있을 수 없다고 볼 수가 있다. 그런데 또 한 가지 이 번에 달라진 점은 음성형식과 논리형식과 인터페이스부를 이루어내는 부위, 즉 조음청취체계와 개념의도 체계를 수행체계로 부르게 되었다는 점이다. 종전까지는 이들 두 형식은 으레 언어외적인 체계들과 상호교섭을 하게 되어 있다는 말만 했었지, 그들이 언어수행과 관련된 부위라는 말은 하지 않았다.

무엇보다도 중요한 점은 이렇게 되면 그가 명시적으로 한 문장의 의미에는 논리적 내지는 개념적 의미만이 아니라 심리적 내지는 상황적 의미도 들어간다는 사실을 인정한 셈이 된다는 사실이다. 그런데 더욱 여기에서 주의를 기울여야 할 점은 논리형식과 개념의도 체계가 어떻게 상호교섭하는가의 문제 등은 이 논문에서 구체적으로 논의되고 있지는 않다는 사실이다. 그렇다면 결국에 여기에서 보이고 있는 그의 변화는 나쁘게 말하자면 의미론자들의 공격을 회피하기 위한 일종의 무마용 변화이고, 좋게 말하자면 앞으로 더 많은 연구가 필요한 하나의 미숙한 변화일 따름이다.

결국 이때에 이르러서도 그의 의미의 문제에 대한 견해는 전혀 달라진 바가 없다는 것을 재확인할 수 있는 곳은 바로 1995년에 나온 책일 텐데 거기에서는 논리형식의 기능과 관련하여 다음과 같은 세 가지 말을 하고 있다. 첫 번째로 이 책의 5쪽에서는 언어연구의 대상이 되는 것은 인지체계 뿐으로서 수행체계는 완전히 무시되어야 한다는 말이 나오는데 그는 이로써 언어는 연산체계와 어휘부로 구성되어 있다는 기존의 이론을 되풀이하고 있는 셈이다. 두 번째로, 같은 대목에서는 어휘는 명사, 동사, 형용사, 분사 등의 사실적 범주의 것과 시제, 보문소 등의 기능적 범주의 것의 두 가지로 나뉘게 된다는 말이 나오는데, 이로써 그는 어휘는 의미의 표현체라기 보다는 통사적 조작의 단위라는 자기의 기존의 입장에 아무런 변화가 없음을 다시 한 번 천명한 것이다. 이로써 그는 또한 논리형식에서 다루어지는 의미는 문장의 개념적 또는 명제적 의미가 전부라는 그의 입장에 어떤 달라진 점도 없다는 것을 재차 밝힌 셈이다.

세 번째로 이 책의 85쪽에서는 이동에 의해서 생기는 흔적에는 논항흔적과 부가흔적의 두 가지가 있는데, 전자는 S-구조에서 허가 되고, 후자는 논리형식에서 허가 되게 되어있다는 말과 함께, 그 근거로서 이른바 「that-흔적효과」의 현상을 내세우고 있다. 예컨대 *「Who did you say [cp that [IP t left yesterday]]」가 하나의 비문인 것은 여기에서는 「that」이 의문사 이동의 장벽이 되기 때문인데 반하여 「Who did you say [cp t'e[IP t left yesterday]]」는 그렇지 않은 것은 여기에는 그런 장벽이 없기 때문이라는 것이었다. 그런데 「Why do you think [(that) John left t.]」」에서처럼 이동어가 논항이 아니고 부가어일 경우에는 「that」의 유무가 문제가 되지 않고 있었다. 그러니까 이동변형이 이루어지는 표현체가 S-구조와 논리형식 식으로 달라진다는 것이었다.(Chomsky, 1995, p.85)

그런데 만약에 이런 설명이 맞다면 문제는 이런 모형에서는 논리형식과 S-구조 사이에 어떤 기능적 차이가 있게 되느냐 하는 것이다. 이 모형에서의 문장 생성 절차는 크게 어휘부에서 차출된 어휘로써 일단 X'-구조 규칙에 의하여 D-구조가 만들어지게 되면 그 다음에는 일정한 이동절차를 적용함으로써 그것에서 S-구조가 도출되게 되며, 마지막에는 다시 일정한 이동절차를 적용함으로써 그것에서 음성형식과 논리형식이 도출되게 되는 식으로 되어있다. 또한 조금 앞인 38쪽에서는 목적어 앞의 부사의 위치를 놓고서의 영어와 불어간의 차이를 S-구조에서는 서로 상이하지만 D-구조와 논리 형식에서는 동일하다는 식으로 설명을 하면서 그 근거로서 「John often [kisses Mary]」는 공통적인 D-구조가 되고, 「Jean embrasse souvent [t Marie](Jean kisses often Marie.)」는 공통적인 논리형식이 된다는 사실을 들고 있다. 여기에서 특별히 눈에 띄는 점은 본동사의 이동변형이 S-구조가 아니라 논리형식에서 이루어지고 있다는 점이다. 이런 분석법이 맞다면 우선 S-구조와 논리형식간의 구별이 애매해지기 마련이어서, 결국에는 논리형식도 통사적 절차의 일부로 전락할 가능성이 커진다. 나쁘게 말하자면 따라서 그의 문법모형에서는 논리형식부의 설정으로 의미의 문제가 해결된 것이 아니라 더 복잡해졌다고 볼 수도 있다.(Ibid, p.38)

1.3 의미론의 고유적 난삽성

의사소통이나 정보전달이라는 언어의 기본 기능으로 보아서는 응당 의미론이 통사론보다 더 앞서 다루어져야 함에도 불구하고 실제로는 그들의 뒤집힌 순서가 하나의 전통으로 굳어져버리게 되는 데는 그것의 고유적 난삽성도 크게 작용 되었다고 볼 수가 있다. 의미론의 중요성을 일깨우려는 사람들은 일단 알기 쉽게 언어연구를 그것의 형식에 관한 것과 그것의 의미에 관한 것으로 양분하곤 하는데, 따지고 볼 것 같으면 이런 편의주의적 양분법은 형식론과 의미론을 대등한 것으로 보려는 입장을 대변하고 있는 것이기에 결국은 의미론의 실체를 과소평가하는 오류를 범하고 있다고 볼 수가 있다. 우선 상식적으로 판단을 해도 의미론이 궁극적으로는 Chomsky가 생각하듯이 명제 내의 논항들의 Θ-역할을 결정하는 것이 전부일 수는 없다는 것을 익히 알 수가 있다.

그의 견해가 논의의 대상으로 등장한 이상 반드시 여기에서 언급하고 지나가야 할 사실은 우연의 일치인지 몰라도 그가 일찍이 통사론의 정당한 영역 밖으로 몰아낸 사항들이 사실은 모두가 의미론과 관련된 것이라는 점이다. 예컨대 그는 통사론에서는 무엇보다도 먼저 I-언어와 E-언어나 언어능력과 언어 수행을 엄격히 구별해야 한다고 주장했었는데, 바로 E-언어나 언어수행은 의미론의 기본 대상이다. 또한 그는 강력한 이성주의자답게 언어습득시의 경험의 역할은 사소한 것에 지나지 않는다고 내세웠는데, 의미론자의 입장에서는 그것을 절대로 그렇게 「악마」처럼 다룰 수는 없다. 더 나아가서 그는 허울 좋게 문장생성의 마지막 표현체인 음성형식과 논리형식은 으레 지각체계와 개념체계와 합쳐져서 일종의 「인터페이스」를 만들어내게 되어있다는 주장은 하면서도 그 실상을 밝힌 적은 단 한 번도 없었는데, 바로 그 일이 의미론에서 다루어야 할 과제이다. 약간 비꼬아 말할 것 같으면 그러니까 그는 언어연구에서 정말로 난삽한 문제로 간주되는 사항들, 즉 의미론적 사항들은 모두 미리 제외시키는 지혜를 발휘했던 것이다.

1) 어휘의 중요성

형식론과 대비했을 때 의미론이 그것만의 고유적 난삽성을 지니고 있기 마련인 것은 그것에서는 결국에 다음과 같은 몇 가지 아주 난해하고 복잡한 사실이나 문제들을 다루게 되어 있기 때문이다. 그중 첫 번째 것은 어휘론과 관련된 사항들인데, 이것에는 일찍이 사서학에서 취급했던 개별어휘의 의미나 어휘 조직의 체계성 등에 관한 것들은 물론이요, 언어의 수사적 특성을 가장 확실하게 드러내주는 은유화나 환유화의 절차에 관한 것들이 들어간다. 물론 원래가 개념이나 의미표현의 기본단위는 어휘이고, 따라서 적어도 이론상으로는 창조성이나 표현성, 정교성, 변이성, 발전성과 같은 언어의 특성들은 모두가 어휘론적 연구를 통해서 밝혀지게 되어있다. 이렇게 보자면 지금까지 대부분의 의미론자들은 우선 의미론하면 으레 어휘 의미론을 의미하는 것으로 전제한 상태에서 의미의 문제를 논의해 왔다는 것은 너무나 당연한 일이었던 것이다.

그런데 연구의 영역이나 연구량의 크기로 보았을 때 어휘론은 통사론보다도 훨씬 더 부담스런 학문이다. 예컨대 한 언어에서 쓰이는 어휘의 수는 최대로 4-50만이나 되니까 그들을 사서화 하는 일이나, 아니면 그들 사이에서 동의어나 유사어, 반의어, 동음어, 등의 관계를 찾는 일 등이 보통 작업이 아니다. 또한 한 언어의 어휘에는 관용어나 복합어 같이 두 개나 그 이상의 단어들이 합쳐져서 하나의 단어처럼 쓰이는 것도 대단히 많은데, 적어도 이론상으로는 이런 것들의 수를 고정된 것으로 볼 수는 없다. 물론 무엇보다도 어휘론의 작업량을 더 결정적으로 증가시키는 요소로는 한 단어의 의미의 다의성을 들 수가 있다. 예컨대 일종의 대중용 학습 사전을 기준으로 한다고 해도 특수한 전문어를 제외한 대부분의 단어들은 3-4개는 기본이고, 최대로는 열 개 정도의 의미를 가지고 있다.

이것은 곧 따지고 볼 것 같으면 통사적 규칙의 생성성이 아니라 오히려 어휘의 다의성이나 합성성이야말로 좋게는 언어표현의 창조성이고 나쁘게는 그것의 중의성의 근원이 된다는 말인데, 아마도 이런 사실은 가장 일반적인 도구 중의 하나인 칼, 즉 「knife」가 일단 어휘의 세계에서는 어떻게 쓰이고 있는가를 살펴보게 되면 한층 더 확실해질 것이다. 「동아 프라임 영한사전」에 따르자면 먼저 이 어휘는 크게 명사와 타동사, 자동사 등의 세 가지 품사로 쓰이고 있어서, 그것의 의미도, 그들에 따라서 약간씩 다르게 되어있다. 먼저 하나의 명사로서의 이것의 의미로는 「칼」을 비롯하여 「검」, 「절단기의 날」,「수술용 칼, 외과 수술」등의 네 가지가 제시되어 있고, 그 다음에 하나의 타동사로서의 그것은 「칼로 베다, 단도로 찔러 죽이다.」와 「해치다, 배신하다」등의 두 가지가 제시되어 있으며, 세 번째로 하나의 자동사로서의 그것은 「칼로 베며 나아가다, 파도 등을 헤치고 나아가다.」라는 한 가지가 제시되어 있다. 이런 분류법에 의하자면 그러니까 이 단어의 의미에는 모두 일곱 가지가 있는 셈이다.

또한 흥미롭게도 이 어휘항목에서는 많은 수의 칼의 종류들이 복합 명사로서 제시되어 있는데 「kitchen knife(부엌 칼)」과 「carving knife(고기 칼)」, 「bread knife(빵 써는 칼)」, 「fruit knife(과도)」, 「paper knife(종이 자르는 칼)」, 「pocket knife(주머니 칼)」, 「table knife(식탁용 나이프)」 등이 바로 그들이다. 물론 이들이 칼의 종류의 전부는 될 수가 없다. 따라서 이론상으로는 이 밖에도 대단히 많은 수의 칼에 관한 복합어가 만들어질 수 있다.(예: meat knife, wooden knife, clasp knife)

여기에서 더 나아가서 「knife」가 그것의 첫 단어로 사용되고 있는 복합어도 적지 않게 열거하고 있는데, 「knife-board(칼 가는 대)」를 비롯하여 「knife-edge(나이프의 날)」, 「knife-edged(칼날처럼 예리한)」, 「knife-grinder(칼 가는 사람, 기구)」, 「knife-machine(칼 가는 기계)」, 「knife-pleat(칼날처럼 곧게 세운 잔주름)」, 「knife-point(칼 끝)」, 「knife-rest(칼 놓는 대)」, 「knife-switch(칼날 모양 개폐기)」들이 바로 그들이다. 또한 이런 류의 복합어들이 하나의 전치사구를 이루게 되면 「on a knife-edge(아슬아슬한)」이나 「at knife-point(위협을 받고)」에서처럼 그 의미가 은유적인 것으로 바뀌게 된다.

여기에서는 마지막으로 이 단어로써 만들어지는 관용구들의 예들을 적지 않게 제시하고 있는데, 따지고 보자면 이들은 거의 다가 이런 은유적 변화를 더 극명하게 드러내주는 예들이다. 이런 관용구의 대부분에서는 「knife」가 더 이상 「칼」이라는 그것의 일차적 의미가 아니라 「책략」이나 「적의」와 같은 이차적 의미를 나타내고 있다. 특히 주목할 사실은 은유적 의미변화의 특징은 이 경우에만 아니라 모든 관용구들에 적용되는 일반적인 원리라는 점인데, 이런 사실이야말로 틀림없이 어휘가 궁극적으로는 언어의 창조적 표현성의 원천지라는 하나의 근거가 될 것이다. 참고로 몇 가지 대표적인 예들을 인용할 것 같으면 「the night of the long knives(책략을 꾸미는 때)」나 「twist (turn) the knife(싫은 것을 생각나게 하다)」, 「knife in the teeth(적의)」, 「the knives are out(적대심을 드러내다)」, 「get(have) one's knife into(원한을 품다)」 등이 바로 그들이다.

2) 지식의 문제

두 번째로 의미론이 아주 복잡하고 난삽한 영역이 될 수밖에 없는 것은 그것에서는 으레 지식과 관련된 무제들이 다루어지게 되어있기 때문이다. 굳이 철학자들이 내세우는 인식론적 이론을 원용하지 않더라도 우리 인간이 우리다울 수 있는 것은 우리에게는 일정한 양의 지식이 있기 때문이라는 사실이나, 아니면 굳이 언어 심리학자들이 내세우는 언어습득이론을 원용하지 않더라도 어린이들은 으레 이 세상에 대한 지식을 먼저 얻은 다음에 그것에 상응하는 언어형식을 배우는 식으로 말은 배운다는 사실을 우리는 잘 알고 있다. 이것은 곧 의미론은 결국에 인식론이나 지식론이 되게 되어있다는 말인데, 따지고 보자면 이 점이 바로 의미론과 통사론 사이의 제일 큰 차이점이라고 볼 수가 있다.

편의상 일단 우리가 가지고 있는 지식을 개념적인 것과 사실적인 것으로 양분하고 볼 것 같으면, 이들 모두가 어휘나 문장과 같은 언어적 표현체들의 일종의 정보적 내지는 의미적 기지로 쓰이고 있다고 볼 수가 있다. 먼저 개념적 지식을 개별적 사물의 이름이나 속성에 관한 것으로 정의하고 보자면 이것을 언어화 한 것이 결국은 어휘론이라는 사실을 누구나 쉽게 받아들일 수 있다. 다시 말하자면 우리는 아주 일찍부터 우리 주변의 사물들을 일정하게 범주화해서 인식하는 능력을 바탕으로 해서 일정한 크기의 개념적 집합체를 갖게 되는데, 흥미롭게도 그것 하나하나에 낱말이 붙여지게 되는 것이다. 예컨대 「개」라는 동물의 개념에는 우리나라 어린이들은 「개」라는 명사를 붙여놓게 되고 미국 어린이들은 「dog」라는 명사를 붙여놓게 되는 것이다. 따라서 어휘 의미론을 성립할 수 있게 하는 기본 조건은 예를 들어서 우리말의 「개」나 영어의 「dog」의 의미는 결국에 우리의 지식체계 내에 들어있는 동물의 개념이라는 것을 전제하는 것이다.

우리의 개념적 지식과 관련하여 두 가지 점을 간과해서는 안 되는데, 그중 첫 번째 것은 그것에는 명사적인 것 이외에 동사적인 것, 형용사적인 것, 부사적인 것도 있다는 사실이다. 어린이가 이름 붙이기나 지시물 지시와 같은 행위로 일정한 양의 명사적 지식을 획득하고 나면 곧 바로 그들의 양태나 속성에 관한 지식도 얻게 되는데, 예컨대 개가 뛰는 모습을 「뛰다」나 「run」과 같은 동사로 개념화하거나, 아니면 그것의 속성을 「큰」이나 「big」과 같은 형용사로 개념화 하는 것 등이 그 예이다.

그중 두 번째 것은 개념적 지식에는 사물의 명칭과 같은 구체적인 개념들만 있는 것이 아니라 그들을 일정한 자질이나 속성을 기준으로 해서 더 큰 단위로 묶어 낸 추상적인 개념들도 적지 않게 들어있다는 사실이다. 우선 우리의 범주화의 능력에는 개별적이고 구체적인 사물들을 개념화하는 능력에 더해서 그들을 종류별로 묶어서 구조화하는 능력도 들어있다. 다시 말해서 우리의 범주화 작업에는 시각적 영상이 쉽게 얻어질 수 있는 수준의 것, 즉 기본적인 수준의 것과 상위적인 수준의 것, 하위적인 수준의 것 등의 세 가지가 있다는 것이다.

그 다음으로는 우리의 개념화나 범주화의 절차가 이렇게 중층적이어서 그런지, 그것의 결과물인 개념적 지식은 위계적이고 유기적인 구조체를 이루고 있다. 이것에서는 우선 유사한 자질이나 속성을 지닌 자매범주들이 일종의 횡적인 구조체를 형성하고 있고, 그 다음으로 기본이나 속적인 범주가 상위범주나 하위범조와 함께 일종의 종적인 구조체를 이루고 있다. 예컨대 「개」라는 기본개념을 얻은 어린이는 머지않아서 「고양이」나 「소」와 같은 유사한 동물의 개념도 얻게 될 것이며, 그 다음에는 그는 「동물」이라는 이들을 총괄하는 차상위 개념을 「인간」이라는 개념과 대칭적인 개념으로 얻게 될 것이고, 마지막에는 「개」의 차하위 개념들, 예컨대 「진돗개」나 「테리어」, 「셰퍼드」 등의 개념들을 알게 될 것이다. 결국 이렇게 해서 그의 머리 안에는 「개」에 관한 다분히 위계화 된 지식체가 자리 잡게 된 것이다.

우리의 머리 안에는 두 번째로 사실적인 지식도 들어 있는데, 이것의 근거가 되는 능력은 물론 이 세상에서 일어나는 사실이나 사건들을 서술적으로 지각하고 인지할 수 있는 능력이다. 예를 들어 우리에게는 「눈」이나 「희다」와 같은 개별적인 개념들을 하나의 독립적인 개념으로 획득하는 능력만 있는 것이 아니라 그들을 「눈이 온다.」나 「눈은 희다.」와 같은 하나의 명제나 하나의 서술문으로 묶어내는 능력도 있는 것이다. 이렇게 볼 것 같으면 일찍이 Tarski는 「눈은 희다.」라는 명제가 논리적으로 참일 경우에만 「눈은 희다.」라는 문장은 참일 수 있다는 주장을 했었는데, 사실은 그는 여기에 만약에 이 문장의 사용자에게 「눈은 희다.」라는 사실적인 지식이 없었더라면 이런 논리적 관계를 논하는 것 자체가 불가능 하게 된다는 말을 첨가했어야 옳았다. 그는 그 당시 의미론에는 진리조건적 의미론과 모형이론적 의미론, 가능세계 의미론 등의 세 가지가 있다고 주장했었는데, 사실은 이들을 마지막 것 하나로 통합했던 것이 더 합리적이었는지 모른다.

이런 의미로 보아서는 일찍이 Aristotle이 범주라는 말을 「서술의 종류」, 즉 「하나의 술어가 주어와 연결 될 수 있는 양식」으로 정의하고서, 그것의 종류로서 실질을 위시하여 양, 질, 관계, 장소, 시간, 위치, 소유, 활동, 수동성 등의 열 가지를 든 것은 우리의 지식 상태를 제대로 통찰한 데서 나온 탁월한 소견임이 분명하다. 이런 발상법을 그대로 이어 받아서 그 후 Kant는 범주를 우리의 경험을 지식화 할 수 있는 서술적 사고 형식으로 정의 하고서 그 종류로 아래와 같은 열두 가지를 제안 하게 되었는데, 이와 관련하여, 특별히 주목할 사실은 그는 이런 지식을 초월적 연역법에 의해서 얻어진 것으로 보았다는 점이다.(Moutner, 2005, p.100)

양	질	관계	서법
단위성	사실성	고유성	가능성
복수성	부정	원인/효과	존재
전체성	제한성	상호성	필요성

이렇게 보자면 그동안에 언어 철학자들은 근본적으로 언어철학은 곧

의미론이라고 생각하면서 어휘 의미론 보다는 문장 의미론을 집중적으로 연구해온 것이 결코 우연한 일이 아니었음이 분명해진다. 예컨대 Quine의 용어를 그대로 빌리자면 그동안 내내 언어철학자들은 「의미적 상승」 작업, 즉 「눈의 흼」에 대한 토의로부터 「눈은 희다.」라는 문장의 진리치에 대한 토의로 바꾸는 것을 자기들의 주된 과제라고 생각해온 것이다. 그런데 아무리 논리적으로 이 문장이 참임이 밝혀졌다고 해도 결국에 가서는 「눈은 검다.」라는 문장을 토의의 대상으로 삼지 않은 이유가 무엇인지가 언급되지 않을 수가 없다. 문장 의미론의 궁극적인 배경이 되는 것은 역시 우리의 머리 안에 들어있는 사실적 지식인 것이다.(Ibid, p.565)

3) 심리적 절차

형식론에 비하여 의미론이 어려워 질 수밖에 없는 세 번째 요인으로는 의미처리에는 으레 복잡한 심리적 절차가 개입되게 되어 있다는 사실을 들 수가 있다. 따지고 볼 것 같으면 오늘날까지도 의미론의 학계에서 Ogden과 Richards의 개념이론에 대한 삼각형을 의미론의 난삽성을 적시하는 최선의 도형으로 받아들여져 온 것은 바로 언어사용자의 심리적 상태를 「사고(thought)」라는 용어로서 그것의 정점에 위치시키고, 그 밑의 좌우 점에 기호(symbol)와 지시물(referent)을 각각 위치시켰기 때문이다. 그들의 개념이론의 요점은 그러니까 오래 전부터 논의되어 오던 지시이론이나 기호이론으로는 의미의 실체가 제대로 파악될 수 없다는 것이었다. 그들이 그들의 책에서 얻은 결론은 「의미의 의미」에는 크게 나누면 16가지이고, 세분하면 23가지나 있다는 것이었다. 다시 말해서 그들은 의미는 우리의 마음에서 만들어지는 것이기에 그것의 종류가 아래처럼 다양화 되어 있다고 내세웠다.(C. Ogden and I. A. Richards, 1923, The Meaning of Meaning, p.174)

A.
1. 내재적 특성
2. 다른 사물에 대한 독자의 분석 불가능한 관계

B.
3. 사전의 단어에 첨가된 다른 단어들
4. 말의 내포
5. 본질
6. 대상에 투사된 활동
7. a) 지향된 사건, b) 의사
8. 어떤 체계내의 사물의 장소
9. 사물이 우리의 장래의 경험에 남기는 실재적 결과
10. 진술에 둘러싸인, 또한 포함된 이론적 결과
11. 사물에 의해 야기된 정서
12. 선택된 관계에 의해 실재적으로 기호와 연결된 것
13. a) 자극의 기억에 미치는 효과, 얻어진 연상 b) 기억에 미치는 어떤 영향이 타당한 다른 어떤 사건, c) 기호가 관계된다고 해석 되는 것 d) 사물이 암시하는 것. 상징의 경우 상징의 사용자가 실제로 가리키는 것
14. 상징의 사용자가 의당 가리키고 있으리라고 보는 것
15. 상징의 사용자가 가리키고 있다고 믿는 것
16. 상징의 해석자가 a) 가리키는 것 b)자신이 가리키고 있다고 믿는 것 c) 사용자가 가리키고 있다고 믿는 것

우선 그들 중 두 번째 사람은 문학이론가이지 심리학자는 아니었다. 그러나 문제는 그들을 위시하여 어느 누구에 의해서도 아직도 의미 처리 시에 쓰이는 사고 내지는 심리적 절차가 구체적으로 어떤 것인가가 제대로 밝혀지지 않은 데 있다. 인지 심리학이나 아니면 심리 언어학을 예컨대 이 문제를 연구해야 할 전담학문으로 칠 수가 있을 텐데, 안타깝게도 지금의 이 학문의 발전수준은 그런 기대를 도저히 할 수 없는 수준이다.

Ogden과 Richards가 제시한 의미에는 개념적이고 내포적인 것 이외에 「영향을 주는 것」, 「정서적인 것」, 「예상하는 것」, 「믿는 것」과 같이 의지작용과 정서작용과 관련된 것들이 적지 않게 있는데, 지금의 인지심리학이나 심리언어학에서는 개념적인 의미의 문제도 제대로 다루고 있지 못하다. 물론 보기에 따라서는 이런 사실은 전담 학문의 후진성을 드러내고 있다기 보다는 해당 과제, 즉 의미의 문제의 난삽성을 드러내고 있다고 보는 것이 정당한 일이라고 주장할 수도 있다. 왜냐하면 인간의 특성이나 능력에 관한 모든 것이 밝혀진 다음에야 의미의 문제는 제대로 다루어질 수가 있는데, 오직 심리학 측에만 이에 관한 모든 책임을 묻는다는 것은 공정한 일이 아니기 때문이다.

이렇게 보자면 의미론의 난삽성의 문제는 언어학이 다른 학문보다 너무 앞서가는 현상의 한 가지로 볼 수밖에 없다. 다시 말해서 그동안의 의미론적 연구를 통해서 밝혀진 사실 중 제일 중요한 것은 바로 언어적 의미를 처리하는 데는 생물학적으로는 우리의 두뇌 전체이고 심리학적으로는 우리의 정신적 능력 전체가 동원된다는 것일 텐데, 현재로서는 이것을 하나의 언어적 사실로서 그대로 받아들이는 방법 밖에 없다는 결론이 나온다. 이런 결론이 타당한 것이라는 것을 우리는 일단 다음과 같은 두 가지 사실만으로 익히 증거 할 수가 있다.

(가) 정신적 어휘부

그중 첫 번째 것은 「정신적 어휘부」에 관한 심리학적 연구의 현황이다. 우선 심리학자들은 언어의 조직이나 언어습득의 절차 등으로 보아서 우리의 머리 안에는 일종의 어휘부가 따로 설정되어 있으리라는 것을 아주 쉽게 가정할 수가 있었다. 그리고 이들은 언어학에서 이미 우리 언어의 어휘부의 실체를 밝혀낸 이상, 그것과 동일하거나 아니면 유사한 것이 우리의 머리 안에 들어 있으리라는 가정도 쉽게 내릴 수 있었다. 한마디로 말해서 이들은 이 문제는 문법조직에 대한 것보다 훨씬 쉽게 다루어질 수 있으리라고 예측했던 것인데, 안타깝게도 구체적인 연구에 착수한 순간부터 그렇지 않다는 사실을 깨닫게 되었다.

이들이 부딪치게 된 첫 번째 문제는 그것을 하나의 단일 조직체로 볼 것이냐 아니면 여러 하위 조직체의 한 연합체로 볼 것이냐의 문제였다. 이것은 곧 정신적 어휘부를 일종의 정신적 사전으로 볼 것이냐 아니냐의 문제였는데, 그동안의 연구의 결과는 결국 그런 상식적인 유추는 크게 잘못 된 것이라는 것이었다. 이 점에 대한 견해 중 가장 대표적인 것이 바로 Emmorey와 Fromkin(1988)이 「정신적 어휘부(The Mental Lexicon)」에서 밝힌 다음과 같은 것이다. 이들은 먼저 「정신적 어휘부는 독립적이면서 상호연결된 하위 구조체로 구성되어 있는데(음운, 의미, 어형, 문자 등) 하위 범주자질이 어디에 속하는지에 대해서는 아직 확실히 아는바가 없다.」라는 말과 함께 「어휘부는 따라서 여러 하위 부위 사이와 그것의 비언어적 연결성에 있어서 독립적이면서도 상호의존적인 관계를 유지하는, 하나의 다채로우면서도 다면적인 고도로 구조화된 것이다.」라는 결론을 내리고 있다.(Emmorey and Fromkin, 1988, p.146)

이들의 견해를 일단 「구조화 이론」으로 치자면, Aitchison(1987)의 그것은 「모듈이론」으로 불릴만한 것이었다. 그의 책의 결론부에서 내린 견해 중 앞의 것과 대비되는 것은 첫 번째로 「어휘의 두 가지 양상(의미와 형식)에 관한 정보는 서로 분리되어 있으면서도 연결되어 있는 모듈 안에 들어 있는데, 각 모듈은 고밀도의 다중적 네트워크의 형태로 되어있다.」라는 점과, 두 번째로 「정신적 어휘라는 술어는 그것이 고정체라는 잘못된 인상을 줄 위험이 있다. 인간의 정신은 모름지기 위치가 아니라 연결성과, 주변부가 아니라 핵심부와, 그리고 고정된 구조체가 아니라 외곽적 틀과 관련된 것이다.」라는 점이다. 그의 어휘부에 대한 견해는 일찍이 컴퓨터학자인 Pustejovsky가 가졌던 것보다도 더 급진적인 것이었다고 볼 수가 있는데, 그 이유는 Pustejovsky는 단순히 어휘부를 「상호연결 된 모듈체」로 본 데 반하여 그는 여기에서 한 걸음 더 나아가서 「네트워크 내의 연결체 중 일부는 견고하고 일정하게 지속성이 유지된 것이지만 많은 것들은 일시적이고 경우에 따라서 새로 형성될 수 있는 것이다.」라는 견해도 가지고 있었기 때문이다.(Aitchison, 1987, p.250)

이들이 두 번째로 마주하게 된 문제점은 어휘부와 지식체 간에 어떤 관계가 유지되고 있다고 보아야 하느냐이었다. 상식적인 의미에서 보아도 이 문제에 대한 논의 없이 어휘부의 조직에 관한 문제를 검토 한다는 것은 다분히 비논리적인 일임이 분명한데도 Aitchison은 이 문제에 대해서 아무런 언급을 하고 있지 않다. 그는 아마도 이 문제야말로 정신적 어휘부에 관한 논의를 정말로 궁극적인 과제로 만드는 요소라고 생각했을 것이다. 단지 그가 어린이들의 언어 습득절차는 의미나 개념을 먼저 배운 다음에 형식을 배우는 식이라는 점을 강조한 점으로 미루어 보아서, 지식체계는 원래 별도로 형성되게 마련이라는 견해를 가지고 있다고 볼 수가 있다.

그러나 Emmorey와 Fromkin은 이 문제와 관련하여 「의미적 하위구조에 실세상에 대한 지식이 포함된 것은 아니며, 따라서 그것은 하나의 별개 구조로 존재하면서 의미적 하위구조와 항상 상호교섭을 하고 있다고 볼 수밖에 없다.」와 같은 말을 명시적으로 하고 있다. 이로써 이들은 지금의 정신적 어휘부에 대한 연구는 아주 초보적인 수준의 것이라는 점과, 이것이 앞으로 직면해야 할 중요한 과제 중 하나는 바로 어휘부와 지식체 간의 관계에 대한 것이라는 점을 솔직히 인정한 것이다. 이런 의미에서는 이들의 논문의 학술적 수준은 Aitchison의 책의 그것과 동일하다고 볼 수가 있다.

그런데 앞에서 이미 지적했듯이 이런 사실은 심리학의 학문적 수준을 말해주고 있다기보다는 의미와 같은 언어적 문제를 심리학적으로 구명한다는 것이 얼마나 어려운 일인가 하는 것을 새삼 일깨워주고 있다고 보는 것이 옳은 태도인데, 이런 판단의 가장 비근한 증거로 내세울 수 있는 것이 바로 철학이나 심리학에서의 기억작용에 관한 그동안의 연구의 양태이다. 학문의 역사상 제일 먼저 기억 작용이 인간 고유의 특성 중 하나라는 사실을 간파하고서 그것의 양상이나 원리들을 연구하기 시작한 사람들은 철학자들이었다. 그 후 그 과제는 심리학자들을 거쳐서 인지과학자나, 신경 과학자들에게 넘어가게 되었다. Sutton의 말을 빌리자면 오늘날「기억 철학은 매력적이고 다양하며, 미개발 된 학문영역으로서, 심리학과 인지과학뿐만 아니라 사회과학과 정치이론, 문학, 예술 등과 난해하지만 보상적인 연결 관계를 제공하는」일종의 범학문적이고 학제적 학문으로 자리 잡게 된 것이다.(Sutton, 2005, p.122)

그러나 지금의 기억작용에 대한 연구 현황을 살펴보게 되면 왜 그가 굳이 이것을「매력적이고 다양하며 미개발 된 학문 영역」으로 보았는가 하는 것이 당장 드러난다. 철학의 역사로는 2천여 년이고 심리학의 역사로는 백여 년이라는 세월이 흘렀음에도 불구하고 이것이 아직도 하나의 미개발된 영역으로 불리고 있다는 것은 한마디로 말해서 인간의 정신이나 인지적 특성과 관련된 문제에 대한 연구는 지금의 학문의 수준을 넘어서는 것이라는 의미가 된다. 오늘날에 이르러서는 자연과학의 발달에 힘입어 이것의 연구에 예컨대 신경과학이나 인지 과학적 접근법을 쓸 수 있게 되었지만 이것이 가까운 장래에 돌파구를 마련할 수 있게 될는지는 아직 아무도 모른다. 다시 Sutton의 말을 빌리자면「인지과학은 인간의 정신을 디지털 컴퓨터와 같은 우둔한 기구로 환원시키는 일」만을 하게 될는지도 모른다.(Ibid, p.125)

그런데 일단 언어적 의미의 문제를 다루려는 입장에서 이 연구의 현황을 살펴보게 되면 왜 우리가 이것의 장래에 대해서 이런 비관적인 전망을 할 수 밖에 없는가가 분명해진다. 간단히 말해서 지금까지의 철학자나 심리학자들은 기억작용은 원래가 일종의 언어화 작용이라는 사실을 무시하는 잘못을 저질러 온 것인데, 이런 전통이 어느 날 갑자기 바뀔 가능성마저 거의 없는 것이다. 우선 그동안에 철학이나 심리학에서는 기억의 종류에는 크게 일단 선언형인 것과 절차형인 것으로 대별된 다음에 앞의 것을 다시 개인적 내지는 에피소드적인 것과 사실 내지는 의미적인 것으로 나뉘는 식으로 모두 세 가지가 있다고 생각해왔다. 이런 분류법은 오늘날 컴퓨터 공학에서 언어를 선언형인 것과 절차형인 것으로 양분하는 방법과 다를 바가 없다.

여기에서 특별히 눈에 띄는 점은 바로 선언형 기억 중 두 번째 것의 이름이 사실 내지는 의미적인 기억으로 되어 있다는 점이다. 굳이 이것에 의미적이라는 한정사를 붙인 사실로 미루어 보아서 이들은 사실이나 개념적 지식은 으레 어휘적인 형태로 저장되는 것이라고 생각했다고 볼 수가 있다. 그렇다면 궁극적으로 이들은 적어도 사실이나 개념적 수준에 있어서는 어휘부와 같은 언어체계와 지식체계가 별도로 존재하는 것이 아니라 하나로 합쳐져 있다고 생각했다고 볼 수가 있다. 우선 이것부터가 하나의 문젯거리가 될 것이라는 것은 누구나 익히 짐작할 수가 있다.

그런데 문제는 나머지 두 가지의 기억들이 이 보다 더 큰 문젯거리가 될 수 있다는 데 있다. 예컨대 아직까지는 누구도 선언적 기억의 첫 번째 것인 개인적 내지는 에피소드적 기억이 무엇을 매체로 해서 어떤 형태로 이루어지는 것인지에 대해서 권위적인 설명을 한 적이 없다. 이것의 또 다른 이름이 자서전적 기억이라는 사실이 잘 말해주듯이, 이것은 보통 어느 개인이 과거에 겪은 경험이나 사건의 내용을 저장하는 것으로 정의되고 있는데, 그런 정보가 아직까지는 언어적인 형태로 저장 되어 있다는 말을 어느 누구도 한 적이 없는 점으로 미루어 보아서, 이것은 언어체계와는 아무런 관계가 없는 일종의 사실적 지식체로 간주되어왔음이 분명하다.

나아가서 언어의 특성으로 보아서 적어도 한 번 쯤은 그런 정보가 저장될 때나 회상될 때 언어체계는 전혀 개입되지 않는가라는 질문을 던져 볼만도 한데 아직까지는 그렇지도 못했다. 그런가하면 지금으로서는 절차적 기억과 언어체계의 관계에 대해서는 더욱 언급할 여지가 없게 되어 있는데, 그 이유는 이것은 원래부터 정보나 지식을 저장하는 기구가 아니라 육체적 습관이나 기능을 저장하는 기구로 간주되어왔기 때문이다. 습관기억이라고 불리기도 하는 이것은 그동안의 선언적 기억과는 분명히 대비되는 것으로서 구체적으로는 일종의 인지적 절차가 아니라 운동 신경적 절차로 정의되어 왔으니까 이것과 언어체계의 관계와 같은 문제는 아예 상정할 필요조차 없었을 것이다. 물론 최근에 이르러서는 일부 심리학자들이 무의도적인 기능형성과는 다르게 댄스나 운동기술처럼 언어적 교육과 의식적 의도 등에 의해서 습득되는 기능도 있다는 사실에 착안하여 이 기억과 선언적 기억과의 협동 관계를 연구하기 시작했다. 그렇지만 기억작용과 관련된 문제를 다루는 데 있어서는 그런 것 보다는 일찍부터 철학이나 심리학에서는 이것을 선언적 기억과 대립되는 것으로 잡았었다는 사실이 더욱 중요하다.

(나) 중앙 인지체계

현재로서 언어학적 연구가 심리학의 그것을 크게 앞지르고 있다는 사실을 확인할 수 있는 두 번째 주제는 「중앙 인지체계」의 설정 근거에 대한 것이다. 이것에 관한 논의의 출발점이 되는 것은 바로 Chomsky가 제안했던 「모듈성의 이론」이다. 간단히 말해서 이것의 요지는 문법적 지식이나 체계를 위시한 여러 언어지식이나 조직들은 두뇌 내에서 독립적이면서도 자율적으로 움직이는 신경적 기구, 즉 일종의 모듈의 형태를 갖추고 있다는 것인데, 이런 주장은 곧바로 아직도 지각절차와 인지절차의 관련성 등을 연구 주제로 삼고 있던 인지심리학의 발전에 큰 돌파구의 역할을 하기에 이르렀다. 누구라도 익히 만약에 언어가 그렇다면 인간의 정신도 그렇게 되어 있을 가능성을 예측할 수 있었던 것이다.

그런데 이때 그의 이런 주장에 즉각 호응하고 나선 심리학자가 바로 Fodor였다. 그는 「The Modularity of Mind(정신의 모듈성)」(1983) 에서 일단 Chomsky의 언어학적 발상법을 심리학적으로 뒷받침 할 수 있는 이론을 제시했다. 예컨대 그는 모듈의 특징으로 독립적이며 자율적으로 작동하는 정보적 포장체라는 점과, 그것의 발달절차는 보편적이라는 점, 그것은 일종의 내재적 기구라는 점 등을 들었다. 특히 그는 시각절차가 모듈적인 것처럼 언어적 절차도 모듈적이라고 보았다.

그의 공로는 물론 인간의 정신구조를 모듈적으로 보려는 노력의 출발점, 즉 모듈의 개념이나 실체에 대해서 심리학자들이 많은 논의를 할 수 있는 기본적 가설을 제공했다는 것이겠지만, 언어학적 입장에서 볼 것 같으면 그의 진짜 공로는 모듈 이론 안에 Chomsky의 이론에서는 미처 착안하지 못했던 점을 포함시켰다는 점이었다. 그의 책에서 그는 여러 모듈들의 작동을 총지휘라고 감독하는 일종의 상위적 인지체계, 즉 「중앙 인지체계」의 설정을 주장하고 나선 것이다. 그의 중앙 인지체계에 대한 견해는 우선 심리학자들 사이에서 많은 이견들을 불러일으키기 마련이었는데, 그 이유는 그는 이 체계에 대해서 모듈처럼 포장화 되어있지는 않지만 작동절차는 과학적 연구의 경지를 넘어설 만큼 고도로 제약되어있다거나, 아니면 「이것은 신념체계와 반성적 사고의 근거지이며, 범내용적으로 작동하면서도 문맥과 개인적 용법에 대단히 예민하다.」와 같은 말을

했기 때문이었다.(Carston, 2006, p.216)

그런데 흥미롭게도 그의 모듈이론의 내용과 타당성을 놓고서 심리학들 사이에 다양한 논쟁이 한참 진행되고 있는 와중에 언어학적으로 그것을 뒷받침하는 사건이 벌어졌는데, Sperber와 Wilson에 의한 「관련성 이론(Relevance Theory)」의 제안이 바로 그것이었다. 우선 언어학적으로 보았을 때는 이들이 1995년에 낸 「Relevance: Communication and Cognition(관련성: 의사소통과 인지)」이라는 책은 Chomsky가 1965년에 낸 표준이론에 관한 책과 맞먹는 책이라고 볼 수가 있는데, 그 이유는 이것에서는 관련성 이론이라는 화용적 이론을 통해서 결국에 Chomsky가 말하는 문법적 능력보다 한 단계 상위에 있는 것이 화용적 능력이라는 것이 주장되고 있기 때문이다.

그러나 이 이론의 진짜 가치는 Fodor가 제안한 모듈성의 이론을 화용적 이론의 기저 내지는 배경이론으로 받아들임으로써 인간의 정신구조를 심리학자나 철학자들이 연구함에 있어서 언어학이 일종의 선도적 역할을 할 수 있다는 사실을 드러냈다는 데 있다. 간단히 말해서 이 이론의 요지는 의사소통 행위는 우리의 인지작용의 한 결과물이어서, 화자는 의사소통 시 으레 상대방에게 자기의 메시지와 최대로 관련성이 있는 정보만을 언어적으로 표현하려고 하고, 반면에 청자는 그것을 일종의 최대로 관련된 정보망으로 확대함으로써 그의 메시지의 내용을 제대로 파악하려고 한다는 것이다.

그런데 이들은 Fodor의 견해를 그대로 받아들여서 성공적으로 의사소통이 이루어지게 하는 데 중추적 역할을 하는 곳을 중앙 인지체계로 잡았다. 우리가 가지고 있는 백과사전적 지식 가운데서 관련성이 있는 정보를 인출해서 상대방의 말의 의도와 내용을 제대로 파악하게 해주는 것이 모두 다 이 체계의 덕분이라고 보았다. 특히 이들은 의사소통 시 핵심적 기능을 수행하는 것이 바로 신념체계인데, 이것과 지식 체계간의 관계와 더 나아가서는 이것과 정서체계간의 관계를 설정하는 곳이 여기라고 생각했다. 또한 이들은 언어적 요소와 비언어적 요소를 결합시키는 일, 즉 언어적 상황이나 문맥에 따라서 언어적 전언의 내용을 수정하는 일 등도 모두 이곳에서 이루어진다고 보았다.

어떤 의미에서는 이들의 이론과 Chomsky의 이론사이의 이것보다도 더 중요한 차이점은 바로 문법적 모듈뿐만 아니라 화용적 모듈도 우리의 몸안에 내재되어 있다고 본 점이다. 이들은 물론 문장을 제대로 사용하는 능력을 그것을 생성하는 능력보다 한 차원 상위의 능력으로 보았다. 그러니까 Chomsky보다 이들은 결국에 더 강력한 내재주의자였던 것이다. 그런데 이들의 이론이나 주장은 언어적 사실을 통해서 추리해낸 것이지 심리학적으로 검증된 것이 아니었다. 한 마디로 말해서 이들이 내세우는 관련성의 이론은 심리학적 증거가 전혀 없는 일종의 언어학적 가설에 불과한 것이다. Yus(2006)의 말을 그대로 빌리자면 「관련성 이론에 대한 가장 흔한 비평은 그것은 결국엔 한낱 고도로 추리적인 이론일 따름이어서, 경험주의적 근거는 아예 없는 상태에서 의사소통 시 밟게 되는 정신적 절차와 해석 단계를 예측하고 있다는 것이다. 분명히 우리는 인간의 정신을 연구 대상으로 삼고 있는데, 이것은 고도로 복잡하면서도 거의가 아직 설명 된 바가 없는 것이다.」(Yus, 2006, p.517)

4) 언어사용의 문제

의미론이 형식론보다 훨씬 어려워질 수밖에 없는 요인 중 네 번째 것은 어휘적인 것이든지 문장적인 것이든지 간에 언어적 의미는 으레 언어수행이나 언어사용의 현장에서 결정되게 되어 있다는 점이다. Chomsky가 일찍이 내세운 원칙 중 하나는 언어연구의 대상은 언어능력이지 언어수행은 아니라는 것이었는데, 의미론에서는 그것과 정반대의 원칙, 즉 언어 연구의 대상은 언어수행이지 언어능력은 아니라는 원칙이 지켜지게 되어 있는 것이다. 그 이유는 물론 언어사용에 따르는 문법적 지식의 가변성의 크기는 거의 무시해도 될 정도인데 반하여, 의미적 내용의 그것은 절대로 그렇게 할 수 없을 정도로 크기 때문이다. 구체적으로 말해서 앞에서 살펴본 Ogden과 Richards의 의미 목록 중 대부분은 오직 언어사용의 현장에서만 파악 될 수 있는 것들이다.

크게 보았을 때 어휘나 문장의 의미가 달라질 수 있는 것은 첫 번째로는 그것이 결정되는 데는 언제나 상황적이거나 문맥적 요소가 개입되게 되어 있기 때문이고, 두 번째로는 그것의 사용자는 으레 자기의 의도나 태도에 맞도록 그것의 내용을 바꾸려고 하기 때문이다. 먼저 첫 번째 원인에 관한 사례를 살펴 볼 것 같으면 그중 가장 대표적인 것으로 꼽을 수 있는 것이 바로 간접 화행문이다. 화행론적 입장에서 볼 것 같으면 언어도 결국에는 일종의 의사소통적 행위인데, 언어적 행위가 다른 행위와 크게 다른 점은 그것에는 직접적인 것에 못지않게 간접적인 것도 많다는 점이다.

물론 의사소통 시 직접 화행문에 못지않게 간접 화행문이 많이 쓰이는 이유로 화행론자들은 언어가 나타내는 의미에는 언표적인 것 이외에 비언표적인 것과 전언표적인 것이 있을 뿐만 아니라 실제에 있어서는 비언표적인 것이 언표적인 것 보다 더 크게 기능을 하고 있다는 사실을 내세운다. 이런 의미에서 보자면 의사소통 시 화자나 청자가 주로 하게 되는 일은「일반적 이성과 추리력을 바탕으로 하고 서로 공유하고 있는 언어적 및 비언어적 지식의 도움에 의해서」한 문장이나 표현의 비언표적 의미를 파악하는 일인 것이다.(Searle, 1975, p.61)

그런데 Searle이 말하는 서로 공유하는 비언어적 배경 지식이란 다름 아닌 상황적 지식이다. 그러니까 궁극적으로 보았을 때는 화행론이란 화자나 청자의 추리력에 의해서 종합되는 언어적 지식과 상황적 지식 중 첫 번째 것보다는 두 번째 것이 더 중요하다고 보는 이론이다. 또한 왜 직접화행문보다 간접 화행문이 선호되는가에 대한 이유를 따지게 되면 원래 인간에게는 상대방의 기분을 좋게 해서 의사소통의 효율을 높이려는 심리적 욕구가 있기 때문이라는 답을 내놓을 수도 있다. 그렇지만 이런 심리적 책략이 쓰일 수 있는 것도 따지고 보자면 언어적 표현은 으레 일정한 상황 안에서 쓰이고 있기 때문이다.

상황적 판단이나 지식이 간접 화행문을 사용할 수 있게 하는 데 근본적인 요소로 작용하게 된다는 것은 의사소통적 조건이나 제약 등이 으레 어떤 종류의 간접 화행문이 쓰이게 되는가를 결정하게 된다는 사실로써 익히 알 수가 있다. 물론 이런 조건이나 제약 중 제일 중요한 것은 상대방의 신분이나 그와의 친숙성 등이다. 간접 화행문이 비교적 자주 쓰이는 경우가 바로 상대방에게 무언가를 요구하거나 시키는 경우인데, 이때의 특이성은 명령문 대신에 의문문이나 서술문을 쓴다는 점이다. 심리학적으로 보았을 때 사람들은 상대방에게 무언가를 시키는 경우에는 으레 미안함을 나타내기 위하여 일종의 간접 명령문을 쓰게 되는 것이다. 원활한 의사소통을 위한 이런 심리학적 원리를 일찍이 Grice는 「협조성의 원리」라고 이름 하였고 그 후 Searle은 「적절성의 조건」이라고 이름 하였다.

먼저 협조성의 원리나 적절성의 조건에 따를 것 같으면 예컨대 상대방에게 「창문을 열어 달라」고 요구하는 경우, 「Open the window.(창문을 열어라.)」라는 직접적인 명령문 보다는 「Can/Will you open the window?(창문을 열 수 있어요?)」나 「Would you mind opening the window, please?(창문을 열어도 되지요?)」나 「I want you to open the window.(창문을 열어 주었으면 합니다.)」와 같은 간접 명령문을 쓰는 편이 낫다. 그러나 엄밀히 따지자면 이들 간접 명령문들은 동일한 정중성을 나타내는 것은 아니어서 이들의 사용은 상대방의 신분이나 화자의 의도 등에 의해서 세분되어 있기 마련이다. 이런 시각으로 보아서는 이런 경우에 쓰일 수 있는 간접 명령문에 이상과 같은 것들만 있는 것도 아니다. 앞에 든 예문 중 「Can/Will」을 「Could/would」로 바꾸기만 해도 정중성이 증가된 표현이 만들어지게 되고 심지어는 「The room is a bit stuffy.(방이 좀 답답하네요.)」와 같은 완곡적인 표현도 쓰일 수 있다.

명령문의 경우에는 문장의 내용은 그대로이면서 그것의 종류만을 바꿈으로써 간접 화행문이 만들어지는 데 반하여 상대방의 초청을 거절하는 경우에는 거절의 이유를 대는 문장이 곧 간접 화행문이 될 수가 있다. 이런 예를 통해서 표현의 간접성은 동일한 것이 아니라는 점과, 완곡적인 표현은 으레 일종의 간접 화행문이 될 수 있다는 점 등을 알 수 있다. 예컨대 화자가 「Do you want to come to a movie?(영화 보러 갈래요?)」라는 초청문을 던졌을 경우 청자는 그냥 짧게 「No.(아니요.)」라고 대답하는 것은 자칫 잘못하면 무례함의 표시로 받아들여질 수도 있기에, 「I have to wash my hair.(머리를 감아야 해요.)」나 「I'd love to, but my mother's coming to dinner tonight.(그러고 싶지만 저녁에 어머니가 저녁 들러 오세요.)」와 같은 간접 응답문을 쓰게 된다. 물론 여기에서 가장 중요한 사실은 적어도 개념적 차원에 있어서는 이런 간접 응답문의 의미는 결국에 「No.」의 그것과 같다고 볼 수가 있다는 점이다.(Allan, 1994, p.1655)

의사소통 시 어휘나 문장의 의미가 달라지는 두 번째 요인으로는 너무나 당연한 말이 될는지도 모르겠지만 그때에는 으레 그것의 사용자의 의도나 태도가 그것의 개념적 의미를 지배하게 되어있다는 사실을 들 수가 있다. 기본적으로 인간이 어떤 행위를 수행할 때 최소의 노력으로 최대한의 효과를 거두려는 경제적 원리를 지키기 마련인데 언어적 행위에서는 흥미롭게도 여러 가지의 특이한 수사법들이 이것의 구현책으로 쓰이고 있다. 그런데 어떤 의미에서는 그보다 더 중요한 사실은 대부분의 수사법들은 어휘나 문장의 의미적 내용을 바꿈으로써 그런 기능을 수행하고 있다는 점이다. 다시 말하자면 대부분의 수사문들의 의미는 언어사용의 현장에서 결정되게 되어있는 것이다.

이것의 가장 좋은 예가 될 수 있는 것은 바로 반어문이다. 반어문이란 간단히 말해서 날씨가 아주 나쁘다는 의미를 「What a lovely day.(대단히 좋은 날씨이군.)」처럼 나타내는 식으로 의미가 정반대로 표현되어 있는 문장이다. 물론 Grice의 화용적 격률 같은 것으로는 왜 이런 비논리적인 문장이 자주 쓰이게 되는지가 제대로 설명 될 수가 없다. 그러나 분명한 것은 첫 번째로 이런 문장은 예컨대 비가 많이 오는 날과 같이 너무나 자명한 상황이나 문맥 하에서만 쓰일 수 있고, 두 번째로는 사용자에게 자기가 말하려는 바를 강력히 전달하려는 의도가 있는 경우에만 쓰일 수 있으며, 세 번째로는 상대방이 이 세상에 대한 일정한 지식과 이 정도의 유머를 익히 이해할 수 있는 감각은 가지고 있다고 그가 확신할 수 있을 때만 쓰일 수 있다는 사실이다. 간단히 말해서 반어문이 하나의 허위문이나 아니면 빈정댐이 아니라는 것을 결정짓는 요소는 오직 언어 사용의 현장에서만 찾을 수 있는 것이다.

이것의 또 다른 예로 볼 수 있는 것이 바로 은유문이다. 우선 반어문에 비할 때 은유문은 일부 심리학자나 언어학자들이 우리의 사고방식 자체가 이런 식으로 되어 있다고 내세울 수 있을 만큼 사용의 빈도가 대단히 높다. 그리고 일부 의미론자들은 어휘적 의미가 쉽게 포착될 수 없는 것은 그것의 자의적 의미에는 으레 은유적 의미를 수반하게 되어 있기 때문이라고 주장한다. 이런 사실은 일상적으로 쓰이는 격언이나 잠언 가운데는 「Easy come, Easy go.(쉬 덥힌 방이 쉬 식는다.)」나 「The early bird catches the worm.(부지런해야 한다.)」처럼 은유문이 대단히 많다는 사실만으로써 익히 알 수가 있다.

그러나 은유문은 쉽게 말해서 「A」라는 목표어의 의미를 「B」라는 매개어로 나타내는 것이기에, 추상적으로는 그것의 적절성이고 구체적으로는 그것의 의미는 언어사용의 현장이나 문맥에서 얻어지게 되는 조건이나 사실에 의해서 결정지어지게 되어있다. 다시 말해서 화자에게 첫 번째로 이 경우에는 틀림없이 은유문이 비은유문보다 정보전달의 기능을 더 잘 수행하게 될 것이라는 판단력과, 두 번째로 상대방에게 은유문의 의미를 제대로 파악할 수 있는 능력이 있다는 신념 등이 있지 않는 한 그는 은유문을 쓰지 않는 것이다.

예컨대 영어에서는 「He is a regular bear.(그는 우락부락한 놈이다.)」나 「He is a bear at mathematics.(그는 수학을 잘한다.)」, 「He is a bear for punishment.(그는 신고를 잘 견딘다.)」와 같이 「곰」을 매개어로 한 은유문들이 일종의 상투문처럼 쓰이고 있는데, 이들을 통해서 알 수 있는 것은 바로 「곰」이라는 매개어는 적어도 좋은 의미와 나쁜 의미식으로 정반대적인 의미들을 나타내는 말이라는 사실이다. 그러니까 이런 한 가지 예만 가지고서도 우리는 은유문에서는 으레 개념적 내지는 명제적 의미보다는 정의나 태도적 의미가 더 큰 비중을 갖게 된다는 사실을 확인할 수 있다.

은유문이 쓰이는 경우 청자가 해야 할 일중 으뜸이 되는 것이 바로 화자가 어떤 정의나 태도적 의미를 나타내고 있느냐를 판단하는 것인데 이 일의 근거로 쓰이게 되는 것이 화자의 표정이나 말의 성조, 성량, 앞뒤의 문맥, 전체적 상황 등과 같은 비언어적 요소들이다. 예컨대 화자는 「John is a bear at science.(존은 과학을 잘해.)」라는 말을 나쁜 의미로 쓸 수는 없다. 그 이유는 물론 이런 표현은 이미 일종의 상투문으로 굳어져있기 때문이다. 그러나 만약에 그가 「John is a bear.(존은 곰이야.)」라는 표현을 쓴다면 그는 존을 칭찬하고 있을 수도 있고 아니면 폄훼하고 있을 수도 있는 일이기에, 그중 정답을 찾는 데는 정확한 상황적 판단이 필요하게 된다. 다시 말해서 이런 경우 청자는 화자가 평소에 그를 좋은 친구로 여겨 왔었는지를 포함해서 그와 자기의 친소관계, 그의 표정, 그의 말의 크기나 억양형, 그 다음 문장의 내용 등을 종합적으로 고려하게 될 것이다.

5) 의미 변화의 문제

형식론에 비하여 의미론을 한층 더 복잡하고 난삽한 영역으로 만들게 되는 다섯 번째 요인으로는 의미변화의 문제를 들 수가 있다. 인간 언어의 중요한 특징 중 하나가 전체적이면서도 중단 없는 변화성이라는 것은 이미 역사 언어학을 통해서 잘 밝혀진 사실인데, 그동안까지의 그것에서의 연구결과에 따를 것 같으면 그런 변화를 주도해 온 것은 문법적인 것이 아니라 음운적인 것과 의미적인 것이다. 물론 엄밀하게 따지자면 의미론에서 의미적 변화의 문제를 다룬다는 것은 공시적 연구과 통시적 연구를 뒤섞는다는 말과 다를 바가 없다. 그럼에도 불구하고 많은 의미론자들은 의미론이라는 영역 내에 굳이 이 문제까지를 집어넣으려고 하는데, 그 이유는 아마도 다음과 같은 것일 것이다.

이런 이유 중 첫 번째로 추리할 수 있는 것은 의미론자들은 일찍이 자기네들의 연구의 궁극적인 과제를 일단 의미의 다기성을 밝혀내는 것으로 잡고 보면 그것에는 마땅히 그것의 원인에 대한 적절한 설명도 들어가기 마련이라고 생각했었다는 사실이다. 다시 말할 것 같으면 그들은 우선 의미의 「지시설」이 익히 방증하고 있듯이 한 어휘의 의미는 처음에는 단일적인 것이었는데 그것이 오랜 기간에 걸쳐서 의사소통적 도구의 일부로 사용되다보니까 결국에는 다기성의 특징을 띠게 되었다고 생각했으며,

따라서 그런 특징을 논하면서 그것의 원인에 대한 언급을 어느 정도 하게 되는 것은 너무나 당연한 일로 보았던 것이다.

그런데 이 문제는 이들의 학자로서의 호기심을 한껏 유발시키기에 충분한 것이었다. 간단히 말해서 그들이 보기에는 의미의 다기성과 그것의 변천성은 동전의 양면과 같은 관계를 가지고 있다는 사실만이 분명할 뿐으로서, 구체적인 변천성의 원인에 대해서는 아직 제대로 구명된 바가 없었으므로, 이것에 대한 연구야말로 야망 찬 의미론자라면 누구나 한번 도전해 볼 만한 것이었던 것이다. 예컨대 일찍이 과학적 의미론의 필요성을 역설한 Ullman(1962)은 자기의 의미관의 일부로 의미의 변천성을 내세우면서 「의미의 변화는 무한히 복합적인 원인에 의해서 일어날 수 있다. … 아무리 정교한 구별의 망상을 고안한다고 해도 그것을 빠져나가는 경우들이 언제나 있게 되어있다.」와 같은 말을 하고 있는데, 이것은 결국에 자기의 꿈과는 달리 아직도 의미론은 전 과학적 단계에 머물러 있다는 것을 실토하는 말에 불과하다.(p.197)

이런 이유의 두 번째 것으로 추정할 수 있는 것은 그동안의 연구로 이들은 그렇다고 해서 의미의 변화가 제멋대로 일어나는 것은 아니어서 그것은 으레 일정한 법칙이나 규칙성을 따르고 있다는 것을 알게 되었다는 사실이다. 한 마디로 말해서 음운체계의 변화가 그렇듯이 의미체계의 변화도 일정한 법칙이나 규칙을 따르게 되어 있다는 사실을 발견한다는 것은 작게는 역사 언어학의 존재이유를 학계에 선포하는 일이고 크게는 언어학의 그것을 학계에 선포하는 일이었기에 이른바 역사의미론이 의미론의 첫 번째 버전으로 자리 잡게 되는 것은 너무나 당연한 일이었던 것이다. 의미변화의 법칙이나 규칙을 발견함으로써 역사 의미론자들은 자기네들의 학문은 그전에 있던 어원학과 사서학과 다르다는 점, 다시 말해서 어원학과 사서학은 일종의 인문학이었지만 자기네 학문은 일종의 과학이라는 점을 드러낼 수 있었다.

Geeraerts(1994)의 설명에 따르자면 그동안의 연구는 크게 모든 의미영역에서 적용되는 일반적 법칙을 찾는 일과 일부 의미영역에서만 적용되는 특수한 법칙을 찾는 일로 나뉘어져 있었는데, 최근에 이르러서는 첫 번째 일보다는 두 번째 일에 더 많은 관심을 갖게 되었다. 그동안 의미변화의 일반적 기구로는 은유와 환유, 특수화, 일반화 등의 네 가지가 설정되어 왔는데, 이런 총론적인 이론으로는 그것의 참 모습이 드러날 리가 없었으며, 그래서 많은 역사 의미론자들의 관심은 그 밖의 특수한 법칙들을 발견하는 데 쏠리게 되었다.

그가 보기에는 이런 특수한 법칙의 대표적인 예로 내세울 수 있는 것이 바로 일찍이 Stern(1931)에 의해서 내세워진 「병렬적 의미변화」의 가설이었다. 그는 고대영어와 중세영어에서의 「빠르게」라는 의미를 나타내는 낱말들의 의미변화의 현상을 분석한 결과, 이들은 하나같이 제1단계 때는 「빠르게」라는 의미만을 나타내다가 제2단계에 이르러서는 그것과 「즉각」이라는 의미를 같이 나타내게 되고, 제3단계에서는 「즉각」이라는 의미 하나만을 나타내게 되는 식의 공통된 변화과정을 밟고 있음을 발견하게 되었다. 「빠르게」라는 의미를 나타내는 어휘들 중 중세 영어 이후, 즉 1400년 이후에 영어에 편입된 것들은 이런 변화를 겪지 않았다.

그는 또한 그 후에 Sweetser나 Williams 등에 의해서 실시된 특수영역의 어휘들의 의미변화에 관한 연구도 대단히 의미 있는 것으로 보았다. 예컨대 이들의 연구를 통해서 원래 촉각적 경험을 나타냈던 어휘들은 얼마 뒤에 하나같이 접촉이 아니라 미각과 관련된 의미를 나타내게 되었다는 사실이나(예: sharp, crisp), 공간적 개념을 나타내던 어휘들은 모두 시간적 개념을 나타내게 되었다는 사실(예: before, after), 일반적 의미를 나타내던 낱말이 문법적 기능으로 바뀌게 되었다는 사실(예: 수동태 표시어인 by, 연결사인 anyway, thereby) 등을 알게 되었다. 특히 이 가운데서도 마지막 것들은 결국에 의미변화를 문법화 절차의 주된 원인으로 볼 수 있는 근거가 되는 것이기에 그것의 가치가 대단히 큰 것이었다.

이런 이유 중 세 번째 것으로 추정할 수 있는 것은 의미변화의 현상을 연구하다 보면 작게는 개별 어휘의 의미적 내용이고, 크게는 언어기구 전체가 인간의 심리나 정신작용의 반영체라는 사실이 익히 드러나게 된다는 사실이다. 이런 추정이 틀린 것이 아니라는 것을 쉽게 입증할 수 있는 사실로는 Ullmann(1962)이 일찍이 내세운 의미변화의 네 가지 유형들이 따지고 볼 것 같으면 모두 다 인간의 기본적인 심리나 정신 작용에 기인하고 있는 것이라는 점이다. 그는 어휘적 의미변화는 놀랍게도 으레 심리나 정신작용 중 가장 기본적인 것의 발동에 의해서 일어나기 마련인데 서로 모양이 유사하거나 시공적으로 근접해있는 것들을 하나로 묶는 연상 작용이 바로 그것이라고 보았다.(p.211)

연상 작용의 기본적인 원리에는 크게 유사성의 원리와 접근성의 원리의 두 가지가 있는데, 우선 그는 의미변화의 네 가지 유형을 이들 두 기준에 의해서 설정했다. 예컨대 그는 유사성의 원리에 따르는 것으로는 의미상으로 그것을 따르는 은유와 형식상으로 그것을 따르는 민간 어원적인 것의 두 가지를 내세웠고, 접근성의 원리를 따르는 것으로는 의미상으로 그것을 따르는 환유와 형식상으로 그것을 따르는 생략을 내세웠다. 그러니까 그의 의미 변화관을 요약하자면 의미변화의 원인이 지극히 다양하다는 것과 그렇지만 그것을 주도하고 있는 것은 연상 작용에 기저한 것이라는 것이었다.

그 다음으로 그는 이들 네 가지 유형 중 실제로 가장 중요한 기능을 수행하게 되는 것으로는 은유를 들었는데, 어떤 의미로 보아서는 이런 사실이야 말로 의미 변화를 심리나 정신작용의 반영으로 본다는 그의 의미 변화관을 가장 웅변적으로 드러내고 있다고 볼 수가 있다. 그는 은유의 기능으로 동기부여를 위시하여 표현장치의 확대, 동의어나 다의어 현상의 촉진, 감정표출, 어휘적 공백 채우기 등을 내세웠고, 또한 그것의 형태로는 의인화를 비롯하여 동물화, 추상화, 공감각 등을 내세웠는데, 이런 점으로 미루어보아서 그가 은유를 가장 심리적이면서도 가장 큰 기능을 수행하는 것으로 보고 있음이 분명하다. 그의 이런 은유 중심의 의미 변화관은 아래와 같은 말 안에 잘 담겨져 있다.(p.223)

> 생략과 민간 어원적 변화가 없다고 해도 언어는 완전하게 적절한 의사소통의 매체일 수 있을 것인데 반하여, 은유와 환유가 없는 언어는 상상할 수가 없다. 이들 두 힘들은 인간언어의 기본 구조 내에 내재되어 있다.

6) 사회문화적 요소의 개입

형식론에 비하여 의미론을 한층 더 복잡하고 난삽한 영역으로 만드는 여섯 번째 요인으로는 한 언어의 어휘나 표현이 나타내는 의미에는 으레 그것 나름의 사회문화적 요소가 들어가 있게 되어 있다는 사실이다. 언어는 결국에 의사소통의 도구이다. 따라서 우리는 누구나가 굳이 화용론이나 상황 의미론에서 내세우는 언어이론을 빌리지 않더라도 한 언어의 어휘나 표현이 나타내는 의미는 그것이 실제로 쓰이는 의사소통적 상황 안에 들어가 있을 때만 제대로 파악 될 수 있다는 것을 익히 알고 있다. 간단히 말해서 우리는 이미 한 어휘나 표현의 의미는 그것의 언어적 의미와 상황적 의미가 합쳐진 것이라는 사실을 잘 알고 있는 것이다.

물론 언어가 쓰이는 상황도 크게 보았을 때는 일종의 사회 문화적 상황이다. 그러므로 일차적으로는 상황적 의미 내에 사회 문화적 의미를 포함시키는 것이 순리이다. 그렇지만 그동안의 화용론이나 상황 의미론에서는 언어사용이나 의미론에 대한 일반적인 이론을 설정하는 것만을 주된 과제로 삼았기에 사회 문화적 요소의 문제는 관심의 대상이 되지 못했다. 예컨대 Grice가 내세운 협력의 원리는 어느 사회나 문화에서도 적용 될 수 있는 것이고, 상황 의미론에서 내세우는 상황이론은 「정보의 흐름은 상황형이라는 고차원적 통일체 사이의 추상적 연결망에 의해서 이루어진다.」는 것을 전제로 한 이론이다. 이런 의미에서 볼 것 같으면 Labov나 Hymes 등이 제안하는 사회언어학적 접근법은 통사론에서 뿐만 아니라 의미론에서도 마땅히 적용되어야 하는데, 안타깝게도 아직까지는 그런 시도가 이루어진 적이 없다.(Akman, 2006, p.398)

우리는 크게 두 가지 사실에 의해서 의미해석에 있어서는 사회 문화적 요소가 반드시 개입되게 되어 있다는 것을 확인할 수 있다. 그중 첫 번째 것은 일반적으로 의미 분석시 언어 사용의 상황이나 문맥이라고 일컬어지는 것이 구체적으로는 어느 특정한 사회문화적 상황이나 문맥을 가리키고 있다는 사실이다. 예컨대 「Have you eaten yet?」이라는 말은 영어이니까 일차적으로는 미국이나 영국의 어느 거리에서의 친구들 사이의 대화의 일부로 쓰인 것으로 볼 수가 있다. 이것은 따라서 일종의 아침을 같이 먹자는 초청문일 가능성이 크다. 그러나 「밥 먹었니?」라는 말이 우리나라에서 쓰였다면 이것은 일종의 초청문이 아니라 인사말로 쓰일 가능성이 크다.

물론 대화는 기본적으로 화자와 청자에 의해서 운용 된다. 따라서 사회 문화적 요소에는 시공적인 것 외에 인간적인 것도 있다고 볼 수가 있는데 어떤 의미에서는 이것이 첫 번째 것 보다 의미 해석 시 더 큰 기능을 수행하게 된다고 볼 수도 있다. 따지고 볼 것 같으면 언어 사용자는 모두가 이미 일정하게 사회 문화화된 사람들이다. 우선 미국인 같으면 그들 나름의 특이한 미국적 세계관과 가치관 등을 가지고 있는 데 반하여 우리나라 사람 같으면 우리 나름의 특이한 한국적 세계관과 가치관 등을 가지고 있는 식으로, 어떤 생활이나 문화 공간에서 성장하고 생활했느냐에 따라서 사람들은 으레 서로 다른 의식구조와 신념체계를 가지고 있게 되어있다.

그 다음으로 사람들의 지식의 대부분은 오랜 기간에 걸친 학습과 경험을 통해서 얻어진 것이기에 그 내용은 으레 저마다의 사회문화적 환경에 따라서 달라질 수밖에 없다. 구체적으로 말하자면 미국인 같으면 누구나 미국인 특유의 사회 문화적 지식을 가지고 있기 마련이고, 우리나라 사람 같으면 누구나 우리나라 사람 특유의 사회문화적 지식을 가지고 있기 마련이어서, 같은 나라 사람들끼리 대화를 나눌 때보다 그것이 두 나라 사람들 사이에 이루어졌을 때가 의사소통의 효율이 떨어질 가능성이 높다. 이문화적 의사소통의 문제는 결국에 언어적인 요소가 아니라 사회문화적 요소로부터 유발되는 것이다. 다시 말해서 서로 다른 사람들 사이에는 화용론자들이 강조하는 공유된 지식이라는 것이 존재하지 않는 것이다.

의미해석에 있어서는 사회 문화적 요소가 일정하게 개입되게 되어 있다는 것을 확인할 수 있는 두 번째 사실은 어떤 의미에서는 더 본질적이고 더 직접적인 것이라고 볼 수 있는데, 그것은 바로 언어 자체에 관한 것이기 때문이다. 흔히들 사람들은 하나의 문장은 의미적으로 바꾸어 쓰기가 가능하듯이, 한 언어의 문장은 다른 나라 말로 번역이 가능하다고 주장하기도 하는데, 이런 경우의 의미란 명제적 내지는 개념적인 것을 말하는 것이지 사회문화적 의미를 말하는 것은 아니다. 이런 차이는 물론 문장이나 표현의 표현적이거나 구조적인 차이에서 비롯되는 것도 있겠지만, 기본적으로는 그것은 어휘적 의미의 차이에서 비롯된다고 보아야 한다. 그 이유는 어느 문장에서나 어휘가 의미표현의 기본 단위가 되기 때문이다.

이런 점은 우리말의 「밥」과 영어의 「rice」사이에는 공통된 의미적 내용

보다는 상이한 의미적 내용이 더 많다는 사실 하나만으로써 익히 실증될 수 있다. 우선 우리말에서의 「밥 먹었니?」라는 인사를 굳이 영어로 번역하자면 「Have you eaten yet?」보다는 「Have you eaten rice?」로 하는 것이 맞는 일이다. 그렇지만 어느 특수한 경우가 아니고서는 두 번째 표현이 쓰이지 않으며, 또한 첫 번째 표현의 목적어에 해당하는 것은 밥이 아니라 「breakfast」나 「the meal」일 것이다. 그리고 틀림없이 미국 같은 나라에서의 끼니는 으레 쌀밥을 기본으로 한 것이 아니라 빵을 기본으로 한 것일 것이다.

그 다음으로 우리말의 「밥」과 영어의 「rice」가 대응어가 아니라는 것은 일단 그들의 의미항목을 비교해보게 되면 당장 드러난다. 학습용 국어사전에서는 「밥」의 의미로 1) 끼니로 먹는 쌀밥을 위시하여, 2) 식사, 3) 동물먹이, 4) 자기 차지가 되는 모가치, 5) 남에게 이용당하는 사람, 6) 시계의 태엽, 7) 톱밥, 대팻밥 등을 들고 있다. 그에 비하여 학습용 영어사전에서는 「rice」의 의미로 1) 쌀과 2) 밥, 3) 벼 등을 들고 있다. 이와 관련해서 한 가지 흥미로운 것은 「밥」을 「boiled/cooked rice」처럼 표현한다는 사실이다.(에센스 국어사전)

세 번째로 이런 식으로 의미 항목을 비교해보게 되면 결국에는 우리말의 「먹다」와 영어의 「eat」도 대응어가 될 수 없다는 사실이 쉽게 드러난다. 먼저 우리말의 국어사전에는 「먹다」의 의미로 1) 음식을 씹어 삼킨다는 기본적인 것 이외에 2) 술이나 물 등을 마시다, 3) 담배를 피우다, 4) 남의 재물을 부당하게 챙기다, 5) 수익이나 이문을 차지하다, 6) 꾸지람이나 욕을 듣다, 7) 어떤 마음이나 감정 등을 품다, 8) 두려움이나 겁 등을 느끼다, 9) 나이를 더하다, 10) 더위나 병에 걸리다, 11)어떤 등급이나 점수를 따다, 12) 물이나 습기 따위를 빨아들이다, 13) 봉록 등을 받다, 14) 매나 주먹 등을 얻어맞다, 15) 뇌물을 받아 가지다, 16) 여자의 정조를 유린하다 등이 열거되어 있다.

그에 비하여 영한사전에는 「eat」의 의미로 1) 음식물을 씹어 삼킨다는 기본적인 것 이외로 2) 파괴 내지는 부식되다(예: This acid eats metal: 이 산은 금속을 부식한다.), 3) 병이나 근심 등이 침범하다, 4) 낭비하다(예: An old car eats oil: 낡은 차는 기름을 많이 먹는다.), 5) 초조하게 만들다(예: What's eating you?: 무엇 때문에 속을 태우니?), 6) 황폐하게 하다, 7) 손해나 비용 등을 감수하다 등이 열거되어 있다. 이들 두 목록을 비교해 보자면 어휘적 의미의 다기화 현상과 관련하여 크게 두 가지 사실을 발견하게 되는데, 그중 첫 번째 것은 그것을 유발하는 가장 기본적이면서도 보편적인 절차는 은유화인데, 「먹다」와 같은 신체적 동사의 경우에는 이것이 주어를 의인화하는 방법과 목적어를 생물화하는 방법으로 나누어지게 된다는 사실이다.

그중 두 번째 것은 그것의 기본적 절차 자체는 공통적인 것일지라도 그것의 결과에는 공통성 보다는 오히려 개별성이 더 크게 드러나 있게 되어있다는 사실이다. 여기에서 우선 눈에 띄는 점은 우리말의 「먹다」는 영어의 「eat」와 비교했을 때 어림으로 보아서도 두 배가 넘을 정도의 의미의 가짓수를 가지고 있다는 것이다. 간단히 말해서 우리말의 「먹다」의 용법의 종류는 영어의 「eat」의 그것과 비교도 할 수 없을 만큼 많은 것이다. 그 다음으로 눈에 띄는 점은 동일한 내용을 표현하는 데 있어서 서로 다른 표현법이 쓰이는 경우가 그렇지 않은 경우보다 훨씬 많다는 것이다. 굳이 따지자면 먹는 동작과 관련하여 두 언어에서 동일하게 쓰이고 있는 표현법은 그것의 기본형격인 「We ate good food.(우리는 좋은 음식을 먹었다.)」 정도이다.

언어적 표현의 특이성은 먹는 동작을 나타내는 데 두 언어에서는 서로 다른 대용동사를 쓰고 있다는 사실로써 더욱 확실해질 수 있다. 예컨대 우리말에서는 「하다」가 「먹다」의 대용동사로 쓰이고 있는데 반하여 (예: 점심을 하다, 한잔 하자. 점심은 냉면으로 했다.), 영어에서는 「have」가 그렇게 쓰이고 있다. (예: I'm having breakfast. Will you have another cup of tea? Have a cigar.) 영어의 경우 「eat」는 타동사와 자동사의 두 가지로 쓰일 수 있지만 「have」는 오직 타동사로만 쓰일 수 있고, 우리말의 경우에도 「먹다」와 「하다」사이에 같은 차이점이 있는 사실 하나만으로 미루어 보아서도, 「하다」와 「have」의 용법은 「먹다」와 「eat」의 그것과 비교도 할 수 없을 만큼 제한적이라는 것을 익히 알 수가 있다.

1.4 의미 이론의 난립성

Chomsky의 통사이론을 언어의 형식성에 관한 일종의 대이론으로 치자면, 언어의 의미성에 관해서는 아직도 그것에 버금갈만한 대이론이 나오지 못했다. Cruse(2011)는 예컨대 「Meaning in Language(언어와 의미)」에서 지금의 의미론 연구의 현황을 파악함에 있어서 무엇보다도 깊이 명심해야 할 사실은 바로 통일된 의미이론이란 결국엔 한낱 허구에 불과하다는 사실이라고 내세우고 있는데, 아마도 의미론자 치고서 이런 생각을 가지고 있지 않은 사람은 없을 것이다. 일반적으로 보아서 어느 영역에서나 작업력의 집중성의 원리대로 구성원들의 관심과 노력이 한 곳에 수렴되어있지 않으면 그만큼 발전이 더딜 수밖에 없는 것인데, 안타깝게도 오늘날의 의미론 연구는 이런 진실의 전범적 실례가 되고 있다. 바꾸어 말하자면 지금의 통사론이나 형식론과 비교해 보았을 때 지금의 의미론의 제일 큰 특징은 군소 이론의 난립성이라는 점이 분명해진 것이다.

아마도 이런 사실의 가장 확실한 근거로 내세울 수 있는 것이 바로 최근에 「Elsevier」에서 펴낸 「Concise Encyclopedia of Semantics(의미론 백과사전)」에는 무려 214개의 서로 다른 논문들이 수록되어 있다는 사실일 것이다. 한 권의 단행본으로써 하나의 학문적 현황을 소개하는 데 이렇게 많은 수의 전문가들의 논문들을 동원했다는 것은 일단 역사상 처음 있는 일이라고 크게 칭찬할 일이지 결코 비난할 일은 아니다. 두 말할 필요 없이 누구나 이 책을 통해서 의미론의 다면성을 익히 확인할 수 있다. 그렇지만 뒤집어 볼 것 같으면 그것의 연구 현황을 소개하는 데 이렇게 많은 수의 논문이 필요했다는 사실만큼 의미론의 제일 두드러진 특징은 군소이론의 난립성이라는 사실을 웅변적으로 실증하고 있는 것도 없다.

그게 그렇다는 것은 이들 중 하나의 의미이론의 이름을 직접 제목으로 내세우고 있는 것들을 나열해 보면 된다. 다시 말해서 이들 중 「theory」나 「semantics」, 「approach」 등의 용어가 논문의 제목으로 쓰인 것에는 「Accessibility Theory(접근성 이론)」을 비롯하여 「Centering Theory(중심화 이론)」, 「Boole and Algebraic Semantics(불 및 대수학 의미론)」, 「Cognitive Semantics(인지 의미론)」, 「Psycholinguistic Approach(심리 언어학적 접근법)」, 「Default Semantics(디폴트 의미론)」, 「Discourse Representation Theory(담화 표현이론)」, 「Discourse Semantics(담화 의미론)」, 「Dynamic Semantics(동태적 의미론)」, 「Event Based Semantics(사건 기저 의미론)」, 「Formal Semantics(형식 의미론)」, 「Frame Semantics(틀 의미론)」, 「Game-Theoretical Semantics(게임 이론 의미론)」, 「General Semantics(일반 의미론)」, 「Generative Semantics(생성 의미론)」, 「Ideational Theories of Meaning(상념적 의미이론)」, 「Lexical Semantics(어휘 의미론)」, 「Lexicon/Dictionary: Computational Approches(어휘/사전 컴퓨터 접근법)」, 「Montague Semantics(몬태규 의미론)」, 「Philosophical Theories of Meaning(철학적 의미이론)」, 「Pre-20th Century Theories of Meaning(20

세기 이전 의미이론)」, 「Prototype Semantics(전형 의미론)」, 「Reference and Meaning, causal Theories(지시 및 의미의 인과이론)」, 「Situation Semantics(상황 의미론)」, 「Speech Acts and AI Planning Theory(화행론과 인공지능계획 이론)」, 「Streotype Semantics(정형 의미론)」, 「Use Theories of Meaning(사용 의미 이론)」 등이 있다. 이들을 모두 합치면 무려 27가지나 된다.

그런데 사실은 의미론 연구의 현황 즉, 그것의 제일 큰 특징을 군소이론의 난립성으로 보려는 견해에 관한 한 이런 사실보다는 오히려 이 사전의 저자인 Allen이 이것의 내용을 소개한 서문의 끝에서 아래와 같은 말을 하고 있다는 사실이 더 설득력을 가지고 있다고 볼 수가 있다. 그는 우선 이 사전에서는 현재 의미론에서 논의되고 있는 주제들 즉, 어휘 의미론과 어의학, 의미관계, 인지적 및 심리학적, 컴퓨터적, 형식적, 기능적 접근법들, 담화, 문맥, 화용론, 통사와 의미론의 인터페이스, 문법의미론 등이 모두 망라되도록 했다는 점을 적시한 다음에 「이 논문집은 의미적 탐구와 연구라는 넓은 분야에서 세계적인 권위자들이 일궈낸 최근의 업적들을 알아보려는 모든 영역의 독자들을 위한 학문적 희열의 판도라의 상자이다.」와 같은 말을 하고 있다.

물론 제일 먼저 눈에 띄는 점은 이것은 이것의 내용을 소개한 자기의 업적을 자랑하는 일종의 자화자찬적인 글이라는 사실이다. 그의 말투는 누구라도 이 사전 하나만 있으면 의미론에 관한 모든 것을 알 수 있다는 식이니까 오랫동안 의미론을 전문적으로 연구해 온 그가 여기에서는 어떻게 이런 말을 하게 되었는지 잘 이해가 되지 않는다. 그런데 흥미롭게도 그는 이 글에서 일종의 「프로이트적 실언」을 하고 있다. 맨 마지막에 나오는 「학문적 희열의 판도라의 상자」라는 표현이 바로 그것인데, 앞 뒤의 문맥으로 보아서 「판도라의 상자」라는 말이 긍정적인 의미로 쓰이고 있다는 것은 의심할 여지가 없다. 그러나 희랍신화에 근거한 이것의 원래의 의미는 「여러 재앙의 근원」인 식으로 자못 부정적인 것이다. 그러니까 일차적으로는 그는 여기에서 부적절한 어휘나 표현을 선택한 오류를 범하고 있다고 볼 수가 있다. 그러나 굳이 심리학적으로 풀이하자면 그는 여기에서 자기의 속내를 드러내고 있다고 볼 수도 있다. 다시 말해서 아마도 그가 진심으로 하고 싶었던 말은 의미론은 누구나 함부로 손을 댈 수 없을 만큼 난해하고 복잡한 분야라는 것이었을 것이다.

그의 자화자찬과는 정반대로 이 사전이 실제로는 의미론의 난맥상을 드러내주고 있는 책이라는 사실을 지적한 사람도 있는데, Ramsay가 바로 그런 사람이다. 그는 이 사전에 수록된 「Speech Acts and AI Planning Theory(화행론과 인공지능 계획이론)」라는 논문의 서두를 「언어는 복잡하다. 현재의 백과사전의 범위가 이 점을 명백히 드러내주고 있는 셈이어서 이 책에 수록된 수천 개의 논문을 모두 읽었다 치더라도 당신은 결국에 여전히 언어가 어떻게 작동하는 지를 제대로 알지 못할 것이다.」라는 말로써 열고 있다. 한 마디로 말해서 그는 크게는 의미론의 현황에 대해서이고 작게는 이 사전의 기능에 관하여 편집자의 견해와는 정반대의 견해를 가지고 있는 것이다.(Ramsay, 2009, p.926)

두말할 필요도 없이 오늘날 온갖 군소 이론들이 난립하게 되었다는 것은 일차적으로는 의미 연구가 그동안에 무척 활발했었다는 증거일 수 있으니까 결코 비판할 일이 아니다. 간단히 말해서 희랍시대 때부터 지금에 이르기까지 철학자나 언어학자들이 한 시대도 거르지 않고서 언어적 의미의 실체를 밝히는 일에 매달리다보니까 그렇게 많은 의미 이론들이 생겨나게 된 것이다. 역사적으로 말할 것 같으면 그동안에 의미론은 크게 두 가지 면에서 발전의 궤적을 이어왔다고 볼 수 있는데, 그중 한 가지는 그것의 영역을 처음에는 어휘 의미론으로부터 시작된 것이 나중에는 문장의미론이나 화용 의미론으로 발전되는 식으로, 전 언어체계적인 것으로 확대시킨 것이고, 그중 또 한 가지는 그것의 연구방법을 처음에는 역사적인 방법을 쓰다가 나중에는 기술적이거나 인지적 및 인공 지능적 방법을 쓰는 식으로 현대화시킨 것이다. 의미론이 이런 긴 발전의 과정을 밟아온 이상 지금에 와서 잡다한 이론들이 난립하게 된 것은 하등 이상한 일이 아니다.

또한 엄밀하게 따지자면 오늘날 우리가 언어적 의미는 형식주의의 한계성을 익히 드러낼 수 있을 만큼 다면적이고 다양한 것이라는 사실을 비롯하여 의미론은 결국에 인간의 지식이나 정서에 관한 것은 물론이고 궁극에는 인간성 전체에 대한 연구와 직결되게 된다는 사실, 의미론은 원래가 통사론보다 훨씬 더 복잡하고 난해한 영역이 될 수밖에 없다는 사실 등을 알게 된 것은 결국에는 이런 군소 이론들이 있기 때문이다. 더 나아가서 우리는 이런 군소이론들을 통해서 형식이나 통사론적 업적에 만족하고 있는 오늘날의 언어연구의 태생적 한계성을 쉽게 알아차릴 수 있다. 역설적으로 이들을 통해서 우리는 언어연구에 있어서의 의미론의 중요성과 필요성을 새삼 깨닫게 되는 것이다.

그러나 의미 연구의 장래를 걱정하는 사람이라면 그것의 이런 현황을 놓고서 일차적인 것과는 정반대적인 해석, 즉 이차적인 해석을 내리기 쉬울 텐데, 그 이유는 그것은 바로 연구의 난맥상에 대한 산 증거일 수 있기 때문이다. 통사론의 발전과정과 대비했을 때 의미론의 그것에는 종적인 체계성은 없고 오직 횡적인 산개성만 있다는 점이 두드러진다. 예컨대 통사론은 그동안에 크게 전통문법의 시대로부터 출발한 것이 구조주의 시대를 거쳐서 변형생성문법주의 시대에 이르는 식으로 일종의 역사적 전수성, 즉 종적인 체계성이 유지되는 가운데 발달되어 왔다. 그렇지만 의미론의 그동안의 발달과정은 잡다한 이론들의 무체계적 누적과정이었다. 이런 의미로 볼 것 같으면 그러니까 그 많은 의미이론 중 Chomsky의 통사이론과 맞설만한 것이 아직까지 하나도 나오지 못한 것이 자업자득인 셈이다.

의미이론의 난립성을 놓고서의 이런 부정적 평가가 결코 예외적인 것이 아니라는 사실을 우리는 다음과 같은 두 가지 사실을 통해서 익히 알 수가 있다. 첫 번째로 제시할 수 있는 것은 Newmeyer가 편집한 「Linguistics: The Cambridge Survey(캠브리지 언어학 개관)」의 제1권에서는 지금의 언어연구를 이끌어가는 각 영역의 언어 이론들을 소개하고 있는데, 여기에 실려 있는 총 17개의 논문 중 의미론에 관한 것은 Ladusaw에 의한 「Semantic Theory(의미이론)」 하나뿐이라는 사실이다. 이 논문집의 목적은 지금의 언어연구의 눈부신 발전상을 알리는 데 있었을 테니까, 자연히 Chomsky의 통사 이론을 집중적으로 소개하게 되었을 것이라는 점을 십분 감안한다고 하더라도 의미론에 대한 논문은 네 번째에 나오는 단 하나에 불과하다는 것은 의미론 폄훼의 한 예임이 분명하다.

굳이 따지자면 아홉 번째에 나오는 Enc의 「The Syntax-Semantics Interface(통사론과 의미론의 인터페이스)」라는 논문도 의미론에 관한 것이라고 볼 수도 있다. 그러나 결론이 「언어연구에 따를 것 같으면 인간언어에 관한 일반적 이론의 일부는 통사적인 것이어서 의미적 자질로 환원시킬 수 없음이 확실한데, 이것은 곧 통사적 자율성의 이론의 정당성을 뒷받침하고 있다.」처럼 되어 있는 점으로 미루어 보아서, 이것도 결국은 하나의 통사론의 우위성을 강조하는 논문임이 분명하다. 다시 말해서 이것의 요지는 앞으로의 언어연구도 지금까지처럼 통사론이 주역이 되고 의미론이 조역이 되는 식의 판도를 유지해야 된다는 것이었다.

이 논문의 목적에 맞도록 Ladusaw가 자기 논문을 의미론의 현황에 대한 일종의 평가문처럼 만든 것은 잘 한 일이었다. 틀림없이 그는 여기에

실린 논문 중 의미론에 관한 것은 자기의 것 하나뿐이라는 사실을 미리 알고 있었기에 자연히 그것은 리뷰적인 성격의 것으로 낙착되었을 것이다. 그러나 문제는 이 글에서는 의미론자인 그마저도 앞의 Enc와 마찬가지로 통사론 중심의 언어 연구관을 가지고 있다는 사실이 쉽게 발견될 수 있다는 점이다. 물론 그도 지금의 현황으로 보았을 의미론을 통사론과 모든 면에서 대등한 것으로 본다는 것은 가당치 않다고 보았을 것이다. 다시 말해서 그도 현재까지의 의미론적 연구가 통사론적인 그것 보다 크게 뒤져있다는 사실을 익히 알고 있었던 것이다.

그의 통사론 우위적인 사고방식은 첫 번째로 언어학적 의미이론의 목적을 논하는 자리에서 잘 드러나 있다. 먼저 여기에서 그는 의미적 능력의 기저가 되는 것은 바로 토박이의 언어적 능력이기에, 「언어적 표현의 의미적 관계를 밝히는 일은 으레 통사론적 설명이 바탕이 될 수밖에 없다.」와 같은 말을 하고 있는데, 이런 견해는 다분히 Chomsky적인 것이라고 볼 수가 있다. 그 다음으로 그는 현재로서 언어적 의미관계를 밝히는 일은 크게 바꾸어 쓰기와 함의관계, 변칙문 해석 등의 세 가지 과제에 집중되어 있다고 보았는데, 따지고 볼 것 같으면 이들 모두가 기본적으로 통사론적 설명을 필요로 하는 과제들이다.

여기에서 그가 제시하고 있는 실례들이 모두 Chomsky의 통사론적 논쟁에서 이미 쓰였던 것이라는 사실이 이 점을 무엇보다도 분명하게 뒷받침하고 있다. 예컨대 그는 첫 번째 과제는 「John chased Fido.(존은 피도를 뒤쫓았다.)」와 「Fido was chased by John.(피도는 존에 의해 뒤쫓겼다.)」은 서로 의미적 등가문임을 밝히는 것이고, 두 번째 과제는 「John and Mary stayed in Vienna.(존과 메리는 비엔나에 머물렀다.)」는 「John stayed in Vienna.(존은 비엔나에 머물렀다.)」의 의미를 함의하고 있다는 것을 구명하는 일이며, 세 번째 과제는 「Colorless green ideas sleep furiously.(무색의 녹색 상념이 요란하게 잠잔다.)」나 「The theory of relativity is shiny.(상대성 이론은 빛이 난다.)」가 왜 비정형문인가를 밝히는 일이라고 설명하고 있다.(Ladusaw, 1988, p.90)

그의 통사론 우위적 사고방식은 두 번째로 의미적 표현체의 발달과정을 설명하는 대목에서도 잘 드러나 있다. 그는 여기에서 지금까지 언어적 의미론을 이끌어온 진리조건적 의미이론이나 모형이론적 의미이론, 가능세계의 의미이론 등은 첫 번째로는 모두가 철학이나 논리학에서 개발된 서술 논리적 표현법을 기본적 표현법으로 사용해 왔다는 점과, 두 번째로는 그러다보니까 자연히 한 문장 내의 논항구조와 논항의 의미역할, 양화사의 의미영역 등을 결정하는 일을 주된 과제로 삼아왔다는 점 등의 공통점을 갖게 되었다고 주장하고 있는데, 따지고 볼 것 같으면 Chomsky가 말하는 논리형식이라는 것은 이런 식의 의미 분석법을 약간 고쳐 쓴 것에 불과하다.

그의 통사론 우위적 사고방식은 세 번째로 Montague 문법을 설명하는 자리에서도 익히 드러나 있다. 우선 그는 Montague 문법을 현재로서는 가장 주목할 만한 의미이론으로 보아야 하는데 그 이유는 바로 이것은 최신의 논리적이며 수학적인 기법을 이용하여 통사론과 의미론 간의 사상절차는 으레 성분 분석적 이어야 한다는 점을 분명히 밝힌 이론이기 때문이라고 주장했다. 특히 그는 최근에 이르러 「불(Boole) 대수학」에서 쓰이는 세트 이론을 도입하여 통사적 범주와 의미적 형 간의 1대 1식인 대응관계를 구명하는 단계를 넘어서서 여러 범주나 형 간에 있게 되는 일반화 현상을 설명하는 단계에 이르게 된 점을 이 문법의 강점으로 내세웠다. 이 문법이 앞으로 아무리 발달을 해도 통사적 분석이 의미적 분석의 기본이 된다는 Montague의 사고방식이 바뀌는 것은 아니었다.

그의 통사론 우위적 사고방식은 네 번째로 앞으로의 의미론을 전망하는 자리에서도 잘 드러나 있다. 그가 보기에는 최근에 전통적 틀 안에서의 의미연구는 크게 두 가지 문제점들에 직면하게 되었는데, 그중 첫 번째 것은 수학적 의미론과 심리학적 의미론 간의 적절한 균형을 잡기가 어렵다는 것이고, 그중 두 번째 것은 가능한 세계의 의미론과 상황적 의미론 간의 적절한 균형을 잡기가 어렵다는 것이었다. 물론 이런 도전을 극복하기 위하여 「상황 의미론」이나 「개념구조론」, 「인지 의미론」 등과 같은 새로운 의미론 등이 등장했다는 것은 의미 있는 일이었다. 그러나 종합적으로 보았을 때 의미론의 장래는 그것과 통사론의 관계와 그것과 화용론의 관계를 얼마나 성공적으로 밝힐 수 있느냐에 달려있었다. 그가 맨 마지막에 이들 과제를 해결함으로써 「의미론은 언어적 능력을 기술하는 작업이 될 수 있다.」고 말하는 사실로 미루어 보아서 그의 사고방식이 결국에는 통사론 우위적인 것임을 다시 한 번 확인할 수 있다.(Ibid, p.110)

의미이론의 난립성을 놓고서의 이런 부정적 평가가 결코 예외적인 것이 아니라는 것을 실증하고 있는 두 번째 사실로는 Cruse는 앞에서 언급한 책의 결론부에서 지금의 의미연구의 현황에 대해서 지나칠 정도로 비관적인 평가를 내리고 있다는 사실을 들 수가 있다. 일종의 의미론에 대한 개설서답게 이 책에서는 그동안의 의미연구의 발달과정과 그것에서 태어난 주요 의미이론들을 사백사십여 쪽이나 되는 지면에 걸쳐서 상세히 소개하고 있는데 무엇보다도 다른 개설서와 다른 점은 오직 이것만은 현재의 의미연구의 현황을 극도로 부정적으로 평가하고 있다는 점이다. 특히 흥미로운 것은 다른 책과 마찬가지로 본문에서는 객관적 사실을 사실대로 기술하는 식으로 진행하다가 발문이라는 이름의 결론부에서 갑자기 저자의 태도가 사뭇 비관적인 것으로 바뀌게 된다는 사실이다.

그의 발문은 아래처럼 모두 여섯 가지의 평가로 이루어져 있는데, 첫 번째 것과 두 번째 것, 여섯 번째 것 등이 모두 의문문의 형식을 취하고 있는 점이 우선 눈에 띈다. 추측컨대 이것은 자기주장을 강조하기 위한 방편이었을 것이다. 그 다음으로 눈에 띄는 점은 이 중 첫 번째 네 가지는 어휘적 의미에 관한 것이고, 다섯 번째 것은 화용적 의미에 관한 것이며, 마지막 여섯 번째 것은 의미론 전체에 관한 것이어서, 그는 결국에 어휘 의미론을 의미론의 기본 영역으로 간주하고 있음을 알 수가 있다. 마지막으로 주목 할 사실은 여섯 번째 평가를 통해서 그는 의미론은 언어와 이 세계의 관계에 대한 연구이어서 궁극적으로는 그것이 언어학적 의미론이라는 경계를 넘어서야 마땅하다고 생각하고 있다는 것을 밝히고 있다는 점이다.

1) 어휘의 의미적 자질을 가장 잘 표현하는 방법은 어떤 것인가?
2) 개념적 원질, 즉 의미적 원자라는 것이 있는 것일까?
3) 분명히 은유와 환유를 이해하려는 연구에서는 진전이 있었다.
4) 어휘의 가능한 의미에 대한 제약조건은 아직 부분적으로밖에 밝혀지지 않은 것 같다.
5) 관련성은 화용론의 핵심 개념 중 한 가지이다. 그러나 관련성의 새는 아직도 숲에서 자유롭게 날아다니고 있다.
6) 언어는 우리 주변의 세계의 사물과 사건과 어떻게 연결되어 있는가? 그 전체적 체계는 어떻게 작동되는가?

(Cruse, 2011, p.449)

제2장
의미론 발달의 역사

2.1 세 가지 특징

지금 언어학에서 널리 쓰이는 의미론이라는 용어는 프랑스의 언어학자이면서 최초의 인지 의미론자로 볼 수 있는 M. Breal의 창작품이었다. 그는 1897년에 낸「Essai de Semantique: science de significations(의미론: 의미작용 과학)」이라는 책에서「언어학은 인간이 자신에 대하여 설명하는 학문이다.」라는 유명한 말과 함께 언어의 의미를 다루는 분야를「Semantique」라고 불렀다. 그러자 곧 이어 Cust는 프랑스어인 이것을 영어의「Semantics」로 고쳐 부르기 시작했으며, 결국에는 이것이 언어학의 과제가 통사론과 의미론으로 양분될 수 있도록 하는 데 견인차의 역할을 수행하기에 이르렀다. 그게 그렇다는 것은 간단히 약 40년 후인 1938년에 미국의 기호론자인 Morris가 Peirce의 발상법을 그대로 따라서 언어학을 크게「Syntax(통사론)」과「Semantics(의미론)」,「Pragmatics(화용론)」등의 세 분야로 이루어진 학문으로 정의했다는 사실 하나만으로써 익히 알 수가 있다.(Morris, 1938)

그렇지만 언어학자치고서 어느 누구도 그것을 부르는 용어가 현대적 학문의 소산이라고 해서 의미론이라는 학문 자체도 그렇다고 생각할 리가 없는데, 그 이유는 언어는 하나의 형식과 의미의 합작물이라는 사실은 이미 일종의 상식과 같은 지식이기 때문이다. 모든 서양 학문은 Plato와 Aristotle 등을 위시한 고대희랍의 철학자들에 의한 현학적 토의에 의해서 시작되었다고 보았을 때 크게는 언어학이고 작게는 의미론의 시작도 그런 견해에서 예외일 수가 없다. 더 구체적으로 말할 것 같으면 의미론적 논쟁의 효시는 아마도 언어와 사물의 관계를 놓고서의 Plato와 Aristotle 간의 논쟁, 즉 전자가 먼저 이름, 즉 낱말은 사물의 속성을 그대로 반영한 것이라는 일종의 이성주의적 「본질설」을 내세우자 그 후 후자가 이름이나 낱말은 인간이 마음대로 만들어낸 것에 불과하다는 일종의 경험주의적 「규약설」을 내세우게 되는 식의 논쟁일 것이다. 그들의 언어에 관한 최초의 논쟁은 결국에 형식론적인 것이 아니라 의미론적인 것이었던 것이다.

또한 우리는 이들 중 특히 후자가 최초의 이론 언어학자이면서 의미론자였다는 것을 다음과 같은 두 가지 사실로써 익히 알 수가 있다. 그중 첫 번째 것은 오늘날까지도 의미론적 과제에 대한 가장 표준적인 구도로 받아들여지고 있는 Ogden과 Richards의 「의미적 삼각형」이 따지고 볼 것 같으면 그의 기본적 언어관을 형식화한 것에 지나지 않는다는 사실이다. Sueren(2010)의 말을 그대로 빌리자면 그가 언어연구에 이바지한 제일 큰 기여는 「언어를 신화의 대상으로부터 이성적 탐구의 대상으로 바꾸어 놓은 것, 다시 말해서 언어를 이 세상에 대한 생각을 표현하고 교환하는 수단으로 본 점」이었는데, 그렇다면 이것보다 그가 궁극적인 의미에서는 최초의 의미론자였다는 것을 더 웅변적으로 증거하는 사실은 없다.(Sueren, 2010, p.29)

그중 두 번째 것은 현대에 이르러 특별히 활발해진 철학적 내지는 논리학적 언어연구의 뿌리에 해당하는 그의 「진리이론」이 그 발상법과 형식성 모두에 있어서 최초의 의미이론으로 불리기에 조금도 부족함이 없다는 사실이다. 그는 먼저 언어를 이성적 진리탐구의 정당한 도구로 볼 수 있는 것은 결국에 이것으로써 으레 이 세상의 사물이나 사건과 그것에 대한 생각이나 표현간의 대응관계가 참인 것과 거짓인 것의 두 가지로 판단될 수 있기 때문이라고 생각했다. 그는 생각이나 표현의 진리성을 분석해내는 것이 곧 철학적 과제라고 본 것인데, 생각이나 표현의 형식이 참이냐 거짓이냐 하는 문제는 당연히 그것의 형식이 아니라 내용, 즉 의미에 의해서 결정된다는 것은 더 이상 의심할 여지가 없다. 이런 의미로 보았을 때 그의 진리이론은 일종의 의미이론이었다.

그의 진리이론의 구체적인 구성물로 간주할 수 있는 「범주론」과 「명제론」의 내용을 살펴 보게 되면 이런 주장이 결코 잘못된 것이 아님을 익히 확인할 수 있다. 우선 그는 언어적 품사론 대신에 이 세상의 사물을 분류하는 「범주론」을 창안해 냈는데, 그 종류가 실질을 위시하여 양, 질, 관계, 장소, 시간, 위치, 상태, 행동, 정서 등의 열 가지로 잡힌 점으로 미루어 보아서, 이것은 바로 하나의 「의미론」이나 다름이 없었다. 그가 특히 이들 중 기본이 되는 것은 개별적 사물을 가리키는 실질 한 가지 뿐이고 나머지는 모두 그것의 속성이나 자질에 관한 것으로 본 사실도 이것이 궁극적으로는 일종의 의미론이라는 것을 십분 증거하고 있다.

이상과 같은 범주론을 기초로 해서 그는 서술이나 문장의 진리성을 검토할 수 있는 명제론도 창안해 냈는데, 이로써 그는 궁극적으로 그 유명한 「3단논법」을 개발할 수 있었다. 이것에서는 우선 한 명제나 문장의 논리성을 규제하고 있지만, 명제를 그가 「Prior Analytics(이전 분석학)」에서 「무언가에 대한 긍정적이거나 부정적인 표현」으로 정의한 점으로 미루어 보아서는 이것도 하나의 의미론임이 분명하다. 이 책에서는 또한 하나의 명제는 서술어와 그것이 적용되는 말과 같은 논항으로 구성되어 있다는 점도 명시되어 있는데, 이와 관련하여 특기할 점으로는 참인 명제를 거짓으로 만들거나 그 반대의 절차를 위하여 부정사인 「not」가 쓰였다는 점과 「주어」가 명제의 기본 논항으로 간주되지 않았다는 점이다. 이런 점을 근거로 Sueren은 그의 명제의 분석법은 「주어+술어」식의 통사적 분석법이 아니라 「주제+서술」식의 의미적 분석법이라고 보고 있다. 너무나 논리적으로 당연한 말이 되겠지만 그는 「범주론」과 「명제론」을 하나로 합치게 되면 이 세상의 어떤 것에 관한 것이든지 하나의 참된 서술, 즉 의미 있는 서술을 할 수 있게 된다고 생각한 것이다.(Ibid, p.30)

그러나 그 후에 전개되는 언어 연구의 역사는 그의 언어관과는 거의 정반대적인 쪽으로 흐르게 되어서, 구체적으로는 희랍시대 때 이미 그가 의미론적인 입장에서 제안했던 「2품사론」이 곧 이어서 형식론적인 「8품사론」으로 발전되는 식으로 언어연구는 크게 문법이나 형식중심의 양태를 띠게 되었다. 그래도 역시 누구에게나 분명한 것은 이 세상의 사물이나 사건에 대한 개인의 생각을 나타낸 것이 문장이라는 그의 주장이 결코 틀린 것이 아니며, 따라서 궁극적으로는 그것이 언어 연구는 마땅히 형식론 중심의 것에서 의미론 중심의 것으로 귀착되어야 한다는 당위성일 것이다.

1) 2차성

돌이켜 볼 것 같으면 그동안의 의미론의 역사는 한마디로 말해서 이런 역설적 운명의 역사라고 볼 수가 있는데, 그것의 특징을 일단 크게 2차성이라는 한 가지의 부정적인 것과 보조성과 발전성이라는 두 가지의 긍정적인 것 등의 세 가지로 잡고 보면 그런 점이 보다 분명해진다. 먼저 2차성이라는 첫 번째 특징의 내용을 살펴볼 것 같으면, 간단히 말해서 이것은 의미론은 그동안 내내 으레 통사론에 일차적인 위상을 내준 상태에서 즉, 일종의 2차적 학문으로서 존재해왔다는 사실을 가리키는 것이다.

물론 따지고 볼 것 같으면 의미론이 언어연구의 역사의 양지가 아니라 그늘에서 자랄 수밖에 없었던 것은 학문도 결국에는 당위나 이상이 아니라 현실이나 현상이라는 것을 사실적으로 실증하고 있는 하나의 사례에 지나지 않는다. 예컨대 아무리 정확하게 고대 희랍의 철학자들이 언어연구가 앞으로 나아갈 길을 제시했다고 한들, 그것은 그 후에 혁신적인 언어이론을 앞세워서 그것을 이끌어갔던 Saussure나 Chomsky가 바로 통사론자였다는 사실 앞에서는 무의미해질 수밖에 없었던 것이다. 가령 그동안에 언어적 통찰력과 이론 구축력에 있어서 이들과 맞설 수 있는 의미론자가 한 명이라도 있었더라면 그 역사는 크게 달라졌을 것이다.

사실 지금의 의미론자 중에는 의미론의 역사가 2차적인 것으로 밀려나게 된 것은 결국에는 통사론의 역사가 언어 연구의 주된 역사의 자리를 차지하게 되었기 때문이라는 견해를 가진 사람이 많은데, 그중 가장 대표적인 사람이 바로 Geeraerts이다. 그가 2010년에 낸 「Theories of Lexical Semantics(어휘 의미론)」라는 개론서는 크게 두 가지 특징을 지니고 있다고 볼 수가 있는데, 그중 첫 번째 것은 어휘 의미론의 발달과정을 의미론 전체의 발달과정으로 보았다는 점이고, 그중 두 번째 것은 통사론의 발달과정을 어휘 의미론의 발달의 축으로 삼았다는 점이다.

그가 이렇게 한 것은 물론 그가 어차피 그동안의 언어학이나 언어연구의 발달을 이끌어 온 것은 통사론임이 분명한 이상, 그 궤적이나 축을 그대로 인정하는 것이 기술적 객관성을 확보하는 길이라고 생각했기 때문이었을 것이다. 그러나 이렇게 함으로써 그는 의미론의 발달을 통사론 발달의 부산물로 보았다는 비평을 피할 수 없게 되었다. 예컨대 통사론의 발달과정과 의미론의 그것 사이에는 일차성 대 이차성 정도의 차별성을 두는 것이 맞다고 보는 사람일지라도 아예 의미론 발달의 자율성이나 독립성을 인정하지 않는 식의 극단적 견해에는 동의하지 않을 것이다.

그의 책은 크게 다섯 개의 장으로 이루어져 있는데, 그들의 제목은 「역사 및 어학적 의미론」으로부터 시작하여 「구조주의 의미론」, 「생성주의 의미론」, 「신구조주의 의미론」, 「인지적 의미론」에 이르는 식으로 결국은 언어학의 역사를 크게 다섯 시기로 나눈 결과물이라는 것을 그대로 드러내주고 있다. 그런데 여기에서 문제가 되는 것은 우선 오직 그만이 언어학의 역사를 이런 식으로 구분하고 있다는 점이고, 따라서 실제로는 의미론의 역사를 다섯 시기로 먼저 나눈 다음에 그들에게 이미 정립된 이론들의 명칭을 붙였을 가능성이 크다는 점이다. 특히 눈에 띄는 점은 이러다 보니까 최신의 의미 이론들을 신구조주의 의미론과 인지적 의미론으로 양분하는 억지를 부리게 되었다는 점이다.

그러나 어떤 의미에서는 그보다 더 본질적인 문제점을 그의 책은 내포하고 있다고 볼 수가 있는데, 그것은 바로 그의 생각처럼 적어도 현대 언어학이 출범한 20세기 이후에는 Saussure와 Chomsky라는 두 대언어학자들의 언어사상이 통사론뿐만 아니라 의미론의 발달도 주도했다고 볼 수가 있느냐 하는 것이다. 이것에 대한 대답은 응당 「구조주의 의미론」과 「생성주의 의미론」에서 무슨 논의를 하고 있느냐에 대한 구체적인 검토로부터 얻어질 수밖에 없는데, 결론적으로 말하자면 그런 검토를 통해서 대부분 사람이 갖게 되는 것은 그의 견해는 어디까지나 그만의 것이라는 생각일 것이다.

순서가 뒤집히기는 하지만 먼저 세 번째 장인 「생성주의 의미론」에서 어떤 이론이나 쟁점이 논의되고 있는가를 살펴보게 되면, 그의 발상법의 조잡성이 당장 드러난다. 우선 그는 이 책의 소개부에서 「어휘 의미론의 역사 내에서 이 시기는 주축적 위치를 차지한다. 이것은 형식문법의 일부로서 의미론을 형식화 하려는 시도가 있었던 시기이다.」라는 말과 함께 마치 Chomsky의 생성문법이론이 현대적 의미이론의 발달에 있어서 견인차적인 역할을 한 듯한 인상을 주려고 하고 있다. 더 구체적으로는 일단 여기에서 그는 Chomsky의 형식주의적인 언어이론과 문법 기술법의 출현에 힘입어서 의미론의 영역에서는 형식 의미론이 연구의 주도권을 잡게 되었다는 식의 다분히 자의적인 견해를 나타냈던 것이다.(Geeraerts, 2010, p.XIV)

물론 겉으로 보았을 때는 그의 이런 자의적인 의미론 발달관은 이 장의 내용 전체에 잘 드러나 있다고 볼 수가 있다. 예컨대 그는 이 장의 끝부분에서 생성주의 덕분에 의미론자들은 그들의 과제는 크게 어떤 의미까지가 언어적 기술의 대상인가와 의미의 형식화가 가능한가라는 두 가지 질문에 대한 정답을 구하는 것임을 깨닫게 되었으며, 그 결과 얼마 뒤에는 첫 번째 것의 해답의 일부로서 인지 의미론이 새로 탄생되게 되었고, 두 번째 것의 해답의 일부로서 전산 의미론과 형식 의미론이 평행관계를 유지하는 현상이 일어나게 되었다고 주장하였다.(Ibid, p.120)

그러나 그의 이런 결론은 이것을 도출하기까지의 여러 사실에 대한 논의의 내용과 일치하지 않는 데 문제점이 있다. 예컨대 이 장의 앞부분에서는 Katz와 Fodor가 1960년에 「The Structure of a Semantic Theory(의미이론의 구조)」라는 논문을 통해서 처음으로 통사론과 의미론의 통합의 필요성을 제기한 이래, 그 후에도 꾸준히 성분 분석법과 서술논리학을 병합하는 방법을 그것을 실현할 수 있는 유일한 방법으로 내세워 왔다는 사실과, 1960년대에 변형주의자들이 생성의미론파와 해석의미론파로 갈라져 싸운 결과, 결국에는 후자의 승리로 끝났다는 사실 등을 집중적으로 토의하였는데, 크게 보자면 이들 두 사실은 모두가 오랜만에 통사론에 의미론이

정식으로 도전장을 던졌지만 역시 실패로 끝났다는 것이 판명된 사실에 지나지 않는다.(Ibid, p.109)

그가 여기에서 내세운 결론은 결과적으로 일종의 아전인수적인 꿰맞추기에 불과하다는 것은 다음과 같은 두 가지 사실로써 익히 알 수가 있다. 첫 번째로, 형식 의미론이 20세기에 의미론의 영역에서 큰 흐름을 형성하게 된 것은 Frege와 Tarski를 위시하여 Carnap, Davidson, Montague등과 같은 형식 논리학자들의 기여 덕분이지, 통사론자들이 내세운 새로운 언어이론의 영향 때문은 아니라는 것은 이미 널리 알려진 사실이다. 특히 Montague의 의미론은 Chomsky의 통사론에 대한 하나의 대안으로 제안되었던 것이다. 두 번째로 인지 의미론은 그것이 자주 인지 언어학이라는 이름으로 불리는 사실로써 잘 알 수 있듯이 통사론 중심의 형식주의적 언어 이론에 대한 하나의 반대이론으로 제안된 것이지, 하나의 새로운 의미론으로서 제안된 것은 아니라는 것도 이미 널리 알려진 사실이다. 간단히 말해서 20세기에 이르러 새로운 의미이론으로 등장한 형식 의미론과 인지 의미론은 모두가 Chomsky의 언어이론과는 별 관계가 없는 것이다.

그 다음으로 두 번째 장인 「구조주의 의미론」에서 어떤 내용이 논의되고 있는가를 살펴보게 되면, 안타깝게도 이 장에서도 우선 그의 5시기적 발상법의 조잡성을 쉽게 확인할 수가 있다. 세 번째 장에서 Chomsky의 이름을 앞세웠듯이 여기에서는 Saussure의 이름을 앞세우고 있는데, 문제는 이 시기에 생겨난 의미이론 중 일부는 분명히 그의 구조주의와는 별 관계가 없다는 점이다. 예컨대 이 책의 서문에서는 이 장의 특징에 대해서 「드 소쉬르로부터 영감을 얻어서 구조의미론은(1930년 이후) 역사 및 어학적 의미론에서의 원자적 접근법을 거부하면서, 서로간의 의미적 관계가 의미 분석의 기저가 되는 체계적 접근법을 채택하게 된다.」와 같은 허울 좋은 말을 하고 있다.(Ibid, p.XIV)

그러나 이 장에서 구체적으로 분석하고 있는 「어휘적 장 이론」과 「성분분석 이론」, 「관련 의미론」등의 세 가지 의미 이론 중 적어도 첫 번째 것은 Saussure의 언어사상 보다는 오히려 그 전에 유행하던 역사 언어학적 언어관의 영향을 더 많이 받은 것으로 볼 수가 있다. 「어휘적 장 이론」의 창시자로 그는 독일의 Weisgerber와 Trier을 들고 있는데, 먼저 첫 번째 사람은 「언어는 정신과 세계의 중간에서 설정된 일종의 개념적 수준인데, 그것은 의미적으로 관련된 어휘의 세트, 즉 하나의 어휘적 장으로 되어있다.」라는 말은 했지만, 그의 언어관이 Saussure의 구조주의에 입각한 것이라는 말은 하지 않았다. 실제로 그가 연구한 독일어의 가족이나 친척관계에 대한 명사들 간에서는 의미적 장의 개념만 찾아볼 수 있었을 뿐이지 언어적 체계성의 개념은 찾아볼 수 없었다.

그런데 Trier가 연구한 내용은 더욱 Saussure의 언어이론과는 먼 거리에 있는 것이었다. 그는 고대나 중세 독어의 지적 어휘의 변천과정을 집중적으로 연구했는데, 그가 얻은 결론은 예컨대 1200년대의 Wisheit(일반적 지식)과 Kunst(귀족적 지식), List(하층적 지식)등은 1300년대에 이르자 Wisheit(종교적 지식), Kunst(과학과 예술), Wizzen(기술적 지식)등으로 바뀌는 식으로 어휘의 의미변화는 구조적이고 체계적인 절차가 아니라 심리적이고 모자이크적인 절차를 밟는다는 것이었다. 한마디로 말해서 그의 의미이론은 구조적인 것으로 보는 것 보다는 역사적인 것으로 보는 것이 맞는 일이다.(Ibid, p.52)

역사적 출현의 순서에 따라서 이 장에서 두 번째로 분석하고 있는 것은 「성분분석 이론」인데, 이것의 기본원리는 하나의 언어적 단위는 으레 몇 개의 작은 구성소나 변별적 자질로 분해될 수 있다는 것이라는 한 가지 사실만으로써 이것이 Saussure의 구조주의로부터 어휘적 장이론 보다는 훨씬 더 직접적인 영향을 받은 것이라는 것을 익히 알 수가 있다. 예컨대

Pottier가 「의미소(semes)」라는 개념과 함께 기능적 대립이론을 만들어내거나, Conseriu가 의미적 성분 이론을 만들어내는 데 있어서 일찍이 Saussure가 「음소」라는 개념을 바탕으로 해서 창안한 구조음운론은 더 말할 나위가 없고, 그 후에 Hjelmslev가 제안한 변별적 자질이론 등이 모형이 되었을 것이 분명하다. 그러나 이런 의미이론은 멀리는 아리스토텔레스의 분석적 개념관을 보다 발전시킨 것이라고 볼 수가 있고, 더 나아가서는 20세기에 풍미하고 있던 과학주의적 사고방식이 의미연구의 분야에서도 반영되었다고 볼 수도 있다.

그가 이 장에서 세 번째로 검토하고 있는 것은 「관계 의미론」인데, 이것의 기본원리는 바로 의미적으로 어휘는 서로 대립적 관계를 유지하고 있다는 것이니까, 이것이 얼마전에 프랑스에서 유행하던 성분분석법의 영향을 적지 않게 받았을 것이라는 것을 쉽게 짐작할 수 있다. 그는 여기에서 영국의 Lyons와 Cruse를 이것의 발전에 크게 기여한 사람으로 치고 있는데, Ullman을 여기에 포함시키지 않은 것이 특별히 눈에 띈다. 예컨대 그는 Lyons는 문맥 독립적으로 어휘의 의미는 서로 같거나(동의어 관계) 대립적인 관계(반의어 관계)를 유지한다고 보고서 이런 어휘 간의 관계나 조직을 연구하는 의미론을 「구조의미론」이라 불렀고, 또한 Cruse는 어휘구조를 구체어 대 상위어나 아니면 전체성 어휘 대 개별성 어휘식으로 확대함으로써 분류학적 개념이 의미론에도 도입될 수 있음을 보여주었다고 주장했다.(Ibid, p.85)

더 나아가서 궁극적으로는 그 자신이 여기에서 구조주의라는 용어를 Saussure의 언어이론을 가리키는 식으로 좁은 의미로 사용하고 있는 것은 아니라는 것을 제4장의 제목이 「신구조주의 의미론」으로 되어있다는 사실로써 쉽게 알 수가 있다. 그의 말을 그대로 빌리자면 20세기 후반에 이르러 생성주의 의미론의 한계성을 인식하고서 「그것을 크게 개선하거나 아니면 그것으로부터 완전히 이탈한 의미이론들」이 탄생되게 되는데, 이들을 하나로 묶은 것이 바로 「신구조주의 의미론」이라는 것인데, 따지고 볼 것 같으면 이들은 하나같이 Saussure 구조주의와는 아무런 관계가 없는 것들이다. 또한 용어 자체로 보았을 때는 신구조주의 의미론은 옛날의 구조주의 의미론을 한 단계 발전시킨 것으로 해석될 수 있을 텐데, 그가 이 장에서 예시하고 있는 이론들은 꼭 그런 것들로 볼 수 있는 것들도 아니다.

예컨대 그가 신구조주의 의미론에 포함시킨 것에는 Wierzbika의 「자연적 의미 메타 언어론」을 비롯하여 Jackendoff의 「개념 의미론」, Bierwisch의 「2수준 의미론」, Pustejovsky의 「생성 어휘론」, Melcuk의 「전산 언어이론」 등의 다섯 가지인데 이들 중 어느 것도 Saussure의 언어사상을 직접적으로 더 발전시킨 것으로 볼 수는 없다. 우선 Wierzbika의 의미이론은 어휘의 대립관계가 아니라 보편적 의미 요소를 발견하는 것을 의미연구의 본령으로 보려는 이론이고, Jackendoff의 그것은 Chomsky의 통사론 중심의 모형대신에 통사론과 의미론의 통합적 모형을 내세우는 이론이며, Bierwisch의 그것은 언어를 의미형식과 개념구조의 두 개의 층으로 이루어진 것으로 보려는 이론이고, Pustejovsky의 그것은 Aristotle의 특질론을 근거로 해서 최선의 형식주의적 성분분석법을 제시한 이론이며, Melcuk의 그것은 전산언어학적 방법을 써서 여러 언어의 어휘적 데이터 베이스를 구축하려는 이론이다.(Ibid, p.124)

이렇게 볼 것 같으면 그의 책은 역설적으로 통사론의 분야에서의 Saussure와 Chomsky와 같은 대이론가가 의미론의 분야에서는 아직 나온 적이 없으며, 따라서 사람에 따라서는 얼마든지 이 점을 의미론이 지난 역사동안에 통사론의 2차적 학문으로 전락한 원인이라고 주장할 수도 있다는 사실만을 크게 부각시키고 말았다. 앞에서 여러 번 강조했듯이 의미론자 중 그런 대가들이 없는 것은 의미는 결국에 형식화하기에는 부적절한 것이기 때문이라고 말할 수도 있는데, 그것의 산 증거일 수 있는 것이 바로 최근의 대세가 보다 나은 형식주의적 의미기술법의 개발, 즉 형식의미론의 수준을 한 단계 격상시키는 데 집중되고 있다는 사실일 것이다.

2) 보조성

의미론의 역사의 역설성을 익히 드러내주는 두 번째 특징으로는 보조성을 내세울 수가 있는데, 간단히 말해서 이것은 만약에 지속적인 의미론적 연구가 없었더라면 통사론의 발전이 그렇게 빨리 이루어지지 않았을 것이라고 상정할 수 있을 만큼, 그동안 내내 크게는 언어학이고 작게는 통사론의 발전을 보조하는 역할을 착실히 수행해 온 사실을 가리키는 말이다. 통사론자들은 물론 Chomsky처럼 문법적 내지는 통사적 조직의 독립성과 자율성을 앞세워서 통사론적 연구도 마땅히 독립적이고 자율적으로 수행되어야 한다고 주장할 것이고, 또한 지금까지 거둔 업적도 자기네들의 독자적이고 창의적인 노력의 결과라고 주장할 것이다. 심지어 그중 일부는 Chomsky처럼 의미의 문제에 대한 배려는 통사론의 발전을 적지 않게 방해하거나 지연시킬 따름이라고 주장할지도 모른다.

그러나 그동안의 문법이나 통사론의 발전과정을 살펴보게 되면 의미론의 도움 없이는 그것이 지금처럼 발전할 수 없다는 것을 분명하게 드러내주는 사실을 적지 않게 발견할 수가 있다. 첫 번째로 특히 현대에 이르러서 구조주의나 생성주의와 같은 극단적으로 형식주의적인 문법모형이 나왔음에도 불구하고 그들에서 쓰이는 기본적인 품사나 문장의 분류법 등은 전통문법 때의 것이라는 사실이다. 예컨대 전통문법 때 수립된 8품사 체계나 문형 분류법등은 「명사」나 「전치사」의 이름이 익히 말해주고 있듯이 기능과 형식의 두 가지 기준에 의해서 만들어진 것인데, 이들은 구조

문법이나 변형문법에서도 거의 그대로 쓰였다. 그러니까 통사론의 발전은 출발 때부터 의미론이나 기능론의 도움을 필수적인 조건으로 해서 이루어진 것이나 다름이 없다.

뒤집어 말하자면 만약에 명사나 동사, 형용사, 전치사 등의 품사의 명칭을 위시하여, 구나 절, 문장의 기본적 개념, 서술문과 의문문, 명령문, 조건문 등으로의 문형의 분류법, 시제, 상, 태, 법등의 문법적 범주의 설정법, 주어나 목적어, 보어 등의 기능적 역할에 의한 분석법, 강조문이나 분열문, 전도문, 생략문 등의 특수문의 설정법, 어형적 접사의 굴절형과 파생형으로의 분류법들이 그대로 원용되지 않았다면 Saussure의 구조문법이나 Chomsky의 변형문법 같은 신문법들이 그렇게 당장에 탄생되었을 리가 없다. 그러니까 비록 그들의 비중 간에는 으레 일정한 차이가 있었다고 치더라도 문법이나 통사론의 발전은 처음부터 형식적 기준과 의미적 기준이 공동으로 쓰이는 상태에서 이루어졌다는 사실을 부인할 수는 없다.

이런 사실 중 두 번째 것으로 들 수 있는 것은 Chomsky가 표준이론 때에 이르자 문법성이 의미성을 의미하는 것은 아니라는 초기의 극단주의적 발상법을 접고서 문법성을 의미성과 동일시하는 쪽으로 통사이론을 재정립하게 되었다는 사실이다. 그는 이때에 성분분석법을 활용하여 동사나 명사의 통사적 및 의미적 자질들을 명시해 놓게 되면 자기의 문법모형은 익히 문법적으로 정합적이면서도 의미적으로 모순되지 않는 문장을 생성할 수 있는 것이 될 수 있다고 주장하고 나섰는데, 이런 변화는 크게 보았을 때는 그가 자기의 문장 분석법을 일단 진리 조건적 의미론에서의 그것과 일치시킨 것이라고 볼 수가 있다.

물론 겉으로 보아서는 그가 이런 취지에서 이번에 새로 설정한 두 가지의 어휘적 규칙 중 한 가지는 의미상이 아니라 형식상의 제약이라고 볼 수도 있는데, 「엄밀 하위범주화 규칙」이라는 것이 바로 그것이다. 이것은 간단히 말해서 동사의 범주를 하나의 명사를 목적어로 반드시 거느려야 하느냐 그렇지 않아야 되느냐의 기준에 의하여 세분화하는 규칙이니까 일단은 그것의 의미적 내용과는 무관한 것처럼 보일 수도 있다. 그렇지만 예컨대 「shoot」라는 동사에는 [+__NP]라는 규칙이 주어지고, 「sleep」라는 동사에는 [+__]라는 규칙이 주어지게 되는 것은 「쏘다」와 「자다」라는 그들의 의미적 내용의 특성을 그대로 반영한 것임이 분명하다. 반면 「선택적 규칙」이라는 또 한 가지의 규칙은 주어나 목적어로 쓰일 수 있는 명사의 종류를 그것의 의미적 자질에 따라서 제한하는 것이니까, 이것은 결국에 일종의 의미적 규칙인 셈이다. 예컨대 「sleep」나 「run」과 같은 동작 동사의 주어가 될 수 있는 명사에는 으레 [+animate]라는 제약이 주어지게 되니까 결국 여기에서는 명사나 동사의 의미적 특성을 바탕으로 한 의미적 규칙도 같이 쓰이고 있는 셈이다.

이런 사실 중 세 번째 것으로 내세울 수 있는 것은 1980년대에 이르자 Chomsky의 언어연구가 「지배와 결속 이론」의 발전에 집중되게 되었다는 사실이다. 우선 지배라는 술어는 전통문법에서 이미 쓰이던 것으로서, 그것에서는 동사나 전치사 뒤에는 으레 명사나 대명사의 목적격이 와야 하는 현상을 앞의 것이 뒤의 것을 지배하는 현상이라고 보았다. 그리고 결속이라는 술어는 전통문법에서는 지시어나 선행사라는 개념으로 설명하던 현상을 바꾸어 부르게 된 것으로서, 대명사류와 대용어들에는 으레 일정한 영역 내에서 일정한 지시어나 선행사가 있어야 된다는 사실을 밝히는 데 쓰이는 용어이다.

그런데 여기에서 무엇보다도 중요한 사실은 이들 두 현상은 궁극적으로 따졌을 때는 동사나 전치사, 대명사의 의미적 특성에 의해서 생겨난 현상이라는 점이다. 예컨대 타동사 뒤에 나타나는 명사나 대명사가 으레 목적격의 것이어야 한다는 것은 결국에 그들이 하나의 목적어의 기능을 수행하고 있다는 사실을 명시적으로 밝히겠다는 의도에 지나지 않는다. 뒤집어 말하자면 그것은 타동사는 오직 그 뒤에 따르는 명사나 대명사와 결합이 되었을 때만 의미적으로 하나의 완전한 표현단위가 된다는 사실을 명시한 수단일 것이다. 의미적으로는 물론 전치사도 똑같은 제약을 받는다.

또한 대명사는 이름 그대로 명사를 대신하는 어휘이다. 의미적으로 보았을 때 그것은 앞에 이미 나온 지시어나 선행사의 도움 없이는 하나의 표현체로서의 어휘적 기능을 수행할 수 없는 것이다. 물론 「After she got married, Mary became very happy.」라는 문장에서는 「she = Mary」라는 관계가 성립되어 있지만 「She became very happy after Mary got married.」라는 문장에서 그렇지 못하는 식으로 대명사와 선행사가 언제나 같은 문장에 나타나 있는 것은 아니다. 두 번째 문장의 경우에는 앞에 나온 다른 문장에서 「she」의 지시어를 찾을 수 있을 것이다. 한마디로 말해서 통사론에서는 문장을 문법적 분석의 기본단위로 삼는다는 기본원칙에 따라서 결속의 문제도 반드시 「하나의 문장 내에서」라는 조건하에서 다루어지고 있지만, 특히 결속의 현상 같은 것을 다루는 입장에서 볼 것 같으면 언어사용의 단위를 담화로 잡는 것이 더 타당하다는 결론이 나온다. 결국에 의미적으로 제대로 해석이 될 수 있다는 전제하에서만 대명사나 대용어는 쓰일 수 있는 것이다.(田中, 1988, p.529)

물론 Chomsky가 정립시킨 지배와 결속의 이론의 내용의 수준은 이상과 같은 내용의 그것을 훨씬 넘어서는 것이다. 한 마디로 말해서 그는 이것이야말로 바로 그가 보편문법을 구성하는 여러 개의 이론 중 가장 핵심적인 것이라는 사실을 발견해 낸 것인데, 뒤집어 말하자면 그는 이번에 지배와 결속의 현상이 전통문법자들은 감히 상상도 하지 못했을 만큼 정교하고 복잡한 문법적 현상이라는 것을 실증해낸 것이다. 예컨대 그는 그의 문법의 중핵부인 이동변형 절차를 규제하는 기본 원리로서 하나의 성분은 한번에 하나만의 문장이나 명사구만을 넘어서 이동할 수 있다는 「하위인접 조건」을 내세웠는데, 이것은 다르게 표현할 것 같으면 두 어휘 간의 지배관계는 하나의 문장이나 명사구의 경계 내에서나 아니면 그것을 하나만 벗어난 경우까지만 유지된다는 조건이다.

또한 그는 지배와 결속의 개념을 한가지로 묶어서 「대용사는 그것의 지배범주 내에서 결속되어있어야 하는데」 반하여 「대명사류는 그것의 지배범주 내에서 자유로워야」 하고 「지시 표현은 지배범주와 관계없이 항상 자유로워야 한다.」는 등의 세 가지 결속원리를 내세우기도 했는데, 이것은 곧 문법적 기능상 지배의 원리가 결속의 원리보다 한 차원 상위의 것이라는 사실을 그가 발견해냈다는 의미가 된다. 그렇지만 궁극적으로 보았을 때는 지배와 결속의 두 현상 모두가 한 문장 내에서의 두 개의 어휘 간의 의미적 결합관계를 드러내는 것이다. 한 문장 내에는 으레 하나로 묶였을 때만 일정한 의미를 나타내게 되는 한 짝의 성분이나 어휘들이 있게 되어있다는 발상법은 형식을 기준으로 한 것이 아니라 의미를 기준으로 한 것이다.(原口, 中村, 1998, p.82)

이런 사실 중 네 번째 것으로 내세울 수 있는 것은 20세기 후반에 이르자 통사론의 비약적 발전의 여파로 의미론이나 화용론과 같은 반통사론 내지는 비통사론적인 언어연구의 영역이 크게 각광을 받게 되었다는 사실이다. 한마디로 말해서 이로써 언어학의 기본적인 학풍은 드디어 형식론과 의미론이 5대 5로 맞선 상태에서 서로의 발전을 돕는 식의 일종의 이상적인 것이 된 것인데, 이렇게 되는 데 결정적인 역할을 하게 된 것이 바로 통사론이다. 그동안의 통사론의 유례없는 발전은 역설적으로 그것의 태생적 문제점이나 한계성도 드러내게 되었으며, 결국에는 그래서 사람들로 하여금 통사론의 발전보다는 오히려 의미론의 발전 쪽으로 관심을 쏟게 만들었다.

일단 그동안의 통사론의 발전을 Chomsky가 이끈 것으로 볼 것 같으면 그의 문법관의 제일 큰 문제점은 문장을 분석의 기본적인 단위로 삼은 점과, 명제의 진리치를 의미의 전부로 본점, 어휘의 기능을 최소화시킨 점 등이었는데, 적어도 의미론자의 입장에서 볼 것 같으면 이들을 한꺼번에 해결할 수 있는 방책은 의미론적인 것 밖에 없었다. 그러니까 쉽게 말해서 그동안에 의미론이 통사론의 발전에 기여한 점 중 제일 중요한 것은 그것과 거의 모든 점에서 정반대적인 언어이론도 있을 수 있다는 것을 보여줌으로써 그것의 태생적 한계성을 보다 뚜렷하게 노출시켰다는 사실이다. 상식적 이치상 어느 이론이든 그것의 한계성을 인지하는 것은 그것에 대한 해결방안의 절반을 찾아낸 것이나 다름이 없다.

또한 현재로서, 통사론자들이 본격적인 자기수정 작업에는 손을 대지 못하고 있지만 그들의 영역을 통사론이 의미론이나 화용론과 연접되어 있는 데까지 확대 시키는 정도까지의 변화는 받아들이게 되었는데, 따지고 볼 것 같으면 이런 변화는 문법이론의 수정과 같은 내부적인 원인이 아니라 의미론과 화용론의 발달과 같은 외부적인 원인에 의해서 유발된 것이라고 볼 수가 있다. 이런 사실은 최근에 이르러 통사론과 의미론의 통합화 작업의 필요성을 부각시키는 데 선도적 역할을 하고 있는 「통사론과 의미론의 인터페이스」라는 연구 분야에서 어떤 가설들이 내세워지고 있는가를 살펴보게 되면 쉽게 확인될 수 있다.

예컨대 Koeing(2010)이 최근에 발표한 「Syntax-Semantics Interface(통사론과 의미론의 인터페이스)」라는 논문에 의할 것 같으면, 통사적 기술과 의미적 기술이 일치하지 않는 사실만으로써 익히 알 수 있듯이 원래 자연언어는 인조언어나 형식언어처럼 완전한 것이 아니기 때문에 이 점을 어떻게 해결할 수 있느냐의 문제가 요즈음에 변형주의자들의 제일 큰 과제로 떠오르게 되었는데, 이것을 집중적으로 논의하고 있는 분야가 바로 통사론과 의미론의 통합화 작업이라는 것이다.

우선 그는 「It seems that John is tired.(존은 피곤한 것 같다.)」라는 기본문에 주어상승 변형절차를 적용시키게 되면 「John seems to be tired.」라는 변형문이 나오기 때문에 이들은 의미적으로 등가의 문장이라는 식의 그동안의 변형주의자들의 주장은 잘못된 것이라고 내세우면서, 그 근거로 진리조건적으로는 두 문장의 의미가 같을지 모르지만 심리나 태도적 의미상으로 그렇지 않다는 점을 들었다. 구체적으로 말할 것 같으면 앞 문장을 통해서는 「존이 피곤하다.」는 사실을 알 수 있지만, 뒤 문장을 통해서는 그나 다른 사람 중 「누군가가 피곤하다.」는 사실만을 알 수 있다는 것이다.(Koeing, 2010, p.973)

또한 그는 그 유명한 「Everyone loves someone.(모두는 누군가를 사랑한다.)」와 같은 양화사문의 중의성을 해결할 수 있는 방책은 결국에 통사론적인 것이 아니라 의미론적인 것일 수밖에 없다는 사실도 적시 하면서, 앞으로의 통사론의 발전은 전적으로 통사론과 의미론간의 「괴리현상」을 어떻게 효율적으로 해결할 수 있느냐에 달려있다고 주장하고 나섰다. 그러나 그가 보기에는 이런 방향으로의 통사론자들의 그동안의 노력은 현재 크게 세 가지 가설을 내세울 수 있게 되는 데까지는 결실을 거두었지만 앞으로 이들 중 어느 것이 가장 강력한 이론으로 부상하게 될는지는 아직 아무도 모르는 상태에 놓여 있다는 것이었다.

그런 가설 중 첫 번째 것은 「Deep Split Structural Isomorphism(DSSI)(심층 구조적 동상성)」이라는 것으로서, 간단히 말해서 이것은 그동안의 변형주의자들의 의미문제에 대한 견해를 그대로 반영한 것이었다. 이것은 그러니까 문장의 표면구조는 으레 자연언어의 불완전성을 드러내게 되어 있다는 점을 전제하기는 하나, 그것이 도출되면서 거치게 되는 여러 통사적 내지는 표현적 수준 중에는 으레 의미적 구조와 가장 근사한 것이 있게 되어 있다는 것도 같이 전제하는 가설이다.

그런 가설 중 두 번째 것은 「Natural Language Perfection(NLP)(자연언어 완전성)」이라는 것으로서, 간단히 말해서 이것은 자연언어의 불완전성은 오직 외견상의 현상일 뿐이어서, 실제에 있어서는 통사적 범주들을 약간 느슨하게 적용하기만 한다면, 모든 통사적 표현마다에 적절한 의미적 표현체를 배정할 수 있다는 가설이다. 이것에서는 자연언어를 인공언어와 동일시하는 오류를 범하고 있다. 그들 중 세 번째 것은 「Imperfectisms Reflect the Architecture of Grammars(IRAG)(문법구조 불완전성)라는 것으로서, 이것은 쉽게 말해서 자연언어의 불완전성은 그것을 기술하는 문법구조나 아니면 정신구조의 불완전성이 그대로 반영된 것이기에 통사적 체계와 의미적 체계 사이에서 이체 동형적 관계성을 발견하려고 하는 것은 무모한 일이라는 가설이다. 다시 말해서 이것에서는 그러니까 통사론자가 할 수 있는 일은 결국 통사론과 의미론이라는 상호 독립적인 두 체계 사이에서 일정한 대응관계를 찾는 것뿐이라고 보고 있는 것이다.(Ibid, p.974)

그는 자기 논문의 끝부분을 통사론과 의미론을 통합하는 과제가 앞으로 통사론의 핵심과제로 자리 잡게 되느냐 하는 것은 이들 세 가설 중 어느 것을 최선의 것으로 선택하느냐에 달려있다고 보았을 때 비록 지난 30여년에 걸친 많은 사람들의 노력이 모두 무위로 끝나버린 감이 없지는 않다고 하더라도 그 일이 앞으로도 계속될 것이 확실하다는 말로 맺고 있다. 그런데 이와 관련하여 특별히 주목할 것은 그가 이 작업은 앞으로 전산처리의 기법을 최대로 이용하면서 어휘기능 문법이나 핵 추진 구구조 문법 등을 문법모형으로 삼는 「파그램 계획(ParGram Project)」과 같은 연구가 주도하게 될 것으로 본 점이다. 그는 그러니까 Chomsky의 변형문법 모형은 이런 작업을 하기에는 부적절하다고 본 것이다.

그런데 사실은 그의 이런 긍정적인 전망도 일종의 희망사상으로 판명될 가능성이 큰데, 그 이유는 여기에서는 의미의 개념을 통사론자들이 기존에 정의한 대로의 진리조건적인 것으로 제한하고 있기 때문이다. 통사론자들은 한 문장의 의미는 그것의 문법적 의미와 어휘적 의미를 하나로 합친 의미, 즉 그것의 명제적 의미가 전부라고 주장해 왔지만 사실은 그렇지가 않다. 간단히 말해서 하나의 문장은 으레 화용적 의미도 나타내게 되어있는 것이다. 이렇게 보자면 의미론은 결국에 통사론적 의미론과 화용적 의미론으로 나뉠 수도 있는 것인데, 이런 사실이 여기에서는 전혀 고려되어 있지 않다.

그런데 화용론이 통사론의 발전을 도모하게 될 방법은 의미론이 그렇게 하게 될 방법과 본질적으로 다르다. 예컨대 의미론은 통사론과 통합화될 수 있지만 화용론은 그럴 수가 없는데, 그 이유는 그들은 원래가 Chomsky가 알기 쉽게 언어능력적 체계와 언어수행적 체계 식으로 구별했듯이 서로 별개의 언어적 체계들을 다루는 영역이기 때문이다. 이런 사실을 익히 증거할 수 있는 것은 Chomsky는 처음부터 의미론은 문법과 같이 연구되어야 하지만, 화용론은 별도로 연구될 수밖에 없다고 생각했었다는 사실이다.

그는 원래 통사론과 대칭적인 관계에 있는 것은 의미론이 아니라 화용론이라고 본 것인데, 무엇보다도 중요한 사실은 그는 화용론의 지금의 연구수준은 통사론의 그것을 크게 하회하고 있기 때문에 가까운 장래에 통사론과 화용론이 하나로 합쳐질 수 있는 가능성을 거의 영으로 보았다는 점이다. 그는 예컨대 1980년에 출판한 「Rules and Representation(규칙과 표현체)」이라는 책에서 한편으로는 「물론 언어적 지식은 문장의 수준을 넘어선다.」나 「수행에 대한 연구와 능력에 대한 연구는 상호 보조적이다.」와 같은 다분히 긍정적인 말을 하면서, 다른 한편으로는 「능력에 대해서 명시적 이론을 세울 수 있는 범위 내에서, 우리는 이 지식이 어떻게 쓰이게 되는가를 보여주게 될 수행의 모형을 고안하려고 시도할 수 있다.」나 「만약에 우리가 언어는 어휘로 구성되어 있다는 정도만을 알고 있다면 우리의 수행 모형은 대단히 초보적이고 제한된 관심거리 밖에 되지 못하는 것일 것이다.」와 같은 다분히 부정적인 말을 한 바가 있는데, 그의 화용론에 대한 견해나 태도는 이들 중 첫 번째 것이 아니라 두 번째 것에 드러나 있다는 것은 더 말할 나위가 없다.(Chomsky, 1980, pp.225~226)

그러나 그동안에 이루어진 화용론적 연구는 비록 화용론이 과연 통사론만큼 체계화될 수 있는지에 대한 오랜 회의를 불식 시키지는 못했을지라도 통사론의 한계성이나 문제성을 노출시키기에는 충분한 것이었다. 예컨대 Chomsky는 이 자리에서 지금까지 거둔 화용론적 실적 중 가장 대표적인 것으로 Grice의 회화의 격률을 들었다. 그러나 그가 이런 식의 독선적인 견해를 피력할 무렵에 Prince는 통사론이 화용론적 도움을 필요로 하는 이유는 굳이 회화적 함의나 격률의 문제에서가 아니라 문장의 의미를 도출하는 과정에서도 익히 발견될 수 있다고 주장하고 나섰다.

그는 영어에서의 관사야말로 심지어 분석의 단위를 문장으로 잡는 통사론에 있어서도 어느 정도까지는 화용론적 내지는 의미론적 분석이 필요하다는 사실을 가장 단적으로 드러내주는 것이라고 주장하면서, 그 근거로 「Last week I read a book and I met an author.(지난주에 나는 한 권의 책을 읽고 저자 한 사람을 만났다.)」와 「Last week I read a book and I met the author.(지난주에 나는 한 권의 책을 읽고 그 저자를 만났다.)」라는 두 문장이 진리치는 같으면서도 그 의미는 앞 문장에서 「내」가 만난 것은 어느 한 저자인데 반하여 뒤 문장에서 「내」가 만난 것은 내가 읽은 책의 저자라는 식으로 서로 다르다는 것은 오직 화용론적 분석에 의해서만 밝혀질 수 있다는 사실을 들었다.

관사의 화용적 기능과 관련하여 그는 그것의 용법은 으레 통사적 제약을 받는 것이 아니라 의미적 제약을 받게 되어있다는 사실을 들기도 했다. 예컨대 그는 일반적인 타동사 구문인 「He offered the usual suggestions.(그는 그 일상적인 제안을 했다.)」와 「He offered the useful suggestions.(그는 그 유용한 제안을 했다.)」는 둘 다 정형문인데 반하여, 「there」구문인 「There were the usual suggestions.(그 일상적인 제안이 나왔었다.)」와는 달리 *「There were the useful suggestions offered.(그 유용한 제안이 나왔었다.)」는 비문이 된다는 사실을 통해서 관사의 용법은 결국에 적지 않게 의미적 제약을 받게 되어있다는 것을 익히 확인할 수 있다고 주장했다.(Prince, 1988, p.174)

또한 최근에 이르러서는 그동안의 의미론에 화용론이 흡수되는 식에서 오히려 정반대로 화용론에 의미론이 흡수되는 식으로 두 영역간의 역학관계가 재정립되는 징조가 나타나게 되었는데, 이런 사실 역시 궁극적으로는 앞으로의 통사론의 발전 방향에 중요한 영향을 주게 될 것이 뻔하다. 그 이유는 엄밀한 의미에서 보았을 때 통사론과 대척적인 관계에 있는 것은 의미론이 아니라 화용론이기 때문이다. 이대로라면 언젠가에 가서는 화용론의 세력이 커진 나머지 드디어 통사론과 1대 1로 맞서게 될 날이 올 텐데, 그렇다면 응당 통사론 측에서도 그런 변화에 대한 최적의 대비를 하는 것이 현명한 일이다.

이런 의미에서 볼 때 앞으로의 언어학의 발전양상은 의미론과 화용론간의 경쟁관계에 의해서 결정되게 될지도 모른다고 본 Koyama(2010)의 견해는 특별히 주목할 만한 가치가 있는 것이라고 볼 수가 있다. 그는 최근에 「Pragmatics and Semantics(화용론과 의미론)」라는 논문에서 의미론은 학리상 통사론과 화용론 중 어느 쪽에도 속할 수가 있는 것이기에 그동안의 언어학계의 학풍이 구조주의나 변형주의 번창과 맥을 같이 하여, 의미론을 통사론의 일부로 간주하려는 견해, 즉「의미주의」가 그와는 반대로 그것을 화용론의 일부로 보려는 견해, 즉「화용주의」를 억제하는 식의 것이었던 것이 너무나 당연한 일이었다고 볼 수가 있는데, 앞으로는 그것이 역으로 바뀔 가능성이 크다고 보았다.

그는 이런 전망의 근거로 크게 두 가지 사실을 내세우고 있다. 첫 번째로 그가 보기에는 그동안의 의미이론들은 예컨대 Austin이나 Searle의 것에 익히 드러나 있듯이, 말로는 비언표적 능력이나 수행적 능력과 같은 언어사용의 능력을 구명한다고 하면서도 실제에 있어서는 통사이론과 똑같이 문장의 의미의「명시적인 면과 보편적인 면, 추리적인 면」등에만 초점을 맞춘 것들 이었는데, 이들은 결국에 문장의 의미에는 심리적이거나 함의적인 것도 있다는 사실이나 또는 그것은 문장이 일정한 상황이나 문맥에 들어가 있을 때만 제대로 파악될 수 있다는 사실 등을 완전히 무시한 것이었다.

두 번째로 그가 보기에는 의미연구는 언어체계를 비언어적 체계와 하나로 묶었을 때만 제대로 이루어질 수 있는데, 이렇게 할 수 있는 최선의 방법은 화용론적인 연구방법을 사용하는 것이었다. 그는 흥미롭게도 여기에서 화용론을 언어연구를「문맥화」하는 학문으로 정의하고 있는데, 이렇게 되면 결국에 언어연구법이 분석적인 것에서 통합적인 것으로 바뀌게 되고, 또한 사회언어학이나 문화인류학에서 내세웠던 이론들을 언어이론 내에 흡수할 수도 있게 되는 것이었다. 결국 이렇게 되면 최상의 언어연구의 상황을 맞이할 수 있는 결과, 즉 화용론이 의미론뿐만 아니라 통사론도 흡수하는 결과를 가져오는 것이었다.(Koyama, 2010, p.733)

3) 발전성

의미론의 역사의 역설성은 발전성이라는 그것의 세 번째 특징을 통해서도 익히 확인될 수가 있다. 우선 다른 오래된 학문의 역사와 마찬가지로 이것의 역사도 크게 보았을 때는 2천 몇 백 년이라는 긴 기간에 걸친 학문 전체의 역사와 궤를 같이 해왔다고 볼 수가 있는데, 이 사실이야말로 이것의 중요한 특징 중 한 가지가 바로 발전성이라는 것을 가장 웅변적으로 증거하고 있는 것이라고 볼 수가 있다. 왜냐하면 그동안의 학문 전체의 역사를 일단 발전의 역사로 보아온 것이 지금까지의 학계의 일반적인 관행이었기 때문이다.

예컨대 학문 전체를 큰 강에 비유하자면 문학이나 과학과 같은 특정한 학문은 그 안에서 같이 흘러가는 한 물줄기라고 볼 수가 있는데, 이런 강과 물줄기 간의 관계를 분명하게 드러내 주고 있는 것이 학문 전체의 역사와 의미론의 역사 간의 관계이다. 먼저 발전의 역사로 보았을 때 의미론은 문학이나 철학처럼 변화나 발전의 전 과정에 참여한 학문이다. 이런 의미로 보았을 때 물리학이나 수학같은 과학은 하나의 신학문인데 반하여 이것은 문학이나 철학과 같은 하나의 고전적 학문인 셈이다. 그러니까 한마디로 말해서 이것의 역사는 학문 전체의 역사만큼 길다는 특징을 가지고 있는 것이다.

그런데 학문 전체의 역사는 근대에 이르러 학풍이 인문주의적인 것으로부터 과학주의적인 것으로 바뀌는 대전환을 겪었다. 따라서 엄밀히 따졌을 때 이것의 역사가 학문 전체의 역사와 같은 궤적을 그어왔다는 말은 곧 그것의 진짜 특징은 고전성이 아니라 적응성이라는 말이나 같은 말이 된다. 다시 말해서 의미론이 그동안 부단하게 발전해올 수 있었던 것은 전 학세가 인문주의 쪽으로부터 과학주의 쪽으로 바뀌게 되자 바로 이것도 이런 변화에 적절히 적응을 한 덕분인 것이다. 또한 이것의 역사의 진짜 특징이 이런 적응성이라는 것은 20세기 후반에 이르러 후기 과학주의가 새로운 학풍으로 등장하게 되자 그것은 이번에도 재빨리 그 변화에 알맞게 적응하게 되었다는 사실로써도 익히 알 수가 있다.

문법이나 통사론과 일종의 주종적인 관계를 유지하면서도 의미론이 그동안 내내 독자적인 발전의 길을 걸어올 수 있었던 것은 우선은 그것의 학문적 존재 이유가 뚜렷했기 때문이었고, 그 다음으로는 그것의 학풍에 유연성이나 적응성이라는 중요한 특징이 있었기 때문이라고 볼 수가 있다. 그리고 굳이 따지자면 이것의 진짜 특징은 이런 적응성이 급격히 새로운 연구의 틀을 도입하는 이른바 「패러다임 추이」적인 것이 아니라 옛것을 조금씩 고쳐나가는 온고이지신적인 것이라는 데 있다고 볼 수도 있다. 이런 의미에서 볼 때 의미론은 분명히 일종의 보수적인 학문이다.

통사론은 다분히 혁신적인 학문인 데 반하여 의미론은 다분히 보수적인 학문이라는 것은 역사의미론 시대 때 정해진 주된 연구과제가 오늘날까지도 그대로 주된 연구과제로 유지되고 있다는 사실로써도 익히 알 수가 있다. 우선 외견상으로는 언어학의 발달에 힘입어서 그동안에 의미론은 어휘 의미론으로 시작된 것에 차례대로 문장 의미론과 화용 의미론이 첨가되는 식의 3단계 영역확대 과정을 밟아왔다고 볼 수가 있는데, 실제에 있어서는 그동안 내내 어휘 의미론이 주된 연구영역으로서의 자리를 다른 것에 내준 적이 없다. 바꾸어 말하자면 처음처럼 지금도 의미론 하면 으레 어휘 의미론을 가리키고 있는 것이다.

그 다음으로 역사의미론에서는 수사학의 전통을 그대로 이어받아서 은유와 환유에 대한 연구에 적지 않은 관심을 보였었는데, 흥미롭게도 의미론자들의 이런 수사학적 관심은 그 후 과학주의 시대 때와 후기 과학주의 시대 때에 이르면서 점점 더 뜨거워지게 되었다. 예컨대 과학주의 시대에 구조의미론의 등장을 주도한 Ullman은 이들을 각각 유사성의 원리와 접근성의 원리라는 두 가지의 연상 작용의 기본 원리의 언어적 실현체로 보면서, 결국은 어휘의미가 변화하는 현상을 주도하는 것도 이들이라고 보았다.

또한 후기 과학주의 시대에 들어서자 Langacker와 Lakoff등이 창안한 인지 의미론이 여러 가지 심리 내지는 인지주의적 의미론의 대표이론으로 나타나게 되었는데, 놀랍게도 이것에서는 은유와 환유작용을 핵심적 인지원리로 내세우게 되었다. 다시 말해서 여기에서는 언어적 표현 가운데서 은유와 환유적인 것들이 큰 부분을 차지하는 사실로 미루어 보아서 이들이 결국은 우리의 여러 가지 인지작용 중 가장 핵심적인 것이라는 것을 익히 확인할 수 있다는 주장이 펼쳐진 것인데, 따지고 볼 것 같으면 이런 이론의 출현으로써 크게는 수사학의 중요성이고, 작게는 어휘 의미론의 중요성이 재차 강조되게 된 것이다.

2.2 제1기: 인문주의 시대

의미론 발달의 역사의 주된 특징을 학문 전체의 변화에 대한 유연한 적응성으로 잡고 보면, 그것의 세부사항을 알아보기 위해서는 일단 그것을 학문 전체의 발달사에 맞추어서 크게 인문주의 시대와 과학주의 시대, 후기 과학주의 시대 등의 세 시기로 나누어 살펴보는 것이 보다 합리적이라는 결론에 이르게 마련이다. 그중 제1기인 인문주의 시대는 희랍시대 때부터 19세기 말이나 20세기 초에 과학주의가 학문의 대세를 이끌어가기 시작하는 시기 이전까지를 가리키는 것이어서, 아래의 설명만으로도 익히 그 이유를 알 수 있듯이 고전주의 시대나 아니면 전 과학주의 시대로 불려도 무방한 시기이다.

먼저 이 시대는 철학이나 문학적 고전들을 해석하고 교육하는 것을 학문의 기본적 목적으로 삼은 시대였기에, 의미론 연구도 당연히 이런 틀 안에서 이루어지게 되어 있었다. 이 말을 뒷받침할 수 있는 사실로는 크게 두 가지를 내세울 수가 있는데, 그중 첫 번째 것은 17세기에 영국의 이성주의 철학자였던 Wilkins(1668)가 일찍이 Aristotle이 제창했던 10범주 이론을 새로운 기호 및 개념 체계로 언어화한 언어, 즉 「철학적 언어」를 개발하고서 이것에 의해서 영어 단어를 재분석하여 하나의 사전을 만들었다는 사실이다. 그는 철학적 고전의 가치는 오랜 세월이 지나서의 언어 연구에서도 절대적인 것이어야 한다고 본 것이다.(Allan, 1992, p.396)

그중 두 번째 것은 이 시대에는 수사학이 중요한 학문의 하나로 발전했었는데, 이것은 원래가 어학과 문학을 하나의 통합된 형태로 다룰 수밖에 없는 학문이어서 그런지, 이것에서 분석되거나 토의되는 문장들은 모두가 Homer와 같은 희랍의 시인의 작품이나 Cicero와 같은 로마의 철학자의 저서로부터 인용된 것들이었다. 이 당시에 수사학이 크게 번창한 이유는 물론 이것이 유능한 정치적 지도자를 기를 수 있는 방편 학문으로 간주되었기 때문인데, 이것에서 학습의 모형으로 제시된 문장들이 모두 고전에서 인용된 것이라는 사실은 곧 이 당시의 학풍의 제일 큰 특징은 철학이나 문학과 같은 인문학을 최고의 학문으로 내세우는 것이었다는 것을 단적으로 보여주고 있다.

이와 관련하여 또 한 가지 부언할 사실은 이 시대에는 언어하면 으레 일상적으로 일반인들이 사용하는 음성언어가 아니라 유명한 문학작품에서 쓰인 문자언어를 가리켰다는 점이다. 바꾸어 말하자면 그 당시의 학자들은 으레 대중들이 쓰는 음성 언어는 문인들이 사용한 문자언어에 비할 때 일종의 타락되고 가변적인 것이기에, 학문적 연구의 대상이 되지 못한다고 생각했던 것인데, 그것의 가장 좋은 예가 바로 문법학에서 다룬 예문들이 하나같이 문학작품에서 인용된 문장들이라는 사실이다.

어떤 의미에서는 바로 이런 사실이야말로 그 당시의 학풍이 인문주의적이었다는 것을 가장 단적으로 실증하는 증거일 수가 있는데, 그 당시에 시작된 그런 인문주의적 전통이 얼마나 강력하고 의미 있는 것이었는가 하는 것은 Ullman의 「의미론」을 통해서도 익히 확인할 수가 있다. 그 부제목이 「An Introduction to the Science of Meaning(의미 과학 개론)」처럼 되어 있는 사실 하나만으로도 누구나 이 책이 결국에는 과학주의적 의미이론을 지향하고 있다는 것을 쉽게 알 수가 있다. 그러나 놀랍게도 여기에서 예문으로 제시되고 있는 것들은 거의 다가 유명한 문학작품으로부터 따온 것들이다.

예컨대 그는 이 책의 앞부분에서 언어의 기호성과 상징성을 논의하면서, Saussure의 구조주의이론의 출현의 의미보다는 「낭만주의 운동에 있어서 기호와 상징에 대한 새로운 각성이 있게 되었다.」는 사실에 더 큰 비중을 두는 식의 파격적인 설명을 하였는데, 바로 여기에서 그는 자기의 주장의 타당성을 증거하는 사례로서 Wordsworth의 「The Prelude(서곡)」의 제6권에 나오는, 아래와 같은 시 구절을 인용하고 있다. 여기에서 시인은 자연을 형이상학적 상징의 집합체로 보고 있다.(Ullman,1962, p.13)

Characters of the Apocalypse,
The types and symbols of Eternity,
Of first, and last, and midst, and without end.
(계시록의 인물들이며,
영원의 유형들이고 상장들이여,
최초이고 최후이며, 또한 중간에 있고 끝이 없는.)

또한 그는 이 책의 중간에서 어휘적 의미의 가장 중요한 특징은 바로 다의성과 애매성이라는 것을 설명하면서, 그것의 가장 대표적인 예로서 아래와 같은, Shakespeare의 「The Merchant of Venice(베니스의 상인)」의 제4막, 제1장에 나오는 말을 인용하고 있다. 여기에 나오는 「sole」과 「soul」은 한 짝의 동음 이의어들인데다가, 그들의 의미가 「신발 밑창」 대 「영혼」처럼 대극적인 것들이기에 이것은 결국에 수사학적 기법의 대가였던 그가 그것의 가장 대표적인 것 중 한 가지로 즐겨 사용했던 말장난의 한 예가 될 수도 있다.(Ibid, p.53)

Not on the sole, but on thy soul, harsh Jew,
Thou mak'st thy knife keen.
(가혹한 유태인이여, 당신은 신발의 밑창이 아니라 당신의 영혼에서 당신의 칼의 예리함을 보여주는구려.)

그 다음으로, 왜 이 시대는 전 과학주의 시대로 불려도 되는가를 알아볼 것 같으면, 간단히 말해서 이것은 인문주의로부터 과학주의로의 학문적 대전환이 이루어지기 이전까지를 가리키는 시기이기 때문이다. 과학주의에 들어서기 이전의 시대라는 것을 이름 자체에 밝혀 놓는다는 것은 19세기 말이나 20세기 초에 과학주의가 최상의 학문적 원리로 자리잡게 된 것을 학문의 발전의 긴 역사 중 일종의 분수령적인 중요한 사건으로 보려는, 일반적인 학자들의 견해를 그대로 따른다는 의미이다. 다만 전 과학주의라는 말에는 과학적이지 않다는 의미도 함의될 수 있기 때문에, 과학지상주의를 특별히 신봉하는 입장에 서 있지 않는 학자라면 누구나 이런 호칭의 사용에 호감을 보이지는 않을 것이다.

이 시대에는 의미연구가 크게 어원학과 사전편찬학, 수사학, 역사언어학 등에서 이루어졌다고 볼 수가 있는데, 이들 중 어느 것도 과학적 연구방법에 의한 학문은 아니었다. 우선 이들 모두에서 공시적인 연구와 통시적인 연구 간의 엄격한 구분이 없었다. 더 구체적으로는 모든 학자들은 오로지 통시적인 연구만을 언어연구로 생각했다. 그 다음으로 이들 모두에서는 으레 고전적 용례를 언어자료로 삼았다. 세 번째로 예컨대 이때의 어원학 앞에는 「추리적」이나 「통속적」과 같은 한정사가 붙여지는 사실로써 익히 짐작할 수 있듯이, 많은 연구에 있어서 과학적인 방법 대신에 추리적인 방법이 쓰였다.

이 시대의 끝부분에 해당되는 19세기 말부터 20세기 초에, 연구목적과 연구방법에 있어서 그전까지의 수사학이나 어원학 등과 확연히 구별이 되는 비교 내지는 역사언어학이 일종의 신학문으로 등장하게 되었다는 사실을 중요시하는 사람이라면 이상과 같은 획일적인 평가야말로 가장 비과학적인 평가라고 반박하고 나설 것이다. 예컨대 이런 사람들은 비교나 역사언어학이 이 당시에 번창하게 된 이유는 바로 이것이 역사상 최초의 과학적인 언어학으로 받아들여졌기 때문이라고 볼 것이다. 실제로 이것에서는 비교적 재구성법 등을 통해서 음운 법칙이나 의미변화 법칙 등을 발견할 수 있었다.

아마도 이런 입장을 취하는 사람 중 가장 대표적인 사람이 Geeraerts일 텐데, 그게 그렇다는 것은 그간 이 시대의 의의를 역사의미론의 기초가 다져진 데 두고 있다는 사실로써 익히 알 수가 있다. 그는 이 때 발달된 역사의미론은 크게 어휘적 의미는 동력적이라는 점과 언어는 인간의 정신이나 심리와 밀접하게 연관되어 있다는 점 등을 밝힘으로써 그 후 어휘의미론이 발달하는 데 주된 추진체의 역할을 담당하게 되었다고 주장하였다. 그러나 아무리 그 가치를 인정한다고 해도 역사언어학을 그 뒤에 탄생된 과학적 언어학과 동일 수준의 학문으로 간주할 수는 없는 일이다.

이런 의미에서 보자면 이 시대를 전 과학주의 시대로 부르는 것이 크게 잘못된 일이 아니다.(Geeraerts, 2010, p.42)

2.3 제2기: 과학주의 시대

20세기를 분기점으로 해서 서구의 학문 전체가 인문주의 시대로부터 과학주의 시대로 진입하게 되었으니까 의미연구도 이 시기에는 제2기격인 과학주의 시대에 들어서게 마련이었는데, 이 시대의 특징은 기간상으로는 1930년대부터 1960년대까지의 몇십 년밖에 되지 않을 만큼 짧음에도 불구하고, 이때에 이루어진 업적은 본격적인 의미이론은 거의 다 이때에 세워진 것이나 다름이 없다고 말할 수 있을 정도로 크고 다양하다는 점이다. 바로 이 시기에는 모든 학문들이 코페르니쿠스적인 변신을 하게 된 것처럼 의미연구도 바로 이 시기에 하나의 어엿한 과학적 학문으로의 대변혁을 겪게 된 것이다.

이 시대에 의미 연구가 의미론이라는 이름의 하나의 현대적 학문으로 재정립될 수 있게 되는 데는 직접 간접으로 자연과학과 언어학, 언어철학 등의 등장이 막대한 영향을 주었다고 볼 수가 있다. 먼저 이 시대에 들어서면서 물리학이나 수학과 같은 자연과학적 학문들이 나타나 가장 강력한 학문으로서 전체적 대열의 선두에 나서게 되었으며, 이것을 계기로 연역적 추론이나 역사적 서술과 같은 인문학적 방법 대신에 귀납적 분석이나 자료수집 및 분석과 같은 자연과학적 방법이 주된 연구방법으로 쓰이게 되는 대개혁이 모든 학문에서 일어나게 되었다. 이 때에 일어난 이런 변화 중 특별히 주목할 만한 것은 수리적 기호를 사용한 논리주의와 형식주의가 모든 학문적 연구방법의 기초로 자리 잡게 되었다는 점이다.

그 다음으로 이 시대 동안에는 현대 언어학이라는 새로운 언어학이 출범하게 되었는데, 이와 관련하여 특히 주목할 일은 이것의 주축이 되었던 구조주의와 변형주의라는 두 언어이론들은 역사상 최초로 언어 연구뿐만 아니라 학문 전체의 흐름을 주도하는 역할까지 하게 되었다는 사실이다. 자연현상을 연구하는 데 쓰이던 원리나 기법들이 인간적 사실이나 현상을 연구하는 데도 그대로 쓰일 수 있음이 실증되었으니까 능히 그럴 만도 한 것이었다. 물론 무엇보다도 중요한 사실은 의미론도 결국에는 언어학의 한 영역이기에 그것의 발전은 새로운 언어이론의 출현과 무관할 수 없다는 점이었다.

세 번째로 이 시대에는 논리적 실증주의와 같은 새로운 철학연구법의 등장에 힘입어서, 철학에서 언어철학이 중요한 영역의 하나로 자리 잡게 되었다. 원래부터 철학자들은 철학적 탐구는 일종의 언어적 탐구라는 사실을 익히 알고 있었던 것인데, 20세기에 이르러 전 학계에서 과학주의가 지배적 학문사상으로 받아들여지게 되면서 철학에서는 논리적 실증주의라는 신학리가 나타나게 된 것이다. 언어철학은 그동안에 학자들이 논리적 원자론파와 일상 언어학파로 나뉜 상태에서 어휘와 문장의 의미를 보다 과학적이고 사실대로 기술하는 과업에서 적지 않은 발전을 이룩하였다. 철학에서의 이런 발전은 크게는 언어학이고 작게는 의미론의 발달에 크게 영향을 주었다. 그리고 무엇보다도 중요한 사실은 이로써 의미론을 크게 언어학적 의미론과 철학적 의미론으로 대별하는 전통이 세워지게 되었다는 점이다.

그러니까 이 시대의 의미연구의 동향은 이들의 영향이 구체화된 것인데, 그런 사실은 크게 두 가지 면에서 관찰될 수 있었다. 첫 번째로, 이 시대에 들어서면서 처음으로 이른바 의미의 문제가 제기되었다. 역설적으로 이런 검토를 통해서 크게는 언어적 의미를 기술 내지는 분석하는 것을 의미론의 과제로 보았을 때 의미론이 결코 용이하고 단순한 학문이 아니라는 사실을 비롯하여 작게는 어휘적 의미에는 명시적인 것뿐만 아니라 함의적인 것도 있다는 사실 등을 발견하게 되었지만, 이로써 의미론도 다른 과학적 학문처럼 정확히 연구의 주제를 확인하는 일로부터 출발할 수 있게 되었다. 이런 논의를 통해서 결국에는 의미론이 어휘 의미론으로부터 시작하여 문장 의미론과 화용 의미론으로 점점 발전하게 되는 동력이 마련되기도 했다.

의미의 개념이나 정의에 대한 이런 과학적 검토의 효시로 볼 수 있는 것이 바로 Frege의 유명론적 논의었다. 사물의 실체는 그 자체가 아니라 그것의 언어적 표현체에 의해서만 파악될 수 있다는 것이 유명론이니까, 이 이론에 따르자면 결국에 무엇을 어휘적 의미로 보느냐로부터 모든 철학적 토의는 시작되게 되어 있었다. 그의 철학적 논쟁은 이래서 「지시」와 「의미」의 구별로부터 시작되었는데, 문제는 어휘적 의미는 다분히 주관적이고 심리적인 요소에 의해서 좌우된다는 사실이었다.

그뿐만 아니라 여기에서는 어휘적 의미는 그것이 쓰이는 상황이나 문맥에 의해서 크게 영향을 받는다는 사실도 또 다른 숙제로 제기되었다. 물론 그는 일단 모든 사람의 머릿속에 있는 공통적인 정보 또는 개념적 내용 즉, 의사소통 시 기본적으로 쓰이는 개념을 언어적 의미로 간주하는 식의, 일종의 객관주의적이고 개념적 의미관을 제시하였다. 그러나 그보다 더 중요한 사실은 그의 유명설로 인하여 그 후에도 의미의 정의의 문제는 의미론의 핵심적 과제로 자리 잡게 되었고, 그 결과 Wittgenstein의 용도설과 같은 반고전적 의미이론이 나오게 되었다는 사실이다. 이렇게 볼 것 같으면 그는 모든 철학적 논쟁이나 의미론적 논쟁은 바로 의미에 대한 올바른 정의로부터 시작되어야 한다는 것을 새롭게 일깨워준 사람이었다.

두 번째로, 이 시대에 이르러서 형식 의미론이 현대의미론의 주된 이론으로 자리잡게 되었는데, 형식화가 곧 과학과 비과학의 구별점이라는 사실을 감안한다면, 이런 변화가 의미론을 현대화하는 데 주도적인 역할을 한 것이라는 주장에 이의를 제기할 수는 없다. 그런데 이 일에 기초를 닦은 것도 Frege였는데, 어떤 의미에서는 의미의 정의에 대한 본격적인 논쟁을 시작한 것보다 이 일이 더 의미 있는 일이었다고 볼 수가 있다. Aristotle 이후 최고의 논리학자라는 평을 듣기에 족할 만큼 그가 창안한 대수학적 서술 논리법은 강력한 것이었다. 물론 무엇보다도 중요한 사실은 그가 이런 대수학적 논리법으로 자연언어의 문장의 의미가 제대로 기술될 수 있다고 생각한 점이다. 그는 또한 의미론이 형식화되기 위해서는 어느 수준에 있어서나 으레 합성성의 원리가 적용되어야 한다고 생각하기도 했다. 이런 의미에서 볼 때 의미론을 과학화하는 데 제일 큰 공로자는 그였으며, 또한 그의 뒤를 이은 Tarski나 Russell, Carnap, Montague 등도 그렇듯이 그는 원래 언어학자가 아니라 철학자였다는 사실도 주목할 점이었다.

그의 기여로 의미론에서는 주도적 연구 영역이 어휘 의미론으로부터 문장 의미론으로 바뀌는 변화도 일어났는데, 특히 그가 중요한 분석대상으로 제기한 문제점들이 집중적으로 논의되는 현상도 같이 일어났다. 예컨대 그가 양화사적 표현들은 일차적 서술논리법의 한계성을 가장 잘 드러내는 예라고 주장한 이래, 의미론자들은 저마다 새로운 분석법을 찾으려 노력했다. 그러나 결과적으로 만족스런 해결책은 나오지 못했는데, 그것의 좋은 근거가 바로 아래처럼 번역될 수 있는 Eijck의 「Every unmarried man courted Mary.」에 대한 분석법의 평가이다.

$\forall x$ (man x & -- married x)→X courted Mary)

이 번역문에서는 그런데 문제가 되는 「every unmarried man」이라는 명사구는 찾아 볼 수가 없다. 그의 설명법에 의하자면 이 명사구는 「문맥적으로 제거되었다.」는 것이다. 그러니까 Frege가 주장했던 대로 양화사구의 개념은 문장 전체의 문맥에 의해서 해석될 수밖에 없다는 사실을 실증하고 있는 것이었다. 그는 그래서 이 번역문을 「담화의 영역에 있는 모든 대상은 미혼남이 아니라는 자질이나, 아니면 Mary를 사귀는 사람이라는 자질을 가지고 있다.」라는 식으로 재해석 하고 있다. 결국 그는 이런 예로 보아서 고유명사가 포함된 문장의 서술법과 양화사 명사가 포함된 문장의 분석법은 같을 수 없다는 것이 분명하다고 주장했다.(Eijck, 1994, p.1279)

그러나 논리나 형식주의의 위력이 얼마나 막강해졌는가를 익히 보여주는 사실은 바로 이 때 형식 의미론의 백미라 할 수 있는 진리조건적 의미론과 모형이론적 의미론이 크게 부상했다는 점일 것이다. 이들 이론의 특징은 이들에서 실제로 쓰이고 있는 문장의미의 분석법을 살펴봄으로써 가장 쉽게 파악될 수 있을 것 같기에, 여기에서는 Cresswell(1992)이 일찍이 제시한 「Lily toils not.」라는 문장의 분석법을 하나의 예로 살펴보기로 한다. 이 분석 절차에서 제일 먼저 눈에 띄는 점은 그것이 크게 아래에서 1), 2), 3)처럼 표현되어 있듯이, 문장의 통사적 기술부와 언어독립적인 실체들에 대한 의미 기술부, 각 언어항목에 의미를 배정해서 문장전체의 의미를 도출해내는 통합부의 세 부분으로 구성되어 있다는 점이다. (Cresswell 1992. p.405)

1)

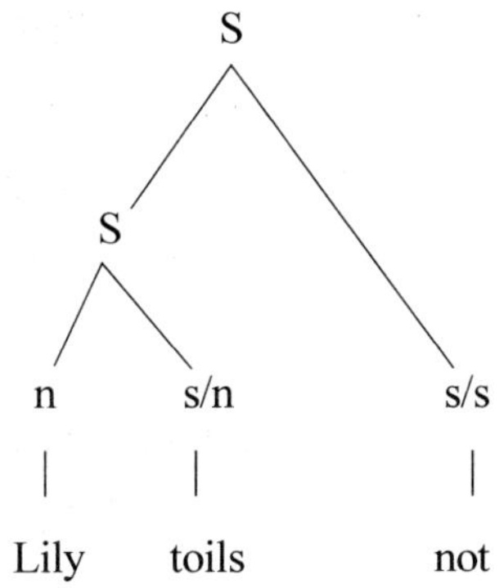

2) V(Lily toils) = V(toils) (V(Lily)) = w(a)

3) V(Lily toils not) = V(not) V(Lily toils) = ε(w(a))

이 분석법은 아무리 의도적으로 단순화된 것이라 할지라도 새로운 기호가 쓰이고 있기 때문에 그들에 대한 약간의 설명이 없이는 제대로 이해될 수가 없다. 이것은 먼저 진리조건적 의미론과 모형이론적 의미론은 으레 가능세계 의미론의 일부여야 된다는 입장에서 만들어진 분석법이다. 다시 말해서 이것에서는 이 문장의 의미는 w는 하나의 가능세계를 가리키고 t는 어느 시간을 가리키는 경우, <w, t>라는 한 짝의 의미적 합산이라는 전제를 하고 있다. 그 다음으로 여기에 쓰인 문장의 수형도에서는 n은 하나의 이름을 가리키고 s/n은 이름으로부터 나온 문장을 가리키며, s/s는 문장으로부터 나온 문장을 가리키는 식의 특이한 범주와 파생법이 쓰이고 있다. 세 번째로, 여기에서는 각 어휘의 의미가 2)에서처럼 V의 배당기능에 의해서 표현되어 있다. 네 번째로 여기에서는 문장의 의미가 3)에서처럼 V(not)을 ε라는 기능으로 보는 식으로 표현되어 있다.

그런데 이 시대의 의미론 발전의 양상을 파악하는 데 빠트려서는 안 될 사실 중 한 가지는 이 무렵에 일단 철학자들의 주도하에 논리 내지는 형식주의가 의미론을 지배하게 되는 현상이 일어나게 되자, 그 여파는 곧 이어서 변형문법의 발전에도 미치게 되었다는 사실이다. 변형문법이 최고의 형식주의적 문법임을 감안한다면, 그것 안에 형식 의미론이 흡수될 가능성은 원래부터 있었던 셈인데, 이렇게 되면 결국에 통사론과 의미론이 하나로 합쳐지는 결과까지 나오게 마련이니까 누구나 이런 시도를 가장 야심찬 시도로 생각하기 마련이었다.

이런 발상법을 제일 먼저 실행에 옮긴 사람이 바로 Katz와 Fodor였다. 예컨대 1963년의 논문에서 그들은 Chomsky의 기술모형의 약점을 어휘항목에 대한 의미적 기술이 없는 점으로 보면서, 성분분석법과 서술논리법을 병합하게 되면 그것보다 더 좋은 기술모형 즉, 이른바 의미론 기저의 기술모형이 만들어질 수 있다고 주장하고 나섰다. 그러나 이들의 시도는 McCawley와 Lakoff 등에 의한 생성 의미론적 시도와 함께 해석 의미론적 모형의 타당성만을 더 부각시키는 역설적인 역할밖에 하지 못했는데, 그 이유는 역시 실제로 사용 가능한 통합적 기술모형이나 의미론 기저의 기술모형을 설계하는 일은 생각만큼 쉬운 일이 아니기 때문이었다.

그런데 Geeraerts(2010)이 보기에는 그들의 이런 시도는 「성분분석법의 한 변이형」에 불과하기 때문에 일시적으로 유행한 뒤에는 곧 사라질 운명의 것이었다. 예컨대 Katz는 1966년에 나온 「The Philosophy of Language(언어철학)」과 1967년에 발표한 「Recent Issues in Semantic Theory(의미이론의 최신과제)」 등에서 의미수형도의 예도 보이고, 『Cats chase mice.』라는 문장을 「chase(x, y)」처럼 이항서술법으로 기술하는 식으로, 그의 언어분석에 있어서는 으레 형식논리학적 기법이 기본으로 쓰인다는 점을 부각시키려고 노력했다. 그렇지만 Geeraerts이 보기에는 그의 기술 모형은 「chase」라는 동사를 아래처럼 기술하는 식으로 개별어휘들을 대상으로 한 성분 분석법을 기본으로 삼은 것이었다. 그는 이것을 「복합적 표지법」이라고 불렀지만 이것으로는 통사적 의미가 제대로 기술될 수 없다는 것이 분명했다. 그러나 결과적으로 그의 이런 시도가 변형주의자들이 자기네 문법을 더욱 형식주의적인 것으로 만들게 하는 데 도움을 주었다고 볼 수가 있다.(Geeraerts, 2010, p.107)

chase: ((Activity of *x*) (Nature : physical))
((Motion) (Rate: (fast)) (Character : following *Y*)))), (Intention of *x* : (trying to catch ((*y*) (Motion)))).

크게 보았을 때 지금의 의미연구의 전체적 구도는 바로 이 과학주의 시대에 그려진 것이나 다름이 없다. 다시 말하자면 후기 과학시대에 있어서의 의미연구의 동향은 이 시대의 그것과 연결했을 때만 제대로 파악될 수 있을 만큼 이 시대에 이룩된 업적은 전 언어적이고 기본적인 것이었다. 우선 이 시대 동안에는 전 언어적으로 의미론의 영역이 확대되었다고 볼 수가 있는데, 그것의 근거로 내세울 만한 사실이 바로 이때부터 의미론은 크게 어휘 의미론과 문장 의미론, 화용 의미론 등으로 세분되면서 그것의 연구양상이 언어학의 그것과 같아졌다는 사실이다. 이래서 결과적으로는 언어연구를 형식론과 의미론으로 양분해 볼 수 있을 만큼 의미론의 비중과 역량이 커진 것이다.

그 다음으로 이 시대 동안에는 그 후에 더욱 더 현대화 내지는 첨단과학화의 길을 걷게 되는 많은 의미이론의 기본형들이 만들어졌다. 거꾸로 말하자면 그러니까 오늘날 논의되고 있는 의미론적 문제점들의 대부분은 이때 이미 제기된 것들인 셈인데, 그것의 가장 대표적인 예가 의미의 개념이나 정의에 심리적인 것이나 개인적인 것, 문맥 또는 상황적인 것 등을 포함시키게 되었다는 사실이다. 이런 의미에서 볼 것 같으면 의미론이 앞으로 하나의 성공적인 학문으로 발전하려면 그것에는 일정한 주제적 제약이 으레 가해져야 된다는 사실도 바로 이 시대에 깨닫게 된 것이다.

이상과 같은 사실이 맞는 사실이라는 것은 이 시대에 어휘 의미론과 문장 의미론, 화용 의미론 등의 세 분야에서 구체적으로 어떤 이론들이 개발되었는가를 살펴보게 되면 쉽게 알 수가 있다. 먼저 어휘 의미론의 분야에서는 바로 이 때에 장 이론과 성분 이론이라는 두 개의 구조주의적 이론이 개발되었는데, 이들은 오늘날까지도 어휘 의미론의 양대산맥이라 불릴 수 있을 만큼 어휘의미 연구를 이끌어왔다. 사람에 따라서는 이 시기에 일어난 일 중 가장 특기할 것으로 Korzibsky(1933)와 Rapoport(1950) 등에 의해서 「일반 의미론(General Semantics)」이 제안된 사실을 들기도 한다. 이들의 이론은 의미론은 곧 자연과학과 맞서는 과학 즉, 인간과학이라는 것이니까, 이것이 바로 이 무렵에 등장한 형식 의미론의 한계성을 익히 극복할 수 있는 하나의 대안 이론임이 분명하다. 그러나 안타깝게도 이 이론은 어느 이론에 있어서나 궁극적으로 문제가 되는 것은 연구방법론이지 연구주제는 아니라는 사실만을 확인시켜 주었다.

그에 비하여 장 이론과 성분 이론은 일종의 과학적 의미연구 방법론들이었다. 예컨대 Weisgerber와 Trier에 의한 장 이론은 크게 볼 것 같으면 독일의 Kant와 Herder, Hegel등의 이성주의적 언어관을 이어받은 것이지만, 작게 볼 것 같으면 언어를 하나의 유기적 구조나 체계로 보려는 구조주의적 언어관을 반영한 것이기에, 이것에서는 분명히 어휘 의미론의 연구방법은 어휘 간에 존재하는 의미적 상호연관성을 밝히는 것이라는 것이 밝혀져 있는 셈이다. 물론 그동안의 동의어나 반의어에 대한 연구를 통해서 익히 드러났듯이 어휘적 장이 생각만큼 단순한 조직성을 띠고 있는 것은 아니다. 예컨대 그동안의 연구로 어휘의미의 대립관계가 경우에 따라서는 1대 1적인 것이 아니라 복합적일 수도 있다는 사실이 밝혀졌다. 그렇지만 이 이론이 현장에서의 자료수집과 분석, 분류, 체계화 등이 최선의 어휘 의미론적 연구방법임을 제시하고 있는 이론임은 재론할 여지가 없다. 최근에 「세트 이론」과 같은 대수학적인 이론이 나타나게 된 것도 사실은 이 이론이 그것의 배경이론적 역할을 할 수 있기 때문이었다.

또한 성분 이론이라는 것도 따지고 볼 것 같으면 일종의 연구방법론이다. 자연과학적 연구방법 중 기본적인 것이 바로 어떤 실체나 구조체를 그것의 구성성분이나 요소로 분해해 가는 것이라는 것을 언어학 분야에서 최초로 실증한 사람이 바로 Saussure이고, 성분성의 원리를 논리학의 주요원리로 내세운 사람이 바로 Frege이니까, 이 이론이 과학적 어휘 의미론 연구법의 대명사처럼 불리게 된 것은 하등 이상한 일이 아니다. 또 한 가지 이 이론이 그런 자리를 차지할 수 있었던 이유는 이것은 형식적 기술법과 쉽게 합쳐질 수 있기 때문이었다. 아마도 이런 특성으로 인하여 통사론과 같은 언어학의 다른 분야에서도 이것이 널리 받아들여질 수 있었을 것이다. 이런 의미에서는 이 이론은 장 이론보다 한 수준 위에 있는 것이라고 볼 수도 있다.

그 다음으로 문장 의미론의 경우를 살펴보자면 먼저 이 시대에 이르러서 드디어 하나의 명제나 문장의 진위성을 가리는 일을 연구의 주된 과제로 삼는 의미론 즉 문장 의미론이 크게 발전할 수 있는 여건이 제대로 갖추어지게 되었다는 사실을 발견하게 된다. 엄밀히 따지자면 일찍이 Aristotle이 명제론을 철학적 주요 과제로 내세운 이래 문장 의미론이 철학적 의미론의 중심과제가 아니었던 적이 있었던 것은 아닌데, 이것이 본격적으로 철학적 의미론의 본령으로 자리 잡게 된 것은 20세기에 들어서서 Russell과 Carnap 등에 의한 논리적 실증주의가 큰 학세를 얻게 되면서부터였다. 바로 이 시기에 진리조건적 의미론이나 모형이론적 의미론이 크게 발전했던 것이 그것의 산 증거이다.

이런 철학적 여건의 일부로 볼 수 있는 것이 이 무렵에 Frege와 Tarski

와 같은 탁월한 논리학자들이 형식 의미론의 필요성과 타당성을 주장하고 나선 사건이다. 이들은 명제 논리적 진위표나 동지 공식, 2차 논리적 서술법 등을 제시해 보임으로써 오직 형식 의미론만이 문장의 의미를 과학적으로 분석하는 데 쓰일 수 있는 것이라는 사실을 실증했다. 그리고 이들이 이때 제시한 의미 이론이나 기술법들은 그 후 명제나 문장 의미론에 있어서 가장 널리 쓰이는 기술법으로 굳어지게 되었는데, 특히 이와 관련하여 주목할 사실은 궁극적으로 자연언어의 기술에 있어서는 진리조건적 의미론과 모형이론적 의미론, 가능세계 의미론 등이 하나로 합쳐질 수 있다는 이들의 주장이 훗날 Montague의 것과 같은 강력한 형식 의미론이 탄생될 수 있게 했다는 사실이다.

물론 이런 여건 중 절대로 빼놓을 수 없는 것이 바로 이 시기에 언어학이 Chomsky의 변형이론에 의해서 이른바 언어학적 혁명을 겪게 되었다는 사실이다. 그의 언어이론은 우선 문장의 정형성을 기술대상으로 삼는 통사론이고, 그 다음으로는 수학적 모형을 언어 기술에 원용시킨 일종의 논리 내지는 형식주의적 이론이다. 그런데 따지고 보자면 그의 언어이론의 이런 두 가지 특징들이야말로 그의 언어이론이 의미론에서 어휘 의미론 대신에 문장 의미론이 대세를 잡게 되는 데 중요한 역할을 하게 된 근본적 이유일 수가 있다. 이런 의미에서 보자면 의미론은 겉으로 보기에는 통사론과 대칭적인 관계를 유지하고 있는 것 같지만 속으로는 협동적인 관계를 유지하고 있음이 분명하다.

그의 언어 이론은 의미론의 흐름 자체를 어휘 의미론에서 문장 의미론으로 바꾸어 놓는 데 일조를 했을 뿐만 아니라, 문장 의미론의 발전에 직접적으로 도움을 줄 수 있는 견해들도 적지 않게 제공할 수 있었다. 예컨대 우선 기본적으로는 역사상 어떤 언어이론에서도 그의 언어이론에서처럼 심층구조와 표층구조 중 어느 것을 의미적 표현체로 보아야 하는

가의 문제를 깊게 다룬 적이 없으며, 그 다음으로 사실적으로는 그동안 어느 언어이론에서도 논리형식과 같은 일종의 통사론적 의미적 표현체가 제안된 적이 없었다.

그의 언어이론에서는 그동안 내내 대표적인 의미론적 문제로 간주되어 온 과제들을 다루기도 했는데, 중의문의 문제를 비롯하여 대명사나 대용어의 문제, 양화사의 문제, 전도문의 문제, 생략문의 문제 등이 그런 것들이다. 한마디로 말해서 이 이론에서는 의도적으로 철학이나 논리학에서 집중적으로 토의되어온 주제들을 언어학적 방법으로 재검토한 셈인데, 바로 이런 사실을 통해서도 제대로 된 통사론이라면 으레 그 안에 의미론을 내포시켜야된다는 Chomsky의 기본적인 입장을 잘 읽을 수 있다.

그의 공로 중에는 또한 이른바 「tough 구문」과 「비tough 구문」간의 식별법처럼 그동안에 논리학에서는 설명하지 못했던 사실을 제대로 설명할 수 있게 된 점도 들어갈 수 있다. 예컨대 「John is easy to teach.(존은 가르치기 쉽다.)」와 「John is eager to teach.(존은 가르치고 싶어 한다.)」가 서로 다른 의미 표현체라는 사실은 앞 문장은 John이 teach의 목적어 자리에서 주어 자리로 이동한 것인데 반하여 두 번째는 teach가 자동사로 쓰인 것이라는 식의 변형문법적 설명법으로써 익히 설명될 수 있었다. 이와 유사한 예로는 「Visiting relatives can be a nuisance.」와 같은 구조적 중의문에 대한 변형문법적 설명법도 들 수 있다. 이 문장의 의미는 「visiting」을 수식어적 분사로 보느냐, 아니면 목적어를 거느린 동명사로 보느냐에 따라서 달라지기 때문에(방문 해오는 친척은 성가신 존재일 수 있다. 대 친척을 방문하는 것은 성가신 일일 수 있다.), 이것에 대한 통사적 분석이 필수적이라는 것이다.

그러나 크게 보았을 때는 이 시대에 있어서 문장 의미론의 발전방향을 결정지은 것은 언어학이 아니라 철학과 논리학이었다. 아무리 자연언어의 문법이나 구조가 논리적으로 분석이 가능하다고 해도, 철학자나 논리학자의 주된 관심은 자연언어의 분석에 있는 것이 아니라 최선의 진리조건적 의미분석법이나 모형이론적 분석법을 개발하는 데 있었다. 그래서 그들의 입장에서 보자면 문장 의미론에서 다루어야할 주된 문제는 함의성을 위시하여 전제성, 동치성, 모순성, 상반성, 양립성과 같은 논리적 문제들이었다.

특히 이 시대에 있어서는 문장 의미론의 영역에서 전제와 함의의 문제가 집중적으로 논의되게 되었는데, 이런 움직임은 뒤에 가서 화용 의미론의 도입을 촉진하는 결과도 가져오게 했다. 논리학의 원조가 Aristotle이라는 사실은 그가 바로 두 명제나 문장 간의 함의 관계에 대한 언급을 제일 먼저 한 사람이라는 사실로써 익히 알 수가 있는데, 뒤집어 볼 것 같으면 이것은 두 명제간의 진위적 관계를 따지는 절차가 곧 모든 논리적 추리절차의 출발점인데, 그 일이 생각만큼 단순명료하지 않다는 사실을 잘 말해주고 있다고 볼 수가 있다. 특히 자연언어에서는 양화사와 법조동사 등이 으레 까다로운 변수로 작용하게 마련이었다.

따라서 20세기에 이르러서 Russell이나 Frege가 함의의 문제를 현대 논리학의 중심과제로 삼은 것은 너무나 당연한 일이었다. 이 과제를 위하여 이들은 저마다 특이한 기술법도 개발했고 이론도 제안했는데, 특히 Frege가 일상 언어에서의 「is」가 나타내는 관계를 1) 대상과 개념 간의 포섭관계와(예: Julius is a man : Fa), 2) 두 개념 간의 종속관계(예: Man is a rational animal: $Fx \supset Gx$), 3) 제1차 개념과 제2차 개념 간의 관계(예: There is a mortal human.($\exists$ x) (Fx&Gx)), 4) 두 대상간의 동일성 관계(예:Hesperus is phosphorus $a=b$) 등 네 가지로 잡는 발상법은 이 문제에 대한 논의의 수준을 한 단계 높이는 데 결정적 역할을 했다.(Guttenplan, 1994, p.2291)

세 번째로 화용 의미론의 경우를 살펴볼 것 같으면, 크게 보았을 때 이 시대에 와서 이 세 번째 의미론이 탄생될 수 있었던 것은 바로 이때 화용론이라는 반통사론적인 언어연구의 분야가 탄생되었기 때문이다. 어휘 의미론과 문장 의미론에 비할 때 역사도 제일 짧고 역량도 제일 작은 것이 이 의미론이지만, 이것의 탄생으로써 언어학적 의미론은 크게 세 가지로 나뉘게 된 것이다. 그런데 화용론에서는 기본적으로 의미를 개념으로 보지를 않고서 용법으로 본다. 따라서 이 의미론은 일종의 반문장 의미론적인 기능만 하게 된 것이 아니라 일종의 반어휘 의미론적인 기능도 하게 된 것이다. 이런 의미에서도 이 의미론은 제3의 의미론인 셈이다.

이 의미론의 이런 특징은 화용론의 탄생과정에서도 그대로 드러난다. 20세기에 이르러서 화용론의 이론적 근거를 마련한 것은 바로 Wittgenstein과 Grice, Austin, Searle 등과 같은 언어철학자들이었다. 이들은 자기네들의 학문을 언어를 명제가 아니라 행동으로 본다는 취지에서 화행론으로 불렀지만, 그것은 결국에 화용론의 또 다른 이름에 불과했다. 예컨대 언어는 의사소통의 도구이기 때문에 우선 언어 연구자들은 추상적 문장이 아니라 언어사용의 현장에서 실제로 쓰이고 있는 말들을 분석의 대상으로 삼아야 한다는 그들의 반논리학이나 반통사론적 발상법을 훗날 화용론자들은 그대로 받아들였던 것이다.

철학의 분야에서 이런 움직임이 있게 되자 언어학 분야에서도 그것에 동조하는 움직임이 나타나게 되었는데, 이것을 주도한 사람으로는 흔히 민족언어학자로 불리는 Levinson과 인지화용론자로 불리는 Sperber와 Wilson 등을 들 수가 있다. 이들의 입장 중 언어철학자들의 그것과 차이가 난다고 볼 수 있는 것은 크게 두 가지인데, 그중 첫 번째 것은 이들의 것은 형식이 아니라 의미를 우선시한다는 의미에서 철두철미하게 반Chomsky적인 것이라는 점이고, 그중 두 번째 것은 여기에서는 언어적 의미에 영향을 주는 요소에는 문맥이나 상황적인 것만 있는 것이 아니라 사회문화적인 것도 있다고 본다는 점이다.

이들의 입장이 얼마나 반논리학적이며 반통사론적인 것인가 하는 것은 화용론의 필요성을 주장하면서 Levinson(1983)이 다음과 같은 예를 들고 있다는 사실만으로써 익히 알아차릴 수 있다. 예컨대 「Getting married and having a child is better than having a child and getting married.(결혼을 하고 아이를 갖는 것은 아이를 갖고 결혼을 하는 것보다 낫다.)」라는 문장은 일상 언어에서 얼마든지 쓰일 수 있는 것인데, 논리적 법칙에 따르자면 「p & q」는 「q & p」로 표현할 수 있으니까 이것은 「Having a child and getting married is better than getting married and a having child.」와 같은 실제로는 있을 수 없는 문장으로 바뀔 수가 있게 된다는 것이었다.(Levinson, 1983, p.35)

화용 의미론의 등장은 의미론자들로 하여금 언어적 의미는 궁극적으로 의사소통의 현장에서 언어사용자에 의해서 결정된다는 사실을 깨닫게 하는 긍정적인 기여도 했지만 의미론의 영역과 연구 및 기술 방법 등을 놓고서 그들 간에 의견의 대립이 있게 되는 부정적인 기능도 했다. 우선 문제가 되는 것이 바로 어떻게 해야지 화용론과 화용 의미론을 제대로 구별할 수 있겠느냐 하는 것이었다. 다시 말하자면 화용론에서는 예컨대 「What time is it?(몇 시야?)」라는 질문에 대해서 「The bus just went by.(버스가 방금 지나갔어.)」라고 응답하는 현상, 즉 실제적 회화에 있어서 기능을 하는 것은 회화적 함언이지 문장의 명시적 의미가 아니라는 사실을 밝히는 것을 기본 과제로 삼고 있는데, 그렇다면 의미론자들은 그런 일을 과연 화용 의미론의 기본과제로 볼 수 있겠느냐의 문제에 봉착하게 마련이었다. 간단히 말해서 이 의미론의 출현으로 의미론자들은 다시 한번 무엇을 언어적 의미로 보아야 하는가와 같은 근본적인 문제를 논의해야만 했던

것이다.(Mey, 1994, p.3267)

그 다음으로 문제가 되는 것은 이 이론의 등장으로 의미론을 최대한 형식화하려는 의미론자들의 그동안의 노력이 무의미해질 수도 있다는 점이었다. 이 시대에 이르러 의미론이 크게 발전할 수 있었던 것은 그전까지의 개념적 의미론이 형식 의미론으로 탈바꿈했기 때문이다. 예컨대 이 시대에 들어서서 현대의미론의 본령격인 문장 의미론은 더 말할 필요도 없고, 전통적인 어휘 의미론도 어느 정도 형식화 하는 데 성공했다. 그러니까 한마디로 말해서 이 시기에 의미론 전체에서 형식화의 가능성을 보임으로써 그동안까지의 통사론자들의 틀에 박힌 공격의 화살을 적지 않게 꺾을 수 있게 된 마당에, 이 이론이 커다란 장애물로 등장한 것이다. 물론 무엇보다도 중요한 사실은 화용론자 중에도 자기네 학문이 궁극적으로 형식화될 수 있다고 보는 사람이 별로 없다는 점이다. 이런 의미에서 보자면 이 이론은 머지않아서 어휘 의미론과 문장 의미론과는 학풍이 전혀 다른 이론으로 발전해서 결과적으로는 의미론의 학풍이 형식주의적인 것과 비형식주의적인 것으로 나뉘는 현상이 나타날 수도 있다. 이렇게 되면 머지않아서 그 안에 의미론이 흡수되어서 화용론이 통사론과 맞서게 되는 날이 올 거라는 화용론자들의 주장은 한낱 허세에 불과하다는 것이 보다 분명해질지 모른다.

2.4 제3기: 후기 과학주의 시대

1) 형식화의 가속화

20세기의 후반부, 즉 현재 우리가 살고 있는 시대를 후기 과학주의 시대로 치자면, 이 시대에 들어서면서 의미론의 발달 양상에는 크게 다음과 같은 세 가지 특징이 나타나게 되었다고 볼 수가 있다. 그중 첫 번째 것은 이 시대에 이르러서 의미론에서는 형식화 절차를 한 단계 격상시키려는 움직임이 나타나게 되었다는 점이다. 우선 이런 움직임은 의미론도 다른 학문과 다를 바 없이 으레 학문 전체의 흐름에 따라서 발전하게 되어있다는 사실을 다시 한번 드러내주는 현상이라고 볼 수가 있는데, 그 이유는 이 무렵에는 최첨단 과학으로 등장한 인공지능학과 전산학을 의미론 연구에서도 원용하게 되었기 때문이다. 물론 따지고 보자면 그 전에도 전산 언어학이라는 이름 밑에서 번역기 연구나 언어자료 수집과 같은 새로운 언어학이 시작되었던 터이니까, 예컨대 전산 의미론이라는 또 하나의 언어학을 그 안에 포함시킬 수도 있다.

그러나 일단 전산 과학적 연구법을 기본적인 연구법으로 삼는 의미연구를 전산 의미론으로 정의하고 보자면 그것의 연구대상과 연구역량이 엄청나게 넓고 크다는 사실을 익히 알 수가 있다. 간단히 말해서 전산의미론에서는 종전까지 비전산적인 방법으로 하던 과제들, 즉 어휘 의미론적인 것과 문장 의미론적인 것, 화용 의미론적인 과제들을 보다 신속하고 체계적으로 연구할 수가 있으니까 경우에 따라서는 이로써 의미론 연구의 전체적 판도가 바뀔 수도 있는 것이다. 물론 전산화 작업의 구도를 설계하는 것은 인간이기에 아직까지는 그런 시대는 오지 않았다. 그리고 궁극적인 의미에서 기계가 어떤 의미이론을 창안해 낼 수는 없다.

그렇지만 특히 자료수집이나 분류의 능력은 더 말할 나위가 없고 논리적 추리나 연산의 능력에 있어서 인간보다 훨씬 탁월한 것이 바로 전산기이기 때문에, 언젠가에 가서는 이 의미론이 의미론 이론의 주요 이론으로 등장할 가능성은 있다. 그래서 Geeraerts(2010)같은 사람은 이 의미론을 형식 의미론과 맞먹는 것으로 보기도 했다. 그런데 전산적 연구에 있어서는 무엇을 대상으로 한 것이든지 간에 고도로 발달한 기호나 형식체계를 사용하게 되어 있다. 따라서 이 의미론을 통해서 새로운 종류의 형식 의미론이 탄생되었다고 볼 수도 있다. 바꾸어 말해서 이 이론의 등장으로 의미론을 형식화 하려는 움직임은 더 가속화 되었다고 볼 수가 있다.

전산 의미론은 그동안에 의미론을 발전시키는 데 크게 두 가지 기여를 했다고 볼 수가 있는데 그중 첫 번째 것은 분배적 자료 분석법이 널리 쓰이도록 한 기여이다. 한마디로 말해서 모든 과학적 연구는 자료 수집과 분류가 기본이 되기 때문에 이 의미론이 기여한 바는 분배적 자료분석법이라는 용어 대신에 분배적 자료 분석 이론이라는 용어를 쓰기도 할 만큼 컸다. 그동안에 이 이론을 주도한 것은 Melcut의 「의미 텍스트 이론(Meaning-Text Theory)」과 「어휘망 계획(Wordnet Project)」등의 두 가지였는데, 이들 모두에 있어서 의미적 관련성 이론과 성분분석의 원리 등의 타당성이 익히 실증되었다. 어휘망 계획의 경우 현재로서는 영어에 대한 자료수집 작업을 기초로 해서 그 대상을 유럽어들로 차차 확장하고 있는데, 언젠가에 그 대상이 세계적인 언어로까지 확장된다면, 이 의미 이론의 위력은 대단할 것이다.

어휘망 계획에서 이미 이루어진 사례의 한 가지를 살펴보게 되면, 컴퓨터가 앞으로 어휘 의미론 연구에서 대단히 유용한 도구로 쓰일 가능성이 크다는 것을 익히 알 수가 있다. 아래에 든 예는 영어의 「chair(의자)」라는 어휘에 대해서 분석한 것인데, 이 분류는 우선 의미적 관계로 보았을 때 어휘들은 상위어와 하위어로 이루어진 계층구조를 이루고 있다는 원리와 어휘적 의미는 몇 가지 성분적 의미로 분해될 수 있다는 원리에 의해서 만들어진 것임을 알 수가 있다.(Geeraerts, 2010, pp.158~159) chair

1. chair : seat

2. professorship : job

3. president : chairman

4. electric chair : death chair

professorship, chair

→position, post, berth, office, spot, billet, place, situation

  →occupation, business, job, line of work, line

    →activity

      →act, human action, human activity

        →event

          →psychological feature

            →abstraction

              →abstract entity

                →entity

그중 두 번째 것은 언어학적 의미론의 세 분야 모두, 즉 어휘 의미론과 문장 의미론, 화용 의미론 등이 하나같이 형식화된 이론으로 발전될 수 있다는 것을 실증한 기여이다. 바꾸어 말할 것 같으면 그동안의 연구만으로써 형식 의미론의 진수를 보여줄 수 있는 것이 바로 전산 의미론이라는 사실이 익히 밝혀진 것인데, 이것을 실증하고 있는 예 중 하나가 최근에 Ramsay(2010)가 발표한 「Natural Language Understanding, Automatic(자동적 자연언어 이해)」라는 논문이다. 이 논문의 목적은 결국 인간의 언어를 제대로 이해할 수 있는 체계를 만들어 보겠다는 전산언어학자들의 오래된 야망이 결코 허황된 꿈이 아니라는 사실을 보여주는 것이기에 여기에 있어서는 의미론의 형식화 문제는 일종의 부수적인 문제에 지나지 않는다고 생각할 수가 있다. 그러나 의미론자의 입장에서 볼 것 같으면 여기에서만큼 모든 의미론적 논제가 형식주의적인 방법으로 토의될 수 있음을 보여준 사례는 없었다.

여기에서는 우선 말을 알아듣는 과제는 크게 「입력된 언어의 구조적 단서와 컴퓨터의 내적 상태를 사상 시키는 일」과 「이런 상태와 외부세계에 대한 견해를 사상시키는 일」의 두 가지로 볼 수가 있는데, 이들 일이 일차 논리적인 표현법, 즉 *x, y, z* 등의 변항과 *a, b, c* 등의 상항, *f, g, r* 등의 기능어, *P, Q, R* 등의 서술, &, V, → 등의 연결어 등의 구조 단위와, $f(t_1,...,t_n)$과 같은 항과 $\mathrm{P}(t_i,...,t_n)$과 같은 원자적 공식, *A & B*나 *A→B*와 같은 복합적 공식 등의 조립규칙을 가지고서 익히 기술될 수 있다고 보고 있다. 구체적으로 말해서 여기에서는 의미는 상수와 기능어, 서술 등으로 표시가 되고, 진리조건은 원자적 및 복합적 공식으로 표시가 되게 되어 있었다.(Ramsay, 2010, p.597)

여기에서는 먼저 이런 일차논리적 표현법의 예로서 「A man is eating a peach.」라는 문장에 대한 아래와 같은 표현법을 들고 있는데, 여기에서 특별히 주목할 것은 일찍이 Frege가 내세웠던 합성성의 원리가 제대로 지켜지고 있다는 사실이다.

∃A: {man (A)}
∃B: {peach (B)}
∃C: {aspect (now, prog, C)}
Θ(C, agent, A) & Θ(C, object, B) & eat (C)

여기에서는 그 다음에 의미적 공리의 이론에 입각한 표현법이 제시되고 있는데, 그 이유는 이상과 같은 일차논리적 표현법은 각 항의 의미적 역할이 밝혀져 있지 않다는 점을 위시하여 문장의 시제성과 서법성 등이 표현되어 있지 않다는 점, 지시적 표현이 쓰이고 있지 않다는 점, 디폴트(default) 양화사의 현상이 다루어질 수 없다는 점, 명제적 태도를 나타내는 동사가 다루어질 수 없다는 점 등의 중요한 문제점들을 지니고 있는 탓으로, 결과적으로는 그것이 자연언어를 이해하는 절차를 제대로 기술하고 있다고 볼 수는 없기 때문이었다. 여기에서의 의미적 공리 표현법이란 결국에 그것의 대안인 셈인데, 이것의 대표적인 예로서 아래와 같은 「What is eating like?」라는 문장의 표기법이 제시되어 있다.(Ibid, p.601)

$\forall X$: {eat (X)} $\exists Y$(animate Being (Y) & Θ $(X$, agent, $y))$

$\forall X$: {eat (X)} $\exists Y$(animate Material (Y) & Θ $(X$, object, $y))$

$\forall X$: {eat (X)}

  $\forall Y$: {Θ $(X$, agent, $y)$}

    $\forall Z$: {Θ $(X$, object, $y)$} $\forall T$: {start $(X$, T)}

      at(T, outside (Y, X))

$\forall X$: {eat(x)}

  $\forall Y$: {Θ $(X$, agent, $y)$}

    $\forall Z$: {Θ $(X$, object, $y)$} $\forall T$: {end (X, T)}

      at $(T$, inside $(Y, X))$

여기에서는 마지막으로 전산언어학의 문제들이 이상과 같은 의미적 공리 표현법의 개발만으로 모두 해결될 수 있는 것은 아니라는 점을 강조하고 있다. 앞으로 해결해야 할 문제 중 첫 번째 것은 중의문에 관한 것이었다. 예컨대 컴퓨터로 하여금 「I saw a man in the park.(나는 공원에서 남자를 보았다. 나는 공원에 있는 남자를 보았다.)」와 같은 중의문의 의미를 제대로 파악하게 하는 일은 결코 단순한 일이 아니었다. 그런 문제 중 두 번째 것은 어떻게 컴퓨터로 하여금 일정한 양의 일반적 지식을 갖게 하느냐 하는 것이었다. 예컨대 「We went out for a meal last night. The waiters were so rude that we decided not to leave a tip.(어제 밤에 외식을 하러 나갔는데, 웨이터가 친절하지 못해서 팁을 내지 않기로 했다.)」 라는 문장을 이해하는 데도 엄청난 양의 이 세상에 대한 지식이 필요했다.

그런 문제 중 세 번째 것은 어떻게 컴퓨터로 하여금 충분한 추리력을 갖게 하느냐 하는 것이었다. 큰 의미로 보았을 때 추리는 구조적인 것과 통계적인 것으로 나뉘어질 수 있는데, 비교적 단순한 것으로 알려진 전자에서마저 그 규칙에 디폴트 규칙과 자의적 양화사 규칙 등이 포함되게 되면 그 절차는 자못 복잡해지기 마련이었다. 그동안에 통계적인 추리의 정확성을 높이는 데는 복수의 개연성을 결합시키는 방책을 사용해야 한다는 견해도 나왔었다. 그러나 궁극적으로 어느 개연성이 선택되느냐 하는 것은 개인의 신념 문제라는 사실이 드러나면서 이것도 정답이 아님이 밝혀졌다. 이렇게 보자면 이 논문이 우리에게 가르쳐주고 있는 것은 전산 의미론이 형식 의미론의 선구자인 것은 분명하지만 이것에서라고 해서 그 과제가 생각만큼 쉬운 일은 아니라는 사실이다.(Ibid, p.606)

2) 인지심리학적 접근법

이 시대에 있어서의 의미론 발달의 양상의 두 번째 특징으로 간주할 수 있는 것은 의미연구에 인지심리학적 접근법이 비중 있게 쓰이게 되었다는 점이다. 따지고 볼 것 같으면 의미는 궁극적으로 일종의 개념이고 정보이기 때문에 의미론에서 인지심리학적 접근법이 적용된다는 것은 일종의 당위이고 필수이다. 또한 일찍이 Aristotle이 범주론을 내세운 이래 의미연구에 있어서의 심리학적 접근법의 중요성을 강조하고 나선 의미론자는 한두 사람이 아니다. 이런 의미에서 볼 것 같으면 이 시대에 이르러서 의미론이 이런 방향으로 발전하게 된 것은 돌발적 사건이 아니라 자연적 사건이라고 볼 수가 있다.

그러나 만약에 이 시기에 들어서면서 의미론의 주요 이론의 일부로 확실하게 자리매김하게 된 몇 가지 인지심리학적 이론들이 나오지 않았더라면 사태는 옛날과 별로 달라지지 않았을 것이다. 그리고 이런 변화와 관련하여 무엇보다도 중요한 사실은 어떤 의미에서는 너무나 당연한 일일는지 모르겠지만 이런 신 이론을 창안한 사람은 심리학자가 아니라 언어학자라는 사실이다. 그래서인지 이들은 자기네 이론에 「인지적」이라는 한정사만 붙이지 「심리학적」이라는 한정사는 붙이지 않는다. 이들은 아마도 자기네들이 원용하고 있는 것은 인지주의적 원리이지 심리학적 원리는 아니라고 생각하고 있을 것이다.

탄생의 동기와 관련하여 이보다 더 중요한 사실은 이들의 발상법은 인지심리학과 같은 외부 학문으로부터 얻어진 것이 아니라 언어학 자체 내에서 생겨난 것이라는 점이다. 한 마디로 말해서 이들이 창안한 새 이론들은 당시에 압도적 세력으로 언어학계를 주도하고 있던 Chomsky의 변형이론에 대한 대안으로 제안된 것인데, 더 흥미로운 것은 이들도 원래 Chomsky학파에 속했던 언어학자였다는 사실이다. 예컨대 「인지 의미론」을 창안한 Langacker와 Lakoff가 그랬고, 또한 「개념 의미론」을 창안한 Jackendoff도 그랬다. 그러니까 이들은 결국 Chomsky의 문법이론의 문제점이나 한계성을 잘 알게 된 나머지 드디어 그것의 정반대편에 서서 그것의 해결책을 찾으려고 한 것이다. 지혜롭게 이들은 흑백의 원리대로 통사론적 문제들은 궁극적으로 의미론적 접근법에 의해서만 해결될 수 있다고 본 것이다.

(가) 인지 의미론

언어학에서의 반주류성이 이들 의미이론들의 제일 큰 특징이라는 것은 「인지 의미론」이라는 것이 사실은 「인지 문법」이나 「인지 언어학」의 편의적 별명에 불과하다는 사실에 의해서 익히 확인될 수 있다. 그러니까 같은 언어이론에다가 Langacker는 「인지 문법」이라는 이름을 붙인데 반하여, Lakoff와 Taylor는 각각 「인지 언어학」과 「인지 의미론」이라는 이름을 붙인 것인데, 아마도 이 이론이 결국에는 Chomsky의 변형주의적 이론과 능히 맞설 수 있는 것이라는 점을 부각시키려다 보니까 이런 현상이 일어났을 것이다.

이런 의미에서 보자면 이 의미이론이 구체적으로 어떤 것인가를 알아보는 데는 Taylor가 최근에 발표한(2006) 「Cognitive Semantics(인지 의미론)」라는 논문이 최적의 자료인 듯하다. 물론 굳이 따지자면 여기에 밝혀져 있는 견해나 이론들은 Langacker(2006)가 이미 밝혀놓은 것의 재판이라고 볼 수도 있다. 예컨대 그는(2006) 「인지문법(Cognitive grammar)」이라는 논문에서 이 문법이론의 기본이 되는 것은 바로 「문법적 구조를 의미조직과 음운조직을 연결하는 상징적 체계로 본다.」는 발상법이기 때문에, 여기에서 말하는 이른바 「인지 의미론」의 특징을 파악하는 것이 그것을 이해하는 지름길이 될 수밖에 없다고 주장한 다음에, 그 특징으로 다음과 같은 네 가지를 내세우고 있다.(Langacker, 2006, p.539)

이들 중 첫 번째 것은 의미는 진리조건과 관련된 것이 아니라 넓은 의미에서의 「정신적 경험」이나 「개념화 절차」와 관련된 것이라는 점이다. 특히 여기에서의 경험에는 개인의 지각 운동적인 것은 물론이요 그의 사회문화적인 것도 포함되게 되어있었다. 이들 중 두 번째 것은 언어적 범주는 기본적으로 하나의 「복합체」이어서, 그것을 제대로 기술하는 데는 단 하나의 구조가 아니라 그물망처럼 엉켜있는 관련구조들의 한 세트가 필요하다는 점이다. 이들 중 세 번째 것은 언어적 의미는 범위가 「백과사전적」이라는 점이다. 어휘적 항목의 의미는 그것이 단 한가지인 경우에서마저 사전적 정의로 정해지는 것이 아니며, 따라서 의미론과 화용론 간이나 언어적 지식과 언어외적 지식 간에 엄격한 식별선을 그으려고 하는 일은 무모한 일이다.

이들 중 네 번째 것은 언어적 표현의 의미는 진리조건이나 객관적 상황 등은 더 말할 나위가 없고, 그것에 의해서 유발되는 개념적 내용만으로 이루어져 있는 것은 아니라는 점이다. 언어적 표현의 의미에 있어서는 똑같이 중요한 것이 바로 「그 내용이 어떻게 구성되어 있는가?」이다. 두 가지 표현이 개념적 내용은 동일하면서도 의미가 서로 다를 수 있는 것은 그것의 구성법은 으레 특이성과 범위, 배경, 전망, 현저성 등에 의해서 결정되기 때문이다. 이것의 가장 비근한 예가 「half-empty(절반이 빈)」와 「half-full(절반이 찬)」은 개념상으로는 같으면서도 의미상으로는 서로 같지가 않은 표현이라는 사실이다.

마치 자기의 논문이 Langacker의 견해나 이론의 재판이라는 사실을 솔직히 드러내려는 듯이, Taylor는 먼저 인지 언어학의 특징을 알아보는 것이 인지 의미론의 실체를 알아보는 지름길이라고 주장하면서, 그 특징으로 다음과 같은 세 가지를 내세우고 있다. 간단히 말해서 그의 논지의 전개법은 Langacker의 그것의 정반대적인 것이다. 이들 중 첫 번째 것은 이것의 이론적 기저로 볼 수 있는 언어관이 Chomsky의 이성 내지는 내재주의적인 것과는 정반대적인 것, 즉 일종의 경험주의적인 것이라는 점이었다. 그의 말을 빌리자면 이것에서는 언어의 구조와 습득, 사용 등의 문제들이 「지각과 범주화, 개념형성, 공간인지, 심상 등」의 시각에서 다루어지게 되어 있었다.(Taylor, 2006, pp.569~581)

이들 중 두 번째 것은 이것은 궁극적으로 언어를 기표와 기의를 연결시킨 하나의 상징체계로 보려는 Saussure의 통찰을 다시 되살리려는 언어학이라는 점이었다. 그러나 여기에서는 의미를 개념화와 같은 정신적 절차의 소산으로 보는데, 이 점이 바로 Saussure의 언어이론과 이 언어이론간의 큰 차이점이었다. 이들 중 세 번째 것은 문법을 「어휘와 어형소를 점점 더 큰 유형의 구조체로 묶어가는 절차」로 본다는 점이었다. 특히 여기에서 중요한 점은 어휘와 어형소가 하나의 상징체이듯이 구나 문장도 하나의 상징체라는 점과, 따라서 통사론과 어형론의 구별이 없어진다는 점이었다.

인지언어학과 인지 의미론은 결국에 같은 것이기에 인지언어학의 특징을 이상과 같은 세 가지로 잡았다는 것은 넓은 의미에서는 인지 의미론의 특징을 그렇게 잡았다는 말이 되기도 하는데, 이 의미론에 대한 보다 정확한 이해를 위하여서는 그것으로는 부족하다고 판단되어서인지, 그는 그것을 다음과 같은 여덟 가지로 확대하였다. 그중 첫 번째 것은 이 이론에서는 의미를 사전적인 것이 아니라 백과사전적인 것으로 본다는 점인데, 특히 여기에서는 이 특징을 가장 잘 나타내고 있는 것으로 일찍이 Lakoff(1987)가 제안했던 「이상화된 인지모형(Idealized Cognitive Model) (ICM)」의 이론을 들고 있다. 이 이론의 요점은 우리의 개념은 하나 이상의 기본 내지는 확대된 지식 영역들의 복합체로 볼 수가 있는데 이들 중 기본적인 것들은 거의 다가 우리의 머리 안에서 이상화 되어있는 것이라는 것이다. 또한 여기에서는 Lakoff는 이 이론의 근거로 은유와 환유의 현상을 제시했다는 점을 강조하고 있다. 예컨대 그의 정의에 따르자면 은유란 「추상적인 지식영역을 구체적이고 직접적으로 경험 가능한 지식영역으로 바꾸어 말하는 장치」라는 것이다.(예: a <u>long</u> time)

그중 두 번째 것은 이 이론에서는 의미의 기저가 되는 지식을 범주의 집합체로 본다는 점인데, 범주, 즉 개념은 범주화라는 우리의 기본적인 인지적 절차에 의해서 얻어지는 것이기에, 결국은 우리의 지식은 후천적 학습이나 경험의 소산이라는 결론이 나온다. 그동안에 학자들은 범주화는 기본적으로 사물 간에 있는 유사성을 근거로 해서 이루어지는 것이라는 데나, 더 나아가서는 유사한 범주나 개념들은 전형적인 것과 주변적인 것으로 나뉠 수 있다는 데와 사물간의 유사성은 자질별로 파악될 수 있다는 데 등에 있어서 합의를 보았지만, 이 정신작용의 세부절차와 범주의 언어화 과정 등에 관해서는 아직까지도 제대로 밝혀지지 않고 있는 점들이 많다는 사실을 인정하고 있다.

그중 세 번째 것은 이 이론에서는 의미를 연구하는 데 「용법기저적」 접근법을 사용한다는 점인데, 이것의 의의는 크게 연구방법론 상의 것과 언어적 지식관에 대한 것의 두 가지로 나뉘어질 수 있었다. 우선 이 이론에서는 인위적으로 만들어진 언어 자료가 아니라 언어 사용의 현장에서 수집된 언어자료를 분석하고 체계화하는 것을 언어연구의 기본방법으로 간주한다. 그 다음으로 이 이론에서는 언어적 지식은 어느 수준의 것이나 간에 으레 구체적인 언어사용을 통하여 「상향적으로」 획득된 것이라는 견해를 고수한다. 이렇게 보자면 이 특징이야말로 이 이론이 결국은 Chomsky의 이성주의적 언어이론의 정반대 편에 서 있는 것이라는 점을 가장 노골적으로 드러내는 특징인 것이다.

그중 네 번째 것은 이 이론에서는 언어적 표현을 상황이나 사건을 인지한 정신적 구조체의 반영물로 본다는 점인데, 우선 원래 이 언어학의 기본원리가 정신적 내지는 지식적 구조체를 언어적 표현의 기본으로 본다는 것이니까, 이것이 곧 총 여덟 가지의 특징 중 제일 중요한 것이라고 볼 수가 있다. 그뿐만 아니라 심리학적 관찰이나 실험이 아니라 언어적 관찰과 분석을 통하여 우리의 기본적 인지절차에 대하여 몇 가지 중요한 사실을 발견할 수 있었다는 것도 이것이 갖고 있는 중요한 의의의 일부이다.

이런 이유에서인지 특히 여기에서는 상황이나 사건을 인지한 구조체를 「구성체(Construal)」라는 특이한 이름으로 부르고 있다.

여기에서는 구성체의 현상과 관련하여 현재까지 크게 네 가지 중요한 사실들이 발견되었다고 보고 있는데, 그중 첫 번째 것은 「전경 대 배경」의 지각적 원리가 널리 지켜지고 있다는 사실이다. 예컨대 고양이가 매트에 앉아있는 경우 「The cat is on the mat.(고양이가 매트 위에 있다.)」라고 말하지「The mat is under the cat.(매트가 고양이 밑에 있다.)」라고는 말하지 않는다. 그중 두 번째 것은 동작의 힘, 즉 「역학적 현상」을 부각 시키려는 경향이 강하게 나타난다는 사실이다. 예컨대 「The ball rolled along the floor.(공이 마루에 굴러갔다.)」는 공의 동작의 결과를 나타내는 말이지만, 「The ball kept rolling along the floor.(공은 마루에 계속해서 굴러 갔다.)」는 공의 동작에 저항하려는 힘이 있음을 나타내는 말이다.

그중 세 번째 것은 개념화, 즉 구성화 절차는 주관적인 것과 객관적인 것으로 나뉘어질 수 있다는 사실이다. 이들 간의 구분은 「Ellen is going to the store.(엘렌은 가게에 가고 있다.)」라는 문장의 의미가 「엘렌은 가게에 갈 것이다.」로 바뀔 수도 있다는 예를 통해서 전자는 객관적 구성화 절차의 결과인데 반하여 후자는 주관적 구성화 절차의 결과라는 식으로 익히 밝혀질 수 있다. 후자는 「(be) going to」가 미래 시제를 나타내는 기능어로 문법화된 예이다. 그중 네 번째 것은 이상과 같이 양분화 될 수 있는 개념화나 구성화 절차는 언어적 규약에 의해서 제약을 받게 되어 있다는 사실이다. 이것은 곧 동일한 상황을 놓고서 여러 언어들이 서로 다른 표현을 쓰고 있다는 말이나 같은 말인데, 이것의 한 좋은 예가 영어로는 「I flew across the Atlantic(나는 대서양 건너로 비행했다.)」라고 말하지만 프랑스어로는 「J'ai traverse L'Atlantique en avion.(나는 비행기로 대서양을 건넜다.)」라고 말한다는 사실이다.

그중 다섯 번째 것은 이 이론에서는 우리가 가지고 있는 개념 중 많은 것은 신체적 경험을 통해서 얻어진 것이라고 본다는 점인데, 여기에서는 특히 이 원리의 타당성은 바로 우리의 어휘 가운데는 신체적 동작을 나타내는 것들이 대단히 많다는 사실에 익히 드러나 있다고 보고 있다. 따지고 보자면 은유화 이론과 함께 일찍이 Lakoff(1987)가 내세웠던 「심상구도의 이론」이 바로 이 원리를 기저로 한 것인데, 그의 설명에 따르자면 「a balanced argument(균형 잡힌 논의)」나 「a balanced diet(균형 잡힌 다이어트)」에서 처럼 일종의 은유어로 쓰이고 있는 「balance」의 기본적인 의미는 원래 개인의 신체적 경험을 통해서 획득된 것이라는 것이다.

그중 여섯 번째 것은 이 이론에서는 그동안 대부분의 의미론에서 가장 핵심적인 원리로 받아들여졌던 합성의 원리에 그다지 큰 비중을 두지 않는다는 점인데, 이런 특징은 우리의 언어에서 다음과 같은 두 가지 사실이 쉽게 발견되는 데서 비롯되었다고 볼 수가 있다. 그중 첫 번째 것은 우리의 언어적 표현 가운데는 「spill the beans.(비밀을 누설하다.)」처럼 성분분석이 불가능한 관용구들이 대단히 많다는 사실이고, 그중 두 번째 것은 한 표현의 의미는 으레 그것의 성분적 의미에 백과사전적 의미가 보태졌을 때만 완전한 것이 된다는 사실이었다. 이런 의미에서 볼 때 이 특징은 용법기저적 접근법 적용이라는 특징의 한 방계적인 특징으로 볼 수도 있다.

그중 일곱 번째 것은 이 이론에서는 통사적 범주와 표현의 구조성을 그것의 형식적 특징에 의해서가 아니라 의미나 개념적 특징에 의해서 파악한다는 점인데, 이것의 가장 좋은 예가 바로 하나의 문장이나 구를 「두 실체가 궤적자(trajector)와 육표(landmark)로서 하나의 윤각(profile)을 그려 내고 있는 것으로 본다.」는 사실이다. 예컨대 동사인 「like」는 주어인 궤적자와 목적어인 육표 간에 일정한 윤각, 즉 관계를 설정해주고 있으며, 또한 전치사인 「before」는 시간적 윤각, 즉 관계를 설정함에 있어서

「before lunch」에서처럼 명사를 육표로 삼기도 하고, 「before we had lunch.」에서처럼 절을 육표로 삼기도 하는 것이었다.

그중 여덟 번째 것은 이 이론에서는 궁극적으로 내재주의적인 언어관 대신에 상대주의적인 언어관을 채택하고 있다는 점인데, 우선 Chomsky가 극단적인 내재주의자라는 사실을 고려한다면 이것은 일종의 당연하고 자명한 특징이라고 볼 수가 있다. 그렇지만 도대체 왜 여기에서는 내재주의의 반대어로 일반적인 경험주의라는 용어가 아니라 상대주의라는 특이한 용어가 쓰이게 되었는가를 살펴보게 되면, 다른 곳에서와 마찬가지로 여기에서도 이 문제를 그렇게 단순한 것으로 보고 있지는 않다는 사실이 당장 드러난다. 간단히 말하자면 이 이론에서의 상대주의라는 용어는 두 가지의 언어관을 상호 대칭적인 것이 아니라 상보적인 것으로 보려는 입장을 나타내고 있는 것이다. 예컨대 여기에서는 세계의 여러 언어의 구조들이 보편적인 면만 드러내고 있는 것이 아니라 개별적인 면도 드러내고 있듯이, 우리들의 인지적 절차나 개념적 구조에도 그런 양면성이 있다고 보고 있다. 예를 들어 추위를 느낀다는 점에서는 서로 간에 아무런 차이가 없으면서 표현법에 있어서는 영미인은 「I am cold.(나는 춥다.)」라고 말하는데 반하여 프랑스인은 「J'ai froid.(나는 추위를 가지고 있다.)」라고 말하는 식으로 서로 다르다.

(나) 개념 의미론

인지 의미론이 강력한 반변형주의적 언어이론으로 등장할 무렵에 의미론이라는 이름을 내세운 또 하나의 그런 언어 이론이 나타나게 되었는데, Jackendoff가 창안한 「개념 의미론(Conceptual Semantics)」이 바로 그것이다. 원래는 Chomsky학파의 중심인물이었다가 얼마 뒤에 그의 통사론 중심의 언어 이론의 한계성이나 문제성을 문제 삼으면서 그에게 당당하게 도전장을 던지게 된 언어학자라는 점에서는 그는 Langacker나 Lakoff와 비슷하다. 그러나 이 두 이론 간에는 이들의 이론은 몇 명의 집단에 의한 것인데 반하여, 그의 이론은 그 개인에 의한 것이라는 점이나, 그래서인지 그의 것은 학세에 있어서도 이들의 것만 못하다는 등의 차이점이 있는 것도 사실이다.

그러나 일단 구체적으로 이 이론의 내용과 이것이 다른 이론에 미친 영향 등을 살펴보게 되면 그런 식의 대비 자체가 완전히 무의미한 일이라는 것을 바로 깨닫게 된다. 한마디로 말해서 이 이론은 이미 의미론이라는 이름을 앞세워서 Chomsky의 변형주의적 언어이론에 대한 대안을 제시하게 된 두 개의 이론 중 하나의 자리를 분명하게 확보한 이론인 것이다. 그동안의 발달과정으로 보았을 때는 결국에 이것은 하나의 신이론은 하나의 집단이 아니라 한 개인이 만들어내게 되어있다는 것을 실증하고 있다고 볼 수도 있다. 간단히 개념의미론으로 불릴 수 있는 그의 언어이론을 집대성한 것이 바로 2002년에 나온 「언어의 기저: 두뇌, 의미, 문법, 진화(Foundations of Language: Brain, Meaning, Grammar, Evolution)」인데, 이렇게 그가 드디어 자기의 초기 이론을 생물학적 기저의 문제로부터 진화의 문제에 이르기까지의 언어에 관한 거의 모든 것을 다룰 수 있는 대이론으로 발전시킬 수 있었던 것은 결국에 자기 혼자의 힘으로 이 일을 이끌어갈 수 있었기 때문이었다고 볼 수도 있다.

먼저 그의 언어 내지는 의미이론의 내용을 살펴볼 것 같으면 그것의 핵심이라 할 수 있는 것이 언어의 기본구조에는 문법과 운율구조 이외에 개념구조가 또 있다는 생각, 즉 개념 구조관이다. 이런 발상법을 처음 제안한 것은 1983년에 나온 「의미론과 인지(Semantics and Cognition)」에서였는데, 이 때만 해도 언어체계는 크게 통사구조와 개념구조의 두 구조로 구성되어 있어서 음운구조는 통사구조 밑에 있는 일종의 하위구조에 지나지 않았었는데, 2002년의 책에서는 그것의 위상이 격상되어 언어체계가 음운구조와 통사구조, 개념구조 등의 세 구조로 이루어지는 식으로 바뀌었다.

그가 이렇게 개념구조를 언어의 3대 구조 중 하나로 설정한 것은 두말할 필요도 없이 종전의 통사론 중심의 언어관의 제일 큰 한계성은 바로 의미의 문제를 배제한 점이라는 것을 인식하고서 그것을 의미론 중심의 것으로 전환하기 위해서였다. 우선 통사구조로부터 통사적 형성 규칙이 나오게 되어있듯이 개념 구조로부터는 의미적 형성규칙이 나오게 되어 있으니까, 문장 도출 시에는 의미의 문제가 으레 다루어지게 되는 셈이었다. 그뿐만 아니라 그의 구도에 있어서는 개념구조는 통사구조와는 물론이고 음운구조와도 항상 인터페이스적 활동을 하게 되어있었다. 언어조직상으로는 운율구조와 통사구조, 개념구조 등이 하나같이 독립적이며 자율적인 구조이면서도 작동 시에는 이들이 동시적이고 상호교섭적으로 움직인다는 점을 강조하기 위해서 그는 자기가 고안한 언어체계를 「3부 병렬 구조」라고 이름 붙였다.

그의 언어 내지는 의미이론의 또 하나의 핵심적 발상법으로 볼 수 있는 것은 바로 의미조직을 일종의 조립적 체계로 보려는 생각이다. 의미조직이 이런 특성을 갖고 있다는 점을 명시하기 위해서 우선 그는 그의 체계도를 개념 구조는 으레 지각체계 및 운동체계와 인터페이스적인 활동을 하고 있는 식으로 만들었다. 그 다음으로 그는 Langacker와 Lakoff가 제안한 「인지문법이론」과 Chierchia와 McConell-Ginet이 제안한 「형식 의미론」 등에서 하나같이 동일한 결론에 도달했었다는 사실을 그 증거로 들었다. 예컨대 그는 이들 두 이론들에 대한 분석을 통해서 「문헌에 기록되어 있는 그 많은 의미론에 대한 접근법들로부터 확실해진 사실은 의미구조는 통사구조와는 독립적인 것일 뿐만 아니라 그것보다 훨씬 더 정교한 하나의 조립적 체계라는 것이다.」와 같은 말을 할 수 있게 되었다. (Jackendoff, 2002, p.123)

세 번째로 그는 그것의 또 다른 증거로 언어적 의미가 결정되는 요소에는 화용적인 양상과 이 세상에 대한 지식 등도 들어가게 되어있다는 사실을 들었다. 이와 관련하여 그는 특히 언어의 주된 기능은 서로간의 의사소통이며, 따라서 언어는 결국에 사고의 표현체라는 점을 강조했는데, 언어의 기능과 실체를 이렇게 규정한다는 것은 곧 그의 언어관은 Chomsky의 것과는 정반대적인 것이라는 것, 다시 말해서 그의 언어관은 통사론 중심적인데 반하여 자기의 그것은 의미론 중심적인 것이라는 것을 다시 한번 천명한 것이나 마찬가지였다. 이런 의미에서 보자면 그의 언어 이론은 Chomsky의 그것보다 훨씬 더 인간적인 것일 뿐만 아니라 그 다음으로는 훨씬 더 복잡한 것일 수밖에 없었다.

그의 언어 내지는 의미이론의 세 번째 핵심적 발상법으로 볼 수 있는 것은 개념구조는 모두 일곱 가지의 의미원소에 의해서 만들어진 구조체라는 생각이다. 그는 1983년의 책에서 사건을 위시하여 상태, 사물, 통로, 장소, 자질, 분량 등을 일곱 가지의 의미 내지는 개념적 원소로 제안했었는데, 원래 이런 식의 존재론적 범주이론을 내세웠던 것은 Piaget와 같은 인지심리학자였다는 사실을 고려한다면 이렇게 함으로써 그는 일차적으로는 그의 언어이론을 인지심리학적으로 익히 뒷받침이 되어있는 이론으로 만들 수가 있었다. Fortis의 말에 의할 것 같으면 그가 내세운 일곱 가지의 의미원소들은 바로 일곱 가지의 「정신 언어체(lingua mentalis)」이었던 것이다.(Fortis, 2006, p.80)

그러나 그는 이렇게 함으로써 어떤 의미에서는 그 보다 더 중요한 목적을 달성할 수 있었는데, 그것은 자기의 의미론을 최대한 형식주의적인 것으로 만들겠다는 것이 바로 그것이다. 통사론과 비교했을 때 의미론의 최대 약점은 형식화가 어렵다는 점이라는 것을 익히 알고 있는 터라 그가 보기에는 이 문제는 결국에 자기의 의미기반적 언어이론의 성패를 가르는 문제일 수가 있었다. 우선 그는 이들을 가지고서 「run」과 같은 각 어휘의 의미를 아래의 예처럼 성분분석법적으로 기술할 수가 있었다.

$$\begin{bmatrix} run \\ \underline{V} < PP_j > \\ [event\ Go \\ ([thing]_j, [path]_j) \end{bmatrix}$$

(PP: 전치사구, event: 사건, thing: 사물, path: 통로), (Geeraerts, 2010, p.139)

그 다음으로 그는 이런 발상법을 이른바 「X-바 의미론」으로까지 발전시킬 수 있었다. X-바 의미론은 형식이나 개념상으로 Chomsky의 문법이론의 기저라 할 수 있는 X-바 이론을 그대로 의미구조를 기술하는 데 옮긴 것이었기에 이것이 의미론의 형식화뿐만 아니라 통사구조와 의미구조의 통합화에 기여하는 바는 대단히 컸었다. Jun(2009)의 설명에 따를 것 같으면 X-바 통사론과 X-바 의미론 간에는 아래와 같은 대응관계가 성립되어 있었으며, 이것은 곧 「개념구조는 통사구조와 병렬적 자질을 가지고 있다.」는 의미이었다.(Jun, 2009, p.466)

$$\begin{bmatrix} \text{Xo} \\ \_\_\_\text{<YP<ZP>>} \end{bmatrix} \text{는} \begin{bmatrix} \text{Entity} \\ \text{F(}E_1\text{, <}E_2\text{, <}E_3\text{>>} \end{bmatrix} \text{와 대응함.}$$

그의 개념의미론은 이처럼 하나의 개념 기반적 언어이론이면서도 성분

분석법과 같은 형식주의적 기법을 최대로 활용하려는 언어이론이어서 그런지 이것과 유사한 의미이론을 탄생시키는 데 모형적 역할을 하기도 했다. 이런 이론 중 가장 대표적인 것이 바로 처음에는 1983년에 Bierwisch가 단독으로 제안 했다가 그 뒤에 가서는 그와 Lang, Schreuder등이 공동으로 제안하게 된 「2 수준 의미론(Two-Level Semantics)」이다. 이 이론의 제일 큰 특징은 이름 그대로 언어구조를 의미형식과 개념구조의 두 구조로 이루어진 것으로 본다는 점인데, 사실은 여기에서의 개념구조는 Jackendoff의 것에서의 그것과 똑같은 것이 아니라는 점이 이 이론의 진짜 특징일 수도 있다.

Jackendoff의 이론에서는 개념구조가 하나의 언어적 구조인 데 반하여 이 이론에서는 그것이 하나의 인지적 구조이다. 다시 말해서 Jackendoff의 이론에 있어서는 의미의 문제는 모두 개념구조라는 한 곳에서 다루어지는 데 반하여 이것에서는 그것이 개념구조와 의미형식이라는 두 곳에서 나뉘어 다루어진다. 이것에서의 개념구조는 이 세상에 대한 사실적이거나 백과사전적인 정보를 처리하는 기구이어서, 말하려는 메시지를 결정해서 의미형식에 송부하는 기능을 수행하며, 의미형식은 그것을 일정한 규칙에 따라 언어화하는 일을 수행하게 된다. 이것에서는 그러니까 의미형식이 하나의 언어적 구조인 것이다.

이렇게 되니까 자연적으로 이것이 Jackendoff의 이론과 구별되게 되는 또 하나의 특징은 통사구조의 존재를 인정하지 않는다는 점이다. Jackendoff는 통사구조를 개념구조와 병렬적으로 작동하게 되는 하나의 짝으로 보고 있지만, 이것에서는 개념구조의 짝은 의미형식일 뿐인 것이다. 이것에서는 단지 이들 두 구조는 항상 일정한 상황 하에서 긴밀하면서도 동적으로 상호교섭을 하는 두 개의 모듈이라는 점만을 강조한다. 이런 의미에서는 이것은 Jackendoff의 것으로부터 의미기반적인 쪽으로 한 걸음 더 다가간 진정한 의미에서의 인지 의미론인 셈이다. 그리고 이것에서는 언어를 이런 식의 두 구조를 가지고 있는 것으로 보는 한 분석과 기술의 대상이 개별적인 어휘로 제한될 수밖에 없다. 어휘의미를 분석하는데 성분분석법의 원리가 적용되면서도 기술법은 논리학에서 쓰이고 있는 것이라는 점도 이것과 Jackendoff의 것 사이의 한 차이점이다. 예컨대 이것에서는 「university」라는 어휘를 아래처럼 분석하고 있다.(Geeraerts, 2010, p.144)

λx[PURPOSE[*xw*] & advanced study and teaching[*w*]]
λx[INSTITUTION[*x*] & PURPOSE[*xw*]]
λx[BUILDING[*x*] & PURPOSE[*xw*]]

3) 연구영역의 확대

이 시대에 있어서의 의미론 발달의 양상의 세 번째 특징으로 볼 수 있는 것은 연구영역이 최대로 확대되었다는 점이다. 의미의 본질적 특성상 언어를 의미중심으로 연구하게 되면 그것을 형식 위주로 연구할 때보다 그 영역이나 대상이 훨씬 더 넓어지게 되어있는데, 이런 특징이 의미연구에 대한 기본적인 틀과 접근법이 일단 완성되었다고 볼 수 있는 이 시대에 이르러 더욱 뚜렷해진 것이다. 다시 말하자면 그동안 의미론자들은 의미론의 기본영역을 언어사용의 단위에 따라서 어휘와 문장, 담화 등의 세 가지로 잡아야 한다는 데는 합의하면서도 필요에 따라서는 언제든지 그것은 주변 영역으로 확대될 수 있다는 것을 인정하고 있었는데, 이때에 이르러 그들의 이런 견해가 잘못된 것이 아니라는 것이 보다 확실해진 것이다.

그런데 사실은 연구영역이 최대로 확대되는 현상은 의미론자들로 하여금 그것이 의미론의 발전에 도움이 아니라 오히려 방해가 될 수도 있다는 사실을 깨닫게 했다. 그들의 생각은 일정한 시간과 역량을 기본영역의 연구에 투입해도 그 성과가 별로 만족스럽지 못한 마당에 그 영역을 주변으로까지 확대한다는 것은 다분히 비논리적인 일이라는 것이다. 다시 말해서 그들은 현재로서는 의미론의 발전을 위해서 제일 먼저 해야 할 일은 그것의 영역을 언어의미론의 한계선을 넘어서지 않게 하는 것이라고 생각하는 것이다.

그러나 지금까지의 역사를 좀 더 깊이 있게 살펴보게 되면 이들의 판단은 현실적 기준으로는 맞는지 몰라도 역사적 기준으로는 그렇지 않다는 것이 당장 드러난다. 우선 지금의 의미론은 처음에는 어휘 의미론 하나로 시작했다가 그것에 그 후에 가서 문장 의미론과 화용 의미론이 첨가되는 식으로 쉬지 않고 일정한 확대과정을 밟아온 결과이다. 그 다음으로 다른 학문에서와 마찬가지로 의미론에서도 기존의 영역의 울타리를 벗어났을 때 으레 새로운 사실이 발견되게 되어있고, 그 결과 기존의 이론이나 가설이 적지 않게 수정되게 되어있다. 지금까지의 영역밖에 또 다른 영역이 있는데도 거기까지 손을 뻗지 않는다는 것은 학자의 길이 아니다. 이런 의미에서 보았을 때 의미론의 영역을 핵심적 영역과 주변적 영역으로 나누는 것은 바람직한 일이겠지만, 주변적 영역을 무시하는 것은 자연의 이치에 어긋나는 일이다.

(가) 사회문화적 연구

이 시대에 와서 큰 구도로는 주변적 영역에 속하면서도 학리상 마땅히 일정한 주목을 받을 가치를 지니고 있는 의미연구에는 크게 네 가지가 있다고 볼 수가 있는데, 그중 첫 번째 것은 사회문화적 의미연구이다. 아마도 어떤 어휘의 의미에는 으레 기본적 개념 이외에 사회문화적 의미도 들어있다는 것을 가장 쉽게 알 수 있는 방법은 어느 두 나라 말에서 똑같이 쓰이고 있는 낱말이나 표현을 한두 개 골라서 그들의 의미를 비교해 보는 것일 텐데, 이런 작업을 통해서 궁극적으로 던지게 되는 질문은 과연 언어 의미론은 보편적 의미론과 개별적 의미론 중 어느 것을 지향해야 하느냐일 것이다.

따지고 보자면 언어 의미론의 방위 자체를 변경시킬 수도 있는 것이 사회문화적 의미에 대한 연구인데, 이것이 아직까지도 주변적 연구의 일종으로 남아 있는 것은 의미론 역시 그동안에 언어학이라는 이름 밑에서 형식 위주로 언어를 연구해오고 있는 언어학적 전통 내에서 존재해왔다는 것을 익히 실증하고 있다. 언어는 사회문화적 맥락 내에서 연구되었을 때만 실체가 밝혀질 수 있다는 주장은 구조주의 시대 이래 사회언어학자나 언어인류학자들의 판에 박힌 주장이었음에도 불구하고 사회언어학이나 언어인류학은 항상 주류 언어학의 외각에서 맴돌고 있었다. 크게 보았을 때는 언어의미론에서의 사회문화적 요소에 대한 연구의 위상도 그와 다를 바가 없었다.

그렇다고 해서 사실은 이런 식의 의미연구의 중요성과 가치가 감소되는 것은 아닌데, 이런 판단의 근거로 내세울 수 있는 것이 바로 그동안에 「민족 언어학(ethnography of speaking)」이라는 이름의 일종의 사회언어학에서 거두어들인 연구업적이다. 이 언어학은 Chomsky의 변형이론이 언어학의 주류 이론으로 막 자리를 잡았을 때, 즉 1960년대에 Hymes에 의해서 그것에 대한 하나의 대척적 이론으로 제안된 것인데, 이것의 특징은 그가 Chomsky의 「언어능력론」에 맞설 수 있는 것으로 「의사소통적 능력론」을 내세웠다는 사실 하나로써 익히 짐작할 수가 있다.

이것의 특징은 또한 학명에 「언어(language)」라는 전통적인 술어 대신에 「말하기(speaking)」이라는 생소한 술어가 쓰이고 있다는 사실로써도 쉽게 알 수가 있는데, 원래 말하기란 인간이 수행하는 기본적 행동의 한가지이기에 이것을 연구한다는 것은 사람들이 말을 일정한 사회문화적 상황 하에서 어떻게 사용하고 있는가를 연구한다는 말이나 같은 말이었다. 한마디로 말해서 이것은 정식으로 언어연구에 사회문화적 접근법을 적용시킨 최초의 시도이었다. 우선 이것에서는 언어연구를 언어만을 대상으로 하는 것이 아니라 그것의 사용자와 그것이 쓰이는 상황까지를 대상으로 하는 입장에서 수행할 것을 내세웠다. 예컨대 그가 이 학문을 소개한 책의 주요 구성부가 「언어 공동체」와 」「언어 사건」, 「언어 사건의 요소」, 언어사건의 기능」등으로 되어있는 식으로 그의 관심은 추상적인 언어체계에가 아니라 구체적인 언어 사건에 가 있던 것이다.

이것의 목적이 이렇게 언어사건을 과학적으로 기술하는 것인 이상 기술의 대상과 내용도 당연히 일반적인 언어학에서의 그것과 크게 다를 수밖에 없었다. 그는 먼저 일찍이 Jakobson이 내세웠던 모형을 바탕으로 해서 언어사건의 요소로 「송신자」와 「수신자」, 「메시지」, 「통로」, 「부호」, 「주제」, 「장소」 등의 일곱 가지로 잡고서, 이들에 대응하는 일곱 가지의 기능으로서 「표현적인 것」과 「설득적인 것」, 「사교적인 것」, 「시적인 것」, 「대언어적인 것」, 「지시적인 것」, 「문맥적인 것」등을 내세웠다. 그러니까 이것은 추상적으로 말해서는 「언어능력」 대신에 「언어사용」을 분석과 기술의 대상으로 삼거나, 구체적으로 말해서는 언어의 형식 대신에 그것의 기능이나 의미를 분석과 기술의 대상으로 삼는 학문이었던 것이다.(Philipson, 1994, p.1159)

이 학문의 내용이 이렇게 밝혀지게 되면 그것에 왜 민족학이라는 특이한 이름이 붙여지게 되었는가에 대한 대답을 이미 나와 있는 것이나 다름이 없다. 한마디로 말해서 그는 하나의 민족, 즉 하나의 문화나 사회 안에 사는 사람들의 언어행동을 다른 행동들과 마찬가지로 일종의 문화나 사회적 관습으로 보려고 했던 것이다. 의미론자의 입장에서 보자면 그러니까 이 학문이야말로 일차적으로는 그동안에 등한시되었던 문화사회적 의미에 대한 연구의 중요성과 필요성을 다시 깨우쳐주는 학문이고, 이차적으로는 그것의 연구기법을 제시해줄 수 있는 학문인 것이다.

물론 이 학문의 연구업적은 앞으로의 의미론의 발전방향을 모색하는데 주요 자료가 될 수도 있다. 예컨대 Philipson은 이 학문이 미래에 기여하게 되는 바를 「개념적 틀 작업과, 세계의 많은 언어와 지역으로부터 획득한 현장적 자료집의 발달과 함께 이제는 말에 대한 비교작업, 즉 의사소통행위에 있어서의 범문화적 규칙성과 언어행동에 있어서의 문화적 변이성을 종전보다 더 정교하게 추적하는 작업을 시작할 수 있게 되었다.」라고 정리하고 있는데, 이 말에 따를 것 같으면, 의미론이 앞으로 문화사회적 영역으로까지 연구를 확대하게 되면 이것에서도 의미구조의 보편성 대 변이성과 같은 보다 근원적인 과제를 다룰 수 있게 될 것임이 분명하다. 그러나 그의 말은 이렇게 되려면 우선 「민족의미론」과 같은 새로운 의미론이 나와야 된다는 점도 암시하고 있다.(Ibid, p.1160)

(나) 언어와 사고의 관계

일찍이 Ogden이 언어적 의미에 대해서 3각형 이론을 제시하면서 그것의 정점에 「사고」를 위치시킨 사실로써 익히 알 수 있듯이 언어적 의미의 궁극적 출처이면서 해석자는 곧 우리의 사고체계이다. 따라서 의미론자들이 으레 부딪혀야 할 과제가 언어와 사고의 관계에 관한 것인데, 이 과제는 결국은 언어학자나 의미론자에게 뿐만 아니라 심리학자와 철학자에게도 가장 근본적이면서도 가장 난해한 과제이어서 그런지 의미론의 기본영역에서는 제외되는 전통이 이어져왔다.

다시 말하자면 언어학에서와 마찬가지로 의미론에서도 언어와 사고의 관계에 대한 연구는 으레 일종의 주변적 연구로 치부되어왔던 것인데, 다행히도 이 시기에 이르러 이 문제에 관심을 갖는 의미론자들의 수가 늘게 되었다. 그 이유는 간단했는데, 언어를 일단 의미적 표현체로 보게 되면 그것과 사고체계의 관계가 불가분적인 것이라는 사실이 더욱 분명해진다는 것이 바로 그것이었다. 따지고 보자면 이 시기에 와서 인지 의미론이나 개념 의미론과 같은 인지 심리학적 의미이론이 새롭게 등장하게 된 것 자체가 의미론자들의 관심이 이런 쪽으로 모아지기 시작했다는 한 증거이었다.

예컨대 Langacker와 Lakoff가 인지 의미론을 내세울 수 있었던 것은 이들이 언어는 우리의 인지양식의 반영체, 즉 언어는 우리의 사고방식의 반영체라는 발상법을 갖게 되었기 때문이고, 또한 Jackendoff나 Bierwisch가 개념의미론이나 2수준 의미론을 제안할 수 있었던 것은 그들이 의미의 궁극적인 생산처와 해석처는 사고체계라는 사실을 중요시했기 때문이다. 예컨대 Jackendoff는 통사구조와 개념구조를 대등한 조직으로 본 점으로 미루어 보아서 언어와 사고를 대등한 두 체계로 보았음이 분명하고, 또한 Bierwisch는 개념구조와 의미형식 중 전자를 더 기본적인 것으로 본 점으로 미루어 보아서, 사고우위론자적인 발상법을 가지고 있음이 확실했다.

따지고 보자면 특히 18세기에 이르러서는 이것을 일부 철학자들이 그들의 논의이 주제로 삼게 되었고, 또한 20세기에 이르러서는 일부 심리학자들과 언어학자들도 이 논쟁에 참여하게 되었을 만큼, 이 문제는 비유적으로 말해서 인간성에 관한 연구의 일종의 「블랙홀」과 같은 것이다. 그 이유는 크게 두 가지라고 볼 수가 있는데, 그중 첫 번째 것은 상식만 가지고서도 누구나가 일단은 일찍이 Locke나 Descartes가 그랬듯이 언어를 포함한 인간 특유의 특성들은 모두가 그에게 사고력이 있기 때문이라는 생각, 즉 일종의 사고우위적인 사고방식을 갖기가 쉽다는 사실이고, 그중 두 번째 것은 누구나가 일상적으로 수행하는 사고행위에서는 언어가 매개체나 도구로 쓰이게 된다는 것을 익히 알고 있다는 사실이다. 이 두 번째 사실을 중요시하다보니까 일부 철학자나 심리학자는 사고가 언어를 지배하는 것이 아니라 거꾸로 언어가 사고를 지배하게 된다는, 일종의 언어우위론적인 이론을 내세우게 되었던 것이다.

일종의 역발상법적인 것이어서 그런지 이런 이론은 특히 20세기에 들어서면서 철학이나 심리학, 언어학 등의 분야에서 대단히 큰 영향을 끼치게 되는데, 그중 가장 대표적인 것이 바로 Sapir와 Whorf가 내세웠던 「언어적 상대성의 가설」이다. 한 나라나 사회의 언어가 곧 그 나라나 그 사회 사람들의 사고방식을 결정짓는다는 이 이론은 이 무렵에 새로운 심리학이나 언어학으로 등장한 행동주의와 구조주의의 기본적 원리로 자리 잡게 되면서 언어우위적 사상은 드디어 일종의 시대정신으로 받아들여지는 경지까지 이르게 되었다. 물론 엄밀하게 따지자면 이것의 전신에 해당하는 것이 바로 18세기경에 Humboldt가 내세웠던 「세계관의 가설」이다. 그렇지만 그 당시의 이 가설의 영향은 철학자들로 하여금 문화적 다양성에 대한 연구에 더욱 박차를 가하게 하든가, 아니면 언어학자들로 하여금 언어의 변이성에 대한 연구에 더 관심을 갖게 하는 정도이었다. 그리고 무엇보다도 중요한 사실은 최근에 Eaker가 「사고와 언어(Thought and Language)」에서 익히 지적하고 있듯이 오늘날에 있어서는 언어우위적인 사상이 이성주의 대 경험주의의 싸움에서 후자를 승자의 자리에 갖다 놓는 중대한 역할을 수행하게 되었다는 사실이다.(Eaker, 2009, p.1022)

그렇지만 의미론자의 입장에서 볼 것 같으면 최근의 언어학적 연구들은 20세기에 나타난 언어우위적인 사상 보다는 역시 그 이전에 있었던 사고 우위적인 사상이 맞다는 것을 실증하는 쪽으로 크게 집중되어 있었다. 이런 성격의 언어연구에는 크게 두 가지가 있다고 볼 수가 있는데,

그중 첫 번째 것은 화용론적 내지는 화행론적 연구이었다. 따지고 보자면 화용론이나 화행론이 통사론과 맞설 수 있었던 것은 크게는 언어는 마땅히 의사소통의 도구로 보아야 한다는 대의명분에 부합되는 학문이었기 때문이었지만, 작게는 기본적으로 언어를 의미적 표현체로 보려는 학문이었기 때문이었다.

그게 그렇다는 것은 Grice가 마지막에 가서 협력성의 원리와 같은 화용론적 이론을 내세울 수 있었던 것은 처음부터 의미의 문제를 언어학적 문제의 전부로 생각했었기 때문이었다는 사실로써 익히 알 수가 있다. 그는 예컨대 언어적 의미는 「화자 의미」와 「문장 의미」의 두 가지로 나뉘는데, 이 중에서 중요한 것이 바로 「화자 의미」라는 의견을 가지고 있었다. 또한 그는 그가 말하는 화자 의미란 곧 화자의 의도라는 생각도 가지고 있었다. 그러니까 결국 그는 화자의 의도를 의미적 요소 중 제일 중요한 것으로 보았던 것이다. 다시 말해서 그는 언어사용 시 의사소통적 기능을 담당하게 되는 것은 겉으로 나타난 어휘나 명제적 의미가 아니라 겉으로 드러나 있지 않은 화자의 의도라고 생각했던 것이다.

그런데 Barker는 최근에 「의도와 의미론(Intention and Semantics)」이라는 글에서 화자의 의도를 언어적 의미로 보아야 한다는 발상법을 제일 먼저 가졌던 사람은 바로 Locke였으며, 따라서 Grice의 의미관은 그의 의미관을 그대로 복사한 것에 불과하다는 주장을 하고 나섰다. 예컨대 그는 Locke는 일찍이 그 유명한 「인간이해에 관한 논설(An Essay Concerning Human Understanding)」에서 「언어의 기능은 기존의 사고를 표현하는 것이다. 사고는 의도를 통해서 문장과 연관을 짓는다. 그러므로 의도는 사고를 어휘와 묶어주는 접착체인 것이다.」와 같은 말을 했었는데, Grice는 여기에서 의도의 개념을 의사소통적인 개념으로 바꾸어서 「U(발화자)가 H(청자)로 하여금 특성 r을 획득하게 할 의도로서 S(문장)

를 발화했을 때만 그는 S로써 무언가를 의미하고 있는 것이다.」와 같은 말을 하게 되었다고 설명하고 있다.(Barker, 2009, p.436)

Grice의 화용론적 이론은 그 후 Austin의 화행의론이나 Sperber와 Wilson의 관련성의 이론 등으로 발전되어 나갔는데, 따지고 보자면 화자의 의도가 곧 그의 말의 의미라는 발상법은 이들 이론에서도 똑같이 핵심적 사상이 되고 있었다. 그러니까 결국 이들은 Grice의 「의도의미론」을 약간 다른 방향으로 발전시킨 것으로서, 예컨대 Austin의 화행론에서의 의미에는 언표적인 것과 비언표적인 것, 전언표적인 것 등의 세 가지가 있는데, 이 중에서 가장 큰 기능을 수행하게 되는 것은 두 번째 것이라는 발상법과, Sperber와 Wilson의 이론에서의 의사소통적 절차란 주어진 말을 근거로 그것과 관련된 정보를 최대로 추리해 내는 절차라는 발상법 등은 단지 무엇을 화자의 의도로 볼 수 있느냐라는 공통된 질문에 대한 각기 다른 해답일 따름이었다.

화자의 의도를 주관하는 곳은 그의 사고체계라는 사실을 부인하지 않는 한, 여기에서 우리는 일단 화용론자들은 궁극적으로 사고 우위론자라는 결론을 얻게 마련인데, 그렇다면 그것은 옛날에 이성주의자들이 내세웠던 사고 우위적인 사고방식이 지금에 와서는 화용론자들에 의해서 다시 살아나게 되었다는 것을 의미하기도 하는 것이었다. 의미론자들이 보기에는 화용론은 일종의 의미론이다. 따라서 그들의 생각으로는 화용론에서 사고우위적인 언어이론이 나온다는 것은 너무나 당연한 일일 뿐만 아니라, 그것이 활발하게 활성화되는 것은 의미론이 그렇게 된다는 것이나 같은 뜻이었다.

의미론자들이 보기에 사고 우위적인 언어사상이 맞다는 것을 실증할 수 있는 언어연구 중 두 번째 것은 역사 언어학이었다. 우선 그들이 이렇게 생각하게 된 이유는 최근에 와서는 역사 언어학이 음운 체계나 문법적 규칙과 같은 언어의 형식면의 변화성을 밝히는 학문으로부터 어휘적 의미나 조직과 같은 언어의 내용면의 변화성을 밝히는 학문으로 바뀌게 되었기 때문이었다. 간단히 말해서 그들은 이제 역사 언어학의 주제가 음운변화로부터 의미변화로 바뀐 이상, 그것은 작게는 의미론의 일부처럼 되어서 새로운 의미이론의 창출에 직접적으로 기여할 수 있게 되었고, 크게는 사고 우위적인 언어사상이 타당하다는 것을 증거하는 데 큰 몫을 담당할 수 있게 되었다고 보게 된 것이다.

역사언어학의 이런 변신의 모습을 단적으로 들여다 볼 수 있는 것이 바로 Traugott이 최근에 쓴 「의미 변화(Semantic Change)」라는 논문이다. 흥미롭게도 일찍이 그녀는 언어변화, 특히 의미변화의 원인을 알아보는 일이 곧 역사언어학의 궁극적인 과제인데, 그런 의미에서 역사언어학의 최적의 영역으로 언어습득학과 사회언어학, 문법화 이론 등의 세 가지를 내세울 수 있다고 주장하면서 그중에서도 특히 문법화 이론에 대한 연구의 필요성과 가치를 강조했다. 간단히 말해서 그녀는 언어변화의 한 결과가 바로 문법화 현상인 이상 그것에 관한 원리나 이론의 타당성을 문법화 현상만큼 정확히 검증할 수 있는 곳은 없다고 본 것이다. 그녀는 이것에 덧붙여서 문법화 현상은 「의사소통적 상황에서의 화자와 청자 간의 의미적 타협 행위」에서 비롯된 것이며, 따라서 문법화 현상에 대한 연구를 하다보면 「화용적 추리 작용」이 언어행동의 가장 기본적인 정신작용이라는 사실을 익히 알 수 있다고도 말했다.(Hopper and Traugott, 1993, p.63)

그녀의 의미변화의 현상에 대한 이런 초기의 발상법은 2002년에 Dasher와 함께 제안한 「의미 변화의 초청된 추리 이론(Invited Inferencing Theory of Semantic Change)」으로 발전을 했다. 이 이론의 특징은 크게 두 가지로 집약될 수 있는데, 그중 첫 번째 것은 의미변화는 으레 화자 또는 작자가 청자 또는 독자로 하여금 말한 것 이상의 의미를 추리하도록 초청하는 데서 비롯된다고 볼 수 있기 때문에, 회화의 네 격률과 같은 Grice의 화용적 원리를 궁극적인 의미에서는 의미변화의 원리로 간주할 수 있다는 것이고, 그중 두 번째 것은 청자나 독자가 수행하게 되는 추리 절차의 기본이 되는 것은 바로 개념적 환유작용이라는 것이었다.(Traugott and Dasher, 2002)

크게 보았을 때는 이 논문은 자기가 2002년의 책에서 내세운 이론과 의견이 맞다는 사실을 지금까지 여러 사람들이 발표 하거나 제안한 논문이나 이론들을 근거로 해서 실증한 것이라고 볼 수가 있는데, 그러다 보니까 자연히 의미변화에 대한 그녀의 특이한 발상법이 새롭게 추가되기도 했다. 이런 발상법 중 첫 번째 것은 최근에 등장한 새로운 의미이론 들 중 많은 것들이 의미변화적 측면으로 보았을 때도 타당한 이론들로 간주될 수 있다는 것이다. 다시 말하자면 이런 이론들은 의미문제에 대한 공시적 현상뿐만 아니라 통시적 현상을 설명하는 데도 익히 쓰일 수 있는 것이라는 것인데, 그 예로는 의미 장의 이론을 위시하여 인지언어학적 이론, 전형이론 등을 들 수 있었다.(Traugott, 2009, p.855)

이런 발상법 중 두 번째 것은 「궁극적으로 의미를 창출할 수 있는 유일한 방법은 은유화와 환유화의 두 가지뿐」이라는 것이었다. 의미의 창출작업은 결국에 기존의 의미가 사용되고 있는 자리에서 일어나야 되는데 이런 조건을 충족시킬 수 있는 것은 화자가 자기가 의미하고 있는 것의 이웃 낱말을 사용하는 방법, 즉 환유화의 방법과 자기가 의미하고 있는 것과 유사한 낱말을 사용하는 방법, 즉 은유화의 방법뿐이라는 것이다. 따지고 보자면 문법화 절차라는 것도 구체적인 개념을 추상적인 개념과 사상시키는 절차, 즉 은유적 개념화 절차의 한 가지일 따름이었다. 그녀가 보기에는 따라서 의미변화를 주도하는 절차는 바로 「It promises to be a fine day.(날씨가 좋을 듯하다.)」와 같은 예문에서처럼의 「주어화」 절차

이었다.(Ibid, p.858)

이런 발상법 중 세 번째 것은 의미변화의 주요 요인 중 하나가 차용이라는 사실로 미루어 보았을 때, 의미변화도 결국은 「어형통사적 변화를 유발시키는 세 가지 기구, 즉 유추/확장과 재분석, 차용 등」에 의해서 유발된다는 사실을 알 수 있다는 것이었다. 차용절차와 관련하여 특기할 만 한 사실은 원래 원어의 의미 중 문화적 함의사항은 차용이 될 수 없는 것이기에 결과적으로는 그것은 원래의 것을 자기네 식으로 조정 내지는 적응시키는 절차가 될 수밖에 없다는 점이었다.(Ibid, p.859)

그런데 의미론자의 입장에서 볼 것 같으면 이 논문의 진짜 가치는 현재까지의 역사언어학적인 연구결과들은 하나같이 언어와 사고의 관계와 관련하여 사고 우위적인 사고방식이 맞다는 것을 실증하고 있다는 사실을 익히 밝혀낸 데 있었다. 예컨대 그녀는 유추/확장과 재분석, 차용 등을 의미변화를 포함한 모든 언어변화의 세 가지 원동력으로 내세우고 있는데, 따지고 보자면 이들은 모두가 사고력에 의해서 수행되는 것들이다. 또한 그녀는 의미변화의 두 기본절차로 환유화와 은유화를 들고 있는데, 이들이 우리의 기본적 사고절차의 일부라는 것은 더 말할 필요가 없다. 마지막으로 그녀는 의미변화의 제약조건으로 어휘가 일반적인 의미를 가지고 있는 경우에만 문법화 절차를 밟을 수 있다는 것과, 동의어의 기피, 동음어의 기피 등의 세 가지를 내세우고 있는데, 이런 조건들은 모두가 사고력에 의해서 만들어진 것들이다.(Ibid, p.858)

(다) 의사소통학적 접근법

이 시대에 이르러 의미론자들의 관심은 의사소통의 현장 쪽으로도 가게 되었는데, 이런 현상이 나타나게 된 것은 물론 이들이 그동안의 연구로 이것이 바로 의미에 관한 여러 가지 문제들을 해결할 수 있는 방법 중

한 가지라는 것을 깨닫게 되었기 때문이다. 그러나 길게 보자면 이렇게 됨으로써 결국에는 의미론과 의사소통학이 서로 이득을 보는 일종의 바람직한 학제적 결과도 나타날 수 있다는 것도 이들은 익히 생각하고 있었을 것이라고 추측할 수 있는데, 그 이유는 20세기에 이르러 화용론이나 화행론이 음운론이나 통사론과 맞서게 되는 식으로 언어연구의 흐름이 달라졌기 때문이었다. 물론 이들은 지금의 연구 수준으로 보아서 의미론도 의사소통 연구나 의사소통학의 발전을 크게 도울 수 있는 학문의 대열에 충분히 낄 수 있다는 것도 알고 있었을 것이다.

그러나 근본적으로 따지자면 언어적 의미는 곧 의사소통적 의미라는 대명제가 살아있는 한 의미연구를 의사소통적 현장중심으로 해야 한다는 것을 부인할 수 있는 의미론자는 있을 수 없는 일이다. 그리고 다행히도 그동안에 거두어들인 연구업적들 중 많은 것들은 의사소통적 현장 중심의 연구를 통해서 얻어질 수 있는 것이라는 평가를 받기에 충분한 것들이다. 예컨대 20세기에 이르러 어휘적 의미에 대해서 용법설이 나오게 된 것은 분명히 의미연구가 드디어 문학작품 중심의 고전적 틀에서 벗어나서 의사소통적 활동 중심의 현대적 틀을 받아들이게 되었다는 가장 비근한 증거이었고, 또한 같은 무렵에 문장의 의미를 결정짓는 요소로 그것이 쓰인 문맥이나 상황뿐만 아니라 그것을 사용한 사람의 태도나 의도 등을 열거하게 된 것도 그런 변화의 산 증거이었다. 물론 최근에 와서 화용의미론적 연구가 활발해진 것도 그런 증거의 한 가지였다.

이런 의미에서 보자면 의미론자들이 그들의 관심을 이런 방향으로 확대함으로써 얻을 수 있는 첫 번째 이득은 그동안에 나온 이론 중 어느 것이 더 가치 있고 중요한 것인가를 비교적 쉽게 결정할 수 있다는 점이다. 간단히 말해서 의미론과 의사소통학 모두에서 공통으로 내세워진 이론과 그렇지 않은 이론을 구별해보면 되는 것이다. 이런 구별법에 의하자면 우선 왜 최근에 와서 상황 의미론이 가장 강력한 반전통적인 의미 이론으로 부상하게 되었는가가 분명해진다. Akman과 Aczel등에 의해서 제안된 이 이론은 크게 두 가지 점에 있어서 Montague 의미론과 같은 전통적 의미이론과 대립 내지는 대조를 이루고 있는 것으로 볼 수가 있는데, 그중 첫 번째 것은 의미를 문맥 의존적인 것으로 보는 점이다. Akman의 말을 그대로 빌리자면 「의미론에 대한 고전적 접근법에서는 의사소통 과정에 개입되는 개인들의 의도와 상황 등을 무시하거나, 아니면 화용론이라는 바구니에 집어 넣어버렸었는데」, 이런 자세는 분명히 「화자는 언제나 다른 상황 안에 있고, 이 세상과 다른 정보와 다른 인과관계 속에 있는 탓으로, 발화에 의해서 전달되는 정보는 화자와 청자에게 상대적일 수밖에 없다.」는 사실, 즉 이름하여 「언어의 전망적 상대성」의 사실과 정면으로 배치되는 것이었다.(Akman, 2009, p.891)

그중 두 번째 것은 전통적 의미론에서는 으레 언어의 부정적 요소로 간주되어 오던 애매성을 언어의 긍정적 요소로 받아들이게 되었다는 점이다. 이것에서는 애매성을 종전처럼 「자연언어의 불순성」으로 매도하는 것이 아니라 「언어적 의미에 대한 완전한 이론」내에 포함되도록 애써야 된다고 보는데, 그 이유는 의사소통 시에는 억양과 몸짓, 발화 장소와 같은 여러 요소들이 의미해석의 핵심적 요소로 작용하게 되어 있기 때문이었다. 전통적인 의미론과 비교 했을 때 「자연언어」의 표현에는 하나 이상의 의미가 있을 수 있다.」는 것이 이 이론의 가장 중요한 특징인 것이다. 그리고 이와 관련된 또 다른 특징은 의미론은 바로 의미산출이 아니라 의미해석의 절차를 밝히는 학문이며, 따라서 이것에서는 언어 행위자의 「마음」이 제일 중요시되게 되어있다는 점이었다.(Ibid, p.891)

이런 방법에 의해서 그 가치가 한층 더 뚜렷해질 수 있는 또 한 가지 이론은 최근에 와서 Langacker와 Lakoff, Taylor, Talmy등이 제안한 인지

의미론이다. 앞에서 이미 살펴보았듯이 이 이론의 기저가 되고 있는 몇 가지 원칙 중 하나가 바로 언어연구에는 으레 용법 기반적인 접근법이 적용되어야 한다는 것인데, 그렇다면 이것이 결국에는 의사소통학적 이론과 익히 겹쳐질 수 있는 이론일 것이라는 것은 누구나 쉽게 짐작할 수가 있다. 그런데 최근에는 이것이 실제로는 의사소통학적 이론의 한 가지라는 것을 공언하고 나서는 사람까지 나타나게 되었는데, Talmy가 바로 가장 대표적인 사람이다. 그의 견해에 따를 것 같으면 인지의미론자가 하고 있는 일은 곧 의사소통적 현상을 언어중심으로 연구하는 것이었다.

그의 언어 내지는 의미이론의 제일 큰 특징은 인지 의미론의 틀 안에서 의사소통에 관한 원리나 이론을 논의하고 있다는 점이다. 그의 언어 내지는 의미 이론의 내용은 두 권으로 된 「인지 의미론을 향하여(Toward a Cognitive Semantics)」라는 책 안에 밝혀져 있는데, 이것의 제2권의 끝부분에서 의사소통의 문제와 관련된 논의와 설명이 집중적으로 이루어지고 있다. 우선 제목이 「의사소통적 목표와 수단: 그들의 인지적 상호교섭」처럼 되어있는 제6장에서는 의사소통을 인간 특유의 정신적 활동으로 보는 입장에서 그것의 성격과 특징 등에 관해서 자세하게 설명을 하고 있다.

예컨대 그는 의사소통을 「자기 내부에 있는 현상학적 내용, 즉 이해나 인지, 느낌 등에 의해서 경험된 것을 다른 사람에게 전달하려는 욕구」의 표현체로 정의한 다음에, 「이런 의사소통의 핵심적 작동은 자족적 폐쇄회로 내에서가 아니라 자신과 청자 주변의 환경과 전체적 상황에 대한 인식으로 적지 않게 조정된 회로 내에서 이루어진다.」와 같은 말로써 의사소통에 있어서의 문맥의 중요성을 강조하였다. 또한 그는 의사소통의 핵심적 작동에는 으레 다양한 인지 및 정서적 체계들이 참여하게 되어있는데, 그것은 적절한 「수정적 절차」를 밟은 나머지 언제나 최대의 효율성을 유지하고 있다고 보았다.(Talmy, 2001, p.339)

그러니까 결국은 그의 의사소통 이론은 수정적 절차 이론으로 이름 붙일 수도 있는 일이었는데, 그가 말하는 수정적 절차에는 크게 핵심적 체계를 구성하는 모든 성분 중 의도에 관한 것은 으레 생략되는 「성분생략」의 절차와, 전달하려는 정보의 내용은 청자의 수준에 맞게 변형되는 「성분변형」의 절차, 산책 중에 나누는 대화처럼 의사소통체계 자체가 보다 큰 체계의 일부로 포섭되는 「대체계로의 포섭」의 절차, 정보전달의 기능이 태도나 감정표현의 기능으로 인하여 무력화되는 식의 「기능 무력화」의 절차 등의 네 가지가 있었다.

여기에서 더 나아가서 그는 의사소통적 인지체계의 변수적 요소에는 진화와 손상, 문화적 차이, 성장과정, 개인차, 언어유형 및 통시성 등이 들어있기 때문에 그것을 제대로 밝히기 위해서는 그것에 대한 연구가 어린이의 성장과정을 위시하여 개인차의 현상, 언어 비교 및 언어 변화 등의 세 가지 분야에서 집중적으로 이루어져야 한다고 보았다. 특히 그의 「표현적 수단의 차별적 가용성은 의사소통자에 관한 심리학적 과제일 뿐만 아니라 기술 언어학자가 다룰 보편주의적 비교작업이기도 하다.」는 말은 그가 의사소통의 원리는 보편적인 것과 개별적인 것으로 나뉘어질 수 있다고 생각하고 있음을 잘 드러내주고 있다.(Ibid, p.341)

또한 「인지적 문화체계」라는 제목이 붙여져 있는 제7장에서는 인간의 문화적 활동도 결국은 그의 인지체계에 의해서 관장되고 있기 때문에 인지주의의 궁극적 양태는 마땅히 문화적 인지주의이어야 된다는 그의 이론의 내용이 소개되고 있는데, 구체적으로 의사소통의 문제가 다루어지고 있지는 않음에도 불구하고, 이 장도 그것에 대한 그의 견해를 드러내고 있는 것으로 볼 수 있는 것은 그 전체에 「문화적 인지체계는 인간 고유의 인지적 능력과 기능을 담당하는」 체계라는 점과 「구조화된 문화적 복합체는 개인의 개념 정서적 유형 및 행동적 유형과 직접적으로 관련되어 있다.」는 점이 부각되어 있기 때문이다. 그의 이들의 관계에 대한 입장은 따라서 의사소통체계를 문화체계의 한 하위체계로 보든지, 아니면 그것을 문화체계의 한 병렬체계로 보는 것 중의 한 가지 일 것이다.(Ibid, p.373)

그런데 더 정확하게 추측하자면 이들 중 첫 번째 것보다는 두 번째 것이 그의 입장이라고 볼 수가 있는데, 그 이유는 그가 실제로는 「언어체계와 문화체계는 모듈성의 개념으로 상정하는 것보다 훨씬 더 긴밀하게 통합되어 있으며 다른 인지체계들과 연결되어 있다.」와 같은 말을 하고 있기 때문이다. 그러니까 이 문제에 대한 그의 확실한 입장을 알아보기 위해서는 의사소통의 주된 매개체가 언어라는 사실을 이상과 같은 말에 삽입시키면 되는 것이다. 또한 그의 설명 가운데서는 이런 추측을 익히 뒷받침할 수 있는 사실도 발견될 수 있는데, 그중 첫 번째 것은 그가 인지적 문화체계의 기능을 크게 「문화의 습득과 실행, 전파」등의 세 가지로 보고서 「이들은 개인마다에 있어서 내재적으로 구조 되어있는 프로그램에 의해서 작동된다.」고 본 점이다.(Ibid, pp.373~376)

그중 두 번째 것은 그가 전 세계적인 입장에서 보았을 때 문화적 유형에는 보편적인 것과 개별적인 것의 두 가지가 있다는 것은 이미 널리 알려진 사실이지만, 이제부터 우리의 주된 관심의 대상이 되어야 하는 것은 역시 전자라고 보고 있다는 점이다. 특히 그는 문화적 보편성에 대한 연구는 결국에 언어구조의 보편성에 대한 연구의 길잡이가 될 뿐만 아니라, 언어체계와 문화체계는 서로 불가분적으로 엉켜있다는 사실을 증거할 수 있는 근거가 될 수 있다고 보았다. 흥미롭게도 여기에서는 1965년에 Murdock이 제안했던 72가지의 문화적 보편적 실재들을 아직 완전하기에는 크게 부족하지만 그래도 문화적 현상에 관한 한 보편성이 개별성보다 더 기본적이라는 사실을 충분히 알려줄 수 있는 자료로 제시하고 있는데, 이 가운데는 언어나 의사소통과 관련된 것들이 적지 않게 들어가 있다.

그러니까 그가 여기에서 문화적 보편성을 강조함으로써 결국에는 언어적 보편성과 의사소통적 보편성을 강조하고 있다고 볼 수도 있다. 물론 그보다도 이런 의미에서는 더 중요한 사실은 Murdock의 목록 자체가 72가지의 단어나 복합어로 구성되어 있다는 점일 것이다. 이 중에서 굳이 언어나 의사소통과 관련된 것을 고를 것 같으면 언어를 위시하여 숫자, 손짓언어, 개인이름, 가족, 꿈의 해석, 법률, 인사, 농담, 게임, 사회조직, 친척관계, 영혼개념, 종교의식, 신화, 예절, 신념치료 등을 들 수가 있다.(Ibid, p.376)

이상과 같은 첫 번째 이득을 그들이 얻을 수 있는 소극적인 이득으로 볼 것 같으면 그들이 얻을 수 있는 이득에는 적극적인 것 즉, 두 번째 것도 있을 수 있는데, 앞으로의 의미론의 발전방향을 잡는 데 큰 지침의 역할을 할 수 있는 정보를 얻을 수 있다는 것이 바로 그것이다. 우선 Hunter는 최근에 발표한 「의사소통과 이해, 해석: 철학적 양상(Communication, Understanding, and Interpretation: Philosophical Aspects)」이라는 논문을 통해서 이런 정보 중 가장 대표적인 것을 두 가지 제공하고 있다고 볼 수가 있는데, 그중 첫 번째 것은 의사소통은 크게 언어적인 형식에 의한 것과 비언어적인 형식에 의한 것의 두 가지로 대별될 수 있는데, 철학자나 언어학자의 연구의 대상이 되는 것은 역시 그것의 주요부로서 그 기능을 수행하고 있는 첫 번째 것이라는 사실이다. 그의 「진정한 의사소통은 본질적으로 언어적인 것이다. 신념과 의도를 갖는다는 것은 언어를 갖는 것을 필요로 한다. 의사소통은 신념과 의도를 갖는 것을 필요로 하기 때문에 그것은 곧 언어를 갖는 것을 필요로 한다.」라는 말 안에 그 이유가 잘 밝혀져 있다.(Hunter, 2006, p.656)

그중 두 번째 것은 이론상 청자가 화자가 한 말의 의미를 완전하게 이해한다는 것은 불가능한 일이기 때문에, 철학자들 사이에서는 일찍부터 진정한 의미에서의 두 사람간의 성공적인 의사소통이 있을 수 있는 것이냐에 대해서 회의론이 제기되어 왔는데, 현재로서 내릴 수 있는 결론은 그것은 한낱 부질없는 논쟁거리밖에 될 수 없다는 사실이다. 예컨대 이런 회의론자들은 으레 성공적인 의사소통을 기대할 수 없는 근거로 「의미와 신념은 상호 의존적인 것이고, 한 개인이 의미하는 바는 그의 전체적 문화 환경에 의존하고 있다.」는 사실을 내세웠었다.

그러나 반회의론자의 입장에서 볼 것 같으면 이들의 주장은 실제로는 이문화 간의 의사소통마저도 적지 않게 이루어지고 있다는 사실과, 「우리는 일상적으로 다른 사람들은 우리의 신념과 의미를 공유하고 있다는 전제하에서 그들과 쉽게 의사소통을 하고 있다.」는 사실과 정면으로 배치되고 있었다. 그리고 최근에 이르러 Quine의 「화자가 말로 의미한 바나 그가 믿는 바는 우리가 다룰 수 있는 증거를 초월할 수 있다고 상정한다는 것은 말도 안 되는 일이다. 의미와 신념에 관한 사실은 본질적으로 공적이고 우리가 알 수 있는 것이다.」와 같은 주장에 동조하는 사람이 크게 증가했다는 사실도 주목할 만한 점이었다.(Ibid, p.657)

그 다음으로는 최근에 Rigotti와 Greco가 발표한 「의사소통: 기호적 접근법(Communication: Semiotic Approaches)」이라는 논문도 이런 정보를 제공하고 있는 논문으로 볼 수가 있다. 이들이 여기에서 제공하고 있는 정보는 크게 두 가지라고 볼 수가 있는데, 그중 첫 번째 것은 지금까지의 의사소통 연구의 발전 과정을 소개하면서 아무리 지금을 다양한 사회과학과 기술적 분야들의 참여로 연구의 패러다임이 크게 바뀐 시대라고 해도, 이것을 여전히 주도적으로 이끌어가고 있는 것은 이것을 처음에 주도했던 그 학문, 즉 언어학과 기호학이라는 사실을 밝힌 점이다. 이들이 보기에는 많은 인문사회과학과 기술적 학문들의 기여 덕분에 「의사소통 사건은 기업과 기구, 공동체 및 기타의 사회적 조직 등의 실제적인 문맥과 그것을 반영하고 구조화하는 매체에 의해서 영향을 받을 뿐만 아니라 기능적으로 지배를 받고」있음을 알게 되었지만, 그래도 이것에 대한 연구를 이들의 중심에서 이끌어가고 있는 것은 언어학이나 기호학이었다. 이것은 물론 의사소통의 주된 매체는 역시 언어라는 사실과 잘 맞아 떨어지고 있었다.(Rigotti and Greco, 2006, p.658)

그중 두 번째 것은 의사소통의 이론이나 모형에 관한 것으로서, 비록 지금에 와서는 분명히 예전에 기호적 모형이 차지했던 자리를 화행론이나 관련성 이론 등에서 내세우는 화용적 모형이 차지하게 되었다는 것이 학자들 간에 이미 합의된 사실이라 할지라도 과거의 기호적 모형들을 모두 무의미하고 무가치적인 것으로 폐기하는 것은 크게 잘못된 일이라는 것을 밝혀낸 점이다. 다시 말할 것 같으면 이들이 보기에는 예컨대 Sperber와 Wilson은 지난날의 모형들을 일괄적으로 일종의 「부호 모형」으로 치부해버리고서 그 대안으로서 「인지적 모형」을 제안하고 있는데, 사실은 이들 두 모형이 그렇게 대척적인 것은 아니었다.

이들의 생각은 Saussure에 의해서 최초의 것이 제안된 이래 기호론적 부호모형은 그동안에 몇 번의 주목할 만한 수정과정을 거쳐 왔다고 볼 수가 있는데, 수정의 대상이 될 것은 언제나 화자나 청자의 역할이었다는 것이었다. 다시 말하자면 언어학자나 기호론자들은 모두 Saussure가 기호를 기표와 기의 두 부분으로 나누는 의견을 낸 이래, 무엇을 기의로 볼 것이냐가 의사소통이론의 핵심적 문제라는 것을 익히 알고 있었던 것이다. 결국에 Sperber와 Wilson이 과거의 기호이론에서는 으레 청자를 화자가 보낸 부호를 기계적으로 해석하는 사람으로 보았다고 주장한 것은 크게 잘못된 일이라는 것이었다.

이런 주장의 근거로 이들은 그동안에 적어도 다음과 같은 세 가지의 수정된 부호이론이 제안되었다는 사실을 들고 있는데, 그중 첫 번째 것은 프랑스의 의미론자였던 Breal가 제안한 「의미선택」의 이론이었다. 그는

「의사소통 시에 쓰이는 단어는 으레 많은 의미를 나타나게 되는데, 그중에서 우리의 생각과 대응하는 것만을 남기고 나머지는 모두 망각하게 된다.」고 말함으로써 기표와 기의간의 관계 설정에는 언제나 화자의 의도가 결정적 역할을 하게 되어있다는 점을 분명히 했다. 그의 이론에서는 의미화의 과정이 단순한 부호화와 해독의 과정은 아니었던 것이다.

그중 두 번째 것은 독일의 언어학자였던 Buhler가 제안한 「기관 모형(Organon model)」이론이었는데, 여기에서 제안된 기호에 대한 「3각형 개념」은 화용론적 기호이론을 최초로 도형화한 것이었다. 이 모형은 기호를 중심으로 해서 화자와 청자가 좌우측에 있고, 대상 및 사건이 정점에 자리하는 식으로 하나의 3각형을 이루고 있었다. 그러니까 이것에 따르자면 기호는 화자와 청자, 대상 및 사건 등과 각각 표시와, 호소, 표현 등의 관계를 유지하게 되어있으며, 이렇게 보자면 그의 언어나 기호관은 「기호를 기본적으로 의사소통의 한 도구」로 볼 뿐만 아니라 「의사소통을 인간 행동의 일종」으로 보는 식의 다분히 화용론적인 것이었음이 분명했다.(Ibid, p.661)

그중 세 번째 것은 미국의 기호론자였던 Peirce가 제안한 「기호 모형」이론이었는데, 이것의 특징 중 제일 중요한 점은 기호와 동의어로 쓰이는 표현이 정점에 위치하고, 그 밑의 좌우에 대상과 해석자가 각각 위치하는 식의 「3각형 개념」으로 정의하고 있다는 점이고, 그중 두 번째 것은 기호에는 지표와 도상뿐만 아니라 상징도 들어간다고 보았다는 점이며, 그중 세 번째 것은 기호체계를 의사소통적 차원이 아니라 인지절차적 차원에서 다루었다는 점 등이었다. 그러나 일단 이 이론을 일종의 화용적 기호이론으로 보아도 큰 무리가 없는데, 그 이유는 이른바 해석자를 기호의 3대요소의 하나로 설정했기 때문이다.

두말할 필요도 없이 여기에서의 해석자는 청자이다. 그러니까 비록 표면상으로는 화자를 그의 상대자로 내세우고 있지는 않지만, 화자와 청자간의 상호교섭에 의해서 기호의 의미가 정해지게 되어있다는 사실을 명시한 이상, 여기에서는 기호사용을 두 사람간의 의사소통 행위로 보고 있음이 확실하다. 더 나아가서 그가 「기호의 최후 해석자는 습관의 변경, 즉 행위에 대한 개인의 경향을 수정하는 것」이라는 말을 한 점으로 미루어 보아서, 기호의 해석절차에는 다양한 인성이나 심리적 요소도 개입되게 되어있다고 그는 생각했다는 것을 알 수가 있다.(Ibid, p.664)

이상과 같은 세 가지 기호이론들만으로써 우리는 익히 Sperber와 Wilson이 최근에 제안한 인지적 의사소통이론이 꼭 백 프로 새로운 것이 아니라는 것을 알 수가 있다. 이 논문의 끝에서 저자들이 지난날의 기호이론에서도 의사소통에는 언어적인 것뿐만 아니라 비언어적인 것도 있다는 사실이나, 언어적 의사소통에서 핵심적 요소로 기능하는 것이 청자와 화자라는 인간이라는 사실 등이 밝혀졌었으며, 따라서 앞으로 최선의 화용적 의사소통 모형을 모색하는 노력에 있어서 「20세기의 기호론적 전통은 큰 도움이 될 수 있다.」와 같은 말을 한 것은 결국에 의미론자에게도 시사하는 바가 크다고 볼 수가 있다.(Ibid, p.665)

(라) 수사학적 영역

이 시대에 이르러서는 의미론자들의 연구 영역이 수사학으로까지 확대되었는데, 이렇게 되다보면 결국에는 언어학과 수사학 사이에 있던 높은 벽이 무너지게 될 테니까, 이것이 크게는 왜 앞으로는 형식이나 문법 중심적 언어연구보다는 기능이나 의미중심의 언어연구 쪽에 더 많은 노력을 기울여야 하는가에 대한 한 대답이 될 수도 있다. 그렇지만 사실은 1980년대에 Lakoff가 제안한 인지언어학적 언어이론이 이것에 대한 도화선적인 역할을 하게 되었다.

그의 언어이론의 일차적 가치는 물론 Chomsky의 변형문법이론에 대한 하나의 대안의 역할을 한 데 있었다. 그러나 이런 의미에서 보자면 그것의 진짜 가치는 그동안에 언어학에 의해서 시들해진 수사학을 다시 살려낸 데 있다고 볼 수가 있는데, 특히 이것이 수사학을 크게는 언어학이고 작게는 의미론의 일부로 끌어들이는 데 결정적인 역할을 했다는 점은 또 다른 중요한 기여로 볼 수가 있다. 따지고 보자면 Grice를 위시한 많은 화용론자들이 일찍이 반어문이나 은유문 등을 논의나 분석의 대상에 포함시켰던 것을 그런 기여로 볼 수도 있다. 그렇지만 그들의 기여는 그의 것처럼 직접적이고 결정적인 것이 못 되었다.

이런 이유로 인하여 현재까지의 의미론자들의 관심은 Lakoff가 일찍이 제기했던 문제들, 즉 은유와 환유의 문제에 국한되어 있다고 볼 수가 있다. 그렇지만 이것이 의미론의 수사학으로의 영역확대에 결정적 제한성이 될 수는 없는데, 그 이유는 이들 두 문제야말로 수사학의 전체라고 해도 과언이 아닐 만큼 그것의 가장 핵심적인 문제들이기 때문이다. 이런 점은 크게 두 가지 사실으로써 확인될 수가 있는데, 그중 첫 번째 것은 수사학이 일찍이 희랍의 철학자들에 의해 시작된 이래 한시도 쉬지 않고 철학자나 수사학자들이 집중적으로 논의해온 것이 바로 이들이라는 사실이다. 이 중에서도 특히 은유에 대한 연구와 논의는 이른 바 은유학을 따로 독립시키기에 족할 정도로 지속적으로 이루어져 왔다.

그중 두 번째 것은 오늘날에 이르러 심리학의 발달로 이들 두 현상은 바로 인간의 정신작용 중 가장 특이하면서도 다기능적인 것으로 알려진 연상 작용의 두 기본원리 즉, 유사성의 원리와 인접성의 원리에 의해서 나타나는 현상들이라는 것이 알려졌다는 사실이다. 특히 심리학자들은 이들 두 원리들에 의해서 인간의 정신 능력 중 최고의 것으로 간주되는 창조성이 발휘된다는 점을 중요시하는데, 그렇다면 은유와 환유에 대한 연구는 곧 작게는 인간의 정신작용에 대한 연구, 즉 그의 인지심리학적 특징에 대한 연구일 수가 있고, 크게는 인간이나 인간성 자체에 대한 연구일 수가 있다는 말이 된다. 간단히 말해서 은유와 환유는 의미론자들이 예컨대 은유의미론이라는 신이론을 내세우기에 하등 부족함이 없는 넓고 깊은 영역인 것이다.

그런데 현재로서 의미론자들이 은유의미론이라는 신이론을 내세운다는 것은 일종의 꿈에 지나지 않을 뿐더러 실제에 있어서는 이런 일이 형식론과 비교했을 때 의미론이 얼마나 어렵고 깊은 학문인가 하는 것을 다시 한번 깨닫게 하는 기회만을 제공하게 될지도 모른다. 예컨대 그동안에 의미론에서 일종의 합의된 사실로 받아들여져 온 것은 크게 언어적 의미 표현의 기본단위는 어휘라는 것과 어휘적 의미는 기본적인 것과 주변적인 것으로 나뉘어질 수 있다는 것, 이들 중 주변적인 것은 으레 언어사용자와 상황이나 문맥에 의해서 정해지게 되어 있다는 것, 문장에 있어서는 언어 사용자의 심리적 의도나 태도가 곧 그것의 의미가 된다는 것, 언어적 의미는 사회문화적 규약의 일종이라는 것 등이라고 볼 수가 있는데, 이들의 타당성을 확인해 보려면 은유문이나 환유문의 의미를 분석해보게 되면 된다.

또한 그동안에 의미론에서 약간 부정적인 면에서 논쟁의 중심에서 있어왔던 쟁점은 크게 형식 의미론의 한계점은 어디까지인가와 의미변화의 현상을 주된 연구대상에 포함시켜야 될 것인가, 의미론의 연구영역을 개인의 심리적인 현상에까지 확대시켜야 될 것인가, 의미조직에 있는 보편성과 개별성 중 어느 것에 연구의 주안점을 두어야 할 것인가 등이었는데, 이들이 앞으로도 계속해서 의미론적 주 쟁점으로 남아있을 것이라는 것을 쉽게 확인할 수 있는 방법은 역시 은유문이나 환유문의 의미를 분석해 보는 것이다.

은유와 환유가 이처럼 인간의 언어와 인지체계의 실체가 송두리째 반영되어있는 것인 탓으로 그들에 대한 연구는 결국에 의미론 전체의 한 축약도나 결산서가 될 수 있는 이상, 지혜로운 의미론자라면 누구나 일단 이것에까지 연구영역을 넓히는 일은 얼핏 생각하기에는 대단히 바람직한 일 같지만, 다시 한번 생각하면 꼭 그런 것만은 아니라는 것을 익히 예단할 수가 있다. 따라서 이들이 이 문제와 관련해서 택할 수 있는 최선의 방책은 수사적 현상에 대한 연구는 수사학자에게 맡기고 자기네들은 언어적 의미에 관한 연구에만 전념하는 식의 일종의 경계선 긋기를 먼저 한 다음에 자기네들의 영역 내에서의 은유와 환유에 대한 논의는 으레 최소 것으로 한정시키는 방책일 것이다.

이 말은 곧 의미론에서는 의미론 발전에 분명히 도움을 줄 수 있는 것이면서도 그들에 대한 연구를 통해서만 얻을 수 있는 정보나 지식만을 논의하겠다는 말이나 같은 말인데, 그런 정보나 지식으로는 크게 세 가지를 생각할 수가 있다. 그중 첫 번째 것은 경우에 따라서는 의미 형성의 규칙은 익히 깨질 수가 있다는 것이다. 물론 수사문의 경우가 바로 이런 경우인데, 이런 의미에서 보자면 의미론이 반형식론적 학문이듯이 수사학은 반의미론적 학문인 것이다. 예컨대 「We don't hire longhairs.(우리는 장발을 고용하지 않는다.)」라는 문장은 진리조건적 명제이론과도 맞지 않고 성분분석이론과도 맞지 않는다. 그러나 이것은 아주 널리 쓰이는 환유문 중의 하나이인데, 이것을 형식 의미론적으로 분석한다고 해서 그 이유가 밝혀질 리가 없다. 결국 의미적 이론이나 원리의 비절대성을 알 수 있는 곳은 수사적 영역뿐이다.(Geeraerts, 2010, p.185)

그중 두 번째 것은 개념적인 것이든지 심리적인 것이든지 간에 은유나 환유적 장치를 이용하게 되면 새로운 언어적 의미가 익히 창출될 수 있다는 것이다. 이것은 곧 은유나 환유는 바로 새로운 언어적 의미를 창출해

냄으로써 언어의 표현력이나 의사소통 능력을 그만큼 증대시키는 방편이 된다는 의미인데, 이런 견해를 합리화할 수 있는 것이 바로 최근에 Fauconnier와 Turner가 제안한 「개념적 혼합이론」이다. 원래 은유이론은 그동안에 Aristotle의 비교이론으로부터 시작하여 대치이론, 상호교섭이론, 상황이론 등으로 발달되어 왔는데, 일단 인지심리학적인 방법으로 이들을 하나로 묶어낸 이론으로 볼 수 있는 것이 바로 이것이다.

그런데 이 이론의 보다 더 중요한 가치는 여기에서 말하는 혼합된 개념이란 따지고 보자면 하나의 새롭게 창출된 개념이라는 데 있다. 원래 Fauconnier는 1994년에 「정신적 공간: 자연언어에서의 의미구성의 양상(Mental Spaces: Aspects of Meaning Construction on Natural Language)」이라는 책을 출판하면서 Langacker와 Lakoff와 함께 인지언어학이나 인지의미론을 출범시키는 데 주역의 역할을 하게 된 사람인데, 이 책의 제목 그대로 한 문장의 의미가 이해되는 절차를 그의 머리 안에 몇 개의 정신적 공간을 설정하여 그들을 연결해 가는 과정으로 본다는 것이 그의 의미이론의 요지이었다. 그런데 그는 자기의 이론의 위력은 은유문과 같은 난해한 문장의 의미를 분석해보면 당장 드러나게 되어 있다고 보았다. 그러니까 결국 그는 정신적 공간이론이라는 인지적 의미 이론이나 더 나아가서는 인지적 은유이론을 내세운 셈이었다.

그런데 그가 4년 뒤인 1998년에 Turner와 함께 「개념적 통합망(Conceptual Integration Networks)」이라는 논문을 내면서 그의 이론은 「개념적 혼합이론」으로 불리게 되는데, 따지고 보자면 그의 의미 이론은 이름만 바뀌었지 몇 개의 정신적 공간의 사상을 의미생성의 절차로 본다는 그것의 본질은 옛날의 것 그대로였다. 그러나 그의 이론이 정식으로 인지적 은유이론으로 불릴 수 있게 되는 것은 이것에서 토의된 내용 때문이라고 볼 수가 있는데, 그것의 증거가 될 수 있는 것이 첫 번째로 이것에서는 Coulson의 지적대로 「은유적 사상을 혼합된 정신적 공간을 구축하는 데 개입되는 일반적 통합절차의 한 발현양식」으로 보고 있다는 점이다.(Coulson, 2006, p.36)

사실은 그가 그전이라고 해서 이런 견해를 나타내지 않은 것은 아니었다. 예컨대 그의 1994년의 책의 첫 부분에는 「은유와 환유 등의 수사문들은 으레 이탈문이나 심지어 핵심적 의미론의 기생물로 보기까지 하는데, 여기에서는 정반대로 그들을 중심적인 것이고, 생각보다 훨씬 넓게 퍼져 있는 것으로 다루어지게 된다.」는 말이나, 「자의적 은유는 개념적 네트워크의 한 정교한 구조물이다.」라는 말이 나오고 있다. 아쉽게도 막상 본문에 들어가서는 조건문이나 비교문, 반사실문과 같은 일반적 문장에 대한 분석만이 집중적으로 이루어지면서, 은유문에 대한 논의는 거의 배제가 된 것이나 다름이 없었다. 이런 의미에서 보자면 그는 1998년의 논문에서 4년 전의 책에서 미루어 놓았던 과제를 마치게 되었다고 볼 수가 있다.(Fauconnier, 1994, pp.1~2)

그 다음으로 이것에서는 은유문의 의미를 이해하는 절차를 원천 공간과 목표 공간, 속의 공간, 혼합적 공간 간의 상호교섭적인 인지적 조작과정으로 보았다. 원래 은유문은 원천어와 목표어의 두 요소로 이루어져 있으니까 의미이해의 첫 단계는 원천공간과 목표공간이라는 두 개의 공간들이 입력공간으로 설정되는 단계라는 것은 누구나 쉽게 동의할 수가 있다. 예컨대 「All nature smiled.(만물이 모두 웃었다.)」라는 은유문의 의미를 이해하는 경우라면 「자연」이라는 원천공간과 「웃는다」라는 목표공간이 제일 먼저 설정될 것이라는 주장에 누구나 쉽게 동의할 것이다. 그동안에 제안된 인지적 사상이론이라는 것이 바로 이런 발상법을 근거로 한 것이다.

그러니까 이것에서 제안된 「4공간」이론의 특징은 기본적인 주 공간에 대한 일종의 보조공간으로서 속의 공간과 혼합적 공간이 설정된다는 점인데, 앞의 것은 두 주 공간에 공통적인 구조나 자질을 열거한 공간이고, 뒤의 것은 두 주 공간에 있는 구조나 자질 중 서로 혼합이 가능한 것들을 열거한 것이니까, 이것은 결국 두 개념의 사상절차가 단선적인 것이 아니라 복합적인 것이라는 발상법을 근거로 한 것이라는 것을 알 수가 있다. 앞의 예로 다시 돌아가자면 이것에서의 속의 공간에는 생명체를 위시하여 감정표현 및 이입, 자연세계 등의 기본적 구조나 자질들이 표시되게 될 것이고 이것에서의 혼합적 공간에는 얼굴의 밝은 표정을 위시하여 미소, 기쁜 마음, 태양, 푸른 숲 등의 구조나 지질들이 표시되게 될 것이다.

그런데 여기에서 그대로 간과해서는 안 될 사실은 이들 네 공간들에 어떤 내용이 담겨질 것인가를 결정짓는 일에는 더 말할 필요도 없고 그들을 서로 연결시키는 일에도 그 개인의 머리 안에 이미 들어있는 지식과 지력이 총 동원된다는 점이다. 안타깝게도 이것에는 이런 복잡한 작업이 어느 중앙 통제부의 지휘 하에 이루어지는 것인지, 아니면 자율적 작동원리나 규칙에 의해서 자동적으로 이루어지는 것인지에 대해서는 아무런 설명이 나와 있지 않다. 다만 이런 절차를 네트워크적인 것으로 본 점으로 미루어서 후자의 경우를 이들은 생각하고 있었다고 추측할 수는 있다.

그런데 여기에서 이 보다 더 중요한 사실은 이런 통합화 절차에 의해서 생겨난 의미나 개념은 결국 새롭게 창출된 것이라는 것을 분명하게 밝히고 있지 않다는 점이다. 엄밀하게 따지자면 일단 이런 논의가 시작되면 우리의 지식에는 고정적인 것 이외에 일시적인 것이 있을 수 있는지나, 이렇게 창출된 의미나 개념이 만약에 고정적인 것이라면 그것을 개인적인 것이 아닌 일종의 공적 내지는 사전적인 것으로 볼 수 있는지 등과 같은 어려운 문제들에 봉착하게 마련이니까 일부러 이들은 이런 사실을 밝히지 않았는지도 모른다. 그러나 결과물의 실체는 밝히지 않고서 통합화의 절차만을 논의한다는 것은 이치에 맞지 않는 일이다. 따라서 적어도 이 이론에 대한 설명의 마지막 부분에서는 이렇게 해서 생겨난 의미나 개념은 새롭게 창출된 것이 분명한 이상, 은유는 일종의 개념창출의 기구로 보는 것이 마땅한 일이라는 말은 했어야 했다.

그중 세 번째 것은 언어적 의미에는 개념이나 정보적인 것 이외에 심미적인 것도 있을 수 있다는 것이다. 물론 심미적 의미라는 말 자체가 지금까지 어느 의미론자에 의해서도 쓰인 적이 없는 것이라는 사실 하나만으로써 우리는 이것이 의미론의 영역에 정식으로 들어가지 못하는 개념이라는 것은 굳이 말할 나위가 없고, 과연 이것을 심리적 실체가 있는 것으로 볼 수 있느냐의 문제부터가 큰 논쟁거리가 될 수 있다는 것을 익히 알 수가 있다. 그러나 일단 감정이나 정의적 의미의 한 가지로 이것을 보게 되면 그동안에 이것을 의미연구의 대상에 포함시키지 않았던 것이 하나의 오판이나 능력 부족에 불과했다는 것을 당장 알 수 있다. 우선 우리는 언어로써 정보에 못지않게 감정도 나타내게 되어 있으며, 따라서 우리가 쓰는 낱말이나 문장에는 으레 일정한 양과 종류의 감정이나 정의적 의미가 실려 있을 것이라는 것을 짐작할 수 있다. 그런데 아름다움을 느끼는 감정 즉, 심미적 감정도 따지고 보자면 우리의 기본적 감정의 일종이다. 그러므로 누구나 쉽게 은유와 같은 최고 수준의 언어적 표현에는 으레 심미적 의미가 포함되어 있으리라고 생각할 수 있는 것이다.

물론 이 점에 대한 더 확실한 증거가 될 수 있는 것은 바로 옛날부터 시에서는 으레 은유가 시적 표현의 기본적 기구로 쓰여 왔다는 사실이다. 시를 일단 아름다운 시상과 감정을 불러일으키게 하는 것으로 정의하자면 그것의 최선의 유발자는 역시 은유문이라는 것을 시인들은 익히 알고 있었던 것이다. 그래서 결국 문학계에는 아름다운 은유문들이 많이 들어 있는 시가 훌륭한 시로 인정받는 전통이 세워졌던 것인데, 무엇보다도

White의 명저인 「은유의 구조(The Structure of Metaphor)」의 내용을 살펴보게 되면 그 점이 분명해진다.

우선 이 책에서 그가 내세우고 있는 바는 은유는 언어적 표현법 중 가장 수준이 높으면서도 난해한 것이라는 것과, 이런 시각에서 보았을 때 그동안에 제안된 「지시어설」과 「의미어설」, 「문장설」, 「화행설」 등의 네 가지 은유이론 중에서는 역시 문장설이 가장 타당성이 높은 이론이라는 것 등의 두 가지라고 볼 수가 있다. 그러나 이것의 진짜 특징으로 볼 수 있는 것은 그가 분석의 대상으로 삼고 있는 은유문의 예들이 거의 다 Shakespeare의 작품에서 인용된 것이라는 점과, 아름다운 은유문을 곧 최고의 은유문으로 본 점이다. 그는 특히 이런 의미에서 볼 때 시에서 쓰인 은유문이 항상 최고의 은유문이 될 수밖에 없다는 생각을 가지고 있었는데, 그것의 가장 비근한 증거가 될 수 있는 것이 이 책의 끝부분에서 Shakespeare의 「안토니와 클레오파트라(Antony and Cleopatra)」의 제5막, 제ii장에 나오는 아래와 같은 아주 짧은 연을 최고의 은유적 표현으로 내세웠다는 사실이다.(White, 1996, p.120)

Cleo: Peace, peace
Doest thou not see my Baby at my breast,
That suckes the Nurse asleep.
(클레오파트라: 조용, 조용
그대는 내 가슴에 있는 아기를 보지 않는가.
유모의 젖을 빨아 잠들게 하는.)

이것은 간단히 말해서 Cleopatra가 자살을 하면서 하게 되는 긴 독백의 절정으로 볼 수 있는 것인데, 저자는 그 이유로 여기에서는 「단 하나의 단순하면서도 찬란한 심상」이 유발되고 있다는 사실을 내세웠다. 그의 평가는 그러니까 은유가 아름다운가 그렇지 않은가 하는 것은 개념의 문제가 아니라 심상의 문제라는 것을 말해주고 있는 것이다. 이런 은유에 있어서는 언어적 개념이나 의미는 결국에 심미적 심상유발의 도구로 쓰이게 되어있다. 예컨대 여기에서는 「Baby」가 뱀을 가리키는 말로 쓰이고 있는데, 특히 여기에서는 그것이 악이나 적이 아니라 선이나 친구로 받아들여지고 있다. 물론 자살의 수단으로 쓰이고 있는 뱀을 이렇게 미화한다는 것은 죽음을 미화한다는 말이나 같은 말이다. 그의 말을 빌리자면 여기에서는 자살을 「삶의 과격하고, 반갑지 않으며, 부자연스런 소동이 아니라 「단순하고 자연스런 삶의 절차 중 한 부분」으로 보고 있다.(Ibid, p.121)

그러나 이것의 특징은 이런 죽음이나 자살에 대한 역설적인 견해를 논리나 개념적인 방법이 아니라 심상이나 심리적인 방법으로 표현하고 있다는 점이다. 간단히 말해서 여기에서는 작게는 시가 산문보다 더 탁월한 문학적 장르라는 것이고, 크게는 문학이 다른 학문보다 한 차원 높은 학문이라는 것이 실증되고 있는 것이다. 그리고 무엇보다도 중요한 사실은 여기에서는 시적 표현법 중 최고의 것은 역시 은유법이라는 것이 실증되고 있다는 점이다. 물론 의미론자의 입장에서 보자면 이것을 통해서 비록 구체적으로 그 실체를 파악하기는 어렵다고 해도 심미적 의미라는 것을 따로 설정하는 것이 타당한 일이라는 것을 알 수가 있다.

White의 은유관을 살펴보다 보면 은유는 근본적으로 언어학자나 의미론자의 연구대상이 아니라 문학이론가나 철학자의 연구 대상이라는 사실이 분명해지는데, 실제로 지금까지는 이런 현상이 하나의 전통처럼 굳어져버렸다. 그러나 엄밀히 따지자면 은유는 문학과 어학 중 어느 한쪽이 아니라 그들의 접합선상에 있는 현상이다. 따라서 최근에 화용론자나 화행론자들이 이것을 연구의 대상에 포함시키기 시작한 것은 너무나 당연한 일이다. 그런데 그런 움직임보다 더 중요한 영향을 줄 수 있는 것이 바로 의미론자들의 이것에 대한 관심이다. 희망적으로 말해서 의미론의 연구영역에 은유의 현상까지 포함되게 되면, 그로 인하여 문학과 어학 사이에 놓여있던 높은 벽이 허물어지는 결과가 올 수도 있다.

또한 그의 은유관을 살펴보다 보면 이른바 시적 은유는 시에서만 으레 쓰이는 것으로 생각하기가 쉬운데, 사실은 그렇지가 않다. 시적인 효과를 발휘하는 은유라면 설사 일상 언어에서 쓰였다 하더라도 시적 은유로 익히 간주될 수 있다. 그리고 무엇보다도 중요한 사실은 실제로 일상 언어에서 쓰이고 있는 은유 중 상당한 것들이 시적 은유로 분류될 수 있는 것들이라는 것과, 이런 높은 수준의 은유가 쓰임으로써 결과적으로는 정보전달이나 의사소통의 효율이 높아지게 되어있다는 것이다. 예컨대 누군가가 친구와의 대화 가운데서 「만물이 모두 미소를 지었다.」라는 말을 「나는 몹시 기분이 좋았다.」라는 말 대신에 썼다면 그와 친구간의 의사소통의 수준은 그만큼 높아지게 될 것이다. 이렇게 볼 것 같으면 의미론의 연구영역을 은유의 문제에까지 확대하는 것은 곧 복합적인 방향에서 그것의 발전을 촉진시킬 수 있는 방편의 한 가지가 될 수 있다는 것을 익히 알 수가 있다.

제3장
어휘 의미론의 양상

3.1 어휘적 의미의 특성

우선 어휘 의미론이 의미론의 기저분야라는 것은 의미론 발달의 역사로 보아서도 확실한 사실이고, 언어의 구조성으로 보아서도 확실한 사실이다. 앞에서 이미 설명이 있었듯이 의미론 이전의 차원에서이든지 의미론 이후의 차원에서이든지간에 원래 의미론은 개별적인 낱말의 의미를 연구하는 학문, 즉 어휘 의미론의 형태로서 시작되었다. 예컨대 의미이론이 그동안에 「지시설」로부터 출발하여 「의미설」,「심리설」,「용법설」등으로 발전되어 온 것 자체가 어휘를 의미론 연구의 기본대상으로 삼는 학풍내에서 이루어진 일이었다. 그리고 Geeraerts의 「어휘 의미이론」이라는 책이 익히 실증하고 있듯이, 어휘 의미론적 연구는 지금도 의미론의 중심부에서 그것의 발전을 주도하고 있다. 그는 어휘 의미론을 의미론 자체로 보고 있는 것인데, 그의 이런 견해는 아마도 의미론의 발달과정에 대한 깊은 성찰로부터 나온 것일 것이다.

학리상으로 보았을 때는 물론 이런 역사적 사실에 못지않게 중요한 것이 바로 언어의 구조적 사실일 텐데, 이것 역시 어휘 의미론적 의미연구의 타당성을 십분 뒷받침하고 있어서, 결과적으로는 그동안의 역사적 흐름이 일종의 필연적인 사건이었다는 결론까지 내릴 수 있게 하고 있다. 형식이나 구조적으로 보았을 때 어휘가 언어적 표현체의 최소 내지는 기본적 구성 요소라는 것은 곧 의미적으로 보았을 때는 그것의 의미는 구성 어휘들의 의미의 합산체라는 것을 의미한다. 예컨대 「Now!」와 「Now what?」, 「Now or never.」를 각각 일어문과 2어문, 다어문 등의 예로 쳤을 때 「지금!」과 「이제 어떡하지?」, 「지금 아니면 결코 다시 없어.」등의 의미는 그들을 구성하는 어휘의 의미의 합산체라고 볼 수가 있다. 또한 영어에서는 「Semantic interpretation requires access to knowledge about words.(의미적 해석은 어휘에 관한 지식에의 접근을 요구한다.)」와 같은 긴 문장도 쓰이고 있는데, 이것의 의미도 일단 그것을 구성하고 있는 여덟 개의 단어의 의미의 합산체로 볼 수가 있다.(Pustejovsky, 2006, p.98)

논리적으로 보았을 때 어휘가 최소의 의미 표현체인 데다가 구나 문장과 같은 언어적 표현체는 두 개나 그 이상의 어휘의 집합체인 이상, 개별적인 어휘의 의미를 밝히는 것이 의미론의 첫 번째 과제가 되는 것은 너무나 당연한 일이다. 그리고 만약에 어휘가 예컨대 수학의 숫자나 논리학의 기호처럼 단 하나의 고정된 의미를 나타내는 것이었다면 설사 영어의 경우처럼 그 수가 몇십만 개에 이른다 하더라도 그 일은 사전을 편찬하는 일처럼 비교적 단순한 일이 되었을 것이다. 그러니까 뒤집어 말하자면 어휘 의미론은 원래부터 하나의 독립된 학문으로서나 의미론의 기본분야로서의 조건과 특성을 지니고 있었던 것이다.

1) 다의성

지금까지의 연구 덕분에 우리는 어휘적 의미에는 다음과 같은 다섯 가지의 특성이 있는 탓으로 그것을 연구하는 일은 아직도 미완성의 과제로 남아 있게 되었다는 것을 알게 되었는데, 그중 첫 번째 것은 다의성이다. 누구라도 일단 하나의 낱말이 하나 이상의 의미를 나타내는 특성을 다의성이라고 정의하고 보자면, 어휘적 의미의 여러 특성 중 이것 보다 더 중요한 것은 없을 것이라는 것을 쉽게 판단할 수가 있을 텐데, 그 이유는 그는 바로 이래서 정보전달체로서의 언어의 능력은 지금의 것처럼 대단할 수 있기도 하고, 또한 언어가 수학이나 논리기호와는 다르게 애매성과 주관성이라는 결점을 지니고 있는 체계로 굳어지게 되었을 것이라는 것을 어렵지 않게 추리할 수 있기 때문이다. 간단히 말해서 인간언어의 특성이 바로 이것에서 비롯되는 것이다.

그런데 다의성의 현상을 구체적으로 살펴보게 되면 이런 판단이 잘못된 것이 아니라는 것이 쉽게 실증이 된다. 인간 언어의 특성 중 으뜸이 되는 것으로 최소의 노력으로 최대의 효과를 낸다는 경제성의 특성을 내세울 수가 있는데, 따지고 볼 것 같으면 어휘의 다의성만큼 이런 특성의 실현에 이바지하고 있는 것도 없다. 어휘는 크게 보아서 세 가지 방식으로 이런 기여를 하고 있는데, 그중 첫 번째 것은 하나의 어휘가 하나 이상의 품사, 즉 문법적 역할을 담당하는 말로서 쓰이는 것이다. 예컨대 영한사전에 따르자면 영어의 「open」은 형용사와 타동사, 자동사, 명사 등의 네 가지 품사로 쓰이고 있는가 하면, 「read」는 타동사와 자동사, 명사 등의 세 가지 품사로 쓰이고 있는데, 이것은 곧 이들은 아래에서처럼 각각 네 개와 세 개의 단어의 기능을 수행하고 있다는 의미가 될 수 있다.

<open> The show will be open till next Saturday.(쇼는 다음 토요일까지 공연된다.) <형용사>

He opened his mind to his friend.(그는 친구에게 마음을 열었

다.) <타동사>

The door won't open.(그 문은 도무지 열리지 않는다.) <자동사>

We slept in the open.(우리는 노숙을 했다.) <명사>

<read> He can read French.(그는 프랑스어를 읽을 줄 안다.) <타동사>

This book reads interesting.(이 책은 재미있다.) <자동사>

We had a short read.(우리는 잠시 동안 책을 읽었다.) <명사>

그중 두 번째 것은 하나의 명사로써 하나의 명제나 사건의 의미를 나타내게 하는 것이다. Pustejovsky는 일찍이 다의성이라는 개념을 최대로 넓은 의미로 해석하게 되면 그것의 형태는 크게 심층 의미형과 통사적 변이형, 점 대상형 등의 세 가지로 나뉘어질 수 있다고 내세운 바가 있는데, 그가 말하는 심층 의미형이 바로 이런 다의성에 해당하는 경우이다. 그는 이런 경우의 예로서 「Mary began the novel.」이라는 문장으로써 「Mary began to read the book.」이나 「Mary began reading the novel.」과 같은 문장의 의미를 나타내는 것과, 「Bill saw John.」이라는 문장으로써 「Bill saw John leave.」이나 「Bill saw John leaving.」과 같은 문장의 의미를 나타내는 것 등을 제시하고 있다.(Ibid, p.99)

그런데 그는 세 번째 형태인 점 대상형에 대해서도 전통적인 견해와 크게 다른 견해를 나타내고 있어서, 결과적으로는 이것도 심층 의미형의 일종으로 간주될 수 있는 여지를 남겨놓았다. 전통적으로 이것은 하나의 어휘 항목 밑에 여러 개의 의미가 나열되어 있는 현상 즉 「규칙적 다의성」의 현상을 가리키는 말이었는데 반하여, 그는 이것을 선택적 문맥에 의하여 상이한 의미를 나타내는 현상을 가리키는 말로 쓰고 있다. 그는 「Mary carried the book home.」과 「Mary doesn't agree with the book.」에서의 「book」의 의미가 전자는 물체를 가리키는데 반하여 후자는 그 내용을 가리키는 식으로 서로 다른 것은 문맥적 차이 때문이라고 설명하고 있다. 이런 식으로 해석을 할 것 같으면 「I read Shakespeare.」나 「He enjoyed Mozart.」등에서의 고유명사의 의미도 각각 그의 작품이나 음악을 가리키고 있으니까 이들도 점 대상형 다의어에 집어넣을 수 있다.(Ibid, p.100)

그중 세 번째 것은 하나의 어휘가 하나 이상의 의미로 쓰이게 되는 것으로서, 이것이 바로 일반적이거나 좁은 의미에서의 다의성의 특징이다. 이론상으로 따지자면 한 어휘의 기능의 크기는 그것이 나타내는 의미의 가짓수와 정비례하게 되어있으니까, 인간 언어가 지금의 것처럼 고효율적인 체계일 수 있는 것은 이 특징 때문이라고 볼 수가 있다. 이와 관련하여 특기할 사항은 이 특징은 사용 빈도가 높은 기본적인 어휘들에게서 발견될 수 있는 것이라는 사실이다. 예컨대 영어의 경우 「reduce(줄이다)」라는 동사에는 타동사로서의 13가지 의미와 자동사로서의 4가지 의미 등 모두 17가지의 의미가 있는데 반하여, 「referent(대상)」이라는 명사에는 명사로서의 한가지와 형용사로서의 한 가지 등 모두 두 가지 의미가 있을 뿐이다.

다의성의 문제와 관련하여 또 한 가지 특기할 사실은 한 어휘의 의미가 여러 개라고 해서 그들이 기능상으로 똑같은 자격을 가지고 있는 것은 아니라는 점이다. 한 어휘의 의미는 크게 기능적 부하량이 큰 한두 가지의 기본적인 것과 그것이 적은 여러 가지의 응용적인 것으로 나뉠 수가 있는데, 일반적으로 사전에서는 이런 구분이 항목의 순서에 의해서 이루어지고 있다. 이런 식의 구분은 물론 일차적으로는 품사의 차원에서도 이루어지고 있다. 정확히 말하자면 그러니까 한 어휘의 품사에도 기본적인 것과 응용적인 것이 있는 것이다. 너무나 당연한 현상인지 몰라도 일반적으로 기본적인 품사 밑에 가장 많은 수의 의미 항목들이 나열되어 있다.

이 점에 관한 구체적인 예를 살펴볼 것 같으면 「open」의 경우, 먼저 형용사적 의미로는 「열린」을 비롯한 모두 20가지가 열거되어있고, 그 다음으로 타동사적 의미로는 「열다」를 위시한 모두 11가지가 열거되어 있으며, 세 번째로 자동사적 의미로는 「열리다」를 비롯한 모두 10가지가 열거되어 있으며, 마지막으로 명사적 의미로는 「빈 터」를 비롯한 모두 2가지가 열거되어있다. 그런데 사실은 이 단어의 다의성의 정도는 이 보다 훨씬 더 심각하다. 예컨대 미국에서 일종의 학술적 사전으로 쓰이고 있는 「랜덤 하우스 영어사전(The Random House Dictionary of the English Language)」에서는 이것의 네 개 품사에 걸친 의미의 총 수가 88가지에 이르고 있으니까, 영한사전에 열거되어 있는 총 43가지의 의미는 그것의 절반에 불과한 것이다. 또한 고대 영어 때 형용사로 쓰인 「opan」이 이것의 원형이었다는 사실로 미루어 보아서, 이것의 다의성은 결국에 일종의 천여 년에 걸친 역사적 발달의 결과물임을 익히 짐작할 수 있다.

그런데 그동안에 의미론자들은 어휘적 다의성의 현상을 순기능적인 측면이 아니라 역기능적인 측면에서도 검토해왔는데, 그 이유는 아마도 그들은 어떤 특성의 진짜 모습은 그것의 문제점을 통해서 가장 쉽게 밝혀질 수 있다고 판단했기 때문이었을 것이다. 이런 문제점에는 크게 두 가지가 있는데 그중 첫 번째 것은 동음어를 다의어의 한 항목으로 포함시킬 것인가 아니면 하나의 별도의 어휘로 독립시킬 것인가의 문제이다. 발음은 같으면서 의미가 서로 다른 두 어휘가 쓰이게 되는 것은 어휘의 수가 증가되는 것은 역사적 누적의 과정을 통해서이기 때문이다. 따라서 이것은 곧 왜 어휘적 의미론에서는 공시적인 접근법 이외에 통시적인 접근법도 필요한가에 대한 좋은 증거가 될 수 있다. Koskela와 Murphy는 대표적인 동음어의 예로서 「문신」이란 의미를 가진 「$tattoo^1$」와 「귀영나팔」이란 의미를 가진 「$tattoo^2$」를 들고 있는데, 사실은 영어에서는 「조랑말」이란 의

미를 가진 「tattoo³」도 쓰이고 있다.(Koskela and Murphy, 2006, p.711)

이들에 관한 사실 중 무엇보다도 중요한 것은 물론 이들은 모두가 외래어라는 점이다. 첫 번째 것은 폴리네시아어의 「ta-tau」가 차용된 후 변형된 것이고, 두 번째 것은 네덜란드어의 「taptoe」가 차용된 후 변형된 것이며, 세 번째 것은 인도어의 「tattoo」가 그대로 차용된 것이다. 또한 차용의 시기가 각각이라는 것을 알리기 위해서 이들에게 번호를 붙이는 것이 관례이어서, 사전에서는 보통 16세기경에 차용된 「귀영나팔」이라는 의미의 것을 1번으로 치고, 18세기경에 차용된 「문신」이라는 의미의 것을 2번으로 치며, 그 후에 차용된 「조랑말」이라는 의미의 것을 3번으로 치고 있다. 그러니까 무슨 이유에서인지 Koskela와 Murphy의 논문에서는 이런 관례가 지켜지지 않고 있는 것이다. 이것 하나만을 보아도 동음어와 다의어의 관계를 제대로 밝히는 일이 얼마나 복잡한 일인가 하는 것을 쉽게 짐작할 수 있다.

그중 두 번째 것은 언어적 중의성의 문제이다. 논리적으로 보았을 때 하나의 어휘는 한 문장이나 표현의 구성체로서 하나의 의미만을 으레 나타내게 되어있기 때문에 한 어휘가 하나 이상의 의미를 가지고 있다는 것은 한 문장이나 표현의 의미를 밝히는 데 방해가 될 것이 뻔하다. 그래서 일찍부터 어휘적 다의성의 문제는 논리학이나 명제적 의미론에서 제일 먼저 해결해야 할 과제로 부각되었다. 중의성의 현상은 크게 어휘적인 것과 통사적인 것으로 나뉘어질 수가 있는데, 논리학자나 언어학자들은 으레 이 중에서 어휘적인 것을 더 기본적인 것으로 본 것이다.

그런데 이들의 호들갑과는 다르게 실제에 있어서는 대부분의 어휘적 중의성의 문제는 문맥적 장치에 의해서 이미 해결되어 있는 것들이다. 우선 중의성에 대한 정의 자체가 사람에 따라 다르다. 예컨대 Pustejovsky는 한 어휘의 의미간의 관계는 자의적일수도 있는가 하면 반대로 논리적

일 수도 있어서 전자의 경우는 동음어에서 으레 발견되게 되는데 반하여 후자의 경우는 으레 다의어에서 발견된다고 주장함으로써 결국에는 중의성을 오직 동음어에만 있는 특성으로 보아야 한다는 특이한 이론을 내세우게 되었다. 그는 그러니까 중의성과 다의성을 한 짝의 대립적 특성으로 잡은 것인데, 그것은 그가 아래와 같은 예문들을 동음어 즉 중의성의 예문으로 제시하고 있다는 사실로써 익히 알 수가 있다.(Pustejovsky, 2006, p.99)

(1) Mary walked along the bank of the river.
(메리는 강둑을 따라 걸었다.)
Bank of America is the largest bank in the city.
(아메리카 은행은 그 도시에서 제일 큰 은행이다.)

(2) Drop me a line when you are in Boston.
(보스턴에 있을 때 편지 한 장 보내주어)
We built a fence along the property line.
(우리는 토지선에 따라서 울타리를 세웠다.)

이상의 예를 보면 우선 그의 중의성과 다의성에 대한 견해가 일반적인 것과는 정반대적인 성격의 것이라는 것을 즉각 알 수가 있다. 그는 이들을 통해서 모든 동음어는 의미간의 관계가 자의적인 어휘 곧 중의어라는 사실을 익히 확인할 수 있다고 주장하고 있는데, 이런 주장은 그동안의 일반적인 설명법과는 정반대적인 것이다. 여기에 나오는 「bank」나 「line」과 같은 어휘들이 중의어인 것은 그들이 동음어이기 때문이 아니라 다의어이기 때문이라는 것이 그동안의 일반적인 설명법이었다. 그 다음으로 그의 의도와는 다르게 이들은 중의성의 문제를 문제로 삼는 것 자체가 부질

없는 일일 수 있다는 것을 증거하고 있다고 볼 수도 있다. 간단히 말해서 이들 예문들은 하나의 어휘는 일정한 문맥 안에서 쓰이게 되어 있는 한 그것의 의미 중 어느 것이 선택되어야 할 것인가는 이미 결정된 것이나 다름이 없다는 것을 보여주고 있는 것이다. 예컨대 정상적인 사람이라면 첫 번째 예에서 「bank of America」를 「아메리카 둑」으로 이해할 리가 없을 것이고, 두 번째 예에서 「property line」을 「토지에 대한 편지」로 이해할 리가 없을 것이다.

2) 조직성

어휘적 의미에서 찾을 수 있는 두 번째 특성은 조직성이다. 우선 이론상 일정한 수의 구성 단위들이 상호 간에 조직성을 유지하고 있다는 것은 그들이 속해있는 기구의 큰 장점이 될 것이라는 것을 의심할 여지가 없다. 또한 언어와 같은 고효율적인 기구의 기초 부위인 어휘부가 일정한 조직성을 지니고 있다는 것은 일종의 당연지사처럼 여겨질 수도 있다. 그리고 누구나가 자기가 가지고 있는 어휘적 지식이나 상식만 가지고도 어휘적 의미들은 제멋대로 흩어져 있는 것이 아니라 일정한 원리에 따라서 하나의 조직체를 이루고 있을 것이라는 것을 익히 추리할 수 있을 것이다. 아마도 그는 이런 추리작업에 「sad(슬픈)」는 「glad(기쁜)」의 반의어라는 지식이나, 「desk(책상)」는 「furniture(가구)」의 하위어라는 지식 등을 동원할 것이다.

그러나 다른 특성과 마찬가지로 이 특성도 어휘 의미론의 쟁점거리가 될 만한 문제점들을 지니고 있는데, 이런 의미로 보았을 때 이 특성의 제일 두드러진 특징은 바로 여기에서의 조직성은 생각만큼 엄격한 개념일 수는 없다는 점일 것이다. 이 말은 곧 어휘적 의미의 조직성을 연구하다 보면 그것의 비조직성이 더 크게 드러나게 되어있다는 말로 풀이될 수가 있을 텐데, 그동안의 어휘 의미론에서의 이 특성과 관련된 연구결과들이 이 말이 크게 틀린 말이 아니라는 것을 익히 실증하고 있다.

이 특성과 관련된 의미이론 중 첫 번째 것은 20세기 초에 Trier가 제창한 「어휘적 장 이론」인데, 의미적 영역별로 어휘들은 하나의 장, 즉 조직체를 이루고 있다는 발상법은 현대적 과학주의나 언어학적 사상과 맞아떨어지는 것이었기에 이것은 의미론이 역사언어학적 구각에서 벗어나서 현대적 학문의 일종으로 자리매김하는 데 견인차적인 역할을 수행하게 되었다. 그러나 어휘적 장들이 모자이크의 형태를 이루고 있는 것이 바로 어휘조직이라는 그의 주장이 언어적 사실과 맞지 않는다는 것을 알게 되는 데는 얼마 걸리지 않았다. 예컨대 그의 생각과는 다르게 어휘적 모자이크에는 비어있는 조각들이 적지 않게 있었고, 모자이크의 각 조각들, 즉 의미적 장간의 구획을 확실하게 그을 수 있는 것도 아니었다. 그의 이론은 결국에 어휘적 의미의 조직성은 과학적 조직성처럼 완벽한 것이 아니라는 것만을 드러내고 말았다.

이 특성과 관련된 의미이론 중 두 번째 것은 「성분분석 이론」이라고 볼 수가 있는데, 그 이유는 이것은 결국에 어휘적 의미를 구성 성분으로 일단 세분하게 되면 한 장내에 있는 어휘들 간의 연관성이나 차별성이 제대로 밝혀지게 되는데, 이것은 곧 Trier의 어휘적 장이론을 한 단계 격상시키는 방법이 될 수 있다는 발상법에서 출발된 것이기 때문이다. 물론 성분 분석법은 화학과 같은 자연과학에서 그것의 타당성과 고효율성이 이미 확인된 연구방법이라고 볼 수가 있다. 그렇지만 변별적 자질이론과 같은 새로운 의미이론을 탄생시키는 데 주역이 되었음에도 불구하고 의미연구에 있어서의 그것의 타당성과 고효율성은 아직도 검토 중인 것이나 다름이 없다.

Geeraerts(1994)의 분석에 따르자면 이 접근법이 당면하고 있는 문제점에는 크게 두 가지가 있는데, 그중 첫 번째 것은 어떤 것을 기본적 의미자질이나 표지로 보느냐에 관한 것이었다. 우선 그동안에 자주 쓰이던 2항적 자질 분석법의 한계성이 드러나게 되면서 다항적 자질 분석법의 도입이 필요하게 되었다. 또한 일부 어휘적 의미의 경우 기본적 자질과 복합적 자질간의 구분이 어려워서 분해의 절차를 어디서 멈출 것인가가 문제가 될 수 있었다. 그중 두 번째 것은 인지 의미론이나 심리언어학 등의 등장과 함께 어휘적 의미는 작게 세분할수록 실체가 더 잘 드러나게 되어 있다는 식의 성분분석이론의 대전제 자체가 재검토되기 시작했다는 점이다. 예컨대 하나의 의미나 개념은 온전한 것일 때만 일정한 심리적 실체를 가지고 있는 것이지, 그것이 분해가 되면 그 실체는 더 이상 존재하지 않는 것이었다. 결론적으로 말해서 성분 분석이론의 출현으로 어휘적 의미의 조직성이 완전무결한 것은 아니라는 사실만 더 부각이 되었다.(Geeraerts 1994(b), p.649)

성분 분석이론에 이어서 세 번째의 주된 의미이론으로 등장한 것이 바로 「구조 의미론」인데, 따지고 보자면 이것도 사실은 의미론자들의 언어적 의미의 조직성을 밝히려는 노력의 한 결실이었다. 두 번째 이론과 비교했을 때 겉으로 우선 차이가 나는 점은 두 번째 이론에 대한 연구는 Pottier와 Coseriu, Greimas와 같은 프랑스 학자들에 의해서 이루어졌는데 반하여, 이 이론에 대한 것은 Lyons와 Cruse와 같은 영국학자들에 의해서 이루어지게 되었다는 사실일는지 모른다. 그러나 구조 의미론이라는 새로운 이름을 내걸게 되었다는 사실이 익히 뒷받침하고 있듯이 이 이론에서는 의미조직의 조직성을 밝히는 데 색다른 접근법을 쓰게 된 점이 그들간의 진짜 차이점일 것이다.

구조라는 말은 현대 언어학에서 빌려왔는지 모르지만 그것이 가리키는 구체적인 내용은 전혀 달랐다. 한마디로 말해서 이것에서는 어휘적 의미간의 차이나 대립관계는 의미의 성분적 차이에 의해서가 아니라 그것 자체에 의해서 드러나게 되어있다고 본 것인데, 처음에 Lyons는 동의어와 반의어라는 두 가지 관계를 구명하는 것을 연구 주제로 삼았고, 그 다음에 Cruse는 하위어와 상위어 간의 관계를 중심으로 한 분류학적 조직표의 작성을 그것으로 삼았다. 그러나 이 이론도 역시 어휘적 의미의 조직성은 자연 세계에서의 그것과는 적지 않게 다르다는 사실만을 드러냈다.

예컨대 Lyons는 이른바 「다면적 반의어 현상, 즉 반의적 관계가 두 단어 간에서만 있을 수 있는 것이 아니라 여러 단어 간에서도 있을 수 있다.」는 사실을 발견하게 되면서 그의 초기의 이론은 다분히 가설적인 것임을 깨닫게 되었다. 또한 Cruse의 분류학적 접근법도 그와 유사한 운명에 처하게 되었는데, 이것에서는 한 언어의 어휘적 의미조직은 반드시 언어사용자 개인의 백과사전적 지식과 대응관계를 유지하고 있는 것은 아니라는 사실을 해결 할 방책을 찾을 수가 없었다. 그의 의미이론은 그동안에 1986년의 「어휘 의미론(Lexical Semantics)」에서 내세웠던 것은 일종의 분류학적인 것이었는데, 2011년의 「언어의 의미(Meaning in Language)」에서의 것은 일종의 인지언어학적인 것으로 바뀌게 되는 식으로 큰 변화를 겪었다.

이 특성의 참모습을 밝히려는 노력은 당연히 컴퓨터 공학적인 방법을 이용하는 쪽으로도 전개가 되었는데, 1986년에 프린스턴 대학교에서 만들어낸 「프린스턴 어휘넷(The Princeton WordNet)」이 바로 그런 노력의 결과물이었다. 물론 이것에서는 81,000개의 명사 항목과 13,600개의 동사 항목, 19,000개의 형용사 항목, 3,600개의 부사 항목 등의 방대한 양의 어휘들이 동의어, 반의어, 구체어, 부분어 등의 네 가지 관계성에 의해서 조직되어 있으니까 일단 이로써 그들이 컴퓨터를 이용하지 않고는 쉽게 할 수 없는 거대한 「데이터베이스」 작업을 구축해 낸 것은 틀림없는 사실이다.

그러나 누구도 이로써 어휘적 의미조직의 구조성이나 조직성의 참모습을 알 수 있게 되었다고 주장할 수는 없는데, 그 이유는 그동안에 Lyons나 Cruse가 해결하지 못하고 남겨두었던 문제점들은 그대로 이것에서도 남겨져 있기 때문이다. 이 「어휘넷」의 한계성을 단적으로 드러내주는 말이 Fellbaum의 「run과 같은 다의어들의 수십 가지의 의미들은 예리하게 구별이 가능한 것이 아니어서, 표준적 사전들에 나와 있는 다양한 항목들은 합의된 목록을 만드는 일은 불가능한 일이라는 것을 말해주고 있다. 어휘넷의 의미들은 대학생용 사전의 그것보다 더 정교하지 않다.」와 같은 말이다. 간단히 말해서 이것에서는 통사적 정보와 화용적 정보가 배제되어 있으니까, 이것에서 다루어지고 있는 것을 의미조직의 전부로 볼 수는 없는 것이다.(Fellbaum, 2009, p.1049)

3) 객관성 대 주관성

어휘적 의미에는 객관적인 것 이외에 주관적인 것도 있기 때문에 어디까지를 의미 연구의 정당한 대상을 삼을 것인가가 언제나 어휘 의미론자들이 마지막에 가서 던져야 할 질문이 된다. 그런데 사실은 그동안의 의미론의 발전과정으로 보았을 때는 이 질문에 대한 대답은 이미 나와 있는 것이나 다름이 없는데, 이들 두 의미를 일단 개념적인 의미와 심리적인 의미로 보게 되면 의미 연구의 주된 대상이 될 수 있는 것은 역시 앞의 것뿐이라는 것이 바로 그것이다.

이런 공통된 입장은 일찍이 Frege(1848)가 「의미(Sinn)」와 「지시(Bedeutung)」를 일단 구별한 다음에 전자에 관해서 「여러 사람의 머릿속에 있는 의미들은 질적 유사성을 가지고 있기에 의사소통이 가능하다.」와 같은 말을 한 사실이나, 그 후에 Leech(1974)가 의미를 크게 개념적 의미와 연상적 의미, 주제적 의미 등의 세 가지로 나누고서, 이들 중 기본이 되는 것은 첫 번째 것이라고 주장한 사실 등을 통해서 익히 확인될 수가 있다. 또한 따지고 볼 것 같으면 만약에 그동안에 의미론자들 간에 개념적 의미가 곧 언어적 의미의 전부라는 합의가 없었더라면 형식 의미론이 진리조건적 의미론이나 모형이론적 의미론, 가능세계의미론 등의 형태로 발전되지도 못했을 것이다.

또한 어휘적 의미를 이런 식으로 양분하여 차별화한다는 것은 곧 그것을 공통적인 것과 개인적인 것으로 대별하여 차별화한다는 의미로도 해석이 될 테니까 지금까지의 어휘 의미론의 전통이 결코 비정상적인 것이 아니었음이 분명해진다. 상식적으로 판단해 본다고 해도 언어는 공공적인 기구임과 동시에 개인적인 기구임이 분명하다. 그러나 형식이 되었든 의미가 되었든 간에 언어학은 그동안에 공통적인 부분에 앞서서 개인적 특성이나 차이를 연구의 대상으로 삼은 적이 없었다. 그런데 문제는 이런 양분법은 일종의 허구적인 것이거나 편의주의적인 것에 불과한 것이어서 실제에 있어서는 이런 발상법이 어휘적 의미연구에 도움이 아니라 오히려 방해가 될 가능성도 있다는 데 있다.

아마도 지금으로서 가장 쉽게 이런 문제성을 확인할 수 있는 방법은 개념적 의미가 과연 객관적인 것일 수 있는가를 검토해 보는 것일 것이다. 결론부터 말할 것 같으면 개념적 의미는 기껏해야 상대적인 의미에서만 객관적인 것으로 볼 수가 있는데, 이런 결론의 가장 확실한 근거가 될 수 있는 것이 바로 그동안에 철학계와 심리학계에서 있었던 개념에 대한 논쟁의 결과이다. 최근에 Margolis와 Laurence(2009)가 연구한 바에 의할 것 같으면 개념은 인간의 지식의 기본이 되는 것이어서 그런지 학문이 시작될 당시부터 오늘에 이르기까지 이른바 고전적 이론으로부터 개념적 원자 이론에 이르는 식으로 모두 네 가지의 개념이론이 탄생되었던 것인데, 이들 중 문제점이 없는 것은 하나도 없었다.(Margolis and Laurence,

2009)

개념이론이란 쉽게 말해서 공유성을 지식이나 개념의 더 이상 논의거리가 될 수 없는 제일 기본적인 특성으로 내세우려는 이론이다. 그런데 역설적으로 지금까지 제안된 것 중에서는 논의거리가 되지 않는 것은 하나도 없다. 예컨대 모두 네 가지의 이론 중 가장 기본이 되고 있는 「고전적 이론」부터가 비평으로부터 자유롭지 못하다. 한 개념의 내용이나 의미는 으레 그것에 대한 하나의 정의로써 밝혀질 수 있다는 생각은 직관적으로는 매우 매력적인 것이었음에도 불구하고 실제에 있어선 일종의 가정적인 것에 지나지 않았다. 이 이론에서는 하나의 개념이나 지식을 획득함에 있어서 모든 어린이는 동일한 범주화 절차나 아니면 학습절차를 밟게 되어 있다는 것과, 하나의 개념이나 지식의 지시물은 동일한 하위적 자질들로 이루어져 있다는 것, 의미나 개념적 자질에는 으레 원형적인 것이 따로 있다는 것 등을 기본적인 전제로 삼았었다. 그러나 Margolis와 Laurence의 말을 그대로 빌릴 것 같으면 1951년에 Quine이 분석 대 통합식의 구별법을 신랄하게 비판하고 나서자 「많은 철학자들은 정의를 내리는 문제는 극복이 될 수 없는 것」이라고 생각하게 되었다.(Ibid, p.120)

고전적 이론의 한계성이 드러나자 그것에 대한 하나의 대안으로 등장한 것이 바로 두 번째인 「개연성의 이론」인데, 이것의 불완전성이 드러나는 데도 그다지 오랜 시일이 소요되지 않았다. 간단히 말해서 이것은 일찍이 Rosche 등이 제창한 전형성 이론을 약간 다른 이름으로 부른 것으로서, 하나의 범주에 속하는 개념들은 동일하게 정의 될 수 있을 만큼 모두 동질적인 것이 아니라, 전형성이 제일 큰 것으로부터 그것이 제일 작은 것에 이르는 식으로 나열이 될 수 있을 정도로 상호유사적인 것에 불과하다는 것이 이것의 요지이다. 일찍이 Wittgenstein은 이런 유사성을 가족적 유사성이라고 부른 바가 있다. 그러나 궁극적으로는 이것도 일종의 성분

분석적인 이론에 지나지 않는 것이기에 하나의 개념을 일단 몇 개의 구성적 자질로 분할하게 되면 그것을 더 이상 개념일 수 없다는 비평 앞에 무력할 수밖에 없었다.

세 번째인 「이론 이론」은 개연성의 이론에 대한 하나의 반론으로 제안된 것인데, 범주화 절차는 기계적인 것이 아니라 숙려적인 인지철차로서 구체적으로는 일종의 원인 설명적 추리절차라는 것이 이것의 요지이다. 개념의 중요성을 강조하는 데 있어서는 물론 이름 그대로 하나의 개념을 갖게 되는 절차는 하나의 과학적 이론을 발견하게 되는 절차만큼 창조적인 것이라는 주장만큼 그럴 듯한 것은 없다. 그렇지만 이 이론에 따르자면 「사람들은 서로 다른 신념들을 가지고 있는 탓에 결국에는 서로 다른 이론들을 발견하게」 되며, 따라서 사람들이 가지고 있는 개념들에서는 공유성이라는 가장 기본적인 특성이 없어지게 된다.(Ibid, p.121)

네 번째인 「개념적 원자이론」은 어휘적 성분이나 개념은 하위적 성분이나 자질들의 구조체로 볼 것이 아니라 하나의 의미적 원소로 보아야 한다는 이론인데, 이것의 첫 번째 문제점은 어린이들은 부분적 내지는 단계적으로 개념을 학습한다는 사실과 정면으로 상충된다는 점이었다. 그뿐만 아니라 이것에서 해결해야 할 과제는 개념과 지시물이나 대상 간에 명석한 관계를 설정하는 일이나, 원초적 개념의 종류나 수를 결정하는 일과 같이 대단히 본질적이고 복잡한 과제이다. 그럼에도 불구하고 일부 심리학자들이 이 이론을 내세우게 된 이유는 「오직 이것만이 어째서 개인들의 심리적 성향은 서로 적지 않게 상이한데도 그들은 공통된 개념을 갖게 되는가?」에 대한 대답이 될 수 있기 때문이다.(Ibid, p.122)

결국 이 마지막 이론의 가치는 이것이 과연 고전적 개념 이론에 대한 여러 가지 반론들을 잠재우는 데 성공한 이론으로 평가 받을 수 있느냐라는 질문에 의해서 결정되게 되어있는데, 안타깝게도 이 질문에 대한 대답은 부정적인 것이다. Elbourne(2011)의 말을 그대로 빌리자면 「Plato 이래 2400여년의 노력에도 불구하고 어느 단어의 정의도 정확히 내려지지 않은」 것이 지금의 언어연구의 현실인 것이다.(예: 지식, 진리, 정의, 의미) 그런데 따지고 보자면 비유적으로 말해서 그동안의 노력은 「산 너머에 있는 무지개의 실체」를 찾으려는 노력 같은 것이었다고 볼 수가 있는데, 그 이유는 그동안의 노력은 최소한 개념적 의미만은 객관적인 것이라는 믿음 밑에서 이루어진 것이었는데, 실제에 있어서는 그 믿음은 일종의 착각에 지나지 않은 것이었기 때문이다. 간단히 말해서 각 개인의 지식이 그렇듯이 그의 언어적 개념도 객관적인 면만 가지고 있는 것이 아니라 주관적인 면도 지니고 있는 것이다.(Elbourne, 2011, p.1)

또한 일반적으로 정서나 심리적 의미는 다분히 주관적인 것이라는 고정관념을 가지고 있는데, 그것의 실체를 일단 깊이 있게 분석해 볼 것 같으면 이것도 잘못된 것임을 쉽게 확인할 수가 있다. 간단히 말해서 그동안에는 대부분 학자들이 이런 의미를 개념적 의미에 대한 대립적인 의미로 보려는 발상법을 심도 있는 성찰도 없이 가져왔던 것인데, 실제에 있어서는 이런 관행이 잘못된 것이라는 것은 두 사람 간의 의사소통의 성패는 서로가 상대방의 태도나 의도를 제대로 파악할 수 있느냐에 의해서 결정된다는 일부 의미론자들이 최근에 와서 하고 있는 주장을 곱씹어 봄으로써 익히 알 수가 있다.

이런 주장의 한 가지로 볼 수 있는 것이 Evans(2006)의 진화론적인 입장에서의 의미론의 발달과정이다. 그의 견해에 따를 것 같으면 인간이 의미적 구조를 갖게 되기 전에 적어도 두 가지의 비언어적 능력의 발달이 그것의 바탕을 마련해주었는데, 그중 한 가지는 의도적으로 움직일 수 있는 수준까지의 운동 능력의 발달이고, 다른 한 가지는 의도 판독 기능의 발달이다. Tomasello는 일찍이 어린이들은 언어를 쓰기 이전에 자기 스스로를 하나의 의도적 행위자로 인식하는 단계와, 다른 사람들은 자기와 다른 의도를 가질 수도 있다는 것을 깨닫는 단계, 즉 「마음의 이론」을 갖게 되는 단계를 거치게 된다고 보았는데, 그가 보기에는 인간 언어의 진화과정도 이것과 다를 리가 없었다.(Evans, 2006, p.289)

그런데 따지고 보자면 이들 두 능력에 대한 설명은 크게 두 가지 의미에서 정서나 심리적 의미의 객관성을 강조하고 있는 것이라고 볼 수가 있다. 첫 번째로 이것을 통해서 우리는 의사소통은 언어만으로 하게 되어있는 것이 아니라 온몸으로 하게 되어있는 것이라는 사실을 다시 한번 확인 할 수가 있다. 의도를 표시하는 데는 원래부터 몸짓이나 표정 같은 비언어적 수단과 심리나 감정을 언어를 통해서 표출하는 방법 등이 기본으로 쓰였던 것이다. 그런데 이런 수단이나 방법이 의사소통에 쓰였다는 것은 그것에는 일정한 수준의 객관성이 있었다는 것을 말해주고 있다고 볼 수가 있는데, 그 이유는 만약에 그렇지 못했다면, 다시 말해서 이런 수단에 의해서 표출되는 의미가 전적으로 주관적인 것이었다면, 결국에는 서로가 상대방의 몸짓언어나 감정의 의미를 제대로 파악할 수 없게 되어서 정상적인 의사소통 활동은 보장되지 못하게 될 것이기 때문이다.

두 번째로 마음의 이론이라고 이름 붙여진 상대방의 의도를 읽을 수 있는 능력은 자기 자신의 정신작용에 대한 내적 성찰에 의해서 기본적으로는 상대방도 자기처럼 생각하거나 느낄 것이라는 것을 상정함으로써 생기게 되는 능력인데, 바로 이런 상정의 기저가 되는 것이 정서나 심리적 의미의 공감성이나 객관성이다. 이것의 가장 대표적인 근거가 될 수 있는 것이 어린이들은 일찍부터 「합동적 주의 틀」을 만들 수 있게 된다는 사실이다. Tomasello(1999)의 연구에 따르자면 어린이들은 주의를 환기하는 수단으로 손가락질을 하게 되는데, 무엇보다도 중요한 사실은 한 어린이의 손가락질은 으레 다른 어린이의 주의를 유발시키게 된다는 사실이었

다.(Ibid, p.289)

물론 아직은 정서나 심리적 의미를 정상적인 기술의 대상으로 삼지 않고 있는 마당에 그것에는 일정한 수준의 객관성이 존재할 것이라는 주장을 내놓는 것 자체가 비과학적인 일일는지도 모른다. 그런 의미는 으레 주관적이고 개인적인 것이기에 기술의 대상이 될 수 없다고 주장해야 그동안의 개념적 의미 중심의 관행이 합리화되는 것이다. 그렇지만 이런 관행은 의미론이 앞으로 제대로 발전하려면 어떤 방향으로 나가야 할 것인가에 대한 출발점이 되어야 되지, 그것 이상의 것이 되어서는 안 된다. 다시 말해서 정서나 심리적 의미는 어디까지 객관화할 수 있는가가 앞으로 의미론자들이 논의해야 할 중요한 의제의 한 가지가 될 것이다.

4) 변화성

언어의 가장 중요한 특징의 한 가지가 바로 그것은 한시도 쉬지 않고서 바뀌고 있는 것이어서 지금의 그것은 결국 지난날에 있었던 긴 변화나 발달과정의 결과물이라는 점인데, 지금까지의 역사나 비교언어학적 연구의 업적이 익히 말해주고 있듯이 그것의 실상을 밝히고서 그것에 관한 이론을 세우는 일은 그렇게 간단한 일이 아니다. 지난날의 역사나 비교언어학의 양태는 이것은 엄밀하게 따지자면 언어학적 탐구욕에 의해서가 아니라 오히려 역사나 문화와 같은 인문학적 호기심에 의해서 유발될 수 있는 것이라는 사실을 익히 드러냈는데, 바로 이 점이 Saussure에게는 일찍이 오직 공시적 언어연구만이 진정한 의미에서의 과학적 언어연구가 될 수 있다고 주장할 수 있는 빌미가 되었던 것이다.

그렇지만 그의 책의 내용은 물론이요 그의 학문적 성장과정 자체가 우리에게 역설적으로 가르쳐주고 있는 것은 언어연구에는 공시적인 것만 있는 것이 아니라 통시적인 것도 있는데, 이들 두 가지는 본질적으로 서로 상이한 학술이라는 사실이다. 그러니까 언어의 실체는 결국에 공시적인 연구로 얻어진 것과 통시적인 연구로 얻어진 것을 하나로 합친 것이라고 볼 수가 있는데, 지금으로 보아서는 언어 연구의 과학화라는 미명 아래 공시적 언어학의 발전에만 모두가 매몰되어 있으면서 통시적 언어학은 거의 방기된 상태에 머물러 있는 것이 언어학 연구의 현황이기에 과연 언제쯤에 이런 궁극적인 목적이 달성될 수 있을는지에 대해서는 아무도 희망적인 관측을 할 수 없게 되어있다.

그런데 사실은 지금이라도 적어도 의미론의 영역에서만은 크게는 이들 두 가지 작업이 하나로 합쳐질 수 있는 현상이고, 작게는 공시적 이론을 발전시키는 데 통시적 사실들이 일정하게 기여하게 되는 현상이 일어날 수가 있다. 구체적으로 말할 것 같으면 현재까지의 것만으로도 의미변화에 대한 연구결과는 다음과 같은 세 가지 방법으로 의미이론의 발전에 적지 않게 기여하게 될 것으로 판단되는데, 사태가 이런 식으로 잘 진행이 된다면 이것이 바로 통시적 언어연구의 재활성화의 이유가 되어서 먼 뒷날에는 두 가지 언어연구가 서로 대등한 수준에서 병렬적으로 이루어질 수 있다고 희망할 수도 있는 것이다.

(가) 어휘적 의미의 특성 확인

물론 공시적 언어연구의 틀에 있어서는 변화성 자체가 어휘적 의미의 주요 특성의 한 가지로 간주될 수 있다. 그러나 일단 통시적인 틀과 공시적인 틀이 하나의 대칭적인 짝을 이루게 된다는 입장에서 볼 것 같으면 통시적인 연구를 통해서 얻은 지식, 즉 역사 의미론적 지식은 공시적인 연구를 통해서 얻은 지식에 대한 일종의 점검자의 역할을 수행할 수가 있다. 우선 의미론에서 어휘적 의미의 특성 중 제일 중요한 것으로 내세워지고 있는 것이 바로 다의성인데, 이것의 진짜 의미는 이것을 오랜 기간에 걸친 의미변화의 결과로 보았을 때만 알 수가 있다. 다시 말해서 어휘적 의미의 다의성은 오로지 역사의미론적 입장에서 검토했을 때만 그 특이성이 제대로 부각이 될 수 있는 것이다.

예컨대 동아의 영한사전에는 「show」의 의미로 타동사로서의 7가지와 자동사로서의 4가지, 명사로서의 8가지 등 모두 19가지가 나와 있는데, 이치상으로 판단을 한다고 해도 이 동사가 이런 식의 다의어가 되는 데는 일정한 기간에 걸쳐서의 점진적 누적 과정을 거쳤을 것이라는 것을 익히 추리할 수가 있다. 지금으로서 이런 추리에 대한 유일한 고증자료로 내세울 수 있는 것은 고대영어와 중세 영어 때 「보다」라는 의미를 나타내던 「showen」이나 「s(c)hewen」이라는 동사가 지금의 형태로 바뀌었는데, 이 당시에 이미 「s(c)hew(e)」라는 명사적 도출어도 쓰이고 있었다는 것 정도이다.

그러나 비록 역사상 단 한 번도 이런 작업이 정당한 역사의미론적 과제가 된 적이 없다손 치더라도, 이들 19가지의 의미들을 비교해보면 이들 간에는 아주 정밀한 유사성이 있다는 것을 쉽게 알 수가 있는데, 따지고 보자면 바로 이런 사실이야말로 이런 추리에 대한 가장 확실한 근거가 될 것이 분명하다. 또한 이것의 의미로 보아서 그 기능이 처음에는 타동사적이었던 것이 곧이어 그것에 자동사적인 것이 추가되었으며, 그 뒤에 가서 그것이 명사적 기능도 하게 되는 식으로 발전했을 것이라는 추측도 익히 할 수가 있다. 예를 들어 타동사로서의 이것의 의미에는 1) 「보이다」를 위시하여 2) 「출품하다」, 3) 「가르쳐 주다」, 4) 「안내하다」, 5) 「표시하다」, 6) 「나타내다」, 7) 「진술하다」 등이 있는데, 이들 간의 차이는 극단적으로는 무시해도 될 정도밖에 되지 않는다.

우리로 하여금 이 동사의 의미 간의 차이가 과연 이처럼 정교하게 구별할 가치가 있는 것인가를 의심하게 하는 것은 랜덤 하우스 영어사전에는 이것의 의미로 7가지의 두 배에 가까운 13가지가 열거되어있다는 사실이다. 구체적으로 말하자면 1) 「보이게 하다」를 위시하여 2) 「공연하다」, 3) 「가리키다」, 4) 「안내하다」, 5) 「설명하다」, 6) 「알려주다」, 7) 「증명하다」, 8) 「표시하다」, 9) 「전시하다」, 10) 「주장하다」, 11) 「제시하다」, 12) 「표출하다」, 13) 「베풀다」 등이 바로 그 13가지이다. 일단 앞에서 살펴본 7가지는 이것에 포함되어 있다고 전제한다면 나머지 6가지를 문제로 삼을 수 있을 텐데, 실제로 그렇게 생각할 사람은 거의 없다는 데 이 문제의 묘미성이 있다. 간단히 말해서 나머지 6가지의 의미라고 해서 기본적인 것과 특별히 다른 점이 없다는 것을 쉽게 알 수가 있는 한 문제가 될 리가 없는 것이다.

이렇게 이 동사의 의미분석을 하다보면 역사적 의미연구는 어휘적 의미의 또 하나의 주요 특성인 「용법성」의 타당성을 확인하는 데도 큰 도움이 될 수 있다는 것을 깨닫게 된다. 원래 어휘의 의미는 지시적인 것도 아니고 개념적인 것도 아니라는 각성에서 나온 것이 바로 용법이 곧 의미라는 용법이론이었다. 그런데 이 문제와 관련하여 무엇보다도 중요한 사실은 이들 중 어느 것이 제일 그럴싸한 이론인지에 대해서는 의견이 분분하지만, 적어도 용법이나 문맥이 의미를 결정짓는 데 중요한 요소로 작용한다는 데에 대해서는 그렇지가 않다는 사실이다.

그런데 따지고 볼 것 같으면 어휘적 의미의 용법성을 익히 인식하고 있던 사람들은 바로 사서 편찬자들이었다. 이들은 일찍부터 하나의 의미 항목에는 정의와 함께 용례를 제시하는 편집기법을 사용해왔던 것인데, 이런 점으로 미루어 볼 때 이들은 틀림없이 용례가 정의를 이해하는 데 도움을 준다는 사실을 넘어서 궁극적으로는 의미는 으레 용법에 의해서 결정된다는 사실까지 알고 있었던 것이다. 물론 우리는 이런 추리의 근거가 될 만한 사례를 당장 랜덤 하우스의 영어사전에서 찾아낼 수가 있다.

앞에서 살펴보았듯이 한두 마디의 정의만으로 이 동사의 13가지의 의미의 차이를 구별한다는 것은 거의 불가능한 일이었다. 그래서인지 대부분의 의미에 있어서는 아래처럼 정의와 함께 하나의 용례가 제시되어 있으며, 그렇지 않은 경우에 있어서는 일정한 동의어나 상황이 제시되어 있다.

1) 보이게 하다: exhibit, display
2) 공연하다 to show a movie
3) 가리키다 to show the way
4) 안내하다 Show her in.
5) 설명하다 He showed what he meant.
6) 알려주다 I'll show you what I meant.
7) 증명하다 His experiment showed the falsity of the theory.
8) 표시하다 The thermometer showed 10 below zero.
9) 전시하다 to show a house
10) 주장하다 as in a legal document: plead
11) 제시하다 as facts in an affidavit
12) 표출하다 to show one's feelings
13) 베풀다 He showed mercy in his decision.

(나) 의미 이론의 평가

역사의미론적인 연구가 의미론 발전에 기여할 수 있는 방법 중 제일 직접적인 것은 그런 입장에서 현존하는 의미이론들의 가치를 평가하는 것이다. 역사의미론자의 입장에서 볼 것 같으면 마땅히 지금의 어느 한 언어의 의미적 사실이나 현상을 제대로 설명할 수 있을 뿐만 아니라 의미 변화의 과정이나 현상 등도 제대로 설명할 수 있는 것이어야 가장 타당성이 높은 의미이론이 될 수 있는 것이다. 다시 말하자면 그들이 보기에는 언젠가에 가서는 한편으로는 의미이론은 역사의미론의 발전에 길잡이의 역할을 하게 되고, 다른 한편으로는 역사의미론의 연구결과가 의미이론의 평가자의 역할을 하게 되는 때가 올 수도 있는 것이었다.

그런데 최근에 우리로 하여금 이런 희망을 가질 수 있게 한 논문이 나왔는데, Traugott(2009)의 「의미변화」가 바로 그것이다. 물론 이것이 꼭 이런 목적이나 시각에서 쓰인 것은 아니다. 그러나 지금까지의 의미변화에 대한 연구 업적을 정리하다 보니까 끝에 가서는 앞으로의 그것의 발전 방향에 대한 견해를 피력하게 되는 것은 당연한 일이었는데, 이 대목에서 그녀는 현존하는 의미이론 중 가장 주목할 만한 것으로 의미 장 이론과 인지 언어학, 전형성 이론, 화용이론, 문법화 이론 등을 지적하고 나선 것이다. 그리고 그녀는 자기가 최근에 직접 창안하거나 연구에 참여한 「초대된 추리이론」이라는 화용론적 의미이론과 「문법화 이론」을 앞으로 역사의미론을 이끌어 갈 주요 이론으로 제시하기까지 하였다.

그렇지만 이 글의 진짜 가치는 아마도 우리로 하여금 의미론에서 앞으로 어떤 성향의 것이 주도적인 이론으로 자리 잡게 될 것인가를 추리할 수 있게 한 것일 것이다. 이 글에서 토의되고 있는 것들을 근본으로 했을 때 우리는 앞으로 주도적인 의미 이론으로 부상하게 될 것은 심리학적인 접근법을 적용시킨 것과 화용론적인 접근법을 적용시킨 것의 두 가지 일 것이라는 추측을 익히 할 수가 있다. 우선 이들 중 첫 번째 것에 대한 의견은 현재로서 거의 반대론자를 찾아보기가 힘들 만큼 긍정적인 것이라고 판단할 수 있는데, 그 이유는 인지 언어학이나 인지 의미론이 이미 가장 강력한 최신 이론 중의 한가지로 자리매김을 했기 때문이다. 그러니까 여기에서의 우리의 추측은 이 이론의 앞으로의 밝은 전망에 관한 것이라고 볼 수도 있다.

그럼에도 불구하고 우리는 여기에서 이 이론의 위상과 기능의 중요성을 다시 한번 강조할 필요성을 느끼게 되는데, 그 이유는 바로 언어연구의 역사상 하나의 심리적인 이론이나 원리를 공시적인 분야와 통시적인 분야에서 공통적으로 내세우게 된 것은 이번이 처음이기 때문이다. Lakoff는 일찍이 은유와 환유의 현상을 근거로 해서 「이상적 인지모형」의 이론을 개발한 바가 있는데, Traugott은 최근에 의미변화의 여섯 가지 종류 중 기본이 되는 것은 은유적인 것과 환유적인 것이라는 주장을 하고 나섰다. 특히 그녀는 15, 6세기에 영어에서는 「baboon(개코 원숭이)」과 「pigeon(비둘기)」, 「vulture(독수리)」 등의 새의 이름이 각각 야만성과 우직성, 탐욕성을 나타내는 말로 쓰이게 된 사실로 미루어 보아서 하향화라는 의미변화의 절차도 은유화의 한 가지로 볼 수 있다는 주장을 내놓기도 했다. 그러니까 그녀가 진심으로 하고 싶은 말은 의미 변화의 여섯 가지 절차 모두가 사실은 은유화와 환유화의 두 가지로 수렴될 수 있다는 말일 것이다.(Traugott, 2009, p.855)

이에 반하여 아직까지는 명실 공히 화용론적 접근법을 적용한 의미 이론은 나오지를 않았다. 그러나 사실은 최근에 와서 고전적 의미이론의 대안으로 「용법이론」이나 「문맥이론」, 「상황이론」 등이 제안된 바가 있는데, 넓은 의미에서는 이들은 화용론적 이론의 범주에 들어갈 수가 있다고 주장할 수도 있다. 또한 최근에 이르러서는 의미론을 언어학의 발달과정과 맞추어서 크게 어휘 의미론과 문장 의미론, 화용 의미론 등으로 3분하는 관행도 생기게 되었는데, 이런 현상이 곧 어엿한 화용론적 의미이론의 출현을 담보하고 있는 것은 아니었다. 추측컨대 바로 이런 화용론적 이론의 공백상태가 Traugott이 Dasher(2002)와 함께 「초대된 추리이론」이라는 새로운 의미변화 이론을 내세우게 된 근본적 동기가 되었을 것이다.

그러나 사실은 현재로서도 적어도 이들의 통시적 이론과 한 짝을 이룰 수 있을 만한 공시적 이론이 아주 없다고 말할 수는 없는데, 그 이유는 「화용적 전제 이론」이 의미론 전체를 통해서 상당한 주목을 받고 있기 때문이다. Caffi(2009)의 「화용적 전제(Pragmatic presupposition)」라는 논문에 의할 것 같으면 함의와 전제의 문제는 일찍부터 문장 의미론의 주요 연구주제가 되어왔는데, 사실은 이것은 어휘 의미론과 화용 의미론을 포함한 의미론 전체의 주요 연구주제가 되어야만 하는 일이었다. 그 이유는 전제의 개념을 일단 직관의 차원에서 「배경적 가정」으로 잡고 보면 「그것은 넓은 범위의 이질적인 현상들」을 망라하게 되기 때문이었다.(Caffi, 2009, p.719)

이런 점은 그동안의 의미론의 발달과정이 의미적 전제와 함의에 대한 연구로부터 시작하여 화용적 전제와 함언에 대한 연구로 귀결이 되는 식이었다는 사실이 잘 실증하고 있었다. 다시 말해서 전제를 일단 의미적인 것과 화용적인 것으로 구별한 다음에, 전자를 「문장이 거부되어도 타당한 것으로 남아있는 것」으로 정의하고 후자를 「어휘나 문법, 운율적 사실 등에가 아니라 발화적 행위에 연결되어 있는 것]으로 정의하게 되면, 그동안에 일찍이 Aristotle로부터 시작하여 Frege와 Russell를 거쳐서 Grice에 이르기까지의 대부분의 의미론자들이 이 문제를 중심으로 해서 의미이론을 발전시켜온 것이 너무나 당연한 일이었음을 알 수가 있는 일이었다.

이런 시각에서 보자면 그동안에 제안된 화용적 내지는 화행적 이론들은 하나같이 화용적 전제와 함언에 대한 이론이나 다름이 없었다. 예컨대 화용론의 창안자라 할 수 있는 Grice가 협조성의 원리라는 이름 밑에서 네 가지 격률을 성공적인 회화의 기본원리로 내세우게 된 것 자체가 그에게는 전제와 함언의 문제는 의미론적인 것이 아니라 화용론적인 것이라는 믿음이 있었기 때문이었다. 그 후 Austin이 화행론의 기본이론으로 적절성의 이론을 내세우면서 언표적 의미보다도 비언표적 의미의 중요성을 강조하고 나선 것도 전제와 함언의 문제는 의미론적인 것이 아니라 화용론적인 것이라는 사실을 실증하려는 한 노력이었다. 또한 최근에는 Sperber와 Wilson이 일종의 신 Grice적 이론으로 관련성 이론을 제안하기에 이르렀는데, 따지고 보자면 이것 역시 언어 이론의 성패를 가르는 마지막 시금석은 전제와 함언의 문제라는 것을 잘 말해주고 있다.

그런데 Caffi는 앞으로 화용론이 발전하려면 그것은 결국에 「진리기능적 전통에서 벗어나는 결정적 단계, 즉 전제를 참인 것으로 인식하는 대신에 그것을 타당한 것으로 받아들일 것인가 아닌가의 문제로의 대상으로 보는 단계」에 들어서야 한다고 보면서, 이러기 위해서는 전제에 관한 연구를 크게 다음과 같은 세 가지 방향에서 더 밀고 나아갈 것을 권장했다. 그중 첫 번째 것은 이 현상을 화용적인 현상으로서뿐 아니라 텍스트와 수사적인 현상으로도 다루어 나가는 것이었다. 다시 말해서 이렇게 되면 언어분석의 단위가 문장에서 텍스트나 담화로 확대되는 것이었다.

그중 두 번째 것은 이 현상을 인류학이나 사회문화적 틀 안에서의 언어연구의 주제로 삼는 것이었다. 인류나 사회문화적 차이에 따라서 전제를 해석하는 방법이 어떻게 달라지게 되는가를 밝혀내는 것은 언어의 보편성과 개별성에 대한 논의의 기초가 될 수 있었다. 그중 세 번째 것은 이 현상을 심리학적인 차원에서 다루는 것이었다. 의사소통은 결국에 「자신과 상대방이 공유하는 지식을 최대로 활용하는 행위」로 볼 수 있기 때문에 전제의 문제는 궁극적으로는 심리학적인 방법에 의해서 분석되어야 하는 것이었다.(Ibid, p.726)

5) 사회문화성

언어는 의사소통의 도구이며 사회 문화적 기구이다. 따라서 그것이 음운이나 문법 체계와 같은 형식면에 있어서뿐만 아니라 어휘적 의미나 화용적 의미와 같은 의미면에 있어서도 사회문화적 특성을 나타내게 되어 있다는 것은 너무나 당연한 일이다. 이런 의미에서 보자면 언어는 분명히 개별적인 기구이다. 그러나 서로 다른 언어 간에는 으레 번역 가능성이 있다는 사실이 익히 증거하고 있듯이 언어는 보편성이라는 특성도 가지고 있다. 따라서 어휘적 의미를 다루는 단계 때부터 의미론자들이 직면하게 되는 문제는 보편성과 개별성 중 어느 것에 기술의 초점을 맞추느냐의 문제이다.

그러나 그동안의 연구 양상이 익히 보여주고 있듯이, 실제로 이 문제를 중요한 주제로 삼은 사람은 별로 많지가 않았다. 통사론에서와 마찬가지로 의미론에서도 어느 한 언어의 것을 보편적인 체계로서 다루는 것을 기본과제로 삼으면서, 그것의 사회문화적 개별성을 구명하는 일은 일종의 잉여적 과제로 남겨두는 것이 오랜 전통이 되어왔다. 그러나 언어를 일단 의사소통의 도구나 사회문화적 기구로 보게 되면 이것은 잘못된 것이었다. 특히 통사론 영역에서 Chomsky의 보편성 지향적 언어이론이 득세를 하게 되면서 이런 전통에 대한 반발이 일어나게 되었는데, 사회언어학이나 인류언어학, 민족언어학 등의 등장이 바로 그런 움직임이었다.

그러나 의미론자의 입장에서 볼 것 같으면 의미론에는 본질적으로 형식론의 모습을 그대로 답습해서는 안 될 이유가 분명히 존재하고 있었다. 그런 이유에는 크게 세 가지가 있다고 볼 수가 있는데, 그중 첫 번째 것은 언어적 의미는 언어사용자의 개념이나 지식체계의 반영물인 이상, 언어를 일종의 독립적인 체계로 본다는 것은 이치에 맞지 않는다는 사실이다. 어느 개인의 머리 안에 들어있는 개념이나 지식체계는 사회 문화적 경험의 산물이다. 그래서 예컨대 우리나라 사람이 가지고 있는 「집」이라는 개념에는 으레 영어의 「house」의 그것과 동일한 지시적인 의미 외에 우리만의 함의적인 의미도 들어있게 되어있다. 한마디로 말해서 언어와 지식의 불가분성의 문제와 지식의 사회문화성의 문제 등을 제대로 다룰 수 있는 곳은 오직 의미론뿐인 것이다.

그중 두 번째 것은 한 어휘의 용법이나 연어적 제약 등에는 사회문화적인 것들이 많아서 그것의 의미를 독립적인 상태에서 파악하려고 한다는 것은 거의 무의미한 일이라는 사실이다. 다시 말해서 고전적 의미이론의 대안으로 등장한 용법이론이나 문맥이론의 타당성을 검토하기 위해서는 먼저 어휘적 의미의 사회문화성을 인정해야 되는 것이다. 어느 언어에서나 관용적 표현들이 많이 쓰이고 있는데, 따지고 보자면 이들은 하나같이 사회문화적 표현들이다. 그게 그렇다는 것을 가장 극명하게 실증하는 사실은 바로 한 언어에서 쓰이는 관용적 표현은 다른 언어에서는 잘 쓰이지 않는다는 점이다.

예컨대 개, 즉 dog은 원래가 인간의 가장 오랜 친구였던 탓이라 그런지 그것에 대한 관용적 표현은 우리말에도 많고 영어에도 많다. 그렇지만 쉽게 말해서 이들 간에는 공통성이 없다. 또한 이들 가운데는 속담도 있는데 이들 역시 많은 경우 범문화적 보편성 보다는 개별 문화적 특성을 나타내고 있다. 먼저 우리말에서 쓰이고 있는 것들을 살펴볼 것 같으면 「개같이 벌어서 정승같이 먹는다.」를 비롯하여 「개꼬리 삼 년 두어도 황모 못된다.」, 「개 눈에는 똥만 보인다.」, 「개 머루 먹듯」, 「개 못된 것은 들에 가 짖는다.」, 「개발에 편자」, 「개 보름 쇠듯」, 「개 팔자가 상팔자」, 「개 발싸개 같다.」, 「개 발에 땀난다.」, 「개새끼 한 마리 얼씬 안한다.」, 「개 잡 듯하다.」, 「개 콧구멍으로 알다.」, 「개 패 듯하다.」 등이 예가 될 수 있다.(민중 엣센스 국어사전, 2001)

그 다음으로 영어에서 쓰이고 있는 것들을 살펴보자면 「a dead dog(무용지물)」을 위시하여 「a dog in the manger(심술쟁이)」, 「a hair of the dog that bit a person(독을 푸는 독)」, 「sick as a dog(기분이 언짢은)」,

「die a dog's death(비참하게 죽다)」, 「dirty dog(망나니)」, 「dressed up like a dog's dinner(야하게 차려입다)」, 「eat dog(굴욕을 참다)」, 「Every dog has his day(쥐구멍에도 볕들 날이 있다)」, 「Give a dog a bad name and hang(한 번 낙인 찍히면 끝장이다)」, 「Go to the dogs(영락하다)」, 「help a dog over a stile(곤경에 있을 때 도와주다)」, 「lead a dog's life(비참한 생활을 살다)」, 「Let sleeping dogs lie(긁어 부스럼 만들지 말라)」, 「like a dog with two tails(기뻐서)」, 「Love me, love my dog(나를 사랑한다면 내 개도 사랑하라)」, 「There's not a dog's chance(도저히 가망이 없다)」, 「put on the dog(으스대다)」, 「teach an old dog new tricks(지금 새삼 그런 일을 할 수는 없다)」, 「the dogs of war(전쟁의 참화)」「throw dog to the dogs(희생시키다)」, 「treat like a dog(소홀히 대하다)」등이 예가 될 수 있다.(Donga's Prime English - Korean dictionary, 2008)

그중 세 번째 것은 언어의 실체와 관련된 가장 오래되었으면서도 근원적인 문제들, 즉 예컨대 언어와 사고의 불가분적인 관계를 위시하여, 보편성 대 개별성의 문제, 내재이론 대 학습이론의 문제 등에 대한 검토의 결과는 그것을 형식적인 측면에서 하느냐 아니면 의미적인 측면에서 하느냐에 다라서 크게 달라질 수 있다는 사실이다. 우선 언어와 사고의 문제에 대하여 살펴볼 것 같으면 그동안 형식주의자들은 언어의 자율성을 강조함으로써 이 문제를 회피하려는 방책을 써왔으며, 그러다보니까 자연히 세계관의 가설이나 언어적 상대성의 가설 같은 것에는 아예 관심을 보이지 않게 되었다. 그러나 의미론자들의 이 문제에 대한 자세는 정반대였다. 심지어 그들은 이제는 언어가 사고를 지배한다는 언어 우위적 생각을 사고가 언어를 지배한다는 사고 우위적인 것으로 바꾸어야 된다고 주장할 수도 있었다. 물론 이런 경우의 사고에는 그 국민의 사회문화적 특성이 깊게 스며들어있었다.

그 다음으로 보편성 대 개별성의 문제를 살펴보자면, 지금까지의 형식주의자들의 자세는 보편성 지향적인 것이었다. 그들은 오래 전부터 언어적 구조의 특성은 보편성을 지니고 있다는 점이니까 어느 한 언어를 연구 대상으로 해서 그 점을 밝히는 것이 마땅히 언어연구의 주된 과제가 되어야 한다고 생각해왔으며, 최근에 와서는 피상적으로는 개별성이 꽤 큰 것처럼 보일는지 몰라도 심층적으로는 보편성이 훨씬 더 크다는 생각까지 하기에 이르렀다. 그러나 의미주의자들의 입장에서 보자면 오히려 그것과 정반대적인 생각이 맞는 것일 수도 있었다. 다시 말해서 그들은 한 언어 의미조직에는 으레 한 국민의 특이한 신념이나 세계관, 가치 체계, 사회 문화적 지식 등이 반영되게 되어 있으니까, 여러 언어의 의미 조직 간의 상이성이나 개별성을 구명하는 일이 그들 간의 공통성이나 보편성을 구명하는 일보다 앞서야 한다고 생각할 수가 있는 것이다. 심지어 그들은 앞일이 뒷일보다 훨씬 더 어렵고 복잡한 일이라고 생각할 수도 있다.

세 번째로 내재이론 대 학습이론의 문제를 고찰해 볼 것 같으면, 우선 논리상으로 보편성 대 개별성의 문제와 이것은 하나의 짝을 이루게 되어 있는 문제인 이상, 기본적으로는 앞의 두 번째 문제에서 드러난 형식주의자와 의미주의자 간의 대립성은 이 문제에서도 그대로 드러나 있다고 볼 수가 있다. 그러나 굳이 대립성의 뚜렷함을 따진다면 앞의 것에서의 그것보다 이것에서의 것이 더 선명하다고 볼 수도 있는데, 그 이유는 의미적 요소 중 사회문화적인 것은 선천적 유전이 아니라 후천적 경험이나 학습 절차를 통해서 얻어진 것이라는 것은 너무나 뻔한 사실이기 때문이다. 아직까지는 내재주의자와 경험주의자 간의 긴 싸움을 끝내 줄 만큼 의미론이 발달한 것은 아니지만 적어도 의미론자치고서 경험주의적인 언어관을 갖지 않을 사람이 없다는 것은 확실하다.

3.2 생성 어휘론

1990년대에 등장한 이래 삽시간에 신의미 이론의 대표주자의 자리까지 오르게 된 Pustejovsky의 「생성 어휘론(Generative Lexicon)」은 우선 그 명칭부터가 주목할 만한 혁신성을 보이고 있다. 지금쯤에는 누구나 익히 알고 있듯이 생성이라는 말은 그동안까지 통사론을 이끌어 온 Chomsky가 자기의 문법 이론을 변형생성 문법이론이라고 부르기 시작한 이래 가장 과학적인 언어이론의 지시사처럼 쓰이게 된 말이다. 물론 이 말은 1970년대에 그의 학파가 의미구조와 통사구조의 관계를 놓고서 이른바 「생성 의미론파」와 「해석 의미론파」로 나뉘면서 더욱 유명해졌다. 아무튼 이 무렵 이후 생성주의라는 말은 최신형 언어학 안에서는 더 말할 나위가 없고 심지어 언어학 밖에서도 과학주의의 대명사처럼 쓰이게 되었다.

그에 반하여 어휘론이라는 말은 사서학이나 어원학과 같은 고전적 학문에서 쓰던 용어이다. 그러니까 누구나가 우선은 그가 왜 굳이 자기 이론의 이름에 의미론이라는 말 대신에 어휘론이라는 말을 넣게 되었을까 하는 질문을 던져볼만한데, 이것에 대한 대답을 찾다보면 그의 의미이론의 특징은 저절로 드러나게 되어있다. 간단히 말해서 그는 의미론에 관한 모든 논의는 반드시 개별 어휘의 의미의 문제로부터 시작되어 다시 그것으로 귀결되게 되어있다고 생각하는 철저한 어휘 의미론자이기 때문에 어휘론이라는 고전적 용어를 자기 이론의 이름으로 택한 것이다.

그러나 「생성 어휘론」이라는 그의 이론이 등장과 함께 많은 의미론자들의 주목을 받게 된 것은 그 이름의 특이함 때문이 아니라 그 내용의 특이함 때문이었는데, Geeraerts가 그의 책에서 그의 이론에서의 의미분석법을 「최선의 형식주의적 성분 분석법」이라고 극찬한 다음에, 그의 이론의 특징으로 전산언어학의 발전에 크게 기여한 점과 은유와 환유의 현상을 기술적으로 설명할 수 있게 한 점, 문맥적 의미의 설명에 초점을 맞추어서 의미론과 화용론의 융합에 기여한 점 등의 세 가지를 들 만큼, 그 특이함은 다른 이론에서는 쉽게 찾아볼 수 없는 것이었다.(Geeraerts, 2010, p.154)

1) 다의성의 문제

그의 이론의 특징 중 첫 번째 것은 의미론의 모든 문제는 결국 어휘 의미론의 문제로 귀결될 수가 있는데, 어휘 의미론의 문제는 다시 궁극적으로는 다의성의 문제로 귀결될 수가 있다는 입장에서 만들어진 이론이라는 점이다. 어휘적 다의성에는 물론 그로 인하여 언어의 표현력이 몇 배로 확장된다는 순기능적인 면만 있는 것이 아니라 그로 인하여 언어적 표현의 애매성이나 중의성이 크게 증가된다는 역기능적인 면도 있는데, 이 이론에서는 이들 중 두 번째 것을 논의하는 것을 의미론의 기본 과제로 보고 있다. 다시 말해서 이것에서는 자연언어의 이해절차의 핵심요소는 바로 의미적 중의성을 해결하는 장치, 즉 탈 중의성의 장치인 이상, 어떤 수준의 것이 되었든 간에 의미론의 기본적인 과제는 이것의 실체를 구명하는 일이 될 수밖에 없다고 보고 있는 것이다.

그런데 이러다보니까 자연히 크게 세 가지 점에서 그의 이론은 다른 이론과 달라지게 되었다고 볼 수가 있는데, 그중 첫 번째 것은 의미론을 어휘 의미론과 문장 의미론, 화용 의미론 등의 세 하부 영역으로 나누어오던 전통을 깨고서 그들을 어휘 의미론 하나로 통합시킬 수 있게 했다는 점이다. 그러니까 이것에서는 언어는 결국 의사소통의 도구인 이상 의미적 현상은 정적인 상태에서가 아니라 동적인 상태에서 분석했을 때만 제대로 파악될 수가 있다고 본 것인데, 이런 움직임은 어휘 의미론이 사서학을 뿌리로 한 역사 어휘론에 대한 대안의 형식으로 출발했던 그동안의 전통에서 크게 벗어난 것이었다.

이것으로써 의미론에서는 하부 영역간의 벽이 허물어지는 변혁이 일어나게 된 것인데, 그런 사실은 그가 1996년에 Boguraev와 함께 편집한 「어휘 의미론: 다의성의 문제(Lexical Semantics: The Problem of Polysemy)」라는 논문집에 소개 논문으로 실렸던 「문맥 안의 어휘 의미론(Lexical Semantics in Context)」이라는 글에 잘 나타나 있다. 먼저 문맥 안의 어휘 의미론이라는 제목 자체에 그의 의미관이 잘 요약되어 있다. 그는 이제는 더 이상 과거처럼 어휘의 의미를 사서적인 차원에서 연구하거나 그들 간의 관계를 분류학적인 틀을 가지고서 밝히는 것을 어휘 의미론으로 볼 수는 없으며, 그러기 위해서는 문맥적 어휘 의미론이라는 새로운 이름이 필요하다고 본 것이다.

그 다음으로 그는 이 글의 결론으로 「다의성은 하나의 단일체적인 현상이 아니다.」라는 말과 함께 「오히려 그것은 공합성과 같은 의미론 내에서의 성분적 조작의 결과임과 동시에, 담화에서의 수사적 관련 구조와 공지시 관계에 관한 화용적 제약과 같은 문맥적 효과의 결과이기도 하다.」라는 말을 하고 있다. 한마디로 말해서 그는 다의성의 문제는 오직 어휘와 문장, 담화 등의 벽을 완전히 허물어뜨렸을 때만 제대로 파악 될 수 있다고 본 것인데, 그의 이런 혁신적인 견해는 오늘날 언어학의 법통을 이어가고 있는 형식론자들에게도 시사하는 바가 클 것임이 분명하다. (Putstejovsky and Boguraev, 1996, p.13)

그중 두 번째 것은 다의성의 개념이 과연 이렇게까지 바뀌어도 같은 단어를 쓸 수 있는 것인가 라는 질문을 던져보아야 할 정도로 엄청나게 달라졌다는 점이다. 원래 다의성이라는 말은 어휘의 고유적 특성 중의 한 가지인 하나의 낱말이 둘 이상의 의미를 가지고 있는 현상을 지목하는데 쓰이는 말이었다. 바꾸어 말하자면 이것은 개별 어휘에 관한 사서적인 사실을 두고 쓰이는 말로서 예컨대 영어의 「forget」이라는 동사가 타동사로서는 「잊다」를 위시하여 「게을리 하다」, 「두고 오다」, 「(말할 것을) 잊다」, 「~한 것을 잊다」 등의 다섯 가지 의미를 나타내는 사실은 다의성의 현상이라고 불렀다.(동아 영한사전)

그러나 이 이론에서는 이 말이 사서적인 사실뿐만 아니라 그것에 정의되어있지 않는 사실까지를 가리키는 말로 그 개념이 확대되었다. 그가 보기에는 이제는 다의성이라는 말이 어휘의 의미는 그것의 속성에 의해서가 아니라 용법이나 문맥에 따라서 달라지게 되어있다는 사실을 포착하는 데 쓰여야 했다. 물론 기왕의 사전 편찬자라고 해서 이런 사실에 완전히 눈을 감았던 것은 아니다. 예컨대 영한사전의 타동사로서의 「forget」의 의미에 대한 정의에는 많은 경우 목적어 자리에 들어설 수 있는 통사적 구조체가 명시되어 있다. 구체적으로는 첫 번째 의미인 「잊다」에 대해서는 동사 뒤에는 that절이나 의문사 to do, whether 절 등이 따른다는 사실이 밝혀져 있고(예: Did you forget that I was coming?, I've forgotten when to start, I forgot whether he would come on Monday or Tuesday), 두 번째 의미인 「게을리하다」에 대해서는 그 뒤에 to do가 따른다는 사실이 밝혀져 있으며(예: Don't forget to sign your name.), 네 번째 의미인 「말할 것을 잊다」에 대해서는 그 뒤에 목적어+to+명사가 따른다는 사실이 밝혀져 있고(예: Don't forget me to your family.), 다섯 번째 의미인 「~한 것을 잊다」에 대해서는 그 뒤에 ~ing형이 따른다는 사실이 밝혀져 있다.(예: I shall never forget hearing the President's address.)

그런데 이 이론에서는 주부인 자의적인 것에 문맥적인 것이 약간 추가되는 식의 전통적인 의미의 틀을 거꾸로 문맥적인 것이 주부가 되고 자의적인 것은 주변부가 되는 식으로 바꾸어버렸다. 한마디로 말해서 이것에서는 사실은 어휘적 의미의 하나하나가 바로 문맥에 의해서 생겨난다는 입장과, 따라서 어휘의 다의성의 현상을 사전에 나와 있는 것보다 훨씬 더 정교하고 까다로운 것으로 보아야 한다는 입장을 취하고 있는 것이다. 그리고 이와 관련하여 무엇보다도 주목할 사실은 이것에서는 문맥이라는 말이 으레 통사적 문맥을 가리키는 말로 쓰이고 있다는 점이다.

다의성과 관련된 이 이론의 이런 특이성은 아래와 같은 실례를 살펴보게 되면 가장 쉽게 이해될 수 있을 것이다. 그는(2009) 최근에 「생성 어휘론(Generative lexicon)」이라는 논문에서 「forget」의 의미가 적어도 아래의 예문에서처럼 다섯 가지로 나뉘어지는 점으로 미루어 보아서 한 동사의 의미는 그것의 보문의 통사적 형태에 의해서 결정된다는 사실을 알 수 있다고 주장했었다. 구체적으로 그는 그들 간의 차이를 각각 「사실적 읽기」와 「비사실적 읽기」, 「내포된 의문문」, 「은폐된 의문문」, 「생략된 비사실」 등의 말로 밝혀놓기도 했다.(Putstejovsky, 2009, p.360)

(1) Mary forgot that she left the light on at home.
(메리는 집에 불을 켜놓고 떠났다는 것을 잊었다.)
(2) Mary forgot to leave the light on for the delivery man.
(메리는 배달인을 위해서 집에 불을 켜놓는다는 것을 깜빡 잊었다.)
(3) I almost forgot where we're going.
(나는 우리가 어디를 가고 있는 지를 거의 잊어버렸다.)
(4) She always forgets the password to her account.
(그녀는 항상 자기 계좌의 암호말을 잊어버린다.)
(5) He leaves, forgets his umbrella, comes back to get it.
(그는 집을 나서고, 우산을 잊어버리며 그것을 가지려고 돌아온다.)

그중 세 번째 것은 어휘적 의미의 다의성을 더 이상 고정되거나 폐쇄된 현상으로 보지 않고서 유동적이거나 개방된 현상으로 보게 되었다는 점이다. 앞에서 이미 언급이 되었듯이 종전까지의 어휘론에서는 어휘의 의미를 으레 사전에 익히 수록될 수 있을 만큼 정태적이고 고정적인 것으로 보아왔었는데, 이런 견해는 원래가 언어의 제일 큰 특징은 창조성이라는 사실과 부합하지 않는 것이었다. 이 이론은 그래서 기본적으로 제대로 된 어휘 의미론은 다의성의 범위에 「새로운 문맥에서의 어휘의 창조적 사용」까지를 포함시킨 것이어야 한다는 입장에서 만들어진 것이었다. 특히 이것에서는 언어의 창조적 현상 중 가장 높은 차원의 것, 즉 은유나 환유적 절차에 의해서 새로운 의미가 창출되는 현상을 제대로 설명할 수 있으려면 어휘론은 마땅히 통사론이나 화용론과의 벽을 허물어야만 된다는 입장을 취했다. 다시 말해서 다의성 중심의 어휘 의미론이란 결국에 하나의 통일된 분석 절차로 모든 수준의 의미가 분석될 수 있는 어휘 의미론이었다.(Ibid, p.358)

2) 특질 구조

다의성의 현상이 이렇게 전 언어적이고 중층적인 현상인 이상, 그것을 분석하기 위해서는 먼저 어휘유형 구조와 논항 구조, 사건 구조, 특질 구조 등의 네 가지를 의미적 표현 수준으로 설정해야만 했다. 물론 이들 가운데서 명칭이나 기능으로 보아서 특별히 유별난 것은 네 번째인 특질 구조인데, 그 이유는 바로 이것에서는 다른 세 구조를 통해서 얻어진 결과를 하나로 수렴하는 절차, 즉 「하나의 어휘항목과 관련된 대상과 사건, 관계 등의 본질적 속성들」을 다시 정의하는 절차가 이루어지기 때문이다. 이들 네 수준간의 결과를 통합하는 데 하위선택과 형강압, 공분해와 같은 일종의 생성적 장치들이 쓰이게 된다는 점도 이 이론의 특이한 점이다.

그런데 어떤 의미에서 보자면 이 특질 구조의 진짜 특이성은 이것에 대한 기본적 발상법은 이미 Aristotle에 의해서 제안되었었다는 점일는지 도 모른다. 왜냐하면 이것은 이 세상에 있는 모든 사물이나 사건에 대한 설명모드는 응당 그들의 생성 모드와 일치해야 한다는 지금으로 보아서도 지극히 과학적이고 논리적인 생각에서 나온 것이기 때문이다. 그게 그렇다는 것은 이것에서는 의미적 기본 요소를 아래와 같은 네 가지 범주로 나누고 있다는 사실로써 익히 알 수가 있다.(Pustejovsky, 1996, p.86)

(1) 자료적인 것

1) 재료, 2) 무게, 3) 부분 및 성분요소

(2) 형식적인 것

1) 위상, 2) 크기, 3) 모양, 4) 차원성, 5) 색깔, 6) 위치

(3) 기능적인 것

1) 목적, 2) 내장 함수

(4) 동작주적인 것

1) 창조자, 2) 인공물, 3) 천연물, 4) 인과 연쇄

논항구조에서는 동사의 기능이나 의미가 주로 다루어지는데 반하여 특질 구조에서는 명사의 의미나 기능이 주로 다루어지는 식으로 기본적으로 보자면 이들 두 구조는 일종의 상보적인 역할을 수행하게 되어있다. 그러나 이 이론의 가장 큰 특징이라 할 수 있는 것이 바로 의미해석의 절차를 주도하는 구조는 특질 구조라는 점이다. 이 구조가 이런 중심적인 역할을 수행할 수 있는 것은 이것이 단순한 개념들로부터 훨씬 더 복잡한

개념들을 창조해 낼 수 있게 만들어져 있기 때문이다. 예를 들어 제대로 된 의미이론에서는 「Mary finished her sandwich.(메리는 그녀의 샌드위치를 마쳤다.)」라는 문장에서는 「먹는다」라는 의미가 디폴트 상태에 놓여있다는 사실을 밝혀주어야 하는데, 이 이론에서의 그 방편은 「sandwich」라는 명사를 위하여 아래와 같은 특질 구조를 마련해 놓는 것이었다.(Pustejovsky, 2009, p.362)

$$\begin{bmatrix} \text{sandwich}(x) \\ \text{자료적} = \{\text{빵}\cdots\} \\ \text{형식적} = \text{물질적, 사물}(x) \\ \text{기능적} = \text{먹다}((P, w, x) \\ \text{동작주적} = \text{인공물}(x) \end{bmatrix}$$

범례: P = 절차, w = 개인
x = 물질적 사물

3) 형 강압의 절차

의미적 표현체로 어휘유형 구조와 논항구조, 사건구조, 특질구조 등을 설정한 이상, 의미 해석의 마지막 절차는 당연히 이들을 통해서 얻어진 결과를 하나로 통합시키는 일인데, 이것을 위하여 특별히 마련되어 있는 장치가 바로 복합형이나 「점 대상」으로 불리는 자료구조이고, 이것으로써 이루어지는 절차가 바로 형 강압이다. 형 강압이란 「논항을 함수에 의해서 기대되는 형으로 전환시키는」의미적 조작으로서 구체적으로는 이로써 종전까지의 어휘의미를 나열하는 절차를 생략할 수 있게 된 것이다. 예컨대 종전에는 「John killed Mary.」와 「The gun killed Mary.」, 「The bullet killed Mary.」 등의 세 문장에서는 「kill」이 세 가지의 서로 다른 의미로 쓰이고 있다고 설명했다. 그러나 이 이론에서는 형 강압의 절차에 의해서 그것이 하나의 동일한 의미를 가진 동사로 기술될 수가 있다.

그리고 명사의 경우 그전까지는 하나의 사물이 「용기 대 내용물」 이나 「전경 대 배경」 식으로 서로 다른 시각에서 기술되는 것을 그것은 서로 다른 의미를 가지고 있다고 보았다. 예컨대 종전의 의미론에서는 으레 「Mary doesn't believe the book.」와 「John bought his book from Mary.」, 「The police burnt a controversial book.」 등에서의 「book」의 의미가 서로 다르다는 사실을 각각의 정의에 의해서 밝혀놓았었다. 그렇지만 여기에서는 그런 사실이 「book」을 하나의 「점 대상」으로 보고서 아래와 같은 자료 구조를 가진 것으로 기술함으로써 밝혀지게 되었다. 그러니까 여기에서는 매 명사마다 특이한 자료구조를 가지고 있게 되어 있었다.(Ibid, p.363)

book
논항구조 = [논항1 = *y*: 정보
논항2 = *x*: 물질적 대상]
특질구조 = [형식적 = 쥐다(*x*, *y*)
기능적 = 읽다(*e*, *w*, *x*, *y*)
동작주적 = 쓰다(*e*, *v*, *x*, *y*)]

4) 전산언어학 발전에의 기여

이 이론의 특징은 철두철미하게 형식주의적인 어휘 의미론이라는 점인데, 이것의 가장 확실한 증거는 역시 이것은 처음부터 전산언어학에서 그대로 쓸 수 있는 의미이론을 발전시키겠다는 의도에서 만들어진 것이라는 사실이다. 예컨대 1996년의 책의 서두에서 그는 그동안까지 「컴퓨터 및 이론 언어학자들은 어휘론을 어휘의미의 정태적 세트로서」 다루어 왔으며, 그러다 보니까 그것은 언어의 창조성을 구명하는 일과 의미이론의 가치를 평가하는 일과 같은 궁극적인 과제는 수행할 수 없게 되었다는 말로써 자기의 의미이론의 목적을 밝혀놓았다. 간단히 말해서 그는 자기가 개발한 의미이론이야말로 이론 언어학적으로뿐만 아니라 전산언어학적으로도 새로운 유형의 것이 될 것이라는 확신을 가지고 있었던 것이다.(Pustejovsky, 1996, p.3)

그의 이런 확신은 물론 그의 의미론 중심의 언어관과 형식주의적인 기술관에서 나온 것이었다. 우선 그는 그동안에 자연언어 처리와 같은 이름으로 많은 사람들이 전산언어학의 발전을 도모했음에도 불구하고 제대로 성과를 거두지 못한 것은 바로 이론 언어학 측에서 전산언어학에서 그대로 원용될 수 있는 의미이론을 개발하지 못했기 때문이라는 것을 잘 알고 있었다. 그가 보기에는 자연언어 처리과정이란 곧 의미처리 과정이었다. 그 다음으로 그는 언어적 의미의 기술은 기왕에 개발된 성분분석의 원리나 논리적 분석법 등을 충분히 활용하게 되면 그대로 전산언어학에서 쓰일 수 있을 만큼 형식주의적으로 이루어질 수 있다고 보았다. 결국 그는 최선의 언어나 의미이론을 가려내는 일은 결국에 전산언어학에서 하게 된다고 생각한 것이다.

그의 의미기술이 대단히 형식주의적인 것이라는 것은 다음과 같은 두 가지 예를 통해서 익히 알 수가 있다. 그중 첫 번째 것은 하나의 명사나 동사가 아니라 「float into the cave」라는 하나의 동사구를 기술한 것인데, 이것은 그의 말대로 「float라는 동사의 의미는 독립된 어휘로서가 아니라 구의 일부로서 파악했을 때만 파악될 수 있다.」는 사실을 실증하고 있다. 물론 이 기술법의 특징은 아래와 같이 논항구조와 사건구조, 특질구조 등의 세 구조를 하나로 합친 것이라는 점이다.(Ibid, p.126) float into the cave

논항구조= [논항1 = ①[물질적 사물]
논항2 = ②[그 동굴]]

사건구조= [사건1 = e_1: 상태
사건2 = e_2: 절차
사건3 = e_3: 상태
재구조 = $<\alpha(e_2, e_3), 0\alpha(e_1 e_2)$
수어 = e_3]

특질구조= [형식적 = 에서(e_3, ①, ②)
사용주적 = 움직이다(e_2, ①), 뜨다(e_1, ①)]

두 번째 것은 일찍이 수사학에서 개발된 이래 의미론에서 꾸준히 사용되어온 논리적 추리법에 관한 것으로서, 이를 통하여 우리는 그의 이론에서는 성분 분석법과 논리적 서술법이 의미 분석법의 두 기둥의 역할을 한다는 점을 알 수가 있다. 그러니까 이로써 그는 이제는 종전까지는 어휘 의미론과 문장 의미론, 화용 의미론 등에서 분리적으로 다루어지던 것을 통합적으로 다룰 수 있게 되었다는 사실을 분명히 한 것이다.(Ibid, p.237)

A. James is a Texan. (제임스는 텍사스 사람이다.)

B. Therefore, James is tall. (따라서 제임스는 키가 크다.)

C. [All Texan are tall.] (모든 텍사스 사람은 키가 크다.)

$$A \wedge [cA' \rightarrow B'] \Rightarrow B$$

3.3 자연의미적 메타 언어론

일찍이 1970년대에 Wierzbicka에 의해서 창안된 이 이론은 「자연의미적 메타 언어론(Natural Semantic Metalanguage)」이라는 이름부터가 다분히 파격적인데, 사실은 그 이름만큼이나 파격적인 것이 바로 그 내용이다. 먼저 그 이름 자체를 해석해 볼 것 같으면 메타언어란 원래가 언어연구를 위하여 인위적으로 만든 도구적 내지는 보편적 언어인데, 그 앞에 자연의미적이라는 한정사가 붙어 있으니까 그것이 종전까지 주로 논의되던 통사론 중심의 것이 아니라 일종의 의미론적인 것이라는 의미가 된다. 두말할 필요도 없이 그동안까지는 누구도 의미적 보편언어, 즉 의미적 메타언어를 만들어 보겠다는 시도조차 한 적이 없었다.

이런 의미에서 볼 때 이 이론의 첫 번째 특징은 오늘날 언어연구 전체를 주도해 오고 있는 Chomsky의 변형문법이론과 대조를 이룰 수 있는 것이라는 점일는지도 모른다. Chomsky가 몇 년 사이에 언어학계를 선도하는 언어학자로 떠오를 수 있었던 것은 보편문법에 대한 나름대로의 통사적 모형을 만드는 데 성공했기 때문이다. 그러나 의미론자의 입장에서 볼 것 같으면 그의 성공이 곧 형식론이 의미론보다 우월하다는 담보는 될 수 없었다. 그래서 이들은 의미론이 형식론에 맞설 수 있으려면 일단 어떤 수준의 것이든 간에 일종의 의미론적 보편문법 이론이 나와야 한다고 생각하게 되었다. 그러니까 근본적으로는 이 이론은 의미론자들의 원대한 바람에 부응하고 있는 것이라고 볼 수가 있다.

그러나 사람에 따라서는 잘만하면 머지않아서 이것을 Chomsky의 변형문법이론과 같은 반열에 올려놓을 수도 있겠다는 발상법 자체가 크게 잘못된 것이라고 주장하고 나설 텐데, 그 이유는 한마디로 말해서 그녀가 최종적으로 제시하고 있는 메타언어의 실체는 그가 최종적으로 제시하고 있는 보편문법의 그것만큼 그럴싸한 것이 못 되기 때문이다. 우선 이들 두 이론의 비교를 통해서 우리는 언어연구에 있어서도 왜 형식주의적 기술법이 최선의 기술법으로 쓰여야 되는가를 알 수 있게 된다. 이 이론에 있어서는 모든 서술이 비형식적인 방식으로 이루어지고 있다는 것을 실증할 수 있는 가장 좋은 예는 1996년에 나온 「의미론: 기본요소와 보편요소(Semantics: Primes and Universals)」의 보편문법이라는 제목을 내건 제3장에서 이른바 정신적 서술어에 관한 설명의 마무리로 쓰인 다음과 같은 말일 것이다.(Wierzbicka, 1996, p.120)

> 마지막으로 모든 정신적 서술어는 또한 하나의 시간적 공간도 갖게 된다는 사실을 유념해야 한다.(예: At that time, I thought/knew/wanted/felt/saw/heard…) 물론 정확한 가능성의 범위는 각 경우마다 다를 수도 있다.

그들이 내세울 수 있는 또 한 가지 이유는 이 이론에서 말하는 「의미론」은 그의 이론에서의 「통사론」과 같은 수준이나 성격의 것이 아니라는 사실이다. 이들 두 이론을 비교하다 보면 왜 일찍이 구조주의자들은 언어학을 전단 언어학과 후단 언어학으로 대별해야 한다고 주장하고 나섰는가 하는 이유를 알 수가 있다. 단적으로 말해서 그의 통사론은 전단 언어학의 일부이지만 그녀의 의미론은 전단 언어학이 아니라 후단 언어학의 일부인 것이다. 예컨대 그의 통사론에서는 통사론의 영역을 벗어나는 문제나 현상은 다루지를 않는다. 그에 비하여 그녀의 의미론에서는 논의가 문법이나 화용론의 영역은 더 말할 나위가 없고 심지어 언어와 사고나 언어와 문화의 관계에 대한 데까지 미치고 있다. 이런 의미로 보아서는 이 이론은 바로 앞에서 살펴본 생성 어휘론과도 좋은 대조를 이루는 이론이다. 이런 특이성을 포함한 이 이론의 특징으로는 크게 다음과 같은 네 가지를 들 수가 있다.

1) 기본적 의미 요소

이 이론의 궁극적인 목적은 언어가 형식적으로 보았을 때 저마다 특이한 개별적 체계임이 분명하지만 의미적으로 보았을 때는 일종의 공통적인 기저를 가지고 있는 보편적 체계라는 사실을 밝히는 것으로서, 이를 위한 첫 번째 작업이 바로 모든 언어에서 공통으로 쓰이고 있는 의미적 기본 요소들을 찾아내는 일이었다. 우선 근본적으로 따졌을 때 이런 발상법의 제일 중요한 특징으로 볼 수 있는 것은 이것은 결국 어느 학술적이거나 전문적인 지식이 아니라 다분히 상식적인 지식이 바탕이 되어서 생겨난 것이라는 점이다. 첫 번째로 언어는 의사소통의 도구이어서 기능적으로 의미를 나타내는 기구라는 것은 일종의 상식에 속하는 지식이다. 그녀가 예컨대 「언어학에서는 의미로부터 도피할 방법이 없다. 의미는 언어에 대한 모든 것이다.」와 같은 말을 하게 된 것은 그동안의 형식주의적 언어연구의 잘못을 직설적으로 지적하기 위해서였다. 그러나 뒤집어 볼 것 같으면 그동안의 일사불란한 형식주의적 언어연구는 역설적으로 그녀에게 이상과 같은 가장 중요한 진리를 가르쳐준 셈이 된 것이다.(Ibid, p.211)

두 번째로 의미란 다분히 심리적인 실체이어서 우선 개별 어휘의 의미부터가 정확히 정의하기는 불가능하거나 힘든 것이라는 것도 일종의 상식에 가까운 지식이다. 물론 그녀가 제대로 지적하고 있듯이 의미의 모호성이나 정의 불가능성의 문제는 그동안 내내 고전적 철학으로부터 현대적 철학이 갈라서 나오게 되는 전향점을 마련하게 될 만큼 철학자나 언어학자들 간의 핵심적이면서도 끊임없는 논쟁거리였다. 예컨대 20세기에 이르러 Wittgenstein이 서구 철학의 창시자격인 Plato와 Aristotle의 학설은 물론이요 그들의 후계자 격인 Descartes와 Leibniz의 이론까지를 공격하고 나선 것도 이들은 원래가 그대로는 정의가 불가능하게 되어있는 개념들을 일방적으로 정의하는 잘못을 저지르고 있기 때문이었다. 그녀가 보기에는 따라서 지금이야말로 정의와 같은 전통적 방법 대신에 더 이상 분해할 수 없는 단순한 의미소를 가지고서 복잡한 개념들을 구성해내는 식의 새로운 의미연구법이 필요한 시기였다.(Ibid, p.211)

세 번째로 더 이상 분해할 수 없는 최소의 의미 요소는 모든 언어에서 공통적으로 쓰이는 이른바 보편적 의미 요소라는 것도 일종의 상식에 속하는 지식이다. 우선 그녀는 의미란 사람이 생각한 바를 나타낸 것이니까 최소의 의미 요소는 바로 원초적 사고의 반영체라고 볼 수 있다고 생각했다. 그녀는 예컨대 1996년의 책에서 제6장의 제목을 의미론과 원초적 사고로 붙인 다음에 그것의 표지문으로 「인간정신의 기능은 전 인류에게 공통적이다.」라는 인류학자인 Boas의 말을 내걸고 있다.(Ibid, p.135)

그 다음으로 그녀는 심리학자인 Bruner가 최근에 내세웠던 내재적 정신 이론을 자기의 의미이론의 기본으로 여겼다. Bruner는 예컨대 인간의 모든 정신적 활동은 내재적 능력이나 성향에 의한 것이기에 보편적일 수 밖에 없다고 보면서 그 근거로서 「생각하다」와 「안다」, 「원하다」, 「느끼다」, 「보다」, 「듣다」와 같은 동사가 보편적으로 존재한다는 사실을 들었었는데, 그녀가 보기에는 이들 어휘야말로 자기가 생각하는 기본적 의미 요소 즉, 최소의 보편적 의미 요소를 나타내는 것들이었다. 그래서 그녀는 이들을 정신적 서술어라고 부르기로 했으며, 이들의 양상을 기술하는 데 많은 공간을 할애했다.

그러나 문제는 지난 삼십 년 동안에 그녀가 한 일은 최종적인 보편적 의미 요소를 찾는 일이었다고 말할 수 있을 정도로 집중적으로 노력했음에도 불구하고 아직도 그 일이 끝나지 않았다는 데 있다. 1996년의 책에서 그녀는 보편적 의미 요소의 수는 최초의 37개에서 지금의 55개로 증가했는데, 일찍이 Boguslawski가 그 수를 100개 이내로 잡은 점으로 미루어 보아 그것이 「50에서 100개 사이」일 것이라는 추측은 익히 할 수 있지만 그것의 정확한 숫자는 아직도 모른다고 말하고 있다. 그런가 하면 Miskovic-Lukovic같은 사람은 현재까지 발견된 이들의 총 수를 60여 개로 보고 있다.(Miskovic-Lukovic, 2006, p.580)

그런데 사실은 이 목록의 진짜 특성은 그들의 수의 많고 적음에 있는 것이 아니라 그것의 내용에 있기 마련인데, 한마디로 말해서 이것에는 인간의 기본적인 지각 및 사고절차와 행동 양태에 관한 개념들이 망라되어 있다. 그 이유는 이 이론에서는 일차적으로는 언어적 의미나 개념은 인간의 지각이나 사고절차의 반영물로 보기 때문이고, 이차적으로는 개별 어휘의 의미뿐만 아니라 모든 통사적 표현의 의미도 이들의 합성체로 보고 있기 때문이다. 더 구체적으로 말하자면 그녀의 1996년의 책에서는 아래처럼 총 15가지의 범주 안에 55개의 개념들이 보편적 의미 요소로 설정되어있다.(Wierzbicka, 1996, pp.35~111)

<구 의미 요소>

실사: I, you, someone, something, people

지정어: this, the same, other

양화사: one, two, many(much), all

정신적 서술어: think, know, want, feel

말: say

행위, 사건: do, happen

평가어: good, bad

기술어: big, small

시간: when, before, after

공간: where, under, above
부분, 위계: part(of), kind of
메타서술: not, can, very
연결사: if, because, like

<신 의미 요소>
지시, 양화: some, more
정신적 서술어: see, hear
아동, 존재: move, there is, live
공간: far, near, side, inside, here
시간: a long time, a short time
상상, 가능성: if, would, can, maybe

2) 메타언어

이 이론에서 기본적 의미 요소들을 찾는 일을 첫 번째 과제로 삼는 것은 그들이 곧 모든 자연언어의 의미조직을 기술하는 데 쓰이게 되는 의미적 보편문법, 즉 메타언어의 기본 단위가 되기 때문이다. 그러니까 이 이론의 궁극적인 목적은 이름 그대로 모든 자연언어의 의미조직을 제대로 분석 내지는 기술할 수 있는 메타언어를 만들어내는 것인데, 이것의 태생적 특징은 만들기가 생각만큼 쉽지가 않다는 점이다. 그녀는 현재까지 만들어진 이것에 대한 소개를 「다시 반복하는 바, 여기에 제안된 메타언어의 약식 문법은 고도로 잠정적인 것이어서, 검증과 토의를 위한 하나의 필요한 출발점으로 제시되었을 뿐이다.」와 같은 말로써 마무리하고 있는데, 따지고 볼 것 같으면 이 말은 그녀가 속내로는 자기의 의미이론 자체의 본유적 한계성을 익히 인정하고 있다는 말이나 다름이 없다.(Ibid, p.147)

그러나 분명히 현재까지 만들어진 것에 대한 검토가 무의미한 것은 아닌데, 그 이유는 이것은 겸양의 말로서는 「출발점」인지 몰라도 실제에 있어서는 최종적인 것의 기본적 골간에 해당하는 것이기 때문이다. 이것의 특징은 크게 일반적인 것과 기술적인 것으로 나뉘어질 수가 있는데 우선 첫 번째 것으로는 이것은 「자연언어의 통사 조직과 어떤 면에서는 유사하지만 그것보다는 훨씬 단순한 것」이라는 점과, 이것은 「인간의 내재적 인지체계」에 관한 일종의 가설이라 할 수 있다는 점, 모든 언어가 공유하는 공통적 핵은 일종의 「기본문」으로 구성되어 있는데, 기본문의 문법은 정의가 불가능한 어휘항목, 즉 「원자적 요소들의 가능한 분배유형」이라고 볼 수가 있다는 점 등을 들 수가 있다.(Ibid, p.112)

그 다음에 두 번째 것으로는 이것의 기본 단위는 절인데, 그것은 실사와 서술어, 추가적 요소로 구성되어 있다는 점과, 이들 이외에 「there」문을 포함한 무주어문들도 기본단위가 되고 있다는 점, 서술어들은 각각 서로 다른 형태의 「보어」와 「목적어」들을 거느리는데, 어떤 절들은 그 밖에 일정의 부가어들도 취하게 된다는 점, 모든 절들은 부정사(not)와 가능사(maybe)라는 두 개의 보편적 「절 작동사」와 결합될 수 있다는 점, 절들은 「연결사」(예: if, after, because)에 의해서 복문을 만들어 낼 수 있다는 점, 평가사와 기술어들은 실사에 대한 속성어로서와 문장의 서술어로서 쓰이게 된다는 점 등을 들 수가 있다.(Ibid, pp.144~146)

물론 메타언어라는 이름의 이 문법의 참 모습은 구체적으로 그것이 쓰이고 있는 예에서만 드러나게 되어있는데, 여기에서는 「say」라는 의미요소에 대한 기술의 내용을 살펴보기로 한다. 이런 예를 통해서 우선 알게 되는 것은 이것은 기본적 문법관으로 보아서는 전통문법과 아주 유사하지만 문장의 정의나 형식적 특성들을 기술하는 방법에 있어서는 나름대로의 특이성을 보이고 있다는 점이다. 한 마디로 말해서 이것에서는 문장의 구조성을 밝히는 데 이른바 「원자가」의 개념을 사용하고 있는데, 바꾸어 말해서 이것에서는 하나의 동사가 의무나 선택적으로 어떤 요소와 결합하게 되는가를 밝혀놓은 것을 문법으로 보고 있다.

이 문법에서는 「say」라는 동사는 최대로 모두 여섯 가지의 요소들과 결합할 수 있다고 보고 있는데, 그중 첫 번째 것은 이 동사의 앞자리에 나오는 주어이다. 한 가지 특이한 점은 이런 동사의 주어는 행동의 행위자일 수도 있고 정신적 동사의 심리적 주어일 수도 있다고 본 점이다. 그중 두 번째 것은 이 동사의 뒷자리에 나오는 목적어이다. 흥미롭게도 여기에서는 목적어라는 술어 대신에 「보어」라는 술어를 쓰고 있고, 또한 그것이 의무적이라는 사실을 놓고서 이 동사는 「보어를 위한 의무적 빈칸을 가지고 있다.」라는 식으로 설명하고 있다.(예: You said something. I said this.)

그중 세 번째 것은 시간을 나타내는 말인데, 장소적 빈칸은 의무적이 아니지만 시간적 빈칸은 의무적이라는 특징이 있다. 그중 네 번째 것은 장소를 나타내는 말인데, 이것이 쓰이는 경우는 대단히 드물다는 것이 그 특징이다. 그중 다섯 번째 것은 청취인을 나타내는 말인데, 이것은 의무적이 아니라 선택적 요소라는 점이 특징이다.(예: He said it to Mary, not to me.) 그중 여섯 번째 것은 심리적 주제를 나타내는 말로서 구체적으로는 「say about」와 같은 틀에서 쓰이는 말이다. 물론 이것이 의무적인 요소는 아니다. 그러나 이것이 있음으로 해서 결국에는 이 동사는 「무엇」이라는 목적어를 거느리는 타동사로 쓰일 수도 있고 아니면 「무엇에 관하여」라는 전치사구를 거느리는 자동사로 쓰일 수 있게 되는 것이었다.(예: I want to say something about these people.)

3) 인지적 해석법

이 이론에서는 개별 어휘의 의미에 대한 분석 작업, 즉 어휘 의미론이 모든 의미론의 기본이 되어야 한다는 점을 강조하고 있는데, 그 이유는 우리의 기본적인 개념이나 의미는 으레 어휘의 형태로 표현되게 되어있기 때문이었다. 그런데 그보다 더 중요한 사실은 이것에서 이 작업을 위하여 쓰이고 있는 기술법은 다른 어휘 의미론에서의 것과 전혀 다르다는 점일 텐데, 일반적으로는 그것을 막연하게 「자연의미적 분석법」이라고 부를지 몰라도 여기에서는 그 대신에 인지적 해석법이라는 보다 구체적인 이름을 쓰기로 한다.

이것에서 쓰이는 의미 분석법이 심리학적으로 보았을 때는 일종의 인지적 해석법이라는 사실은 우선 이것에서는 감정이나 지적 활동과 같이 그전까지는 분석의 대상에서 제외되거나 그렇지 않다면 미숙한 분석의 대표적인 예로 간주되던 어휘들을 의도적으로 분석의 대상으로 삼고 있다는 사실로써 쉽게 알 수가 있다. 예컨대 「sad(슬픈)」나 「unhappy(불행한)」와 같은 정서어들은 한두 개의 문장으로 정의하기도 힘들고 또한 개념기저적 성분분석법으로 분해하기도 어려운 탓에, 많은 경우에 분석의 대상에서 제외되었다. 그러나 이것에서는 인지적 구조가 그대로 반영된 것이 바로 의미구조라는 발상법을 이론 전체의 기본으로 삼고 있는 이상 정서어와 정신적 어휘들의 분석을 우선시하는 것이 너무나 당연한 일이었다. 그런데 더 흥미로운 사실은 이런 어휘의 의미에 대한 기술법이 어떤 면에서는 다분히 서술적이면서 다른 면에서는 다분히 심리학적이라는 점이다. 그런 사실은 그녀가 1996년의 책에서 제시하고 있는 「sad」와 「unhappy」에 대한 분석의 예를 통해서 익히 확인할 수가 있다.(Ibid, pp.180~181)

sad. (예: X는 슬프게 느끼다.)

X는 무언가를 느끼다.

이따금 어느 사람은 이렇게 생각 한다:

무언가 나쁜 일이 발생했다.
만약에 내가 그 일이 생긴지를 알지 못했다면
그 일이 생기기를 원하지 않는다고 나는 말할 것이다.
지금은 이런 말을 하지 않는데, 그 이유는 나로서는 어떤 일도 할 수 없다는 것을 알기 때문이다.
이로 인하여 이 사람은 나쁜 느낌을 갖는다.
X는 이런 느낌을 갖는다.

unhappy(예: X는 불행하게 느낀다.)
X는 무언가를 느낀다.
이따금 어느 사람은 이렇게 생각한다:
무언가 나쁜 일이 나에게 발생했다.
나는 이런 것을 원하지 않는다.
할 수만 있다면 이것 때문에 나는 무언가를 하기를 원한다.
이로 인하여 이 사람은 나쁜 느낌을 갖는다.
X는 이런 느낌을 갖는다.

두 번째로 이것에서는 의미 분석의 기본 단위인 기본적 의미 요소를 원시적 사고의 반영체로 보고 있다. 그녀는 1996년의 책의 제6장에서 이런 이유로 인하여 결국에 기본적 의미 요소들은 으레 보편성과 내재성이라는 두 가지 특징을 지니고 있게 되어 있다는 사실을 「if」와 「someone」, 「all」, 「know/think」 등의 네 가지 범주의 의미 요소에 대한 분석을 통하여 설명하고 있다. 예컨대 「if(만약에)」에 대하여 그녀는 이 세상 모든 사람들이 「X가 발생할는지를 나는 알지 못 하는데, 만약에 그 일이 발생한다면 Y라는 결과가 오게 된다.」는 식의 사고방식을 가지고 있다고 보고 있다.

세 번째로 여기에서는 이 책의 제 7장의 제목대로 「복잡한 개념을 단순한 개념의 구성체」로 보면서 그 근거를 어린이들의 어휘 습득절차에서 찾고 있다. 물로 그녀는 이런 발상법이 자기가 최초로 창안한 것이 아니라 300여 년 전에 Locke가 「어휘의미를 기술한다는 것은 곧 그 안에 들어 있는 단순 개념들의 구성체를 밝혀내는 것이다.」와 같은 말을 한 사실을 내세워서 이미 몇몇 철학자들에 의해서 제안된 것이라는 점을 강조하고 있다. 그러나 그녀의 발상법의 특이함은 바로 기본적 의미 요소들을 그런 단순 개념으로 본 점과, 이런 발상법의 타당성은 어린이들의 언어습득 현장에서 익히 검증될 수 있다고 본 점이다.

그녀는 어린이들은 「this」라는 기본적인 의미 요소를 「언어적 경험이전」에 알고 있다는 사실을 그것에 대한 첫 번째 근거로 내세우고 있다. 그동안에 어휘론자들은 이것이 더 이상 분해가 안 되고, 정의를 내리기가 어렵다는 사실을 우회할 목적으로 지정어설과 지시어설, 참조어설 등을 내세웠었는데, 그녀가 보기에는 이런 노력은 모두 무의미한 것이었다. 다시 말해서 이것에서는 「this」와 같은, 내제된 지식이나 지력의 발로로 생겨나게 되는 기본적 의미 요소들은 더 이상 분해도 할 수 없고 정의도 내릴 수 없다고 본 것이다.

그 다음으로 그녀는 어린이들은 단순하면서도 구체적 개념들을 먼저 배우는데 ,이들 중 대표적인 것이 「top/bottom」이나, 「fire」의 「hot/cold /warm」과 같은 자연환경에 관한 것이나, 「head/face」와 같은 신체부위에 관한 것이라는 사실을 또 하나의 근거로 들었다. 세 번째로 그녀는 어린이들은 만 2세기경에 벌써 「cause(because)」와 같은 사건의 인과관계를 나타내는 단어나 「know/think」와 같은 기본적 인식 활동을 나타내는 단어를 배우게 된다는 사실을 그 근거로 내세웠다.(Ibid, p.212)

4) 민족 언어학적 접근법

이 이론에서는 간단히 말해서 정당한 의미 이론은 어느 한 언어에 대한 집중적 연구가 아니라 여러 언어를 대상으로 한 폭넓은 비교작업을 통해서만 얻어질 수가 있다고 보고 있는데, 이 점에 있어서도 이것은 Chomsky의 언어이론과는 뚜렷이 대척적인 것임이 분명하다. 똑같이 일종의 보편문법의 실체를 발견하려고 하면서 한쪽에서는 연역적 접근법을 사용하고 있는 데 반하여 다른 쪽에서는 귀납적 접근법을 사용하고 있는 것이다. 그런데 무엇보다도 중요한 사실은 이런 접근법이 쓰이게 되면서 궁극적으로는 이 이론이 일종의 언어나 의미이론의 수준을 넘어서서 고차원적인 문화이론의 수준에 이를 수 있다는 것을 드러낼 수 있게 되었다는 점이다. 다시 말해서 그동안의 그녀의 연구 업적은 이른바 「문화 대본 이론」 이라는 새로운 문화이론을 수립할 수 있는 바탕이 되는 데 모자람이 없었다.

이런 주장의 타당성은 크게 세 가지 사실을 통해서 확인될 수 있는데, 그중 첫 번째 것은 그녀는 그동안에 이미 다른 어느 인류학자나 문화학자의 것을 크게 넘어서는 다양하면서도 범문화적인 문화적 현장연구를 수행했다는 사실이다. 물론 이것의 가장 확실한 근거가 될 수 있는 것은 1990년에 들어서면서부터는 그녀의 저서가 주로 문화적 현상에 관한 것이었다는 사실이다. 예컨대 1991년에 「범문화적 화용론: 인간 상호교섭의 의미론(Cross-Cultural Pragmatics: The Semantics of Human Interaction)」을 출판한 것을 시작으로 해서, 그녀는 그 후 1992년에는 「의미론과 문화, 인지: 문화 특수적 양태로 드러나 있는 보편적 인간 개념(Semantics, Culture and Cognition: Universal Human Concepts in Culture-Specific Configurations)」을 출판했고, 또한 1997년에는 「핵심 어휘를 통한 문화의 이해: 영어, 러시아어, 폴란드어, 독일어, 일본어(Understanding Cultures through their key words: English, Russian, Polish, German, Japanese)」를 출판했으며, 곧이어 1999년에는「언어와 문화를 넘어선 감정: 다양성과 보편적 자질(Emotions Across Languages and Cultures: Diversity and Universals)」을 출판했다. 누구라도 이 정도의 연구 실적을 가진 사람이라면 자기 나름의 독자적인 문화이론을 익히 내세울 수 있을 것이라고 판단할 수 있다.

그중 두 번째 것은 그동안의 연구로 그녀는 한 민족이나 사회의 문화를 연구하는 데 쓰일 수 있는 방법이나 접근법 중 최선의 것은 언어적인 것이라는 결론을 이미 얻었다는 사실이다. 물론 구조주의 시대에도 언어 인류학이나 문화 인류학의 창설을 주장하는 일부 인류학자나 문화학자들은 언어학과 인류학의 협조의 필요성을 강조했었다. 그러나 이들의 구상은 언어학이 일종의 보조적 역할을 담당하는 것이지, 그녀의 경우처럼 그것이 주도적 역할을 수행하는 것은 아니었다. 1997년의 책의 제목처럼 그녀는 구체적으로 각 국의 문화를 이해하는 데 최선의 방법은 그 나라 말에서 쓰이는 핵심적 어휘들의 특질을 밝혀내는 것이라고 생각했다.

그녀가 보기에는 한 나라의 문화적 요소 중 가장 핵심적인 것이 바로 그 나라 사람들의 사고방식과 정서적 양태인데, 이런 것들이 그대로 반영되어 있는 곳이 그 나라 말의 어휘이었다. 이런 의미에서 보자면 따라서 궁극적으로는 언어학이나 의미론은 단독적으로가 아니라 문화연구와 병렬적인 관계 내에서 연구하게 되어있었다. 따지고 보자면 그녀의 의미이론의 특이성 중 이만한 것은 있을 수 없었다. 그녀는 이런 문화연구관으로써 결국에는 자기가 내세우려는「문화대본 이론」의 기저를 확보한 셈인데, 1996년의 책의「의미론과 민족생물학(Semantics and Ethnobiology)」라는 제목을 가진 제12장에서 한 아래와 같은 말들이 이런 사실을 익히 실증하고 있다고 볼 수가 있다.(Ibid, p.375)

(1) 과학과 상식은 지식의 문제를 다루는 데 있어서 논리적으로 독립적

인 접근법들이다.

(2) 언어적 검증은 일반적인 인간의 범주화 현상에 대한 연구에 있어서 기본적인 문제들에게 대한 중요한 진리를 제공할 수 있다.

그중 세 번째 것은 지금까지의 연구를 통해서 그녀는 이미 그동안에 철학이나 심리학, 문화학 등에서 가장 핵심적인 논쟁거리가 되어왔던 문제들에 대해서 자기 나름의 견해를 명백하게 표시할 수 있었다는 사실이다. 그녀가 보기에는 인간의 사고절차와 범주화, 일반 지식 등의 문제가 으레 언어와 문화의 관계를 밝히는 데 있어서 핵심 문제가 되기 마련인데, 이것에 대한 그녀의 결론은 크게 두 가지였다. 첫 번째로 그녀는 인간의 이런 능력에는 보편성과 다양성의 두 특성이 있는데, 이들 두 면을 대등하게 다루었을 때만 그것의 실체는 제대로 밝혀질 수 있다고 보았다. 이런 사실을 통해서 우리는 그녀의 의미 이론을 그동안에 보편주의적인 것으로 보아왔던 것이 잘못된 것이라는 것을 익히 깨달을 수 있다.

그녀의 견해는 인간의 언어와 문화의 근간이라고 할 수 있는 사고력이나 지력은 공통적이거나 보편적인 것이지만, 그것이 언어적으로나 문화적으로 표현되어있는 양태에는 다양성이나 변이성만이 드러나 있게 되어 있다는 것이니까, 간단히 말해서 그녀의 언어관이나 문화관은 이성주의적인 것과 경험주의적인 것을 하나로 합친 것이라고 볼 수가 있는데, 이런 점으로 보아서도 그녀의 언어학은 Chomsky의 것의 거의 정반대적인 것임이 확실하다. 참고로 여기서 그의 심층구조 대 표층구조 이론을 적용해 보자면 그는 이들 중 전자를 중요시하는 이성주의자인 데 반하여, 그녀는 오히려 이들 중 후자를 중요시하는 경험주의자인 것이거나, 아니면 이들 둘을 모두 중요시하는 절충주의자인 것이다.

그녀의 이런 언어 및 문화관은 1996의 책의 제12장에 잘 드러나 있다.

우선 이 장의 제목으로 쓰인「민족 생물학」이라는 단어 자체가 그것의 가장 직설적인 표현체이다. 이것은 그녀가 여기에서 일부러 만들어 낸 민족학과 생물학의 합성어인데, 전자는 문화적 현상의 개별성을 중요시하는 학문인 데 반하여 후자는 유전적 능력의 보편성을 중요시하는 학문이라는 것은 누구나 익히 알고 있는 사실이다. 그 다음으로 여기에서 제시하고 있는 언어적 자료와 그것의 해석법이 하나같이 그녀의 언어 및 문화관이 어떤 것인가를 잘 보여주고 있다. 그녀는 지혜롭게 생물 세계의 개념화 현상을 파악하는 것은 여러 나라의 문화적 다양성을 알아내는 최선의 방법인데, 그것을 가장 쉽게 할 수 있는 길은 바로 몇 개 나라의 어휘를 비교하는 것이라고 생각한 나머지 가장 보편적인 동물로 간주되는「개」에 대한 어휘들을 영어의 것 대 기타 언어의 것 식으로 대비시키고 있다.

우선 영어에서는 그것의 종류에 따라서 개를 가리키는 단어가 다양화되어 있었다. 예컨대 영어에서는「spaniel」을 비롯하여「poodle」,「fox-terrier」,「bulldog」,「boxer」등이 모두 개의 이름인데, 다른 나라에서도 이렇게 되어 있는 것은 아니었다. 또한 영어에서는 개에 관한 어휘로「bark」와「growl」,「muzzle」,「leash」,「kennel」 등이 쓰이고 있는데, 이런 사실 역시 보편적인 것은 아니었다. 개에 대한 민간분류법이 언어마다 이렇게 다르다는 것은 곧 그것에 대한 의미나 개념의 내용, 즉 그것에 대한 민간의 개념이 나라마다 다르다는 의미이었다. 이런 사실을 뒷받침할 수 있는 또 다른 예로서 똑같이「쥐」를 가리키는 말인데도 영어의「mouse」와 일본어의「nezumi」는 의미나 개념상 결코 같은 단어로 볼 수 없다는 사실을 들기도 했다.(Ibid, p.357)

그녀의 이런 언어 내지는 문화관은「전형과 불변물(Prototypes and Invariants)」이라는 제목을 내건 제4장에서의 토의의 내용도 잘 드러내주고 있다. 일단 그녀는 여기에서 개념 형성의 절차, 즉 범주화 절차에 관한 이론 중 오늘날 가장 과학적인 것으로 받아들여지고 있는 것은 바로 Rosche 등이 내세운 전형성 이론이라는 사실까지는 익히 인정할 수 있다고 주장하고 있다. 그 옛날 Aristotle이 내세웠던 고전적 이론보다 이것이 훨씬 과학적인 것이라는 것이 그동안의 많은 심리적 실험에 의해서 실증되었다는 것이었다.

그러나 궁극적으로는 그녀는 여기에서 이런 일반적인 통념에 대한 반론을 제기하고 있는데, 이제는 최선의 범주화 이론으로 전형성의 이론 대신에 「불변물의 이론」을 받아 들여야 한다는 생각이 바로 그것이다. 간단히 말하자면 그녀는 여러 나라 사람들이 사용하는 어휘로 보아서 그들의 전형성에 의한 범주화 절차가 보편적인 것이 아니라는 것이 확인된 이상 이제는 마땅히 Rosche의 전형성의 이론 대신에, 개념을 불변적인 것(공통적인 것) 대 가변적인 것(개별적인 것)으로 나누는 이론, 즉 「불변물의 이론」을 맞는 것으로 보아야 한다고 본 것이다. 예컨대 영어에서는 새다움의 위계성을 1) robins 와 2) eagles, 3) chickens, ducks, geese, 4) penguins, 5) bats 등처럼 5계층으로 잡고 있는데, 이런 분류법이 보편적인 것은 아니었다. 호주의 한 원주민어인 「왈피니(Warlpini)어」에서는 「bats」를 이것에서 제외시키고 있고, 호주의 또 다른 원주민어인 「넌구부유(Nunggubuyu)어」에서는 「bats」의 계열에 「grasshopper」도 포함시키고 있었다. 간단히 말해서 전형성의 현상은 보편적인 것이 아니라 개별적인 것이었으며, 따라서 한 나라의 예컨대 「새」에 대한 개념의 설정 방식을 불변적이거나 공통적인 것을 기본으로 해서 가변적이거나 개별적인 것이 그것을 에워싸고 있는 식으로 되어 있다고 보는 것이 훨씬 더 타당한 견해이었다.(Ibid, p.151)

이런 철학적 문제와 관련해서 그녀가 내린 두 번째 결론은 Chomsky를 위시한 일부 내재주의자들이 내세우고 있는 선험적 지식설이 맞는 것인지 아닌지에 대해서는 앞으로 더 많은 논의와 연구가 필요하다는 것이었다. Chomsky는 물론 문법적 지식을 놓고서 이런 문제를 제기했지만 그녀가 보기에는 이런 문제를 제기하기에 최적의 경우는 오히려 생물학적 분류의 능력이나 그것에 대한 지식을 논의하는 경우이었는데, 그 이유는 지금의 식물이나 동물학적 지식만으로도 분명히 일종의 보편적 생물학적 분류표가 만들어질 수 있기 때문이었다.

돌이켜 보자면 선험적 지식의 문제에 대한 그동안의 철학이나 심리학자들의 견해는 대부분이 그런 것을 인정하는 편의 것이었다. 예컨대 어떤 철학자는 생물을 분류하는 능력은 선험적인 것이어서 특히 위계화의 절차는 인간의 사고의 기본 원리 중 한 가지라고 보았고, 또한 다른 철학자는 인간의 지식 중 본질적인 것은 이른바 「숨겨진 본질」이라는 이름 그대로 본능이나 심층구조의 일부로 잠재되어 있다가 그것이 표면적 체계나 구조에 나타나게 되는 경우에는 「필요한 변화를 거치면서(mutatis mutandis)」 다른 모습의 지식으로 바뀌게 된다고 생각했었다. 물론 이런 식으로 생각하는 사람은 지금도 많은데, 이들은 으레 인간은 「영역 특수적인 인지적 보편자질」들을 가지고 있다고 주장한다.

그러나 그녀가 보기에는 이런 내재주의적인 발상법은 크게 두 가지 점에 있어서 문제가 될 수 있었다. 그중 첫 번째 것은 이런 의견에서는 보편적 지력과 보편적 지식 간의 구분을 제대로 하고 있지 않다는 점이었다. 우선 보편적 지식의 형태로 자리 잡을 수 있는 지식의 종류는 한 두 가지가 아니다. Chomsky의 경우 보편문법이라는 언어적 지식을 그런 것으로 보려는 입장이니까 조금 나은 편인데, 동물이나 식물에 대한 지식을 그런 것으로 보려는 입장은 분명히 극단적인 것이다. 결국 보편적 지식은 일정한 보편적 지력에 의해서 획득된 결과물로 볼 수가 있었다.

그중 두 번째 것은 영역 특수적 지력과 일반적 지력간의 구분을 제대로 하고 있지 않다는 점이었다. 일부 경험주의자들의 주장대로, 영역 특수적 지력을 굳이 일반적인 지력과는 별도로 존재하는 것으로 보지 않고서, 인간이 보편적 지식을 갖게 되는 현상을 주변적 환경과 경험이 서로 비슷한데서 연유된다는 식의 설명이 가능하다. 이런 견해를 뒷받침하는 사실로는 각 사회나 민족마다 생물체들을 인식하는 데 특이한 민속적 개념 설정법과 분류법을 쓰고 있다는 점을 들 수가 있다. 물론 이런 민속적 개념 설정법과 분류법들은 하나같이 과학적인 것이 아니라는 특징을 지니고 있었다.

결국 이런 견해는 피상적 지식을 얻기 위하여 잠재적 지식에 가해지는 「필요한 변화」가 보편적인 것은 아니라는 것인데, 이것의 구체적인 예로서 그녀는 영어에서의 「butterfly(나비)」라는 어휘의 용법이 다른 언어에서는 쉽게 찾아볼 수 없을 만큼 특이하다는 사실을 들었다. 예컨대 우선 미국인들은 모두가 「butterfly」를 곤충의 범주에 넣고 있다. 그러나 그들이 「See that insect over there?」나 「What a beautiful insect!」와 같은 표현을 쓰고 있는 것은 아니다. 또한 그들은 이것으로써 「social butterfly」와 「butterfly kiss」, 「butterfly clip」, 「butterfly stroke」와 같은 다양한 복합어를 만들어내고 있기도 하다. 「나비」에 대한 이런 지식을 보편적인 것으로 볼 수는 없었다.(Ibid, p.354)

그러나 지금까지의 그녀의 의미 연구의 궁극적인 과제는 의미적 기본 요소로 이루어진 메타언어를 만들어 내는 것이었다는 것을 상기하자면, 그녀의 차상위적인 학문적 이론이라 할 수 있는 「문화 대본이론」도 결국에는 개별주의적인 데가 아니라 보편주의적인 데 초점을 맞춘 이론이라는 것은 의심할 여지가 없다. 다시 말해서 의미를 기본 단위로 해서 만들어진 메타언어를 분석의 도구로 삼게 되면 겉으로는 저마다 개별적인 것처럼 보이는 각 민족이나 사회의 문화적 기준이나 제도 등에서 일정한 보편성이 있다는 것을 익히 발견할 수 있다는 것이 그녀의 기본적인 발상법인 것이다. 문화 분석에 경험주의적인 접근법이 아니라 이성주의적인 접근법을 적용하겠다는 생각 자체가 아주 참신한 것이다.

그런데 Goddard의 견해에 따를 것 같으면 그녀의 문화이론의 장점은 문화연구를 종전까지의 「영어기반적인 복잡한 기술」의 수준을 드디어 넘어서게 했다는 점이었다. 그의 생각으로는 이제는 「문화 화용론」이나 「민족 화용론」에서도 공통의 술어와 기준을 사용할 수 있게 되었으며, 심지어는 몸짓언어나 얼굴 표정과 같은 비언어적 의사소통 체계에 대한 연구도 체계적으로 할 수 있게 되었다는 것이다. 이렇게 보자면 그녀의 문화이론의 특징으로는 크게 형식 기반적인 접근법이 아니라 의미기반적인 접근법이 쓰이고 있다는 점과, 경험주의적인 문화관이 아니라 보편주의적인 문화관을 가지고서 문화의 문제를 다루고 있다는 점의 두 가지를 들 수 있다.(Goddard, 2009, p.615)

3.4 복합어와 관용구

굳이 따지자면 어휘 의미론과 문장 의미론의 중간에 있는 탓으로 어느 의미론에서도 정당한 연구대상으로 자리 잡고 있지 못 한 것이 바로 복합어와 관용어구이다. 그러니까 그동안 대부분의 의미론자들은 이들에게서는 연구가치가 있는 사실들을 발견할 수 없다고 본 것이다. 그러나 일단 여기에서는 이들을 마땅히 어휘 의미론의 연구 영역에 집어넣어야 한다는 입장을 취하기로 하겠는데, 그 이유는 크게 다음과 같은 세 가지이다. 첫 번째로 최근의 여러 자료 언어학적 연구결과가 익히 보여주고 있듯이 실제에 있어서는 어느 언어에서나 상당한 양의 복합어와 관용어구가 쓰이고 있어서, 이들을 제외시킨 상태에서의 의미체계에 대한 연구를 완전한 것으로 볼 수는 없다.

두 번째로 이들의 실체를 파악하다 보면 자연스럽게 의미적 원리나 규칙이 문법적 원리나 규칙보다 으레 앞서게 되어 있다는, 언어체계의 특성 중 가장 기본적인 것의 한 가지를 발견할 수 있게 된다. 언어는 역시 의사소통의 도구이어서, 그동안에 언어를 어휘나 구, 문장, 담화 등으로 나누어 온 관행은 결국 형식주의적 전통의 일부에 지나지 않았던 것이다. 세 번째로 이들의 실체를 파악하다 보면 자연스럽게 의미적 원리나 규칙은 결국은 심리적이거나 인지적인 것이라는 사실을 발견할 수 있게 된다. 예컨대 그동안에 언어 심리학에서는 언어행위는 경제성 제고의 원리와 표현성 유지의 원리라는 두 개의 상반된 인지적 힘의 정교한 타협의 결과라는 주장이 나왔었는데, 이것의 타당성은 바로 복합어와 관용어구의 현상을 통해서 가장 쉽게 확인할 수가 있다. 또한 그동안에 인지 의미론에서는 은유적 절차를 의미표현과 의미변화의 가장 기본적인 절차로 보아왔는데, 이런 주장의 타당성을 쉽게 확인시켜줄 수 있는 것도 복합어와 관용어구의 현상이다.

1) 복합어

흥미롭게도 우리 인간은 일찍이 언어를 갖게 된 이래 이미 쓰이고 있는 어휘를 가지고서 새로운 어휘를 만들어내는 것이 곧 그의 언어의 능력을 증진시키는 중요한 수단이 된다는 것을 익히 알고서 그 일에 진력해왔는데, 그 방법으로는 크게 접사 결합과 복합어 형성, 품사 전환 등의 세 가지가 쓰였다. 그런데 이들 세 방법 중 가장 생산성이 높은 것은 복합어 형성인데, 그 이유는 다른 두 가지는 일종의 폐쇄된 장치를 이용하는 것인데 반하여 이것에서는 일종의 개방된 장치를 이용하는 것이기 때문이었다. 예컨대 접사 결합의 경우에는 쓰일 수 있는 접두사와 접미사가 이미 정해져 있기 마련이고(예: unhappiness), 품사 전환의 경우에는 원래는 명사나 형용사였던 것이 동사로 바뀌는 방식과(예: mail, calm) 원래는 동사나 형용사였던 것이 명사로 바뀌는 방식(예: desire, final), 원래는 명사이었던 것이 형용사로 바뀌는 방식(예: key position)처럼 그 방식의 종류가 제한되어 있다.

복합어 형성의 절차가 생산성이 가장 높다는 것은 곧 그것에서는 으레 최대로 약한 형식적 제약만을 받게 되어 있다는 말이나 같은 말인데, 이런 사실을 익히 드러내주고 있는 것이 Bauer(1983)의 조사 결과이다. 그가 조사한 바에 따를 것 같으면 영어에서 쓰이고 있는 복합어의 종류는 복합 명사를 비롯하여 복합 동사, 복합 형용사, 복합 부사, 운율적 복합어, 고정 복합어 등의 여섯 가지인데 그 기능이 최소한의 것으로 제한되어 있는 마지막 두 가지를 빼고 보면 나머지 네 가지가 그것의 기본적 종류가 되는 셈이었다.(예: 운율적 복합어: zig-zag, 고정 복합어: into, whenever, myself) 그런데 일반 어휘와 마찬가지로, 복합어도 사용의 용량이 큰 명사와 동사, 형용사, 부사 등의 네 품사에 집중되어 있다는 점이 우선 주목할 사실이다. 이런 사실로 미루어 보아서도 복합어 형성의 절차도 궁극적으로는 의사소통이라는 언어의 기본 기능을 더 잘 수행하려는 심리에서 생겨나게 되었다는 것을 익히 알 수가 있다.

우리로 하여금 이런 사실을 다시 확인할 수 있게 하는 것은 이들 네 가지 복합어 중 복합 명사와 복합 동사, 복합 형용사는 구성 방식이 열 가지 정도까지 최대로 다양화되어 있다는 점이다. 의미나 정보전달을 기본기능으로 삼고 있는 네 가지 내용어 중 기능적 부하량이 가장 적은 것이 바로 부사라는 사실이 여기에서도 그대로 드러나 있는 것이다. 그의 조사 결과에 따르자면 아래에 제시되어 있듯이 복합 명사와 복합 동사, 복합 형용사의 종류는 각각 9가지와 7가지, 11가지인데 반하여, 복합 부사의 그것은 4가지뿐이다.(예: 복합 형용사+ly(예: bitter sweetly)), 형용사+형용사(예: double quick), (불변화사+명사(예: off-hand)), 형용사+부사(예: flat out))(Bauer, 1983, pp.202~213)

복합 명사 (9가지)

1) 명사+명사(예: woman doctor)
2) 동사+명사(예: kill-joy)
3) 명사+동사(예: birth control)
4) 동사+동사(예: make-believe)
5) 형용사+명사(예: fast food)
6) 불변화사+명사(예: over-kill)
7) 부사+명사(예: now generation)
8) 동사+불변화사(예: drop-out)
9) 복합구(예: son-in-law)

복합 동사(7가지)

1) 명사+동사(예: carbon-copy)
2) 동사+명사(예: shunpike)
3) 동사+동사(예: make do)
4) 형용사+동사(예: fine-tune)
5) 불변화사+동사(예: outachieve)
6) 형용사+명사(예: bad-mouth)
7) 명사+명사(예: breath test)

복합 형용사(11가지)

1) 명사+형용사(예: leadfree)

2) 동사+형용사(예: fail safe)

3) 형용사+형용사(예: bitter sweet)

4) 부사+형용사(예: uptight)

5) 명사+명사(예: back-street)

6) 동사+명사(예: roll-neck)

7) 형용사+명사(예: grey collar)

8) 불변화사+명사(예: before tax)

9) 동사+동사(예: pass-fail)

10) 형용사/부사+동사(예: high-rise)

11) 동사+불변화사(예: see through)

엄격하게 따졌을 때는 이상과 같은 분류표에 약간의 자의성이 있음을 인정한다고 해도, 이것이 우리에게 가르쳐 주고 있는 바는 대단히 의미있는 것인데, 결국에 복합화 절차에서 쓰이는 기준은 형식적인 것이 아니라 의미적인 것이라는 사실이 바로 그것이다. 굳이 따지자면 품사의 구별 없이 두 개의 어휘를 나열시키되, 가급적이면 복합 명사의 경우에는 두 번째 것이 명사가 되고, 복합 동사의 경우에는 두 번째 것이 동사가 되며, 복합 형용사의 경우에는 두 번째 것이 형용사가 되는 식으로 수식 구조의 형태를 유지하도록 한다는 것이 이 절차의 형식적 제약의 전부이다.

그러나 사실에 있어서는 복합어 구조는 수식구조와 아무런 관계가 없다. 복합 명사의 경우를 보자면 이것에는 「woman doctor(여의사)」와 「fast food(즉석 음식)」과 같은 표준형 외에 「make-believe(위장)」와 「drop-out (탈락자)」와 같은 비표준형도 있다. 복합 동사의 경우도 마찬가지여서 이것에는 「carbon-copy(복사하다)」와 「make do(임시변통하다)」와 같은 표준형 외에 「shunpike(뒷길로 가다)」와 「bad-mouth(혹평하다)」와 같은 비표준형도 있다. 이런 일탈성은 복합 형용사의 경우에서도 쉽게 발견되기 마련이어서, 이것에는 「leadfree(무연의)」와 같은 표준형도 있고 「high-rise(고층의)」와 같은 비표준형도 있다.

이렇게 복합어의 구조를 분석하다보면 그것에 관한 보다 본질적인 문제에 봉착하게 되는데, 독립적 어휘가 두 개나 그 이상의 품사를 가질 수 있듯이 이것도 두 개나 그 이상의 품사를 가질 수 있어서 결과적으로는 이것에 어느 한 품사를 부여하기가 어려워진다는 사실이 바로 그것이다. 예컨대 여기에서 복합 동사로 분류되어있는 「shunpike」와 「bad-mouth」는 각각 「뒷길」과 「혹평」이라는 복합 명사도 될 수가 있는데, 두 번째 단어의 품사로 보아서 복합 명사로 원래는 만들어졌던 것이 후에 복합 동사로도 쓰이게 되었다고 추리할 수가 있다. 그런데 복합어의 품사적 분류가 얼마나 자의적인 것일 수 있느냐를 보여주는 사례가 바로 여기에서는 「make do」가 복합 동사로 분류되어 있는데 반하여 사전에서는 복합 명사 겸 복합 형용사로 분류하고 있다는 사실이다.

그렇다면 결국 복합화 절차는 의미상 동일하거나 유사한 두 어휘나 아니면 용도나 기능상 밀접한 두 어휘를 하나로 병합시키는 절차로 보는 것이 합리적이라는 결론에 이르게 된다. 이것은 곧 정보전달이라는 언어의 기본 기능을 가장 경제적인 방법으로 확대하려는 심리에서 생겨난 것이 바로 복합화 절차라는 말과 같은 말인데, 이런 결론을 익히 뒷받침할 수 있는 사실로는 영어의 「full 복합어」에서는 그 수가 최소한 87개에 이를 만큼 많다는 점과, 그 구조가 「full+명사/과거분사」처럼 단순하다는 점 등을 발견할 수 있다는 사실을 내세울 수 있다.

이 복합어의 양태를 분석해보면 우선 복합화 절차는 기본적으로는 「수식어+수어」라는 기초적 통사규칙을 확대한 것이라는 사실을 확인할 수가 있다. 간단히 말해서 「full」은 하나의 형용사이니까 문법상 그것은 으레 하나의 명사와 결합하여 하나의 구를 형성하게 되어있는 것이다. 그러니까 복합화 절차에 있어서는 복합어를 일종의 구로 보면 되는 것이다. 그 다음으로 복합화 절차는 기본적으로 개념이나 의미상 그 용량이 큰 어휘를 기본어로 해서 이루어지는 절차라는 사실을 알 수가 있다. 「full 복합어」의 수가 그렇게 많다는 것은 바로 「full」이라는 형용사의 쓰임새가 그만큼 넓다는 말이나 다름이 없다.

세 번째로 이 복합어의 품사가 기본적으로는 명사와 형용사의 두 가지이고 경우에 따라서는 그들에 세 번째인 부사가 더해진다는 점으로 미루어 보아서, 복합어도 단순 어휘와 마찬가지로 그 기능이 다양할 수 있다는 것을 알 수가 있다. 이 복합어는 우선 「full admiral(해군대장)」처럼 하나의 명사로 쓰인 것과 「full fat(전지의)」처럼 하나의 형용사로 쓰이는 것으로 대별할 수가 있는데, 그중 일부는 두 개나 세 개의 품사로 쓰이고 있다. 예컨대 「full face(둥근 얼굴, 정면)」는 기본적으로 하나의 명사로 쓰이지만 때로는 하나의 형용사나 부사로도 쓰이고 있고, 또한 「full-length(표준 길이의)」는 기본적으로는 하나의 형용사로 쓰이지만 경우에 따라서는 하나의 부사나 명사로도 쓰인다.

그런데 여기에서 주목할 사실은 이런 특성은 「full+명사」의 구조를 가진 것에만 있는 것으로서, 「full+과거분사」의 구조를 가진 것에는 그것이 없다는 점이다. 다시 말해서 「full-fledged(완전히 성장한)」나 「full-orbed(만월의)」와 같은 복합어의 품사는 으레 형용사 한 가지로 고정되어있으며 따라서 이런 의미에서 보자면 「full 복합어」를 두 가지 종류로 나누는 것이 합리적인 일이다. 또 한 가지 주목할 사실은 표기법 상으로도 첫 번째 것에서는 두 어휘 사이에 하이픈을 쓰지 않는 데 반하여 두 번째 것에서는 두 어휘 사이에 하이픈을 쓰고 있다는 점이다. 그 이유는 과거분사는 원래 가 일종의 형용사이어서 「full」과의 연접성을 하이픈으로 밝혀두지 않는 경우에는 결국에 그것이 「형용사+형용사」와 같은 구조로 잘못 인식될 가능성이 있기 때문이다. 다시 말해서 이 구조에서의 「full」은 하나의 부사로 쓰이고 있는 셈인데, 그게 그렇다는 것은 「full-fledged」와 「full-fashioned」와 같은 의미의 복합어로 「fully fledged」와 「fully fashioned」가 따로 쓰이고 있다는 사실로써 익히 알 수가 있다. 물론 사전에서는 이들을 별도의 복합어로 분류하고 있는데, 이런 점으로 미루어 보아서도 복합화 절차에 적용되는 형식적 제약은 겉으로는 다분히 느슨한 것 같으면서도 실제에 있어서는 일정한 정교성이 지켜지고 있음을 알 수가 있다.(동아 영한사전)

2) 관용구

크게는 일단 두 개 이상의 어휘의 집단으로 볼 수 있는 이 어구의 정체는 이것은 으레 「이디엄(idiom)」이라는 특수 명칭으로 불리고 있다는 사실로써 드러나 있다고 볼 수가 있다. 원래 이디엄의 어원은 특수성이라는 의미를 가지고 있는 희랍어(idioma)이다. 따라서 이 어구에 대한 정의를 간단히 특수한 어구처럼 내릴 수가 있다. 그렇다면 이것에 대한 토의는 마땅히 어떤 면에서 이 어구는 특수성을 지니고 있다고 볼 수가 있느냐라는 질문으로부터 시작이 되기 마련인데, 다른 언어적 단위와 마찬가지로 이것도 크게는 언어의 세 가지 기본적인 면에서 특수성을 드러내고 있다고 볼 수가 있다.

첫 번째로 이 어구는 의미상으로 특수한 어구이다. 간단히 말해서 이것에서는 으레 한 어구의 의미는 그것을 구성하고 있는 낱말들의 의미를 하나로 합성시킨 것이라는 일반적인 의미 규칙을 일탈하고 있다. 예컨대 영어의 「hot potato」는 크게 「구운 감자」라는 뜻으로 쓰일 수도 있고 「난제」라는 뜻으로 쓰일 수도 있는데, 원래의 의미는 「뜨거운 감자」이니까 첫 번째 경우는 문제가 될 수 있을지 모르지만 두 번째 경우는 분명히 이것이 관용구로 쓰이고 있다고 볼 수가 있다. 이 밖에 영어에서 자주 쓰이는 더 긴 관용구로는 「kick the bucket(죽다)」이나 「It rains cats and dogs(비가 억수같이 쏟아지다)」 등이 있는데, 이들의 의미를 각각의 구성 어휘의 의미로부터 도출해낸다는 것은 불가능한 일이다.

그런데 관용구의 의미적 특수성은 민족언어학적 언어연구의 필요성의 중요한 근거가 되기도 하는데, 그 이유는 한 언어의 관용구는 그 말에서만 쓰일 수 있는 특수한 의미를 나타내기 때문에 결과적으로는 그것 자체가 그 말에서만 쓰일 수 있는 어구가 되기 때문이다. 다시 말해서 바로 앞에서 예시한 관용구들은 어디까지나 영어적 관용구인 것이다. 이런 사실로 미루어 보아서도 언어적 의미에는 다분히 사회문화적인 요소가 들어가 있다는 점과, 문법과 같은 언어적 형식성은 의미표현의 한 수단에 불과하다는 것을 익히 알 수가 있다. 관용구에 대한 연구는 우리로 하여금 결국 언어의 실체를 밝히는 데 있어서는 언어의 보편성 보다는 그것의 개별성을 밝히는 일이 더 중요하다는 사실을 깨닫게 한다.

관용구의 의미적 특수성과 관련하여 또 한 가지 특기할 사실은 원래 우리에게는 비유적으로 의미를 나타내려는 성향이 있는데, 그런 성향을 한계선까지 확대시킨 것이 바로 이것이라는 점이다. 관용구의 의미를 살펴보게 되면 비유적 표현법이란 구체적인 사실에 의해서 추상적인 의미를 나타내는 것이라는 사실을 익히 확인할 수가 있다. (예: spill the beans: 비밀을 누설하다, reach the end of the line 끝장나다) 비유성과 관련된 관용구의 이런 특성을 Cowie(2009)는 이것을 연어나 속담, 유행어, 정형구 등과 같은 여타의 고정어구들과 구별시켜주는 궁극적인 요소로 보고 있다. 그는 이런 의미에서 볼 때 가장 전형적인 관용구로 「pull one's socks up(기운 내다)」와 「an eager beaver(부지런한 사람)」, 「an ivory tower(상아탑)」 등을 꼽았다.(Cowie, 2009, p.53)

그런가하면 이것은 문법이나 형식상으로 특수한 어구이기도 하다. 관용구 가운데는 문법적 규칙을 어기고 있는 것들이 적지 않게 있는데 「him and his promises(그의 약속이야 뻔하지)」나 「It rains cats and dogs」 등이 그런 예들이다. 또한 이 어구 가운데는 일반적으로 적용되는 변형규칙을 적용받지 않는 것이 적지 않게 있다. Cowie(1994)의 설명에 의하자면 1970년대에 변형이론이 전성기를 맞이하게 되자 일부 통사론자들은 그것의 실험장으로 관용구를 택하게 되었는데, 그 이유는 변형규칙의 적용도가 바로 그것의 고정성이나 관용성의 척도가 될 수 있기 때문이었다. 예컨대 「spill the beans」는 수동문으로 바뀔 수는 있지만 「What John did to the beans was spill them.」과 같은 유사분렬문으로는 바뀔 수 없었다. 그런가 하면 「mark time(답보상태에 있다)」나 「foot the bill(계산을 치르다)」와 같은 연어적 성격의 관용구의 경우에는 수동문 변형도 불가능했다.(Cowie, 1994, p.3170)

더 나아가 이 어구는 복합어와 동사구라는 두 가지의 기본적 구조 중 어느 것이든지 택할 수가 있다. 이런 의미에서 보자면 관용구는 일종의 확대된 복합화 절차의 결과물이라고 볼 수 있는데, 결과적으로는 그래서 이것은 복합어보다 한 단계 높은 수준의 표현력을 가질 수가 있게 된다. 간단히 말해서 복합어는 명사나 동사, 형용사, 부사 등의 하나의 품사적 기능 밖에 수행할 수가 없지만, 관용구는 「spill the beans」나 「pull one's socks up」처럼 한 문장의 술부의 기능도 수행할 수가 있다. 이것은 곧 관용구는 많은 경우에 있어서 관용문처럼 쓰이고 있다는 의미가 된다.

세 번째로 이것은 화용적 기능이 대단히 크다는 특징도 지니고 있다. 우선 관용이라는 말 자체가 이런 특징을 잘 나타내고 있다. 문법적 규칙에 의하여 새롭게 어구나 문장을 만들어내는 절차보다 이미 있는 표현적 덩치를 그대로 사용하는 것이 더 경제적이니까 사람들은 자연히 이것을 자주 쓰게 되는 것이다. 그 다음으로 실제로 쓰이고 있는 이것의 가짓수가 대단히 많다. 이것은 궁극적으로 긴 기간에 걸쳐서 어느 개인이 아니라 언중 전체에 의해서 만들어진 것으로 보아야 할 텐데, 그렇다면 그 가짓수가 그렇게 많다는 것은 원래 우리에게는 언어를 최대한 관용화하려는 성향이 있다는 것을 의미할 수 있다. 더 엄밀하게 따지자면 관용구가 많아진 현상은 이런 성향이 가급적이면 비유적 표현을 많이 쓰려는 성향과 합쳐져서 생겨난 것으로 보아야 마땅할지도 모른다.

그런데 사실은 관용구는 아직도 제대로 된 정의를 내릴 수 없을 정도로 막연한 표현체이다. 그래서인지 그것에 대한 연구도 아주 미진한 상태에 머물러 있다. 이것의 화용적 용량이 대단히 크다는 사실을 감안한다면 이런 사실은 곧 크게는 언어학 전체의 연구수준이고 작게는 의미론의 연구수준이 생각만큼 높지 않다는 사실을 말해주는 중요한 증거일 수가 있다. 그러나 한 가지 다행스런 일은 변형문법이론으로 한참 문법의 중요성이 고조되고 있는 시기에 일부 언어학자들이 이것에 대한 연구의 중요성을 새삼 강조하고 나섰다는 사실이다. 이들은 언어적 지식에서 문법적 지식이 차지하는 부분은 일부일 뿐으로서 나머지는 관용적 내지는 기성적 표현들에 대한 많은 지식이 차지하고 있다는 것을 깨달은 것이다.

그런데 역설적으로 이런 특별한 관심으로 이들이 알게 된 사실은 이것에 대한 연구의 전망이 그렇게 밝지만은 않다는 것이었다. 이들이 보기에는 이것에 대한 연구를 어렵게 만드는 원인적 사실에는 크게 두 가지가 있는데, 그중 첫 번째 것은 이 연구는 기본적으로 많은 양의 자료수집과 분류와 같은 다분히 노력 및 시간 소모적인 기술적 작업이 바탕이 되어야 하는 연구라는 사실이었고, 그중 두 번째 것은 이 연구는 궁극적으로 「어구학(phraseology)」의 탄생을 필요로 하게 할 만큼 언어연구의 여러 분야들의 발전과 직접적으로 연관되어 있다는 사실이었다.

물론 어구학의 전신에 해당하는 연구가 그동안에 전혀 없던 것은 아니어서 지금까지는 부분적이고 비체계적으로나마 어휘론이나 연어 연구, 어휘 형성 연구, 어휘 의미론 등에서 이 문제를 다루어 왔다고 볼 수가 있다. 그런데 그동안의 이런 연구는 우리로 하여금 결국에 어구학이나 관용구학은 일종의 범언어학적 접근법을 필요로 하는 학문이라는 사실을 깨닫게 했다. 예컨대 Cowie의 생각으로는 이 연구에 적용될 접근법은 적어도 1) 화행론이나 담화분석에서 이미 밝혀졌듯이 어구적 범주의 스펙트럼은 대단히 넓다는 사실과, 2) 관용구를 포함한 여러 형태의 어구는 일정한 역사적 과정을 거쳐서 만들어졌다는 사실, 3) 여러 형태의 어휘적 복합체는 반드시 사용의 빈도의 면에서뿐만 아니라 문법적 및 화용적 기능면에서도 연구되어야 한다는 사실 등을 그대로 인정하는 것이어야 했다.(Ibid, p.3168)

그런데 궁극적인 의미에서 보자면 앞으로도 관용구에 대한 연구가 대단히 어려울 수밖에 없는 것은 이것의 스펙트럼이 너무 넓어서 작게는 일반적인 복합어나 연어, 숙어, 상투어 등과의 경계선이고, 크게는 정형문이나 속담 등과의 경계선을 긋기가 거의 불가능에 가깝기 때문이다. 한마디로 말해서 이것에서는 연구의 대상을 정하는 일 자체가 문제가 되는 것이다. 이런 판단을 뒷받침할 수 있는 사실 중 첫 번째로 내세울 수 있는 것은 Dobrovolskij(2006)에 의한 「관용구 사전」의 현황에 대한 분석이다. 그의 연구에 따르자면 오늘날 거의 모든 언어 사회에는 관용구 사전이 있는데, 이들은 크게 관용구에 대한 개념의 차이와 사용자의 용도의 차이라는 두 원인으로 인하여 저마다의 모습을 띠고 있었다. 예컨대 이들 사전에서는 관용구와 관련된 표현들을 가리키는 데 70가지의 용어가 쓰이고 있었다. 그래서 그는 관용구를 위시한 여러 가지 연어적 표현들을 「句素(phraseme)」라는 일종의 포괄적 범주 밑에 집어넣을 것을 제안하기도 했다. 그의 견해에 따르자면 오늘날 어휘학과 사전 편찬학이 직면하고 있는 제일 큰 난관이 바로 관용어의 태생적 모호성이었다.(Dobrovolskij, 2006, p.514)

그 다음으로 내세울 수 있는 것은 Ayto(2006)에 의한 관용구의 문법적 및 성분적 고정성에 대한 연구이다. 그의 연구에 따르자면 문법이나 형식적 측면에서의 관용구의 특징에는 크게 통사적 기능의 다양성과 형식이나 구조적 고정성 등의 두 가지가 있는데, 이 중 문제가 될 수 있는 것이 바로 두 번째 것이었다. 우선 관용구는 동사적인 것과 명사적인 것, 형용사적인 것, 부사적인 것, 전치사적인 것, 문장적인 것 등으로 분류될 수 있을 정도로 그 기능이 다양하며, 따라서 그 구조나 형식도 여러 가지라는 특징을 가지고 있었다.

그리고 일반적으로 관용구의 이런 구조나 형식상의 특징으로는 불변성이나 고정성도 내세우고 있는데 사실은 그렇지가 않았다. 그의 말을 빌리자면 「기존의 고정성에 대한 기준은 언제나 창조적 언어 사용자들에 의해서 깨질 수가 있었다.」 예컨대 「kick the bucket」 라는 기존의 관용구로부터는 「There'll be no bucket-kicking around here yet」 와 같은 새로운 관용구가 생겨날 수 있으며, 또한 기존의 「count one's blessings」 와 「thank one's lucky stars」 라는 두 관용구는 「count your lucky stars」 처럼 하나의 새 관용구로 합성될 수 있었다. 그가 보기에는 통시적으로 볼 것 같으면 어휘조직의 다른 요소보다 관용구가 더 고정적이지 못했다.

결국 이런 의미에서 볼 것 같으면 관용구도 분명히 역사적 산물인데, 이런 사실을 가장 쉽게 확인시켜주는 것이 바로 문장적 관용구들이었다. 예컨대 「I never.」 라는 관용문이 「나는 놀랐다.」 라는 의미를 나타내게 된 것이나 「God forbid.」라는 관용문이 「그런 일이 일어나지 않기를 바란다.」라는 의미를 나타내게 된 것이 모두 일종의 역사적 과정을 거친 결과이었다. 더 나아가서 「There's the rub.(그것이 문제야.)」라는 관용문은 원래는 Shakespeare의 「Hamlet」에서 나오는 말이었는데, 세월이 흐르면서 하나의 관용문의 자격을 얻게 된 것이었다.(Ayto, 2006, p.519)

제4장
문장 의미론의 양상

4.1 위상과 기여

의미나 형식 중 어느 것을 기준으로 하든지 간에 언어의 기본 단위가 어휘라는 것은 의심할 여지가 없지만, 그것은 으레 개별이나 독립적으로 쓰이는 것이 아니라 두 개나 그 이상이 하나의 문장을 이루어서 쓰이게 된다는 사실을 감안한다면 그것을 문장으로 보는 것도 잘못된 일은 아니다. 일찍부터 문법학이나 언어학에서 문장을 언어연구의 기본 대상으로 삼아왔던 것이 결코 비과학적인 관행이 아니었던 것이다. 이렇게 보자면 제일 앞서서 출발한 어휘 의미론에 뒤이어서 문장 의미론이 두 번째 의미론으로 등장하게 된 것은 너무나 당연한 일이라고 볼 수가 있다.

그런데 이 두 번째 의미론의 진짜 특징은 20세기에 이르러서 Frege와 Tarski, Russell 등과 같은 논리학자들에 의해서 태어났다는 점으로 볼 수가 있는데, 그 이유는 첫 번째 의미론의 양태나 발전 방향이 그것을 시작한 어휘학자나 사전 편찬자들의 학문적 관심거리에 의해서 결정되었듯이, 이것의 양태나 발전 방향도 결국에는 그들의 학문적 관심거리에 의해서 결정되게 되었기 때문이다. 그러니까 큰 의미에서 볼 것 같으면 20세기에 이르러 이들의 관심과 기여로 언어적 의미에 대한 연구의 모습이 한 줄기의 것에서 두 줄기의 것으로 바뀌게 된 것인데, 따지고 보자면 의미론 발달의 역사에 있어서 이 사실만큼 큰 사건도 없다.

그런데 사실은 이들의 주된 관심은 논리적 실증주의라는 새로운 철학적 학풍을 세우는 데 있었지 언어적 의미론의 발전의 역사가 획기적인 전향기를 맞이할 수 있게 하는 데 있지는 않았다. 원래가 기술적인 방법으로 명제의 진실성을 분석하는 학문 즉, 논리학은 Aristotle에 의해서 시작된 것이기에 그것을 보다 더 과학적인 것으로 바뀌는 것은 곧 철학적 연구 방법을 현대화하는 데 최선의 길이 될 수 있다고 그들은 본 것이다. 그들은 모든 철학적 논쟁은 으레 일정한 서술의 진위 여부에 대한 논쟁으로 귀결된다는 것을 익히 알고 있었던 것이다. 그래서 그들은 그 작업에 유용하게 쓰일 수 있는 논리적 원리와 분석 기법 등을 개발하는 데 전력을 쏟았던 것이다.

그러나 그들이 일으킨 논리학적 새 바람은 문장 의미론을 제2의 의미론으로 부상하게 만드는 결과를 낳고 말았는데, 그 이유는 논리학에서의 명제나 서술은 언어학에서의 문장과 같은 것이었기 때문이었다. 그들은 진리치를 지닌 문장이 바로 의미 있는 문장이라고 생각했다. 다시 말해서 그들이 말하는 논리 의미론이나 명제 의미론, 진리조건 의미론 등은 다름 아닌 문장의 의미를 분석하는 의미론, 즉 문장 의미론이었던 것이다. 그러니까 결과적으로는 그들이 개발한 논리적 원리나 명제에 대한 분석 기법 등은 그대로 문장의 의미를 기술 내지는 분석하는 데도 쓰일 수 있었던 것이다.

1) 형식주의의 정착

그들의 기여성은 크게 보았을 때는 그들이 지난 수십 년에 걸쳐서 문장 의미론의 양태와 연구방향 등을 결정지은 것이나 다를 것이 없게 되어있다는 데 있는데, 구체적으로 따지자면 그것은 다시 다음과 같은 다섯 가지로 나뉘어질 수 있다. 그중 첫 번째는 문장의 의미를 수학 논리적 방법으로 분석하거나 기술하는 학문 즉, 형식 의미론이 의미연구를 주도하도록 만들었다는 점이었다. 언어학사적으로 익히 실증될 수 있듯이 일찍이 희랍시대 때부터 의미론이 으레 통사론이나 문법론의 그늘에 가려져 있었던 주된 원인은 태생적으로 그것은 형식성이나 논리성을 존중하는 서구의 일반적 학풍과 제대로 어울리기가 쉽지 않기 때문이었다. 그러니까 20세기에 이르러서의 형식 의미론의 정착은 크게는 의미론이 드디어 서구의 학문적 대세에 합류했음을 알리는 일이었고, 작게는 의미론의 과학성이 한 단계 격상되었음을 알리는 일이었다. 물론 그것은 연구대상이 어휘로부터 문장으로 전환되어서 결과적으로는 의미론의 학문적 위상이 한 차원 높아졌음을 알리는 일이기도 했다.

형식 의미론에서 사용하는 분석법 중 가장 일반적인 것은 일찍이 Frege가 제안했던 것을 그 후에 Tarski와 Russell이 더 발전시켰던 「제일위 서술 논리법」인데, 간단히 말해서 이것은 '적절한 논리적 기호와 표기법을 사용하여 문장의 진리성을 모든 전제들이 참이면 결론도 참이다.'라는 식의 추리적 절차에 의해서 밝히는 것이었다. 원래가 논리적 표기법의 특징은 높은 추상성에 있다. 거기에다가 자연언어를 분석하는 데 논리학적 기법을 적용하다보면 자연히 특이한 표기법이 개발되기 마련이었으며, 그 결과 형식 의미론의 양태는 일반적인 논리학의 그것과 적지 않게 달라지게 되었다.

형식 의미론의 양태가 실제로 어떤 것인가를 알아보는 데 가장 빠른 방법은 이것에서의 어느 한 문장의 분석절차를 살펴보는 것일 텐데, 여기에서는 Chierchia(2006)가 최근에 형식 의미론을 소개하는 논문에서 의미적 모형화라는 제목 밑에서 제시한 예를 살펴보기로 한다. 그는 우선 통사론에서 개발된 동사구나 한정사구 등의 개념과 표기법은 그대로 문장의 의미관계의 연산 절차를 분석하는 작업에서도 유용하게 쓰여야 된다고 보고서 「smoke」라는 동사와 관련된 문장을 분석하는 데는 으레 [VP John smokes]와 [DP every boy], [VP [DP every boy] smokes]와 같은 표현 단위가 설정되어야 한다고 보았다.

그 다음으로 그는 이런 문장의 의미는 으레 그것이 실제로 쓰이게 되는 담화적 상황 안에서 분석되어야 하기에 「‖ ‖」와 같은 이중 바 표기법을 사용할 것을 제안했다. 그러니까 예컨대 상황 S에서의 표현 α의 의미적 가치는 「$\| \alpha \|^{s}$」처럼 표기될 수 있었고, 더 구체적으로는 「$\| \text{John} \|^{s}$ = a(S의 담화영역인 Ds에서의 a가 a∈Ds처럼 표기되는 경우)」와 같은 표기법도 쓸 수 있게 되었다. 이 표기법을 사용하게 되면 「smoke」의 의미에 대하여 「$\| \text{smokes} \|^{s} = \mathbf{smoke_s}$」와 같은 서술이 가능해지는데, 이것의 해석은 「Ds에서의 각각의 a와 관련하여 「$\mathbf{smoke_s}$(a)」는 S에서 a가 생물일 경우에만 정의가 되는데, 만약에 정의가 되면 「$\text{smoke}_s(a) = 1$」은 끽연이 일어나는 S에서 a는 담배를 피운다는 의미가 되고 「$\mathbf{smoke_s}(a) = 0$」은 그렇지 않는다는 의미가 된다.」는 식으로 하면 되었다.(Chierchia, 2006, p.322)

또한 이 표기법의 장점은 성분의미론의 견해에서 볼 때는 smoke와 같은 동사의 의미를 다루는 데 있어서는 그것의 논리적 형 내지는 의미적 범주를 밝히는 것이 중요한데 이 일이 비교적 쉽게 이루어질 수 있다는 점이었다. 다시 말해서 이것에서는 이런 동사는 개인으로부터 진리치에 이르는 함수, 즉 「특성적 함수」로 취급되었다. 동사의 의미를 이렇게 특성적 함수로서 표현하게 되면 우선 단순 서술문에 대한 진리조건을 제시하기가 쉬워졌다. 예컨대 「Bill drinks」라는 문장의 진리조건을 구체적으로는 「[vp Bill drinks]는 ‖drinks‖^s (‖Bill‖^s)=1」일 경우에만 참이다.」라고 표현할 수 있었고, 추상적으로는 「‖[vp NV]‖^s=‖V‖^s(‖N‖^s)」처럼 표현할 수 있었다. 이 표기는 바로 어떻게 주어와 술어가 의미적으로 결합될 수 있는가를 말해주는 서술 규칙의 핵심에 해당하는 것이었다.(Ibid, p.322)

세 번째로 그는 이런 표기법의 진짜 위력은 주어의 자리에 한정사구가 나타나게 되는 경우를 다루게 되면 확인될 수 있다고 보고서 「no」를 비롯하여 「some」, 「every」, 「most」, 「the」 등의 한정사가 명사와 합쳐져서 주어의 기능을 수행하게 되는 문장들을 분석의 대상으로 삼았다. 이런 문장 중 첫 번째로 다루어진 것은 부정 한정사인 「no」가 쓰인 문장인 「No boy smokes.」였는데, 이런 경우에는 「no」가 하나의 함수로서 처음에는 명사와 대응하는 첫 번째 특성적 함수와 결합되고, 그 다음에는 동사와 대응하는 두 번째 특성적 함수와 결합한다는 사실을 밝히는 것이 바로 이 문장에 대한 의미적 분석이 되는 것이기에, 그것은 결국에 「**no(boy**$_s$)(**smoke**$_s$)=1 or 0」과 같은 기본적 표기법으로부터 출발하여 「no(**boy**$_s$)(**smoke**$_s$)=1 iff $BOY_S \cap SMOKE_S=\varnothing$」과 같은 완전한 표기법에 이르는 식이 되었다.

물론 그는 이런 표기법은 그대로 다른 한정사가 쓰이는 문장을 분석하는 경우에도 쓰일 수 있다는 사실을 보여주었다. 예컨대 「Some boy smokes.」라는 문장에 대해서는 「진리조건: some(boy$_s$)(smoke$_s$)」=1 iff $BOY_S \cap SMOKE_S \neq \varnothing$」와 같은 분석법을 제시했고, 「Every boy smokes.」라는 문장에 대해서는 「진리조건: every (boy$_s$)(smoke$_s$)=1 iff $BOY_S \subseteq SMOKE_S$」와 같은 분석법을 제시했으며, 「Most boys smoke.」라는 문장에 대해서는 「진리조건: most(boy$_s$) (smoke$_s$)=1, iff $BOY_S \cap SMOKE_S$에서 BOY_S의 구성원의 수가 절반 이상」과 같은 분석법을 제시했다.

또한 한정사구 가운데는 「the」라는 정관사가 한정사로 쓰이는 것도 있는데, 이런 경우에도 동일한 분석법이 쓰일 수 있음을 그는 보여주었다. 예컨대 「The blond boy smokes.」라는 문장에 대해서 그는 「진리조건: S에 단 한 명의 blond boy가 있는 경우에만 the(blond boy$_{s}$)(smoke$_{s}$)와 같은 표기법은 성립이 될 수 있다. 이렇게 되면 결국에 the(boy$_{s}$)(smoke$_{s}$)=every (boy$_{s}$)(smoke$_{s}$)와 같은 표기법도 성립이 된다.」 와 같은 분석법을 제시하고 있다. 그런데 정관사의 의미적 분석에는 으레 고유 명사의 문제가 뒤따르게 되어있다는 것을 익히 알고 있어서 그런지 그는 마지막으로 「Mary smokes.」라는 문장과 「No boy smokes.」라는 문장 간의 차이점도 논의하고 있다. 이들 간에는 앞 문장에서는 smoke$_{s}$가 Mary에 특성적 기능으로 작용하고, 뒤 문장에서는 no(boy$_{s}$)가 smoke$_{s}$에 그렇게 작용하는 식의 차이가 있었다. 결론적으로 그는 단순 서술문의 규칙에는 「$\| [vp\ NV] \|^{s} = \| V \|^{s}(\| N \|^{s})$와 「$\| [vp\ DPV] \|^{s} = \| DP \|^{s}(\| V \|^{s})$」 등의 두 가지가 있다고 보았다.(Ibid, p.324)

형식성의 제고가 문장 의미론의 필수 조건이 되면서 논리적 표기법도 다양해졌다. 물론 논리학에서 기본적으로 사용하는 기호(예: λ람다 연산자, A, B, C 등 술어, a, b, c 등 논항, ∃ 존재 양화사, →함의, ~부정연산자, ∧ 연접, ↔일치)나 명제적 논리법, 외연 대 내포, 의미표시 등의 개념 등은 누구의 것에서나 공통으로 사용된다고 볼 수가 있다. 그러나 바로 앞에서 살펴보았듯이 어느 개인이든지 간에 자기의 이론을 설명하는 데 필요한 표기법을 새롭게 창안할 수가 있다. 이런 의미에서 볼 때 앞의 것과 비교하는 입장에서 다분히 전통적 표기법을 그대로 사용하고 있는 Eijck의 분석 사례를 살펴보는 것도 의미 있는 일일 것이다.

그가 「형식 의미론(Formal Semantics)」이라는 논문에 쓰고 있는 표기법은 Frege의 논리학을 개선한 「유형 논리학(typed logics)에서 쓰이고 있는 것으로서, 이것의 특징은 람다 연산자(λ)를 새로운 기호로 사용함으로써 양화사도 명제의 한 구성요소로 기술할 수 있게 되었다는 점이었다. 예컨대 이 표기법을 쓰게 되면 「John respects Bill.」이라는 문장은 「$\lambda x.$ x respects Bill」처럼 기술되어서 결과적으로는 이것에서는 John 대신에 Fred가 쓰일 수 있음을 밝힐 수 있었다. 한 걸음 더 나아가서 이 표기법을 「$\lambda y \lambda x.$ x respects y」처럼 고치게 되면 이것에서는 Bill 대신에 다른 사람도 나올 수 있다는 사실을 밝히게 되어서 결국에는 개인의 이름은 변수에 불과하다는 식의 추상화 작업이 한 단계 높아지는 것이었다. 물론 이것과 관련된 것으로 x와 y의 자리가 바뀐 「$\lambda x \lambda y.$ respects x」 같은 표기법도 있을 수 있었다.(Eijck, 1994, p.1278)

람다 추상화법으로 불릴 수 있는 이 표기법은 크게 두 가지 추가적인 장치에 의해서 자연언어를 기술하기에 적절한 것으로 바뀔 수 있었는데, 그중 첫 번째 것은 존재 양화사($\exists$)와 전칭 양화사($\forall$)를 하나의 상위 기능으로서 문장 표현체의 일부가 되게 하는 것이었다. 예컨대 누군가가 어느 매력적인 여자를 존경한다는 말은 「$\lambda x \exists y$(girl y & attractive y & x admires y)」처럼 표현될 수 있었고, 누군가가 모든 미혼남에 의해서 구애를 받는다는 말은 「$\lambda x \forall y$(man y & $\neg$married y) $\rightarrow$ y courts x」처럼 표기될 수 있었다.

그중 두 번째 것은 복잡한 문장을 보다 간단하게 기술할 수 있게 타동사나 술어를 P라는 기호로써 추상화하는 것이었다. 예컨대 앞에 나온 「John respects Bill.」이라는 문장은 「λPP(John)」처럼 표기될 수 있었다. 그런데 이 표현체는 양화사 명사구의 그것과 같은 형의 표현체이었으며, 따라서 일단은 「$\lambda P. \forall x(\text{man } x \rightarrow P(x))$」와 같은 표현체도 만들어질 수 있었고 더 나아가서는 「$\lambda P. \forall x(\text{man } x \rightarrow P(x)$ $(\lambda y.$ y respects Bill)」과 같은 표현체도 만들어질 수 있었다. 이것은 곧 「every man」의 표현체와

「respects Bill」의 그것을 하나로 결합시켜서 문장적 표현체를 만들어낼 수 있다는 증거이었다. 다시 말해서 이것은 「$\lambda_v. E(A)$」의 형식의 모든 표현체는 더 단순한 형식, 즉 일종의 단축형으로 고쳐질 수 있다는 의미이었다.

그러나 이 표기법은 이런 단축형으로 귀착될 수는 없었는데, 그 이유는 문장의 의미해석에는 문맥이라는 요소가 으레 개입되게 되어있기 때문이었다. 예컨대 「John seeks a girlfriend.」라는 문장의 의미에는 「John」이 「Sue」라는 여자 친구를 찾고 있다는 것 이외에 그가 여자 친구를 가지고 있는 상황을 만들고 싶어 한다는 것도 있는데, 앞에서 살펴본 단축형에서는 오직 첫 번째 의미만이 기술되고 있었다. 간단히 말해서 어느 한 문맥에서의 의미해석을 외연적 해석으로 치자면 모든 가능한 문맥을 다 고려한 상태에서의 그것은 내포적 해석이 되는 셈인데, 이런 두 번째 해석(이것을 보통 가능세계의 의미론이라고 부른다.)이 가능해지려면 그 표기법이 더 복잡해 질 수밖에 없었다. 즉, 「John」이 내포적 의미에서 여자 친구를 찾고 있다는 말은 「$\lambda c\ \lambda p.\ \exists y(girlfriend(y,\ c)\ \&\ P(y,\ c))$」처럼 표기될 수 있었다.(범례: girlfriend(*y*, *c*)에서 *y*는 여자 친구이고 *c*는 문맥을 가리킨다.)(Ibid, p.1282)

외연적 해석법보다 내포적 해석법이 유용하게 쓰일 수 있다는 것은 오직 이런 방식에 의해서만 명제적 태도를 나타내는 문장의 의미가 제대로 기술될 수 있다는 사실로써 실증될 수 있었다. 예컨대 「John believes that a ghost is haunting his house.」라는 문장에서 목적절을 외연적으로 해석할 수는 없는 일인데, 그 이유는 그 내용이 사실이 아닌 경우는 응당 그것의 진리치는 거짓이 되게 되어있기 때문이다. 오히려 이 문장은 그가 상황이나 문맥을 「귀신이 그의 집에 나타나는」 경우로 잡았을 때, 즉 목적절의 의미를 내포적으로 해석했을 때는 참일 수 있다. 결국 이 문장에서의 목적절의 의미표시는 「$\lambda c \exists y$(ghost)(y, c) & haunt (y, house-of(John, c), c))」처럼 할 수 있었다.

문맥을 하나의 논항으로 잡음으로써 얻게 되는 이득 중 제일 큰 것은 역시 의문문이나 명령문과 같은 비직설문의 기술이 가능해진다는 점이었다. 서술문이란 우선 P를 문맥의 한 술어로 잡았을 때의 「λ_i. P_i」와 같은 표현체이였다. 그렇다면 「Does John love Mary?」와 같은 긍정/부정 의문문, 즉 「P?」라는 표현체는 「$\lambda i\ \lambda j.(i = j\ \&\ Pj)$」처럼 기술될 수 있었다. 그에 반하여 「Close the door!」와 같은 명령문, 즉 「P!」라는 표현체는 「$\lambda i\ \lambda j.Pj$」처럼 기술될 수 있었다. 이것은 곧 명령문의 의미는 이 세상의 상태의 세트를 명령이 수행된 경우의 그런 세트와 연결시킴으로써 밝혀질 수 있다는 의미이었다. 결론적으로 그는 그동안의 연구로 이런 식의 표기법이 아직 완전한 것은 아니지만 그래도 의미의 동력성을 표현하는 데는 충분한 것임이 이미 드러났다고 보았다.(Ibid, p.1283)

2) 통사론과의 연합

문장 의미론은 등장과 함께 통사론과 의미론이 더 이상 그동안처럼 서로 평행적으로 발달하지 않고서 서로 교차적이거나 아니면 통합적으로 발달할 수 있는 길을 열어놓았는데 , 어떤 의미에서 보자면 이것이 바로 이 의미론이 언어학의 발전에 제일 크게 기여한 점이라고 볼 수가 있다. 이런 가능성은 특히 1960년대 이후에 Chomsky의 문법이론이 언어연구의 주도 이론으로 자리 잡게 되면서 더욱 뚜렷해졌다. 언어연구의 주된 대상을 어휘로부터 문장으로 바꾼 이상 의미론은 통사론과 간단히 말해서 같은 대상을 서로 다른 분석법으로 분석하는 관계에 놓이게 된 것이다.

최근에는 Chierchia도 이런 사실을 지적하고 나섰는데, 그의 지적 중 한 가지 특이한 점은 마치 이들 두 학문이 머지않아서 인간 언어의 이해라는 공통된 목표를 위하여 하나의 대 학문으로 병합될 가능성이 있는 것으로 보았다는 점이다. 예컨대 그는 「(의미론 발달의 역사상) 특별히 중요하면서도 비교적 최근에 있었던 전향점은 이 논리철학적 전통이 특히 Chomsky의 영향을 받은 것과 같은 인간 언어에 대한 구조 및 생성적 접근법과 만남으로써 생기게 되었다. 한 가지는 논리학에서 발달되고 있고 다른 한 가지는 언어학에서 발달되고 있는 이들 두 가지 연구 방향의 병합은 형식 의미론으로 하여금 자연언어를 경험주의적으로 연구하는 데 있어서 중심적 주역이 되게 했다. 새로 부상한 연구 패러다임은 인간의 지능 연구에 있어서의 그것의 역할뿐만 아니라 결과의 폭과 깊이로 보아서도 대단히 유망한 것으로 드러났다.」와 같은 말을 하고 있는데, 이것에서 응당 주목할 점은 첫 번째로는 그는 이들의 병합을 하나의 기정 사실로 보았다는 점이고, 두 번째로는 굳이 따졌을 때 이렇게 해서 이득을 본 편은 통사론이나 언어학이 아니라 형식 의미론이라고 본 점이다.(Chierchia, 2006, p.315)

그런데 따지고 보자면 이들 두 학문 간에는 우선 본질적인 면에서 대단히 중요한 공통점을 가지고 있다. 따라서 이들은 본질적으로 언제라도 하나로 연합되어서 일종의 시너지 효과를 거둘 수 있는 학문들인 것이다. 첫 번째로 이들 모두는 형식주의를 연구나 접근법의 기본 사상으로 삼는다는 서구적 학문의 전통을 그대로 승계하고 있다. 어휘나 일반 의미론이 의미론의 주된 학문이었던 시절에는 바로 이 특성이 의미론과 통사론을 가르는 칸막이의 역할을 수행하기 마련이었는데, 형식 의미론의 등장으로 언어연구의 학풍은 정 반대적인 것, 즉 의미론과 통사론이라는 두 개의 대립적인 학문이 서로 교섭하고 융합되는 식으로 바뀔 수 있게 된 것이다.

두 번째로 이들은 모두다 어휘가 아니라 문장을 언어분석의 기본대상으로 삼는다. 통사론의 전신격인 전통적 문법학에서는 으레 문장이 기본적인 분석 대상이었다. 이런 의미로 보았을 때는 형식주의로의 합류와 마찬가지로 문장주의로의 합류도 사실은 의미론만이 겪은 변화이다. 그렇지만 그런 합류로 의미론은 일단 명제나 서술을 언어분석의 기본 대상으로 보던 Aristotle 때의 철학적 전통을 계승할 수 있게 되었을 뿐만 아니라 통사론이라는 언어학의 주류와 동등한 위열에 설 수 있게 되었으니까 그 의의는 다른 어느 변화의 것보다도 더 크다고 볼 수 있다. 결국 문장의미론의 등장으로 의미론은 정식으로 언어연구의 주된 학문의 한 가지로 자리매김될 수 있었던 것이다.

세 번째로 이들 모두에 있어서 문장은 결국에 어휘에 의해서 만들어진 일종의 구조체에 이어서 오직 분석적 방법으로만 그것이 정문임이 밝혀질 수 있다고 보고 있다. 물론 형식 의미론에서는 그것의 구성체 간의 논리적 관계를 밝히는 것이 곧 그것의 구조성을 밝히는 것이라고 말하는데 반하여, 통사론에서는 그것에서는 문법적 규칙들이 제대로 지켜지고 있는 가를 밝히는 것이 곧 그 일이라는 식으로 서로 간에 표현의 차이는 있다. 그렇지만 간단히 말해서 이들 모두가 일찍이 Frege가 제안했던 합성성의 원리가 바로 문장 분석의 기본 원리로 쓰이게 된다는 점을 인정하고 있다.

예컨대 Pater와 Swiggers에 의할 것 같으면 Frege에 의한 이 원리는 크게 1) 한 명제의 진리치는 그것의 구성 부분들이 나타내는 것으로부터 얻어진다와, 2) 한 명제의 의미적 내용은 그것의 구성부분들의 의미적 내용을 합친 것이다, 3) 앞서 말한 명제의 중요한 부분을 가지고서 새로운 명제를 만들어 낼 수 있다 등의 세 가지 규약으로 나뉘어질 수가 있는데, 사실은 이들 규약들은 통사론에서도 기본적인 규약으로 받아들여지고 있는 것들이다. 구체적으로 들여다 볼 것 같으면 우선 통사론에서도 무의미문이나 변칙 내지는 모순문 등은 기술의 대상에서 제외시키고 있는데, 이것은 곧 거기에서도 크게는 의미 우선성의 원리이고 작게는 Frege의 원리를 지키고 있다는 증거이다. 또한 통사론에서는 변형절차를 기본적인 문법적 절차의 한 가지로 보고 있는데, 변형 절차란 다름 아닌 Frege의 원리의 세 번째 규약에 근거한 절차이다.(Pater and Swiggers, 2006, p.627)

네 번째로 이들 모두에 있어서 문장의 중핵부는 술부이고 그것의 핵심어는 동사라는 발상법이 지켜지고 있다. 물론 엄밀히 따지자면 통사론에서는 「주어+술어」와 같은 이분법적인 문장 구조관을 가지고 있고, 형식의미론에서는 「논항+술어」와 같은 기능 중심적인 명제 구조관을 가지고 있다고 볼 수도 있다. 그렇지만 이들 간에는 동사를 문장의 핵심어로 본다는 공통점이 있는데 이 점을 가장 극명하게 드러내고 있는 것이 바로 일찍이 Fillmore가 제안했던 격 문법의 모형이다. 사실은 일찍이 전통문법에서도 논항과 동사간의 의미나 기능적 관계를 격이라는 이름으로 불렀었기에 어떤 의미에서는 그의 문법 모형은 일종의 현대화된 고전적 모형이라고 볼 수도 있다. 그러나 그보다 더 중요한 점은 그의 이론은 통사론과 의미론을 하나로 통합시키려는 훌륭한 시도였다는 점이다.

그런데 이 문제와 관련하여 특별히 주목할 사실은 그동안에 통사론과 의미론간에는 중요한 공통 분모가 있기 때문에 그들의 통합화 작업이 생각만큼 어려운 것은 아니라는 사실을 실증적으로 보여준 사람이 양측 모두에게 있었다는 점이다. 우선 통사론자 중에서 이런 노력을 한 사람으로는 Katz와 Fodor, Postal, McCawley 등을 들 수가 있다. 예컨대 Katz는 의미 수형도와 함께 「chase(*x*, *y*)」와 같은 술어 논리법을 사용하게 되면 통사론과 의미론은 자연스럽게 하나로 통합된다고 주장했고, 또한 McCawley는 심층 구조를 더 심화 내지는 확대하고 변형부를 축소하게 되면 그런 통합화 작업은 보다 쉽게 이루어질 수 있다고 주장했다.

그 다음으로 논리학 측을 살펴볼 것 같으면 Carnap와 Montague가 그런 사람 중 대표적인 사람이다. 우선 Carnap은 Frege의 논리적 의미이론의 약점은 서술의 구조성을 논리적 규칙에 의하여 밝히는 부위인 통사부가 설정되어 있지 않은 점이라고 보고서, 논리적 통사부의 기능과 작동절차에 대한 설명이 중심이 되는 의미이론을 새로 만들었다. 그는 특히 언어에 대한 논리적 분석의 목적을 형이상학적 문제와 같은 유사 문제와 경험주의적으로 검증될 수 있는 진정한 지식에 대한 문제를 구별해 내는 데 두어야 하기 때문에, 이른바 과학적 언어만이 분석의 대상이 되어야 한다고 내세웠다. 그는 「언어의 논리적 통사론(Logische Syntax of Sprache)」에서 여러 언어 중 이런 과학적 언어의 선택은 결국에 그가 말하는 관용의 원리에 의해서 이루어지기 마련인데, 이렇게 선택된 언어는 서술이나 문장의 문법적 구조성은 분석할 수 있는 부위인 통사부가 중핵에 자리하는 언어라고 주장하기도 했다.

그 다음으로 Montague는 자연언어를 제대로 분석할 수 없는 논리언어는 진정한 논리 언어가 아니라는 생각, 다시 말하자면 제대로 된 논리언어라면 그것은 응당 자연언어를 분석하는 데 최선의 도구로 쓰일 수 있는 것이어야 한다는 생각을 가지고서, 자기 특유의 논리적 모형을 개발했다. 물론 그가 말하는 자연언어란 문법적 구조체로서의 언어가 아니라 의미적 표현체로서의 언어이었다. 다시 말해서 그는 Chomsky의 문법이론의 치명적 문제점은 의미의 문제를 배제시킨 것이라는 점이라고 판단하고서 그의 것과는 거의 정반대적인 언어이론, 즉 의미적 현상을 분석의 주된 대상으로 삼는 언어이론이야말로 앞으로 언어학자들이 추구해야 할 언어이론이라고 생각했다.

그래서 그의 의미론에서는 함의나 양화사, 중의성 등과 같은, 간단히 말해서 그동안까지 문법학이나 통사론에서 가장 난해한 문제로 판명된 문제들을 집중적으로 분석했는데, 이렇게 하는 것이 바로 작게는 그가 제안하는 논리적 분석모형이 Chomsky의 통사적 분석모형보다 언어 이론상으로 낫다는 것을 실증하고, 크게는 통사론은 결국에 의미론 내에 포섭될 수 있다는 것을 보여줄 수 있는 최선의 길이었기 때문이다. 이 의미론에서 이런 꿈이 이루어질 수 있게 하는 데 제일 큰 기여를 한 사람은 Partee인데. 그의 이론에 따르자면 「복합적 표현의 의미는 그것의 부분들과 그들을 결합시키는 통사적 규칙들의 의미의 한 기능」이라는 합성성의 접근법이 쓰이고 있는 한 통사론은 이미 의미론 내에 포섭된 것이나 다름이 없다는 것이었다. 실제로 그를 위시한 많은 Montague 학파 사람들은 Montague 의미론이라는 술어 대신에 Montague 문법이라는 술어를 더 즐겨 사용했다.(Janssen, 2006, p567)

3) 주요 쟁점의 설정

너무나 당연한 일인지 모르겠지만 문장 의미론의 등장으로 논리상 어휘 의미론에서는 제대로 노출될 리가 없는 현상들이 새로운 언어분석의 쟁점이나 문제점으로 부상되게 되었는데, 이런 것들 중 가장 대표적인 것들이 바로 함의를 비롯하여 전제, 양화사 등의 현상들이었다. 이와 관련하여 무엇보다도 중요한 사실은 이런 문제점은 통사론에서도 똑같이 언어연구의 주도적 주제로 자리 잡게 됨으로써, 결과적으로는 의미론과 통사론이 서로 연합되는 촉매제의 역할을 수행하게 되었다는 점이다. 이들 주제들을 놓고서의 양쪽간의 경쟁은 한편으로 볼 것 같으면 의미론과 통사론 중 어느 것이 언어학의 주도권을 잡느냐를 결정짓는 일의 기초가 되었고, 다른 한편으로 볼 것 같으면 언어의 실체를 파악하고 분석하는 일은 생각만큼 쉬운 일이 아니라는 것을 모두가 깨닫게 되는 계기를 마련하기도 했다.

(가) 함의와 전제

먼저 그동안에 어떻게 함의와 전제의 문제가 언어연구의 주요 쟁점의 하나로 자리 잡게 되었는가를 살펴볼 것 같으면 원래가 명제 논리학이란 여러 명제 간의 논리적 관계를 밝히는 학문이어서 그런지 일찍이 Aristotle 때부터 함의와 전제라는 두 개념을 중추적 개념으로 사용해 왔다. 다시 말해서 명제 논리학에서는 일찍부터 두 명제 간의 관계에는 부정관계(~)를 비롯하여 결합관계(&), 선언관계(V, w), 함의관계(→,⊃,⊧), 동등관계(≡) 등의 다섯 가지가 있다고 볼 정도로 함의관계를 중요시해 왔는데, 사실은 동등관계는 두 개의 함의관계가 공존하는 경우를 가리키는 것이니까 실제로는 이것을 이들 다섯 가지 중 가장 중요한 관계로 보아 왔다고 볼 수가 있다.

그런데 이 문제를 통해서도 명제 논리학의 기본 발상법은 거의다가 그 옛날에 Aristotle에 의해서 제안된 것이나 다름이 없다는 사실을 확인할 수가 있다. 예컨대 그는 어떤 명제도 다른 명제와 그것의 모순문을 같이 함의 할 수는 없다는 말을 했었는데, 그 후 이 말의 타당성을 검토하는 일이 명제 논리학의 주요과제로 자리 잡게 된 것이다. 물론 상식적으로 생각하자면 예를 들어 「His answer surprised us.(그의 응답은 우리를 놀라게 했다.)」라는 문장은 곧 「He answered.(그는 응답했다.)」와 「We were surprised.(우리는 놀랐다.)」라는 문장을 함의하고 있다는 것은 이들 문장 간의 논리적 관계의 전부나 다름이 없기에 함의에 대한 정의나 이론은 아주 단순하고 자명한 것으로 생각할 수 있다. 다시 말해서 누구에게나 일단은 Aristotle이 제안했던 함의라는 발상법은 논리적 논의나 판단의 가장 기초적인 진리처럼 보일 수 있다.

그런데 사실은 그렇지가 않다. 앞의 예에서의 함의관계는 주부인 「His answer」에서 「He answered」가 도출되고, 술부인 「surprised us」에서 「We were surprised」가 도출되는 식으로 한 명제의 의미구조 자체에 내포되어 있는 것이다. 그렇지만 「Where did John find his brother?(존은 어디에서 형제를 찾았니?)」라는 문장과 「John was not the only son of parents.(존은 그의 부모의 외동아들은 아니었다.)」라는 문장 간의 함의관계는 분명히 한 명제의 의미구조 자체와는 아무런 관련이 없다. 다시 말해서 이 예로 보아서 한 명제가 다른 명제를 함의한다는 것이 반드시 그것의 의미표시는 함의된 명제의 의미를 포함하고 있다는 의미는 아니라는 것을 알 수가 있다.(大塚, 中島, 1982, p.398)

두 명제 간의 함의관계를 분석하거나 기술하는 문제가 얼마나 까다로운 일인가 하는 것을 단적으로 알아 볼 수 있는 방법은 아마도 그동안까지의 함의 이론의 발전 과정을 살펴보는 것일 것이다. Read의 글에 의할 것 같으면 p라는 명제로부터 q라는 명제가 도출되는 현상을 놓고서 처음으로 「p는 q를 함의한다.(entail)」라는 표현이 쓰인 것은 1922에 나온 Moore의 「외적 및 내적 관계(External and Internal Relations)」라는 논문에서였는데, 사실은 그 이전에 이미 이것에 관한 이른바 고전적 이론이 있어왔다.(Read, 1994, p.1140)

고전적 함의 이론의 첫 번째 특징은 이것에서는 함의한다라는 말 대신「함언한다(imply)」라는 말이 쓰였다는 점인데, 이 사실 하나만으로도 함의는 정확한 정의가 쉽게 내려질 수 없을 만큼 복잡한 현상이라는 것을 알 수가 있다. 그중 두 번째 것은 p는 참이고 q는 거짓일 수 없는 경우에 「p는 q를 함의 한다.」고 말한다는 주장은 지극히 원론적인 것에 지나지 않는다는 점이다. 고전적 이론의 이런 약점을 제일 먼저 지적하고 나선 사람은 Lewis인데 그는 1912년에 낸 「함언과 논리의 대수학(Implication and the Algebra of Logic)」이라는 논문에서 「엄밀 함언」이론을 내세웠는데, 이것이 바로 함의에는 으레 패러독스적인 문제점들이 숨겨져 있다는 것을 처음으로 지적한 이론이었다.

그의 견해에 따르자면 함의란 「모순되거나 불일치한 명제들도 일정한 명제를 함의할 수 있어서 결국에는 필요한 명제는 어떤 명제에 의해서도 함의될 수가 있는 야릇하면서도 반 직관적인 결과」를 적지 않게 산출하는 현상이었다. 그래서 그는 모든 논거는 추상적으로는 직관적으로 건전한 단계에 따라서 이루어질 것이고, 구체적으로는 「p와 −p가 아닌 것으로부터 우선 p와 p또는 q로 진행되고, 그 다음에는 −p 아닌 것과 q로」 진행되는 식으로 이루어질 것을 제안했다. 그런데 이런 발상법은 그의 독창적인 것이라기보다는 파리의 「프티퐁(Petit-Pont)」 학파의 것을 다시 체계화한 것으로 보는 것이 맞는 일이었다. 그러니까 적어도 12세기부터 논리학자들 사이에서는 고전적 함의 이론에 대한 수정이론이 나오기 시작한 것이다.

그런데 Lewis의 엄밀 함언이론이 갖는 특별한 의의는 이것이 수정이론의 기본적인 모형이 되어서 그 후 계속적으로 새로운 의견들이 나오게 되었다는 점이다. 우선 20세기 초에 Rusell은 「물질 함언」 이론이라는 것을 내 놓았는데, 따지고 보자면 이것은 일찍이 Lewis가 제안했던 엄밀 함언이론을 이름만 바꾼 것에 지나지 않았다. 다시 말해서 이것에서도 Lewis의 이론에서처럼 p가 거짓이거나 q가 참인 경우에도 p는 q를 함의하게 된다는 주장, 즉 참인 함의는 어떤 명제로부터도 도출될 수 있다는 주장을 펴고 있었다. 결국 그도 함의적 패러독스를 논리적 패러독스 중 가장 끈질긴 것의 하나로 본 것이다.

또한 Anderson과 Belnap이 1975년에 낸 두 권으로 된 「함의(Entailment)」는 두 가지 면에서 주목을 받기에 족한 책이었다. 그중 첫 번째 것은 여기에서는 「함의 논리」 라는 이름 밑에 Lewis의 필요성의 조건과 Ackermann의 관련성의 조건을 하나로 통합시킨 이론이 제안되었다는 점이었고 , 그중 두 번째 것은 함의의 문제는 바로 명제 논리학의 전부나 다름이 없이 복잡하고 난해한 문제라는 것을 실증한 책이라는 점이었다. 함의의 문제를 책 두 권에 이를 만큼 깊고 방대하게 검토했다는 점은 높이 살만한 점이지만, 그것을 미해결 상태로 남겨 두었다는 점에 있어서는 옛날과 달라진 것이 없었다.(Ibid, p.1140)

이와 거의 같은 시기에 나온 또 하나의 수정 이론은 Wright와 Greach에 의한 「대치」 이론이었는데, 이들은 「p는 q를 함의한다.」로 표현되는 건전한 함의는 고전적으로 타당한 함의로 인정 되어온 대치현상만으로 제한되어야 한다고 주장했었다. 그들이 말하는 대치는 「A→B」처럼 표기 될 수 있는데, 여기에서의 A는 논리적으로 거짓이 아니고 B는 논리적으로 참이 아니었다. 또한 이 무렵에 McCall은 함의에 대한 일종의 종합적인 정의로서 「(p→q)→~(p→~q), ~(p→~p), ~((p→q) (p→~q))」와 같은 「연결기호 논리」를 개발하기도 했는데 그러자 이것이 실제로 의미해석에 쓰일 수 있으려면 아직은 제대로 밝혀지지 못한 많은 절차적 원리들이 동원되어야 한다는 점을 들어서 Routley와 Montgomery는 이것의 타당성과 유용성에 대해서 깊은 회의를 표시하기도 했다.

그런데 명제간의 논리관계를 구명하는 데 있어서는 으레 함의라는 개념과 함께 전제(presupposition)라는 개념도 쓰이기 마련인데, 일단 전제를 하나의 명제(B)가 참이기 위해서는 반드시 참인 것으로 상정되어야하는 명제 (A), 즉 「B≫A」처럼 표기될 수 있는 관계에서의 A로 정의하고 볼 것 같으면 이것도 일종의 함의라는 것을 쉽게 알 수가 있다. 물론 굳이 따지자면 함의는 제2의 명제의 도출 방향이 전방 쪽인 데 반하여 전제의 그것은 후방 쪽인 식으로 양자 간에는 차이가 전혀 없는 것은 아니다. 그러나 한 명제의 진위를 가리는 데 논리적 기준으로 쓰인다는 점에서는 양자 간에는 아무런 차이가 없다고 볼 수 있다. 넓게 보자면 그러니까 전제도 일종의 함의인 것이다. 예컨대 앞에서 살펴본 「His answer surprised us.」의 전제로는 「We didn't expect him to answer.」를 생각할 수 있는데 엄격한 의미에서 이것과 「He answered.」를 구별하는 것은 쉬운 일이 아니다.

그게 그렇다는 것을 익히 알고 있어서 그런지 일찍부터 논리학에서는 함의를 고전적인 것과 전제적인 것의 두 가지로 나누어 왔었다. 그런데 문제는 전제의 실체가 생각만큼 단순한 것이 아니어서 결과적으로는 그런 이름으로 함의와 전제를 구별하는 것 자체가 무의미해질 가능성이 높다는 데 있다. 예컨대 Sueren(1994)의 논문에서는 먼저 고전적 함의의 예로서 1a) 「The king has assassinated. ⊧ The king is dead.(왕은 암살되었다. ⊧ 왕은 죽었다.)」와 1b) 「Nob works hard. ⊧ Nob works.(놉은 열심히 일을 한다. ⊧ 놉은 일을 한다.)」 등의 두 가지를 든 다음에, 전제적 함의의 예로서 2a) 「Nob lives in Manchester.≫There exists someone called Nob.(놉은 맨체스터에 산다.≫놉이라는 이름의 누군가가 실존한다.」 2b) 「Sue has forgotten that Nob was her student.≫Nob was Sue's student.(수는 놉이 그녀의 학생이라는 것을 잊어버렸다.≫놉은 수의 학생이었다.)」 2c) 「Nob has come back.≫Nob went away.(놉은 돌아왔다.≫놉은 달아났다.)」, 2d) 「Nob still lived in Manchester.≫Nob lived in Manchester before.(놉은 아직도 맨체스터에 산다.≫놉은 전에 맨체스터에 살았었다.)」 등의 네 가지를 들고 있는데, 이것 하나만으로도 함의의 현상보다 오히려 전제의 현상이 훨씬 더 복잡하고 까다롭다는 것을 익히 알 수가 있다.(Sueren, 1994, p.3311)

그런데 사실은 전제적 함의의 예를 이처럼 네 가지나 든 이유는 크게 보았을 때 지금까지의 이것에 대한 논의의 발전과정은 네 단계로 나뉘어 질 수 있기 때문이었다. 우선 2a)는 「존재적 전제」의 한 예로서 원래 철학에서의 전제이론은 바로 이런 현상에 대한 논쟁으로부터 나왔었다. 그 다음으로 2b)는 that절의 진리성이 전제의 대상이 된다고 해서 Kiparsky 형제가 일찍이 「사실적 전제」라고 이름 붙인 것에 대한 예이고, 세 번째로 2c)는 「come back」과 같은 술어의 어휘적 의미로부터 직접적으로 도출된 것이라고 해서 「범주적 전제」로 보통 불리고 있는 것의 예이며, 네 번째로 2d) 는 「still」과 같은 부사로부터 도출된 것이라고 해서 보통「잉여 범주적 전제」로 불리고 있는 것의 예이었다.

그런데 전제적 함의에 대한 견해나 이론이 이런 식으로 일정한 발전 과정을 밟아 왔다는 것은 뒤집어 볼 것 같으면 과연 이것을 작게는 고전적 함의에 대한 일종의 대립 개념이고 따라서 넓은 의미에서는 이것을 함의의 범주 안에 넣는 것이 타당한 일인가가 문제가 될 수 있다는 증거일 수도 있었다. 한 마디로 말해서 여기에서 고전적 함의로 불리고 있는 현상은 분명히 명제논리적 분석의 대상이 되는 것이었는데 반하여, 여기에서 전제적 함의로 불리고 있는 현상은 논리학과 의미론, 화용론 등의 분석의 대상이 되는 것이기에 결국에는 이로써 이미 문제투성이였던 함의에 대한 이론이 설상가상 격으로 더욱 복잡해지는 결과를 가져오게 된 것이다. 그래서인지 이 논문에서는 전제적 함의에 대한 이론은 논리학적 이론이 아니라 화용적 이론일 수밖에 없으며, 따라서 「Aristotle 때 이래 이 현상은 표준적 논리학에 대한 하나의 위협」이 되고 있다고 보고 있다.(Ibid, p.3313)

두말 할 필요도 없이 함의와 전제가 논리학에서처럼 통사론에서도 주도적 연구 주제가 되었을 리가 없었는데, 그 이유는 궁극적으로 통사론자들의 주된 관심 사항은 문장의 형식성이나 구조성을 구명하는 일이지 그것의 의미성이나 진위성을 밝히는 일은 아니었기 때문이었다. 예컨대 Chomsky의 문법이론에서는 문장의 의미는 일종의 잉여적 문제일 따름이어서 그것의 전제나 함의사항을 다룬다는 것은 아예 고려할 필요조차 없었다. 그가 보기에는 논리적으로는 해결 못하는 동일 구조성의 문제를 통사론적으로는 해결 할 수 있다는 것을 보이는 것이 곧 통사론이 의미론의 발전에 기여하는 길이었다.(예: She is easy to teach. vs She is eager to teach.)

그런데 그의 문법이론에서의 의미문제에 대한 이런 강경한 입장은 머지않아서 그를 따르던 통사론자들을 주류파인 해석의미론자와 비주류파인 생성의미론자로 양분시키는 결과를 낳고 말았는데, 무엇보다도 특기할 점은 이때에 등장한 생성의미론자들의 이론들은 모두가 크게는 의미론 기반적인 것이고 작게는 명제논리학 기반적인 것들이라는 점이다. 이들 간의 싸움은 결국에 주류파의 승리로 결판이 나서 결과적으로 통사론은 다시 처음처럼 탈의미성이라는 대원칙을 굳건하게 지키게 되었지만, 그렇다고 해서 이런 유의 통사론에는 으레 결정적 한계성이 있기 마련이라는 생성의미론자들의 주장이 사라져버리는 것은 아니었다.

그런데 공교롭게도 의미해석의 문제로 Chomsky의 표준이론이 확대표준이론으로 수정되면서 그것의 단점이 보완되는 것이 아니라 거꾸로 더 분명하게 드러나게 된 것이 바로 이런 언어학적 싸움의 발단이 되었다. 원래 표준이론에서는 모든 의미해석은 심층구조에서 이루어지며, 따라서 변형절차에 의해서 만들어진 표층구조는 의미해석과는 아무런 관계가 없게 되어있었다. 그렇지만 머지않아서 예컨대 「Beavers build dams.(비버는 댐을 짓는다.)」와 그것을 수동화 시킨 「Dams are built by beavers.(댐은 비버에 의해서 지어진다.)」라는 문장의 의미가 동일하지 않다는 사실이 밝혀지면서, 의미해석의 일부는 표층구조에서 이루어지는 식으로 문법모형이 바뀌었다.(능동문에서의 댐은 그중 일부를 가리키고 있고, 수동문에서의 그것은 그것의 모두를 가리키고 있다.)

그러자 기다렸다는 듯이 McCawley와 Postal,와 Ross, Lakoff 등과 같은 생성의미론자들은 그래도 여전히 Chomsky의 문법모형은 문장의 정형성이나 문법성을 제대로 기술하기에 부적절한 것이기에, 간단히 말해서 통사적 절차와 의미적 절차간의 구별이 사라지는 식으로 의미해석 중심의 문법모형이 새로 만들어져야 한다고 주장하고 나섰다. 이들의 주장 중 특기할 것은 심층구조의 크기와 역할이 더 커져서 예컨대 「Mary sold the book to John.(메리는 존에게 그 책을 팔았다.)」와 「John bought the book from Mary.(존은 메리로부터 그 책을 샀다.)」는 결국 동일한 의미표현체로 표현될 수 있어야 한다는 것과, 문장 도출작업을 위한 최초의 표현체는 일종의 논리적 표현체로 이것은 모든 언어의 보편적 기저가 된다는 것 등이었다.(Newmeyer, 2010, p.205)

여기에서 우리는 상식적 판단만으로도 이들의 의미론 기반적 통사나 문법이론은 문장의미에 대한 연구를 이미 상당한 수준까지 올려놓은 기존의 명제 논리학적 이론으로부터 일정한 도움이나 영향을 받았을 가능성이 충분히 있다고 추리할 수가 있는데, 이런 추리의 정당함을 익히 뒷받침할 수 있는 것이 바로 이 무렵에 Lakoff가 발표한 「전제와 상대적 정형성(Presupposition and relative well-formedness)」라는 논문이다. 우선 전제의 현상을 문장의 의미를 해석하는 데 있어서 함의의 현상과 함께 중요한 요소로 삼아야한다는 생각을 제일 먼저 착안한 사람은 논리학자라는 사실, 즉 전제는 이미 잘 알려진 논리학적 술어라는 사실을 잘 알고 있는 전통적 통사론자라면 이 제목의 파격성에 놀라움을 느끼게 될 것이다. 물론 정형성이란 술어는 Chomsky와 같은 엄격한 통사론자들이 만들어낸 것이다. 그러니까 누구나 제목만으로도 이 논문은 명제 논리학과 통사론 간의 벽을 허물려는 한 시도라는 것을 쉽게 알 수가 있다.(Lakoff, 1971, pp.333~335)

이 논문을 통해서 Lakoff가 내세우고자 하는 바는 간단히 말해서 Chomsky가 말하는 한 문장의 문법성이나 정형성은 궁극적으로 보자면 일종의 허구적 개념이고 현실적으로는 불완전한 개념에 불과하다는 것이다. 예컨대 그는 표준이론의 원전격인 「통사적 이론의 양상」에서 「선택적 제약」이라는 장치에 의해서 「The man is sleeping.(그 남자는 자고 있다.)」 같은 정문은 산출하면서도 *「The salami is sleeping.(그 살라미는 자고 있다.)」과 같은 비문은 그렇게 하지 못하는 문법을 만들 수 있다고 주장했다. 물론 그가 말하는 선택적 제약이란 철저하게 형식주의적인 것이었다.

Lakoff가 보기에는 Chomsky의 이런 발상법은 크게 세 가지 점에서 결정적인 문제점을 지니고 있었는데, 그중 첫 번째 것은 그가 선택적 제약이라는 이름으로 쓰고 있는 의미적 자질법은 주로 명사의 종류를 구분하는 용도로만 쓰일 수 있을 뿐이어서 동사의 종류를 구분하는 데는 그것과 전혀 다른 기술법인 문맥적 내지는 연어적 제약법을 쓰게 된다는 점이었다. 그중 두 번째 것은 명사의 종류를 예컨대 동물성이나 물질성 등의 몇 가지 의미적 자질만으로 구분한다는 것은 불가능하다는 점이었고, 그중 세 번째 것은 문장에는 단문 외에 중문이나 복문도 있는데, 이들의 정형성을 이런 기술법으로 밝히는 것은 불가능한 일이라는 점이었다.

그는 이런 한계성을 극복할 수 있는 최선의 방법은 문장의 정형성은 형식적 기준이 아니라 전제와 같은 의미적 기준에 의해서도 정해진다는 식의 새로운 문법이론을 도입하는 것이라고 보았다. 우선 그는 한 문장의 문법성이나 정형성은 언제나 개인의 신념과 상정에 의존하게 되어있다고 주장하고 나섰다. 예컨대 그는 「Jane is a sloppy housekeeper and she doesn’t take baths either.(제인은 너절한 가정부이고 목욕도 하지 않는다.)」는 하나의 정문인데 반하여 *「Jane is a neat housekeeper and she doesn't take baths either.」는 그렇지 못한 것은 바로 화자는 으레 「A는 not B를 함의하리라.」라고 전제하고 있다는 것을 여실히 드러내주는 한 예라고 보았다.

또한 그는 전제를 하는 능력은 인간의 언어능력 중 기본이 되는 것이기에 그것이 동사의 종류를 나누는 기준이 될 수 있다고 보았다. 예컨대 「Max claimed that the toothbrush was pregnant.(맥스는 그 칫솔이 임신했다고 주장했다.)」와 「Max wished that his toothbrush were pregnant.(맥스는 그의 칫솔이 임신하기를 원했다.)」라는 문장에서는 목적절의 내용을 화자가 전제하고 있지 않고 있는 데에 반하여, 「Max expected his toothbrush to be pregnant.(맥스는 그의 칫솔이 임신하기를 기대했다.)」와 「Max anticipated that his toothbrush would be pregnant.(맥스는 그의 칫솔이 임신하리라고 예측했다.)」라는 문장에서는 그것을 화자가 전제하고 있다는 사실로써 화자가 전제나 신념을 가졌느냐 그렇지 않느냐에 의해서 본문에 쓰일 수 있는 동사의 종류가 달라진다는 것을 익히 알 수 있었다.

세 번째로 그는 전제 자유적 통사론으로는 미래시제 조동사인 「will」이 생략되는 현상을 설명할 수 없다는 사실을 내세웠다. 예컨대 *「I get a cold tomorrow.(나는 내일 감기 든다.)」라고 말할 수는 없고 「I will get a cold tomorrow.(나는 내일 감기가 들 것이다.)」라고 말할 수 있는 점으로 미루어 보아서는 「I get my paycheck tomorrow.(나는 내일 봉급을 받는다.)」라고 말할 수 없을 것 같은데 실제로는 그렇지가 않은데, 그가 보기에는 그 이유는 바로 「감기에 걸린다.」는 데 대한 것과는 다르게 「봉급을 받는다.」는 데 대한 화자의 전제나 신념이 확실하기 때문이었다. 이와 동일한 예로는 「Sam gets a day off tomorrow.(샘은 내일 쉰다.)」는 정문이지만 *「Sam enjoys his day off tomorrow.(샘은 내일 휴일을 즐긴다.)」는 비문이어서 그것을 「Sam will enjoy a day off tomorrow.(샘은 내일 휴일을 즐길 것이다.)」처럼 말하게 되는 예를 들 수 있었다. 결국 「will」 조동사를 생략할 수 있느냐 없느냐를 결정짓는 것은 통사론적인 문제가 아니라 전제와 같은 의미론적 문제이었던 것이다.

(나) 양화사

i) 논리학에서의 연구

그동안 전제와 함의의 현상을 놓고서는 논리학과 통사론이 서로 다른 길을 걸어왔는데 반하여 양화사의 현상을 놓고서는 이들이 거의 같은 길을 걸어왔다고 볼 수가 있는데, 그 이유는 아마도 양화사는 원래가 전제나 함의와는 다르게 형식적 실체를 가진 하나의 한정어나 수식어이기에, 문장의 진리치를 결정짓는 데 있어서뿐만 아니라 그것의 문법성을 결정짓는데 있어서도 중요한 요소로 작용하게 되어있기 때문일 것이다. 우선 이 문제에 관한 한 현재까지의 연구업적으로 보았을 때는 통사론이 논리학보다 앞섰다고 볼 수가 있다. 그렇지만 먼저 이 문제가 언어연구의 주된 대상으로 부상된 것은 논리학에서였다. 구체적으로 말해서 통사론에서 이 문제를 집중적으로 연구하기 시작한 것은 지금으로부터 2, 30년 전에 불과하지만 논리학에서 그렇게 하기 시작한 것은 적어도 Frege가 이것을 「서술어의 서술어」로 정의하고 나선 시기, 즉 지금으로부터 6, 70년 전이었다. 그러니까 바로 이로써 언어연구의 역사상 처음으로 논리학이 통사론을 선도한 결과 결국에는 두 학문이 어느 문제를 공통의 연구 주제로 삼게 되는 현상이 나타나게 된 것이다.

「all」이나 「some」과 같은 양화사가 명제의 진리치를 결정짓는 데 중요한 요소로 작용한다는 사실을 제일 먼저 착안한 사람은 바로 Aristotle이었다. 그의 3단 논법은 만약에 「All A are B.(모든 A는 B이다.)」이고 「All B are C.(모든 B는 C이다.)」이면 「All A are C.(모든 A는 C이다.)」라는 결론을 얻는다는 식으로 되어있듯이, 그는 논리적으로 타당한 추리절차에 있어서는 으레 양화사가 있는 명제가 다루어지기 마련이라고 생각했다. 그는 물론 나름대로의 양화사 이론도 만들어냈는데 아래의 도표처럼 표현될 수 있는 이른바 「대립 사각형」의 이론이 바로 그것이다.

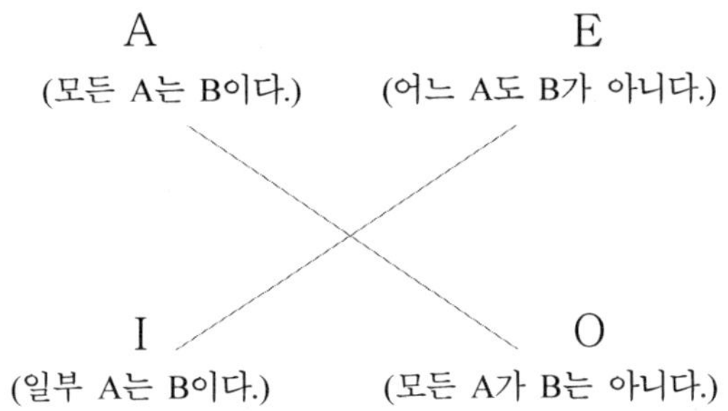

여기에서 쓰이고 있는 양화사는 전칭 양화사(all: 모든)와 특칭 양화사(some: 일부), 전칭 부정 양화사(no: 어느 것도 ~ 아닌) 등의 세 가지뿐인데, 우선 이들이 쓰인 명제 간의 관계를 밝히는 것만으로도 논리적 추리절차의 기본은 세워질 수 있다고 그는 본 것이다. 그의 판단이 틀린 것이 아니라는 것은 여기에 나와 있는 네 가지 명제 간에는 분명한 논리관계가 있다는 사실만으로 누구나 쉽게 알 수가 있다. 예컨대 왼쪽에 있는 두 명제는 긍정적인 것이고, 오른쪽에 있는 두 명제는 부정적인 것인데 반하여, 위층에 있는 두 명제는 전칭적인 것이고 아래층에 있는 두 명제는 특칭 내지는 부분적인 것이니까, 이들 간에는 일정한 논리관계가 성립되게 되어있는 것이다. 이들 명제들의 라틴어 이름의 첫 글자를 따서 그는 우선 긍정적 명제들을 위 것은 「A」로 부르고 아래 것은 「I」로 부르는 식으로 구분하였고, 그 다음에는 부정적 명제들을 위 것을 「E」로 부르고 아래 것은 「O」로 부르는 식으로 구분할 수 있었다.

물론 그는 이들 명제 간의 논리적 관계도 첫 번째로는 위층에 있는 명제들은 각각 아래층에 있는 명제들을 함의하게 되어있으며, 두 번째로는 위층에 있는 두 명제는 둘 다 참일 수 없으며, 또한 아래층에 있는 두 명제도 둘 다 거짓일 수 없다는 식으로 명시하였다. 다시 말해서 이들 네 명제들은 긍정문과 부정문을 대립시키는 수직적 축과 전칭문과 부분문을 대립시키는 수평적 축의 두 축에 의해서 구분되어 있으니까 이 그림은 결국 「양화사의 이원성」을 잘 드러내주고 있는 셈이었다.(Eijck, 1994, p.3423)

20세기 초에 Frege가 제안한 제1위 논리학은 쉽게 말해서 양화 이론에 근거한 논리학이었는데 그게 그렇다는 것은 이른바 「∀」와 「∃」와 같은 표준 양화사가 최초로 소개된 것도 바로 그의 논리학에서였고, 한 명제에 하나 이상의 양화사가 나타날 수 있게 함으로써 Aristotle의 양화사 이론의 단점을 보완할 수 있었던 것도 바로 그의 논리학에서였다는 사실 하나만으로도 익히 확인할 수가 있다. 그의 양화이론의 특징은 물론 편리한 논리적 표기법이 양화사문을 기술하는 데 쓰이게 되었다는 점일 텐데, 예컨대 Aristotle의 대립 사각형에 나오는 네 가지 명제들은 아래처럼 번역될 수 있었다.(⤳: 번역)

모든 A는 B이다. ⤳ $\forall x\ (Ax \rightarrow Bx)$
일부 A는 B이다. ⤳ $\exists x\ (Ax\ \&\ Bx)$
어느 A도 B가 아니다. ⤳ $\forall x\ (Ax \rightarrow -Bx)$
모든 A가 B는 아니다. ⤳ $-\forall x\ (Ax \rightarrow Bx)$

그의 표기법으로는 또한 「적어도 두 A는 B이다.」와 같은 숫자적 제약문도 어렵지 않게 표기될 수 있었다. 예컨대 이 문장은 「$\exists x \exists y\ (x \neq y\ \&$

Ax & Ay & Bx & By)」처럼 표기될 수 있었다. 그러니까 이런 방식에 의해서는 「최소n」과 「최대m」과 같은 양화사 제약문도 익히 표기될 수 있게 된 것이다. 그 외에 무엇보다도 달라진 점은 이 표기법으로는 두 개의 양화사가 쓰이고 있는 문장 즉, 양화사 조립문을 쉽게 표기할 수 있게 되었다는 점이었다. 예를 들어 「Every prince sang a ballad.(모든 왕자는 발라드를 불렀다.)」라는 문장은 「$\forall x(Px \rightarrow \exists y(By \ \& \ Sxy))$」처럼 표기될 수 있었다.

이렇게 보자면 결국에 그의 표기법의 위력은 모든 종류의 자연언어를 제일위적 논리형태로 익히 번역할 수 있다는 데 있었던 것인데, 이런 사실을 실증할 수 있는 좋은 사례가 바로 중의문의 탈중의화 절차이었다. 예컨대 앞의 문장을 수동화시킨 것인 「One ballad was sung by every prince. (하나의 발라드가 모든 왕자에 의해서 불리었다.)」라는 문장은 제일위적 논리적으로는 「$\exists y(By \& \forall x(Px \rightarrow Sxy))$」와 「$\forall x(Px \rightarrow \exists y(By \ \& \ Sxy))$」의 두 형태로 번역될 수 있기에, 이것이 「one ballad」가 「어느 정해진 발라드」로나 「각각 서로 다른 발라드」로 해석될 수 있는 하나의 중의문이라는 사실이 쉽게 밝혀질 수 있었다.

그러나 Frege의 양화사 이론은 완전한 것이 못 되었다. 그래서 그 이후의 이론들은 모두가 그의 이론과 표기법의 단점들을 수정하고 보완하려는 노력의 실현체이었다. Eijck의 견해에 따르자면 그의 표기법은 크게 1) 명사구를 별도의 구성소로 다루고 있지 않다는 점과, 2) 자연언어를 논리적 표현체로 번역하는 절차가 다분히 자의적이라는 점, 3) 「most」와 같은 비표준적 양화사를 다루는 방법이 마련되어 있지 않다는 점 등의 단점을 가지고 있기에, 이들을 바로잡는 일이 곧 양화사 이론을 발전시키는 일이 되게 되어 있었다.(Ibid. p.3424)

이런 개선작업은 그 후 내내 Mostowski를 비롯하여 Montague, Barwise,

Cooper 등에 의해서 이루어졌는데, 이들의 노력은 이론상으로는 양화사를 한 담화 영역내의 두 하위 세트 간의 관계로 보는 「관계적 전망 이론」을 완성시키는 데 집중되었고, 표기법상으로는 람다 추상법을 효과적으로 씀과 동시에 두 세트 간의 관계가 드러날 수 있는 일반화된 양화사 표기법을 효과적으로 쓰는 데 집중되었다. 이 중에서도 특별히 눈에 띄는 점은 이런 노력이 계속되면서 모두가 양화사가 부가된 명사구를 성분 분석적으로 기술하는 데는 람다 추상법만한 것이 없다는 점을 확인하게 되었다는 사실이었다.

그 말은 곧 그 후 내내 논리적 분석 작업에서는 으레 람다 추상법이 일종의 보편적 표기법으로 쓰이게 되었다는 말이나 같은 말인데, 그것을 사실적으로 실증할 수 있는 것이 「Every mermaid hummed a song.(모든 인어가 한 노래를 흥얼거렸다.)」라는 양화사 조립문은 람다 추상법을 사용했을 때만 제대로 분석될 수 있다는 사실이다. 먼저 이보다 단순한 문장인 「Every woman smiled.(모든 여자는 웃었다.)」를 이런 식으로 표기해볼 것 같으면 그것은 「(every(λ*x* W*x*))(λ*y*·S*y*)」처럼 된다. 그런데 이 문장처럼 타동사+목적어와 같은 하나의 동사구가 술어로 쓰이는 경우에도 똑같은 표기법이 쓰일 수 있다. 예컨대 우선 이 동사구는 「λ*y*(a(λu.Su))(λ*z*·H*yz*)」처럼 표기될 수 있으니까, 「every (λ*x*·M*x*)」로 표기될 수 있는 주어부와 그것을 합치게 되면 결국 「(every(λ*x*·M*x*))(λ*y*·(a(λu.Su))(λ*z*·H*yz*))」와 같은 문장 전체에 대한 표현을 얻을 수 있게 되는 것이다. 또한 여기에서 「*Xz.Mx*」와 「λu.Su」라는 표현대신에 각각 「M」과 「S」라는 기호를 쓰게 되면 그것은 「(every(M))(λ*y*.(a(S))(λ*z*·H*yz*)」처럼 단순화될 수 있다.(Ibid, p.3425)

자기네들의 연구열과 연구량이 증가되면 증가될수록 역설적으로 이들은 자연언어에서 실제로 쓰이고 있는 양화사의 종류는 생각보다 훨씬 많기 때문에, 양화사문을 논리적으로 표현하고 분석하는 문제는 명제 논리학 자체의 발전과정을 결정지을 수 있을 만큼 복잡하고 난해한 것이라는 사실을 확인하게 되었다. 그러니까 자연언어에 있어서의 양화사 현상에 대한 연구는 Aristotle 때부터 오늘날까지 쉬지 않고 이어지고 있는 셈이어서, 최근에 새로운 쟁점으로 부상된 문제점 중 대표적인 것으로는 「Four men walked.(네 사람이 걸어갔다.)」와 「The four men walked.(그 네 사람이 걸어갔다.)」가 동의문이 아닌 사실로 미루어 보아서 양화사 문제는 전제의 문제와도 밀접하게 연결되어있다는 점을 비롯하여, 「I saw two bears prepare sandwiches.(나는 두 곰이 샌드위치를 준비하는 것을 보았다.)」로부터는 「Two bears were preparing sandwiches.(두 곰이 샌드위치를 준비하고 있었다.)」라는 함의문이 도출될 수 있는 데 반하여 「I saw no bears prepare sandwiches.(내 눈에는 어느 곰도 샌드위치를 준비하고 있지 않았다.)」로부터는 「No bears were preparing sandwiches.(샌드위치를 준비하고 있는 곰은 하나도 없었다.)」라는 함의문이 도출될 수 없는 사실로 미루어보아서 지각 보고문에 있어서의 양화사의 문제는 일반문에 있어서의 그것과 적지 않게 다르다는 점 등이 있다.

이런 문제점 중에는 그 밖에 양화사의 개념은 예컨대 부사나 동사의 시제, 상 등에 의해서도 명시적 내지는 묵시적으로 표현될 수 있는 것이어서 양화화 문제는 결국에 문장 의미론의 영역에서뿐만 아니라 어휘 의미론의 영역에서도 다루어져야 한다는 사실도 들어있었다. 예컨대 「John has lived in Cambridge.(존은 캠브리지에 살아왔다.)」와 「John is an ex-convict.(존은 전과자이다.)」같은 문장은 분명히 양화화된 시간적 의미를 나타내고 있었다. 그리고 무엇보다도 주목을 끄는 사실은 어느 언어에서나 다양한 종류의 장소적 및 시간적 부사가 쓰이고 있어서, 결과적으로는 이른바 장소적 및 시간적 양화화 현상이 대단히 흔하게 나타나고 있다는 사실이었다. 예컨대 영어에서는 「everywhere, somewhere, nowhere」 등은 으레 장소적 양화사일 수 있고, 「always, sometimes, never, often」 등은 으레 시간적 양화사일 수 있었다.(Ibid, p.3429)

ⅱ) 통사론에서의 연구

앞에서 이미 말이 나왔듯이 Chomsky의 변형이론이 생성 의미론과 해석의미론으로 나뉘어질 당시의 주된 쟁점이 바로 문장의 의미해석을 심층 구조와 표층구조 중 어느 곳에서 이루어지게 하느냐의 문제였는데 이때 해석 의미론 측에서 내세운 주장이 의미의 일부는 심층이 아니라 표층에서 결정되게 되어있다는 것이었다. 그런데 사실은 해석 의미론자들이 이런 주장의 한 근거로 제시했던 것이 바로 양화사문의 중의성 현상이었다. 물론 이들은 변형 절차야말로 이런 문제를 해결하는 최선의 방법이라는 점을 강조했다. 예컨대 Jackendoff는 「Not many arrows hit the target.(많은 화살이 표적을 맞힌 것은 아니었다.)」와 「Many arrows didn't hit the target.(많은 화살이 표적을 맞히지 않았다.)」이 동의문이 아니라는 것은 「The target was not hit by many arrows.(표적이 많은 화살로 맞혀지지는 않았다.)」라는 수동문은 첫 번째 문장의 동의문이지 두 번째 문장의 동의문은 아니라는 사실로써 익히 알 수 있다고 주장했다. 다시 말해서 그는 첫 번째 문장의 의미가 「not[many arrows hit the target]」처럼 되어있다는 사실은 심층구조가 아니라 표층구조에서만 밝혀지게 되어있다고 주장했었다.

그러나 그 후 변형문법이론이 점점 발달되어나가면서 양화사의 문제를 다루는 방법도 적지 않게 달라지게 되었는데, 너무나 당연한 논리이겠지만 그 달라짐은 으레 새로워진 문법이론의 일부로서 그것과 일정한 조화를 이루고 있었다. 구체적으로 말하자면 우선 여기에서는 양화사의 작용역에 대한 문제는 양화사 인하나 양화사 상승과 같은 변형절차에 의해서 해결되게 되어있었다. 예컨대 지배와 결속이론에서는 기본적으로 양화사는 논리형태(LF)에서 하나의 운용자가 되어서 변항들을 결속하게 되어있었는데, 그보다 더 중요한 사실은 양화사는 여기에서 으레 한 가지의 이동변형을 하게 되어있어서, 결국에는 그것에 의해서 중의성의 문제가 해결되게 되어있다는 사실이었다.

이런 사실은 여기에서는 「A hippogryph is likely to be apprehended.(괴물 말은 붙잡힐 것 같다.)」라는 문장의 의미가 괴물 말의 작용역이 주절 전체가 되는 경우와 그것이 내포문으로 한정되는 경우의 두 가지로 나누어져 있다는 사실을 이것의 논리형식에는 a)「[s_1 A hippogryph $_i$ [s_1 e_i is likely [s_2 e_i to be apprehended]]]」와 b)「[s_1 e_i is likely [s_2 a hippogryph$_i$[s_2 e_i to be apprehended]]]」의 두 가지가 있다는 것을 명시함으로써 밝히게 된다는 사실로써 익히 확인할 수가 있다. 다시 말해서 a)에서는 양화사 인상에 의해서 「a hippogryph」가 주절인 s_1 에 부과되어있으며, b)에서는 양화사 인하에 의해서 그것이 s_2에 부가되어 있다.(原口, 中村, 1992, p.568)

이상과 같이 양화사구의 작용역 표시를 그것을 이동절차에 의해서 주문이나 내포문의 주어에 부가시키는 방법으로 하면 된다는 발상법을 처음으로 제안한 사람은 May(1977)였는데, 그는 이 이론을 양화사 인상이론이라고 불렀다. 앞에서 보았듯이 양화사 이동에는 크게 인하와 인상의 두 가지가 있을 수 있는데, 그가 연구한 바에 의할 것 같으면 모든 술어에 이들이 다 적용될 수 있는 것은 아니어서 예컨대 「be likely」와는 다르게 「be anxious」와 같은 술어의 경우에는 양화사 인하 이동은 불가능했다. 다시 말해서 「A hippogryph is anxious to be apprehended.(괴물 말은 붙잡힐 것을 열망한다.)」라는 말은 「[s_1 A hippogryph $_1$ [s_1 e_1 is anxious[s_2

e_1 to be apprehended]]]」처럼 분석이 될 수 있지만 *「[s_1 e_1 is anxious[s_2 a hippogryph$_1$[s_2 e_1 to be apprehended]]]」처럼 분석될 수는 없었다.

그런데 그는 이 두 번째 분석이 불가능한 이유를 설명하는 데 변형문법 이론의 핵심이론 중 하나인 공범주 이론을 원용했다. 우선 그의 설명에 따르자면 이 분석에서의 주절의 「e_1」는 어떤 결속도 받지 않으므로 변항이나 명사구 흔적일 수가 없는데다가, 시제문의 주어의 위치에 있는 탓에 「PRO」가 될 수가 없으므로 결국에는 일종의 허사인 「pro」로 볼 수밖에 없었다. 그런데 이 분석에서의「e_1」은 「pro」가 될 수도 없는데, 그 이유는 바로 「pro」는 으레 의미역을 부여받게 되어있다는 원칙을 위반하고 있기 때문이다. 그가 보기에는 바로 공범주 원리에 의해서 왜 이 분석은 불가능한 분석이 될 수밖에 없는가가 저절로 해명되게 되어 있었다.(Ibid, p.569)

공범주 이론과 함께 변형문법 이론에서 핵심이론의 하나로 자리 잡은 것이 바로 결속이론이었기에, 양화사문을 분석하는 데 이것이 동원된다는 것은 너무나 당연한 일이었다. 이것의 가장 대표적인 예가 Koopman과 Sportiche(1982)에 의한 양화사구의 동사구 부가 이론이다. May는 일찍이 양화사구는 으레 문(S, IP)에 부가된다고 보았는데 반하여, 이들이 이런 새 견해를 내세우게 된 것은 「Everyone$_i$ likes [someone he$_i$ met]」와 같은 양화사 조립문을 분석하는 경우에는 국부 결속원리의 위반여부가 그 기준이 될 수 있다는 사실을 알아내게 되었기 때문이었다.

예컨대 이 문장은 「[someone he met]」을 어디에 부가시키느냐에 따라서 a) 「[IP Everyone$_i$ [IP someone he$_i$ met]$_i$ [IP t$_i$ likes t$_i$]]]」와, b) 「[IP Everyone$_i$ [IP t$_i$ [VP[someone he$_i$ met]$_i$[VP likes t$_i$]]]]」의 두 형태로 분석될 수 있는데, a)는 그것을 문(IP)에 부가시킨 것이고, b)는 그것을 동사구(VP)에 부가시킨 것이다. 그런데 이들에게 국부 결속원리를 적용시켜보면 a)는 부적절한 형태이고 오직 b)만이 적절한 형태라는 사실이 당장 드러

난다. 다시 말해서 a)의 경우에는 「everyone이 「he_i」나 「t_i」를 같이 결속하고 있으므로 이른바 단일 결속원리를 위반하고 있는데 반하여, b)의 경우에는 「everyone」이 국부적으로 결속하고 있는 것은 「t_i」뿐이므로 그 원리를 위반하고 있지가 않다.

또한 변형문법 이론에서는 이들과 함께 하위인접 조건이라는 원리도 하나의 핵심적 이론으로 쓰이고 있었기에, 양화사구의 현상은 이동 규칙에 의해서 분석될 수 있다고 보는 한 그것의 분석의 적절성을 판단하는 데 이 원리가 하나의 기준으로 쓰이게 되는 것은 당연한 귀추였다. 이 문제와 관련해서 나온 의견은 두 가지로 나뉠 수가 있었는데, 그중 첫 번째 것은 May가 제안한 것을 비롯한 여러 이론들은 어느 것이나 이 원리에 어긋나지 않는다는 것이었고, 그중 두 번째 것은 원래가 이 원리는 S구조에서의 변형 작업에 적용되게 되어있는 것이기에, 논리형식에서의 그것에 그것을 적용한다는 것 자체가 무의미한 일이라는 것이었다. 이들 중 Chomsky가 지지하고 나선 것은 첫 번째 것, 즉 May의 이론은 이 점으로 보아서도 타당한 이론이라는 것이었다.(Ibid, p.572)

이렇게 볼 것 같으면 그동안까지의 통사론에서의 양화사에 대한 연구는 그동안까지의 명제 논리학에서의 그것과 대비했을 때 크게 두 가지 특징을 가지고 있다고 볼 수가 있는데, 그중 첫 번째 것은 이 연구는 결국에 변형문법 이론의 타당성을 실증하는 작업의 일부였다는 점이고, 그중 두 번째 것은 그것이 아직까지는 다양하고 복잡한 양화사 현상 중 다분히 단순하고 기본적인 것에 대한 것으로 한정되어 있다는 점이었다. 간단히 말해서 명제 논리학에서는 이 문제를 마치 이것을 다루는 것이 바로 자기 학문의 우수성을 알릴 수 있는 최선의 방법인 듯이 최전선에 내세워서 집중적으로 연구했는데 반하여, 통사론에서는 이 연구를 변형문법 이론의 타당성을 실증하는 데 하나의 보조수단으로 삼았던 것이다.

최근에 이런 근본적인 차이점을 비교적 정확하게 지적하고 나선 사람이 바로 의미론자인 Keenan이다. 그는 「양화사 의미론(Quantifiers: semantics)」이라는 논문의 서두를 「지난 25년 동안에 우리의 (의미론자들의) 자연언어에 있어서의 양화화 현상에 대한 경험적 및 수학적 지식은 폭발적으로 증가했다. 이제 우리는 생성문법에서 독립적으로 제기한 문제들에 대한 수학적으로 정교한 대답을 얻게 되었고, 결국에 많은 신 설명법을 제안할 수 있게 되었다.」라는 말로써 엶으로써 그동안에 생성문법에서 한 일은 문제들을 제기한 것뿐이며, 따라서 그들에 대한 대답은 명제 논리학이나 의미론에서 제공하게 되었다는 것을 지금까지의 양화사 연구의 양상에서 찾을 수 있는 가장 중요한 사실로 지적하고 있다.(Keenan, 2006, p.302)

그는 물론 사태가 이렇게 될 수 있었던 것은 자기네들에게는 우선 예컨대 「All poets daydream.(모든 시인들은 백일몽을 꿈꾼다.)」와 같은 일반화 양화사문을 단순한 세트 이론적 술어를 사용하여 「All(A)(B)=T iff A⊆B」처럼 표기할 수 있는 논리적 표기법이 있기 때문이라고 보았다. (범례. ⊆: 부분세트) 특히 그는 자기네들이 양화사의 현상에 대하여 아직까지 통사론에서는 감히 손을 댈 수 없었던 문제들까지, 즉 「관사+명사」와 같은 기본적 명사구뿐만 아니라 「neither…nor…」와 「two more…than…」과 같은 복합 양화사 명사구까지를 다룰 수 있게 된 것은 결국에 기존의 논리적 표기법에 오늘날 집합론에서 널리 쓰이고 있는 불(Boole) 대수학적 표기법을 더했기 때문이라는 점을 밝혔다. 그의 생각으로는 따라서 지금의 양화사 의미론은 「불 대수학적 의미론」으로 불리는 것이 마땅한 일이었다.

그는 여기에서 이런 주장을 뒷받침할 수 있는 근거로서 크게 표준적 양화사에 대한 분석 사례와 비표준적 양화사에 대한 분석사례를 제시하였는데, 우선 첫 번째 것으로는 「ever」와 같은 부정극어가 쓰이고 있는 양화사문에 관한 것을 제시하고 있다. 예컨대 그는 그동안에 오직 자기네들만이 하나의 비문인 *「Some student here has ever been to Pinsk.(여기에 있는 어느 학생이 핀스크에 가본 적이 있다.)」와 하나의 정문인 「No student here has ever been to Pinsk.(여기에 있는 어느 학생도 핀스크에 가본 적이 없다.)」간의 차이점을 제대로 설명할 수 있는 이론을 찾을 수 있었다고 주장한다. 그것은 바로 Ladusaw와 Fauconnier가 최근에 제안한 「감소적 양화사」이론이었는데, 「부정극어를 인가하는 명사구란 감소적 일반화 양화사를 가지고 있는 명사구이다.」라는 것이 그 요지이었다. 논리적으로 바꾸어 말하자면 「A⊆B일 경우 만약에 F(B)가 참이면 F(A)도 으레 참인데, 이때의 F가 바로 하나의 감소적 일반화 양화사이다.」라는 것이 그것의 요지이었다.

이 이론에 따를 것 같으면 그러니까 두 번째 예문에서의 「no student」는 감소적 양화사구이기 때문에 그것은 정문이 되는 데 반하여 첫 번째 예문에서의 「some student」는 그렇지가 않기 때문에 그것은 비문이 되게 되어 있는 것인데, 더 구체적으로 그 차이점을 살펴볼 것 같으면 「no student」가 감소적 양화사구인 것은 이것에서는 「만약에 모든 A가 B이면(A⊆B), 어느 학생도 B가 아닌 경우에는 어느 학생도 A가 아니라」는 추리가 가능하기 때문이고, 반면에 「some student」는 그렇지가 못한 것은 이것에서는 모든 A가 B일지라도 B 가운데는 A가 아닌 것이 남아 있다는 추리를 할 수 있기 때문이었다. 이런 분석법에 따르자면 결국에 「fewer than five students」나 「neither John nor Bill」과 같은 명사구들은 감소적 양화사구이기에 부정극어를 인가하게 되어 있지만, 「John」이나 「most poets」, 「either John or Bill」과 같은 명사구들은 그렇지가 않기에 부정극어를 인가할 수 없게 되어 있었다.(Ibid, p.303)

그 다음으로 비표준적 양화사에 대한 분석 사례로는 양화사 명사구가 타동사의 목적어로 쓰이고 있는 문장 중 「Some editor read every manuscript.(어느 편집자는 모든 원고를 읽었다.)」와 같이 하나의 중의문으로 다룰 수밖에 없는 문장에 대한 분석을 들고 있다. 예컨대 「No politician kissed every baby.(어느 정치인도 모든 아이를 키스하지 않았다.)」라는 부정 양화사문은 오직 「(no politician)((every baby)(kissed))」처럼만 해석이 되기 때문에 중의문이 아닌데, 이런 해석은 「목적어 좁은 작용역(ONS)」식 해석으로 볼 수가 있다. 그러나 바로 앞의 예문의 해석에는 그런 해석 외에 이른바 「목적어 넓은 작용역(OWS)」식인 것도 있을 수 있다. 그러니까 이 문장의 의미에는 크게 「모든 원고를 읽는 자질을 가진 편집자가 한 명 있다.」라는 「ONS」식인 것과, 「모든 원고는 어느 편집자가 읽는다는 자질을 가지고 있다.」라는 「OWS」식인 것의 두 가지가 있는 셈이었다.

이런 사실은 곧 원래가 주어로 쓰이는 명사구에 대한 해석법보다 훨씬 까다로운 것이 목적어로 쓰이는 명사구의 해석법이라는 점을 말해주고 있었는데, 이것의 한 해결 방안으로 일찍이 Westerstahl과 함께 그는 「변항결속 작동자 (VBO)」가 새로운 요소로 쓰이는 표기법을 사용할 것을 제의했다. 이 표기법을 사용하게 되면 앞의 중의문의 두 번째 의미는 「(every manuscript *x*)((some editor)(read *x*))」처럼 표현될 수 있었다. 이런 방식을 더 확대하자면 「If John praised exactly the people who Bill criticized then John praised X iff Bill criticized X.(만약 존이 정확히 빌이 비판한 사람만을 칭찬했다면, 존은 빌이 X를 비판한 경우에만 X를 칭찬한 것이다.)」 라는 말을 「If aR=bS then a∈F(R) iff b∈F(S)」처럼 표기될 수 있었다.(Ibid, p.386)

4) 어휘 의미론 발전에의 기여

기본적으로 어휘 의미론은 어느 문장의 한 부분으로 쓰이고 있는 경우의 어휘의 의미가 아니라 독립적인 언어적 표현체로서 우리의 머리 안이나 사전에 수록되어있는 경우의 어휘의 의미를 연구하는 학문이다. 바꾸어 말할 것 같으면 적어도 현재까지는 언어학에서 어휘론과 통사론을 각각 독립적 학문으로 간주하듯이 어휘 의미론은 원래가 문장 의미론과는 아무런 관계가 없다는 입장에서 발달되어 왔다. 역사적으로 보았을 때 어휘 의미론은 분명히 사서학이나 어휘론과는 끊을 수 없는 관련성을 가지고 있으면서도 문법이나 통사론과는 특별한 관계가 없는 학문으로서 성장해왔던 것이다.

그리고 의미론의 발달과정상 무엇보다도 특기할 만한 사실은 제일 먼저 시작한 어휘 의미론에 이어서 두 번째로 등장한 문장 의미론은 그것의 연장선상에서 일종의 확대형으로 등장한 것이 아니라 20세기에 새로운 철학사조로 출발한 분석 철학의 일부로서 별도로 등장한 것이라는 점이다. 그러니까 20 세기 초에 문장 의미론이 등장함으로써 의미연구의 세계에서는 적어도 학문적 성격이나 학풍상으로 서로 다른 두 개의 의미론이 평행 내지는 병렬적으로 발달해 가는 현상이 나타나게 된 것이다. 흥미롭게도 이들 두 의미론은 하나는 어학이나 언어학자가 이끌어가고 다른 하나는 철학자나 논리학자가 이끌어가는 식으로 서로 다른 학자 집단에 의해서 발달되어 왔으며, 따라서 궁극적으로는 이들은 서로 다른 목적과 과제를 가진 학문이었던 것이다.

(가) 지시와 의의

엄밀하게 살펴보자면 최근에 이르러서 이들 두 의미론 간의 부자연스런 관계를 바로 잡으려는 움직임이 전혀 없었던 것은 아니다. 예컨대 Pustejovsky는 최근에 생성 어휘론이라는 특이한 어휘 의미론을 내세우고 있는데, 따지고 보자면 이것은 어휘 의미론의 영역을 통사론으로까지 확대하려는 의도에서 나온 이론이다. 그는 「어휘 의미론」이라는 논문의 서두에서 어휘 의미론에서 제기되는 질문에는 크게 1)하나의 어휘 항목에는 어떤 의미적 정보가 들어있는가? 를 비롯하여, 2)어휘 항목들이 의미적으로 상호간에 어떻게 관련되어 있는가?, 3)문법에 의해서 이런 정보가 어떻게 합성적으로 표현되어 있는가?, 4)일반적으로 이런 정보는 의미해석에 있어서 어떻게 활용되게 되는가? 등의 네 가지가 있다고 주장하고 있는데, 이런 점으로 보았을 때 그는 작게는 어휘 의미론과 문장 의미론간의 벽을 인정하지 않고 있고, 크게는 어휘 의미론 밑에 심지어 화용의미론까지도 포함시켜야 한다는 견해를 가지고 있음을 알 수가 있다.(Pustejovsky, 2009, p.476)

그런데 사실은 어휘는 어차피 문장이나 담화의 한 구성부분으로 쓰이게 되어 있는 이상, 그가 어휘 의미론의 발전 방식을 이런 식으로 잡는다는 것은 특별히 파격적인 일이 아니다. 그런데 그의 어휘 의미론관의 문제점은 바로 그동안에 의미론을 발전시킨 주역은 언어학자가 아니라 철학자였다는 사실을 정반대로 뒤집으려고 한다는 점이다. 예컨대 그는 「러셀과 프레게」 등의 초기 분석 철학자들은 언어적 현상으로서 언어에 관심이 있었던 것이 아니라 그저 판단이 형성되고 표현되는 매체로서 그것에 관심이 있었으며, 그래서 결국은 내포적 맥락 내에서 판단의 성격에 영향을 주지 않는 한 어휘 의미간의 관계에 대해서는 아무런 관심도 보이지 않았다.」고 일단 말한 다음에, 다의성을 인간언어의 생명력으로 본 19세기의 Breal과, 언어적 의미를 성분 분석적으로 연구할 수 있게 한 20세기의 Saussure과 Jokobson 등을 오늘날 어휘 의미를 체계적으로 연구할 수 있는 기초를 다진 선구자로 세우고 있다.(Ibid, p.476)

그러나 이상과 같은 그의 주장은 객관적 사실과 많이 다르다. 우선 현재까지 의미론을 이끌어오고 있는 지시설과 의의설, 용법설 등의 세 가지

의미이론들은 모두가 언어학자가 아니라 철학자들에 의해서 만들어진 것이다. 예컨대 이 중 제일 먼저 나온 지시설은 Plato와 Aristotle에 의해서 제안된 것이고, 그 다음에 나온 의의설은 Frege에 의해서 제안된 것이며, 마지막으로 나온 용법설은 Wittgenstein에 의해서 제안된 것이다. 또한 따지고 보자면 어느 시대, 어느 사조의 철학자이든지 자기 나름의 의미이론을 가지고 있지 않은 사람은 없었다. 너무나 당연한 일이겠지만 그들은 으레 철학은 곧 언어 철학이며 언어 철학은 곧 의미론이라고 생각했던 것이다.

오늘날 의미론자들이 일종의 불문율처럼 받아들이고 있는 것이 바로 의의설이 가장 타당성이 있는 의미이론이라는 것인데, 사실은 이 이론의 핵심적 쟁점인 「무엇이 의의인가」에 대한 논쟁은 일찍이 Frege가 발의한 이래 오늘날까지도 끊임없이 이어져오고 있다. 간단히 말해서 의의설의 창시자는 Frege인 셈인데, 그의 이론은 우선 일반적으로 생각하는 것 같이 단순하지 않은 탓으로 그것을 제대로 해석하는 일은 의미론자에게도 쉬운 일은 아니었던 것이다. 누구나 지금까지 알려진 의미의 종류가 수십 가지나 된다는 사실만으로도 처음부터 그의 의의이론은 완전 무결한 것일 수는 없었다는 것을 익히 알 수가 있다.

보통 의의설로 불리는 의미이론을 제안함으로써 그는 우선 의미론을 전통적 지시설 시대를 벗어나서 새로운 의의설 시대로 들어서게 했다. 그가 의미론 발전에 기여한 공로 중 첫 번째 것으로 일반적으로 「프레게의 원리」로 불리는 합성성의 원리를 창안한 사실을 꼽는데, 어떤 의미에서는 그것보다 더 중요한 공로가 바로 의의설을 지시설의 대안으로 제안한 사실이라고 볼 수가 있다. 왜냐하면 합성의 단위가 되는 것은 으레 의미인 탓으로 논리상 합성성의 원리의 전제나 조건이 되는 것이 바로 의의설이기 때문이다.

그런데 보기에 따라서는 적어도 철학에 있어서의 의미 문제에 대한 논의는 Frege의 의의설이 나온 뒤에도 여전히 지시설에 대한 새로운 해석 방법이나 이론을 개발하는 데 집중되어 있다고 볼 수도 있다. 한 마디로 말해서 어느 언어적 표현이 실제로는 어떤 사물이나 대상을 가리키고 있느냐의 문제는 희랍시대 때부터 오늘날에 이르기까지 변함없이 모든 철학적 논의의 기본이 되고 있는 문제이었다. 그 이유는 물론 언어적 표현의 대상이 될 수 있는 것에는 구체적이거나 사실적인 것만 있는 것이 아니라 추상적이거나 비사실적인 것도 있기 때문이었다. 얼마나 그동안에 지시설에 대한 논의가 중구난방식으로 이어져왔는가를 가장 쉽게 확인할 수 있는 방법 중 한 가지는 아마도 지금까지 어떤 이론들이 제안되었는가를 알아보는 것일 텐데, Sullivan(2006)의 연구에 따르자면 그들 중 대표적인 것으로 고전적인 것을 비롯하여 기술주의적인 것, 인과역사적인 것, 회의주의적인 것, 자연주의적인 것, 최소주의적인 것 등이 있다.(Sullivan, 2006, p.810)

그런데 우리가 특별히 주목해야 할 사실은 지시설의 발전의 역사로 보았을 때는 Frege의 의의설은 기술적인 지시설의 일종으로 태어난 것이라는 점이다. 간단히 말해서 그러니까 그의 의의설은 그전부터 주된 의미이론으로 받아들여 왔던 지시설을 전적으로 부정하는 입장에서 만들어진 것이 아니라 그것의 연장선상에서 그것을 새롭게 해석하려는 의도에서 만들어진 것이다. 이 학설의 원전격인 그의 논문의 이름이 우선 「의의와 지시에 대하여」처럼 되어있을뿐더러 그 안에서 「의의가 지시를 결정하는 것」이지 그 반대는 아니라고 주장한 점 등이 그런 사실을 익히 증거하고 있다.

그의 이런 입장을 이해하는 데 제일 크게 도움을 받을 수 있는 길은 아마도 앞에서 이미 논의한 바가 있는 그 유명한 금성과 샛별에 관한 서술문의 분석법을 다시 살펴보는 것일 것이다. 우선 어느 사전에나 이들 두 이름은 저녁과 아침 중 어느 때에 보느냐에 따라서 서로 다른 이름이 붙여졌을 뿐, 실제로도 하나의 동일한 별이라는 사실이 밝혀져 있다. 그렇지만 그가 지적했듯이 「Hesperus is Hesperus.(금성은 금성이다.)」라는 말과 「Hesperus is Phosphorus.(금성은 샛별이다.)」라는 말은 한 짝의 동의문이 아니라 한 짝의 이의문이다. 다시 말하자면 첫 번째 것은 하나의 동어반복문이어서 일종의 무의미문에 가까운 것인 데 반하여, 두 번째 것은 일정한 의미를 나타내는 하나의 정상적인 문장이다. 이런 차이는 물론 두 개의 서로 다른 단어는 으레 서로 다른 의의를 나타내게 되어 있다는 사실, 즉 「샛별」이라는 단어가 나타내는 의의는 「금성」이라는 단어가 나타내는 그것과 으레 다르게 되어있다는 사실로부터 나온다.

그러나 금성이나 샛별의 의의를 규정하기가 누구에게나 쉬운 일이 아니라는 사실이 익히 말해주고 있듯이, 그의 학설의 문제점은 바로 그가 말하는 의의가 어떤 것인지를 정확히 알아내기가 쉽지 않다는 데 있었다. Sullivan(2006)은 예컨대 그의 의의설을 일종의 「중재적」 내지는 「간접적」 의미이론으로 보는데 그 이유는 그것에서는 단어와 지시사이에는 일종의 중재자가 언제나 끼어있게 되어 있는 탓으로 그들 간의 연결은 간접적인 것일 수밖에 없다고 보고 있기 때문이다. 다시 말해서 그의 학설에 따르자면 금성이나 샛별이라는 단어와 이것이 가리키는 지시물 간의 관계는 직접적인 것이 아니라 간접적인 것이었다.(Ibid, p.812)

Frege 자신은 자기가 말하는 의의와 관련해서 크게 두 가지 언급을 했는데, 사실은 이들이 모두 좋게 말하자면 고차원적이며 자명한 진리에 가까운 것이고, 나쁘게 말하자면 지극히 난해하고 애매모호한 것들이다. 첫 번째로 그는 의의를 일종의 인지적 개념으로 보았는데, 그 근거로서 그가 의의는 사고 내의 「제3의 영역」에서 다루어진다고 말한 사실을 들 수가 있다. 두 번째로 그는 의의를 「여러 사람들이 똑같이 가질 수 있는」 객관적이고 추상적인 진리치의 일부라고 생각했다. 그는 예컨대 논리학이나 수의 개념을 가장 이해하기 쉬운 의의의 예로 제시했다. 그의 이런 개념주의적 의의관은 결국에 20세기 이후의 철학계를 그것을 지지하는 학파와 그것을 비판하는 학파로 양분시켜 놓을 만큼 심오하고 역사성이 있는 견해이었다. 그리고 무엇보다도 중요한 사실은 그의 이런 의의관은 그 후 어휘 의미론에서도 가장 기본적이고 보편적인 의미관으로 받아들여지게 되었다는 점이다.

(나) 은유와 환유

그동안에 어휘 의미론에서 다루어져온 주제는 크게 어휘의미의 다의성과 중의성, 관련성, 변화성 등의 네 가지라고 볼 수가 있는데, 이들과 어떤 의미에서는 밀접히 연관되어 있으면서도 또 다른 의미에서는 이들과 차원이 전혀 다른 주제가 바로 은유와 환유의 문제였다. 간단히 말하자면 지금까지 어휘 의미론자들은 은유와 환유적 의미에 대한 연구는 일단 그들의 일반적인 연구 영역 밖에 있는 것으로 치든지 아니면 그것의 마지막 부분으로 남겨놓든지 할 수 밖에 없었던 것인데 그 이유는 그들은 이들 문제로 인하여 결국에는 그동안에 개발된 어느 의미이론의 타당성이 송두리째 뒤집힐 가능성이 있다는 것을 익히 알고 있었기 때문이었다.

그런데 문장 의미론자들의 입장에서 볼 것 같으면 우선 은유와 환유의 현상이야말로 문장의 의미는 더 말할 나위가 없고 개별적인 어휘의 의미도 궁극적으로는 그들의 연구대상이라는 주장을 펼 수가 있다. 물론 어휘 의미론자들은 예컨대 「tree(나무)」나 「justice(정의)」와 같은 단어를 독립적으로 분석한다 해도 그것에 일정한 개념이나 사서적 의미가 있다는 것이 분명한 이상, 또한 설사 그것이 한 문장의 일부로 쓰여서 그런 의미가 심리적이거나 주관적인 것으로 바뀌는 경우에도 그런 것의 기저가 되는 것은 으레 사서나 개념적 의미라는 사실이 확실한 이상 그 누구도 그들이 그동안에 유지해 온 학풍이 학문적 정당성을 지니고 있다는 것을 의심할 수는 없는 일이며, 따라서 그동안처럼 어휘 의미론의 영역 내에 문장 의미론이나 담화 의미론의 일부를 포함시키는 것이 타당한 일이라고 주장할 것이다.

그러나 문장 의미론자들의 이런 주장이 만약에 언어를 일종의 사전편찬이나 언어기술의 대상으로서가 아니라 언어사용의 현장에서 쓰이는 의사소통적 표현체로 보는 입장에서 한 것이라면 어휘 의미론자들의 이상과 같은 반박은 무의미한 것이 되고 만다. 물론 문장 의미론이라고 해서 의도적으로 만들어졌거나 추출된 문장들은 분석의 대상으로 삼지 않는 것은 아니다. 그러나 의사소통의 기본단위는 문장이기 때문에 그런 문장이 실제로 언어사용의 현상에서 그대로 쓰일 수 있거나 쓰이고 있는 것일 확률이 매우 높다. 그에 반하여 어휘 의미론에서 다루어지는 개별적 어휘들을 그런 것들로 볼 수는 없다. 이 점이 곧 어휘 의미론의 태생적 한계성이다. 그리고 바로 이 점이 어휘 의미론과 문장 의미론간의 제일 큰 차이점이다.

두 의미론 간의 이런 차이점을 보다 극명히 드러내줌으로써 궁극적으로는 개별적 어휘의 의미도 마땅히 일정한 문장이나 상황 내에서 분석될 수밖에 없다는 것을 웅변적으로 말해주고 있는 현상이 바로 은유와 환유의 현상이다. 예컨대「tree」의 의미에는「나무」라는 이른바 자의적 의미 외에 수사나 은유적 의미도 있을 수 있다는 사실은 그것이 문장의 일부로 쓰이고 있는 것이 아니라 사전에서처럼 독립된 어휘로 쓰이는 경우를 예로 드는 한 절대로 밝혀질 수가 없다. 이런 사실은 물론 이것이 하나의 동사로 쓰이는 경우라고 해서 달라질 리가 없다.

그런데 흥미롭게도 하나의 동사로서의 이 낱말의 의미를 검토하다보면 하나의 명사로서의 그것의 의미를 검토할 때보다 개별적 어휘의 의미도 으레 일정한 문맥이나 상황 내에서 분석되어야 한다는 문장 의미론자의 주장이 맞다는 것을 더 쉽게 확인할 수가 있다. 물론 다른 기본 어휘와 마찬가지로 이것의 명사적 의미에는 「계도」나 「나무막대기」, 「교수대」와 같이 은유적 절차에 의해서 생겨난 것들이 일부 있다. 그러나 이것의 동사적 의미는 「나무에 오르다(올리다)」나 「구두골을 넣다」,「안장을 매다」, 「나무를 심다」와 같이 거의 다가 은유적인 것이다. 이런 사실로 미루어 보아서 이것의 원형은 명사였고 그것의 확대형으로 나중에 생겨난 것이 동사라는 유추를 우선 할 수가 있다.

또한 다른 기본어휘와 마찬가지로 이것에 의해서 관용구도 적지 않게 만들어졌는데, 이들을 통해서 관용구의 탈 어휘화 절차가 결국은 일종의 은유화 절차였다는 사실을 익히 확인할 수가 있다. 모든 은유화 절차는 두말할 필요도 없이 언어사용의 현장에서 일어난다. 예컨대 「He was treed by a bear.(그는 곰에 쫓겨서 나무에 올라갔다.)」라는 말에서의 이 동사의 의미는 일종의 연어적 장치에 의해서 제시되어 있다고 볼 수가 있다. 그러나 「He is up a tree now.(그는 지금 진퇴양난의 처지에 있다.)」라는 말의 의미는 이 명사의 의미는 이미 일종의 은유화 절차를 거쳤다는 것을 여실히 드러내주고 있다. 이와 비슷한 관용구에는 「bark up the wrong tree(엉뚱한 사람에게 불평하다)」와 「in the dry tree(역경에 처해서)」, 「out of one's tree(바보같이)」, 「as trees walking(어렴풋이)」 등이 있다.

물론 논리적으로 다지자면 은유와 환유의 문제를 중심으로 한 어휘 의미론의 학풍에 대해서 이런 비평을 가할 수 있을 만큼 과연 지금의 문장 의미론의 연구수준이 앞서있다고 볼 수 있느냐라는 질문을 던져보아야 하는데, 안타깝게도 이것에 대한 대답은 부정적인 것이다. 간단히 말해서 20세기 초에 문장 의미론이 생겨난 이래 그것에서는 은유문이나 환유문이 일종의 특수문으로서는 더 말할 나위가 없고 일종의 일반문으로서도 다루어진 적이 없다. 그 이유는 어휘 의미론에서의 그것과 다를 것이 없다. 엄밀히 따질 것 같으면 문장 의미론이라는 이름은 기존의 어휘 의미론과 격을 맞춘다는 의미에서 일반적인 용어로 쓰이고 있는 것이지 학계에서 인정된 학술적 용어는 아니다. 그러니까 그동안에 형식 의미론을 그런 일반적인 이름으로 불러온 것에 지나지 않는다.

그런데 앞에서 이미 살펴보았듯이 Frege와 Tarski 등에 의해서 시작된 형식 의미론은 크게는 논리학적 분석 방식과 표현법에 의해서 명제의 진리치를 밝히는 것을 기본적인 연구 과제로 삼는 학문이었으며, 구체적으로는 양화사와 전제 및 함의 등의 문제를 해결하는 것을 주 목적으로 삼아온 학문이었다. 특히 이것에서는 명제의 의미는 그것을 구성하고 있는 어휘들의 의미의 집합인데, 그런 어휘들의 의미는 으레 명시적으로 파악될 수 있다고 전제되어 있었다. 따라서 거기에서는 처음부터 그것을 구성하고 있는 어휘들의 의미가 애매하거나 불확실한 문장을 분석의 대상으로 삼을 리가 없었다.

쉽게 말하자면 형식 의미론은 Frege의 의미관, 즉 개별적 어휘의 의미에 대해서는 어휘 의미론에서처럼 개념중심적 이론을 유지하면서 명제적 의미는 구성어휘의 의미를 합산한 것으로 본다는 식의 다분히 논리주의적인 의미관을 바탕으로 한 학문이었다. 그런데 은유적 의미나 환유적 의미는 분명히 논리적 분석법이 아니라 일종의 심리적 분석법에 의해서만 파악이 될 수 있는 것이다. 그리고 일찍이 Aristotle이 지적했듯이 은유문이나 환유문은 일종의 창조적이거나 예외적인 문장이지 일상적인 문장은 아니다. 그러나 형식 의미론에서 다루는 문장은 일반적이거나 일상적인 문장이다.

두 분야에서의 이런 의미관의 차이는 그동안에 수사학자에 의해서 제안된 은유이론과 환유이론을 되새겨보게 되면 더욱 확실하게 드러난다. 우선 지난 2000여 년 동안에 나온 은유 이론 중 최신의 것이면서 가장 타당성이 있는 것이 바로 「상호교섭설」이나 「개념적 혼합 내지는 사상설」인데, 이들은 간단히 말해서 논리주의적 의미이론과는 거의 정반대적인 이론이다. 이들 이론의 요지는 예컨대 「A는 B이다」라는 은유문에 있어서는 A와 B의 의미가 하나로 혼합 내지는 사상되어서 「C」라는 제3의 의미가 생겨난다는 것이니까, Frege의 의미이론의 요지와는 전혀 맞지 않은 것이다. Frege는 의미를 선형적인 것으로 보았지만 은유적 의미는 비선형적인 것이다.

우리가 자주 쓰는 은유 중에는 이른바 개념적 은유라는 것이 많은데, 이들은 이름 그대로 개념이나 지식이 기반이 된 것들이기에, 다른 정의나 심리적 은유보다 논리적으로 분석하기가 쉬울 것으로 생각될 수 있다. 예컨대 인지 언어학자인 Lakoff는 일찍이 우리의 머리 안에는 「Knowing is seeing.(아는 것은 보는 것이다.)」를 위시하여 「Desire is hope.(욕망은 희망이다.)」, 「Love is journey.(사랑은 여행이다.)」와 같은 개념적 인지구조가 만들어져 있어서 여러 종류의 구체적인 개념적 은유문들이 으레 그들로부터 생겨나게 되어있다고 주장했었다.(Coulson, 2006, p.34)

그렇지만 예컨대 「We're just spinning our wheel.(우리는 그저 우리의 물레를 돌리고 있을 뿐이다.)」나 「Oh, I see what you wanted.(아, 네가 원했던 것을 알겠다.)」와 같은 구체적인 은유문의 의미를 분석하는 일은 생각처럼 쉬운 일이 아니다. 첫 번째 예에서는 바로 「물레를 돌린다.」는 말의 진짜 표의가 무엇인가가 문제가 될 수가 있고, 두 번째 예에서는 바로 어떻게 여기에서는 「see(보다)」라는 동사가 바로 「알겠다」의 의미로 해석될 수 있는가가 문제가 될 수 있다. 인지적 은유문 가운데는 속담처럼 쓰이고 있는 것도 적지 않게 있는데, 사실은 그런 것의 의미를 논리적으로 분석하는 일도 쉬운 일이 아니다.(예: Time is money. 시간은 돈이다.)

은유법은 예로부터 시나 소설 등에서 대단히 중요한 문학적 내지는 문체적 기법으로 쓰이고 있는데, 문학적 내지는 시적 은유는 일반적으로 일상 언어에서 쓰이는 것보다 인지적으로나 정서적으로 한 차원 상위의 것이라는 특징을 지니고 있다. 따라서 문학적 은유의 의미구조를 논리적인 방법으로 밝힌다는 것은 거의 불가능 한 일이다. 아마도 이것의 좋은 증거가 될 수 있는 것이 바로 아래와 같은 Nascione이 최근에 D.H Lawrence의 「Mr. Noon」이라는 단편을 비평하면서 쓴 표현일 것이다. 「The course of true love is said never to run true. But never did the course of any love run so jagged as that of Joanna and Mr. Noon. The wonder is, it ever got there at all. And yet, perhaps, a jagged, twisty, waterfally, harassed stream is the most fascinating to follow.(참사랑의 과정은 결코 순하게 굴러가지 않는다고 말하여진다. 그러나 어느 사랑의 과정도 조안나와 눈씨의 것만큼 덜컹거리며 달린 적은 없다. 도대체 목적지에 도착했는지를 의심하게 된다. 그러나 아마도 덜컹거리고, 꼬여있으며, 폭포가 있는 개천이 따라가기에 가장 황홀한 것일 것이다.)」(Steen, 2006, p.54)

논리적 분석을 최악의 경우에는 불가능하게 하거나 최선의 경우에는 아주 복잡하게 하는 표현법으로는 환유도 들 수가 있는데, 그 이유는 이것도 역시 일종의 인지적 사상 내지는 혼합 절차이면서 한 사회의 사회문화적 특성이 적지 않게 반영되어있는 것이기 때문이다. 은유에 비하여 특별히 환유의 분석을 어렵게 만드는 원인으로는 그 종류가 크게 원인 대 결과와 행위 대 참여자, 부분 대 전체, 용기 대 내용물, 경험 대 규약, 소유주 대 소유 등의 여섯 범주나 된다는 사실을 들 수가 있다. 예컨대 「The kettle is boiling.(주전자 물이 끓고 있다.)」나 「The pen is mightier than the sword.(펜이 칼보다 강하다.)」와 같은 일상적인 환유문의 의미를 지금까지 사용해 오던 논리적 기법으로 명석하게 분석해내는 일도 쉬운 일이 아니며, 더 나아가서는 「Napoleon lost at Waterloo.(나폴레옹은 워털루에서 졌다.)」나 「The first violin has the flu.(제1 바이올린 연주자는 독감에 걸렸다.)」와 같은 특수한 환유문의 의미를 그렇게 하는 것도 쉬운 일이 아니다.(Nerlich, 2006, pp.110~111)

이렇게 볼 것 같으면 결국에 왜 문장 의미론의 앞길은 어휘 의미론의 그것보다 훨씬 멀고 험난한가를 알아내는 데 은유와 환유의 문제에 관한 성찰만한 것이 없다는 것을 쉽게 알 수가 있다. 어휘 의미론에서는 이미 몇 십 년 전에 적어도 이들 문제의 중요성만은 익히 부각시켰다. 그러나 문장 의미론에서는 아직도 대부분 사람들이 형식 의미론의 틀에 갇혀서 그런 문제에 초보적인 관심조차 나타내지 못하고 있다. 그리고 근본적으로 따지자면 이들은 분명히 어휘 의미론의 연구대상이 아니라 문장 의미론의 연구대상이다. 따라서 대부분의 의미론자들이 그동안까지처럼 형식 의미론이 곧 문장 의미론의 전부라는 착각에 빠져있는 한, 은유와 환유에 대한 연구는 역시 예컨대 은유 의미론이라는 이름의 별도의 학문으로 새로 시작되든지, 그동안처럼 아예 수사학의 고유의 과제로 남겨놓는 방법밖에 없는 것 같다.

5) 담화 의미론의 기저 제공

문장 의미론은 크게 보았을 때 어휘 의미론과 담화 의미론의 중간에 위치한 것이기에, 첫 번째 의미론인 어휘 의미론의 발전에 뿐만 아니라 세 번째 의미론인 담화 의미론의 발전에도 적지 않게 기여를 하기 마련이다. 그런데 엄밀히 따지자면 문장 의미론과 담화 의미론 간의 기여적 관계에 대한 논의를 시작하기 전에 먼저 담화분석이나 화용론의 실상을 밝혀두어야 할 필요가 있는데, 그 이유는 이들은 우선 가장 역사가 짧은 학문인데다가 아직까지도 시작할 때처럼 통사론에 대한 하나의 반론으로서의 기능밖에 순행하지 못하고 있기 때문이다. 간단히 말해서 언어학에서는 아직도 담화분석과 화용론 간의 명확한 구분도 제대로 이루어져 있지가 않다.

그런데 일단 언어의 기능이나 그것의 구조 등에 대해서 기본적 상식이 있는 사람이면 누구나 언어적 표현체가 나타내는 의미는 그것 자체로 부터 나오게 되어있는 것이 아니라 그것이 쓰이고 있는 문맥이나 상황으로부터 나오게 되어 있다는 「문맥설」이나 「용도설」의 이론적 타당성과, 두 개나 그 이상의 개별적 어휘들이 모여서 하나의 문장을 이루듯이 두 개나 그 이상의 문장들이 모여서 하나의 담화를 이루게 되어있다는 「담화분석」이나 「화용론」의 학문적 존재가치를 인정하게 될 것이고, 따라서 어휘 의미론과 문장 의미론 간에 일정한 상호 의존성이나 상호 기여성이 있을 수밖에 없듯이, 문장 의미론과 담화 의미론 간에도 일정한 상호 의존성이나 상호 기여성이 있을 수밖에 없다는 결론에 쉽게 도달하게 될 것이다.

한편으로 볼 것 같으면 우선 문장 의미론의 태생적 한계성을 송두리째 드러내주고 있는 자리가 바로 화용론이나 담화분석이다. 물론 역사적으로 보자면 분명히 이들은 문법론이나 통사론의 태생적 한계성이 문제가 되어서 태어난 학문들이다. 예컨대 이들에서는 문장은 형식이나 구조적 단위가 아니라 기능이나 의미적 단위라는 사실이 강조되었다. 그렇지만 의미론상으로 보아서는 이들은 분명히 문장 의미론이나 형식 의미론에 대한 일종의 반론적 학문이다. 예컨대 Borg의 설명에 의하자면 「That is better than Jill's book.(저것은 질의 책보다 낫다.)」라는 문장의 의미는 이것이 화자가 책상 위에 있는 책을 가리키면서 한 말일 경우에 분명해지게 되어 있고, 또한 「Jack plays.(잭은 연주를 한다.)」라는 문장의 의미는 이것이 어떤 상황에서 쓰이고 있느냐에 따라서 「잭이 트럼본을 연주한다.」는 뜻일 수도 있고, 아니면 「잭이 축구를 한다.」는 뜻일 수도 있다. 그의 주장대로 많은 경우에 실제로 쓰이는 문장의 의미는 이렇게 「발음되지 않은 성분」이 문맥이나 상황적 정보에 의해서 채워진 후에만 파악될 수가 있는데, 이것은 곧 화용론과의 협조나 교섭이 없는 문장 의미론은 지극히 제한적인 학문이 될 수밖에 없다는 것을 여실히 드러내주는 사실이다. 결국 하나의 문장이 나타내는 의미는 간단히 말해서 진리치적 의미와 화용적 의미의 두 부분으로 이루어져있는 이상 궁극적으로는 화용론도 의미론의 일부로 보아야 마땅한 것이다.(Borg, 2009, p.717)

그런데 굳이 따지자면 이들 간의 기여나 의존관계를 밝히는 데 있어서 화용론이나 화행론을 탄생시킨 사람들은 Frege와 Tarski의 후배들, 즉 Grice나 Austin, Searle과 같은 분석철학자였다는 사실만큼 중요한 것은 없다고 볼 수 있는데, 그 이유는 이 사실은 바로 형식 의미론이나 문장 의미론이 화용론의 모체적 역할을 했다는 것을 웅변적으로 말해주고 있기 때문이다. 물론 사람에 따라서는 문장의 명시적 의미 대신에 그것의 함언적 의미를 분석의 주된 대상으로 삼았다는 사실이나, 문장의 진리성이나 구조성보다는 그것의 용법이나 기능을 더 중요하게 보았다는 사실, 문장 자체의 의미뿐만 아니라 화자의 의도나 심리도 고려하려고 했다는 사실, 문장 자체보다는 그것이 쓰이는 문맥이나 상황을 더 중요시했다는 사실 등을 내세워서 화용론은 기존의 의미론과는 아무런 관계가 없는 정반대적인 성격을 띤 학문이라고 주장할 수도 있을 것이다.

그렇지만 아무리 함언적 의미의 영향이나 역할이 중요하다고 해도 명시적 내지는 진리치적 의미라는 거점이 없는 한 그것은 생겨날 수가 없다. 또한 아무리 문맥이나 상황이 중요한 기능을 한다고 해도 그것은 반드시 그 안에 하나의 정문이 던져져 있다는 전제하에서 하는 이야기이다. 예컨대 아무리 식탁에서 「소금을 돌려주세요.」라는 명령문적인 의미를 나타내는 데 「Can you pass the salt?」라는 의문문이 쓰인다고 해도 이 의문문의 의미 자체가 바뀌는 것은 아니다. 더 나아가서는 만약에 「Jack plays.」라는 정문 대신에 「Plays Jack」이나 「Jack play」와 같은 비문이 쓰였다면 목적어 자리에 「the trombone」이나 「football」 등의 적절한 명사가 채워질 리가 없다. 결국 어느 경우에나 문장 의미론적 의미가 기반이 되어서 화용적 의미가 생겨나는 것이다.

화용론은 궁극적으로 보았을 때는 일종의 확대된 의미론인 이상 이들 두 학문 간에 명확한 경계선을 그으려고 하는 것 자체가 부질없는 일일 수 있다. 예컨대 형식 의미론에서 그동안에 집중적으로 논의되어온 주제가 바로 양화사와 대용어, 함의, 전제이었다는 것은 곧 그것에서는 이미 화용론적 논의도 적지 않게 해왔다는 말과 같은 말이다. 물론 이것은 곧 그동안의 논의로 형식 의미론에서 쓰이는 논리적 분석 방식만으로는 이들 문제들이 완전 무결하게 분석될 수 없다는 사실이 이미 드러나게 되었다는 말이나 같은 말이다. Sueren(1994)의 설명에 따르자면 형식 의미론자들은 오래전에 함의에는 이른바 「고전적 함의」만이 아니라 「전제적 함의」도 있을 수 있다는 것을 알아차렸는데 전제란 결국에 언어의 논리적 속성이 아니라 담화적 속성을 드러내는 추리 절차 이었던 것이다. 놀랍게도 여기에서는 전제가 「어떤 문맥에서는 사용하기에 적절하게 하고 다른 문맥에서는 그렇지 못하게 하는 문장의 자질」로 정의되고 있다.(Sueren, 1994, p.3311)

4.2 몬태규 문법

일찍이 Frege와 Tarski 에 의해서 제안된 형식 의미론이 최선의 것으로까지 발전된 나머지 Chomsky의 변형이론에 대한 하나의 대안으로 등장하게 된 것이 바로 몬태규 문법이다. 따라서 한편으로는 Chomsky의 것을 위시한 지금까지의 구조나 문법중심의 학풍의 근본적인 문제점은 바로 의미의 문제를 배제시켰다는 사실을 재확인하고, 다른 한편으로는 그동안에 자주 지적되어왔듯이 의미론의 태생적 한계성은 형식성의 결여 내지는 불완전성이라는 염려를 깨끗이 불식시키는 데는 이 문법의 실체를 파악해보는 것 만한 것은 없다고 볼 수가 있다.

1) 개요

1970년대에 미국에서 등장한 이 문법은 크게 보았을 때 첫 번째로는 Frege의 형식 의미론적 이론과 원리를 하나의 문법 모형으로 발전 내지는 집대성 시킨 것이라는 점과, 두 번째로는 Chomsky가 그 무렵에 개발시킨 통사론적 분석기법을 의미분석의 기본 절차로 삼음으로써 결과적으로는 통사론과 의미론을 한 모형으로 통합시켰다는 점 등의 두 가지 특징을 가지고 있다고 볼 수가 있다. 그러나 어떤 의미에서는 이것의 보다 근본적인 특징은 영어와 같은 자연 언어와 수리논리학자들이 고안해 낸 모형이론적 논리 언어 간에는 아무런 차가 있을 수 없다는 전제 하에서 만들어진 것이라는 점일는지도 모른다. 예컨대 Montague 자신은 자기 연구의 궁극적 목적을 보편문법을 만드는 데 두었었다.

이런 특징들은 우선 이것의 기본적 구조와 작동 절차에 잘 드러나 있다. 이 문법은 크게 어휘들의 통사적 범주와 문장의 형성규칙을 다루는 통사부와 Frege 의 원리, 즉 합성성의 원리와 방법에 따라서 그것의 의미를 도출해내는 의미해석부로 이루어져 있는데, 예컨대「Penguins do not fly. (펭귄은 날지 않는다.)」라는 문장의 분석절차는 대략 다음과 같다. 이것의 첫 번째 것은 아래에 제시되어있는 것과 같은 일종의 통사적 수형도를 그려내는 것인데, 우선 눈에 띄는 점은 여기에서는 R_1과 R_2라는 두 개의 규칙이 분절점이 되고 있다는 점과, 동사구에「do not」은 빠지고서「fly」라는 동사만이 나와 있다는 점이다. 그러니까 R_1은「fly」로부터「do not fly」를 도출해 내는 규칙인 셈이다. 결국 이것은 Chomsky의 문법에서 쓰이는 통사적 수형도와는 크게 다른 것이다. 그리고 수형도에 관한 한 무엇보다도 중요한 사실은 Chomsky의 것은 하향식 절차, 즉 문장으로부터 시작하여 어휘에 이르는 식으로 만들어지는데 비하여, 이것은 반대로 상향식 절차에 의해서 만들어진다는 점이다.(Janssen, 1994, p.2527)

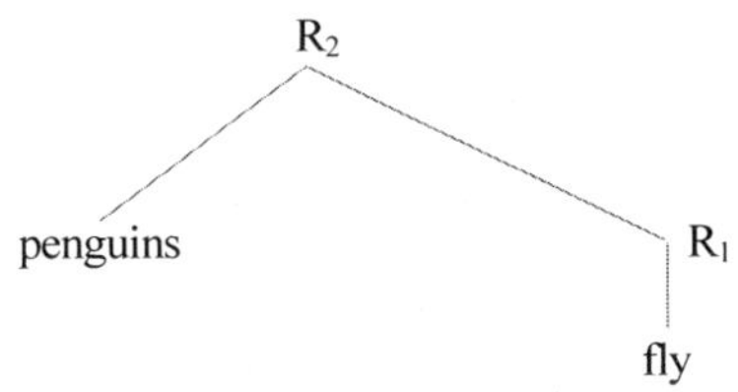

이것의 두 번째 것은 두 통사적 규칙에 대응하는 두 개의 의미 해석절차를 설정해서 이 문장 전체의 의미를 얻어내는 것인데, 구체적으로 말하자면「fly」라는 동사를 부정하는 R_1규칙에는 세트를 보완하는 절차인 M_1 절차를 대응시키고, 명사구와 동사구가 하나로 연결되면서 필요한 일치 규칙을 지키게 되는 R_2에는 세트 포섭의 절차인 M_2절차를 대응시키는 것이었다. 그러니까 여기에서는 어휘나 문장의 의미가 세트와 함수의 개념으로 표시되게 되어있을 뿐만 아니라 의미 도출의 전 과정이 고도로

형식화된 수리논리적 술어와 표기법에 의해서 이루어지게 되어 있었다. Montague(1970)는 일찍이 「Universal Grammar(보편문법)」라는 논문에서 바로 이런 특성으로 인하여 자기 문법은 일종의 보편문법일 수 있다고 내세웠었다.

이 문법의 이런 특징들은 그 다음으로 실제로 이것에서 다루어진 문제들에 잘 드러나 있다. 1973년에 그가 발표한 이른바 「PTQ」, 즉 「The proper treatment of quantification in ordinary English(일상영어에서의 양화사 현상처리)」라는 논문은 변형문법에 맞설 수 있는 형식 의미론의 실체를 드러냄과 동시에 활발한 의미론 연구의 시발자가 된 것이었는데, 이것에는 크게 정체성의 문제와 작용역 애매성의 문제, 해석적 애매성의 문제 등의 세 가지가 다루어졌었다. 이들은 우선 그때까지 통사론에서는 으레 그것의 정당한 연구대상이 될 수 없는 것으로 제쳐 놓았던 문제들이었고, 그 다음으로는 그 후에도 많은 형식 의미론자들에 의해서 이 문법의 일종의 상표나 간판으로 내세워진 문제들이었다.

이들 중 첫 번째 것인 정체성의 문제란 간단히 말해서 가치를 나타내는 명사들의 의미적 주의성에 관한 문제로서, 이것은 자연 언어에서 쓰이는 문장 가운데는 일반적인 논리적 추리법으로는 의미 해석이 제대로 되지 않는 것들도 있을 수 있다는 것을 익히 증거하고 있는 것이다. 이런 가치적 명사 중 대표적인 것으로는 온도를 위시하여 이름, 전화번호, 비율 등을 들 수가 있다. 예컨대 「The price of one barrel is $1.00.(1바렐의 값은 1불이다.)」라는 문장과 「The price of one barrel is rising.(1바렐의 값은 오르고 있다.)」라는 문장이 정문이라고 해서 그들에게서 「$1.00 is rising.(1불은 오르고 있다.)」라는 비문이 도출될 수는 없는 일인데, 이런 잘못이 저질러질 수 있는 것은 결국에 「일 바렐의 값」이라는 표현은 하나의 가치를 나타내는 것일 수도 있고 하나의 함수를 나타낼 수도 있기 때문이었다. 즉, 첫 문장에서는 「개별적 개념」이라는 함수의 현 가치를 나타내고 있는데 반하여, 두 번째 문장에서는 그 함수의 자질을 나타내고 있는데 이런 차이를 무시하다보니까 세 번째 문장과 같은 비문이 만들어지게 된 것이다. (Ibid, p.2530)

이들 중 두 번째 것인 작용역 애매성의 문제는 오늘날에도 형식 의미론에서 그것의 장점을 보여주는 대표적인 사례로 쓰이고 있는 것으로서, 이런 애매성은 전칭 양화사와 존재 양화사가 한 문장에서 쓰이고 있는 경우에 으레 발생된다. 앞에서 이미 논의한 바가 있듯이 예컨대 「Every man loves a woman.(모든 사람은 한 여자를 사랑한다.)」라는 문장은 어느 한 여자가 모든 사람의 사랑을 받고 있다는 식으로 해석될 수도 있고, 모두가 각기 한 여자씩을 사랑하고 있다는 식으로 해석될 수도 있다. 첫 번째 해석은 「a woman」에 넓은 작용역을 적용한 것이고, 두 번째 해석은 그것에 좁은 작용역을 적용한 것이다. 그런가 하면 그동안에 많은 사람들은 이 문장에서는 오직 두 번째 해석만이 가능하기 때문에 그것을 중의문으로 볼 수 없다는 의견을 내놓기도 했다.

이 문제에 대한 해결책으로 「PTQ」에서는 「양화사화 규칙법」이라는 방안을 제안했었는데, 이것에 따를 것 같으면 첫 번째 해석과 두 번째 해석이 모두 가능해지기에 , 결국에는 그 후에 가서 여러 학자들로 하여금 전혀 다른 해결책을 내놓게 하는 원인을 제공하게 되었다. 이것의 첫 번째 절차는 「he_1 loves he_2.」와 같은 기본문을 만들어내는 절차로서, 두 개의 명사구가 모두 쓰이지 않고서 그 대신에 지표가 붙어있는 변항들(he_n)이 쓰인다는 점이 이것의 특징이었다. 이것의 두 번째 절차는 두 가지 순서에 따라서 그 변항들을 명사구들로 대치하는 절차이었는데, 첫 번째 순서는 먼저 앞자리에 있는 「he_1」을 「every man」으로 바꾸어서 「Every man loves he_2.」와 같은 표현체를 만들고, 그 다음에 뒷자리에 있는 「he_2」를

「a woman」으로 바꾸어서 「Every man loves a woman.」이라는 문장을 얻어내는 것이고, 두 번째 순서는 그런 대치작업을 정반대의 순서로 하는 것이었다. 첫 번째 순서에 의한 문장은 물론, 「a woman」을 넓은 작용역으로 해석한 것이 되고, 두 번째 순서에 의한 문장은 그것을 좁은 작용역으로 해석한 것이 되는 것이었다.(Ibid, p.2531)

이들 중 세 번째 것인 해석적 중의성의 문제는 흔히들 「de dicto(라틴어: 말해진 것에 대하여)」식 읽기 대 「de re(그 사물에 대하여)」식 읽기 간의 문제로 불리고 있는 것으로서, 이런 현상에 대한 예로서 그가 「unicorn (일각수)」에 관한 서술문을 든 것이 원인이 되어서 이때부터 이 이름이 그의 문법의 상표처럼 쓰이게 되었다. 예컨대 「John finds a unicorn.(존은 한 일각수를 발견한다.)」라는 문장에서는 「Here is a unicorn that John finds.(존이 발견한 한 일각수가 있다.)」라는 문장이 도출 될 수 있다.

그러나 그런 논리적 관계가 「John seeks a unicorn.(존은 한 일각수를 찾는다.)」라는 문장과 「Here is a unicorn that John seeks.(존이 찾는 한 일각수가 있다.)」라는 문장 간에는 있을 수 없는데, 그 이유는 이 문장은 중의문의 일종이기 때문이다. 다시 말해서 여기에서의 첫 번째 문장의 의미는 「존은 이 세상에 실제로 존재하는 어느 한 특수한 일각수를 찾는다.」처럼 될 수도 있고, 「존은 일각수라는 동물을 찾는 일에 매달려 있다.」처럼 될 수도 있는데, 「Here is a unicorn that John seeks.」라는 두 번째 문장의 의미는 그중 첫 번째 것일 수는 있지만 그중 두 번째 것일 수는 없기 때문이다. 즉 「John seeks a unicorn.」의 의미 해석법에는 「de re」인 것만 있을 수 있는 것이 아니라 「de dicto 식」인 것도 있을 수 있는 것이다.

2) 기여성

이 문법이 드디어 작게는 의미론 연구이고 크게는 언어연구 전체를 활성화시키는 데 기폭제의 역할을 하게 되자, 이것의 한 열렬한 지지자로서 머지않아서 이것과 Chomsky의 변형문법을 하나로 합친 문법도 충분히 생겨날 수 있다는 발상법을 제안한 사람이 바로 Partee였는데, 그는 최근에 Montague를 소개하는 글에서 「Montague」의 분석 중 세부적인 사항들은 많은 경우에 있어서 수정되고 보완되었다. 그러나 전반적인 충격으로 보았을 때 PTQ가 의미론에 미친 영향은 Chomsky의 「통사적 구조」가 통사론에 미친 그것만큼 심오했다.」와 같은 말을 했다. 일단 이런 평가를 공정한 것으로 받아들이는 입장에 서자면 응당 이 문법의 세부적인 문제점을 논함에 앞서서 이것의 기여성을 살펴보는 것이 맞는 일인 것 같다.(Partee, 2006, p.256)

이 문법의 기여성은 편의상 일반적인 면의 것과 구체적인 면의 것의 두 가지로 나누어 살펴볼 수 있는데, 먼저 첫 번째 성격의 것으로는 일찍이 Frege와 Tarski, Russell 등에 의해서 세워진 현대적 분석 철학의 전통이 보다 발전적인 형태로 이어지도록 했다는 점과, 언어학의 영역에서 형식 의미론의 기본적인 위상과 틀을 확고하게 정립해놓았다는 점, 비변형적 문법이론의 발달을 촉진했다는 점 등을 들 수가 있다. 먼저 일찍이 분석철학자들이 논리적 표현체나 이른바 논리적 대 언어의 개발을 서둘렀던 것은 간단히 말해서 그들이 자연 언어는 원래가 다분히 불완전하고 비체계적인 것이기에 그것으로는 철학적 논의를 제대로 할 수 없다는 고정관념을 가지고 있었기 때문이었다. 그러나 Montague는 선배들의 이런 생각은 잘못된 것이며, 따라서 논리학이나 수학에서 쓰이는 형식적 언어로써 자연 언어는 익히 분석 내지는 기술될 수 있다는 것을 보여주는 것이 격상된 차원에서 분석 철학의 전통을 계승하는 길이라고 보았다. 이런 의미에서 볼 때 그는 분석 철학의 발전에 누구보다도 크게 기여를 한 사람이다.

그 다음으로, 그의 문법은 본인이 실제로 쓴 적은 없음에도 불구하고 의미론이라는 이름으로 자주 불리는 사실이 익히 뒷받침하고 있듯이 실제에 있어서는 분명히 하나의 의미론이고, 더 정확하게는 Frege와 Tarski 등이 창안한 형식 의미론의 후속이론이다. 그런데 이들이 창안했을 때만 해도 형식 의미론은 언어철학의 일부로서 언어학과는 거의 아무런 관계가 없었다. 그러나 그의 문법의 출현으로 형식 의미론은 언어학의 일부로 자리하게 되었다. 그의 문법이 이렇게 되었다는 것은 크게 의미가 아니라 문법적 구조를 언어기술의 대상으로 삼으려는 Chomsky의 변형이론에 대한 깊은 불만이 그의 마음속에는 있었다는 사실과, 그 때까지 통사론에서 해결 못하고 있던 현상이나 문제들에 손을 댔다는 사실, 그의 연구의 궁극적인 과제를 모든 언어의 의미적 구조를 기술할 수 있는 보편문법을 만드는 일로 삼았다는 사실 등이 익히 실증하고 있다. 아마도 그가 자기 문법을 시종일관 문법이라 불렀던 것이 결코 우연한 일이 아니었을 것이다.

세 번째로, 그의 문법은 통사론의 분야에서 Chomsky의 변형이론에 대한 대안 이론, 즉 변형적 절차를 완전히 배제시킨 비변형적 문법이론이 출현하는 데 일종의 모형적 역할을 담당하게 되었다. 간단히 말해서 그의 문법은 일종의 자유 문맥적 구 구조문법이거나 범주문법이었는데, 원래부터 통사론자 가운데는 이런 문법관을 가진 사람들이 적지 않게 있었기에 그것이 이런 중요한 역할을 담당하게 된 것이다. 특히 이런 움직임은 그동안에 언어학의 발전 방향을 일방적으로 주도하고 있던 Chomsky의 학풍에 대해서 반대 내지는 견제적 역할을 수행하게 되는 것이었기에 이 문법이 그것의 후원자의 자리에 있게 되었다는 것은 언어학 발전의 역사상 기념비적인 의미를 지니고 있다고 볼 수가 있다.

이런 의미에서 볼 때 우선 범주 문법의 발달과정과 실체를 알아보는 것도 그의 문법의 기여성을 확인하는 데 적지 않게 도움을 줄 수 있을 것이다. 따지고 보자면 범주 문법(categorial grammar)은 20세기 초에 Husserl과 Frege, Tarski, Carnap과 같은 분석 철학자들에 의해서 개발된 최초의 논리 내지는 수학적 문법으로서, 그 당시에 있었던 전통 문법보다 더 자유로운 「표층적 구조성」을 가지고 있기에 결국에는 통사론과 의미론을 하나로 통합시킨 성격을 띠고 있다는 것이 이것의 제일 큰 특징이었다. Steedman(1994)의 말을 그대로 빌리자면 이것의 특징은 크게는 모든 통사적 기능을 어휘가 담당하게 하는 점으로서, 구체적으로는 「문법적 구성소인 어휘항목들에게 일정한 「유형」이나 「범주」를 부여함으로써 다른 구성소와 연합이 되어서 복합적 구성소들을 생성할 수 있는 잠재력이 규정되어 있도록 한 점이었다.」 그러니까 이것의 바탕에 깔려있는 것은 바로 일종의 어휘주의적 언어관인 셈이다.(Steedman 1994. p.467)

물론 이것이 만들어진 근본적인 동기는 언어철학의 발전을 꾀할 수 있는 형식 의미론을 완성시키려는 것이었다. 그런데 이것은 의외로 통사론의 발전 과정에도 큰 영향을 미치게 되었는데, 그 이유는 이것은 분명히 기본적인 문법관이나 분석 내지는 기술방법 등에 있어서 Chomsky의 변형이론에 충분히 맞설 만한 것이기 때문이었다. 예컨대 Lyons나 Lewis같은 언어학자들은 변형문법의 문제점은 바로 변형절차의 부자연스러우면서도 과도한 조작성이라고 본 나머지, 그것에서의 구 구조 문법자리에 일종의 범주 문법을 갖다놓음으로써 결과적으로는 변형부를 완전히 제거해버리는 것이 곧 가장 자연스런 문법을 얻게 되는 지름길이라고 생각했다. 흥미롭게도 Steedman은 바로 이 무렵에 이런 움직임의 여파로 Chomsky의 문법 자체에 변형절차의 규모를 「α이동」 한 가지로 축소시키는 변화가 일어났다고 보고 있다.(Ibid, p.468)

그런데 실제로는 Chomsky의 변형문법과 범주문법 사이에는 서로가 상대방의 배경이 되어주는 상조적 관계가 있었다고 볼 수가 있는데, 그것의 근거로는 이 시기에 범주 문법의 대표이론으로 등장한 「결합 범주문법(Combinatory Categorial Grammar)」과 「람벡형 범주문법(Lambek-style Categorial Grammar)」 등이 하나같이 자기네 문법 내에 변형절차를 대신할 수 있는 장치를 마련시키는 데 초점을 맞춘 것이라는 사실이다. 그러니까 이들은 변형부가 수행하던 일을 무엇이 어떻게 대신할 수 있느냐에 따라서 자기네 문법의 모양이 달라진다고 본 것이다.

예컨대 결합 범주문법의 특징은 문법의 목적을 바로 「결합」이라는 개념으로 여러 형태의 등위구조의 형성 절차를 일반화하려는 데 둔 점인데, 구체적으로 이것에서는 유사형의 두 구성소를 동일형의 한 구성소로 사상시킬 수 있는 절차를 설정하게 되면 「삭제나 이동, 결속되지 않은 공지표적 규칙」 등의 개입 없이도 모든 등위화 현상이 분석될 수 있다고 본 것이다, 물론 등위문에는 「Harry cooked, and might eat, some apples.(해리는 약간의 사과를 요리하고 먹을지도 모른다.)」나 「Harry will copy, and file without reading, some articles concerning Swahili.(해리는 스와힐리에 관한 글들을 복사하고 읽지도 않고 철할 것이다.)」와 같이 아주 변이적인 것이 많기에, 일반화된 등위화 절차를 설정하는 일이 쉬운 일이 아니었다.

이런 문제에 대한 해결책으로 제안된 것이 바로 논항 이전에 그들의 기능을 연합시키는 절차, 즉 결합이라는 절차를 람다(λ) 연산법처럼 사용한다는 발상법이었다. 특히 주목할 것은 이것에서는 극히 적은 수의 결합만을 원소로 사용함으로써 다양한 형태의 람다 연산법이 수행할 수 있는 일을 익히 수행할 수 있다는 점이었다. 더 구체적으로는 그러니까 결합의 절차로는 a) $I \equiv \lambda x[x]$와 b) $Ky \equiv \lambda x[y]$, c) $Tx \equiv \lambda F[Fx]$, d) $BFG \equiv \lambda x[F(Gx)]$, e)

CFy≡λx[Fxy], f) WF≡λx[Fxx], g) SFG≡λx[Fx(Gx)], h) ØHFG≡λx [HCFx)(Gx)] 등과 같은 람다 연산을 할 수 있었다.(Ibid, p.470)

이런 식의 결합 범주문법이 얼마나 간결하면서도 강력한 문법일 수 있는가를 단적으로 보여주는 사례는 곧 단지 세 가지 종류의 결합 규칙만을 자유문맥적 핵심부에 추가해줌으로써도 모든 등위화 현상을 두루 분석해 낼 수 있는 문법이 만들어지는 경우이다. 우선 여기에서 설정되어 있는 규칙이 바로 연합과 유형 상승, 대치 등의 세 가지라는 점이 이것과 변형문법간의 대칭적 관계를 잘 드러내주고 있다. 변형문법에서와 마찬가지로 여기에서도 이들 규칙들은 반드시 다음과 같은 세 가지의 원리의 지배를 받게 되어있는데, 그중 첫 번째 것은 「이들 규칙은 언어적으로 실현되어 있으면서 인접되어 있는 실체에만 적용된다.」는 인접성의 원리이고, 그 다음 것은 「모든 규칙은 주요 기능의 방향성과 일치해야 한다.」는 방향적 일관성의 원리이며, 마지막 것은 「결합 규칙에 의해서 만들어지는 범주가 기능범주인 경우에는 그것의 방향성은 해당 논항의 그것과 동일한 것이 된다.」라는 방향성 계승의 원리이다.

이들 규칙의 위력은 기능적 연합 규칙이라는 하나의 결합규칙에 의해서 「Harry cooked, and might eat, some apples.」와 같은 까다로운 등위적 문장이 명석하게 분석될 수 있다는 사실로써 익히 실증될 수 있다. 이 규칙은 우선 「전방연합 (>B): XYYZ⇒$_B$X/Z」처럼 표기될 수 있는데, 이것을 적용하게 되면 이 문장의 구조는 다음처럼 기술될 수 있었다.

```
Harry    cooked     and    might          eat      some apples.
-----    --------   ----   ------------   ------   ------------
NP       (S NP)NP   conj   (S \ NP)/VP    VP/NP    NP
                                  ---------------------------> B
                                          (S \ NP)NP
                  ----------------------------------------<&>
                                          (S \ NP)NP
                                  ----------------------------->
                                               S \ NP
  ---------------------------------------------------------<
                              S
```

(Ibid, p.470)

그런가 하면 람벡에 의해서 제안된 람벡형 범주 문법에서는 처음부터 결합과 유형 상승절차에 몇 가지의 재괄호화 절차를 추가하게 되면 변형 문법에서 변형부가 담당하던 기능을 익히 수행할 수 있다고 보았다. 그러니까 이 문법에서는 「(np \ s)/np→np \ (s/np)」처럼 표기될 수 있는 재괄호절차가 핵심적 기능을 수행하게 되어있었는데, 예컨대 이 절차에 의할 것 같으면 「John likes Jane.」이라는 타동사문은 「타동사를 먼저 주어와 결합시키게 되는 규칙에 따라서 「(John likes)(Jane)」과 같이 기술되는 것이었다.

그런데 일단은 가장 간편하면서도 강력해 보이는 이 절차에서는 다음과 같은 두 가지 문제점이 발견되었다. 첫 번째로 이것은 잉여적이라는 문제점을 지니고 있었다. 예컨대 타동사를 목적어에 앞서서 주어와 결합하게 하는 절차는 결합이나 유형 상승절차로도 익히 수행할 수 있는 것이었다. 그 다음으로 이것에서는 원래 순서와 연쇄체 보존의 원리가 잘 지켜지게 되어 있음에도 불구하고, 이것이 제대로 적용될 수 없는 경우가 적지 않게 있었다. 다시 말해서 *「(s/np)/np→s/(np/np)」와 같은 조작은 있을 수 없다는 점으로 보아서 결국에 이 조작은 같은 방향의 것이 아니라 상이한 방향의 사선 간에서만 이루어질 수 있다는 문제점을 가지고 있음을 알 수 있었다.

그는 그러나 자기 연산법의 과잉 일반화적 문제점들은 일련의 논리적 규칙들, 즉 일치성의 공리와 연산 공리구도, 추상화 및 타동성에 관한 추리규칙등을 설정하게 되면 익히 해결될 수 있다고 주장하고 나섰다. 예컨대 그의 연산법의 문제점 중 대표적인 것이 바로 등위화 현상을 기술하는 데「(s \ s)/s」와 같은 범주를 사용하게 되면 「Who walks and talks」와 같은 정문뿐만 아니라 *「Who walks and he talks?」와 같은 비문도 산출시키는 것이었는데, 이것의 해결책으로 그는 연산공리를 생략해서 이른바 「비연산적 람벡 연산법」을 만들 것을 제안했다. 그런데 이런 문제점과 관련하여 일어난 일 중 가장 흥미로운 것은 범주 문법학자들이 결합 범주문법파와 람벡형 범주문법파로 양분되게 되었다는 사실이다. 결국 이것은 이들을 위시한 어느 범주 문법도 완전한 것은 되지 못한다는 증거이었다.(Ibid, p.474)

넓은 의미로 보았을 때는 물론 몬태규 문법도 이들과 동일한 종류에 속하는 하나의 범주 문법이다. 그러나 특히 1970년대 이후에 있어서 Chomsky의 변형문법에 대한 하나의 대안으로서 여러 가지 형태의 비변형적 문법을 탄생시키는 데 일종의 모형적 기능을 수행하게 된 것은 몬태규 문법이었다. 그 이유는 그 자신과 그의 후계자들이 양화사나 중의성과 같은 통사적으로는 해결하기 어려운 문제들에 대한 해결 방안을 제시함으로써 그것의 우수성을 증명했기 때문이었다. 이런 의미주의나 어휘주의적 흐름을 타고 이 무렵에 등장한 문법 중 대표적인 것이 바로 「수형 연접 문법(Tree Adjoining Grammar)」과 「어휘 기능 문법(Lexical Functional Grammar)」, 「일반화 구조문법(Generalized Phrase Structure Grammar)」 등이었다.

이들 중 여기에서 자세히 살펴볼 가치가 있는 것은 일반화 구구조 문법인데, 그 이유는 몬태규 문법은 통사론 밖, 즉 의미론 쪽에서 등장한 일종의 반변형주의적 문법인데 반하여 이것은 그것 내에서 등장한 반변형주의적 문법이었기에 변형주의자들에게 주는 충격이 더 클 수 있다고 판단되기 때문이다. 물론 더 근본적인 이유는 이것은 진리 조건적 의미론을 문법적 기술작업의 기본으로 삼는, 일종의 몬태규 문법이기 때문이다. 다시 말해서 이것을 통해서 우리는 이 당시에 몬태규 문법의 영향이 얼마나 컸었는가를 익히 짐작할 수 있기 때문이다.

우선 이 문법의 실체는 그 이름 자체가 잘 드러내고 있다고 볼 수가 있는데, 그것은 크게 일반화라는 한정사와 구구조라는 복합 명사의 두 부분으로 이루어져 있기에, 그 일은 결국에 이들 하나하나의 개념을 살펴보는 일로 환원될 수가 있다. 구구조 문법이란 원래 Bloomfield식의 구조주의에서 내세웠던 것으로서, 이것에서는 문법을 하나의 문장을 더 이상 분해될 수 없는 단계에 이를 때까지 두 개의 직접 구성소로 차례대로 분해해나가는 절차로 보았다. 간단히 말해서 구조주의자들은 한 문장의 구조는 각 분절점에 문이나 명사구와 같은 통사적 표지들이 자리하게 되는 일종이 수형도에 의해서 표기될 수 있다고 보았었다.

그런데 이 문법에 관한 한, 이것이 유명해진 것은 역설적으로 이것의 장점이 아니라 단점 때문이었다는 사실만큼 중요한 사실은 없는데, 그 이유는 바로 Chomsky가 변형문법 이론을 제안하면서, 구구조 문법의 태성적 한계성을 극복하기 위해서는 변형부가 그것의 보완부로서 설정되어야 한다고 주장하고 나섰기 때문이었다. 다시 말하자면 구구조 문법은 변형문법 탄생의 부정적 배경이 되었던 문법으로서, 일단 최선의 생성문법으로서의 가치와 생명이 이미 변형문법 쪽에 넘어갔다는 것이 익히 실증된 이상, 어느 학파로부터나 더 이상 주목을 받을 필요가 없는 문법이었다.

그러니까 Gazdar가 1985년에 Klein, Pullum, Sag와 함께 「일반화 구구조문법」이라는 책을 발간한 사건은 작게는 이제부터 정식으로 Chomsky의 비판과 공격에 대한 구조주의자들의 대응과 반격이 시작되었음을 알리는 일이었고, 크게는 이제부터는 통사론적 연구의 양태가 변형주의적인 것이 독점하는 것으로부터 그것과 비변형주의적인 것이 병진하는 것으로 바뀌게 되었음을 알리는 일이었다. 이런 싸움은 결국에는 구체적인 연구 실적에 의해서 어느 쪽에 더 큰 과학성과 설명력이 있느냐를 보여주는 일로써 판가름나게 되어있는데, 이들에게는 무엇보다도 먼저 몬태규 문법이라는, 하나의 반변형주의적 문법으로서 이미 확고한 위치를 차지하는 데 성공한 문법을 자기네들의 모형으로 삼을 수 있다는 이점이 있었다. 이들이 보기에는 Chomsky의 문법의 결정적인 약점은 역시 의미론적인 기술을 완전히 배제한 점이었는데, 자기네 것은 통사론과 의미론을 하나로 합친 것이었다.

물론 Gazdar등은 자기네들의 문법이 이른바 통사적 생성능력에 있어서 적어도 Chomsky의 변형문법과 맞설 수 있으려면 원래의 구구조 문법과는 사뭇 달라져야 된다는 것을 잘 알고 있었다. 자기네 문법이 크게 달라졌다는 점을 명시하기 위하여 이들은 「일반화」라는 다분히 원리지향적인 함의를 지니고 있는 한정사를 그것의 이름의 일부로 쓰게 되었는데, 이렇게 함으로써 우선 그들은 Chomsky의 문법이 그렇듯이 자기네들의 것도 궁극적으로 지향하는 것은 바로 일종의 보편문법이라는 점을 드러낼 수 있었다. 간단히 말해서 이렇게 함으로써 그들은 자기네 문법이 Chomsky의 것에 대한 하나의 대안이 되기에 부족함이 없음을 선언한 것이었다.

그런데 실제에 있어서는 일반화라는 용어가 그런 상표적이거나 추상적인 의미로뿐만 아니라 구체적이거나 기술적인 의미로도 쓰였는데, 그게 그렇다는 것은 이 문법에서는 기본적인 작동원리로 다음과 같은 세 가지의 일반화 원리가 설정되어 있다는 사실로써 익히 알 수가 있다. 그중 첫 번째 것은 자질 예시의 원리로서 이것에는 크게 통제일치 원리와 수자질 규약, 脚자질 원리 등이 들어가 있다. 그중 두 번째 것은 선형적 선행성의 원리로서 이것에는 크게 직접지배 규칙과 선형적 선행규칙 등이 들어가 있다. 그중 세 번째 것은 메타 규칙의 원리로서, 한 세트의 직접 지배규칙들을 다른 세트의 그런 규칙들과 사상시켜서 새로운 규칙을 도출하게 하는 원리이다.

이상과 같은 세 가지의 일반화 원리들은 결국에 이 문법의 주된 특징이 되고 있는 것이기에, 이들 하나하나를 좀 더 상세히 살펴보는 것이 이 문법의 실체를 알아보는 지름길이 될 것이다. 우선 자질 예시의 원리는 다른 두 가지 원리의 기초가 되는 것으로서, 이 문법이 보통 최선의 자질 기반적 문법으로 분류되는 이유가 바로 이것 때문이다. 간단히 말해서 이 문법에서는 구구조 문법에서 쓰이던 것과 같은 통사적 범주들을 각각 일조의 자질들로 세분해서 자질들 간의 일치성이나 상호 용인성에 의해서 여러 국부적 구성소간의 문법성을 규제하고 있다. 그러니까 이것에서는 예컨대 변형문법에서 이동 규칙이 하던 역할을 자질 예시의 절차가 하게 된 것이다. 물론 이를 위해서 여기에서는 특별하게 고안된 자질 표시법이 쓰이고 있다. 예컨대 구구조 문법에서는 수형에서 VP나 V, NP로 표시되던 것들이 여기에서는 각각 [V+, N-, BAR2, VFORM FIN]과 [V+,N-, BAR 0, SUBCAT 2, V FORM FIN], [V-, N+, BAR 2] 등으로 표시된다.

자질의 작동에 관한 원리에는 앞에서 말이 나왔듯이 크게 세 가지가 있는데, 이 중에서 특별히 살펴볼만 한 가치가 있는 것은 각 자질 원리이다. 그 이유는 이 문법에서는 바로 이 원리에 의해서 「This book, John said he took from Harry.」라는 주제화문이 아래의 수형도처럼 기술될 수가 있어서, 결과적으로는 이것이 변형문법과 맞설 수 있는 것임을 익히 실증할 수 있었기 때문이다. 우선 여기에서는 이른바 공범주나 간극이라는 범주를 나타내는 데 「사선(/)」이라는 특이한 자질이 쓰이고 있고(예: took e from Harry : VP/NP), 그 다음으로 사선을 포함한 일조의 각 자질들이 일단 국부수형의 「모어」에 배당되게 되면, 그들은 으레 그것의 한 「자어」에도 배당되어 있어야 한다는 원리 즉, 각 자질의 원리가 잘 지켜지고 있다.

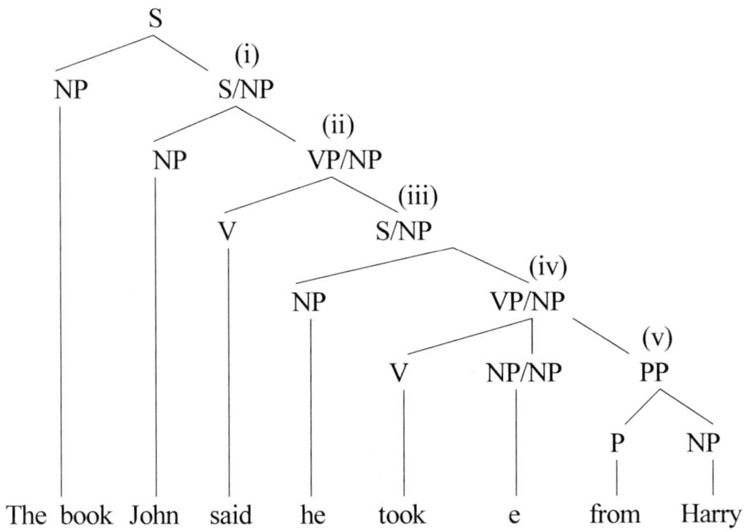

이해를 돕기 위하여 이 수형도를 어떻게 각 자질의 원리에 의해서 만들어진 것으로 볼 수 있느냐를 알아볼 것 같으면, 우선 이것에는 모두 다섯 개의 국부 수형이 있는데, 그중 (i)에서만은 주제화 규칙에 의해서 각 자질이 소개되고 있지만 (ii)와 (iii), (iv), (v) 등의 나머지에 있어서는 각 자질의 원리에 따라서 그것이 예시되어 있다. 물론 마지막으로 공범주 「e」를 실현시키는 「NP/NP」라는 범주에도 그것은 예시되어 있다. 그러니까 이 문장의 도출절차는 사선 범주를 소개하고 삼투시키며 마지막에 제거시키는 절차인 셈인데, 이 중 소개와 제거는 규칙에 의해서 이루어지지만, 국부 수형간의 삼투는 각 자질의 원리에 의해서 자동으로 이루어지고 있는 것이다.(Warner, 1994, p.1364)

두 번째 원리인 선형적 선행성의 원리란 간단히 말해서 수형도에서의 각 범주간의 관계를 서순적 규칙으로 표시하게 되는 원리이다. 예컨대 직접지배 규칙으로는 수형도에서의 모어와 자어간의 지배적 관계를 명시하게 되고, 선형적 선행규칙으로는 두 개나 그 이상의 범주나 어휘가 어떤 순서로 하나의 표현체 내에서 배열될 수 있는가를 명시하게 된다. 그런데 실제에 있어서는 수형도 자체에 이런 관계가 이미 드러나 있는 탓으로 이런 규칙들은 지극히 제한적으로만 만들어진다. 예컨대 영어에서는 자주 전치사구가 동사의 자어로 쓰이게 되는데, 이런 경우를 대비한 어순에 대한 규칙이 따로 있지는 않다.

세 번째 원리인 메타 규칙의 원리란 쉽게 말해서 일조의 직접지배 규칙들을 다른 일조의 그런 규칙과 사상시킴으로써, Chomsky의 변형문법에서 변형절차가 담당하던 기능을 보다 간편하게 담당하게 하는 규칙이다. 예컨대 그동안에 Chomsky의 변형문법에서 변형절차의 위력을 보여주는 가장 대표적인 사례로 내세워오던 것이 바로 수동화 절차인데, 이것에서는 그 일이 「VP→W, NP⊃VP[VFORM PAS]→W」와 같은 하나의 사상 규칙을 설정함으로써 이루어진다. 영어의 능동문은 타동사의 종류에 따라서 동사구인 VP가 「VP→H[SUBCAT2], NP」(예: maul 등)와 「VP→H[SUBCAT5], NP, NP」(예: spare 등), 「VP→H[SUBCAT8], NP VP [VFORM INF](예: persuade 등) 등의 세 가지 형태를 취하게 되는데, 수동문에서는 이들 하나하나에서 똑같이 NP가 사라지게 된다는 사실을 일반화한 것이 바로 이 메타 규칙이다.(여기에서 W는 범주의 연쇄체를 가리

킨다.)(Ibid, p.1365)

3) 문제점

몬태규 문법은 Chomsky의 변형문법에 맞설 수 있는 가장 대표적인 형식 의미론이어서 그런지, 그동안에 그것이 지니고 있는 문제점들을 해결함으로써 보다 나은 형태의 것으로 그것을 발전시키려는 노력은 Partee와 Dowty, Keenan 등을 위시한 많은 사람들에 의해서 지속되어 왔다. 아마도 단일 문법이론 치고서 분석과 개선작업이 이것만큼 지속적으로 이루어진 것은 Chomsky의 것과 이것뿐일 것이다. 그러니까 이 문법의 경우에는 여러 사람들의 개선하려는 노력의 방향이 곧 그것의 문제점들이었기 때문에, 그들을 파악해서 망라해보는 일은 이미 끝난 것이나 다름이 없다.

그런데 문제는 이것의 비평자로 하여금 그동안의 그들을 개선하려는 노력은 헛수고에 지나지 않은 것이라고 말할 수 있게 할 만큼 이것의 실체는 「PTQ」에서의 그것과 별로 달라지지 않았다는 점이다. 나쁘게 말하자면 그러니까 일단은 누구나가 이 문법의 문제점들은 모두가 형식 의미론 자체가 원래부터 지니고 있는 본질적이고 태생적인 것이라고 볼 수가 있으며 따라서 이것을 옹립하려는 사람들에 의한 그들을 개선하려는 노력은 앞으로도 계속될 수밖에 없다는 결론에 이르게 마련이다. 그러나 이것의 실체를 정확히 파악하는 데 있어서는 이것의 문제점을 제대로 파악하는 일은 이것의 장점을 파악하는 일보다 더 중요할 수가 있다. 그리고 크게 보았을 때는 그 일은 바로 형식 의미론 자체의 실체를 제대로 이해할 수 있는 방법이기도 하다.

이런 의미에서 볼 때 Janssen(1994)이 그의 논문의 끝부분에서 이 문법의 문제점으로 어떤 것들을 들고 있는지를 살펴보는 것은 자못 의미 있는 일임이 분명하다. 그가 보기에는 이것의 문제점은 일단 「PTQ」에 모두

드러나 있다고 볼 수가 있는데, 그것에 따르자면 그것은 우선 크게 분석 기법에 관한 것과 분석 대상에 관한 것의 두 가지로 나뉠 수 있었다. 바꾸어 말하자면 그의 생각으로는 이것의 문제가 이렇게 두 가지로 요약될 수 있다는 것은 바로 그동안에 있었던 이것에 대한 개선 노력이 큰 성과를 거두지 못한 이유 중 가장 근본적인 것은 그것이 배타적으로 Montague가 일찍이 「PTQ」에서 다루었던 것들에만 집중되었다는 사실이라는 것을 웅변적으로 실증하고 있었다.

먼저 분석 기법상의 문제점을 알아볼 것 같으면 예컨대 「통사적 자질에 대한 기술법이 아예 없는 점을 위시하여 수형도에 있어서 구성소 구조와 문법적 기능의 중요성이 무시되어 있는 점, 몇 가지 규칙들은 자의적인 것이라는 점」 등이 지적될 수 있을 만큼 그것은 바람직한 수준의 것이 되지 못했다. 특히 이와 관련하여 일종의 근본적인 문제로 볼 수 있는 점이 이것에서는 통사적 규칙들이 하나같이 아무런 형식적 제약을 받지 않게 되어 있다는 점이었다. 물론 논리학자의 입장에서 보자면 의미적 현상을 기술하는 데 있어서는 자유 문맥적으로 통사적 규칙들을 적용하는 것이 편리한 경우가 많을 수 있었다. 그렇지만 통사론자가 보기에는 「무제약적 규칙체계」로 자연 언어를 분석하는 일은 불가능한 일이었다. 그런데 문제는 안타깝게도 그래서 Partee와 Dowty 등은 그 후 이 문법의 수형도 작성 절차를 통사론적 입장에서 개선하려고 노력했음에도 불구하고, 이 문제점은 여전히 이것의 제일 큰 문제점으로 남아있다는 사실이었다.(Jassen 1994. p.2531)

그 다음으로, 분석 대상상의 문제점을 알아보자면, 한마디로 말해서 이것은 의도적으로 오직 「영어의 한 조각」만을 분석의 대상으로 삼았다는 한계성을 지니고 있었다. 한 조각이라는 말은 원래가 본질적이거나 핵심적인 부분과는 직접적인 관계를 가지고 있지 않는, 주변적 부분의 일부를 가리키는 말이라는 사실을 상기한다면, 어떤 의미에서는 바로 이 문제점이 첫 번째 것보다도 더 심각한 것이라는 것을 익히 인지할 수가 있다. 예컨대 이것에서 다루어진 영어의 문장들은 「John finds a unicorn.」이나 「Every man loves a woman.」과 같은 지극히 기초적이면서도 제한된 것들이었는데, 그 이유는 물론 논의의 초점이 양화사나 중의성의 문제와 같이 의미론적 분석의 불가피성을 보여주는 데 맞추어져 있었기 때문이었다.

그런데 따지고 보자면 이것에서는 복문이나 중문은 완전히 배제시킨 채 오직 단문만을 다루었다는 비평도 맞지 않은 비평인데 그 이유는 여기에서 다루어진 것은 서술문 한 가지뿐이었기 때문이다. 예컨대 이것에서는 Chomsky의 변형문법에서 즐겨 분석되던 의문사 의문문 등은 진리조건적 의미분석과는 아무런 관계가 없다는 이유로 아예 분석의 대상이 될 수가 없었다. 이런 의미로 보아서도 이것에서는 오직 영어의 한 조각만을 분석의 대상으로 삼았던 것이다. 사정이 이럴진데, 이것에서 담화나 텍스트와 같은 큰 언어적 단위가 분석의 대상으로 아예 오르지도 못하는 것은 너무나 당연한 일이었다.

그런데 Jassen의 지적에 의할 것 같으면 이것은 그 밖에 어휘 의미론적인 문제점도 적지 않게 지니고 있었는데, 그중 가장 대표적인 것이 바로 어휘를 더 이상 분해될 수 없는 최소의 의미 단위로 본 점이었다. 앞에서 살펴보았듯이 이것에서는 「John finds a unicorn.」과 「John seeks a unicorn.」간의 차이점을 문장 의미에 대한 「de dicto」식 읽기와 「de re」식 읽기간의 차이에서 비롯된다고 주장했는데, 사실은 이런 차이는 「find」와 「seek」라는 동사의 의미적 차이에서 더 쉽게 찾을 수 있을지도 모른다. 사정이 이러다보니까 여기에서는 복합 명사나 복합 동사 등을 위시한 어군이나 연어 등에 대한 분석은 전혀 시도된 적이 없었다는 것은 너무나 당연한 일이었다.(Ibid, p.2532)

누구나 이렇게 이 문법의 문제점들을 전면적으로 들춰내다보면, 이들은 결국에 몬태규 문법이라는 어느 한 문법에 관련된 것이 아니라 형식 의미론 자체에 관련된 것이라는 생각을 갖게 마련인데, 이런 의미에서 우리에게 참고가 될 수 있는 논문이 바로 Muelen(1988)이 일찍이 발표한 「언어학과 언어철학(Linguistics and the Philosophy of Language)」이라는 논문이다. 이것은 쉽게 말해서 그동안에 언어철학을 주도해온 분석 철학의 한계성을 밝히는 일을 주된 목적으로 삼은 논문인데, 그러다 보니까 자연히 이것의 주된 과제는 Frege의 의미론으로부터 Montague의 문법까지의 형식 의미론 전체의 한계성을 지적하는 일이 되고 말았다.

그가 보기에는 Frege의 의의와 지시간의 구분법이나, Montague의 「de re」식 읽기와 「de dicto」식 읽기 간의 중의성에 대한 설명법이나가 하나같이 불완전한 것에 지나지 않는데, 그 이유는 의미적 사실주의를 무시하고서 「논리형식의 全知性」만을 믿었기 때문이었다. 특히 그의 생각으로는 Montague가 「PTQ」에서 제시한 양화사와 중의성 등의 문제에 대한 해결책은 모두가 「다시 문제를 제기시키는」 역할밖에 하지 못하고 있는데, 그 이유는 이들은 결국에는 화자의 신념이나 태도와 관련된 문제인데도 불구하고 그런 심리적 접근법이 적용되고 있지 않기 때문이었다. 예컨대 「de re」식 읽기에서는 「그것의 의미 내에 기존의 지시」가 있다고 가정하는 것이고, 「de dieto」식 읽기에서는 「새 지시가 화자의 신념 내」에 생긴다고 가정하는 것이었다.

그는 여기에서 앞으로의 의미론의 발전방향에 대한 몇 가지 의견을 제시하기도 했는데, 모두가 추상적이고 이상적인 것이어서 관련 학계에서의 실현 가능성은 일단 희박하다고 보는 것이 옳은 일이겠지만 지금의 의미론자들에게 다소나마 참고가 될 수 있을 것이라는 것은 틀림이 없다. 여기에서 제시되고 있는 방안은 크게 두 가지인데, 그중 첫 번째 것은 자유 문맥적인 범주문법으로는 진리조건적 판단밖에 할 수 없는 이상, 문장기술의 기법을 보다 정교화하고, 특히 상황적 정보를 개입시키는 장치를 마련해서 언어 사용자의 심리적 의미와 일정한 문장의 상황적 의미가 제대로 기술될 수 있도록 해야 한다는 것이었다. 그중 두 번째 것은 Barwise와 Perry 등이 이미 제안한 상황 의미론을 종전의 형식 의미론을 대신할 수 있는 수준으로까지 빨리 발전시켜야 한다는 것이었다. 이를 위해서는 의미론은 앞으로 화용론에서 개발한 분석법과 지식을 더 많이 활용할 필요가 있다고 그는 주장하였다. 그는 이것이 곧 「정적 의미론」을 「동적 의미론」으로 바꾸는 지름길이 될 것이라고 보았다.(Muelen 1988. p.443)

4.3 통사론과의 관계

1) 불가피성

문장 의미론이 통사론과 일종의 불가피적인 관계를 지니고 있게 되어 있다는 사실을 확인하는 일은 그렇게 어려운 일이 아닌데, 그 이유는 예컨대 「John loves Mary.」라는 문장은 「주어+동사+목적어」라는 통사적 형식을 가지고 있음과 동시에 「존은 메리를 사랑한다.」라는 일정한 명제적 의미를 나타내고 있다는 사실을 그대로 인정하기만 하면 되는 만큼 그 일이 간단하기 때문이다. 이들 간의 관계의 불가피성은 한 걸음 더 나아가서 이 문장을 「John doesn't love Mary.」나 「John loved Mary.」, 「Mary loves John.」, 「Does John love Mary?」 등의 관련문으로 고쳐보거나, 아니면 아예 「Love John Mary.」와 같은 비문으로 고쳐보면 더욱 확실해진다.

위와 같은 통사적 조작을 통해서 우리가 알게 되는 것은 크게 두 가지인데, 그중 첫 번째 것은 어순은 문장의 형식이나 구조를 만들어내는 기본적인 장치일 뿐만 아니라 의미 표현의 수단이기도 하다는 것이고, 그중 두 번째 것은 문법에서의 시제나 조동사와 부정어 같은 기능어 등은 궁극적인 의미에서 볼 때 의미 표현의 수단의 일부에 불과하다는 것이다. 물론 일찍이 논리학자들은 자연 언어의 불완전성을 극복하는 길은 오직 제2위 논리, 즉 명제 내의 술어와 논항 간의 관계를 밝히는 술어 논리를 문장 대신에 사용하는 것뿐이라고 생각한 나머지 예컨대 「John loves Mary.」라는 말은 「LOVE(John, Mary)」처럼 표기 하기도하고 또한 「John gave Mary a book.」라는 말은 「GIVE(John, book, Mary)」처럼 표기하기도 했다.

그러나 따지고 볼 것 같으면 한 명제의 술어와 논항 간의 관계는 그것과 대응되는 문장의 구조에 의해서 분명하게 밝혀져 있다. 예컨대 「John gave Mary a book.」이라는 문장에 있어서 세 개의 명사들이 동사와 의미적으로 어떤 관계에 있느냐 하는 것은 문두에 있는 John은 주어가 되며, 동사 뒤에 있는 두 명사는 Mary는 간접 목적어가 되고 book은 직접 목적어가 되는 식으로 그들의 위치에 의해서 명시되어 있다. 그러니까 만약에 통사론에서 「give」와 같은 타동사의 행태와 관련하여 「주어+동사+간접 목적어+직접 목적어」라는 문형이 있다는 사실을 밝혔다면, 거기에서는 이미 의미론도 다루고 있다는 말이 된다. 이런 의미에서는 자연 언어도 일종의 논리형식인 셈인데, 통사론자들이 이런 사실을 모를 리가 없다.

그런데 사실은 어차피 정형적인 문장의 특성을 구명하는 일을 통사론이 목적으로 삼는 이상, 형식과 의미간의 대응적 관계를 무시한 채 문장의 문법성이나 구조성을 밝힌다는 것은 불가능한 일이라는 것을 통사론자들은 잘 알고 있는데, 이런 사실을 가장 확실하게 증거할 수 있는 것이 바로 Chomsky의 「지배와 결속 이론」에서는 보편문법을 구성하는 하위이론에

격 이론과 Θ이론(의미역 이론)을 포함시키고 있다는 사실일 것이다. 우선 격 이론이란 「형태를 가진 명사는 모두 하나의 격을 갖고 있어야 한다.」는 격 여과의 원칙에 따라서 그들에게 각각 주격과 대격, 사격, 속격 등을 부여하는 이론인데, 결국에는 각 명사의 구조적 의미는 바로 그것의 격에 의해서 결정되기 때문에, 이것은 Θ이론의 기본이 되는 이론이라고 볼 수가 있다. 구체적으로는 이것에 의해서 일치소가 지배하는 명사에는 주격이 부여되고, 타동사와 전치사가 지배하는 명사에는 대격이 부여되며, 명사나 동사구 앞에 있는 명사에는 속격이 부여된다. 쉽게 말해서 「John gave Mary a book.」에 있는 세 개의 명사들은 어순이나 각각의 위치에 의해서 일정한 격을 부여받게 되어있으니까, 크게는 통사론 자체이고 작게는 격이론은 분명히 의미론의 일부인 것이다.

그 다음으로 Θ이론은 한 문장의 술어, 즉 동사가 그것의 논항 즉 각 명사에게 문법적 의미를 부여하는 일에 관련되는 이론으로서, 기본적으로는 격 이론과 중복되는 이론인 것 같지만 실제에 있어서는 궁극적으로 문장은 의미적 표현체라는 명제를 책임지게 되는 이론은 오직 이 이론뿐이다. 그래서인지 우선 의미역의 종류는 격의 종류보다 훨씬 더 세분되어 있다. 예컨대 현재까지 통사론에서 쓰이고 있는 의미역의 종류에는 동작주를 비롯하여 피동자, 대상, 기점, 도착점, 장소, 경험자, 수익자, 경로, 도구, 명제 등이 있다. 특히 통사론에서는 이들이 더 이상 의미적으로 분해가 될 수 없는 원시 개념으로 간주되고 있다.

그 다음으로, 격에 대한 것과는 달리 의미역에 대한 원리와 규칙들은 대단히 다양할 뿐만 아니라 언제나 중요한 기능을 수행하게 되어 있다. 예컨대 Chomsky의 문법에서 쓰이는 핵심적 원리 중의 하나가 투사원리인데, 이것의 기저가 되고 있는 것이 바로 간단히 말해서 어느 표현수준에 있어서나 논항과 의미역은 1:1식의 대응관계를 유지하고 있어야 한다는,

「의미역 준거」이다. 물론 이 준거가 제대로 지켜질 수 있도록 하기 위하여 이 문법에서는 의미역 표시법에 관하여 엄격한 규칙들이 제정되어 있다. 한 문장의 논항들은 내부 논항은 X'의 핵에 의해서 지배되고 있어야 한다든지, 외부 논항은 그것의 지정어의 위치에 있어야 된다는 식으로 언제나 일정한 구조적 조건을 만족시키고 있지 않는 한 의미역을 표시받지 못한다. 그리고 그의 문법에 관한 한 무엇보다도 중요한 사실은 논항에 대한 의미역 부여는 우선 D-구조에서 이루어지는데, 그 후 그것이나 그것의 연쇄가 S-구조로 이동하게 되면 자동적으로 의미역 전이 현상이 일어나게 된다는 사실이다.

아마도 의미역 이론이 그의 문법에서는 일종의 중핵적 역할을 담당하고 있다는 것을 가장 쉽게 확인할 수 있는 방법은 그것의 제일 특기할 특징이라할 수 있는 괄호식 문장 분석법이 구체적으로 어떤 것인가를 살펴보는 것일 것이다. 한마디로 말해서 겉으로는 일정한 구조적 원리에 의해서 작동되는 것처럼 보일지 모르지만 실제에 있어서는 의미적 준거에 의해서 작동되는 분석법이 바로 이 분석법이다. 예컨대 이 분석법으로는 「Mary hit John.(메리는 존을 때렸다.)」라는 문장은 「[IP Mary [VP[V` hit John.]]]」처럼 분석되는데, 이것에서는 「Mary」는 「hit」라는 동사의 동작주인데 반하여 「John」은 그것의 피동자라는 사실이 밝혀져 있으니까, 이것이 궁극적으로는 의미역 준거가 제대로 지켜지고 있는 분석법이라는 것이 분명해진다. 그러나 왜 *「IP[VP hit John]]」, 이나 *「Mary[VP hit]], *[[IP Mary[VP hit John Bill]]」과 같은 분석법은 있을 수 없는가를 알아보게 되면 그런 사실이 분명하다는 것이 더욱 확실해진다. 간단히 말해서 의미역 준거에 어긋나는 분석법들은 문법적 원리에 맞는 분석법이 될 수 없는 것이다.

따지고 볼 것 같으면 그의 문법이론 중 핵심적인 것 치고서 의미역 준거와 관련되어 있지 않은 것은 없다. 우선 그의 문법이론에서 제일 기본적인 것으로 간주되고 있는 것이 바로 「이동 이론」과 「흔적 이론」인데, 이들의 전제가 되고 있는 것이 바로 의미역 준거이다. 예컨대 「John seems to have left.」라는 문장은 「$John_i$ seems [t_i to have left]」처럼만 분석될 수 있지 「[e] seem [John to have left]」처럼 분석될 수 없는 것은 결국에 「seem」은 격이나 의미역을 부여할 수 없는 동사이기 때문이다.

또한 그의 문법이론에서는 「PRO」와 「명사구 흔적」, 「pro」, 「wh흔적」 등을 공범주로 보고서, 그것에 대한 원리와 규칙도 자세히 다루어지고 있는데, 따지고 보자면 이렇게 하는 이유 중 가장 근본적인 것은 바로 의미역 준거에 맞지 않는 것은 결코 제대로 된 문장 분석법이 될 수 없다는 것을 그가 잘 알고 있기 때문이다. 예컨대 여기에서는 영어의 부정사나 동명사의 주어의 위치에는 「PRO」라는 대명사적 대용어가 나타나게 된다고 보고 있는데(예: I want [PRO to leave]), 이것은 곧 부정사나 동명사는 결국 하나의 문장의 의미를 나타내는 것이기에 그들에게는 마땅히 의미상의 주어가 있게 마련이라는 발상법에서 나온 것이다. 「PRO」는 응당 지배를 받지 않는 자리, 즉 주어의 자리에 나타나면서도 결속의 원리에 의해서 결속을 받게 되어있다.(原口, 中村, 1992, P.245 P.717,)

그런데 역설적으로 격이론과 Θ이론을 이렇게 중요한 문법이론의 일부로 받아들였다는 사실은 그가 궁극적으로 의도하는 것은 최소한의 의미론이 최대한의 통사론과 하나로 합쳐지는 문법모형을 설계하는 것이라는 사실만을 실증하고 있다. 간단히 말해서 그는 통사적 구조는 의미론과 아무런 관계가 없는 자율적인 조직체이기에 응당 그것에 관한 형식적 원리와 규칙들을 구명하는 일이 독립적이고 자율적인 학문이 될 수 있다고 보았던 것인데, 특히 그는 언어의 형식성이나 구조성을 그것의 특성 중 제일 기본적인 것으로 보려는 철저한 형식 우선주의자이기도 했다.

그러나 그는 어차피 언어연구에는 크게 형식이나 구조중심적인 접근법과 기능이나 의미중심적인 접근법이 있게 되어있는 이상, 이 중 어느 것을 선택하느냐에 따라 그것은 통사론과 의미론으로 나뉘게 되어있다는 것을 잘 알고 있었으며, 이런 의미에서 볼 때 그의 통사론으로의 선택은 일종의 절대적인 것이 아니라 상대적인 것이었다고 볼 수가 있다. 그의 이런 문법관을 가장 간명하게 드러내주는 사실은 바로 그는 문법을 구조체를 생성하는 규칙의 체계와 그것의 적용 요령을 규제하는 원리의 체계로 이루어진 것으로 보고서, 이 두 번째 체계에는 Θ이론과 격이론 이외에 X'이론과 지배이론, 한계이론, 결속이론, 통제이론 등이 들어있다고 내세운 사실이다.

따지고 보자면 형식 의미론이란 통사론과 의미론의 관계를 Chomsky의 것과는 정반대적인 것으로 보려는 입장에서 출발한 학문에 지나지 않는다. 예컨대 Frege나 Montague는 문법적으로 아무런 하자가 없는 문장이 진리조건에 맞는 문장이 아닐 수가 있다는 사실이나, 아니면 그런 문장 가운데는 중의문도 적지 않게 있을 수 있다는 사실만으로써 의미론의 독립성이나 존재 이유는 익히 담보된 것이나 다름이 없다고 생각했었다. 그리고 무엇보다도 그들은 하나같이 언어의 기본적 기능은 정보전달이나 의미표현이기 때문에 그것의 형식성이나 구조성이 아니라 그것의 의미성이나 진리성을 밝히는 것을 언어연구의 궁극적인 과제로 삼아야 한다고 보았다. 다시 말해서 그들은 의미론을 주된 이론으로 삼고 통사론을 일종의 보조나 부속이론으로 삼는 것이 곧 의미론과 통사론을 하나로 통합시킬 수 있는 길이라고 생각했었다.

2) 불일치성

순수한 가정이지만 만약에 문법적 구조체와 의미적 구조체간에 이른바 대응관계나 아니면 異體同形적인 관계가 존재한다면 이상과 같은 통사론자와 의미론자간의 논쟁은 있었을 리가 없을 것이다. 그러나 쉽게 말해서 자연 언어는 이 점에 있어서 수학이나 논리학에서 쓰이는 기술법과는 많이 다르다. 그러니까 근본적으로 따질 것 같으면 이들이 일찍부터 언어 연구의 접근법을 놓고서 완고한 대립성을 보이게 된 것은 그것의 씨앗이 이미 언어 자체에 뿌려져 있었기 때문이라고 볼 수가 있는데, 그것을 Koeing(2006)은 자연 언어의 불완전성이나 불일치의 현상으로 보고 있다.

이런 현상의 예로서 그는 먼저 주어 상승의 변형문의 경우를 들고 있다. 그의 설명에 따르자면 「It seems that John is tired.」와 그것에 주어 상승의 변형절차를 적용해서 생긴 「John seems to be tired.」간에는 크게 보았을 때는 일종의 동의문 관계가 있다고 볼 수 있지만, 자세히 보았을 때는 일정한 의미적 차이가 있을 수밖에 없다고 보아야 하는데, 그 이유는 두 번째 문장에서는 「John」이 통사적 구조상으로는 이 문장의 주어의 자리에 있기는 하지만, 의미적 구조상으로 그것을 「seems to be tired.」의 주어적 논항으로 볼 수는 없기 때문이었다.

또 다른 예로는 「Who(m) did John see?」라는 영어 의문문과 「Jean a vu qui?」라는 프랑스어의 의문간의 차이성을 들고 있는데, 프랑스어의 의문문을 어휘별로 영어로 번역하면 「Jean has seen who(m).」처럼 되니까, 무엇보다도 영어와 다른 점은 의문사가 문두에 나오지 않고서 동사구의 일부로서 문미에 나와 있다는 점이라는 것이 분명해진다. 물론 이것은 일단 영어 문법과 프랑스어 문법은 같지 않다는 점을 보여주는 예일 수가 있다. 그러나 더 근본적인 의미에서 보자면 이것은 문법적 구조와 의미적 구조는 일치하지 않게 되어있다는 사실을 가장 극명하게 드러내주는 예임이 분명했다.

세 번째 예로서는 「Mary played.」와 「Mary will play.」에서의 시제 표시법상의 차이성을 내세우고 있는데, 먼저 문제가 될 수 있는 것이 바로 첫 번째 문장에서는 과거라는 시제적 의미가 「~ed」라는 접미사에 의해서 표시되고 있는데 반하여 두 번째 문장에서는 미래라는 시제적 의미가 「will」이라는 조동사에 의해서 표시되는 식으로, 시제의 표시법이 한 가지가 아니라는 점이었다. 그 다음으로 문제가 될 수 있는 것은 통사적 형식에서는 접미사나 조동사와 같은 시제 작동자로 표시되던 것이, 의미적 표현체에서는 예컨대 「시제[사건기술/명제]」처럼 동사구의 한 논항으로 표시되게 되어있다는 점이었다.(Koeing, 2006, p.430)

그런데 그가 보기에는 더 문제가 되는 것은 바로 이런 불일치의 현상을 어떻게 설명하느냐에 따라서 그동안에 작게는 통사론이나 의미론의 발전 방향이고 크게는 언어학 전체의 발전 방향이 달라지게 되었다는 점이었다. 이것에 관한 이론에는 크게 세 가지가 있는데, 안타깝게도 아직도 이들 중 어느 것이 제일 그럴싸한 것인지에 대한 대답은 학문에 따라서 아전인수적인 것이 될 수밖에 없다는 점이었다. 그중 첫 번째 것은 「구조적 동형성의 심층 분리설(Deep Split Structural Isomorphism)」로서, 이것은 간단히 말해서 모든 표층적 구조체에는 으레 자연 언어의 불완전성이 드러나 있게 되어있는데, 「여러 수준의 표현체 중 어느 하나에서만은 통사적 구조체와 의미적 구조체가 거의 일치상태를 이루고 있게 되어 있다고」 보는 이론이다.

그중 두 번째 것은 「자연 언어의 완전성설(Natural Language Perfection)」로서, 간단히 말해서 이것은 첫 번째 이론과 정반대적인 것, 즉 「자연 언어는 완전한 것이기에 결국에는 하나의 의미적 합성 규칙은 어떤 통사적 표현체에도 적용될 수 있다.」고 보는 이론이었다. 그중 세 번째 것은 「문법 모형의 불완전성설(Imperfections Reflect the Architecture of Grammars)」로서, 간단히 말해서 「불완전한 것은 자연 언어 자체가 아니라 그것을 기술하는 문법체계나 그것을 인식하는 정신구조」라는 이론이었다. 이것에 따르자면 통사구조와 의미구조는 모두 독립적 생성체계이기 때문에 그들 사이에는 동형적 관계가 아니라 대응적인 관계관이 있을 수 있었다.

그런데 사실은 이상과 같은 세 가지 학설들은 그동안에 통사론이나 의미론을 주도해 오던 언어이론들에 약간 다른 이름을 붙인 것에 지나지 않는 것이었다. 우선 첫 번째인 「구조적 동형성의 심층 분리설」은 Chomsky의 변형주의적 문법이론을 가리키는 것으로서, 이것에서는 S-구조에서의 통사구조와 의미구조간의 불일치성의 문제가 그것으로부터 파생된 논리형식(LF)에서 해결되게 되어 있다. 예컨대 이것에서는 「Everyone loves someone.」이라는 중의문을 분석하는 데 S-구조에서는 하나이었던 수형도가, 논리형식에서는 양화사가 넓은 작용역을 갖게 되는 수형도와 그것이 좁은 작용역을 갖게 되는 수형도로 나뉘는 방식이 쓰이게 된다.

그 다음으로 두 번째인 「자연 언어의 완전성설」은 Montague와 같은 의미론자가 제안한 문법이론을 가리키는 것으로서, 이것의 특징은 통사구조와 의미구조의 동형성을 굳이 수형도 설정이라는 방식에 의하지 않고서 그때그때의 대응적 규칙으로 확인할 수 있다고 보는 점이다. 예컨대 Chomsky의 문법에서는 그 문장의 양화사의 문제가 논리형식에서의 두 가지의 서로 다른 상승 변형절차에 의해서 해결되게 되어있다. 그러나 이 문법에서는 람다 추상법을 사용해서 「love」는 「$\lambda y.\lambda x.\text{love}'(x, y)$」처럼 표현하고, 「everyone」과 「someone」은 각각 「$\lambda p.\forall x(\text{human}'\ (x)\rightarrow p(x))$」와 「$\lambda q.\exists y(\text{human}')(y)\wedge p(y))$」처럼 표현함으로써 그 문제가 해결되게 되어있었다.(Ibid, p.433)

마지막으로 세 번째인 「문법 모형의 불완정성설」은 현재 앞의 두 학설만큼 큰 학세를 이루고 있지 못할 뿐만 아니라, 그들의 장점들을 반반씩 합쳐서 만들어진, 일종의 제3의 학설 같은 성격을 띠고 있는 것으로서, Jackendoff나 Sadock 등을 이것의 주창자로 볼 수가 있다. 이것에서는 우선 통사구조와 의미구조는 각각 독립적이고 자율적인 것이기에 그들 간에 불일치성이 존재하는 것은 당연한 일로 보고서, 첫 번째 학설로부터는 「의미구조는 언제나 통사구조로부터 분석될 수 있다.」는 견해를 받아들이고, 두 번째 학설로부터는 「통사적 형과 의미적 형을 언제나 직접적으로 짝지을 수 있다.」는 견해를 받아들이는 것이 최선의 문법을 만드는 길이라고 보고 있다. 구체적으로는 「Mary began the beer.」라는 문장을 「Mary began drinking the beer.」라는 의미로 해석하기 위해서는 「begin」을 「BEGIN(*x*행위자, *y*행위)」와 같은 2항 서술어로 보고서, 목적어인 명사구를 「F(Int(NP))」, 즉 「F가 명사구의 해석을 포함한 일정한 활동」을 가리키는 것으로 보면 되는 것이었다.(Ibid, p.435)

3) 통사론의 자율성

통사론과 의미론의 관계를 놓고서의 이상과 같은 세 가지 학설들은 모두가 이들 두 가지는 언어의 본질적 특성으로 보아서 마땅히 하나로 합쳐져야 할 뿐만 아니라 결국에는 하나로 합쳐질 수 있다는 견해에서 출발한 것들인데, 이론상으로 보자면 이런 견해는 다분히 이상주의적인 것임이 분명하지만, 현실적으로 보아서는 그것은 그동안까지의 통사론 중심의 언어연구에 대한 일종의 반작용적인 것이라고 볼 수가 있다. 더 구체적으로 말하자면 그중 첫 번째 것은 통사론자인 Chomsky의 통사이론을 요약한 것이고, 그중 두 번째 것은 의미론자인 Montague의 의미이론을 요약한 것이며, 그중 세 번째 것은 개념적 의미론자인 Jackendoff의 절충이론을 요약한 것이기에, 이들은 지금의 언어연구의 현황을 총괄한 것이라고 볼 수가 있다.

그런데 사실은 지금의 언어연구의 현황을 Koeing이 한 것처럼 모든 것을 통일체적인 문법모형을 향한 노력으로 보는 입장에서 파악하지 않고서, 그동안까지의 통사론 주도적인 학풍을 그대로 인정하는 입장에서 파악할 수도 있다. 쉽게 말하자면 언어연구의 발전상을 놓고서의 그의 입장을 일종의 이상주의적인 것으로 치자면, 거기에는 그것과 전혀 다른 현실주의적인 입장도 있을 수 있다는 말이다. 일단 이런 입장에서 보게 되면 누구나 우선 통사론의 자율성을 강조하게 되고, 그 다음으로는 그것의 선진성을 강조하게 된다. 바꾸어 말하자면 그는 통사론과 의미론은 궁극적인 의미에서 일종의 평행적이거나 병렬적인 관계 속에서 발전하게 되어있다는 것을 강조하게 된다.

이런 식의 현실주의적인 입장에서 통사론과 의미론의 관계를 보아야 한다고 생각하는 사람 중 대표적인 사람이 바로 Enc(1988)인데, 그는 「통사론과 의미론의 인터페이스(The syntax-semantic interface)」라는 논문에서 의미론은 그것의 기본적 원리로 볼 수 있는 「합성성의 원리의 정확한 성격과 역할이 아직도 토론의 대상이 되고 있는 한, 통사론만큼 발달된 학문으로 볼 수는 없다는 견해를 피력했다. 그러니까 제목상으로는 통사론과 의미론간의 협업관계를 밝히는 것이 이 글의 목적처럼 보일지 몰라도, 실제에 있어서는 여기에서 Chomsky의 통사론과 Montague의 의미론을 비교해서, 적어도 현재로서는 Chomsky의 통사론이 앞섰다는 점이 주장되고 있는 것이다.(Enc, 1988, p.239)

여기에서는 크게 세 가지 주제를 이런 비교작업의 대상으로 삼았는데, 그중 첫 번째 것은 명제의 논항에 대한 의미역 부여의 절차에 관한 것이었다. 예컨대 「Mary kissed John.」과 같은 기본문에 있어서는 하나의 정문으로서의 이것의 구조적 특성을 규정하는 통사적 규칙과, 하나의 진리치를 지니는 명제로서의 이것의 의미적 특성을 규제하는 의미적 규칙 간에는 일종의 완전한 대응관계가 성립되어 있다고 볼 수가 있었다. 그러나 일단 「John was kissed by Mary.」라는 수동문과 「John, Mary kissed.」라는 주제화문에 대한 분석방법을 비교해볼 것 같으면 통사론과 의미론 간에는 적지 않은 차이가 있음이 분명해졌다.

우선 Chomsky의 통사론에서는 간단히 말해서 이들을 기본문에 수동화 절차와 주제화 절차라는 변형절차를 적용시켜서 생겨난 변형문으로 본다. 여기에서는 우선 기본문이 다루어지는 심층구조에서 의미역 배정 작업이 이루어지는데, 그것은 으레 명사구의 어순상의 위치에 따라서 자동적으로 이루어지는 식으로 비교적 단순하다. 그러니까 바로 여기에서 이 문장의 경우, 문두에 있는 「Mary」에게는 동작주라는 의미역이 부여되고 동사 뒷자리에 나오는 「John」에게는 피동자라는 의미역이 부여되는 것이다. 그 다음으로 여기에서는 투사원리가 엄격히 지켜져서 일단 심층구조에서 부여받은 의미역은 표층구조에서의 변형문에서도 그대로 유지되게 되어 있다. 예컨대 앞의 두 변형문들은 피동자의 의미역을 이미 부여 받은 「John」이 각각 문두로 이동해서 생긴 것이기에, 그것의 의미역에는 아무런 변화가 있을 수 없다. 특히 여기에서는 명사구가 이동을 하게 되면 그것의 원 위치에는 「흔적(t)」의 표시를 하게 되어 있으니까 이 점이 더욱 확실해진다. 또한 수동문의 경우에는 이런 식으로 해서 「by Mary」라는 전치사구 내의 「Mary」가 동작주라는 의미역을 그대로 유지하게 된다.

이와는 대조적으로, Montague의 의미론에서는 쉽게 말해서 통사적 규칙이 아니라 의미적 규칙에 의해서 이들 문장의 명사구들에게 적절한 의미역이 배정이 된다. 기본적으로 이것에서는 기본문인 능동문의 생성절차와 변형문인 수동문이나 주제화문의 그것 사이에는 아무런 차이가 없다. 예컨대 이것에서는 능동문이 동사가 내적 논항에 해당하는 명사구와 합쳐지는 동사구 규칙과, 그것이 그 다음으로 외적 논항에 해당하는 명사구와 합쳐지는 문장 규칙에 의해서 생성되는 것과 똑같은 방식으로 수동문이나 주제화문도 생성이 되게 되어있다.

구체적으로 수동문의 생성절차를 살펴볼 것 같으면, 크게 이것은 수동화의 형식을 갖추고 있는 동사구 내의 내적 논항의 요건을 람다 추상법에 의해서 명시하는 첫 번째 의미규칙과, 그 동사구가 외적 논항에 해당하는 명사구와 합쳐지면서, 그것을 내적 논항으로 바뀌게 하는 두 번째 의미규칙에 의해서 생성되게 되어 있다. 이 두 번째 의미규칙에는 「by구」가 있는 경우에는 그 안에 있는 명사구가 외적 논항의 역할을 수행한다는 점도 명시되어 있다. 결국 이것에서는 능동문과 수동문간의 차이는 동사구의 형태상의 차이로 보고 있지, 명사구의 역할상의 차이로 보고 있지는 않은 것이다. 그리고 무엇보다도 중요한 사실은 이것에서는 능동문과 수동문을 굳이 구조적으로 연관된 것으로 보려고 하지 않는다는 점이다.(Ibid, p.243)

이런 비교작업의 두 번째 주제가 되고 있는 것은 바로 재귀대명사나 상호대명사와 같은 대용어의 지시적 제약에 관한 설명법이었다. 예컨대 「John told Mary about himself.(존은 그 자신에 대해서 메리에게 말했다.」와 「John told Mary about herself.(존은 그녀 자신에 대해서 메리에게 말했다.)」는 정문인데 반하여, 1)*「John's mother likes himself.(존의 어머니는 그 자신을 좋아한다.)」와 2)*「The fact that John is flunking bothers himself.(존이 낙제하고 있다는 사실은 그 자신을 괴롭힌다.)」, 3)*「John thinks that Mary likes himself.(존은 메리가 그 자신을 좋아한다고 생각한다.)」, 4)*「John called the girl that himself met last week.(존은 그 자신이 지난주에 만났던 여자에게 전화를 했다.)」 등은 비문인데, 이런 현상을 놓고서 통사론과 의미론에서는 각각 서로 다른 설명법을 제시하고 있다.

우선 Chomsky의 통사론에서는 크게 성분 통어의 원리와 국지성의 규칙이라는 두 가지의 결속에 관한 규칙에 의해서 이런 현상을 설명하고 있다. 먼저 성분 통어의 원리란 간단히 말해서 「대용어는 으레 선행사의 성분통어를 받고 있어야 된다.」는 원리로서, 위의 1)과 2)가 비문인 것은 바로 이들은 이것을 어기고 있기 때문이다. 다시 말해서 이들에 있어서는 「John」이 재귀대명사를 성분통어하고 있지 않은 것이다. 그 다음으로 국지성의 규칙이란 「대용어는 으레 최소의 지배 범주 내에서 결속되어 있어야 한다.」는 규칙으로서, 위의 3)과 4)가 비문인 것은 바로 이들은 이것을 어기고 있기 때문이다. 다시 말해서 이들에 있어서는 「John」이 선행사가 될 수 있는 범주 밖, 즉 목적절이나 수식절 밖에 있는 것이다.

이와 대조적으로 Montague식 의미론에서는 이런 결속 영역상의 문제는 논리형식으로 대명사의 의미를 해석하는 기구를 따로 설정함으로써 해결될 수 있다고 보았다. 예컨대 Cooper(1983)는 이런 기구에 「국지적 대명사 저장소(local pronoun store)」라는 이름을 붙였는데, 이것의 작동절차에는 일정한 제약들이 설정되어 있어서, 바로 이들이 통사론에서 통사적 규칙이 수행하던 기능을 수행하게 되어있는 것이다. 예컨대 여기에서는 「명사구와 문장의 구성소들의 국지적 대명사 저장소들 간의 교차점은 으레 비어있어야 한다.」는 제약에 의해서, 대명사적 주어와 대명사적 목적어는 공지시적 관계를 가질 수 없게 되어있고, 또한 「명사구와 문장의 국지적 대명사 저장소들은 그들의 구성소의 그런 저장소들을 상속하지는 않지만 다른 절점의 그런 저장소는 상속을 한다.」는 제약에 의해서 한 명사구나 문장내의 대명사는 그것 밖에 있는 대명사와는 공지시적 관계를 가질 수 있게 되어있다.(Ibid, p.247)

이런 비교작업의 세 번째 주제가 되고 있는 것은 양화사나 의문사구와 같은 변항 결속자들의 제약적 작동에 대한 설명법이었다. 먼저 Chomsky식의 통사론적 설명법을 살펴볼 것 같으면, 다른 통사적 현상에 대한 설명법과 마찬가지로 이것도 결국에는 이동 변형의 제약사항에 대한 것이 되게 마련이었다. 예컨대 통사론자들은 「Who did John say [e loves Mary?]

(누가 메리를 사랑한다고 존은 말했느냐?)」는 정문인데 반하여 *「Who did John say [that e loves Mary?]」는 비문인 현상이나, 「Who did John say [that Mary loves e?](메리가 누구를 사랑한다고 존은 말했느냐?)」는 정문인데 반하여 *「Who did John believe the claim [that Mary loves e?] (존은 메리가 누구를 사랑한다고 주장하고 있다고 믿었느냐?)」와 *「What did John see the girl [that Bill gave e to e?] (존은 빌이 그 소녀에게 무엇을 주는 것을 보았느냐?)」는 비문인 현상 등을 설명하는데 「의문사구 섬 조건」이나 「공범주 원리」와 같은 통사적 규칙들을 사용했다.

먼저 「의문사구 섬 조건」이란 일찍이 Ross(1967)가 제안했던 것으로서, 관계절과 복합명사구는 일종의 섬과 같은 것이어서 어떤 의무사구도 그것 밖으로는 이동될 수 없다는 것이 그 요지이었다. 앞에 나온 비문들은 하나같이 이 조건을 위반한 문장인 것이다. 그 다음으로 공범주 원리란 그 뒤에 가서 Chomsky가 제안했던 것으로서 모든 비대명사적 공범주들은 언제나 적절히 지배를 받고 있어야 한다는 것이 그 요지이었다. 그러니까 앞에 나온 비문들은 모두가 이 원리를 어긴 문장인 것이다.

그런데 의문사구의 이동이 관계절이라는 한계선을 넘어설 수 없다는 조건은 양화사의 작용역을 결정하는 데 있어서도 동일하게 적용된다고 볼 수가 있다. 그러나 양화사의 경우에는 목적절도 그런 한계선이 될 수 있다는 점으로 미루어 보아서는, 이것에 대한 제약은 의문사구에 대한 그것보다 더 엄격한 것이 분명하다. 예컨대 「Some student believes [that John loves every woman.] (어느 학생은 존이 모든 여자를 사랑한다고 믿는다.)」라는 문장에서는 목적어인 「every woman」의 작용역이 모문의 주어인 「some student」의 그것까지 정해주고 있다고 볼 수는 없다. 그에 반하여 의문사구의 이동에 있어서는 「Who did John say [e loves Mary?]」에서처럼 목적절이 그런 제약의 섬이 되지 않고 있다.

앞에서 이미 언급이 되었듯이 Cooper의 의미론에 있어서는 이상과 같은 의문사구의 이동 영역이나 양화사의 작용역에 관한 문제도 통사적 규칙이 아니라 의미적 저장소에 가해지는 해석규칙에 의해서 해결하고 있다. 예컨대 그는 Ross가 일찍이 제안했던 「복합명사구 (섬) 제약」이라는 규칙은 「만약에 해석의 대상이 양화사라면 (즉 명사구 해석의 경우라면), 저장소가 일단 비어진 다음에야 도출이 더 진행될 수 있다.」는 식의 하나의 의미적 자율조건으로 대신될 수 있다고 보았다. 그러나 그의 의미적 자율조건은 양화사와 의문사 작동자의 제약의 문제를 함께 해결할 수 있는 일반적인 원리가 될 수 없다는 것이 확실한 이상 불완전한 것으로 평가되는 것은 너무나 당연한 일이었다. 그의 조건에서는 관계사절과 목적절 등도 복합명사구의 범주 내에 포함시키고 있다. 그러나 바로 앞에서 살펴보았듯이 양화사의 작용역은 문장 이내로 제한되어 있다.

특히 의미적 처리방식에 문제가 될 수 있는 것은 해석 규칙의 이런 불완전성 이외에, 아예 해석의 영역에서 벗어나 있는 문제에 대해서는 아무런 대책도 마련되어 있지 않다는 점이었다. 구체적으로 Chomsky의 통사론에서는 의문사구 이동의 현상에는 이른바 「that 흔적」의 효과라는 것이 있다는 것이 익히 밝혀져 있는데, Cooper의 의미론에서는 아직 이런 현상을 하나의 문젯거리로 삼고 있지도 않다. 예컨대 「John said Bill loves Mary.(존은 빌이 메리를 사랑한다고 말했다.)」와 목적절 앞에 보문사인 「that」이 나타나 있는 「John said that Bill loves Mary.」는 의미상으로 동일한 문장들이다. 그러나 이들로부터 「Who did John say [e loves Mary?]」와 「Who did John say [that Mary loves e?]」와 같은 의문문을 만들어질 수 있지만 *「Who did John say [that e loves Mary?]」라는 의문문은 만들어질 수 없다.

물론 Chomsky의 통사론에서는 이런 현상을 공범주 원리라는 통사적 규칙에 의해서 설명하고 있다. 그러나 Cooper의 의미적 자율조건에서는 이런 것을 아예 다루고 있지도 않다. 아마도 최선의 방책은 그의 이론을 「양화사 절차에는 다소나마 통사적 제약을 받는 통제된 양화사 절차와 그렇지 않는 자유로운 양화사 절차의 두 가지가 있다.」는 식으로 수정하는 것일 텐데 그렇게 하지도 않고 있다. 또한 사람에 따라서는 통제된 양화사 절차에 가해지는 제약은 통사적인 것인지만 자유로운 양화사 절차에 대한 것은 의미적인 것으로 보는 수정안도 내놓을 수가 있을 텐데, 그랬다가는 당장 표층구조에서는 아예 의문사구 이동이 일어나지 않는 중국어나 일본어의 경우를 설명하기가 더욱 어려워진다.(Ibid, p.252)

이 논문의 결론부에서 Enc는 이상과 같은 비교작업이 결국에는 의미론에서 내세우는 의미이론들은 「통사론에서 얻어낸 결과들을 체계적이고 순환적인 방법으로 해석하는 절차」에 불과하다는 것을 드러내기 위한 것이라는 사실을 분명하게 밝히고 있다. 여기에서 그는 일찍이 Montague가 했던 「자기는 의미론에 대한 일종의 준비작업으로서의 흥미 외에는 통사론에 대해서 큰 흥미를 느낄 수 없다.」는 말을 「인간 언어의 일부 현상들은 통사적인 것이어서 의미적 자질로 환원시킬 수 없다는 것이 그동안의 언어적 연구를 통해서 확실히 밝혀졌다.」는 말로써 반박하고 있다. 그는 특히 이 자리에서 오직 경험적 결과만이 통사론적 처리와 의미론적 처리 중 어느 것이 바람직한 것인가를 최종적으로 결정지을 수 있다는 점과, 이들 간의 선택은 궁극적으로 전체적 언어이론의 문제로 귀착될 수밖에 없다는 점을 강조하고 있다.(Ibid, p.253)

4.4 화용론과의 관계

형식 의미론의 통사론과의 관계를 불가피적이고 불가분적인 것으로 본다면, 그것의 화용론과의 관계는 선택적이고 병렬적인 것으로 볼 수가 있는데, 그 이유는 크게 두 가지라고 볼 수가 있다. 그중 첫 번째것은 근본적인 차원에서 볼 것 같으면 화용론도 결국에는 문장의 형식이 아니라 쓰임새, 즉 일종의 의미론이기 때문에 현실적으로 그것과 의미론 사이에 명확한 경계선을 긋는다는 것이 누구에게나 대단히 어려운 일이기 때문이다. 두 분야 간의 경계선이 이렇게 불확실한 탓으로 의미론자들이 그동안에 이 문제에 대해서 택한 방책에는 크게 의미론의 일부로 화용론을 포함시키는 것과, 화용론과의 관계를 일체 설정하지 않는 것 등의 두 가지가 있었다.

그중 두 번째 것은 통사론이나 의미론은 언어능력에 관한 것을 연구하는 학문인 데 반하여, 화용론은 언어사용에 관한 것을 연구하는 학문인 식으로, 궁극적인 의미에서는 언어학의 한 분야로 보기가 어려울 만큼 화용론은 독자적이고 이질적인 학문이기 때문이다. 일찍이 이런 의미에서 볼 때 Morris(1938)가 언어학은 통사론과 의미론, 화용론 등의 세 분야로 나뉘어질 수 있다고 본 것은 화용론의 실체를 잘못 내지는 피상적인 차원에서 인식한 데서 나온 견해에 불과한 것이라는 것이 분명하다. 예컨대 그의 말을 그대로 인용해 본다 해도 「의미론은 언어적 표현과 이 세상과의 관계」를 연구하는 학문으로 정의되는 데 반하여, 「화용론은 언어 사용자가 의사소통의 현장에서 언어적 표현을 사용하는 양태를 연구하는 학문」으로 정의될 테니까, 이들을 동일한 성격이나 차원의 학문으로 보는 것은 부당한 일이라는 것이 확실해진다.

그런데 실제로 무엇보다도 극명하게 화용론의 이질성이나 특이성을 드러내주고 있는 사실은 어떤 사실이나 현상을 기술하는 데 있어서 과학이나 형식주의적 학문의 필수적 특성이라 할 수 있는 이론이나 규칙, 형식 등이 쓰이고 있는 것이 아니라 서술주의적 학문의 특징이라 할 수 있는 원리나 규약, 격률, 조건 등이 쓰이고 있다는 점이다. 한마디로 말해서 학문의 이치상 이른바 형식 화용론이 탄생되기까지에는 이것이 언어학의 정당한 한 분야로 편입될 수 없을 텐데, 안타깝게도 아직까지는 언어학자치고서 그 누구도 그런 이름 자체를 적어도 학술적 용어로는 사용한 적이 없다.

물론 Horn(1988)같은 화용론자는 일찍이 화용론의 이런 이질성은 그것의 태생적 한계성으로 비칠 것이라는 사실을 미리 예견한 나머지, Gazdar의 전제 및 함언에 대한 형식적 모형을 평가하면서 「그것 자체에 문제가 없는 것은 아니지만, 현재 두 가지의 명시적이고 종합적이며 반증가능한 형식 화용론적 이론들이 제안되어 있다는 사실은 화용론은 본질적으로 애매하고 비형식적이라는 일반적 견해를 의심하게 한다.」와 같은 말을 하고 있는데, 누가 보아도 이런 말은 하나의 강변에 불과하다. 나쁘게 말하자면 이런 말은 실제로는 자기도 화용론의 결정적 약점이나 한계성은 곧 비형식성이라는 점을 익히 인정하고 있다는 의미로 해석될 수가 있다.(Horn, 1988, p.125)

그런데 사실은 일찍이 의미론자에게 어쨌든 화용론을 의미론의 일부로 포함시킬 수밖에 없다는 사실을 가르쳐 준 사람은 화용론의 창시자격인 Grice였다. 그는 처음으로 함언이론을 제안한 사람으로 유명한데, 문장의 의미에는 진리조건적 의미 외에 간접적으로 함언된 의미도 있는데 굳이 따지자면 첫 번째 것보다는 두 번째 것이 더 큰 기능을 수행하니까 의미론에서 화용론으로 접근하는 것보다는 오히려 화용론에서 의미론으로 접근하는 것이 더 나은 의미 연구법이라는 것이 그의 이론의 요지이었다. 이런 의견은 물론 기존의 형식의미론자들에게는 모든 것을 새롭게 시작하라는 혁명적 도전이나 다름이 없었기에 그것을 그대로 받아들일 수는 없는 일이었다.

그렇지만 이런 의견은 그들로 하여금 적어도 화용론적 고려가 없는 의미론은 부당한 것이라는 사실을 깨닫게 하기에는 충분한 것이었다. Horn은 Grice의 의미 모형을 아래와 같이 요약했는데, 여기에서 주목할 점은 첫 번째로는 이것에서는 화용론이 의미론보다 영역이 더 넓게 되어있다는 점과, 두 번째로는 의미론과 화용론 사이에는 점선으로 표시 되어있는 공통적 내지는 연접된 부분이 있다는 점이다. 그는 Grice의 이런 의미관을 「만족 조건적 양상」을 두루 고려한, 가장 바람직한 의미관으로 보았다.(Ibid, p.121)

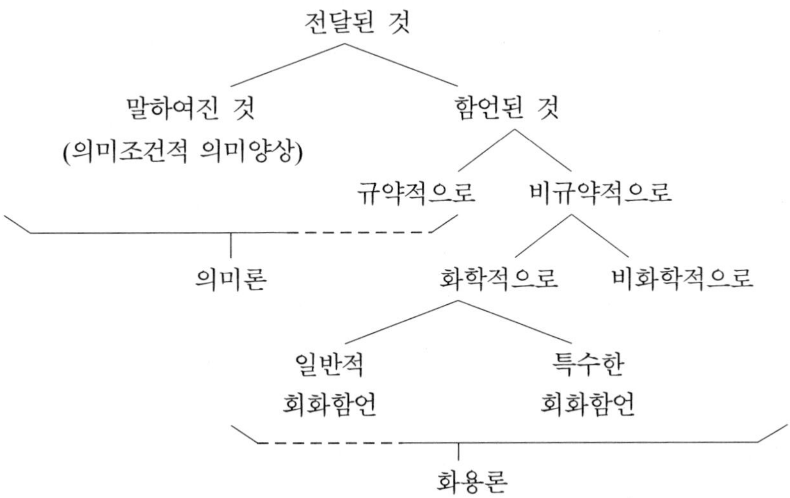

1) 화용적 전제와 의미적 전제

어차피 일정한 부분에서는 의미론과 화용론은 겹쳐지게 되어있는 이상, 현실적으로 화용론을 완전히 배제시키는 방책보다는 그것을 의미론에 흡수시키는 방책을 쓸 수밖에 없었던 것인데, 이것의 첫 번째 증거가 될 수 있는 것이 바로 그들은 일찍부터 전제와 함의의 문제를 그들의 주요 연구과제로 삼았다는 사실이다. 엄밀히 따지자면 전제와 함의의 문제는 한 명제의 진리치에 관한 것이라기보다는 그것과 관련된 의미들을 추리하는 과정에 관한 것이기에 형식 의미론에서 다루어질 과제라기보다는 화용론에서 다루어질 과제이다. 그럼에도 불구하고 일찍부터 형식 의미론에서는 이들이 그것의 주요 연구과제로 다루어져왔는데, 이런 전통은 멀리는 Aristotle 때의 것으로 거슬러 올라갈 수 있는 서구적 논리학으로부터 물려받은 것이었다.

그런데 이런 문제와 관련하여 무엇보다도 중요한 사실은 논리학자들은 이미 한 명제의 지시나 의미에 대한 논의는 의미론에서 이루어지게 마련이지만, 그것의 전제나 함의에 대한 논의는 화용론에서 이루어지게 마련이라는 사실을 잘 알고 있었다는 점이다. 그러니까 쉽게 말해서 일찍부터 논리학에서는 의미론의 영역 내에 화용론이 포함되게 되어있다고 생각했던 것이며, 이런 발상법은 그대로 그 후 형식 의미론의 기본적 입장의 한 가지로 자리잡게 된 것이다. 이런 의미에서 볼 것 같으면 형식 의미론이 안고 있는 태생적 문제점은 누구에게 있어서나 바로 논리학과 의미론, 화용론간의 구별을 확실하고 슬기롭게 하기가 쉽지 않다는 점이라는 것이 분명해진다.

그런데 형식 의미론이 애초부터 이상과 같은 근본적 문제점을 지니고 있었다는 것을 가장 명시적으로 증거 해주는 사실이 바로 일찍부터 대부분의 의미론자들은 함의에게는 그렇게 하지 않으면서 전제에게만은 화용적이라는 한정사를 붙여왔다는 사실이다. 그러니까 이들이 보기에는 함의는 오로지 논리적 추리절차 한 가지에 의해서 알 수 있는 것이지만, 전제를 아는 데는 그것에 더해서 화용적 해석 절차까지 필요하게 된다고 본 것인데, 이런 사실은 곧 Aristotle이 일찍이 간파했듯이 논리학의 최대의 숙제는 역시 어떻게 전제의 문제를 해결해야 하느냐라는 것을 이들은 일찍부터 잘 인식하고 있었다는 것을 익히 말해주고 있다. 나쁘게 말하자면 바로 이런 이유로 인하여 이들은 함의의 문제를 해결하는 데는 많은 노력을 기울이면서도, 전제의 문제를 해결하는 데는 그렇게 하지 않았다고 볼 수도 있다.

논리적으로 따지자면 일단 형식 의미론에서 이렇게 화용적 전제라는 일종의 복합어가 하나의 학술적 술어로 자리잡게 된 이상, 이것에 대한 연구는 크게 화용론의 실체를 집중적으로 밝히는 방향과 전제의 실체를 그렇게 밝히는 방향의 두 방향에서 이루어질 수가 있는데, 이들 중 어느 것을 선택하느냐의 문제를 놓고서 그동안에 형식의미론자와 화용론자간에 일정한 견해 차이가 있게 되는 것은 너무나 당연한 일이었다. 그렇지만 이런 복합어가 생겨났다는 것은 첫 번째로는 그들이 이제는 명제를 하나의 논리형식이 아니고 일종의 발화나 話行으로 보게 되었다는 것을 말해주고 있었고, 두 번째로는 이렇게 되면 그것의 의미에 대한 연구에는 언어사용자의 심리와 의사소통의 상황과 같은 비언어적 요소들의 영향에 관한 것도 포함되어야 한다는 것을 인정하게 되었다는 것을 말해주고 있었다.

그렇지만 엄밀히 따지고 보자면 화용적 전제라는 술어를 쓰면서 전제의 현상을 화용론적 문제로 보기 시작한 것은 제3의 언어연구의 영역으로서의 화용론의 위상이 확립되는 1970년대이었으며, 따라서 의미론자가 아니라 화용론자가 이런 움직임을 주도하게 되는 것은 너무나 당연한 일이었다. Aristotle 때부터의 논리학적 전통을 그대로 계승하여 Frege와

Russell 등은 전제라는 말 앞에 「의미적」이라는 한정사를 붙여서 「의미적 전제」라는 복합어를 사용했었는데, 그 후 내내 바로 이것을 의미론자들은 일종의 공인된 학술어로 쓰게 된 것이다. 그러니까 의미론자들의 전제의 문제에 대한 견해는 궁극적인 의미에서는 이것에 대한 연구가 화용론적으로 이루어져야한다는 것은 충분히 이해할 수 있지만, 현실적으로는 그것을 화용적 전제가 아니라 의미적 전제로 보는 입장에서 그 연구가 진행되어야 한다는 것이었다.

예컨대 Caffi(2009)의 견해에 따를 것 같으면, 실제로 대부분의 의미론자들은 전제를 「해당 문장이 부정되는 경우에도 그 타당성은 여전히 유지되는 것」이나 「그 진리성은 서술문이 진리치를 갖는 데나 또는 그것이 서술행위를 이루는 데 쓰이는 데 있어서 필요한 조건이다.」는 식으로 정의하고 있는데, 이것은 곧 의미론에서의 이것에 대한 공인된 개념은 「의미적 전제」이지 「화용적 전제」는 아니라는 것을 단적으로 증거하는 사실이다. 물론 그동안에 의미론에서는 이런 정의의 타당성을 실증하려는 노력도 적지 않게 있어 왔는데, 그중 대표적인 것이 바로 일반적으로 해당 문장을 부정문으로 바꾸어서 그 결과를 검증하는 방법, 즉 부정화 시험법이 전제의 성립여부를 결정짓는 주된 방법으로 사용되게 된 점이나, Levinson에 의해서 사실적 동사나 상태변화적 동사, 분렬문 등을 위시한, 총 31가지의 전제적 현상을 유발시킬 수 있는 언어적 표현법이 발견된 점, Grice에 의해서 「therefore」라는 접속사의 의미를 분석한 결과, 의미적 전제와 규약적 함언 간에는 모두가 표층적 언어구조에 의해서 유발된다는 공통점이 있는 반면에 오직 전자만이 진리조건과 관련성이 있다는 식의 차이점도 있다는 것이 밝혀진 점 등이었다.(Caffi, 2009, p.721)

그렇지만 역설적으로 전제를 의미적으로 해석하려는 흐름이 버티어 나가면 나갈수록 그것은 그것을 화용적으로 해석하려는 흐름의 세력을 더

키우는 결과만을 가져오고 말았다. 간단히 말해서 바로 전제의 현상을 통해서 이미 일정한 학세를 확보한 화용론이 가장 침투하기 쉬운 영역은 역시 의미론이라는 사실이 실증된 것이다. 그런데 문제는 원래가 화용론은 의미론과는 크게 이질적인 학문인데다가 그것에서 탄생된 이론들도 다양한 탓으로 어느 누구도 구체적으로 어떤 것이 화용적 전제이론이라고 말하지 못하는 상황에 놓이게 된 점이었다. 예컨대 Caffi의 말을 그대로 빌릴 것 같으면 「일단 논리적 의미수준에 대한 분석을 표기하고서 실제적인 의사소통 행위의 자료들을 결정적 근거로 삼기로 결정하게 되면, 오이디푸스가 자기 아버지를 죽였다는 사실이 「Oedipus regrets having killed his father.(오이디푸스는 자기 아버지를 죽인 것을 후회한다.)」라는 말의 함의나 전제 중 어느 한가지라는 사실 이전에, 서양 문화에서 공유되는 일종의 지식임」을 알게 되는 것이다.(Ibid, p.724)

화용적이라는 말과 전제라는 말의 정의가 모두 거의 혼돈상태에 빠질 정도로 다양해진 상황에서의 이 문제에 대한 논의 중 최선의 것은 역시 그동안에 나온 대표적 화용론적 이론들의 틀 안에서 논의를 하는 것이었다. 간단히 말하자면 그것은 전제의 현상을 화용론적 이론의 타당성을 증거하는 근거로 내세우는 식으로 논의를 전개하는 것이었으니까, 일종의 주객이 전도된 방식이나 다름이 없었다. 물론 이런 식의 토의에서 얻을 수 있는 결론도 의미적 전제이론의 부적절성이나 한계성을 들춰내는 데만 초점이 맞추어질 정도로 다분히 비생산적인 것이었다. 이런 의미에서 볼 때 그것은 이 문제에 대한 최선의 논의가 아니라 유일한 논의였다고 볼 수가 있다.

Caffi는 여기에서 그동안에 화용적 전제에 대한 연구들은 으레 Grice의 「협조성의 원리」를 위시하여 Austin의 「적절성 이론」, Searle의 「화행 이론」 등의 세 가지 화용론적 이론들을 배경적 이론으로 삼은 상태에서 이루어졌다는 점을 밝히고 있는데, 그러다 보니까 이 글의 목적이 화용적 전제의 실체를 구명하는 데 있는 것이 아니라 화용론의 발달과정을 소개하는 데 있는 듯한 인상을 주게 되었다. 먼저 그가 Grice의 이론과 관련하여 어떤 말을 하고 있는가를 살펴볼 것 같으면 「전제는 실제로 말해진 것, 즉 발화의 표층구조와 밀접하게 연결되어 있는 데 반하여, 함언은 실제로 의미된 것과 밀접하게 연결되어 있다.」나 「말소성으로 보아서 전제는 함언보다 말소성이 적다.」와 같이 전제가 많은 점에서 Grice가 회화적 함언이론에서 내세웠던 함언과는 같지 않은 것이라는 점을 부각시키는 말을 집중적으로 하고 있다.(Ibid, p.722)

그 다음으로 그가 Austin의 적절성 이론과 관련하여 어떤 말을 하고 있는가를 살펴볼 것 같으면, 그는 「Austin의 부적절성의 유형에 대한 이론을 통해서 전제에는 크게 그것 없이는 행위 자체가 수행될 수 없는 것과 (예: 없는 것을 약속하는 일), 만족되지 않으면 행위가 불행해지는 것(무언가를 성실하지 않게 약속하는 일) 등의 두 가지가 있다는 것을 알게 된다.」나, 「화용적 전제를 분석함에 있어서 가장 결정적인 진전은 부적절성의 유형을 언어와 비언어간의 상호교섭에 관한 사실적 연구와 연결시키려는 것이다.」와 같은 말을 하고 있다. 그의 생각으로는 그러니까 Austin의 이론에서처럼 언어를 일단 사회적 내지는 의사소통적 행동으로 간주하게 되면, 화행적 전제의 문제는 가장 다루기 힘든 문제로 드러나게 되어있다고 본 것이다.(Ibid, p.725)

세 번째로 그가 Searle의 화행 이론과 관련하여 어떤 말을 하고 있는가를 살펴볼 것 같으면, 그는 「그동안에 전제라는 개념은 무용지물이 될 위험이 생길 정도로 너무 광의적으로 설정되었는데, 그런 심연의 변두리에 보호벽을 쌓도록 우리를 도와줄 수 있는 기술적인 개념이 하나 있다. 그것은 바로 화용적 전제를 비언표적 행동에 대한 적절성의 조건으로 보는 것이다.」나 「화용적 전제의 개념과 관련된 단위를 문장이나 발화가 아니라 화행 전체로 보게 되면, 그것은 Searle의 모형에 따라서 약속이나 요구, 주장과 같은 규약적 화행의 구성적 규칙으로 간주될 수 있다.」와 같은 말을 하고 있다. 그러니까 그는 Grice의 생각과는 다르게 Searle은 화행적 전제를 함언의 일부로 보았다고 판단한 것이다.(Ibid, p.725)

안타깝게도 이상과 같은 3명의 대표적인 화용론자들의 이론을 원용한 그의 설명은 현재로서 화용적 전제에 대해서 권위 있는 정의를 내리는 것은 불가능한 일이라는 사실만을 분명히 하고 말았다. 그런데 그는 결론부에서 이런 안타까움을 더 가중 시키는 말까지 하고 있는데, 그것은 바로 그가 「화용적 전제를 화용론적으로 분석하려면 아래와 같은 더 많은 차원의 접근법을 고려할 필요가 있다.」고 한 말이다. 그가 제안한 접근법은 모두 세 가지인데, 그중 첫 번째 것은 「서순본문 및 수사적」 접근법으로 이름 붙여진 것으로서, 간단히 말해서 화용적 전제의 실체를 단일 문장의 분석을 통해서가 아니라 담화나 텍스트의 구조 전체의 분석을 통해서 파악하려는 접근법이다.

그중 두 번째 것은 「인류문화 및 사회적」 접근법으로 이름 붙여진 것으로서, 쉽게 말해서 전제란 결국에 하나의 문화 내지는 사회적 집단 내에서 공유되고 있는 지식과 신념에 바탕을 두고 있다는 입장에서 이것의 실체를 파악하려는 접근법이다. 그중 세 번째 것은 「심리적」 접근법으로 명명된 것으로서, 간단히 말해서 암묵적 의사소통에 대한 분석을 위해서는 화자와 청자의 의도나 태도에 대한 일정한 수준의 심리적 분석이 필요하다는 입장에서 전제의 문제를 해결하려는 접근법이다. 특히 그의 결론부의 마지막 문장이 「전제를 화용적으로 분석하는 일은 대부분이 아직도 수행되어야 할 과제로 남아있다. 발화 간의 논리적 관계를 넘어서서 인간의 의사소통 행위를 중요한 연구대상으로 고려할 수 있으려면, 그것은 정말로 어지러운 것이기는 하지만 절대로 포기할 수 없는 과제이다.」처럼 되어있다는 사실은 우리로 하여금 이 글의 목적 자체를 의심하게 한다.(Ibid, p.726)

2) 보완책으로서의 화용론

형식 의미론의 과제는 한 문장이나 명제의 진리치, 즉 의미를 파악하는 것인데, 그동안의 연구로 다소간에 화용론적 분석법의 도움 없이는 그 과제가 제대로 이루어질 수 없다는 사실이 드러났다. 물론 의미론자들이 보기에는 이런 미비점들은 모두가 의미론의 연구방법을 송두리째 뒤흔들 정도로 근본적인 것은 아니었으며, 따라서 이들이 택할 수 있는 방책은 크게 그들을 아예 무시해버리든지, 아니면 화용론적 분석법을 자기네 분석법을 보완하는 범위 내에서 받아들이는 것 중 두 가지였는데, 준엄성이나 일반성과 같은 학문적 원리로 보아서는 역시 두 번째 것을 택하는 것이 바람직한 일이었다.

(가) 대용어 문제

부분적으로나마 형식 의미론은 화용론에 의지해야 한다는 사실을 가장 극명하게 드러내주는 사실로서, 「문법과 회화적 원리(Grammar and Conversational Principles)」라는 논문에서 일찍이 Kempson(1988)은 세 가지 문제점들을 내세웠었는데 그중 첫 번째 것은 대용어의 문제였다. 그가 보기에는 진리이론적 의미분석법에 의할 것 같으면 대명사는 아래와 같은 다섯 가지 종류로 분류될 수 있는데, 그들은 저마다 특이한 대명사 대 지시물의 관계를 나타내는 것들이어서 그런지, 현재까지는 어느 한사람도 이 문제에 대한 하나의 통일된 이론이나 설명법을 설정하지는 못했다. 그러니까 간단히 말하자면 종전의 통사론이나 의미론에서는 으레 이것을 가장 대표적인 중의성의 문제로 치부해버렸었던 것이다.

(1) 지시적 대명사: 담화 내에서 비언어적 실체를 직접적으로 지시한다.

예: He's clever. (그는 영리하다.)

Mark$_i$ thinks he$_j$'s clever. [he≠Mark]

(그는 영리하다고 마크는 생각한다.)

(2) 공지시적 대명사: 담화 내에서 다른 언어적 표현, 즉 선행사와 동일한 지시 관계를 갖는다.

예: Mark$_i$ thinks he$_i$'s clever. [he=Mark]

(마크는 자기는 영리하다고 생각한다.)

After his$_i$ bath, Johnny$_i$ goes to bed. [he=Johnny]

(조니는 목욕 후에 잠을 잔다.)

(3) 결속 변항적 대명사: 고정된 실체를 지시하지 않고서 여러 개인 중 하나를 선택한다.

예: Every boy$_i$ worries that he$_i$'s inadequate. [he=each one of boys]

(어느 소년이나 자기는 부적절하다고 걱정한다.)

(4) E-형 대명사: 결속 변항적 대명사도 아니고 공지시적 대명사도 아닌 것

예: Most people who bought a donkey have treated it well.

[it=the donkey that each of the people in question bought.]

(당나귀를 산 대부분의 사람들은 그것을 잘 다루었다.)

(5) 나태한 대명사: 선행사의 언어적 형태에 따라 선택된 것

예: My gran put her paycheck under the bed, but everyone with any sense put it in the bank. [it=their paycheck]

(내 할머니는 급료를 침대 밑에 넣었지만, 지각 있는 사람은 누구나가 그것을 은행에 넣었다.)

그런데 흥미롭게도 이상과 같은 중의성의 현상은 정관사인 「the」가 붙어있는 명사구에 있어서도 똑같이 일어나고 있었다. 바꾸어 말하자면 이런 현상은 곧 영어에서 널리 쓰이는 정관사의 의미나 용법도 결국에는 문법적 내지는 의미적 규칙이 아니라 화용적 규칙에 의해서 분석되어야 한다는 것을 말해주고 있었다. 예컨대 첫 번째로 「The man in the green coat coughed.(녹색 코트를 입은 남자는 기침을 했다.)」에서의 정관사는 지시적인 것으로 볼 수가 있고, 두 번째로 「John walked in and the poor dear was crying.(존이 들어왔는데 그 가엾은 사람은 울고 있었다.)」 에서의 그것은 공지시적인 것으로 볼 수 있었다.

또한 세 번째로 「Of every house in the area that was inspected, it was subsequently reported that the house was suffering from subsidence problems.(그 지역에서 검열된 모든 집들은 함몰의 문제를 지니고 있다는 것이 뒤이어 보도되었다.)」에서의 그것은 결속 변항적인 것으로 볼 수 있고, 네 번째로 「Everyone who bought a house discovered too late that the house was riddled with damp.(집을 산 사람은 누구나가 뒤늦게 그 집이 습기투성이라는 것을 발견했다.)」에서의 그것은 E-형적인 것으로 볼 수 있으며, 마지막이며 다섯 번째로 「John walked into the kitchen. The windows were filthy.(존은 부엌에 들어갔다. 창문은 더러웠다.)」에서의 그것은 나태한 대명사적인 것으로 볼 수 있었다. 이렇게 보자면 결국에 대명사의 문제뿐만 아니라 정관사의 문제도 어느 정도까지는 화용적 문제라는 것이 분명했다.(Kempson, 1988. p.143)

(나) 전제 투사의 문제

그가 여기에서 두 번째 문제점으로 제시하고 있는 것은 이른바 전제 투사의 문제로 알려진 것이었다. 그가 보기에는 그동안에 문법이나 의미론에서는 크게 해당 어휘의 의미적 내용에 의해서 두 문장 간에 전제관계가 설정될 수 있다고 보아왔는데, 이런 관행은 적어도 두 가지 문제점들을 간과하고 있었다. 그중 첫 번째 것은 동일한 어휘가 쓰이는 경우일지라도 그것의 문맥에 따라서 성립여부가 달라질 수 있다는 점이었다. 예컨대 종전의 문법이나 의미론에서는 각각 정관사인 「the」와 동사인 「regret」의 의미적 성격에 의해서 「Joan went to the exhibition.(조안은 전시회에 갔다.)」라는 문장은 「There was an exhibition.(어떤 전시회가 있었다.)」라는 문장을 전제하고 있음과, 또한 「Joe regrets that Bill is married.(조는 빌이 결혼한 것을 후회한다.)」라는 문장은 「Bill is married.(빌은 결혼했다.)」라는 문장을 전제하고 있음을 알게 된다고 보았었다.

그렇지만 「if」와 「and」와 같은 접속사에 의해서 만들어진 하나의 종속문이나 등위문 내에서 「the 명사구」와 「regret」라는 동사가 쓰이게 되면, 그런 전제는 설정될 수도 있고 설정되지 못할 수도 있었다. 예컨대 「If Bill stayed at home, Joan went to the exhibition.(빌이 집에 있었다면 조안은 그 전시회에 갔었다.)」와 「Bill stayed at home and Joan went to the exhibition.(빌은 집에 있었고 조안은 그 전시회에 갔었다.)」라는 문장의 경우에는 전시회가 있었다는 전제가 설정될 수 있지만, 「If Bill has set up an exhibition then Joan went to the exhibition.(빌이 한 전시회를 열었더라면 조안은 그 전시회에 갔었다.)」와 「Bill has set up an exhibition and Joan went to the exhibition.(빌은 한 전시회를 열었고 조안은 그 전시회에 갔다.)」라는 문장의 경우에는 그런 전제가 설정될 수 없었다.

마찬가지로 「If Bill is in love with Sue, then she regrets that Bill is married.(빌이 수를 사랑하고 있다면 그녀는 빌이 결혼한 것을 후회한다.)」와 「Bill is in love with Sue and she regrets that Bill is married.(빌은 수를 사랑하고 있고 그녀는 빌이 결혼한 것을 후회한다.)」라는 문장의 경우에는 빌이 결혼했다는 전제가 설정될 수 있지만, 「If Bill is married, then Sue regrets that Bill is married.(빌이 결혼했다면 수는 빌이 결혼한 것을 후회한다.)」와 「Bill is married and Sue regrets that Bill is married.(빌은 결혼했고 수는 빌이 결혼한 것을 후회한다.)」라는 경우에는 그런 전제가 설정될 수 없다. 이런 결과는 결국에 「if」나 「and」라는 접속사와 교섭함에 따라서 정관사나 「regret」와 같은 동사의 의미가 달라지게 된다는 것을 말해주고 있으며, 이것은 곧 전제의 성립여부는 해당 어휘가 어떤 문맥에서 쓰이고 있느냐에 의해서 결정되게 되어있다는 것을 말해주고 있었다.

전제와 관련하여 그동안에 간과해 온 두 번째 문제점은 이 세상에 대한 지식의 문제가 그것의 성립 여부를 결정짓는 데 중요한 요소로 작용하게 된다는 것을 인정하지 않은 점이었다. 전제 문제에 관한 한 가장 대표적인 전문가로 볼 수 있는 Gazdar는 예컨대 일찍이 「어떤 경우에는 전제의 성립여부가 어휘적 항목의 화용적 자질에 의해서 결정되는 것은 사실이지만, 그렇다고 해서 전제에 대해서 통일된 이론을 설정할 수 없는 것은 아니라」는 주장을 정당화하면서 아래와 같은 두 가지 예문들을 제시했었는데, 이들의 대립성을 여기에서 다시 검토해볼 것 같으면 그의 주장은 잘못된 것이었음을 어렵지 않게 확인할 수 있었다.

(1) If the President invites George Wallace's wife to the White House, he'll regret having invited a black militant to the White House. (만약에 대통령이 조지 월리스의 부인을 백악관에 초대한다면, 그

는 백악관에 흑인 급진주의자를 초대한 것을 후회할 것이다.)

(2) If the President invites Angela Davis to the White House, he'll regret having invited a black militant to the White House.
(만약에 대통령이 안젤라 데이비스를 백악관에 초대한다면, 그는 백악관에 흑인 급진주의자를 초대한 것을 후회할 것이다.)

위의 두 예문은 조건절에서의 사람의 이름을 빼고는 완전히 같은 문장들이다. 그러니까 일단은 누구나가 (1)에서는 「대통령이 흑인 급진주의자를 한 명 초대했다.」는 전제가 성립될 수 있는데 반하여 (2)에서는 그렇지 못하는 식의 이들 간의 전제적 차이는 인용된 사람의 이름의 다름에서 비롯된다고 판단하게 마련이다. 구체적으로 따졌을 때 우선 (1)에 나오는 「George Wallace」는 미국의 유명한 인종차별주의자이니까 그의 부인이 흑인 급진주의자가 아니라는 것과, 따라서 본문에서 말하는 흑인급진주의자는 그녀가 아니라는 것을 누구나 쉽게 알아차릴 수 있다. 그에 반하여 (2)에 나오는 「Angela Davis」는 미국의 유명한 흑인 급진주의자이니까, 그녀는 본문에서 말하는 흑인 급진주의자와 같은 사람일 가능성이 높다.

그러나 이상과 같은 백과사전적 지식 외에 이들 간에 전제적 차이를 유발시키는 요소가 또 한 가지 있는데, 그것은 바로 본문에 나오는 「a black militant」라는 명사구에는 부정관사가 붙어있는 탓으로 지시 관계를 으레 조건절에 나오는 사람과 맺게 되어있다는 사실이다. 또한 앞에서 말이 나왔듯이 이들의 본문에서 「regret」와 같은 회상의 절차를 나타내는 동사가 쓰이고 있다는 사실도 이런 차이점을 설명하는 데 언급되어야 할 것이다.(Ibid, p.147)

(다) 양화사와 대명사간의 결속 관계

그가 여기에서 세 번째 문제점으로 제시하고 있는 것은 양화사와 대명사 간의 결속의 문제인데, 따지고 보자면 이것은 그동안에 이미 Chomsky의 통사론에서 통사적 규칙으로는 해결될 수 없는 문제라는 것이 밝혀진 것이었다. 예컨대 「Every actor thinks that he is ugly.(모든 배우는 자기가 추하다고 생각한다.)」에서는 목적절의 주어인 「he」가 분명히 본문의 주어인 「every actor」에 의지하고 있으니까 이른바 「양화사가 대명사를 성분통어 하고」 있다고 말할 수 있다. 그렇지만 그들 간의 위치가 바뀐 「He thinks that every actor is ugly.(모든 배우는 추하다고 그는 생각한다.)」에서는 그런 성분통어적인 관계가 성립될 수가 없다.

이상과 같은 통사론적 설명의 한계성은 대명사 자리에 정관사 명사구가 나타나는 경우에도 똑같이 관찰될 수가 있다. 예컨대 「Every singer complained that the accompanist played too loudly.(모든 가수는 반주자가 너무 크게 연주했다고 불평했다.)」와 「The accompanist complained that every singer sang too loudly.(반주자는 모든 가수가 너무 크게 노래했다고 불평했다.)」 사이에는, 앞의 것에서는 반주자가 매 가수에 한 명씩 있는 식으로 여러 명일 수 있지만, 뒤의 것에서는 반주자가 단 한 명일 수밖에 없는 식의 차이가 있다는 것을 쉽게 알아차릴 수가 있다. 그런데 이런 식별을 가능하게 하는 것은 문법적 규칙이 아니라 일종의 백과사전적 지식이다. 구체적으로 말해서 여기에서는 「모든 고전음악 가수는 으레 반주자를 동반한다.」는 전제적 지식이 작동하고 있는 것이다. 이런 예는 곧 우리에게 이른바 통사론에서 내세우는 공지시적 관계를 설정하는 데 있어서도 어떤 경우에는 일정한 화용론적 해결책을 필요로 한다는 것을 가리켜주고 있다.(Ibid, p.149)

3) 화용론과의 인터페이스

아무리 완고한 형식의미론자일지라도 일단 언어는 궁극적으로 일종의 기호체계인 이상 문장은 명제나 진리치적인 의미뿐만 아니라 화용론자들이 말하는 함언적 의미나 간접적 의미도 나타내게 되어있다는 사실이나, 더 나아가서는 언어는 결국에 의사소통의 도구인 이상 그것의 정체는 언어사용의 현장에서 드러나게 되어있다는 사실 등을 인정하게 되면, 그는 의미론을 화용론과는 아무런 관계가 없는 하나의 독립된 학문으로가 아니라 그것과 언제나 협업 내지는 인터페이스하고 있는 학문으로 다루는 것이 맞는 일이라고 생각하게 마련이다. 이런 입장에 서게 되면 우선 의미론자들은 의미론이 화용론의 일부로 흡수될 가능성을 염려할 수도 있는데, 현재로서는 그것은 일종의 기우에 불과하다. 그 이유는 간단히 말해서 지금까지의 연구방법이나 연구업적 등으로 보아서 화용론은 아직도 그런 수준의 학문과는 먼 거리에 있는 학문에 불과하기 때문이다.

(가) 기저 조직으로서의 의미 조직

현실적으로 의미론과 화용론의 관계를 화용론 우위적인 것으로 잡을 수도 없을 뿐만 아니라 대등한 것으로 잡을 수도 없으니까 이 문제에 대한 의미론 측에서 택할 수 있는 유일한 방책은 의미조직이 화용조직의 기저조직으로 작동하는 이중구조적 모형을 구상하는 것이다. 의미구조를 화용구조를 지탱하는 기본적인 구조로 보는 이런 언어관이 학리적으로 타당한 것일 뿐만 아니라 언어심리적으로도 타당한 것이라는 것을 우리는 다음과 같은 사례 분석을 통해서 익히 알 수가 있다. 이런 방책은 어떤 의미에서 보자면 최소한의 화용론을 의미론의 영역 내에 포함시키는 방책이라고 볼 수도 있다.

Bezuidenhout(2009)는 최근에 「의미론과 화용론의 경계(Semantics-Pragmantics Boundary)」라는 논문에서 화행론을 우위적인 것으로 보든지 아니면 화행론과 의미론을 최소한 대등한 것으로 보아야 한다고 했던 Grice의 이론을 반드시 맞는 이론으로 받아들일 필요가 없다는 점을 Levinson과 Bach의 대안적 의견을 근거로 삼아서 분명히 하고 있는데, 따지고 보자면 그의 이런 입장이 바로 의미구조를 화용구조의 기저구조로 보는 입장이다. 일찍이 Grice가 화용론 우의적인 언어관을 내세우면서 근거 자료로 사용한 것은 「and」라는 접속사에 의해서 두 문장이 하나로 연결된 등위문이었기에, 여기에서의 논의도 유사한 등위문에 대한 분석으로부터 시작되고 있다.

우선 Grice 같으면 「Mary fell pregnant and she got married.(메리는 임신을 했고 결혼을 했다.)」와 「Mary got married and she fell pregnant.(메리는 결혼을 했고 임신을 했다.)」라는 두 문장은 동일한 진리조건적 내용을 나타내고 있으면서도 그들이 함언하는 바는 서로 다르다는 사실을 근거로 내세워서 자기 특유의 화용론 우위적인 언어이론을 전개했을 것이었다. 구체적으로 말해서 그는 이들 두 문장은 임신과 결혼간의 순서가 뒤바뀐 것이기에, 뒤의 것과는 달리 앞의 것은 결혼의 이유를 설명하고 있다고 볼 수도 있다고 내세우면서, 결국은 그러니까 의미론보다는 화용론이 한 차원 상위의 학문이어야 한다고 주장했을 것이었다.

그렇지만 이런 문장을 일단 하나의 조건문으로 쓰게 되면, 말하는 것과 함언하는 것은 서로 별개의 것이라는 Grice의 이론이 생각만큼 단순한 것이 아니라는 사실이 당장 드러난다. 예컨대 Grice 같으면 응당 「If Mary fell pregnant and she got married, her grandma will be shocked.(만약에 메리가 임신을 하고서 결혼을 했다면 그녀의 할머니는 충격을 받을 것이다)」와 「If Mary got married and she fell pregnant, her grandma will be shocked.(만약에 메리가 결혼을 하고서 임신을 했다면 그녀의 할머니는 충격을 받을 것이다)」는 조건절의 선행사가 동일한 진리조건적 내용을 갖고 있기 때문에 문장 전체도 결국은 동일한 진리조건적 내용을 가지고 있다고 보아야 한다고 주장할 것이다. 그러나 누구나 직관적으로 앞의 것은 참일 수 있지만 뒤의 것은 거짓이라는 것을 안다. 이런 차이는 물론 앞의 조건절에서는 「and」의 의미가 「그런 이유로」처럼 되는데 반하여, 뒤의 조건절에서는 그것이 「그 다음에」처럼 되는데서 비롯되고 있다.(Bezuidenhout, 2009. p.876)

얼핏 보아서는 물론 똑같은 접속사가 서로 다른 의미로 해석된다는 것은 곧 진리조건적 내용을 결정짓는 데는 「화용적 침투」의 현상이 일어날 수도 있다는 사실에 대한 가장 비근한 근거일 수가 있었다. 그런데 문제는 일단 이런 침투 현상이 일어나게 되면 분석자는 으레 진리조건적 내지는 명제적 의미와 화용적 내지는 함언적 의미 중 어느 것을 우선적인 것으로 볼 것이냐의 문제에 봉착하게 되어있다는 점이었다. 더 구체적으로 말할 것 같으면 이런 경우 그는 문장의 명제적 의미를 우선적으로 파악한 다음에, 그것의 함언적 의미를 파악해서 그것에 합치는 방법과, 이와는 정반대로 그것의 함언적 의미를 먼저 파악한 다음에 그것의 명제적 의미를 파악해서 그것에 합치는 방법 중 한 가지를 택하게 마련이었다. 두말할 것도 없이 Grice는 두 번째 방법이 정답이라고 주장할 것이었다. 그러나 궁극적으로는 이 문제에는 정답이 있을 수 없었기에, Levinson은 일찍이 이것을 「그라이스의 순환논리(Grice's Circle)라고 비꼬았다.

똑같은 화용론자이면서도 Levinson(1995)은 이 문제에 대해서 Grice의 이분법적 견해와는 정반대적인 의견을 내세웠는데, 「일반화된 회화적 함언 이론」이라는 것이 바로 그것이다. 그가 보기에는 Grice가 말하는 회화적 함언이란 일종의 「디폴트 의미」」같은 것이어서, 이것은 모든 표현이 아니라 일정한 표현에 의해서만 유발된다는 특징과, 작동 과정이 인위적인 것이 아니라 자동적이라는 특징을 가지고 있었다. 이런 일반화된 표현은 다시 말해서 「무표지적이고 최소화된 표현들」로서 바로 「and」와 같은 접속사가 그런 것들 중 가장 대표적인 것이었다. 앞에 든 예문의 경우를 놓고 보자면 일반적인 등위문들을 비교함에 있어서는 첫 번째 것이나 두 번째 것이나 간에 「and」가 시간적 서순성에 따라서 두 개의 구성문들을 연결시키고 있는데 반하여, 조건문들을 비교함에 있어서는 그것이 첫 번째 것에서는 「그런 이유로」라는 의미를 나타내고 있지만 두 번째 것에서는 「그 다음에」라는 의미를 나타내게 되어 있는 것이다. Levinson은 그러니까 명제적 의미해석이 언제나 화용적 의미해석의 기본이 되게 되어있다고 본 것이다.(Ibid, p.876)

명제적 의미해석과 화용적 의미해석 중 첫 번째 것을 기본적인 것으로 보아야 한다는 발상법상으로는 Levinson의 「일반화된 회화적 함언이론」과 똑같으면서도 그것보다는 화용론의 보조적 역할을 더 필수적인 것으로 보려는 이론이 바로 Bach(1994)가 일찍이 제안한 「최소 명제 이론」이었다. 그는 Grice가 말하는 함언된 것은 이미 말해진 것에 의해서 결정된 것이나 다름이 없기에, 「함언적 의미도 명제적 의미의 일부」로 보아야 한다는 의견을 내놓았는데, 그의 의견 중 특이한 점은 원래 언어적 명제나 표현들은 으레 최소한도의 것만을 나타내는 속성을 가지고 있는 탓으로, 그것을 완성하거나 학대하는 일은 청자가 수행해야 할 기본적인 절차라고 본 점이다.

예컨대 그는 「Mary swallowed [the bug that flew into her mouth.]([자기 입에 날아 들어온 벌레를]메리는 삼켰다)」와 「Mary invited everyone [in her department]to her wedding.(메리는 [자기 과에 있는] 모두를 결혼식에 초대했다)」라는 두 문장들을 각각 「개념적 불완전문」과 「최소 명제문」으

로 부름으로써 청자가 수행하게 되는 화용적 완성이나 확대작업은 결국에 문장이나 명제의 통사적 특성에 따라 달라진다고 주장했다. 우선 첫 번째 문장의 경우, 「Mary swallowed.」라는 말은 통사적으로도 완전하고 의미적으로도 완전하다. 이런 점에서 이 말은 통사적으로도 불완전하고 의미적으로도 불완전한 「Mary devoured.(메리는 탐식했다)」라는 말과는 대조적인 것이라고 볼 수 있다. 그렇지만 결국에 그냥 무언가를 삼켰다는 말은 개념적으로는 불완전한 것이기에 이 말의 청자는 문맥과 상황에 의해서 그것의 동사의 목적어, 즉 괄호 안에 들어있는 말을 보충해주게 되어있다.(Ibid, p.878)

그에 비하여 두 번째 문장의 경우에는 그런 개념적 불완전성이 문제가 되는 것이 아니라 「명제적 최소성」이 문제가 되고 있다. 다시 말해서 여기에서 화자가 전달하려고 한 바는 분명히 「Mary」가 초청한 사람은 그냥 모든 사람이 아니라 「그녀의 과에 있는 모든 사람」임에도 불구하고 그것이 완전하게 표현되고 있지는 않은 것이다. 따라서 이 말을 들은 청자는 마땅히 이것에 표현되지 않은 부분, 즉 화용적으로 함언되어 있는 부분을 보충해주는 절차를 밟게 되어있다. 이런 문장을 Bach는 문장 내의 어느 부분도 비자의적으로 쓰이고 있지는 않으면서도 화자의 전달내용이 완전하게 표현되어 있지는 않다는 의미에서 「비자의성의 문장」이라고 부르고 있다.(Ibid, p.878)

(나) 의미론 발전의 방향 모색

아무리 강력하게 현재로서는 화용론을 일종의 보조적 학문으로 활용하는 것이 자기네들이 택할 수 있는 최선의 방책이라고 주장하는 의미론자일지라도 그런 것이 결국에는 의미론과 화용론간의 관계의 전부라고 생각하지는 않을 텐데, 그 이유는 이들도 그동안에 화용론이 의미론과 별도의 학문이면서도 그보다 한 차원 상위적인 학문으로서의 기본적인 위상을 세우고 능력을 갖추는 데 일단 성공했다는 것을 익히 알고 있기 때문이다. 그러니까 보다 현명한 의미론자라면 자기네들의 학문이 지금까지 걸어온 길을 되돌아보면서 앞으로의 발전방향을 모색해보는 데 있어서 가장 큰 도움을 얻을 수 있는 학문은 통사론이나 어휘론이 아니라 바로 화용론이라는 사실을 알아차리게 될 것이다. 다시 말해서 이들은 앞으로 의미론과 화용론 간에 일종의 병렬적 관계가 유지되어야 한다는 것은 두 학문 모두가 받아들여야 할 필연적인 조건이라는 사실을 쉽게 인정하게 될 것이다.

ⅰ) 기호체계 대 언어행위

앞으로 자기네들의 학문의 발전 방향을 모색하게 된다면 의미론자들은 틀림없이 크게 세 가지 면에서 옛 고정관념의 벽을 깨뜨리려고 노력하게 마련인데, 그중 첫 번째 것이 바로 언어를 일종의 논리적 기호체계로 보려는 면이다. 앞에서 이미 자세히 살펴보았듯이 20세기 초에 탄생한 이래 오늘에 이르기까지 단 한 번도 형식 의미론은 완고한 논리학적 형식주의의 틀에서 벗어난 적이 없는데, 이 점이 우선 그동안까지 이 학문의 발전을 이끌어온 원동력이 되어온 것은 누구도 부정 못할 사실이지만, 일단 반대로 생각하면 이 점이 그것의 더 큰 발전을 막는 족쇄의 역할을 해왔다고 볼 수도 있다. 예컨대 지금까지 이 학문에서는 Frege의 합성의 원리나 Russell의 논리적 원자이론, Wittgenstein의 일상언어 이론, Carnap의 검증이론, Quine의 단계 이론 등과 같은 의미 있는 의미 이론들이 태어났었지만, 결국에는 이것은 Wittgenstein의 말대로 「말해질 수 없는 것을 서술하려고 하기 때문에 철학은 넌센스에 불과하다.」는 것을 확인하는 역할만 하게 되었다.(Callaghan and Lavers, 2006, p.507)

Wittgenstein을 일단 논리적 실증주의에 대해서 첫 번째로 반기를 든 철학자로 치자면, Grice는 그런 반기를 든 두 번째 철학자였던 셈인데, 후자를 흔히들 화용론의 창시자로 내세우는 점 하나만으로 이들 중 누가 언어나 의미론 발전의 역사상 중요한 이정표를 세우는 큰일을 하게 되었는가를 쉽게 알아차릴 수 있다. Wittgenstein이 그림 이론이나 게임 이론과 같은 반논리적 의미이론을 내세우게 된 것은 그가 오직 자연언어, 즉 일상언어의 분석을 통해서만 언어나 의미체계의 실체는 제대로 파악될 수 있다는 지극히 소박한 언어철학관을 갖게 되었기 때문이었다. 그러니까 그의 공로는 논리학적 형식 의미론의 태생적 한계성을 정확히 지적해 낸 데 있었던 것이다.

그렇지만 Grice의 공로는 그의 것과는 질적으로 달랐다. 그가 내세운 협력성의 원리나 함언 이론, 화용적 격률 등은 화용론이 정식으로 생겨난 지 50여 년이 지난 오늘날에 있어서도 거의 모든 화용적 내지는 의미론적 논의의 선행적 토의대상이 되고 있는데, 이런 사실은 곧 그의 화용론적 언어이론이야말로 전통적인 언어 내지는 의미이론과 정식으로 맞설 수 있는, 하나의 안티테제적인 이론이라는 것을 웅변적으로 실증하고 있다. 구체적으로는 그 후에 나온 몇 가지 화용이론들은 한마디로 말해서 그의 이론을 수정하거나 보완한 이론에 불과할 만큼 그의 이론이 화용론의 영역에서 차지하고 있는 위상은 지금도 거의 절대적이다.

그런데 큰 의미에서 보자면 그의 공로는 바로 언어연구의 노선을 그동안의 단선적인 것에서 복선적인 것으로 바꾼 데 있다고 볼 수가 있다. 일찍이 Aristotle 때 이래 언어연구자는 언어를 으레 하나의 추상적 기호체계로 보아왔다. 그러나 사실은 언어는 결국에 사람들이 일상적으로 사용하는 의사소통의 도구이어서 일종의 상호교섭적 행위로 볼 수도 있는 것이기에, 언어연구의 분야에는 이런 코페르니쿠스적 역발상을 바탕으로 한 새로운 학문적 패러다임이 생겨날 가능성이 언제나 있었던 것인데, 그것이 Grice에 의해서 실현된 것이다. 그리고 무엇보다도 중요한 사실은 이런 변화로 말미암아 그동안까지 언어연구를 이끌어온 전통적 노선 외에 거의 모든 점에 있어서 그것과 대척적인 제2의 노선이 생겨남으로써 결과적으로는 병렬적으로 두 개의 노선이 언어학을 이끌어가는 시대가 도래하게 되었다는 점이다.

물론 사람에 따라서는 언어연구의 노선이 단선으로부터 복선으로 바뀌게 되면 으레 거기에는 어느 것이 연구의 주도권을 잡아야 되느냐와 같은 현실적인 문제를 놓고서 이른바 학세적 싸움이 벌어질 우려가 있다고 걱정할 수도 있을 것이다. 그러나 이런 사태를 꼭 그렇게 부정적으로만 볼 필요는 없는데, 그 이유는 복선적 관계가 얼마든지 대치나 분렬적인 것이 아니라 상보나 통합적인 것으로 발전될 수도 있기 때문이다. 예컨대 만약에 의미론자들이 화용론 쪽으로 눈을 돌리게 되면 자기네 학문의 한계성이나 문제점들을 어렵지 않게 파악할 수 있을 것이며, 이런 지식은 결국에 가깝게는 지금의 틀 안에서 그들이 해결하려고 하는 과제나 문제점들을 해결하는 데 도움이 될 수 있을 것이고, 멀리는 그들로 하여금 보다 넓은 시야에서 자기네 학문의 발전 방향을 모색하도록 하는 촉진제의 역할을 하게 될 것이다.

참고삼아 여기에서 구체적으로 그들이 어떤 개선점에 착안하게 될 것인가를 추리해볼 것 같으면, 제일 먼저 그들이 고민하게 될 것은 아마도 언어분석의 자료에 대한 문제일 것이다. 앞에서 이미 살펴보았듯이 지금까지 의미론자들이 분석의 대상으로 삼아온 것은 기본적인 서술문뿐이었다. 이런 관행은 크게 두 가지 문제점을 지니고 있었던 것인데 그중 첫 번째 것은 나쁘게 말해서 분석의 대상과 분석의 기법 간의 우선순위가 주객전도식으로 뒤바뀌는 학풍이 마치 그것이 정당한 것인 양 고정되어버리는 점이었다. 아무리 서술문을 기본적인 것으로 본다고 해도 언어에서는 그것 이외에 명령문이나 의문문, 감탄문, 청유문 등이 널리 쓰이고 있는 이상, 이들 모두를 분석의 대상으로 삼지 않는 한 정당한 언어연구로 볼 수가 없다. 예컨대 Montague는 말로는 영어 전체를 논리적 형식언어로 분석할 수 있다고 내세우면서도 실제로 분석한 것은 그중 서술문뿐이었다.

분석의 자료에 관한 한 또 한 가지 문제점일 수 있는 것이 비정형문과 관용문 등이 분석의 대상에서 제외된다는 점이었다. 지금까지 의미론에서 일종의 불문율처럼 지켜온 것은 바로 구조적으로 생략되거나 불완전한 부분이 하나도 없는 정형문만을 분석의 대상으로 삼는다는 것이었다. 그렇지만 언어적 행위도 으레 경제성의 원리나 최적성의 원리 등의 지배를 받게 되어 있어서 그런지, 거기에서 실제로 쓰이는 표현이나 문장 가운데는 비정형문이나 관용문 등도 많다. 물론 인간 언어의 속성상 분석 자료의 범위를 이렇게 인위적인 수준으로부터 사실적인 수준으로까지 확대한다는 것은 곧 의미론적 연구방법 대신에 화용론적 연구방법이 쓰이게 된다는 말이나 같은 말이 되니까, 의미론자들이 그동안에 그렇게 하지 않은 것은 너무나 당연한 일이었다고 볼 수가 있다. 아무튼 이런 점으로 보아서도 지금까지의 의미론에서는 연구기법이 연구대상을 제한시키는, 일종의 주객전도의 잘못을 저질러온 것이 확실하다.

아마도 두 번째로 의미론자들이 고민하게 될 것은 한 문장이 나타내는 의미에는 명시적 내지는 자의적인 것 이외에 묵시적 내지는 함언적인 것도 있다는 것을 인정할 것이냐 말 것이냐의 문제일 것이다. 두말할 나위도 없이 지금까지의 의미론에서 문장의 의미라 함은 으레 그것의 명제적 또는 개념적 의미만을 말하는 것이었다. 이런 견해는 분명히 의미론 자체의 대전제나 대원칙에 해당하는 것이기에, 의미론자치고서 예컨대 「문장의 의미에는 함축적이거나 함언적인 것도 있다.」와 같은 말을 하기가 쉽지 않을 텐데, 아무리 보수적인 의미론자일지라도 일단 화용론자들의 주장을 듣고 나면, 그런 견해가 일종의 고정관념일수도 있겠다는 선으로까지 후퇴하게 될 것이다.

그런데 문제는 그 정도의 양해 즉, 개념적 의미를 일차적인 것으로 보고 함언적 의미를 이차적인 것으로 보는 정도의 양해로 의미의 정의에 대한 문제가 해결되지 않는 데 있다. 한마디로 말해서 화용론자들은 적어도 함언적 의미의 도움 없이는 개념적 의미가 성립될 수 없다거나, 아니면 문장의 의미 중 실제로 언어적 기능을 수행하는 것은 개념적인 것이 아니라 함언적인 것이라고 생각하는 데 문제의 심각성이 있다. 예컨대 「논리와 회화(Logic and conversation)」라는 논문에서 처음으로 함언적 의미의 중요성을 제기한 Grice(1975)는 두 가지 입장 중 첫 번째 것을 취했다고 볼 수 있는데, 그것의 근거로는 그가 함언을 일단 회화적 함언과 규약적 함언의 두 가지로 나눈 다음에 굳이 따지자면 하나의 문장이 언어적 기능을 수행하게 되는 것은 바로 두 번째 함언이 아니라 첫 번째 함언 때문이라고 본 사실을 들 수가 있다.

이해를 돕기 위해서 그의 함언이론의 내용을 좀 더 자세히 살펴볼 것 같으면, 예컨대 「Some of these bottles are green(이들 병의 일부는 녹색이다)」라는 문장을 서술논리적으로 번역하자면 「∃*x*[bottle(*x*) & green(*x*)]」처럼 되는데, 결국 이것은 녹색인 모든 병들을 놓고서는 맞는 표현이지만 「거기에는 녹색인 병들만 있는 것이 아니라 녹색 아닌 병들도 있다.」는 이 문장의 본래 의미를 제대로 나타내고 있지는 못하다. 그럼에도 불구하고 이 문장의 청자가 그것의 의미를 제대로 파악하게 되는 것은 그에게는 「some」의 의미를 「not all(모두가 아닌)」처럼 바꾸어 해석하는 능력, 즉 이 문장의 회화적 함언을 파악하는 능력이 있기 때문이다. Grice가 보기에는 두 사람 간에 대화가 성공적으로 이루어지는 것은 그들이 으레 질과 양, 관련성, 태도 등에 관한 격률을 지킴으로써, 이른바 협력성의 원리를 어기고 있지 않기 때문인데, 그들이 이런 격률을 지킬 수 있는 것은 결국에 그들에게는 회화적 함언을 파악할 수 있는 능력이 있기 때문이었다.(Abbott, 2010, pp.420~421)

그런데 그의 이론에서는 회화적 함언을 두 가지 점에 있어서 또 한 가지 함언인 규약적 함언과 구별을 시키고 있는데, 이들 중 제일 결정적인 점은 「그것이 문장 내에 이미 표출되어 있느냐, 그렇지 않느냐」의 차이점이었다. 예컨대 「He is an Englishman; he is, therefore, brave.(그는 영국인이다. 고로 그는 용감하다)」에서는 접속사인 「therefore」가 바로 규약적 함언의 원천어가 되고 있는데, 그는 그 밖에 「even」이나 「also」 등의 부사와 「but」와 같은 접속사도 그런 원천어가 될 수 있다고 보았다. 이들 중 두 번째 것은 「그것이 쉽게 사라질 수 있느냐 그렇지 않느냐」의 차이점이었다. 규약적 함언은 거의 고정적인 것인 데 반하여 회화적 함언은 문맥이나 상황, 대화자 등에 따라서 쉽게 사라질 수 있었다.

두말할 필요도 없이 그가 이렇게 함언을 두 가지로 나누는 것은 결국에는 회화에 있어서의 함언의 역할, 즉 회화적 함언의 역할의 중요성을 강조하기 위해서이다. 그가 말하는 규약적 함언은 의미론에서 말하는 전제나 다름이 없다. 그러니까 결국 그는 규약적 함언은 의미론에서 다루어지는 것으로 본 것이다. 그렇지만 그가 보기에는 두 사람 사이의 성공적인 회화의 원동력이 되는 것은 회화적 함언의 힘인데, 이것에 대한 연구는 화용론의 몫이었다. 다시 말해서 그는 오직 의미론에서 말하는 진리조건적 의미에 화용론적 의미 즉, 회화적 함언의 의미가 합쳐졌을 때만 한 문장의 의미는 완전하게 드러나게 된다고 본 것이다.

한편 이 무렵에는 개념적 의미와 함언적 의미간의 관계에 대해서 Grice의 것보다 더 극단적인 견해를 가진 사람도 나타나게 되었는데, 보통 신

Austin학파로 불리는 Searle이 바로 그런 사람이었다. 이들의 언어이론 간의 차이점 중 우선 눈에 띄는 점은 Grice의 것은 화용론으로 부르는 데 반하여 Searle의 것은 화행론으로 부르는 식으로, 마치 이들이 서로 다른 언어 영역을 다루고 있는 듯한 인상을 주고 있다는 점인데, 사실은 그렇지가 않다. 크게 보았을 때는 화행론도 일종의 화용론인데, 일찍이 Austin (1962)이 「어휘로 행위하는 법(How to do things with words)」라는 책에서 화행이론을 내세우게 되면서 화행론파가 따로 생겨나게 된 것이다.

그의 책 이름이 익히 말해주고 있듯이, Austin은 문장을 어떤 사건이나 사실을 기술하고 있는 것으로 보는 대신에 일종의 언어적 행위를 수행하고 있는 것으로 보았을 때만 그동안까지의 진리조건적 의미론의 한계성이나 문제점을 극복할 수 있다고 보았다. 다시 말해서 그는 그동안까지 의미론자들은 서술문의 분석이나 기술에만 매달려 오다 보니까 자연히 이른바 「기술적 기만성」에 빠지게 되었던 것이니까, 이제는 대담하게 문장 또는 발화를 「수행적 발화」와 「진술적 발화」로 양분함과 동시에, 분석의 원리나 기법도 똑같이 달라져야 한다고 본 것이다. 예컨대 진술문의 경우에는 참이냐 거짓이냐가 평가기준이 되지만, 수행문에 있어서는 행복 내지는 적절한가 그렇지 않은가가 평가 기준이 되었다. 특히 그는 언어 연구자들은 앞으로는 당연히 수행문에 대한 연구에 우선권을 부여하게 될 텐데, 그 이유는 언어의 본질이나 실체의 비밀의 많은 부분은 수행문 안에 숨겨져 있기 때문이라고 보았다.

그의 화행이론의 출발점은 바로 수행문에 대한 정의를 제대로 내리는 것인데, 그의 정의의 요점은 그것에는 예컨대 「promise」나 「warm」과 같은 수행동사를 이미 지니고 있는 문장뿐만 아니라 예컨대 「is」나 「sleep」와 같은 묵시적 수행동사를 지니고 있는 문장, 즉 일반적인 진술문도 들어가게 된다는 점이었다. 그러니까 그가 말하는 화행이론이란 결국에 어떤 기준이나 근거에 의해서 일반적인 진술문이 수행문으로 바뀌게 되는가를 밝히는 이론이 되는 셈이었는데, 그런 기준이나 근거로 내세워진 것이 이른바 「비언표적 힘」이었다.

그의 이론에 따르자면 어떤 문장이 쓰이게 되면 그것은 크게 「언표적 힘」과 「비언표적 힘」, 「언향적 힘」등의 세 가지 힘을 발휘하게 되는데, 쉽게 말해서 첫 번째 것은 문장의 개념적 내용에서 나오는 힘이고, 두 번째 것은 화자가 그것으로써 어떤 행위를 유발시키는 힘이며, 세 번째 것은 그것의 비언표적 힘에 의해서 청자가 영향을 받게 되는 힘이었다. 물론 문장이나 발화의 기능을 이렇게 세 가지로 나누었다는 점도 특이한 발상법이지만, 그의 발상법의 핵심이 되는 것은 역시 「언표적인 힘」이 아니라 「비언표적인 힘」을 이들 세 가지 중 기본이 되는 것으로 본 점이다.

여기에서 한걸음 더 나아가서 그는 이런 비언표적 힘을 기준으로 할 것 같으면 우리의 발화, 즉 언어행위는 크게 판정적인 것(예: 평가, 사고)과 권능적인 것(예: 명령, 충고), 약속적인 것(예: 약속, 서약), 사교적인 것(예: 사과, 축하), 논술적인 것(예: 상정, 제시) 등의 다섯 부류로 나뉘어 질 수 있다고 주장하기까지 했다. 그런데 그는 여기에서 그의 이런 분류가 결코 완전한 것이 될 수 없다는 점을 솔직히 인정하기도 했다. 예컨대 우리는 사전에 수록되어있는 수행동사의 수를 최소 1000개로부터 최대 9.999개 사이로 잡은 점으로 보아서 그가 결국에 가서는 수행동사의 개념 자체가 그가 처음에 생각한 것처럼 단순하지 않다는 것을 익히 알게 되었을 것이라는 것을 어렵지 않게 추리할 수가 있다.(Malmkjar, 2010, p.499)

Searle(1975)이 그 후 신 Austin학파로 불리게 된 것은 그가 적어도 다음과 같은 세 가지 면에 있어서 Austin이 일찍이 제안했던 화행이론을 크게 발전시켰기 때문이었다. 첫 번째로 그는 Austin이 일찍이 내세웠던 1)화행에 대한 참여자간의 공통적 규약성과, 2)바른 절차적 수행, 3)일정한 감정과 의도의 보유, 4)참여자의 규약준수 등의 네 가지 행복성의 조건들을 1)명제적 내용과, 2)준비성, 3)성실성, 4)본질성 등의 네 가지 조건들로 바꾸었는데, 이렇게 함으로써 그는 첫 번째로 모든 화행은 으레 일정한 규칙을 따르게 되어있다는 점과, 두 번째로 비언표적 힘은 이런 규칙을 따르는 데서 나오게 되어 있다는 점을 분명히 할 수 있었다.

두 번째로, 그는 Austin이 일찍이 제안했던 다섯 가지 부류로의 화행의 분류법을 1)주장과, 2)지시, 3)약속, 4)표현, 5)선언 등의 다섯 가지로 된 새 분류법으로 바꾸었는데, 무엇보다도 중요한 사실은 그가 이런 분류법의 기준이 된 것은 바로 1)비언표성과, 2)언어와 세상 간의 부합성의 방향, 3)표현된 심리상태, 4)명제적 내용 등의 네 가지 분류 차원이라는 것을 밝힌 점이었다. 더 구체적으로 말해서 분명히 그는 화행의 분류 기준 중 제일 으뜸이 되는 것은 비언표성인 데 반하여, 제일 마지막의 것을 명제적 내용, 즉 언표성으로 잡는 식으로 비언표성과 언표성 간의 기능적 차이를 크게 부각 시키고 있다. 특히 그가 다섯 가지 화행의 부류 중 피력을 위시하여 결론, 보고, 서술, 단언 등을 포괄하는 「주장」을 첫 번째 것으로 보았다는 것은 곧 그는 비언표성을 굳이 수행문이 아닌 일반적인 서술문에서도 얼마든지 유발될 수 있는 것으로 보고 있다는 것을 익히 증거하고 있다.(Huang, 2006, p.660)

세 번째로, 그는 지혜롭게도 간접 화행을 언표적 기능보다 비언표적 기능이 더 중요하다는 것을 가장 쉽게 확인할 수 있는 현상으로 보았다. 간접 화행이란 간단히 말해서 서술문이나 의문문으로 명령문의 기능을 수행하는 식으로 문장의 형태와 기능이 일치하지 않는 경우를 가리키는 것으로서, 우리의 언어생활 가운데서 이런 현상이 일어날 수 있는 것은 결국에 하나의 발화나 문장은 으레 언표적 힘뿐만 아니라 비언표적 힘도 발휘하게 되기 때문이라고 볼 수밖에 없다. 또한 하나의 화행이 여러 가지 형태의 문장에 의해서 유발될 수 있다는 것은 언어사용의 현장에 있어서는 문장의 진리성의 조건보다는 행복성의 조건이 더 중요시되고 있다는 것을 증거하고 있다.

그가 간접 화행과 관련하여 특별히 강조하고 있는 사실은 크게 두 가지인데, 그중 첫 번째 것은 그가 화자와 청자 간에 성공적으로 화행문들이 오고 가는 데는 으레 일정한 형태의 추리절차가 필요하게 되어있는데, 현재로서는 그것은 Grice가 일찍이 내세웠던 「협력적 의사소통 모형」에 따르게 되어있다고 보는 것이 가장 합리적인 판단이라고 주장한 점이다. 그중 두 번째 것은 그가 어떤 화행문이 실제로 쓰일 수 있는가를 결정하는 것은 그것의 구조나 의미적 내용이 아니라 그것의 규약성이나 관용성이라고 주장한 점이다. 그의 주장의 탁견성은 구체적으로 어느 언어에서 어떤 간접 화행문이 많이 쓰이고 있는가를 살펴봄으로써 익히 확인될 수 있다.

예컨대 영어에서는 아주 특별한 경우가 아니고서는 「Pass the salt.(소금을 건네주세요.)」라는 직접 화행문 대신에 「Can you pass the salt?(소금을 건네줄 수 있나요?)」나 「I request you to pass the salt.(소금을 건네주기를 요구합니다)」와 같은 간접 화행문이 쓰이는 것이 관행이다. 그러나 Huang이 최근에 정확히 지적한대로 의미나 화행적 조건상으로는 분명히 「Can you pass the salt?」와 동일한 문장임에도 「Are you able to pass the salt?(소금을 건네줄 수 있나요?)」나 「Do you have the ability to pass the salt?(소금을 건네줄 능력이 있나요)」 등은 간접 화행문으로 쓰일 수 없다. 이런 예로 볼 것 같으면, 화행적 규약성에는 보편성과 문화 내지는 개별성의 두 면이 있음이 분명하다.(Ibid, p.662)

ii) 진리성 대 적절성

자기네 학문과 화용론을 일단 병렬적인 관계에 있는 것들로 보게 되면 아마도 의미론자들이 두 번째로 깨뜨리게 될 고정관념은 모든 문장을 진리조건적인 것으로만 보려는 견해일 것이다. 바로 앞에서 살펴보았듯이 화용론에서는 기본적으로 발화나 문장의 진리성은 간단히 말해서 그것의 적절성의 일부일 따름이지 그것의 전부는 될 수 없다는 입장을 취한다. 우선 이 점 한 가지만으로도 우리는 의미론은 통사론과는 같은 언어관에서 출발한 학문이면서, 화용론과는 정반대적인 언어관에서 출발한 학문이라는 사실을 쉽게 확인할 수가 있다. 예컨대 통사론자들이 문장의 문법성이나 정형성을 밝히는 데만 관심을 쏟듯이 의미론자들은 문장의 진리성이나 의미성을 구명하는 데만 관심을 쏟고 있으니까, 결국에 이들 두 가지는 개별 문장이 곧 언어적 표현의 기본 단위이고, 정형문은 곧 의미문이라는 전통적인 언어관을 기반으로 한 학문이라고 볼 수가 있다.

그에 반하여 화용론은 원래가 이들 두 학문의 한계성을 딛고 출발한 학문이다. 이것이 하나의 반통사론적이면서 반의미론적이라는 것은 크게 언어기술의 단위를 문장에서 회화나 담화로 확대한 점과, 언어기술의 대상으로 가공적이거나 추상적인 문장이 아니라 의사소통의 현장에서 쓰이고 있는 대화문과 그것을 만들어가는 언어 사용자의 심리나 태도와 그것이 일어나고 있는 상황적 요소 등을 삼게 된 점, 언어기술의 기준을 문장의 정형성이나 진리성에서 언어사용 시의 그것의 적절성으로 격상시킨 점 등이 익히 증거하고 있다. 사회 언어학자인 Hymes가 일찍이 주장했듯이, 통사론과 의미론은 문장의 생성 능력에 대한 학문인 데 반하여 화용론은 언어사용의 능력에 관한 학문이니까 화용론은 분명히 통사론이나 의미론보다 한 차원 상위의 학문이라고 볼 수가 있다.

(1) 간접적인 표현

이들 간의 세 가지 차이점들은 세 번째 것인 진리성 대 적절성의 차이로 집약될 수 있을 뿐만 아니라 바로 이 점에 의해서 화용론이 결국에는 다른 것들보다 한 차원 상위의 학문이라는 사실이 익히 드러나게 되어있는데, 그 이유는 이 차이는 결국에 이들의 학문적 목적의 차이가 되기 때문이다. 이해를 돕기 위하여 약간 과장해서 말할 것 같으면 이들의 학문적 목적 사이에는 통사론과 의미론에서는 문장은 하나의 기호체계이기 때문에 인성적 요소를 전혀 고려하지 않고도 그것의 실체를 익히 파악할 수 있다고 보는데 반하여, 화용론에서는 문장은 일종의 행위이기 때문에 인성적 요소에 대한 고려가 그것의 실체를 파악하는 일의 거의 전부나 다름없다고 보는 식의 상당한 거리가 있는 것이다.

인성적 요소의 중요성을 놓고서 이들이 상반적이거나 대립적인 입장을 취하고 있다는 것을 쉽게 확인시켜줄 수 있는 사실 중 첫 번째 것은 우리는 일상적으로 간접적인 표현들을 많이 쓰고 있다는 것이다. 앞에서 이미 살펴보았듯이 Searle은 일찍이 우리의 화행 가운데는 직접적인 것보다 간접적인 것이 오히려 더 많다는 사실을 지적했었다. 그런데 사실은 우리에게는 꼭 수행문에 있어서만이 아니라 일반적인 표현에 있어서도 직접적인 것보다 간접적인 것을 선호하는 성향이 있다는 것을 어렵지 않게 확인할 수가 있다. 다시 말할 것 같으면 우리의 일상적인 대화문을 분석해보면 우리의 언어에서는 진리성의 기준에는 맞지 않지만 적절성의 기준에는 맞는 표현들, 즉 간접적인 표현들이 생각보다 자주 쓰이고 있음을 확인할 수가 있다.

우리의 주장을 익히 뒷받침하고 있다고 볼 수 있는 것이 바로 최근에 Linblom(2006)이 「협력성 원리(Cooperative Principle)」라는 논문에서 토의한 내용이다. 물론 제목 그대로 이 논문의 목적은 Grice의 협력성의 원리의 기여성을 소개하려는 것, 즉 그것은 「융통성과 문맥 의존성」이라는 그것 특유의 특징 때문에 한편으로는 그동안 내내 엄청난 호소력과 영향력을 유지할 수 있었고, 또 다른 한편으로는 여러 가지 비판도 받아왔다는 사실을 밝히려는 것이었다. 그러나 여기에서 실제로 분석되고 있는 자료는 우리식으로 말하자면 모두가 간접적인 표현들이다. 이런 의미에서 볼 것 같으면 그가 여기에서 밝힌 바는 바로 Grice의 협력성의 원리는 「간접적인 표현 사용의 원리」로 불려도 무방하다는 점이라고 볼 수도 있다.

이 논문에서 주제적 예문으로 쓰이고 있는 것은 흥미롭게도 바로 Grice(1989)가 일찍이 「어휘용법 연구(Studies in the way of words)」라는 책에서 자기의 협력성의 원리에 전형적으로 맞는 예로 제시했던 「A」가 「I am out of petrol.(휘발유가 떨어졌어요.)」라고 말하자 「B」가 「There is a garage round the corner.(모퉁이를 돌면 주유소가 있어요.)」와 같이 말하는 대화문이다. 그런데 여기에서 제일 먼저 눈에 띄는 사실은 이렇게 누구나 정상적이고 흔한 대화문으로 인정할 수 있는 대화문이 분명히 간접적인 표현문으로 이루어져 있다는 점이다. 다시 말해서 직접적인 표현문으로는 「A」가 「Do you know where I can buy some petrol?(휘발유 살 수 있는 데를 아나요?)」라고 묻자 「B」가 「You can buy petrol at the garage right around the corner.(바로 모퉁이를 돌면 있는 주유소에서 휘발유를 살 수 있어요.)」라고 대답하게 될 것을 둘 다가 의도적으로 간접적인 표현문들을 사용하고 있는 것이다.(Lindblom, 2010, p.168)

물론 여기에서는 직접적인 표현문으로 된 대화가 그렇듯이 간접적인 표현문으로 된 대화도 하나의 성공적인 대화일 수 있다는 사실과, 그 이유는 간접적인 표현문들이 쓰이고 있는 대화에서도 겉으로 보기와는 다르게 네 가지의 격률들이 제대로 지켜지고 있기 때문이라는 사실을 밝히는데 논의의 초점이 맞추어져 있다. 다시 말해서 이 논문에서는 시종일관

협력성의 원리야말로 언제나 최고의 성공적인 대화의 판단 기준이 된다는 점이 강조되고 있는데, 이런 판단의 직접적인 근거가 될 수 있는 것이 설사 「B」의 대답을 「(비꼬듯이) How nice that you pay such close attention to important details.(중요한 세부 사항에 대해서 그렇게 치밀하게 주의를 기울이다니 참 멋있군요.)」와 같은, 처음 것보다 훨씬 더 간접성이 두드러진 문장으로 바꾼다 해도 이 대화는 협력성의 원리가 잘 지켜지고 있는 대화일 수 있다고 내세워지고 있다는 사실이다.(Ibid, p.169)

그런데 사실은 여기에서의 이런 문제는 협력성의 원리의 문제로뿐만 아니라 진실성 대 적절성 간의 문제로 분석될 수도 있다. 간단히 말하자면 이들 세 가지 대화문들을 비교하다 보면 자연히 대화 시에 쓰이는 문장들은 진실성의 수준이 아니라 적절성의 수준이 높은 것들이라는 사실이 드러나게 되어있다. 물론 이런 분석을 통해서 확인될 수 있는 가장 중요한 사실은 역시 표현의 적절성의 수준은 결국에 그것의 간접성의 수준과 비례하게 되어있다는 점이다. 예컨대 이들 세 가지 대화들을 표현적 간접성의 기준으로 평가할 것 같으면 그 순서는 세 번째 것과 두 번째 것, 첫 번째 것처럼 될 텐데, 이것은 곧 표현적 간접성의 수준은 언제나 대화의 정보전달의 수준, 즉 질적 수준을 나타내게 되어있다는 것을 말해주고 있다. 다시 말해서 정보 전달이나 질적 수준으로 서열을 매긴다고 해도 이들 세 가지 대화들의 서열은 앞의 것과 똑같아지는 것이다.

(2) 정중성의 원리

두말할 필요도 없이 원래가 의미론자들은 왜 우리는 직접적인 표현들을 쓸 때보다는 Grice가 내세운 격률들을 위반할 위험성을 더 많이 안게 된다는 사실을 알면서도 간접적인 표현들을 즐겨 쓰게 되는지에 대한 고민을 할 필요가 없다. 그러나 화용론자들의 입장에서 보자면 이 문제야말로 그들의 학문에서 다뤄지게 될 마지막 문제의 하나임이 분명한데, 그 이유는 화용적 원리는 모두가 결국에는 의사소통을 잘하려는 언어사용자의 책략이나 심리의 반영체이기 때문이다. 따지고 보자면 Grice가 협력성이라는 하나의 심리적 술어를 최고의 화용적 원리의 이름으로 택한 것이 결코 우연한 일이 아니었던 것이다.

그런데 네 가지 격률로 구현되게 되어있는 협력성의 원리가 그가 내세운 대로 최고이면서도 완전한 화용적 원리가 될 수 없다는 사실이 밝혀지면서, 그것에 대한 수정안이나 대안이 모색되기 시작했는데, 이런 움직임으로 얻게 된 최고의 소득은 바로 정중성의 원리(Politeness Principles)를 찾아낸 것이었다. 정중성의 이론의 창시자로 불리게 된 Robin Lakoff는 일찍이 「위압하지 말라. 선택을 시켜라. 친절하라.」 등의 세 가지 규칙을 지키는 것을 정중성의 원리에 맞게 대화를 이끌어가는 기본적 책략으로 제안했었는데, 이 때만해도 정중성의 이론이나 원리를 Grice의 협력성의 원리에 대한 하나의 대안으로 보려고 하지는 않았다.(Lakoff, 1973, p.297)

그러나 그 후 Leech(1983)가 「화용론 원리(Principles of Pragmatics)」라는 책에서 Grice의 네 가지 격률과 맞설 수 있는 여섯 가지의 정중성의 격률을 제안하게 되면서 사정은 크게 달라졌다. 간단히 「무례한 신념의 표현을 최소화하라.」라고 요약될 수 있음에도 불구하고, 그가 굳이 아래처럼 격률의 수를 여섯 가지로 잡은 것은 아마도 그의 마음에 최소한 자기의 이론이 Grice의 이론과 맞먹을 수 있는 것이거나, 아니면 최대로 그것보다 자기의 이론이 상위의 것임을 드러내려는 의도가 있었기 때문이었을 것이다. 다시 말해서 그가 보기에는 두 사람 간의 대화를 이끌어가는 원동력은 협력성이 아니라 그보다 한 차원 높은 정중성이나 예의성이었던 것이다.(Leech, 1983, p.119)

(1) 요령 격률: 다른 사람에게 가는 비용을 최소화하라.
다른 사람의 이익을 최대화하라.
(2) 관대성 격률: 자신으로의 이익을 최소화하라.
자신에 대한 비용을 최대화하라.
(3) 칭찬 격률: 다른 사람에 대한 비난을 최소화하라.
다른 사람에 대한 칭찬을 최대화하라.
(4) 겸손 격률: 자신에 대한 칭찬을 최소화하라.
자신에 대한 비난을 최대화하라.
(5) 일치 격률: 자신과 다른 사람 간의 부동의를 최소화하라.
자신과 다른 사람 간의 동의를 최대화하라.
(6) 동정 격률: 자신과 다른 사람 간의 반감을 최소화하라.
자신과 다른 사람 간의 동정을 최대화하라.

물론 엄밀하게 비교하자면 현재 화용론의 세계에서 그 자신의 욕심과는 다르게 Leech의 정중성 원리가 Grice의 협력성의 원리만한 위치를 차지하지 못하고 있는 것은 부인할 수 없는 사실이다. 한마디로 말해서 그 후 그것에 대한 여러 사람들의 폭넓은 연구로 역시 정중성의 원리는 협력성의 원리에 대한 하나의 보완적 원리 이상의 것이 되지 못한다는 것이 밝혀진 것이다. 그러나 Leech가 그의 책에서 「왜 사람들은 자주 그들이 의미하는 바를 전달하는 데 있어서 간접적인 표현을 쓰게 되는가」라는 질문을 화용론의 궁극적인 주제로 삼아야 한다고 주장한 것은 일찍이 Grice는 하지 못했던 일이다. 결국 그는 사람들은 성공적인 대화를 위해서는 으레 최대로 예의성이나 정중성을 갖춘 표현을 써야 되는데, 자기의 의미를 에둘러 말하는 간접적인 표현이 바로 그런 표현이라는 것을 익히 알고 있다고 본 것이다.(Ibid, p.80) iii) 언어적 절차 대 추리적 절차

자기네 학문과 화용론을 병렬적인 관계에 있는 것으로 보게 되면 의미론자들이 세 번째로 깨뜨리게 될 고정관념은 아마도 언어적 절차 대 추리적 절차 간의 관계를 언어적인 것 중심의 것으로 보려는 견해일 것이다. 한마디로 말해서 그동안 의미론자들은 통사론자와 마찬가지로 정형적이거나 의미 있는 문장을 생성하거나 해석하는 절차는 으레 일반적인 인지적 내지는 추리적 절차와는 아무런 관계없는, 일종의 독자적이면서도 자율적인 것으로 보아왔다. 심지어 이들은 이런 언어적 절차를 작동시키는 능력은 내재적인 것이라는 주장도 했었다.

물론 엄밀하게 따져본다면 이 점에 있어서 통사론과 의미론 사이에 아무런 차이가 없는 것은 아니다. 통사론에서는 예컨대 처음부터 추리적 절차라는 말 자체가 쓰일 필요가 없었는 데 반하여, 의미론에서는 함의나 전제와 같이 추리적 절차에 의해서 생겨나는 현상을 의미적 현상의 일부로 간주해왔다. 그러나 의미론에서도 분명히 첫 번째로는 하나의 독립된 문장만을 놓고서 모든 의미의 문제를 논의했다는 한계성과, 두 번째로는 이런 추리적 현상을 으레 언어적 절차에 의해서 해당 문장의 의미를 해석하는 데 도움을 주게 되는, 일종의 보조적 현상으로 보았다는 한계성을 벗어나지는 못했다.

그런데 화용론자의 입장에서 볼 것 같으면 우선 의미론에서의 그런 작업은 일종의 제한된 범위 내에서의 논리적 분석 작업일 따름이지, 넓은 의미로서의 추리적 작업은 아니었다. 그리고 굳이 따질 것 같으면 의미론에서의 그런 전통은 일찍이 Aristotle 때의 논리학적 학풍을 그대로 이어온 것에 지나지 않았다. 그러나 화용론자들이 보기에는 이제는 다음과 같은 세 가지 이유로 언어적 절차를 기본적인 것으로 보면서 추리적 절차를 보조적인 것으로 보는 식의 그동안의 학풍은 그와는 정반대로 추리적

절차를 기본적인 것으로 보면서 언어적 절차를 보조적인 것으로 보는 식의 새로운 학풍으로 바뀌어야 마땅했다.

첫 번째로, 그동안에는 개별적 문장을 인간 언어의 기본단위로 보았었는데, 사실은 하나의 담화나 회화가 그런 단위가 되어야만 했다. 언어란 역시 두 사람 간에 이루어지는 의사소통의 도구이지 개인의 생각의 표현체는 아니었다. 특히 모든 도구가 그렇듯이 언어도 언제나 가장 경제적으로나 효율적으로 쓰이게 된다는 특징을 가지고 있었다. 두 번째로 그동안에는 언어 사용의 주체가 인간이라는 사실이 완전히 무시되어 왔는데, 인간 언어에 관한 한 이것보다 중요한 사실은 있을 수 없었다. 특히 언어 사용 시에는 으레 화자와 청자라는 두 사람이 그것의 주체가 된다는 사실만큼 중요한 사실도 없었다. 세 번째로 그동안에는 언어사용의 상황이나 문맥을 고려 요소로 보지 않았었는데, 사실은 진공상태에서의 문장이란 있을 수 없는 것이었다. 언어 사용자들은 으레 한편으로는 상황이나 문맥에 맞는 문장을 쓰게 될 뿐만 아니라 다른 한편으로는 그런 것을 최대로 활용하는 책략도 쓰게 되어 있었다. 따라서 경우에 따라서는 상황이나 문맥적 의미가 문장 자체의 그것보다 더 클 수가 있었다.

이런 의미에서 볼 때 많은 사람들이 최근에 이르러 지금까지 제안된 화용이론 중 가장 주목 받을 만한 것으로 Sperber와 Wilson이 제안한 「관련성의 이론(Relevance Theory)」을 치게 되었다는 것은 너무나 당연한 일이었다. 이 이론의 원전이라 할 수 있는 것이 바로 1986년에 나온 「Relevance: Communication and Cognition(관련성: 의사소통과 인지)」이라는 책인데, 여기에서 부제의 일부로 쓰인 「인지」라는 술어를 「추리(inference)」로 바꾸게 되면, 이 이론은 결국에 추리 절차를 의사소통적 절차의 전부로 보는 이론이라는 사실이 보다 뚜렷해진다. 그런데 다음과 가 같은 몇 가지 특징들을 살펴보게 되면 왜 이것이 삽시간에 가장 강력한 화용이론의 자리를 차지하게 되었는가를 익히 알 수가 있다.

첫 번째로, 이것은 이른바 최신형 Grice 이론이다. 관련성의 원리는 Grice의 격률에서 세 번째 것으로 이미 명시되어 있는 것이라는 사실을 상기한다면 이것은 Grice의 이론을 다른 세 가지 것들은 다 버리고 오직 세 번째 것만을 남기는 식으로 개조한 것이라는 사실이 분명해진다. 두말할 필요 없이 이들로 하여금 이렇게 하게 만든 근원적인 원인은 Grice의 격률 이론 자체에 이미 잉태되어 있었다. 예컨대 이들은 그동안 내내 많은 화용론자들이 그의 격률에 관하여 질의 격률과 양의 격률은 서로 상충될 가능성이 있다든지, 태도의 격률과 양의 격률은 서로 중복성을 띤 것들이라는 등의 문제점들을 제기해왔다는 것을 익히 알고 있었다. 이들은 결국에 그들 네 가지 중 「관련성이 있게 하라」는 세 번째 것만을 살아남기는 것이 이런 문제점들을 한꺼번에 해결할 수 있는 묘안이 될 수 있다고 판단한 것이다.

그렇지만 이런 외적인 사실들이 이들로 하여금 이렇게 하게 만든 원인의 전부는 아니었다. 어떤 의미에서는 그보다 더 큰 원인으로 볼 수 있는 것은 바로 이들에게는 인지이론이나 신경이론 등과 같은 최신의 첨단이론을 근거로 한 화용이론을 만들고자하는 욕심이 있었다는 사실이다. 이런 내적 원인의 자극제가 된 것은 Chomsky의 통사이론의 언어학계에서의 지배 현상이었다. 또한 이들은 어떤 분야에서이든지 하나의 통일성의 이론만이 가장 과학성이 높은 이론일 수 있다는 사실도 익히 알고 있었다. 다시 말해서 오직 이것만이 화용론이 통사론보다 한 차원 상위의 학문이라는 사실을 보다 분명하게 보여줄 수 있는 방안이 될 수 있다고 판단했던 것이다.

두 번째로, 이것은 최초의 의사소통적 모형에 관한 이론이다. 이들은 우선 자기네들이 제안하는 의사소통적 모형을 「추리적 모형」으로 명명함으로써 이것의 특징은 의사소통을 결국에 두 사람 사이에 기호적 정보가 오고 가는 과정이 아니라 상대방의 의도나 그가 전달하려는 의미를 정확히 파악하기 위하여 둘이서 최선의 추리 절차를 밟아가는 과정으로 본 점이라는 사실을 분명히 했다. 이들은 그 다음으로 이 모형에서는 언제나 「모든 명시적 의사소통 행위는 최적의 관련성이 추정될 것을 통보한다.」는 말로 요약될 수 있는 관련성의 원리가 지켜져야 한다고 주장했다.(Sperber and Wilson, 1986, p.158)

특히 이것에서는 관련성의 원리를 제대로 지키기 위해서 두 사람은 각각 화자는 언제나 청자가 최선의 추리절차를 밟는 데 꼭 필요한 말만을 하는데 반하여, 청자는 언제나 그것을 중심으로 한 전방위적인 추리절차를 거쳐서 화자 측의 의도된 의미를 정확히 파악하도록 하는 식으로 서로 다른 책략을 사용하게 되어있다는 점도 분명히 했다. 이것에 따를 것 같으면 화자의 역할은 최적의 정보만을 제공하는 것이고 청자의 그것은 주어진 정보를 최대로 확대해서 해석하는 것이 되니까, 관련성의 원리를 지킴에 있어서는 청자로서 담당하는 역할이 화자로서 담당하는 그것보다 몇 배 중요하다는 말이 된다. 다시 말해서 이 원리에 따를 것 같으면 성공적인 대화의 관건은 어떻게 잘 말하느냐가 아니라 어떻게 잘 알아 듣느냐라는 사실이 분명해진다.

이들은 이 모형의 세 번째 특징으로 상황적 내지는 문맥적 정보를 최대로 활용하는 점을 들었다. 이들의 말을 그대로 빌리자면 「다른 사항들이 동일한 한 문맥적 효과가 크면 클수록 관련성도 더 커지게」 되어 있다는 것을 잘 알고 있는 이상, 말을 할 때는 물론이고 말을 들을 때도 대화자들은 으레 상황적이거나 문맥적 정보를 최대로 활용하게 마련이었다. 이런 책략은 우선 최소의 추리적 노력으로 최대한의 관련성을 얻으려는 책략의 일부일 수 있다. 그러나 이보다 더 중요한 사실은 이렇게 함으로써만이 기본적으로 문장의 개념적 의미의 그것보다 그 크기가 더 크게 되어있는 함언적 정보를 제대로 얻을 수가 있다고 본 점이다.

이와 관련하여 이들이 특별히 강조한 점은 아무리 문맥적 효과가 중요하다고 해도 그것을 추리해내는 주체는 화자나 청자이고, 구체적으로 개인의 인지적 환경의 차이에 따라서 그것도 달라지게 되어 있다고 본 점이다. 이들은 「인지적 환경은 개인이 정신적으로 표현할 수 있는 가정들의 한 세트」인데, 이런 가정들은 직접적인 지각작용과 기억된 지식, 해석된 문장의 의미, 연역력 등에 의해서 만들어진다고 보았다. 특히 여기에서는 인지적 환경이 개인마다 다름에도 불구하고 전체적으로는 추리절차가 고 효율적인 것일 수 있는 것은 바로 대화자들은 으레 그의 세계관, 그가 가지고 있는 지식, 그의 생활양식 등을 위시한 상대방의 인지적 환경에 대해서 충분한 지식을 가지고 있기 때문이라고 보았다.(Ibid, p.46)

세 번째로, 이것은 최초로 최신의 인지과학 내지는 신경학적 이론들을 이론적 기저로 삼은 화용이론이다. 추측컨대 이 이론이 이런 특이성을 갖게 되는 데는 Chomsky가 내재이론이나 모듈성 이론 등을 자기 통사이론의 근거 이론으로 잡은 사실이 결정적인 원인으로 작용했을 것이다. 그러나 결과적으로는 크게 다음과 같은 두 가지 점에 있어서 이 이론은 그의 이론보다 진일보한 것임을 드러내게 되었으며, 결국은 그래서 이 이론의 과학성의 수준이 최첨단 학문적인 데까지 상승하게 되었다. 사람에 따라서는 예컨대 이것에서 제안된 언어처리에 관한 이론은 앞으로의 인지과학의 발전에 일종의 청사진적인 역할을 할 수 있을 것이라고 내다보기도 했다.

Chomsky의 이론과의 두 가지 상이점 중 첫 번째 것은 모듈성 이론의 핵심적 문제점이라 할 수 있는, 이른바 「중앙처리부」의 설정 여부를 놓고서 설정 쪽으로 결정을 내렸다는 점이다. Chomsky는 원래 통사적 능력이나 조직의 독립성이나 자율성을 뒷받침하는 이론으로서 모듈성의 이론을 내세웠었지, 기능이 다른 여러 언어적 모듈들을 하나의 의도나 설계에 따라서 상호협조적으로 움직이게 통제 또는 지휘하게 하는 부위의 필요성 같은 것에는 관심이 없었다. 그러나 그는 이 당시에 모듈성이라는 발상법만으로도 인지과학이나 뇌 과학의 발전에 큰 기여를 하게 된 셈이었다.

바로 이 무렵인 1980년대에 심리학자인 J. Fodor(1983)는 그의 언어적 모듈성의 이론의 타당성을 심리학적으로 증거하는 이론을 제안하게 되었는데, 인간의 정신기구 자체를 모듈적인 것으로 본 인지적 모듈성의 이론이 바로 그것이었다. 그런데 이것의 제일 중요한 특징은 「중앙처리부」의 역할을 제일 중요한 것으로 본 점이었다. 이것에 따를 것 같으면 언제나 이 체계나 부서의 통제나 지휘 하에 여러 모듈들로 구성된 인지적 조직망이 작동되게 되어있으며, 따라서 궁극적으로는 모든 추리나 연산적 작업이 바로 이곳에서 이루어지게 되어있었다.

언어처리 절차를 일종의 전방위적인 추리절차로 보는 이들의 입장에서는 우선 Fodor의 견해를 그대로 받아드리지 않을 수 없었고, 또한 그렇게 하기만 하면 자기네 이론의 과학성이 백 프로 보증되게도 되어있었다. 다시 말해서 이들은 그의 견해를 그대로 받아들임으로써 첫 번째로는 자기들의 모듈성의 이론을 Chomsky의 모듈성의 이론과 확실하게 차별화시킬 수 있었고, 두 번째로는 언어처리 과정을 전방위적인 「관련성 추리의 과정」으로 보려는 자기네 이론에 대한 심리학적 보증을 확보할 수도 있었다. 물론 이 당시만 해도 중앙처리부의 실체를 놓고서 그가 확실한 의견을 내놓지는 못했다. 그러나 이들이 보기에는 그것에 대한 보다 구체적인 연구나 논의는 앞으로의 과제로 남겨 놓아도 무방했다.

Chomsky의 이론과의 두 번째 차이점은 화용적 모듈을 언어와 관련된 모듈 중 한 가지로 새로 설정했다는 점인데, 이 점과 관련해서 무엇보다도 중요한 사실은 한편으로는 Chomsky가 통사적 모듈에 대해서 생물학적 진화성이나 내재성을 내세웠듯이 이들도 이 모듈에 대해서 똑같은 주장을 하면서도, 다른 한편으로는 이들이 의사소통적 능력의 본거지인 이 모듈을 당연히 통사적 모듈보다 한 차원 위에 있는 것으로 보아야 한다고 주장했다는 점이다. 두말할 것도 없이 이 모듈과 중앙처리부의 설정은 이들이 자기네의 관련성의 원리를 정당화 하는 데 필수적인 조건이다. 다시 말해서 이들 두 모듈이 있기 때문에 이들이 말하는 의사소통적 추리 절차가 원활하게 작동되게 되어있는 것이다. 이런 의미에서 볼 때 지혜롭게도 이들은 언어학적인 관련성의 원리와 심리학적인 모듈성의 이론을 하나의 짝으로 묶었던 것이다.

네 번째이며 마지막으로, 이것은 언어연구의 역사상 최초로 인간의 언어행위에 대한 하나의 통일적 대 이론의 모습을 띤 이론이다. 이 이론에 따르자면 우선 문장의 문법적 정형성을 다루는 문법이나 통사론은 화용이론의 한 하위이론일 따름이다. 그런데 우리의 언어행위에서는 문법적 정형성과는 거의 정반대적인 현상도 적지않게 발견될 수 있는데, 그 가운데서 가장 대표적인 것이 바로 수사적 표현법과 간접적 화행 내지는 표현법과 관련된 것들이었다. 이런 수사적 내지는 간접적 표현들이 제대로 설명될 수 없는 한 어떤 화용이론도 완전한 것은 되지 못한다는 것을 익히 알고 있어서인지, 일찍이 Grice도 반어법을 의도적으로 격률을 어김으로써 특이한 함언적 의미를 도출시키는 표현법으로 풀이하였다.

한마디로 말해서 이 이론에서는 그의 그런 시도를 더 확대하고 심화시켰는데, 그것의 첫 번째 근거로 내세울 수 있는 것이 바로 반어법에 대한 새로운 해석법이 여기에서 제안되었다는 점이다. 구체적으로 여기에서 이들은 반어문을 다른 시기에 자기나 다른 사람이 한 말을 「반향적으로」 되풀이한 말로 보아야 한다는 의견을 제시했는데, 이것은 머지않아 이른바 「반향론」이나 「언급론」이라는 이름으로 반어법에 대한 새로운 이론으로 받아들여지게 되었다. 물론 예컨대 「There's something coming.(뭔가 오고 있다)」이라고 말할 것을 「There's nothing coming.(아무것도 오지 않는다)」으로 말하는 것과 같은 반어문의 진의가 제대로 해석되어서 그것이 대화의 진행에 방해가 아니라 오히려 도움을 주게 되는 것은 대화자들은 으레 관련성의 원리에 따라서 전방위적으로 추리절차를 밟고 있기 때문이었다. (Sperber and Wilson, 1981, p.240)

그것의 두 번째 근거로 내세울 수 있는 것은 수사법에 대한 논의를 수사학 대 화용론의 관계를 새로 설정하게 되는 수준으로까지 확대했다는 사실이었다. 간단히 말해서 이들은 수사법이란 근본적으로 시적 효과를 노리고서 언어를 느슨하게 사용하는 기법으로 보면서, 예컨대 「This room is pigsty.(이 방은 돼지우리이다)」라는 표현이 잘 말해주고 있듯이, 은유법과 과장법, 환유법, 제유법 등은 결국에 「서로 연관된 전의」일 따름이라고 주장했다. 물론 이들은 이런 사실로 미루어 볼 때 크게는 수사학이 화용론의 일부라는 점과, 작게는 수사적 현상도 자기네의 관련성의 원리에 의해서 익히 설명이 가능하다는 점을 언급하는 것을 잊지 않았다.(Sperber and Wilson, 1986, pp.235~237)

이 이론이 일종의 통일적 대 이론을 지향한 것이라는 것은 그동안에 Grice의 협력성의 이론에 대한 일종의 대안이론으로 제안되었던 정중성의 이론을 그 안에 포섭하려고 한 사실로써도 잘 알 수가 있다. 이들이 보기에는 정중성이란 유머와 마찬가지로 두 사람 사이의 대화를 보다 효율적이고 원활한 것으로 만들어주는 의사소통적 책략적 요소의 일부이기에, 결국은 이것은 관련성의 원리에 따라서 추리의 절차를 극대화하는 데 일종의 촉진제나 윤활유의 역할을 하게 되어있었다. 이런 의미에서 보자면 이들이 제안한 관련성의 이론은 그의 인지적 특성과 언어적 특성, 사회문화적 특성들을 고루 고려한 인간의 의사소통에 대한 이론이었던 셈이다.

제5장
담화 의미론의 양상

5.1 당위성과 실상 간의 괴리

간단히 말하자면 담화 의미론은 의미연구의 대상을 두 개나 그 이상의 문장들의 연결체인 담화로 확대한 것이니까, 일단 이런 기준에 의한다고 해도 어휘 의미론과 문장 의미론에 이은 세 번째 종류의 의미론으로 정의될 수 있다. 그런데 흥미롭게도 의미론 발전의 역사에 있어서도 이런 순서는 그대로 지켜지고 있다. 다시 말해서 담화 의미론은 20세기 후반에 화용론이나 담화분석과 같은 학문이 언어학의 새 분야로 자리 잡게 되면서 덩달아 생겨난 의미론이다. 어차피 언어학이 20세기 후반에 이르러 연구의 초점을 어휘나 문장의 분석으로부터 담화나 회화의 그것으로 바꾸게 된 이상, 의미론에도 담화 의미론 같은 것이 등장하게 되는 것은 너무나 자연스런 일이다.

그러나 문제는 이 의미론은 첫 번째와 두 번째 의미론의 경우와는 전혀 다른 여건에서 출발했다는 점이었다. 앞에서 이미 살펴보았듯이 첫 번째 의미론은 희랍시대 때부터 내려오는 어휘 중심적 언어연구의 연장선상에 있었고, 두 번째 의미론은 분석 철학의 기저가 되는 논리학적 연구기법을 그대로 원용하면 된다는 커다란 이점을 가지고서 출발했었다. 그에 반하여 이 의미론은 처음부터 이론이나 연구 기법상으로 의지할 수 있는 관련 학문의 발달 수준이 아직은 낮다는 불리점과, 그 과제가 최소적인 것으로부터 시작하여 최대적인 것으로 확장될 수 있을 만큼 유동적이고 가변적이라는 불리점을 안고 있었다.

두말할 필요도 없이 이런 두 가지 이 의미론의 불리점 중 발전에 결정적으로 영향을 줄 수 있는 것은 역시 첫 번째 것인데, 그런 학문을 일단 화용론과 담화분석의 두 가지로 잡고 보면 왜 이 면에 있어서 이 의미론은 대단히 불리한 입장에 처해 있다고 볼 수 있는가가 당장 드러난다. 간단히 말해서 이들 두 학문은 언어 사용에 관한 학문이다. 따라서 기본적으로 언어능력만을 다루게 되어있는 통사론이나 의미론에 비할 때 이들에 있어서는 으레 언어 사용자의 심리적 요소나 언어 사용의 현장과 관련된 요소와 같은 언어외적인 요소들이 중요한 연구대상이 되지 않을 수가 없다. 또한 이렇게 개입되는 요소나 변수가 많으니까, 언어사용의 현상을 그동안의 형식주의적 전통에 어울리게 기술 내지는 분석한다는 것은 대단히 어려운 일이다.

이래서 결과적으로 이들 두 학문이 공통적으로 지니고 있는 약점은 바로 이들의 발전을 이끌어 갈 주도적 이론이 여태껏 나오지 못했다는 점이다. 굳이 따지자면 이 면에 있어서 화용론과 담화분석 사이에는 정착된 학문 대 모색적 학문 정도의 커다란 차이가 있다는 것은 부인할 수 없는 사실이다. 예컨대 화용론에는 이미 Grice의 이론으로부터 시작하여 Sperber와 Wilson의 이론에 이르는 식으로 하나의 이론적 흐름이 형성되어 있는 데 반하여 담화분석에는 아직 그런 것이 없다. 이런 의미에서 볼 때 일찍이 Prince(1988)가 「Discourse Analysis: A Part of the Study of Linguistic

Competence(담화 분석: 언어적 능력 연구의 일부)」라는 논문에서 담화분석이 의심할 여지없이 언어학 전역에 있어서 가장 널리 쓰이고 있으면서도 가장 느슨하게 정의된 술어로 전략한 이유에는 크게 긍정적인 것과 부정적인 것의 두 가지가 있는데, 바로 부정적인 이유는 「어떤 이론이나 설명법도 그동안에 일종의 군주적 독점성을 누릴 만큼 강력하거나 널리 쓰이지 못한 점」이었다고 내세운 것은 지금도 담화 의미론자가 명심하고 있어야 할 귀중한 지적임이 분명하다.(Prince, 1988, p.164)

그런데 사실은 담화분석이 화용론에 뒤진 진짜 이유는 그가 긍정적인 이유로 이름 붙인 이유인지도 모른다. 그가 왜 이것을 긍정적인 것으로 보았는지는 알 수가 없다. 그러나 그가 「담화는 대단히 많은 영역, 즉 인간의 인지, 발달, 언어, 행동, 문화, 상호교섭, 창의성, 병리학, 현상실험 등에 있어서 현저하며 중요한 연구대상이 되게 마련이라」는 사실을 그렇게 본 점으로 미루어 보아서, 이것이 어떤 의미에서는 부정적인 이유보다도 더 부정적인 이유일 수도 있다는 것을 알 수가 있다. 예컨대 그의 말대로 오늘날 사회언어학자와 민족방법론자, 민족언어학자, 심리언어학자, 문학이론가, 전산언어학자 등이 저마다 서로 다른 의미로 담화라는 술어를 사용할 뿐만 아니라 이들의 연구방법도 서로 다른 이상, 담화분석이 가까운 장래에 하나의 어엿한 언어학적 영역으로 자리잡게 되기를 기대한다는 것은 무리한 일인 것이다. 그가 이런 분산적 현상을 긍정적 이유로 본 것은 그것을 결국에 일종의 분업적 효율성이 확보되는 현상으로 보았기 때문일 텐데, 안타깝게도 아직은 그런 것은 그 개인의 원망적 기대일 따름이다. 현재로서는 과연 언제쯤에 담화분석에 대한 분업적 노력들이 하나의 통합된 이론을 산출해낼 수 있을지는 아무도 모른다.

그런데 사실은 담화분석에 대한 그의 평가는 담화 의미론이 지니고 있는 두 번째 불리점이야말로 담화 의미론자 자신들의 제일 먼저 해결해야 할 과제라는 것을 암시하고 있다. 그의 평가에 의할 것 같으면 담화분석은 인간의 인지나 심리적 현상으로부터 사회나 문화적 현상이나 심지어는 문학의 문제에 이르기까지 다양한 영역에서 이루어질 수 있는데, 그렇다면 담화 의미론자들은 으레 그들의 연구영역과 연구방법도 그렇게 다양해져야 하는가의 문제에 부딪히게 된다. 바꾸어 말해서 그들은 우선 담화 의미론을 언어학적 담화분석의 한 영역으로서, 담화를 구성하고 있는 개별 문장의 의미를 언어학적으로 기술하는 일을 기본 과제로 삼는 학문으로 볼 것인가와, 아니면 그것을 담화 전체의 구조나 그것의 기능 또는 의미를 언어학적인 기법뿐만 아니라 심리학이나 사회문화학적인 기법까지 동원해서 기술하는 일을 기본 과제로 삼는 학문으로 볼 것인가의 두 가지 중 한 가지를 선택해야 하는 처지에 놓이게 되는 것이다.

일단 이들 두 방책 중 첫 번째 것은 최소주의적인 것이고 두 번째 것은 최대주의적인 것으로 치고 보면, 실제로는 담화 의미론자들의 선택이 어떤 식으로 이루어질 것인가 하는 것은 이미 정답이 나와 있는 것이나 다름이 없다. 다시 말해서 자기네 학문을 언어학적 담화분석의 한 영역으로 보는 한 담화 의미론자들이 첫 번째 방책을 재고의 여지없이 선택하게 될 것은 명약관화한 일이다. 그런데 문제는 그들이 안게 되는 이 두 번째 불리점이 그렇게 일도양단적으로 해결될 수 있는 것이 아니라는 데 있다. 한마디로 말해서 현실적으로는 첫 번째 방책을 주된 방책으로 삼되, 어느 정도까지는 두 번째 방책을 일종의 보완적 방책으로 받아들이는, 일종의 제3의 방책이 쓰일 가능성이 높은 것이다.

그 이유는 두말할 필요도 없이 만약에 첫 번째 방책만을 엄격하게 따른다면 굳이 담화 의미론을 세 번째 의미론적 학문으로 설정할 필요성이 없어지기 때문이다. 쉽게 말해서 의미론 발전의 역사는 문장의 자의적이거나 명제적 의미로부터 그것의 문맥적 의미로 연구의 초점을 차차 옮겨

가는 과정이나 다름이 없었는데, 바로 문맥적 의미는 크게 언어사용자의 심리나 태도와 관련된 것과, 문장이 쓰인 환경이나 상황과 관련된 것의 두 가지로 나뉘어질 수 있기 때문에, 결국에는 문장의 의미는 물론이요 심지어는 개별 어휘의 의미를 분석하는 데 있어서도 으레 적지않게 비언어적 요소들이 다루어지게 마련이었던 것이다. 이상적으로 보았을 때는 그러니까 일단 담화 의미론이라는 학문을 설정하게 되면 문장의 의미를 분석하는 데 있어서의 적절한 심리나 상황적 요소에 대한 설명은 더 이상 선택사항이 아니라 하나의 필수사항이라는 사실이 확실해지는 것이다.

그런데 사실은 담화 의미론이 지니고 있는 두 번째 불리점은 담화 의미론자들이 그 정도로 보완된 제3의 연구방책을 채택함으로써 완전히 해결되는 것도 아닌데, 그 이유는 문장 의미론과는 달리 담화 의미론에서는 으레 담화를 구성하고 있는 개별 문장의 의미뿐만 아니라 그것 전체의 의미도 다루게 되어있기 때문이다. 예컨대 만약에 의미론자들이 담화를 구성하고 있는 개별 문장의 의미만을 다루려고 한다면 굳이 문장 의미론이라는 기존의 영역에 더해서 담화 의미론이라는 영역을 따로 설정할 필요가 없다. 쉽게 말하자면 담화분석에서 주된 연구과제로 삼고 있는 「담화의 정형성」이란 것이 바로 담화의 의미성을 말하는 것이기에, 학리상 담화 전체의 의미에 대한 분석이 담화 의미론의 기본 과제의 일부가 되게 마련이라는 것을 그들도 부인할 수 없다.

문장은 하나의 구조체이다. 따라서 그것의 정형성은 언제나 그것의 문법적 완전성을 가리키는 말이지만, 담화의 정형성은 그것을 구성하고 있는 문장들 간의 유기적 조직성을 가리키는 말이다. 그동안 담화 분석자들은 담화의 조직성을 크게 일관성과 응집성의 두 가지 기준으로 분석해 왔는데, 따지고 보자면 이들 중 어느 것도 담화의 형식성을 지향하고 있지는 않다. 결국 문장과는 달리 담화에는 구조성이나 형식성 같은 것이 있을 수 없기 때문에, 그것의 조직성은 결국에 그것의 의미성과 같은 말이 될 수밖에 없는 것이다.

그런데 무엇보다도 중요한 사실은 담화 전체의 의미가 파악되기 전까지는 그것의 구성요소인 개별 문장의 의미도 제대로 파악될 수가 없다는 점이다. 물론 담화전체의 의미란 결국에 개별 문장의 의미를 합산한 것이기에, 개별 문장의 의미가 먼저 파악되지 않는 한 담화 전체의 의미가 파악될 리가 없다. 이런 의미에서 볼 때 담화의 의미를 분석하는 데는 부분에서 전체로 가는 식과 전체에서 부분으로 가는 식의 두 가지의 상반된 절차가 동시에 작동되게 되어있다고 볼 수가 있다. 담화란 쉽게 말해서 두 개나 그 이상의 문장들이 만들어 낸 하나의 의미 있는 조직체인 셈이다.

담화적 의미의 이런 이중성은 왜 담화의 의미를 분석하는 데는 으레 언어적 요소보다는 오히려 비언어적 요소가 더 많이 개입되게 되어 있는가나, 아니면 문장의 개념적 의미보다는 그것의 함언적 의미가 더 중요하게 되어있는가에 대한 궁극적인 해답일 수가 있는데, 그게 그렇다는 것을 직재적으로 확인할 수 있는 방법은 바로 최소 크기의 한 담화인 짝말의 의미를 분석해 보는 것이다. 아래에 제시된 예는 Kempson이 일찍이 Grice의 회화적 원리를 소개하는 논문에서 사용했던 것인데, 이것의 의미를 분석해 보면 누구라도 쉽게 담화적 의미분석은 결국에 문장적 의미 분석법과 다를 수밖에 없다는 것을 알 수가 있다.

A: What's the new Pizza House like?
(새 피자집은 어때?)

B: The cooks are all Italian.
(요리사들은 모두 이탈리아 사람이야.)

누구나 익히 알 수 있듯이 이 대화의 특징은 A의 질문에 대한 B의 응답이 직접적인 것이 아니라 간접적인 것이라는 점인데, Kempson의 말을 그대로 빌리자면 「이런 경우에 있어서의 이런 간접적인 응답은 직접적인 응답보다 더 적절하고 의미적이다.」 그런데 B의 응답문의 의미는 이런 경우, 즉 A의 질문에 대한 응답으로 이것이 쓰이는 경우와 예컨대 「Are the cooks all French?(요리사들은 모두 프랑스 사람이니?)」라는 질문에 대한 응답으로 쓰인 경우에 따라서 달라진다. 다시 말해서 B는 여기에서 이 말로써 「새 피자집은 최고로 싸고 맛있는 집이라」는 의미를 나타내고 있는데, 주목할 점은 그가 그런 의미를 직접적인 문장이 아니라 간접적인 문장으로 나타냄으로써 대화 전체의 효율성을 한층 높였다는 사실이다. 결국에 이 대화는 Grice의 협조성의 원리나 Sperber와 Wilson의 관련성의 이론의 타당성을 익히 증거하고 있는, 하나의 전형적인 대화인 셈이다. (Kempson, 1988, p.152)

이렇게 이상적이거나 당위적인 상태의 것과는 다르게, 담화 의미론이 현재로서는 주된 연구대상이나 과제를 정하는 일부터 미해결의 숙제로 남겨놓을 수밖에 없을 정도로 아주 미숙한 상태에 머물고 있는 학문에 불과하다는 것을 확인하는 데는, 아마도 Norrick(2003)이 최근에 발표한 「담화와 의미론(Discourse and Semantics)」이라는 논문의 내용을 살펴보는 것 만한 것이 없을 것이다. 이 논문에서는 우선 그동안에 화용론에서 문장 의미론의 한계성을 지적하면서 제기했던 문제점들을 바로 담화 의미론의 주된 과제로 삼고 있다. 틀림없이 그래서 저자는 이 논문의 제목을 「담화 의미론」이 아니라 「담화와 의미론」으로 잡았을 것이다.

그가 여기에서 제안하고 있는 주제들은 쉽게 말해서 그동안까지 주로 화용론적 주제로 다루어진 것들에 담화적 모순성의 문제를 하나 추가한 것이기에, 누구라도 일단은 현재로서는 이것이 담화 의미론에서 할 수 있는 최대치라는 것을 알 수가 있다. 그러니까 그도 담화 의미론은 당연히 화용 의미론보다 진일보한 의미론이 되어야 한다는 생각을 가지고 있었던 것인데, 문제는 바로 그 확대된 부분에 대한 연구가 아직도 초보적인 수준을 벗어나지 못하고 있다는 점이다. 다시 말해서 아직까지는 담화 의미론에서는 잘 짜인 담화의 특징만을 다루고 있지, 모순적인 담화의 그것은 다루고 있지 않은 것이다.

그런데 여기에서는 담화 의미론의 주제로 모두 여섯 가지가 제안되고 있는데, 엄밀히 따지자면 이들 중 다섯 번째와 여섯 번째 것은 수사학적 의미론에 속하는 것이어서, 이들을 독립된 영역으로 분리하는 것이 보다 합리적이라는 의견도 나올 수 있다. 예컨대 앞의 네 가지 주제는 지시성 및 대용어와 화용적 전체, 화행론, 함언처럼 되어 있으니까 그동안에 화용적 의미론에서 다루어오던 것을 그대로 옮겨 놓았다고 볼 수가 있다. 그렇지만 이들에 이어서 대인적 의미와 수사적 의미가 추가되고 있는 것은 분명히 파격적인 일이다.

그런데 그는 여기에서 대인적 의미에 속하는 현상으로 정중성의 현상과 반복이나 병렬법이 쓰이는 현상, 은유와 관용적 표현법이 쓰이는 현상 등을 나열하고 있는데, 따지고 보자면 이들은 결국에 일상적인 표현법을 크게 이탈하고 있는 것들이다. 물론 그가 이들을 수사적 의미의 범주 내에 포함시키지 않고 있는 것은 이들은 모두가 의사소통적 책략과 관련된 것이라는 것을 익히 알고 있기 때문이다. 예컨대 그는 수사적 의미의 예로서 「The sergant barked his orders to his new recruits.(하사는 그의 새 신병들에게 그의 명령을 하달했다)」라는 문장에서의 「barked(고함질렀다)」라는 동사의 의미를 들고 있는 점으로 미루어 보아서 그는 여기에서 어느 특수한 수사적 표현법의 의미가 아니라 개별어휘의 은유적 의미를 그렇게 부르고 있음이 분명하다.

그런데 그의 담화 의미론의 파격성은 전형적인 담화를 대상으로 해서 그것의 정형성이나 의미성을 토의하는 것이 아니라 비전형적인 담화를 대상으로 해서 그것의 모순성을 토의하고 있는 데 있다. 그는 아래와 같은 긴 대화문을 분석해 보면 겉으로 보기에는 비논리적이고 모순된 대화인 것 같지만 실제에 있어서는 이런 것도 의사소통적으로는 성공적인 대화일 수 있다는 사실을 알 수 있다고 본 것인데, 그는 이런 예를 통해서 담화의 정형성은 결국에 일관성이나 응집성과 같은 기본적인 기준에 의해서 분석될 수 있을 만큼 단순한 것이 아니라는 사실을 밝히고 싶었던 것이다. 다시 말해서 그는 담화 의미론의 본령은 역시 담화 전체의 의미를 파악하는 것인데, 담화에서는 이른바 「Sue is both right and wrong.(수는 이론상으로는 맞는데 사실상으로는 그르다)이라는 식의 표현법이 자주 쓰이고 있다는 사실로 보았을 때 이 학문의 수준은 여전히 초창기적인 것에 머물러있다고 생각한 것이다.

B: But it was in the middle of this Dubrovniki Garden, which is a very over-grown kind of a garden. I mean it's not overgrown.
(그러나 그것은 이 드브로브니키 정원의 한 가운데 있었어요. 그것은 일종의 대단히 너무 자란 정원이에요. 그것은 너무 자란 것은 아니에요.)

A: Yearh? (그래요?)

B: But things start off with plenty of space between them on the ground.
(그러나 이런 것들은 서로 간에 땅에 많은 공간을 가진 상태에서 출발하지요.)

A: Yes? (그래요?)

B: But when they get up to the sort of foliage level.

(그러나 그들이 일종의 잎의 수준까지 자라게 되면)

A: (laughs) (웃음)

B: They're all sort of interlinked.

(그들은 모두가 서로 연결되어 있어요.) (Norrick, 2003, p.89)

담화 의미론의 장래를 이렇게 중후하게 보았다는 의미에서는 Blackmore (1988)의 「담화의 조직(The Organization of Discourse)」이라는 논문도 똑같다. 우선 제목 자체로 보아서는 Norrick의 것보다 그가 개별 문장의 의미 분석보다 담화의 정형성의 분석에 더 큰 비중을 두고 있는 것 같지만 사실은 그렇지가 않다. 구체적으로는 「담화의 정형성을 분석하는 일은 어느 발화가 텍스트에 수용 가능한 기여를 하고 있는가를 확인하는 작업」이라는 정의 하에, 문장 간의 명시적 및 묵시적 연결 상태를 일관성과 응집성의 두 기준에 의해서 분석하는 것이 곧 담화 의미론의 전부라고 내세우면서도 실제로 다루고 있는 예들은 모두가 Grice의 함언이론과 Sperber와 Wilson의 관련성의 이론에서 이미 논의된 것들이다.

예컨대 여기에서 그는 「My neighbor asked me if I would like to go to her son's school play. I told her I couldn't.(내 이웃은 나에게 그녀 아들의 학교 연극회에 가고 싶지 않으냐고 물었다. 나는 그럴 수 없다고 말했다)」와 같은 두 문장의 연결체를 최소 크기의 담화나 텍스트로 보고서, 이것의 의미를 분석해보면 담화에 있어서는 으레 대명사나 생략이라는 응집적 장치가 바로 그것의 정형성을 확보하는 기본수단이 되고 있다는 사실이 당장 드러난다고 주장하고 있다. 그런데 사실은 문장 의미론에서도 대명사나 대용어의 지시 관계를 규명하는 일을 으레 첫 과제로 삼았었다.(Blackmore, 1988, p.230)

그런데 그가 여기에서 두 번째 예로 제시하고 있는 대화문의 성격을 분석하게 되면, 그는 결국에 담화 의미론의 앞날은 생각처럼 순탄하지는 않다고 생각하고 있다는 사실이 바로 드러난다. 먼저 아래와 같은 최소 크기의 대화를 앞의 예와는 대조적인 성격의 것으로 내세운 데까지는 누구도 이의를 제기하지 않을 것이다. 그러나 이 예는 이른바 언급 대 언어사용의 현상을 설명하는 데 쓰일 수 있는 것이어서, 간단히 말해서 응집성의 원리의 한계성을 단적으로 보여줄 수 있는 것이다. 응집성의 원리에 의할 것 같으면 A의 질문에 대한 B의 응답은 분명히 일종의 언급의 현상이다. 그러나 그의 응답은 언어사용의 현상일 수도 있다. 그러니까 이 대화문의 정형성은 이것 자체만으로는 밝혀질 수가 없는 것이다.

A: What did Susan say?
(수잔은 뭐라고 말했지?)
B: You've dropped your purse.
(너는 네 지갑을 떨구었어.) (Ibid, p.236)

5.2 Sueren의 담화 의미론

담화 의미론이라는 술어를 어휘 의미론과 형식 의미론에 이은 제3의 의미론의 이름으로 정식으로 사용하기 시작했다는 의미에서나, 아니면 스스로가 「점진 이론(The Incrementation Theory)」으로 이름 붙인 그의 담화 의미이론이 최근에 이르러 이것에 대한 가장 대표적인 이론으로 자리 잡게 되었다는 의미에서나 담화적 의미의 현상에 대한 Sueren의 견해를 자세히 살펴본다는 것은 매우 가치 있는 일이라고 볼 수가 있다. 크게 보았을 때 그의 이론은 세 가지 특징을 지니고 있다고 볼 수가 있는데,

그중 첫 번째 것은 이것에서는 기본적으로 담화 의미론을 일종의 인지과학으로 본 점이다. 지금까지의 논의들은 으레 형식 의미론과 담화 의미론 간의 차이점은 후자에 있어서는 으레 형식주의적 기술법보다는 인지주의적 기술법이 주로 쓰이게 되어있다는 점이었다.

이런 의미에서 담화 의미론자인 그가 그것의 기본 구조를 아래처럼 언어사용자의 정신기구와 그의 세계관을 기본 축으로 한 일종의 전인적 인지구조로 본다는 것은 다분히 도전적이거나 파격적인 일이었다.

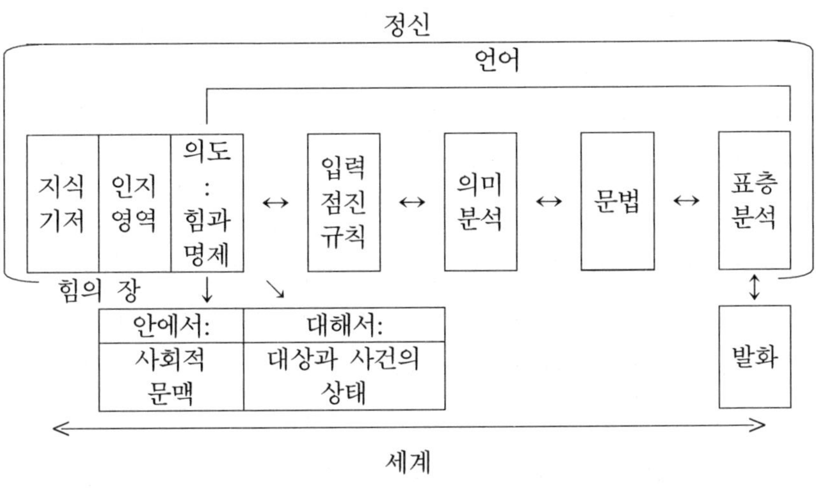

예컨대 이 기구에서는 언어적 표현체는 언어사용자의 정신적 기구와 그것의 쓰이고 있는 세계적 문맥사이에 끼이어 있게 되어 있어서 거기에는 으레 이들 간에 밀접한 상호교섭적 활동이 있게 마련인데, 과연 이런 거시적이고 통합적 담화 의미론이 실제로 실현 가능한 것인지에 대해서 누구나 일단 의심하지 않을 수 없다.

그런데 이 기구의 특징은 역시 그것의 핵심부를 「입력 점진 규칙부」로 본다는 점이었다. 한마디로 말해서 이 기구에서는 담화적 문장의 의미 분석은 으레 그것의 서순성의 조건에 따라서 언제나 차례대로 이루어지게 되어있는 첫 번째 원칙과, 그 다음으로 주제와 빈사 간의 관계를 조정하는 원리가 주축이 된 여러 가지 구조적 원리들이 엄격히 지켜지게 되어 있었다. 그런데 크게는 그의 담화 의미론의 본질이고 작게는 이 입력점진 규칙부의 본질은 바로 이들 원리 중 첫 번째 것의 특성에 잘 나타나 있다. 바로 이런 사실로 미루어 보아서도 그가 자기의 의미이론을 개별문장의 진리조건적 의미의 분석을 목표로 하던 그동안의 형식 의미론과는 판이하게 다른 것으로 보았다는 것은 부정할 수 없는 사실이다.

그런데 간단히 말해서 이 기구에 있어서는 으레 문장 해석의 두 번째 부위인 「인지 영역」에서 이런 중핵적 절차를 총지휘하게 되어있다. 예컨대 이곳에서는 명제는 첫 번째로 전제 확인의 조건과, 그 다음으로 그것은 분리적 단위별로 일관성 있게 분리되어 처리 되어야 한다는 조건, 세 번째로 모든 새로운 증가분은 언제나 정보적이어야 한다는 조건, 다시 말해서, 새로운 증가분이 추가될 때마다 이 명제의 참의 조건은 일정하게 제약을 받게 된다는 조건 등을 만족시켜주게 되어있었다. 이들은 결국 서순성의 조건의 세 하위조건이 되는 셈인데, 여기에서는 알기 쉽게 이들을 각각 전제 선행처리의 조건, 일관성의 조건, 정보성의 조건이라 부르고 있다. (Sueren, 2009, p.262)

그런데 그가 1994년에 발표한 「담화 영역(Discourse Domain)(DD)」이라는 논문의 내용을 살펴볼 것 같으면, 바로 이 부위의 설정으로 지난날의 모형이론적 연산법은 이제는 심리적으로 실현 가능성이 있는 연산법으로 대치되어야 한다는 점을 그의 담화 의미이론의 핵심사상으로 삼았다는 것을 알 수가 있다. 예컨대 여기에서 그는 바로 이 부위에서 수행하는 일은 지난날까지는 언어처리부에서 수행하는 일로 치부해왔던 것이라는 점을 분명히 밝히고 있다. 이 부위에는 우선 복수의 수신인과 이 부위의 앞으로의 전개를 제한하는 「지시」가 들어있다.

여기에서 그가 특별히 강조한 점은 일단 설정된 담화영역은 처음 상태로 고정되어 있지 않고서 일련의 작은 형태의 연속체로 발전되어 나가게 되어있다는 점이었다. 예컨대 그의 말을 그대로 빌리자면 「하나의 발화된 문장은 그것의 적절한 담화영역」에 입력이 된다. 물론 담화적 표현체는 그 자체로서 하나의 담화영역을 성립시키기도 하는데 이런 영역을 「진리영역」이라 부를 수도 있다. 그러나 많은 경우 하나의 담화적 표현체는 몇 개의 「하위 영역」으로 구성되어 있기도 하다. 이런 식으로 담화영역은 계속적으로 하위 영역으로 발전 가능성이 있다는 것이 곧 담화 영역이론의 진수였다. 그러니까 그는 이때만 해도 자기 이론을 「담화영역 이론」이라고 부르기도 하고, 아니면 「입력 점진 처리 이론」이라고 부르기도 했던 것이다.(Sueren, 1994, p.965)

담화영역을 이렇게 발화가 완전히 종료될 때까지 일련의 인지적 분화영역으로 나누어질 수 있게 함으로써 이 이론은 형식주의적 전통을 최대로 이어갈 수 있게 되었는데, 어떤 의미에서 보자면 이런 두 번째 특징은 의미해석을 일종의 인지과학으로 본다는 첫 번째 특징보다 더 기본적인 것일 수도 있다. 만약에 이 이론이 이 전통을 고수하지 않았더라면 1980년대에 등장한 이래 가장 주목받을 만한 의미이론의 자리를 차지하지 못했을 것이다. 예컨대 (1a) 「There was a cat.(고양이가 있었다)」라는 단문의 분석은 (1b) 「an_x [be(x), cat(x)]」와 같은 그것의 모문의 의미분석으로 시작하여 아래의 (1c)와 같은 언어적 수형도를 설정하는 과정을 거쳐서 (1d) 「d-1[a|cat(a)]」와 같은 담화 수신자 구조체를 얻게 되는 식이 된다.(Sueren, 2009, p.262)

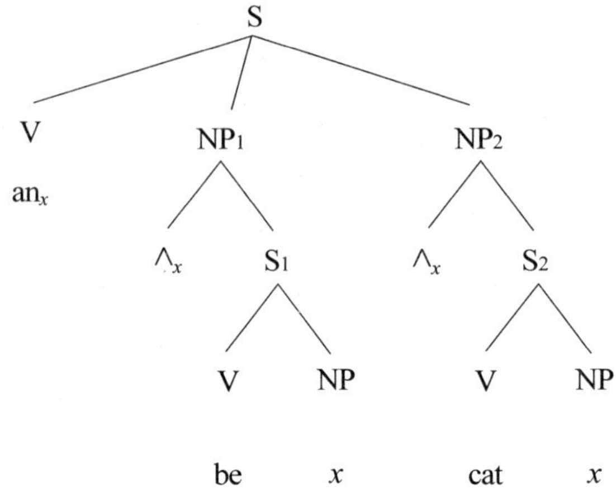

그런데 사실은 이 두 번째 특징은 그이 이론으로 하여금 그것의 세 번째 특징인 통합성을 유지할 수 있도록 하는 기본적 수단이 되고 있다. 다시 말해서 만약에 이런 형식주의적 분석법이 이것에서 쓰이지 않았더라면 그동안에 형식 의미론에서 가장 까다로운 과제로 인식되어오던 문제들, 예컨대 지정사나 양화사문을 위시하여 대용사문, 부정문과 같은 것들을 통합적으로 다루는 능력, 즉 그동안에 형식 의미론에서 연구해온 모든 과제들을 다 하나의 대 이론 밑에 수렴시킬 수 있는 역량이 생겨나지 못했을 것이다.

아마도 이 이론에 이런 통합적 역량이 갖추어져 있음을 우리에게 보여주고 있는 가장 간단한 현상은 부정문에 대한 처리 방식이 양화사문에 대한 처리방식과 동일하다는 점일 것이다. 예컨대 여기에서는 부정사는 서술어처럼 의미분석에 있어서의 하나의 추상적 술어로 취급되며, 주어인 S는 그것의 작용 범위가 된다. 따라서 「The mouse did not escape.(그 생쥐는 달아나지 않았다.)」라는 부정문의 의미를 분석하기 위해서는 크게 아래와 같은 문장 수형도와 담화 수신자 구조체를 설정하면 되었다.

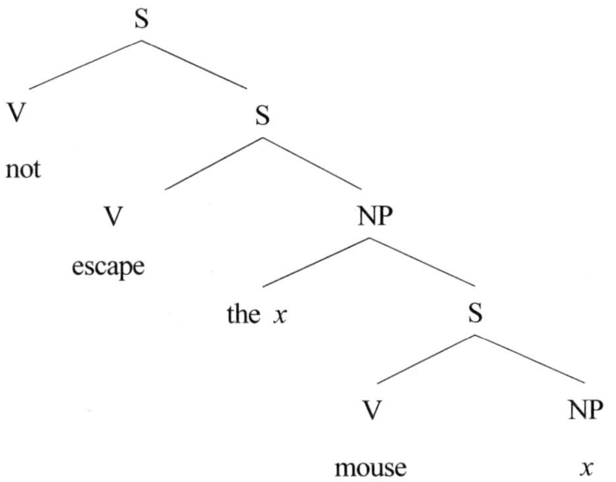

d-4[a|Mouse(a)||*Escape(4)]

그런데 사실은 위의 수신자 구조체에 쓰이고 있는 별표(*)가 이 이론에서는 대단히 유용한 기호로 쓰이고 있다. 간단히 말해서 여기에서는 부정어 「not」은 별표로 표현이 되어서 서술어 바로 앞에 놓이게 되는데. 이렇게 함으로써 수신자에 대한 더 이상의 서술화 작업이 진행되지 못하도록 하는 것이다. 따라서 이 장치는 여러 가지 모양의 부정문들을 동일한 원리에 따라서 통일적으로 기술할 수 있게 하는 매우 중요한 장치인 셈이다. 우선 「No mouse was caught.(아무 생쥐도 잡히지 않았다)」라는 전체부정문은 하나의 부정개방 수신자문으로서 「d-n[*a|Mouse(a), Be caught(a)]」처럼 기술될 수 있으며, 또한 「All the mice were not caught.(모든 생쥐는 잡히지 않았다)」라는 부분 부정문은 「d-12[ā|::Mouse(ā)//All([*::Be caught ($\bar{x}$)], (12))]」처럼 기술될 수가 있다. 그런데 앞의 전체 부정문과 동의문의 관계에 있다고 볼 수 있는 것으로는 「None of the mice were caught.(어떤 생쥐도 잡히지 않았다)」와 같이 하나의 부정 대명사를 사용한 문장인데, 이것

의 기술은 「d-12[ā|::Mouse(ā)// [*b|E 12(b), Be caught (b)]]」처럼 훨씬 복잡해진다.(Ibid, p.267)

그의 인지영역 이론의 일부로서 선택문이나 조건문과 같은 중문의 의미를 분석하는 데 중요한 역할을 하게 되어 있는 것이 바로 하위영역 구조에 대한 이론이다. 하나의 인지영역이 가질 수 있는 하위영역 구조에는 크게 대안적인 것과 종속적인 것의 두 가지가 있는데, 우선 대안적인 것은 이접사인 「or」와 함의사인 「if」에 의해서 만들어진다. 구체적으로 살펴보자면 두 개의 절이 「A or B」와 같은 형태를 가지고 있든가 아니면 「If A then B」와 같은 형태를 가지고 있게 되면 인지영역에는 두 개의 대안적 영역이 들어있는 셈이 된다. 그런데 일단 인지구조를 이렇게 두 개의 대안적 구조로 이루어져 있는 것으로 봄으로써 중문의 의미분석 시에 「적어도 하나의 이접부는 참이어야 된다는」 이른바 「진짜 대안 조건」을 익히 충족시킬 수 있게 된다.

예컨대 「Either Nancy has no husband or he is Norwegian(낸시는 남편이 없든지 아니면 그는 노르웨이인이다)」은 하나의 대표적인 「부정존재 이접 부문」이고, 「If Nancy has a husband, he is Norwegian.(만약에 낸시가 남편을 가지고 있다면 그는 노르웨이인이다)」은 하나의 대표적인 「긍정 존재 선행절 문」인데, 바로 앞에서 살펴본 것과 같은 두 개의 대안적 구조 이론에 의해서 이들의 의미 분석이 논리정연하게 이루어질 수 있다. 다시 말해서 첫 번째 예의 분석은 두 번째 이접부로부터 「그녀는 남편을 가지고 있다.」는 암묵적 해석을 도출하는 식으로 이루어지게 되고, 두 번째의 분석은 앞부분의 조건절과 「그는 노르웨이인이다.」라는 뒷부분 결과절간의 논리적 관계를 밝히는 식으로 이루어지게 된다.

그 다음으로 종속적 하위영역이란 특별한 종류의 수신자 구조체로서, 일종의 지표가 붙은 영역임에도 불구하고 결국에는 일반적인 수신자 구

조체의 특성을 모두 가지고 있는 탓으로 「it」와 같은 막연한 대명사가 쓰이고 있는 문장의 의미를 분석하는 데 유용하게 쓰일 수 있다. 예컨대 이런 개념을 이용하게 되면 「There may be a planet Minerva and it may be inhabited.(미네르바라는 행성이 존재할지도 모르며 그것에는 사람이 살고 있는지도 모른다)」라는 문장의 의미는 「D-1[D1 Possible(D)」와 「|→ D-1: d-1[a|"Minerva"(a), Planet(a)//Inhabited(1)]」와 같은 두 개의 하위영역을 설정함으로써 익히 파악이 될 수 있다. 결국 본문 내의 대명사 「it」이 막연한 성격의 것임을 이렇게 해서 설명할 수 있는 것이다.

이에 비해서 「There is a planet Minerva and it may be inhabited.(미네르바라는 행성이 있는데 그것에는 사람이 살고 있는지도 모른다)」라는 문장에서의 「it」는 투명한 지시물을 가리키는 대명사로 볼 수 있는데, 이런 사실은 여기에서는 「D-1[D1 Possible(D)]」와 「D-1: Inhabited(13)」, 「d-13[a|"Minerva"(a), Planet(a)//D-1[Inhabited(13)]]」등 모두 세 개의 하위영역을 통해서 드러나게 되어있다. 결론적으로 말해서 이 이론의 중핵부에 해당하는 것이 바로 하위영역 이론인 셈인데, 그 이유는 예컨대 D-영역이 D-1영역이나 D-13영역 등으로 세분되는 절차가 다름 아닌 입력점진 규칙을 실현하는 절차이기 때문이다. 그래서인지 하위영역의 작용원리로는 최대 통일체 원리나 최소규모 원리 등을 포섭하고 있는 「투사 절차」 등이 내세워지고 있는데, 어떤 의미로 보아서나 이런 원리는 최상위적 원리임이 분명하다.

이상과 같이 Sueren의 담화 의미론의 실체를 파악하고 보면 이것은 크게 두 가지 점에 있어서 불만스런 이론이라는 것을 알아차릴 수 있게 된다. 그중 첫 번째 것은 역시 그가 담화 의미론이라는 이름을 굳이 사용한 이유가 일종의 허세에 불과하다는 점이다. 말로는 언어적 표현체를 일종의 인지적 구조체로 본다고 하면서, 논리적 구조체에 일부러 D-영역이라는 이름을 붙인 것에 지나지 않는다. 다시 말해서 일정한 논리적 분석법에 의해서 문장의 의미적 구조성을 밝힌다는 점에 있어서 이것은 종전의 문장 내지는 형식 의미론과 크게 다르지 않다. 그가 그의 이론을 1985년에는 「담화 의미론(Discourse Semantics)」으로 명명했다가, 10년 뒤인 1996년에는 「의미론적 통사론(Semantic Syntax)」로 바꾸어 명명한 사실이 이런 점을 익히 증거하고 있다.

그중 두 번째 것은 일단 담화를 두 개나 그 이상의 문장으로 구성된 하나의 의사소통적 표현단위로 정의를 하고 보자면 본질적으로 담화와는 아무런 관계가 없는 사실만을 논의하고 있다는 사실이다. 이 이론에서는 예컨대 분석되는 문장들을 하나의 담화의 구성소로 보는 것이 아니라 개별적이고 독립적인 문장으로 보고 있다. 그러니까 여기에서는 당연히 한 담화 내에서의 여러 문장들 간의 문맥적 상호영향 관계나 상호 연관성 같은 것은 관심거리가 되지 못하고 있다. 앞에서 이미 말했듯이 담화 전체의 의미에는 아무런 언급이 없이 개별문장의 의미를 분석한다는 것은 진정한 의미에서의 담화 의미론일 수는 없다.

일찍이 Harris(1952)가 담화분석을 문장 간의 연관성을 구명하는 학문으로 정의한 이래, 많은 사람들이 이것을 담화분석의 본령으로 인정해 온 것이 사실인데, 이런 흐름과 전혀 맞지 않는 담화 의미론이 존재한다는 것 자체가 우리의 판단을 혼란스럽게 만든다. 예컨대 바로 앞에서 하나의 흥미로운 짝말로 제시했던 「A: What did Susan say? B: You've dropped your purse.」와 같은 언어자료를 분석하는 것이, 「A cat caught a mouse.」와 같은 단문을 인지영역적인 방법으로 분석하는 것보다 훨씬 더 담화의미론적인 작업인 것이다.

5.3 담화적 대용어

인칭 대명사로 대표되는 대용어들은 으레 담화의 조직성을 유지시켜주는 중요한 수단이 되고 있기 때문에 그것의 특성을 살펴보는 것은 담화분석이나 담화 의미론의 존재 이유를 확인하는 데 가장 손쉬운 방법이 될 수 있다. 물론 독립된 개별문장의 정형성을 유지하는 데 있어서도 대용어 현상은 대단히 중요한 역할을 하기 때문에, 대용어와 관련된 문제는 통사론에 있어서도 중요한 연구 과제가 되어왔다. 특히 Chomsky의 이론에서는 대용어의 한 종류로 공범주 「PRO」를 설정하여 기본적 통사원리인 결속원리를 설명하고 있다.(예: I want PRO to drink a glass of beer.)

그러나 사실은 대용어 현상은 통사적 문제로 보는 것보다 담화적 문제로 보는 것이 합리적인 일인데, 그 이유는 대용어 현상은 으레 두 문장 간의 연결 관계를 드러내주고 있기 때문이다. 그런데 이와 관련하여 무엇보다도 유념해야 할 사실은 담화적 대용어 현상은 통사적 대용어 현상과 전혀 별개의 현상이라는 점이다. 예컨대 「John shaved him.」이라는 말은 「존」이 다른 사람인 「그」를 면도해주었다는 뜻이 되니까, 「존은 면도를 했다.」라는 의미를 나타내려면 재귀대명사를 목적어로 써서 「John shaved himself.」라고 해야 한다. 이런 것을 일단 통사적 대용어 현상이라고 볼 수가 있다.

그러나 담화적 대용어 현상은 그런 것과 전혀 다른 현상이다. Mittwoch (1994)의 말을 그대로 인용하자면 「담화적 대용어는 그런 제약으로부터 완전히 벗어나있으며, 질서정연한 화자의 행위를 지배하는 화용적 통제만을 지키고 있으면 된다. 이런 의미에서 볼 때 담화적 대용어는 단일 문장 내에서와 여러 문장 사이에서 발견될 수 있으며, 또한 담화는 화자 개인의 것일 수도 있고 여러 화자 간의 것일 수도 있다.」 그러니까 구체적으로 말해서 「John sent me this letter; he thought you might like to read it.」에서의 「he」와 「it」가 바로 담화적 대용어인 것이다.(Mittwoch, 1994, p.956)

1) 담화적 대용어의 특징

그런데 담화적 대용어가 통사적 제약으로부터 자유롭다는 말은 곧 그것이 자유분방하게 쓰인다는 뜻은 아니다. 간단히 말해서 그러니까 이것은 으레 일정한 문맥 내에서 언어 사용자의 심리나 인지적 책략에 의해서 쓰이게 되는데, 이런 사실의 근거로는 다음과 같은 몇 가지를 내세울 수가 있다. 그중 첫 번째 것은 많은 경우 대용어는 직시어처럼 쓰이게 된다는 사실인데, 이런 사실은 바로 문맥이나 상황 내에 있는 물리적 실체 보다는 오히려 언어 사용자의 심리나 인지적 판단력이 으레 그의 담화적 대용어 사용을 좌우하게 된다는 점을 익히 드러내주고 있다.

이것에 대한 첫 번째 사례로 들 수 있는 것이 바로 직시적 대명사의 형태는 일종의 언어적 규약으로 미리 정해져 있다는 사실이다. 예컨대 어느 독일인이 여행용 가방이 너무 무거워서 쉽게 들 수 없게 되자 「Er ist mir zu schwer.(it is too heavy for me.)」라고 말하는데, 그가 여기에서 남성대명사인 「er」로써 그 대상물을 가리키게 되는 것은 원래 독일어에서는 「Koffer」, 즉 여행용 가방은 남성 명사로 분류되어 있기 때문이다. 또한 미국 여자가 2인용 밥상을 차린 데 대하여 남편이 의아해하자 「He is out with his girlfriend.」라고 설명을 할 수가 있는데, 이런 말을 그녀가 할 수 있는 것은 결국에 이때의 「he」가 누구를 가리키는 말인가 하는 것은 이미 서로가 알고 있기 때문이다.(Ibid, p.957)

이것에 대한 두 번째 사례로 들 수 있는 것은 언어 사용자는 담화적 대명사의 지시물을 설정하는 데 으레 그의 상식이나 백과사전적 지식에 의존하고 있다는 사실이다. 예컨대 「She lost all her hair, but it grew again after a few months.(그녀는 머리가 다 빠져버렸는데, 몇 달 후에 그것은 다시 자랐다)」에서는 「it」의 선행사가 「all her hair」임이 분명하니까, 지극히 정상적인 대용어 현상인 것처럼 보이지만, 「They shoved her head; fortunately it grew again quickly.(그들은 그녀의 머리를 면도질 했다. 다행히도 그것은 바로 다시 자랐다)」에서는 언어사용자가 「it」의 지시물이 무엇이라는 것을 그의 백과사전적 지식에 의해서 판단하고 있다.

이것에 대한 세 번째 사례로 들 수 있는 것은 담화에 있어서는 인칭 대명사 이외에 지시 대명사나 관계 대명사, 일반적인 명사구 등도 대용어로서 널리 쓰이고 있다는 사실이다. 우선 「this」와 「that」와 같은 지시 대명사들은 원래가 구체적인 지시물을 가리키는 직시어의 기능을 가지고 있으니까 그들이 대용어로서 유용하게 쓰이는 것은 너무나 당연한 일이다. 예컨대 「This is better than that.(이것은 저것보다 좋다)」에서는 두 개의 대용어가 쓰이고 있다. 그 다음으로 두 개의 절을 연결하는 「who」나 「which」와 같은 관계대명사가 두 개의 문장 사이에서 쓰이게 될 때 그것이 일종의 대용어의 기능을 수행하게 된다는 것은 누구나 익히 알고 있는 사실이다.(예: I saw one of my old friends, who recognized me at once.<나는 옛 친구를 만났는데, 그는 나를 즉시 알아보았다.> I began to read the look, which was very exciting. <나는 그 책을 읽기 시작했는데 그것은 대단히 홍미로웠다.>)

세 번째로 담화에 있어서는 일반적인 명사나 명사구도 대용어처럼 쓰이게 되는데, 이런 경우에 특별히 중요한 역할을 하는 것이 바로 정관사 「the」이다. 기본적으로 「the」라는 정관사는 「그」라는 의미를 가지고 있다. 따라서 앞에서 한번 언급된 명사를 다시 사용하는 경우에는 으레 「the」가 일종의 연결사 역할을 하게 되어있는 것이다. 예컨대 「A boy and a girl were playing outside; the girl…(한 소년과 한 소녀가 밖에서 놀고 있었는데, 그 소녀는…)」에서는 「the girl」이 대용어처럼 쓰이고 있으며, 또한 「He returned the manuscript but the last page was missing.(그는 원고를 반납했지만 마지막 페이지가 없었다)」에서는 「the last page」의 뒤에는 「of the manuscript」라는 말이 생략되어 있음이 분명하다.(Ibid, p.957)

이것에 대한 네 번째 사례로 내세울 수 있는 것은 담화에서는 대용어가 아예 생략되는 경우, 즉 이른바 「무 대용어 현상」이 일어나고 있다는 사실이다. 우선 영어와 같은 형상성이 강한 언어에서는 주어는 함부로 생략될 수 없는 것으로 되어있지만 그것의 생략이 비교적 자유로운 문맥의존적 언어도 적지 않게 있다. 예컨대 라틴어에서는 「Haec erunt vilici officia, Disciplina bona utatur. (These will be the bailiff's duties. ∅will practice good housekeeping. <이들은 집행관의 의무일 것이다. 살림살이를 잘할 것이다.>)」의 경우에서처럼 두 번째 문장의 주어인 「he」가 자주 생략되기도 한다. 많은 언어에 있어서는 주어의 생략보다 더 쉬운 것이 목적어의 생략인데, 그 이유는 아마도 그것에 대한 문맥적 판단이 훨씬 쉽기 때문일 것이다. 예컨대 현대 히브리어에서는 「Hu shala li mikhtabh abhal lo qibalti. (He sent me a letter but I did not receive ∅.) <그는 나에게 편지를 보냈지만 나는 받지 않았다.>」의 경우처럼 목적어가 자주 생략된다. 그에 반하여 영어에 있어서의 목적어 생략은 다분히 제한적이다. 예컨대 「Did you join ∅?(가입했느냐?)」라는 말은 선행사가 클럽이나 정당인 경우에는 정문이 되지만 그것이 커피를 마시는 집단일 경우에는 비문이 된다. 따라서 이때는 「Did you join them?」처럼 말해야 된다.(Ibid, p.957)

이것에 대한 다섯 번째 사례로 내세울 수 있는 것은 3인칭 단수의 대명사인 「it」가 많은 경우 선행사나 지시물이 확실하지 않는 상태에서 쓰이고 있다는 사실이다. 예컨대 「Everybody complained about the food; some people actually sent it back.(모두가 그 음식물에 대해서 불평을 했다. 일부 사람은 실제로 그것을 돌려보냈다)」와 같은 문장에서의 「it」는 앞 문장에서 언급된 음식물의 일부일 수도 있고 전부일 수도 있다. 또한 영어에서는 「it」가 이른바 「게으른 대명사」처럼 쓰이기도 한다. 예컨대 「Mary always eats her chocolate as soon as she gets it; Liz keeps it till after dinner.(메리는 언제나 초콜릿을 받자마자 먹어치운다. 리즈는 저녁 후까지 그것을 보존한다)」에서 두 번째 문장의 「it」는 「hers」로 해야지 정확한데도, 습관상 「it」가 대신 쓰이고 있다. 또한 일종의 만능 대용어로서의 「it」의 모습을 확인할 수 있는 예가 바로 「John actually apologized; it happened like this.(사실상 존은 사과를 했다. 그것은 이렇게 일어났다.」와 「John actually apologized; would you believe it?(사실상 존은 사과를 했다. 너는 그것을 믿겠니?)」 등의 문장이다. 첫 번째 예문에서는 「it」가 발생한 사건을 가리키고 있고, 두 번째 예문에서는 그것이 바로 앞에서 한 말, 즉 존이 사과한 일을 가리키고 있다.

이것에 대한 여섯 번째 사례로 들 수 있는 것은 담화에 있어서는 대용어와 지시물이나 선행사의 출현 순서가 거꾸로 되어있는 현상, 즉 후방대응 현상이 적지 않게 일어나고 있다는 사실이다. 이처럼 논리적으로 따지자면 있을 수 없는 일이 실제에 있어서는 아무렇지도 않게 일어난다는 것은 곧 언어사용의 규칙은 일종의 심리적인 규칙이라는 것을 의미한다. 특히 흥미로운 사실은 후방대응 현상은 영어와 같은 우분지 언어에서보다 일부 동양어와 같은 좌분지 언어에서 더 많이 나타나고 있다는 점이다. 영어에서는 「The pilot who shot at it hit the mig that chased him.(그것을 사격한 조정사는 그를 쫓는 미그기를 맞혔다)」에서와 같이, 「교차 동일지시」 현상도 일어나고 있는 점으로 미루어 보아서, 대응현상이 통사적 현상

이 아니라 다분히 심리적인 현상임이 분명하다.(原口.中村 1998. p.197)

예컨대 영어에서는 「When she came home, Mary was tired.(집에 왔을 때 메리는 지쳐있었다)」나, 「In her spare time Mary paints (여가시간에 메리는 그림을 그린다)」, 「I haven't seen him yet, but John is back.(나는 아직 보지는 않았지만 존은 돌아왔다)」와 같은 후방 대응문들이 정상적인 문장으로 쓰이고 있다. 더 나아가서는 「I very much enjoyed it, that book you lent me.(나는 네가 빌려준 책을 아주 재미있게 읽었다)」에서처럼 후방 대응문이 일종의 회화적 보수 방책으로 쓰이고 있기도 한다.(Mittwoch, 1994, p.958)

이것에 대한 일곱 번째 사례로 내세울 수 있는 것은 대용어 현상은 명시된 지시어가 없어서 문맥에 의해서 그것을 알아내야 하는 경우에도 적지 않게 일어나고 있다는 사실이다. 다시 말하자면 담화에서 쓰이는 대용어 가운데는 지시물 대용어와 대비되는 지각 대용어도 적지 않게 있는 것이다. 예컨대 「Their air conditioner is very good but I would prefer a less noisy one.(그들의 에어컨은 대단히 좋다. 그러나 나는 소리가 덜 나는 것을 선호한다)」에서와 같이 이미 나온 가산 명사의 대용어로 쓰이는 「one」이 그중 가장 대표적인 것이다. 또한 「where」나 「when」, 「what」 등의 의문사에 의해서 만들어지는 의문문들 가운데는 축약형들이 많은데, 그렇게 할 수 있는 이유는 바로 이미 제시된 정보는 바로 회복이 가능하기 때문이다.(예: The Smiths have moved out, but I don't know where to.<스미스네는 이사를 갔다. 그러나 나는 어디로인지는 모른다.>) 더 나아가서는 이른바 동사구 생략 현상이 정상적인 현상으로 받아들여지게 되는 것도 생략된 부분의 회복이 문맥에 의해서 쉽게 이루어질 수 있기 때문이다. (예: A: Are you coming to the party? B: If I can. <A: 너는 파티에 오니? B: 할 수 있으면.>)(Ibid, p.958)

2) 세 가지 본질적 요소

최근에 Cornish(2009)는 담화적 대용어 현상을 텍스트나 통사적인 현상이 아니라 언어 사용자의 심리나 인지적 책략의 현상으로 보게 되면 그것을 움직이는 기본적 요소에는 「선행사 유인자」와 「선행사」, 「대용어」 등의 세 가지가 있다고 볼 수 있다고 주장하고 나섰다. 다른 두 가지 요소들은 어느 이론에서나 당연히 기본적인 요소로 인정되는 것이기에 이들 세 가지 요소 중 특별히 눈에 띄는 것이 바로 「선행사 유인자」인데, 흥미롭게도 그는 오직 이 개념에 의해서만 대용사 현상의 복잡성과 다양성을 제대로 설명할 수 있다고 본 것이다. 이런 의미에서 볼 때 그의 대용어이론을 선행사 유인자 이론이라고 해도 잘못된 일이 아니다.

간단히 말해서 선행사 유인자는 반드시 명시적인 텍스트적 표현일 필요가 없다. 그것은 일종의 지각된 대상이거나 비언어적 신호일 수가 있다. 예컨대 「Woman: Why didn't you write to me? Man: I did... started to, but I always tore 'em up. (여자: 왜 나한테 편지를 쓰지 않았지요? 남자: 했어요... 쓰기 시작했지만 언제나 그들을 찢어버렸어요.)」라는 대화에서 「'em」이라는 대명사의 지시어를 유인하는 것은 「write」라는 동사가 쓰였다는 사실과 첫 질문에 일정한 비언표적 힘이 실려 있다는 사실이다.

또한 「Jason witnessed a terrible accident yesterday at the Dunton crossroads. He was very shaken. It resulted in two deaths. It was dull and overcast. It, the place is a known danger-spot.(제이슨은 어저께 던턴 네거리에서 무시무시한 사고를 목격했다. 그는 크게 충격을 받았다. 그것의 결과는 두 사람의 죽음이었다. 그것은 우중충하고 구름이 낀 날이었다. 그 장소는 잘 알려진 위험지역이다)」라는 담화에서는 「Jason」과 「a terrible accident」, 「the Dunton crossroads」라는 세 가지 기술적 명사구들의 사용이 그런 역할을 하고 있다. 결국 그는 선행사 유인자라는 넓은

개념을 도입함으로써 원격적 내지는 간접적 대용어 현상에 대한 설명을 제대로 할 수 있다고 본 것이다.(Cornish, 2009, pp.240~241)

그 다음으로 선행사는 담화에서 대용어가 지시하거나 의미하고 있는 표현체로서, 일종의 심리적 현저성이 확보되어 있다는 점과 언제나 텍스트가 아니라 담화의 한 단위가 되고 있다는 점이 그 특징이다. 선행사를 설정하는 일은 관련된 문맥을 직접적으로 해석하거나, 상호간의 공통된 지식을 바탕으로 일정한 추리절차를 밟는 방법에 의해서 이루어진다. 물론 이런 작업을 유발시키는 것은 언제나 선행사 유발자이다. 엄밀하게 따지자면 선행사 유발자가 유발시키는 선행사의 수가 하나가 아니라 복수인 경우가 있는 탓으로, 그것의 궁극적인 기능은 여러 후보 가운데서 하나의 정확한 선행사를 가려내는 추리작업을 발동시키는 것으로 볼 수가 있다.

구체적으로 예를 들어 볼 것 같으면 「John bought one of new Toyota models yesterday. They are really snazzy cars. It is standing outside his front door. Mary bought one too. At least, that's what he told me. It took only half an hour to complete.(존은 어제 도요타 신형을 한 대 샀다. 그들은 진짜로 매력적인 차들이다. 그것은 그의 앞문 밖에 서 있다. 메리도 한 대 샀다. 적어도 그것이 그가 나에게 한 말이다. 그것은 완료하는 데 반 시간 밖에 안 걸렸다)」라는 담화에서는 두 번째 문장의 「they」와 세 번째 문장의 「it」, 네 번째 문장의 「one」, 다섯 번째 문장의 「that」, 여섯 번째 문장의 「it」 등의 모두 다섯 가지 대용어가 쓰이고 있는데, 이들이 일정한 지시물이나 선행사를 가지도록 하는 것은 결국에 첫 문장에 나오는 선행사 유발자, 즉 「도요타 신형 한 대」라는 표현이다.(Ibid, p.242)

세 번째로 대용어는 지시물이나 선행사를 대신하는 표현체인데, 「A: Psephism was much in vogue in those times. B: What does that mean?

(A: 시피주의는 그 당시에 크게 유행하고 있었어. B: 그게 무엇인데?)」에서와 같이 텍스트적 직시어일 경우도 없는 것은 아니지만, 그것이 반드시 선행사 유발자와의 직접적인 관계 내에서만 존재하게 되는 것은 아니다. 따라서 이것의 특징 중 첫 번째 것으로 내세울 수 있는 것은 역시 대용어는 선행사 유발자를 지시하는 것이 아니라 선행사 유발자가 지시하는 것을 지시한다는 점이다. 그 다음으로 내세울 수 있는 특징은 선행사 유발자에 의해서 유발되는 담화적 지시물은 반드시 그것이 소개될 때의 것대로 그것이 회상될 때도 남아 있을 필요가 없다는 점이다. 경우에 따라서는 두 가지 지시물이 크게 달라지기도 한다. 세 번째로 내세울 수 있는 특징은 담화적 지시물을 회상시키는 것은 단순히 대용어 자체만이 아니라 대용어적 서술의 전체라는 점이다. 그러니까 쉽게 말하자면 대용어가 지시하는 지시물은 일종의 여과기의 역할을 하게 되는 것으로서, 그것은 바로 이론적으로 가능한 다양한 지시물 가운데서 심리적으로 가장 현저한 담화적 지시물을 골라내는 일을 하게 되는 것이다.

3) 담화적 대용어의 구조

그의 논문의 진짜 가치는 그런데 전반부에서 설정한 세 가지 본질적 요소들에 대한 개념을 바탕으로 해서 후반부에서는 텍스트나 담화의 구조성을 유지하는 역할은 바로 영형태와 대명사, 지시대명사, 축약된 고유명사, 한정 및 소유적 명사구, 여러 형태의 생략과 같은 다양한 종류의 대용어에 의해서 수행되게 되어있다는 점을 분명히 밝혔다는 사실이다. 우선 놀랄 만한 일은 분석의 대상으로 무려 아홉 개나 되는 단락으로 이루어진 긴 신문의 글을 선정했다는 점이다.(1998년 7월 1일자 Guardian). 그 단락들은 아래와 같다.

Monet waterlilies set £20m record. Luke Harding
(모네의 수련이 20m 파운드의 기록을 세웠다. 루크 하딩)

1. A painting of the most famous garden in the history of art last night sold for £19.801, 500 shattering all records for a work by Claude Monet.
(예술의 역사상 제일 유명한 정원의 그림이 어젯밤에 19,801,500파운드에 팔렸는데, 이로써 클로드 모네의 작품에 대한 모든 기록이 깨졌다)
2. Two frenzied telephone bidders pushed the price for Monet's Waterlily Pond and Path by Water to almost £20 million at Sotheby's, suggesting that good times are back again for the fickle art market.
(두 명의 광적인 전화 입찰자들이 소더비에서 모네의 수련 연못과 물가의 길의 가격을 거의 20m파운드까지 끌어올렸는데, 이는 곧 변덕스런 예술품 시장에 호경기 시절이 다시 돌아왔음을 의미하는 것이었다)
3. The price, reached after six minutes of bidding, comfortably shatters the previous £13 million record for a painting by the artist. Waterlily Pond is now the most expensive Impressionist work sold by a European auction house since 1990. Sotheby's had estimated the sale price more modestly at £4-£6 million.
(6분의 입찰 끝에 도달한 그 가격은 그 예술가에 의한 그림에 대한 13m파운드라는 종전의 기록을 가볍게 깨버렸다. 수련 연못은 현재로서 1990년 이래 유럽의 경매소에서 팔린 인상파 작품 중 가장 비

싼 것이다. 소더비에서는 그 판매가격을 훨씬 겸손하게 4에서 6m파운드로 추정했었다)

4. The oil painting, executed in 1900, was acquired by a private British collector in 1954 and has not been shown in public since then.
(1900년에 그려진 그 유화는 1954년에 영국의 한 개인 수집가에 의해서 획득이 되었는데, 그 후 한 번도 공중 앞에 보인 적이 없었다)

5. The identity of the buyer is a mystery. "We are still totting up the figures for the total auction.", A jubilant Sotheby's spokeswoman said last night. "It's been a very good night."
(구매자의 신분은 하나의 신비이다. "우리는 아직도 전경매 과정의 인물들을 합쳐보고 있습니다."라고 어제 밤에 흥이 난 소더비의 여자 대변인은 말했다. "그것은 아주 멋있는 밤이었습니다.")

6. Monet was passionate about flowers and intrigued by landscape architecture. In 1893 he purchased a plot of land which adjoined the rural house in Giverny, near Paris, where he had moved 10 years earlier. A small stream ran through the plot, and Monet turned the garden into a horticultural paradise.
(모네는 꽃에 대하여 열정적이었고, 조경에 흥미를 가지고 있었다. 1893년에 그는 작은 구획의 땅을 매입했는데, 그것은 그가 10년 전에 이사 온 파리 근처의 지베르니에 있는 시골집과 붙어있었다. 작은 개천이 그 땅에 흐르고 있었고 모네는 그 정원을 하나의 원예의 천국으로 만들었다)

7. Monet worked tirelessly during the summer months, producing 12 pictures in 1899 and six in 1900. The oil sold last night shows the left section of his water garden, with the Japanese-style footbridge

and path gently curving through patches of purple irises and tall grass.

(모네는 여름달 동안에 지칠 줄 모르게 작품 활동을 했으며, 그 결과 1899년에는 12개의 그림을 그리고 1900년에는 6개를 그려냈다. 지난밤에 팔린 유화는 그의 연못 정원의 왼쪽 부분을 보여주고 있는 것으로서, 거기에는 일본식 인도교와 새빨간 붓꽃과 키 큰 풀의 밭들을 완곡하게 감돌고 있는 길이 있었다)

8. "It took me some time to understand my waterlilies," Monet said in a conversation with the author Marc Elder in 1924. "All of a sudden I had the revelation of how enchanting my pond was. Since then I have had hardly any other subject." Waterlily Pond and Path by Water is now the 11th most expensive ever painting sold at auction. Its sale price is easily eclipsed, though, by another work completed just nine years earlier -Portrait du Dr. Gachet- by a then little-known artist, Vincent Van Gogh, which went for $82,500,000 (£55 million) in 1900.

(“내 수련을 이해하는데 약간의 시간이 걸렸어요.”라고 모네는 1924년에 저자인 마크 엘더와의 대화에서 말했다. “갑자기 나는 내 연못이 얼마나 매력적인가를 깨닫게 되었어요. 그 때 이래 나는 다른 대상에 매달린 적이 없어요.” 수련 연못과 물가의 길은 현재로서 경매에서 팔린 그림 중 열한 번째로 비싼 것이다. 그것의 판매가격은 그러나 그 당시에는 거의 알려지지 않은 작가인 빈센트 반 고흐에 의한 ―가셰 박사의 초상화―라는 9년 전에 완성된 또 다른 작품에 의해서 쉽게 빛을 잃었다. 그것은 1900년에 82,500,000달러, 즉 55m 파운드에 팔렸다.

9. Last night's sale follows a gradual recovery in the art market — unlike the overheated boom of the late 1980s, where it was focused in just one or two areas. Recent sales of Impressionist and Old Master works have been encouraging — despite allegations that many of Van Gogh's best-known works are fakes.
(어젯밤의 판매는 예술품 시장에 있어서의 점진적인 회복세를 뒤따른 것이었는데, 이것은 한 두 영역에만 초점이 맞추어졌던 지난 1980년대의 과열된 붐과는 같지가 않다. 반 고흐의 가장 잘 알려진 작품 중 많은 것은 가짜라는 주장에도 불구하고, 최근의 인상파와 옛 대가의 작품의 판매는 고무적이었다)

이 글의 담화적 구조성을 밝히는 데 있어서 그가 사용한 방법은 주제 연쇄의 실태를 파악하는 것이었다. 주제 연쇄란 지시물 의존적인 대용어적 표현들의 한 연속체로서, 그것은 크게 주제의 지시물을 처음에 소개하는 수부와 그것의 설정을 재확인하는 기능을 수행하는 2차 연결부, 그것에 대한 대용어적 회복의 기능을 수행하는 3차 연결부등의 세 부위로 이루어져 있었다. 다시 말해서 이것에서의 수부는 일종의 지시물적으로 자동적인 표현체이어서, 구체적으로는 고유 명사나 부정 명사구, 고정 명사구등이 그것으로 쓰이게 되어있었다.

그는 이 글에서 쓰이고 있는 주제 연쇄에는 크게 네 가지가 있다고 보았는데, 그중 첫 번째 것은 경매에서 팔린 모네의 그림에 관한 것이었고, 그중 두 번째 것은 그것의 가격에 관한 것이었으며, 그중 세 번째 것은 그 예술가 자신에 관한 것이었고, 그중 네 번째 것은 그가 지베르니에서 구매한 땅에 관한 것이었다. 구체적으로 보았을 때 이들 연쇄들은 아래와 같은 표현들의 연결체가 되고 있었다.(Ibid, p.243)

1. A painting of the most famous garden in the history of art…Monet's Waterlily Pond and Path by Water…Waterlily Pond…The oil painting …∅…The oil sold last night…Waterlily Pond and Path by Water… Its…
2. £19,801,500…the price for Monet's Waterlily Pond and Path by Water…The price…the sale price…Its sale price…
3. Cloude Monet…Monet…the artist…Monet…∅…he…he…Monet… Monet…∅…his…Monet;
4. A plot of land which adjoined the rural house in Giverny, near Paris, where he had moved 10 years earlier... the plot…the garden…his water garden…

그는 이들 연쇄의 특성을 알아보기 위해서 그들을 도식화하기도 했다. 우선 여기에서 쓰이게 된 기호로는 「R-A」(지시물상으로 자동적인 표현)과 「R-NA」(지시물상으로 비자동적인 표현), 「H」(연쇄의 수부), 「L2」(2차 연결부), 「L3」(3차 연결부) 등이 설정되었으며, 그 결과 각 연쇄는 아래와 같이 도식화될 수 있었다.

1. 주제 연쇄 1(모네에 의한 그림): H: R-A;
   L2: R-A; L3: R-NA, R-NA, R-NA, R-NA, R-A, R-NA.
2. 주제 연쇄 2(그 그림의 판매가): H:R-A;
   L2: R-A; L3:R-NA, R-NA, R-NA.
3. 주제 연쇄 3(클로드 모네): H:R-A;
   L2: ∅; L3:R-NA, R-NA, R-NA, R-NA, R-NA, R-NA, R-NA, R-NA, R-NA, R-NA, R-NA.

4. 주제 연쇄 4(모네의 정원): H:R-A; L2:∅; L3:R-NA, R-NA, R-NA.

이상과 같은 네 가지 주제 연쇄의 구조를 밝히고 보니까, 이들은 크게 기본적이거나 중심적인 것과 보조적이거나 주변적인 것의 두 부류로 나뉜다는 사실이 우선 드러나게 되었다. 첫 번째 부류에 속하는 것은 제1연쇄와 제2연쇄이고, 두 번째 부류에 속하는 것은 제3연쇄와 제4연쇄이었는데, 이런 사실은 흥미롭게도 이 글 전체의 주제적 특성과 정확히 맞아 떨어지고 있었다. 다시 말해서 이 글은 결국에 모네의 작품과 그것이 경매에서 팔린 기록적 가격에 관한 글이지, 그 자신과 그의 정원에 관한 글은 아니라는 사실이 주제 연쇄의 구조상으로 분명히 드러나고 있었던 것이다.

그가 보기에는 주제 연쇄식 분석방법의 위력을 더 확실하게 확인할 수 있는 방법은 역시 이 글에서의 대용어 사용법은 그것 전체의 담화적 전개 절차와 밀접하게 연관되어있다는 사실을 밝히는 것이었다. 다시 말해서 이 글에서는 그것 전체의 구조성을 유지시키는 방편으로 여러 형태의 대용어 연결법이 쓰이고 있다는 사실이 쉽게 드러날 수 있는데, 그것은 곧 주제 연쇄식 분석방법은 으레 담화의 구조성을 분석하는 데 편리한 방법으로 쓰일 수 있다는 의미일 수 있었다. 그가 분석한 바에 의할 것 같으면 이 글을 이루는 아홉 개의 단락들은 아래와 같이 하나의 훌륭한 구조체를 만들어 내고 있었다. 이런 사실을 근거로 해서 그는 결국에 「대용어는 텍스트의 정태적 차원에서가 아니라 담화구성을 위한 동태적이며 진행적인 차원에서 작동된다는」 결론을 얻게 되었다.(Ibid, p.246)

1. 단락 1: 전체적 담화주제의 소개. 모네의 그림과 런던 경매장에서의 기록적 가격
2. 단락 2: 단락 1과 관련된 사건들의 연속

3. 단락 3: 이 작품의 판매로 세워진 기록적 가격의 발전 과정
4. 단락 4: 그것의 발단으로부터 현재에 이르기까지의 이 그림의 역사에 대한 배경설명
5. 단락 5: 중심적 주제로의 회귀, 구매자의 정체와 판매가격의 계산에 대한 소개
6. 단락 6: 이 그림의 주제와 기원으로의 플래시백. 모네가 지베르니에 있는 시골집 근처의 땅을 구매한 사실, 이 그림에 대한 영감
7. 단락 7: 이런 배경적 주제의 발전; 이 그림이 보여주는 정원의 모습
8a. 단락 8의 전반부: 지베르니에 있는 정원으로부터 얻게 된 모네의 영감에 대한 설명 계속
8b. 단락 8의 후반부: 이 그림의 기록적 가격이라는 중심적 주제로의 회귀. 같은 시기의 다른 그림에 의해서 세워진 천문학적 가격과의 비교.
9. 단락 9: 결론 일반적인 예술품 시장에 대한 추정. 이번 경매로 유발된 예술품 경매 시장의 회복세.

5.4 담화 해부와 담화 처리

크게는 담화분석이고 작게는 담화 의미론이라는 분야가 아직도 초보나 잉태적인 발달단계에 머물고 있는 현재로서, 최근에 새로운 돌파구를 마련할 수 있을 희망을 이 분야에 던져준 학자들이 바로 전산학자와 심리학자들이다. 따지고 볼 것 같으면 1950년대에 이미 응용언어학의 번창의 일환으로 전산언어학이나 심리언어학과 같은 학문이 출범했으니까, 최근에 이르러 이들 학문들이 언어학계에서 담화분석에의 관심이 높아지는

것과 보조를 맞추게 되는 것은 너무나 당연한 현상이라고 볼 수가 있다. 그러나 차이점은 지금의 이들 학문의 기여성은 예컨대 통사론자나 문장 의미론자가 언어연구의 주도권을 잡고 있을 때의 이들 학문의 기여성보다 더 크다는 데 있는데, 그 이유는 통사론이나 문장 의미론의 그것에 비할 때 담화분석이나 담화 의미론의 발달 수준은 크게 뒤지기 때문이다. 간단히 말해서 이번 경우에는 응용언어학이 이론언어학을 이끌어가는 일종의 주객전도의 현상이 일어날 수도 있는 것이다.

1) 담화 해부

정식으로는 「자동적 담화 해부」로 불리고 있는 이 분야의 특징은 이것은 오늘날 필요는 하지만 급속한 발전은 기대할 수 없는, 일종의 진퇴양난의 상황에 놓여있다는 점이다. 예컨대 Marcu는 「자동적 담화 해부(Discourse Parsing, Automatic)」라는 논문(2006)을 통해서 이 분야의 발전 현황을 자세히 소개하는 자리에서 분명한 필요에도 불구하고 이 분야의 빠른 발전을 가로막고 있는 요소로 다음과 같은 두 가지를 들었다. 그중 첫 번째 것은 하나의 연구 분야로서 텍스트나 담화 언어학은 아직도 충분히 성숙하지 못한 상태에 머무르고 있다는 사실이었다. 특히 컴퓨터 언어학자의 입장에서 볼 것 같으면 이런 사실은 통사론과는 크게 대조적이라는 점이 더욱 문제가 될 수 있었다. 통사론에서 개발된 이론들은 이미 통사적 해부기의 기본 원리로 쓰이게 된 지 오래인데, 이것은 90%의 정확성을 가지고 있음이 실증되었다. 그에 비하여 담화의 구조성에 대한 「인간적 직관과 판단은 컴퓨터 언어학자가 그 절차를 표준화할 수 있을 만큼 세부적 수준까지 형식화되지는 못한」 것이다.

그중 두 번째 것은 흔히 자연언어 공학자라고 불리는 컴퓨터 언어학자들도 텍스트나 담화수준의 해부기를 구상한다는 것은 「낮게 달린 과일이 아니라」는 것을 잘 알고 있다는 사실이었다. 예컨대 이 문제는 아직도 기계번역과 언어인지와 같은 분야에서의 직접적인 충격을 줄 수 있는 항목의 목록에는 들어가지 못하고 있다. 언어공학자들은 여전히 모르는 낱말과 이름 어형론, 국부적 통사론 등을 다루는 것과 같이 비교적 단순한 문제에 대한 해결책을 찾는 일을 직접적인 충격을 줄 수 있는 과제로 보고 있는 것이다. 다시 말해서 이들은 성공적인 담화 해부기가 설사 만들어졌다고 해도 그것의 실용 가치는 그다지 높지 않다고 보는 것이다.

이렇게 보았을 때 결국 담화해부 이론이 자연언어 공학의 발전에 기여하게 될 날은 당장이 아니라 먼 미래라는 결론을 내릴 수 있는데, 그런 날을 확실하게 기약한다는 의미에서도 이 분야의 지금의 현황을 제대로 파악하는 것은 가치 있는 일이었다. 그가 보기에는 그것은 크게 세 가지 차원에서 파악될 수 있었는데, 그중 첫 번째 것은 연구자가 동의하는 언어이론에 따라서 담화현상은 분절 연쇄체나 수형, 도표 등을 가지고서 표현된다는 것이었다.

그리고 그중 두 번째 것은 연구자의 교육적 배경이나 견해에 따라서 담화현상은 단서적 어구와 같은 가장 단순한 관찰 가능물로부터 완전한 의미적 표현체와 같은 감춰진 변항에 이르기까지 온갖 근거들에 의해서 추리된다는 것이었고, 그중 세 번째 것은 최근의 컴퓨터 언어학에서의 연산적 발전을 반영하여 담화 구조의 파생절차에서는 인간에 이미 입력되어있는 지식을 기반으로 한 기법이나 감독 되었거나 감독되지 않은 학습기법 등이 쓰이게 된다는 것이었다. 그러니까 이 글에서 시도되고 있는 것은 이상과 같은 세 가지 차원에서 자동 담화 해부의 연구 현황을 파악해 보는 것이었다.

이런 현황파악 작업은 크게 세 부분으로 나뉘어져 있었는데, 그중 첫 번째 것은 현재 이 분야에서 가장 영향력이 있는 것으로 실증된 담화 표현법들을 비교해 보는 것이었다. 이런 표현법에는 크게 연쇄체에 의한 것과 수형에 의한 것, 도표에 의한 것 등의 세 가지가 있는데, 이 중에서 특별히 주목할 만한 것이 바로 수형도법을 사용한 것이었다. 그 이유는 물론 다음과 같은 구체적인 실례를 통해서 익히 확인할 수 있듯이, 담화나 텍스트의 구조성을 밝히는 데 있어서는 이것만한 것이 없기 때문이다.

그가 여기에서 제시한 실례는 일찍이 Mann과 Thompon이 「수사적 구조이론」이라는 이름으로 제안했던 것을 그대로 원용한 것으로서, 구체적으로는 아래와 같은 짧은 텍스트를 그 밑에 제시된 수형도처럼 분석한 것이다. 담화 구조의 표현체에 관한 한 언제나 문제가 되는 것이 바로 '어떤 것을 담화의 기본 단위로 삼을 것인가?'인데(예: 절의 일부, 절, 문장, 단락), 여기에서 쓰이고 있는 단위는 보다 본질적인 것은 핵으로 보면서 그것의 지원적 또는 배경적 단위는 위성으로 보는 식으로 정보의 중요성과 상관관계를 분류기준으로 한 것들이다. 간단히 말해서 바로 이런 정보처리적 장점 때문에 이 표현법이 최선의 것으로 평가 받게 된 것이다.(Ibid, p.651)

<텍스트> (모두 6개의 기본 담화 단위로 구성됨)

[Mr. Roman also brushed aside reports about infighting between him and Mr.Pillips, his successor at Ogilvy.[1]] [The two executives could hardly be more different.[2]] [Mr. Roman comes across as a low-key executive;[3]] [Mr. Phillips has a flashier personality.[4]] [During time off, Mr. Roman tends to his garden;[5]] [Mr. Phillips confessed to a fondness for, among other things, fast cars and planes.[6]]

[로만 씨는 또한 자기와 오길비에서의 자기의 후계자인 필립스 씨 사이

의 암투설을 무시해버렸다.[1]] [이들 두 중역들은 더 이상 다를 수 없을 만큼 달랐다.[2]] [로만 씨는 일종의 자제적 경영인으로 이해되고 있다.[3]] [필립스 씨는 외향적인 인성을 가지고 있다.[4]] [쉬는 시간에 로만 씨는 그의 정원을 돌본다.[5]] [필립스 씨는 다른 것들보다는 빠른 자동차와 비행기를 좋아한다고 자백한다.[6]]

<수사적 구조>

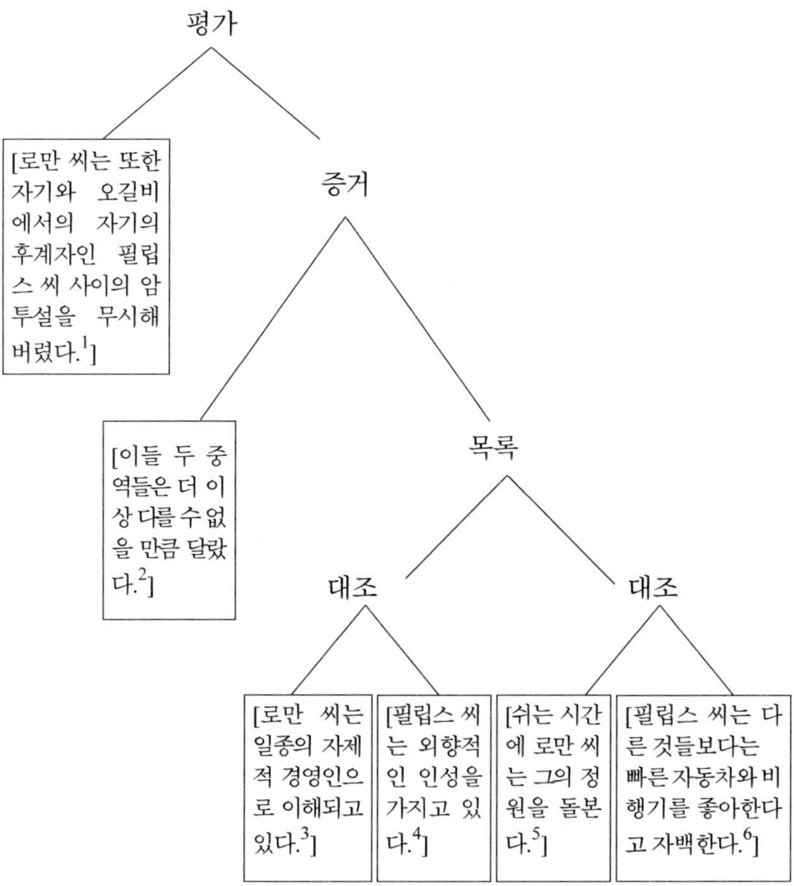

이 분야의 현황 파악 작업 중 두 번째 것은 현재 어떤 관찰 가능한 기준이나 근거들이 두 개의 텍스트 공간 간에 담화적 관계성이 있음을 추리하는 데 쓰이고 있는가를 살펴보는 일인데, 지금까지 이미 밝혀진 것은 첫 번째로 구체적으로 담화 구조의 도출과정을 결정짓는 일은 어떤 담화이론이 아니라 이들이 하고 있다는 사실과, 두 번째로는 이들은 크게 다음과 같은 다섯 가지로 분류될 수 있을 만큼 그 종류가 다양하다는 사실이었다.

(1) 단서적 어구 : 「for example(예컨대)」나 「because(때문에)」, 「but(그러나)」 등과 같은 연결어구들의 의미를 그대로 담화 단위간의 관계성을 나타내는 것으로 받아들인다.
(2) 응집성 : 서로 다른 연쇄체에서 유사성이 있는 어휘나, 일정한 상관관계를 보이고 있는 어휘가 쓰이고 있는가 하는 것을 담화적 관계성에 대한 지표로 사용한다. 예컨대 낮은 유사성은 주제적 분절의 경계나 높은 수준의 텍스트적 관계와 상관관계를 유지하고 있는 것으로 알려져 있다.
(3) 통사적 구조 : 일부 담화 해부기에서는 어떤 통사적 구조체들은 담화적 관계성과 일정한 상관관계를 가지고 있는 것으로 가정한다. 예컨대 여러 절 간의 부연관계는 문장이나 명사구 간의 관련성이 아니라 정보적 핵과 위성 간의 관련성을 보여주고 있었다.
(4) 지시적 표현 : 대명사와 여타 지시적 장치들은 으레 담화적 단위간의 관련성에 대한 하나의 중요한 지표로 쓰이게 된다.
(5) 의미론 : 담화적 단위간의 관련성은 의미나 지식 기반적인 접근법으로도 밝혀질 수 있는데, 이렇게 하기 위해서는 물론 텍스트 내의 여러 표현체들을 의미적 표현체로 바꾸는 작업이 먼저 이루어져야 한다. 전통적으로, 이상과 같은 관찰 가능한 기준이나 근거들에 의

> 한 도출작업이나 담화적 관계성과 구조에 대한 추리 절차는 일종의 합성적 방법에 의해서 점진적으로 이루어지는 것으로 알려져 있다. 그러니까 이들 다섯 가지 기준들은 으레 종합적으로 쓰이게 되어 있는 것이다.(Ibid, p.652)

이 분야의 현황 파악 작업 중 세 번째 것은 현재 담화 해부기에 따라서 담화적 관계성을 명시하는 데 어떤 연산법이 쓰이고 있는가를 알아보는 일인데, 이 작업은 결국에 현재 이 분야에서 어떤 종류의 담화 해부기가 실현 가능한 것으로 받아들여지고 있는가를 알아보는 일이 되는 셈이어서, 결과적으로는 이로써 앞에서 살펴본 것과 같은 두 가지 작업들을 바탕으로 해서, 이 분야의 현황을 총괄적으로 파악할 수가 있게 되는 것이었다. 우선 현재까지 알려진 바에 따를 것 같으면 담화 해부기의 연산법에는 크게 세 가지 특징들이 있는데, 그중 첫 번째 것은 기본적으로 이 연산법의 기획 구도는 다른 자연언어 처리영역에서의 그것과 유사하다는 점이고, 그중 두 번째 것은 구체적으로는 이 연산법은 그동안에 통사적 해부기에서 쓰이던 것을 복사하거나 확대 수정한 것이라는 점이며, 그중 세 번째 것은 그것의 종류가 다음과 같이 네 가지로 다양화되어있다는 점이었다.

이들 네 가지 연산법 중 첫 번째 것은 담화적 해부를 합성적 의미론의 이론대로 수행되는 것으로 보는 것으로서, 구체적으로는 텍스트의 담화적 표현체를 형식 언어에 드러나 있는 지식기반적 제약과 추리적 기구들을 그대로 원용해서 점진적이고 합성적인 방법으로 도출해가는 것이었다. 여기에서의 문제점은 바로 점진적 과정을 이루게 되는 단계 때마다 이론상으로는 익히 선택할 수 있는 여러 개의 대안 중 어떤 것을 택하는 것이 가장 효율적인가를 결정짓는 것이 쉽지 않다는 점이었는데, 특히 많은 경우에는 통사적 해부 모형에서는 형식화되어 있지 않은, 담화 특유의 제약들을 고려해야 한다는 사실이었다. 예컨대 Polanyi가 최근에 새로운 담화 단위는 담화구조의 오른쪽에만 첨가시킬 수 있다는 의견을 내놓은 것 등이 이런 어려움을 실증하는 사례이었다.

그중 두 번째 것은 담화적 해부를 상향적 도출 절차로 보는 것으로서, 이것은 간단히 말해서 그동안에 통사적 해부 영역에서 이룩한 상향적 해부 절차에 대한 업적을 확대한 것이다. 그러니까 상향적 담화 해부기에서는 으레 담화적 「잎」으로부터 담화적 「나무」를 만들었다가 나중에는 담화적 「뿌리」까지 만들어가게 되어있었는데, 지금까지 알려진 바에 의할 것 같으면 이런 절차 중 최선의 것에는 자의적 득점 모형에 따른 것과 개연적 득점 모형에 따른 것의 두 가지가 있다. 그러니까 이런 틀에서의 해부작업은 크게 기본적 담화 단위를 설정하는 단계와 그들을 가지고서 담화 구조를 만들어내는 단계의 두 단계로 나뉘어져서 이루어지게 되어 있었다.

그중 세 번째 것은 담화적 해부를 어휘화된 수형들의 연결과정으로 보는 것으로서, 간단히 말해서 이것은 그동안에 개발된 수형 연결식 통사적 해부 모형을 약간 확대한 것이다. 여기에서는 어휘화된 수형들이 서로 연결되어서 담화적 구조체를 만들어내게 되는데, 그 절차에는 크게 수형 수준의 대치 절차와 연접 절차의 두 가지가 있다. 물론 조작의 단위의 면으로 보아서는 앞의 두 번째 발상법과 이 세 번째 것 사이에는 한쪽은 개별적 어휘이고 다른 쪽은 그들의 한 집합체인 식으로 일정한 차이가 있다. 그렇지만 그동안에 개발된 통사적 해부 모형을 거의 그대로 원용했다는 점에 있어서는 이들 간에 아무런 차이가 없다. 모두 네 가지 발상법 중 적어도 두 가지가 통사적 해부 모형의 것이라는 사실은 실제로 담화적 해부이론의 기초가 되고 있는 것은 바로 통사적 해부 이론이라는 사실을 실증하고 있다.

그중 네 번째 것은 담화적 해부를 일종의 자료기반적 결정 내리기의 절차로 보는 것으로서, 이것은 다른 말로 표현할 것 같으면 주석이 달린 자료대로 담화를 차례차례 해부해가는 것인데, 그 이유는 매번 내리게 되는 결정이 바로 주석이 달린 자료를 근거로 하게 되어있기 때문이다. 이 틀에 있어서는 담화적 해부란 결국 모든 담화적 단위들을 입력시켜서 필요한 단계를 거치면서 이들이 다 쓰이게 되는 담화적 수형을 만들어내는 일이 되는 것인데, 그런 과정이 바로 일련의 결정 내리기의 과정이 되는 셈이다. 그런데 엄격히 따지자면 이런 식의 자료기반적 해부법도 통사적 해부 영역에서 이미 개발된 것이었다.(Ibrid, p.652)

결국 네 번째 것의 이런 특징을 고려한다면 현재 담화적 해부기에서 쓰이고 있는 네 가지 연산법 중 세 가지는 통사적 해부 영역에서 이미 개발된 것을 그대로 원용하거나 확대한 것이고, 오직 첫 번째 것 한 가지만이 합성적 의미론을 근거로 하여 새롭게 창안한 것이라는 결론에 도달하게 된다. 이 글의 저자는 이런 형황을 놓고서 「통사적 해부의 업적과 대비할 때 담화적 해부는 아직도 초창기에 머물러있다.」 라는 말을 하고 있다. 이 말에 추가해서 더 구체적으로 그는 「합성적 의미론과 수형 연접의 이론에 근거할 연산법들은 아직도 공개적 영역의 문헌에는 적용될 수가 없다.」는 말과 「이들 연산법에 있어서는 담화적 단위를 찾는 작업의 정확성은 84%인 데 반하여 담화적 구조체를 도출하는 작업의 그것은 50~60%에 불과하다.」는 말 등을 하고 있다.

그렇다고 해서 그가 이 분야를 완전히 희망이 없는 분야로 보지는 않는데, 흥미롭게도 그 근거로 텍스트의 구조성과 지시 관계, 의미론에 대한 더 많은 이해가 결코 불가능한 일이 아니라는 사실을 들고 있다. 간단히 말해서 그가 보기에는 옛날과 마찬가지로 앞으로도 담화 의미론의 발전이 담화적 해부기의 발전의 전제조건이 되는 것이었다. 물론 이런 응용

과학자의 궁극적인 관심거리는 자기네 모형으로써 실제로 어떤 편리한 기계를 만들어낼 수 있느냐인데, 얼마 뒤에는 담화적 해부기 이론이 고성능 요약기, 번역기, 질문응답기 등에 익히 응용될 수 있을 것으로 보고 있다. 이런 의미에서 보자면 담화 의미론의 발전은 결국에 이론과 응용의 양면으로 도모하는 것이 현실적인 일일는지도 모른다.(Ibid, p.653)

2) 담화 처리

담화처리 연구란 언어심리학자가 독자가 하나의 텍스트를 읽고 이해하는 절차나 청자가 하나의 담화나 회화를 듣고 이해하는 절차를 연구하는 분야인데, 지난 수십 년 동안의 이 분야의 연구 결과는 간단히 말해서 이 분야에서 개발된 이론들은 담화분석이나 담화 의미론의 발전에 도움을 줄 수 있을 만큼 의미 있고 가치 있는 것이라는 사실을 실증하기에 이르렀다. 예를 들어 최근에 Gernsbacher와 Kaschak(2006)이 「담화 처리(Discourse Processing)」라는 논문에 정리해놓은 바에 의할 것 같으면 그 동안에 이 분야에서 개발된 연구방법에는 크게 「온라인」적인 것과 「오프라인」적인 것의 두 가지가 있는데, 이들 모두가 쉽게 말해서 순전히 심리학적인 발상법에서 나온 것이어서, 담화분석이나 담화 의미론 등에서 내세워진 언어학적 이론과는 아무런 관련성이 없는 것들이다. 이런 학풍은 통사적 해부기의 문제에 관심이 집중되던 때와 마찬가지로 담화적 해부기의 문제로 관심이 옮아간 뒤에도 언어학의 영역에서 개발된 이론과 연구방법에 주로 의존하려고 하는 컴퓨터 언어학적 학풍과 아주 대조적이다.

이들 두 연구방법 중 먼저 「온라인」적인 것이 어떤 것인가를 알아볼 것 같으면 온라인적인 방법이란 간단히 말해서 「언어 이해 체계의 매 순간마다의 작동요령을 평가하려는, 일종의 시간기저적 방법」이다. 그러니까 우선 이것은 「주로 바꾸어 말하기와 질문응답에 대한 반응을 측정해보는 오프라인적인 방법」과는 아무런 관계가 없는 방법이다. 그런데 현재까지 개발된 온라인적인 방법, 즉 패러다임에는 크게 두 가지가 있는데, 「불일치성 탐지 패러다임」과 「탐사 반응 패러다임」이 바로 그들이다. 이들에게서 주로 쓰이는 방법은 읽기 시간과 어휘적 결정시간, 이름대기 시간 등의 측정법이다.

그중 첫 번째 것인 불일치성 탐지법은 1992년에 O'Brien과 Albrecht에 의해서 소개된 것으로서, 그 요령은 피실험자로 하여금 아래와 같이 내용상 일관성이 없는 문장이 들어있는 텍스트를 읽게 해서 읽기의 속도가 느려지는 증상에 의해서 그가 그런 사실을 실제로 인지하고 있는지를 확인하는 것이었다. 이 텍스트에서는 「She grabbed the check and drove to the beach.」라는 마지막 문장이 바로 시험용 문장이기에, 피실험자는 응당 이것을 읽을 때 속도를 늦추게 되어 있었다. 이 연구법을 통해서 연구자는 크게 첫 번째로는 독자는 으레 먼저 읽은 것에서 얻은 정보를 기억하면서 텍스트를 읽어간다는 사실과, 두 번째로는 독자가 텍스트를 읽을 때는 으레 일정한 추리절차를 밟아간다는 사실을 확인할 수 있었다.(Ibid, p.654)

Jane woke up on Thursday morning in a panic. Her rent check was due the next day, But there was no money in her bank account. When she walked in to the kitchen, she remembered that she hadn't yet deposited the large refund check that she had gotten from the IRS. After getting dressed, she grabbed the check and drove to the beach.

(제인은 목요일 아침에 공황 속에 눈을 떴다. 그녀의 집세 수표는 그 다음날에 내게 되어 있었지만 그녀의 은행 계좌에는 돈이 없었다. 부엌에

들어서자 그녀는 국세청으로부터 돌려받은 많은 양의 환불금 수표를 미처 예금하지 않은 사실을 기억해냈다. 옷을 입은 다음에 그녀는 그 수표를 움켜쥐고서 해변으로 차를 몰았다)

그 다음으로 탐사 반응법에는 크게 피실험자가 일정한 텍스트를 읽거나 청취하는 도중에 하나의 그것과 관련되었거나 관련되지 않은 낱말을 보여주고서 그것이 하나의 낱말인지 아닌지를 물어보는 방법과, 그런 과정에서 그런 낱말을 가장 빠르게 발음해보게 하는 방법의 두 가지가 있다. 예컨대 바로 앞에든 텍스트가 실험에 사용된 경우라면 피실험자가 그것의 두 번 째 문장인 「집세 수표」에 관한 문장을 다 읽었을 무렵에 실험자는 그에게 「bank」라는 탐사어를 보여주면서 이것이 하나의 낱말인지 아닌지를 물어보는 식으로 첫 번째 방법이 사용될 수도 있고, 아니면 그에게 그 탐사어를 가장 빠르게 읽어보게 하는 식으로 두 번째 방법이 사용될 수도 있다.

불일치성 탐지법에 비할 때 탐사 반응법은 기본적으로 일종의 동적인 실험법인데다가 탐사어의 선택에 따라서 난이도상 비교적 쉽게 다양한 형태의 것으로 만들어질 수가 있기 때문에, 담화처리에 관련된 주제들을 폭넓게 다룰 수 있다는 장점을 지니고 있었다. 예컨대 이것으로는 담화처리 과정에 있어서 주로 쓰이는 추리 절차가 어떤 것들인가를 비롯하여 그 과정 중 어떤 정보나 지식들이 주로 기억되게 되는지와 독자나 청자가 이야기의 주인공의 인품이나 의도 등에 대해서 특별히 관심을 갖게 되는지, 그가 궁극적으로 담화 전체의 주제를 어떻게 파악하게 되는지 등을 실험의 주제로 삼을 수가 있다.

온라인적인 방법에 크게 두 가지가 있듯이 오프라인적인 방법에도 크게 두 가지가 있는데 바꾸어 말하기법과 질문응답법이 바로 그들이다.

앞에서 이미 강조했듯이 오프라인적 방법의 특징은 기본적으로 온라인적인 방법과는 아무런 연관성이 없다는 점이다. 간단히 말해서 온라인적 방법으로는 담화 이해시의 심리적 내지는 인지적 작동요령을 점검하게 되는 데 반하여 오프라인적 방법으로는 담화 이해의 결과를 점검하게 되니까, 궁극적인 의미에서는 이들은 목적이 서로 다른 방법들인 셈이다.

먼저 바꾸어 말하기법이란 문자 그대로 피실험자로 하여금 방금 읽거나 들은 이야기의 내용을 자기말로 말하게 하는 방법인데, 구체적으로는 이것으로써 실험자는 피실험자가 얼마만큼의 표층적 형태를 기억하고 있는가와 그들은 얼마나 많은 구체적 사실들을 기억하고 있는가, 그들은 어떤 추리절차를 구사하고 있는지 등을 파악할 수 있게 된다. 그 다음으로 질문응답법이란 실험자가 묻는 질문에 대한 피실험자의 응답의 내용에 의해서 그의 담화 이해도가 어느 정도인가를 알아내는 방법인데, 이것 역시 궁극적으로 보았을 때는 피실험자가 담화 이해 시에 쓰게 되는 기억력 유형과 추리력의 그것을 익히 파악할 수 있는 방법이다.(Ibid, p.655)

한 가지 흥미로운 것은 이들 방법으로 실험이 실시되기 전에는 실험자는 피실험자에게 으레 이른바 「소리 내 생각하기(think aloud)」를 권장한다는 사실인데, 소리를 내서 생각한다는 것은 결국에 담화이해 시에 그가 어떤 인지적 절차를 밟았는지를 회상하는 일이 되기 때문에, 이것은 실험자들의 질문이나 지시에 대해서 더 쉽고 정확하게 반응할 수 있도록 유도하는 방책이 되는 셈이다. 그리고 무엇보다도 중요한 사실은 이들 오프라인적인 방법을 통해서는 담화이해 시에는 일반적으로 어떤 책략들이 쓰이게 되는지를 알 수 있게 된다는 점이다.

궁극적으로 보았을 때는 온라인적인 방법과 오프라인적인 방법은 서로 다른 목적을 위해서 쓰일 수 있는 것들이기에, 사람에 따라서는 얼마든지 이들 두 가지를 한번에 다 사용하는 제3의 접근법도 쓸 수 있게 되어 있는

데, 여기에서는 그런 것 중 가장 대표적인 것으로 1997년에 Graesser 등이 창안한 「삼지창 접근법」을 소개하고 있다. 이름 그대로 이 접근법에서는 실험이 크게 세 갈래로 나뉘어 실시가 되는데, 그중 첫 번째 것은 담화처리 이론들을 근거로 해서 일정한 가설을 설정하는 갈래이고, 그중 두 번째 것은 오프라인적인 방법을 사용해서 담화 이해 시에 쓰이는 기본적인 책략과 추리절차 등을 알아보는 갈래이며, 그중 세 번째 것은 온라인적인 방법을 사용해서 실제로는 어떻게 이런 책략과 추리절차가 쓰여서 하나의 담화적 표현체를 만들어내게 되는가를 알아보는 갈래이다. 이 접근법의 특징은 그러니까 이론이나 가설로부터 시작하여 그것의 검증에 이르는 식의 일종의 하향식 분석법을 따르고 있다는 점이다.

이 논문의 저자들이 판단하기에는 지난 20여 년 동안에 여러 가지의 서로 다른 담화처리 이론들이 제안된 것은 사실이지만, 그보다 더 의미있는 일은 다음과 같은 다섯 가지 점에 있어서는 이들이 모두 동일한 입장이나 견해를 보이고 있다는 점이었다. 그런데 이런 합의점들은 하나같이 온라인적인 실험이나 오프라인적인 실험을 통해서 얻어낸 결론들이었다. 그러니까 우리는 담화처리 이론은 상향적 분석법에 의해서 얻어진 결과를 이론화한 것에 지나지 않는다는 주장을 익히 할 수가 있다.

(1) 담화의 이해는 결국에 그것에 대한 하나의 정신적 표현체를 만들어내는 일로 귀결이 된다.
(2) 담화 이해자는 언제나 그의 정신적 표현체를 새롭게 한다. 이런 갱신작업에는 기존의 표현체에다 새로운 정보를 통합시키는 일이 포함된다.
(3) 담화 이해자는 담화를 이해하는 동안에 최소한 약간의 추리절차를 밟게 된다. 이런 추리들은 전체적인 수준과 국부적인 수준 모두에

있어서 담화의 응집성을 유지하는 데 도움을 주게 된다.

(4) 담화로부터 얻은 정보 중 어떤 것은 기억 기구에 있어서 고도로 활성화되어 있는 데 반하여(즉, 담화의 전경이 되고 있는 데 반하여), 다른 것은 그것에서 덜 활성화되어 있다.(즉, 담화의 배경이 되고 있다) 어떤 요소가 전경이나 배경 중 어느 쪽에 끼게 되느냐하는 것은 그때 그때의 담화의 초점에 의해서 결정된다.

(5) 담화이해는 여러 가지 변수에 의해서 영향을 받을 수 있는데, 그중 대표적인 것으로는 처리되는 담화의 장르와, 담화 이해자의 목적 등을 들 수가 있다.(Ibid. p.656)

담화처리 이론들의 공통점이나 합의점을 이렇게 다섯 가지로 잡고 보면, 그들을 제대로 반영하고 있는 이론이 결국에는 타당성이 높은 이론이 되는 셈인데, 이런 시각에서 볼 때 그 내용을 자세히 살펴볼 만한 가치를 지니고 있는 것이 바로 다음과 같은 네 가지 이론들이었다. 그중 첫 번째 것은 1986년에 Kintsch가 제안했던 「구성통합 모형」인데, 이것에서는 담화이해의 절차는 두 개의 반복적 단계로 이루어져있다고 본다. 먼저 첫 번째인 구성단계에서는 담화내용의 표현체로서 텍스트의 기저가 작업 기억부에 일단 입력되게 되면, 그것은 장기 기억부에 송부된 다음에 잠재적으로 관련성이 있는 정보만이 다시 회상되게 된다. 그 다음으로 두 번째인 통합단계에서는 담화이해 체계가 기존의 담화모형에 새로운 정보를 통합시키는 일을 시작하게 된다. 첫 번째 단계 때는 모든 작업이 빠르고 자동적으로 이루어지는데 반하여, 두 번째 단계 때는 그것이 비교적 느리고 자료 소모적으로 이루어진다. 이런 식으로 만들어진 표현체는 으레 「상황모형」이라는 이름으로 불리고 있다.

그중 두 번째 것은 1990년에 Gernsbacher에 의해서 제안된 「구조형성

모형」인데, 이것에서는 담화이해 과정을 정보 기저적 정신적 표현체를 만들어나가는 과정으로 보고 있다. 이것은 이른바 기저설정이라는 첫 번째 구조를 형성하는 절차로부터 시작이 되는데, 이 기저구조는 담화에 나와 있는 인물과 사건들이 중심이 되어서 만들어지게 된다. 그 다음 절차는 새로운 정보가 획득됨에 따라서 그것을 첫 번째 구조에 사상시키던가, 아니면 그로 인하여 첫 번째 구조가 새것으로 바뀌게 되는 절차이고, 마지막인 세 번째 절차는 계속될 언어 처리를 위하여 이 구조에서 새로운 정보를 보강하거나 구정보를 수정하게 되는 절차이다.

그중 세 번째 것은 1995년에 Zwaan 등이 제안한 「사건 지표 모형」인데, 여기에서는 담화 이해과정을 담화 이해자가 다섯 가지 차원에 있어서 담화모형이 응집성을 유지하고 있는지를 감청하는 과정으로 본다. 그런데 그 다섯 가지 차원들은 첫 번째 것은 사건의 주역이고, 두 번째 것은 시간이며, 세 번째 것은 공간이고, 네 번째 것은 인과관계이며, 다섯 번째 것은 의도성인 식으로 모두 사건 중심적인 것들이다. 이들 차원에 있어서 어떤 갑작스런 변경이 있게 되면 그동안의 실험 결과에 의하자면 담화이해자의 언어처리적 경비가 증가되게 되어있었는데, 특히 시간과 주역의 차원에 있어서의 불연속성이 언어처리의 경비를 최고로 증가시켰다.

그중 네 번째 것은 1998년에 Myers와 O'Brien이 제안했던 「기억기저적 모형」인데, 이것의 특징은 다른 모형에서는 모두가 담화이해체계를 일종의 능동적 언어처리 기구로 보고 있는 데 반하여, 유독 이것에서만은 그것을 일종의 수동적 언어처리기구로 보고 있다는 점이다. 간단히 말해서 여기에서는 담화 이해의 절차를 기억회상이라는 수동적 절차로 보고 있는 것인데, 문장별로 정보를 누적해가는 과정, 즉 담화 이해시에 일어나는 기억회상의 현상은 예컨대 책상 위에 있는 책을 보고서 그것을 도서관에 반납할 날짜가 내일이라는 것을 회상하게 되는 식의 수동적 절차와는 성격이 많이 다른 것이라는 사실을 고려한다면 이런 일반론적인 견해는 잘못된 것으로 볼 수도 있다. 이런 의미에서 보자면 담화이해에 관한 한 기억의 절차는 「공명」적 절차로 보아야 한다는 Hintzman의 주장이 맞는 주장이다. 이 이론에서는 새로 들어오는 정보는 으레 기본의 담화 모형과 장기기억부에 들어 있는 정보와 공명을 하게 되어있다.(Ibid, p.656)

이들 저자들은 마치 지금까지 이 분야에서 이룩한 연구업적을 자랑이라도 하려는 듯이, 이 논문을 「담화처리에 관한 몇 가지 발견사항」으로 마무리하고 있다. 보기에 따라서는 이런 개관은 앞에서 논의한 것을 불필요하게 되풀이하는 실수일 수도 있는데, 굳이 이런 식으로 이들이 논문의 끝을 맺는 이유는 아마도 하나의 응용학문으로서의 이 분야의 장래가 밝다는 것을 보여주고 싶어서였을 것이다. 이들이 보기에는 이 분야에서 거의 확인된 사실로 내세울 만한 발견사항에는 크게 세 가지가 있는데, 그중 첫 번째 것은 담화 이해시 담화 이해자가 하는 일은 결국에 여러 문장들을 통합해서 하나의 응집성이 있는 정신적 표현체를 만들어 내는 일인데, 이 일을 하는 데 그가 사용하는 책략에는 크게 두 가지가 있다는 것이었다. 그들 중 첫 번째 것은 언제나 「the」나 「a」와 같은 관사와 「because」나 「meanwhile」와 같은 연결어들을 언어적 신호로 한껏 이용하는 것이었다.

그들 중 두 번째 것은 그가 응집성을 크게 두 가지 차원, 즉 국부적인 차원과 전체적인 사원에서 유지하도록 노력한다는 것이었다. 우선 국부적 차원에서의 응집성은 새로 입력되는 문장은 으레 바로 전에 처리 된 문장과 연결시키는 방책에 의해서 유지되었다. 그에 반하여 전체적 차원에서의 응집성은 공간과 시간, 주역, 인과관계, 의도성 등의 다섯 가지 측면에 계속적으로 주의를 기울임으로써 유지되었다. 특히 이 면에 있어서 결정적 역할을 수행하게 되는 것은 공간과 시간의 두 측면이었다.

이런 세 가지 발견사항 중 두 번째 것은 성공적인 담화이해를 위해서는 담화 이해자는 언제나 추리절차를 통해서 명시적으로 표현되어있지 않은 세부 사실들을 채워 넣어야 한다는 사실이었다. 다시 말하자면 그는 추리절차에 의한 일정한 보충작업이 없이는 결국에 응집성 있는 표현체가 만들어지지 못한다는 사실을 익히 알고서, 담화이해 과정 내내 적절하게 추리절차를 작동시키게 되는 것이었다. 추리 절차가 언제, 얼마만큼 작동되느냐의 문제를 놓고서는 연구자들이 최대주의자와 최소주의자로 나뉘어져 있는데, 현재 가장 합리적인 의견으로 받아들여지고 있는 것은 이른바 타협주의자의 의견이었다. 이들의 견해에 의할 것 같으면 추리절차의 작동 요령은 담화의 장르와 담화 이해자의 목적이나 의도 등에 의해서 크게 좌우되게 되어 있었다.(Ibid, p.658)

이런 세 가지 발견 사항 중 세 번째 것은 담화 처리의 한 중요한 부분이 바로 지시 관계를 알아내는 부분이라는 사실이었다. 여러 가지 형태의 지시 관계 중 가장 기본이 되는 것은 대용어적 지시 관계인 관계로 담화 이해자는 으레 대명사를 위시한 여러 가지 대용어들의 지시어를 찾는 데 최선의 노력을 쏟고 있었다. 이런 노력에 결정적으로 영향을 주는 것은 물론 그의 기억작용이었다. 즉, 그의 주된 지시 관계 파악절차는 배경적 정보에 활성적 정보를 사상시키는 것이었으니까, 결국에는 기억작용이 가장 중요한 역할을 하게 되어있었다. 또한 담화 이해자는 지시 관계를 빠르고 제대로 파악하는 일이 곧 응집성이 있는 정신적 표현체를 만들어 내는 일의 기본이 된다는 것도 잘 알고 있었다. 마지막으로 좋은 담화란 결국에 지시관계가 가급적 쉽고 정확하게 파악될 수 있게 되어있는 담화이었다.(Ibid, p.659)

제6장
과제와 전망

6.1 의미론 발달의 이중적 양면성

1) 역사적 양면성

의미론 발달의 역사는 학문의 그것만큼 오래되었음에도 불구하고, 그 긴 기간 내내 문법학이나 통사론 연구에 학문적 주도권을 내준 채 그 그늘에서 일종의 이급적 학문으로서 성장해야 하는 운명을 감수해오는 역사이었다. 두말할 필요도 없이 서구적 학문의 발달이라는 큰 틀에서 보자면 이런 결과는 너무나 당연한 것이었다. 우선 희랍의 학문 자체가 처음부터 논리주의나 형식주의를 기본적 철학으로 삼고서 출발한 이상, 의미론이 아니라 문법학이나 통사론이 언어연구의 주도적 학문으로 자리 잡게 되는 것은 하등 이상한 일이 아니었다. 그 다음으로 서구의 문명이 발전하는 데 있어서는 희랍어나 라틴어와 같은 고전어가 큰 역할을 하게 되었기에, 그것을 잘 배우거나 가르치는 일이 인문 학자들의 중요한 임무가 될 수밖에 없었는데, 이들이 보기에는 문법이나 통사론을 발전시켜서 그것을 중심으로 언어를 교육하는 것이 최선의 언어 교육이었다.

이런 멍에를 일단 외적인 멍에로 치고 보자면 의미론 발달의 역사는 실체적 한계성이라는 내적인 멍에도 메고 있었다. 문법이나 통사론은 결국에 두 개나 그 이상의 어휘들을 하나로 묶어서 문장을 만들어내는 규칙들에 관한 학문이기에, 수학이나 논리학에서처럼 우선 일정한 기호로써 그것을 형식화하기에 용이할 뿐만 아니라 그런 현상에 관한 일반적 원리나 이론을 내세우기도 쉬운 학문이다. 그러나 의미론에서의 이런 시도는 으레 불완전하거나 미숙한 것으로 끝날 가능성이 큰데, 이것의 주된 원인은 의미의 실체는 원래가 쉽게 명시적으로 표현될 수 없는 정신적이거나 심리적인 것이기 때문이다.

논리적으로 따졌을 때 물론 태생적으로 이런 결정적인 한계성을 지니고 있는 한, 가령 문법이나 통사론에 쏟았던 것과 동일한 노력을 의미론에 경주한다고 해도 대등하거나 바람직한 성과가 나올 리가 없다. 간단히 말해서 문법이나 통사론보다 어떤 면으로 보아서나 훨씬 더 난삽하고 복잡다기한 학문이 의미론인 이상, 설사 의미론 우선의 언어학적 학풍이 조성되었다고 해도 그동안에 문법학이나 통사론에서 거두어들인 만큼의 연구업적을 의미론에서 거두어들일 리가 없는 일이다. 이렇게 볼 것 같으면 결국에 의미론은 그동안에 외적인 제약과 내적인 제약에 억눌려 문법이나 통사론을 뒤따라가는 하나의 이급적 학문으로 남아있게 된 것이다.

그러나 의미론은 원래부터 이상과 같은 불리점을 익히 상쇄시킬 수 있는 원론적인 이점도 가지고 있는데, 언어의 실체는 궁극적으로 보았을 때 형식이 아니라 의미에 대한 연구에 의해서만 밝혀질 수가 있다는 사실이 바로 그것이다. 이 문제에 관련해서는 굳이 추상적인 이론을 동원해서 형식과 의미 중 어느 것이 더 중요한 요소인가를 따질 필요도 없는데, 그 이유는 심지어 일반인들도 언어는 결국에 서로 간에 의미를 전달하는 도구, 즉 의사소통의 도구라는 것을 익히 알고 있기 때문이다. 특히 20세기 후반에 이르러 Chomsky의 생성주의적 통사론이 언어연구의 주도권을 장악하게 되자, 일부 의미론자들은 궁극에 가서는 언어학도 이런 상식적인 지식과 어긋나는 것이 아니라 그것과 부합하는 것이 바람직한 일이라는 사실을 일깨우면서, 의미론 연구의 중요성을 재차 강조하고 나섰다.

이런 의미론자 중 대표적인 사람이 바로 Hasan인데, 흥미롭게도 그가(1970) 「통사론과 의미론(Syntax and Semantics)」이라는 논문에서 그동안의 통사론 중심의 학풍을 비판하는 데 동원하고 있는 근거들은 하나같이 학리나 학술적인 것이 아니라 일반적 지식이나 상식적인 것들이다. 우선 그는 언어에 관한 모든 논의는 으레 언어는 의사소통을 목적으로 하는 하나의 기호적 체계라는 정의를 받아들이느냐 그렇지 않느냐에 의해서 그 방향이 정반대로 달라지기 마련인데, 일단 그것을 받아들이는 입장에 서면 누구라도 통사론이 아니라 의미론이 결국에는 언어연구의 주도권을 잡아야 한다는 결론에 이르게 되어있다고 보았다.

이 정의에서 핵심적 축의 역할을 하고 있는 것은 물론 체계와 의사소통이라는 두 개의 개념인데, 그 특징은 이들이 여기에서는 언어적 체계는 의사소통적 기능을 위한 것이라는 식으로 하나로 묶여있다는 점이다. 예컨대 그는 그의 언어관의 요점으로 다음과 같은 세 가지 점을 잡고 있는데, 이들 모두의 공통점은 물론 다분히 반통사론적이라는 점이다. 그중 첫 번째 것으로 그는 언어를 구성하는 여러 체계들은 궁극적으로 의사소통적 기능을 제대로 수행한다는 목적을 위하여 서로 잘 조직되어 있다는 점을 내세우고 있다. 구체적으로 그는 「언어의 체계적 성격을 논할 적마다 사람들은 으레 그 체계의 여러 요소들의 가치를 지배하게 되는 한 세트의 일관된 관계들을 인정해야 된다」고 주장한다. 그는 「하나의 체계의 구성요소를 정의하는 데 있어서 기본적인 개념으로 쓰이게 되는 관계의 일관성은 결코 우연일 수가 없다. 그것은 바로 전체로서의 그 체계의 가장 특성적인 기본 조건이다. 언어체계에 있어서는 그런 일관성은 궁극적으로 의사소통적 기능에서 연유된다고 볼 수밖에 없다.」와 같은 말을 하고 있다.(Hasan, 1970, p.131)

그중 두 번째 것으로 그는 의사소통적 기능이 제대로 수행되려면 언어와 언어 외적 우주 사이에 일종의 접촉점이 마련되어 있어야 하는데, 언어적 모형에 있어서는 으레 의미적 수준에서 그런 접촉점이 형성되게 되어 있다는 점을 내세우고 있다. 특히 그는 이 문제와 관련하여 이런 접촉이 구체적으로 어떤 성격의 것인가를 단적으로 보여주고 있는 것이 바로 「이름 붙이기」와 「지시」의 현상이라는 점과, 이런 의미에서 볼 때 의미론자들이 던지게 되는 두 가지 궁극적인 질문은 바로 「의미적 수준은 다른 언어적 모형의 수준들과 어떻게 연관되어 있는가?」와 「언어와 언어 외적 실체 간에는 어떤 접촉이 있게 되는가?」라는 점을 강조하고 있다.

그중 세 번째 것으로 그는 첫 번째 질문에 대한 응답 겸 그의 언어관의 마무리 말로서 「이들 간의 관계는 일종의 위계적인 것인데, 입력에 있어서는 의미적 수준이 문법과 어휘의 수준을 지배하게 되어있다.」는 점을 내세우고 있다. 간단히 말해서 여기에서 그는 자기 나름대로의 의미론에 대한 정의를 내리고 있는 것인데, 예컨대 그는 「어떤 메시지를 산출하는 데 있어서는 먼저 의미적 성분의 한 연쇄체가 선택되게 되고, 그 다음에는 그것이 의미적 성분을 기호화하는 데 적절한 문법적 및 어휘적 범주들을 선택하게 된다. 이처럼 의미적 체계란 일종의 동적인 언어수준이다.」와, 「언어에 있어서 의미의 개념을 다룰 수 있는 유일한 수준은 의미체계 뿐이다.」라는 말로서 의미론에 대한 자기의 확고한 견해, 즉 더 구체적으로는 통사론보다 의미론이 더 중요하다는 자기의 견해를 나타내고 있다. (Ibid, p.132)

흥미롭게도 그는 바로 이 대목에서 의미론과 어휘론 및 통사론 간의 관계를 이런 식으로 본다고 해서, 자기가 의미의 실체에 대해서 완전하고 확고한 지식을 가지고 있는 것은 아니라는 말을 하고 있다. 그는 우선 현재의 우리의 지식으로서는 메시지의 의미가 의식의 어떤 수준에서 어떤 형태로 포착되는 지에 대해서 알지 못한다는 점을 고백하면서, 그렇다고 해서 의미에 관련된 작업이 언제나 어휘나 문법과 관련된 작업보다 선행되게 되어있다는 사실 자체가 부정되는 것은 아니라는 것을 강조하고 있다. 그 다음으로 그는 이런 견해가 수반하기 쉬운 두 가지 오해로서, 첫 번째로 「언어적 의미는 다른 언어체계와는 독립적인 상태에서 내재적인 것이다.」라는 생각과, 두 번째로 「우리는 언제나 말을 하기 전에 생각을 한다.」는 생각을 들고 있다.(Ibid, p.132)

그의 의미론과 통사론 간의 관계에 대한 설명법의 백미라 할 수 있는 것은 바로 「관련성」과 「창조성」이라는 두 가지 개념을 대비시키고 있는 부분이다. 우선 「창조성」이라는 개념은 「언어적 능력」이라는 개념과 함께 Chomsky가 자기의 생성주의적 통사이론의 슬로건이나 간판처럼 쓰기 시작한 것이었다. 다시 말해서 그는 우리에게는 원래 일정한 언어적 능력, 즉 통사적 능력이 내재되어있기 때문에 새로운 문장을 마음대로 만들어 낼 수 있는 창조성을 발휘할 수 있다고 주장했다. 물론 이들 두 용어와 정반대적인 것이 그전까지 경험주의적인 구조주의에서 주축어로 쓰던 「모방성」과 「언어사용」이다. 그러니까 결국에 Chomsky는 이들 용어들을 통사론과 의미론 간의 관계를 논하기 위해서 쓴 것이 아니라 구조주의에 대한 생성주의의 우월성을 주장하기 위해서 사용했던 것이다.

그런데 흥미롭게도 그는 여기에서 이들 두 용어들을 통사론과 의미론의 관계를 논하는 자리에 끌어들였다. 다시 말해서 그는 Chomsky가 그동안에 그토록 의기양양하게 내세워 온 통사론 우위성의 이론은 「창조성」과 「언어적 능력」이라는 두 개의 핵심적 개념의 허구성을 드러냄으로써 산산이 부서져버린다고 본 것이다. 먼저 그는 일단 「관련성」이라는 개념을 도입해 놓고 보면 Chomsky가 말하는 「언어적 능력」이란 일종의 허구적인 개념에 불과하다는 것이 저절로 드러난다고 보았다. Chomsky는 일찍이 문법적인 문장을 만들어내는 능력은 그것을 어느 실상황에서 사용할 수 있는 능력과 별개의 것임에도 불구하고 구조주의자를 위시한 과거의 통사론자들은 이들 두 가지를 혼돈하는 과오를 저질렀다고 주장했었다. 그러니까 이제는 그가 「화살」 대 「방패」의 상황을 거꾸로 바꾸어서 「언어사용」 대신에 「관련성」이라는 개념으로 「언어적 능력」이라는 개념을 공격하게 된 것이다.

그는 무엇보다도 먼저 Chomsky는 결국에 사람들은 언제나 단순히 문법적으로 하자가 없는 문장을 사용하게 되는 것이 아니라 상황에 맞는 문장, 즉 관련성이 있는 문장을 사용하게 된다는 사실을 까맣게 잊어버리고 있는 것 같다고 비판하고 나섰다. 구체적으로 그는 「관련성이 있는 문장들을 생성하는 능력은 문법적 문장들을 생성하는 능력에 못지않게 언어적 능력의 핵심을 이룬다.」라는 말과 함께, 「Where are you going?(어디 가니?)」라는 질문에 어느 이상적인 화자도 「I ate fish and chips for dinner last night.(나는 어제 밤에 저녁으로 생선과 감자튀김을 먹었다)」라고 응답하지는 않는 예를 들고 있다. 이 자리에서 그는 화자는 관련성이 있는 문장을 사용하기위하여 으레 상황을 정확히 지각하는 일을 맨 먼저 하게 된다는 말도 하고 있다.(Ibid, p.133)

그 다음으로 그는 Chomsky가 내세우는 「창조성」의 현상은 여러 가지 언어적 수준 중 오직 통사적인 수준에만 초점을 맞추는 오류를 범하고 있다고 비판하고 나섰다. 다시 말해서 그가 보기에는 언어적 창조성에 관한 한 Chomsky는 이것은 문법이나 통사적 수준에서뿐만 아니라 의미나 개념적 수준에서도 드러나 있는 특징이라는 사실과, 굳이 비교를 하자면 통사적 수준에서 발휘되는 그것보다 의미적 수준에서 발휘되는 그것이 훨씬 크다는 사실을 간과하고 있었다. 예컨대 그는 일단 「언어학자들은 최근에 능력이 있는 화자는 무한정한 양의 새로운 문장들을 산출하고 이해할 수 있다는 사실과, 이론상으로는 하나의 문장은 무한정하게 길 수 있다는 사실 앞에 완전히 마음을 빼앗겼으며, 이런 현상을 언어적 창조성으로 보았다.」라는 말로써 그동안에 Chomsky가 어떤 주장을 해왔는가를 회상시킨 다음에, 「그러나 훨씬 더 매료되는 사실은 이른바 새로운 문장들의 대부분은 그들의 문법에 있어서 새롭지 않을 뿐만 아니라 그들의 어휘나 음운체계에 있어서도 새롭지 않다는 것이다. 새로운 문장은 대부분의 경우 새롭지 않은 의미적 성분들의 새로운 연쇄체인 것이다. 이것은 일종의 자명한 사실인데 그 이유는 만약 그렇지 않다면 기호화 작업과 해석 작업이 모두 불가능해질 것이기 때문이다.」라는 말로써 그것의 허구성을 지적하고 있다.

자기 주장을 뒷받침하기 위해서 그가 바로 뒤에 제시하고 있는 예문들은 더욱 파격적이다. 그가 보기에는 예컨대 「The king of Patna loved the princess of Ruritania.(파트나의 왕은 루리타니아의 공주를 사랑했다)」라는 문장은 분명히 이전에 들어본 적이 없는 문장임에도 불구하고 그것의 새로움은 아주 사소한 것인 데 반하여, 「Little girls love dolls.(어린 소녀들은 인형을 좋아한다)」와 같은 새롭지 않은 문장은 우선 의미가 중의적이지 않을 뿐만 아니라 급진적으로 상이한 많은 대화의 장에 쉽게 통합이 되어서 그때그때 그것이 일종의 창조성을 발휘할 가능성이 있다는 것이다. 그는 바로 이 자리에서 이런 창의성이야말로 오직 인간의 언어만이 가지고 있는 하나의 특성이라고 주장하기도 했다.(Ibid, p.134)

2) 현실적 양면성

역사적 발달 과정상으로 보았을 때 이상과 같이 정부적 두 면을 보이는 의미론의 양상을 일단 역사적 양면성으로 보자면, 그것에서는 현실적 양면성이라는 또 한 가지의 양면성도 발견될 수가 있다. 심리학적인 용어를 빌리자면 이들 두 양면성은 배경적 양면성과 전경적 양면성으로 불리울 수가 있을 텐데, 우선 이것은 이들이 어느 한 가지만으로는 존재가치가 희박해질 만큼 상호 의존적이라는 의미가 된다. 그러나 이런 비유를 통해서 알게 되는 보다 더 중요한 사실은 이들 두 양면성 중 궁극적으로 연구자의 관심의 초점이 되는 것은 현실적 양면성이라는 점이다. 심리학적으로 보았을 때 역시 배경의 역할은 전경의 이해를 돕는 것인 것이다.

그리고 또 한 가지 여기에서 짚고 넘어가야 할 점은 현실적으로 의미론이 양면성을 띠고 있다고 보는 데 대해서 일부 의미론자들은 반대 의견을 나타낼 수도 있다는 사실이다. 간단히 말해서 이런 사람들은 기본적으로 지금의 의미론의 현황을 연구 방향이나 연구업적, 연구 방법상 바람직하거나 대단한 모습을 유지하고 있는 것으로 보려는 일종의 낙관주의자들이어서, 그것에서 발견되는 여러 가지 문제점들은 그 양태나 질에 있어서 어떤 학문의 발달과정에서도 쉽게 발견될 수 있는 지극히 정상적인 것들에 지나지 않는다고 생각할 것이다. 물론 이런 낙관주의자들이 가지고 있는 제일 중요한 특징은 지금의 의미론의 미래를 대단히 밝은 것으로 본다는 점이다. 그러니까 이들이 보기에는 지금의 의미론을 장점과 단점을 모두 지니고 있는, 일종의 양면성을 지니고 있는 것으로 본다는 것 자체가 좋게 말해서 과도한 비판주의자의 견해이고, 나쁘게 말해서 일종의 비관주의자의 견해에 불과한 것이다.

그러나 추측컨대 지금의 의미론의 현황을 놓고서는 이런 낙관주의자들보다 일종의 건전한 비판주의자들의 수가 더 많을 텐데, 그 이유는 의미론은 지금 그동안에 장족의 발전을 이룩한 결과, 앞으로의 연구방향이나 연구 방법 등을 새롭게 모색해야 하는 중대한 과제를 떠안게 되었기 때문이다. 그러니까 문제는 누가 보다 정확하고 객관적으로 지금의 현황을 파악하고 있느냐 인데, 앞으로의 분석을 통해서 차차 드러나게 되듯이, 지금의 의미론에서 그동안에 이룩된 커다란 발전상과 그것에 부수되는 새로운 문제점이나 과제를 같이 발견해내는 것이 역시 그중 어느 한 가지만을 발견해내는 것 보다 객관적인 평가자가 하게 될 일이라는 것이 분명하다. 그리고 평가자의 입장과 관련하여 반드시 명심해야 할 사실은 이런 비판적 분석자야말로 진정한 의미에서 의미론의 장래를 걱정하는 사람이라는 점이다.

(가) 긍정적인 사실

지금의 의미론의 양면 중 먼저 긍정적인 면의 모습, 즉 바꾸어 말해서 그동안에 이룩된 업적의 양상을 살펴볼 것 같으면, 그중 첫 번째 것은 하나의 학문으로서의 위상과 역량이 모두 갖추어져서, 언어연구를 드디어 문법이나 통사론적인 흐름 하나가 이끌어가던 시대가 지나고서 그것을 그 흐름과 의미론적인 또 하나의 흐름이 같이 이끌어가는 시대가 도래하게 했다는 점이다. 돌이켜보자면 Breal이 「의미론」이라는 용어를 최초로 사용한 것이 1897년이니까, 백 몇 십 년의 짧은 기간 내에, 의미론은 하나의 독자적 학문으로서의 그것의 그 크고 넓은 「스펙트럼」을 보이는데 성공한 것이니까, 어떤 의미에서는 이것이 최근에 이르러 문법이나 통사론의 그것보다도 더 큰 업적을 거두어들였다고 볼 수가 있다.

물론 여기에서 그대로 간과해서는 안 될 사실은 언어적 의미에 대한 연구의 역사는 학문의 역사만큼이나 오래된 것이기에, 현대에 이르러서의 의미론의 업적을 독창적인 것이 아니라 누적적이거나 결과적인 것으로 보는 것이 맞는 일일 수도 있다는 점이다. 그렇지만 적어도 19세기 이전까지에는 의미 연구에 학문의 생명이라 할 수 있는 체계성과 이론이 없었다. 따라서 예컨대 고전시대의 어원학이나 사전편찬학에서 어휘 문제를 다루던 역사 의미론적 학풍을 현대적 어휘 의미론의 기술 내지는 분류적 학풍의 선도자로 보거나 아니면 Aristotle 때 철학자들이 세워놓던 형식논리적 전통을 현대적 형식 의미론의 모체적 학풍으로 보는 것은 일반적인 상식에 어긋나는 일이다.

이런 의미에서 볼 때 오늘날의 의미론의 위상과 역량을 제대로 이해하는 데 크게 도움을 줄 수 있는 글이 바로 Schlenker(2010)가 최근에 현대 의미론에 대한 일종의 소개의 글로 쓴 「의미론(Semantics)」이라는 논문이다. 그가 보기에는 그동안에 현대 의미론이 이룩해 낸 업적에는 크게 두 가지가 있는데, 그중 첫 번째 것은 앞으로 문장 의미론의 발전을 이끌어나갈 주축적 의미이론을 정립해낸 것이었다. 이런 의미이론에는 두 가지가 있는데, 그중 첫 번째 것은 「어떤 표현의 의미는 그것을 구성하는 최소부분들의 의미와 그들을 합산하는 방법에 의해서 결정된다.」는, 합성성의 원리이었다. 이 원리와 관련하여 그는 특히 이것은 원래 수리논리학적 발상법을 반영한 것이라는 사실과, 의미론이 오늘날 이렇게 어엿한 학문으로 발달하는 데 있어서는 이런 발상법을 의미연구에 최초로 도입한 Tarski와 Frege의 공로가 대단히 컸다는 사실을 주목해야한다고 보았다.

그중 두 번째 것은 「어떤 복합적 표현의 의미는 직접적 부분 중 한 가지를 하나의 기능으로 보고서, 그것을 논항격인 다른 직접적 부분에 적용시킴으로써 얻어지게 된다.」는 형 이론이었다. 이 이론에 따를 것 같으면 예컨대 「t」를 진리가치의 형으로 잡고 「e」를 사람이나 사물의 개체적 형으로 잡았을 때, 아래처럼 기초적 형을 순환적으로 반복해서 복합적 형을 만들어 낼 수가 있었다. 그러니까 우선 이 이론의 요지는 「만약에 t_1과

t_2 가 형이면 <t_1 t_2>은 하나의 형이다.」처럼 표현될 수 있고, 그 다음으로 이것의 위력은 언어적 표현들이 간결하게 「t」와 「e」와 같은 두 개의 기호의 연쇄체로 표기될 수 있다는 사실로써 익히 실증될 수 있었다.(Schlenker, 2010, p.464)

(1) 절	it is raining	t
(2) 고유명사	John	e
(3) 자동사구	smokes	<e, t>
(4) 명사구	Dean Smith	<e, t>
(5) 타동사구	saw	<e,<e, t>>
(6) 부정	not, it–is–not–the–case–that	<t, t>
(7) 연접, 이접	and, or	<t,<t, t>>

그가 보기에는 현대의미론이 그동안에 이룩한 업적 중 두 번째 것은 지금까지 통사론과 화용론에서 문제시 해오던 주제들에 대해서 의미론적 연구기법과 연구결과를 제시함으로써, 의미론이 통사론과 최소한으로는 맞설 수 있거나, 아니면 최대한으로는 그것을 선도할 수 있을만한 학문이라는 사실을 널리 보여주었다는 점이었다. 크게 보았을 때 지금의 의미론의 업적은 통사론적인 것과 화용론적인 것의 두 부류로 나뉘어질 수 있는데, 먼저 여기에서는 「통사론과 의미론의 인터페이스」적인 과제로 불리고 있는 첫 번째 부류에 속하는 것들은 쉽게 말해서 지금까지 주로 Chomsky의 통사론에서 집중적으로 다루어진 것들로서 구체적으론는 양화사와 대명사에 관한 업적이 바로 그것이었다. 예컨대 의미론에서는 그동안에 통사론에서 하나의 미해결 문제로 남겨놓은 것 즉, 왜 *「Here is every problem.」은 비문인데 반하여 「Here is a problem.」과 「Here is no problem.」은 정문인가에 대한 새로운 설명법을 제시할 수 있었고, 또한

그동안에 통사론에서는 「John likes him.」이라는 문장은 의미적 오도를 막기 위하여 「John likes him_i.」과 같이 지표적으로 표기되어야 한다고 보았었는데 의미론에서는 이제 아예 그런 의미적 오도가 일어날 수 없는 해석법을 지시하기에 이르렀다.

그런데 통사론에서는 그것이 시작될 당시부터 으레 기본적인 분석의 대상으로 삼아왔던 문법적 요소들이 새삼스럽게 의미론에서는 집중적으로 연구하는 현상이 일어나기도 했는데, 그 이유는 의미론은 결국에 문법적으로 완전하면서도 일정하게 의미가 있는 문장의 의미를 분석하는 학문이기 때문이다. 그런 요소 중 대표적인 것이 바로 통사론에서 이차적 문법적 범주로 부르던 시제와 상, 법 등이었는데, 이들의 분석법을 놓고서 시제 의미론이나 상 의미론이 별도로 나올 정도로 의미론자들의 견해가 다양해지면서, 결국에 그들은 문장 의미론에서 다루어질 궁극적인 문제는 문맥과 시간, 사건, 가능세계 등에 관한 것들이라는 사실을 알게 되었다. 구체적으로 그들은 양화사와 대명사의 문제도 시제나 상 등의 문제와 불가분적으로 연결되어 있다는 사실을 깨닫게 되었다.

이런 각성과 함께 의미론자들은 시제적 문장에 대한 보다 합리적인 표기법도 찾아낼 수 있었다. 예컨대 전통적인 시제 논리법에 따를 것 같으면 「I wasn't young.(나는 젊지 않았습니다)」라는 말은 1) 「PAST not I be-young.」과, 2) 「not PAST I be-young.」과 같은 두 가지로 분석되게 되어 있었는데, 1)의 의미는 「과거에는 나는 젊지 않았다.」는 것이고, 2)의 그것은 「내가 젊지 않았던 과거는 없다.」는 것이니까 이들 중 어느 것도 「I」가 제시하는 어느 특정한 시기에는 「그는 젊지 않았다.」라는 본문의 의미를 나타내고 있지 않았다. 그래서 결국에는 「i_1」라는 시간적 변항을 기호로 써서 「not i_1 I be-young」과 같은 보다 합리적 표기법이 개발되게 되었다.(Ibid, p.472)

그 다음으로 의미론의 업적 중 두 번째 부류인 화용론적인 것(여기에서 말하는 의미론과 화용론의 인터페이스적인 문제들)에는 어떤 것이 있는가를 알아볼 것 같으면, 이것에는 크게 함언에 관한 것과 전제에 관한 것의 두 가지가 있었다. 먼저 함언의 현상에 관한 업적으로는 「스칼라 함언」이라고 명명한 특별한 종류의 함언의 설정을 주장하게 된 사실을 들 수가 있었다. 이런 함언 현상은 「or」와 「and」와 같은 등위 접속사의 의미를 해석하는 자리에서 나타나게 되어있었다. 원래 논리학에서는 이 접어인 「or」의 의미는 포괄적인 것으로 규정되어 있었다. 다시 말해서 그것에서는 「p나 q가 참이거나 아니면 둘 다가 참일 경우에 p 또는 q는 참이다.」라고 규정되어 있었다.

그렇지만 자연언어에 있어서는 「or」의 의미가 배타적인 것으로 쓰이는 경우가 더 많았다. 다시 말해서 자연언어에 있어서는 예컨대 「I'll invite Mary or Ann.」라는 말이 「나는 메리와 앤을 다 초청하겠다.」는 의미를 나타내지는 않았다. 그래서 의미론에서는 이런 접속사들은 「스칼라 함언」이라는 특별한 문맥적 의미를 나타내고 있다고 보게 되었다. 이런 접속사들의 스칼라 함언의 내용은 첫 번째로 「or」와 「and」는 단계적 개념이어서 「or」 대신에 「and」를 쓸 수도 있고 또한 그 반대일 수도 있다는 것과, 두 번째로 「and」를 쓰는 문장이(예: I'll invite Mary and Ann.) 「or」를 쓰는 문장보다(예: I'll invite Marry or Ann.) 더 정보적인 문장이이라는 것, 세 번째로 화자에게는 협력성의 원리에 따라서 정보적인 문장을 더 많이 쓰려는 경향이 있다는 것 등으로 요약도 될 수 있었다.(Ibid, p.475)

그 다음으로 전제에 관한 업적으로는 그것에는 크게 다음과 같은 특성이 있다는 것을 발견해 낸 사실을 들 수가 있었다. 첫 번째로 의미론자들은 전제는 만약 한 문장의 전제가 거짓이면 그 문장은 참일 수도 없고 거짓일 수도 없는 식으로 문장의 진리치를 판단하는 데 중요한 지표로 쓰일 수 있다는 것을 알게 되었고, 두 번째로 전제는 함의나 함언과 크게 다른 추리적 절차라는 것을 알게 되었다. 예컨대 의문문이나 부정문으로부터 어떤 함의도 도출될 수 없는 데 반하여 전제는 그렇지가 않았다. 다시 말해서 「John doesn't like the king of Syldavia」와 「Does John like the king of Syldavia?」라는 문장에는 「Syldavia has a king.」이라는 전제가 깔려있었다.

세 번째로 의미론자들은 전제는 대화의 문맥 내에서 대화자가 당연한 것으로 인정하는 것이라는 것을 알게 되었다. 이것은 곧 전제는 언어사용자의 심리나 신념상태와 불가분의 관계에 있다는 것을 의미하는 것인데, 그것은 예컨대 똑같은 등위 접속문이면서도 「John is realistic and he knows that he is incompetent.(존은 사실적이며 자기가 무능하다는 것을 알고 있다)」에는 「존은 진짜로 무능하다.」는 전제가 깔려 있는 데 반하여, 「John is incompetent and he knows that he is.(존은 무능하며 자기가 그렇다는 것은 알고 있다)」에는 그렇지가 않다는 사실로써 익히 실증될 수 있었다. 그런데 전제의 이런 문맥 의존성은 결국에 Stalnaker(1974)가 일찍이 「동적 의미론」의 이론을 내세우는 데 중요한 근거가 되기도 했다. 전통적인 진리조건적 의미론에 대한 일종의 대안으로 제시된 이것의 요지는 「문장의 의미는 언어사용자의 신념을 수정하라는 지시로 받아들여야 한다.」는 것이었다.(Ibid, p.476)

지금의 의미론의 모습에서 발견할 수 있는 두 번째의 긍정적인 면은 크게 보았을 때 이것이 정적 의미론의 발전에 전력을 경주하던 제1단계를 지나서 동적 의미론의 발전을 도모하는 제2단계에 들어서있다는 점이다. 의미론 발단의 제1단계에서 의미론하면 으레 논리학에서 기본 발상법을 따온 진리조건적 의미론이었다. 그러나 머지않아서 이것의 한계성이 드러나면서 그것을 극복하려는 방책들이 고안되게 되었으며, 그 결과 이른바 동적 의미론의 시대가 도래하게 된 것이다. 간단히 말해서 문장의 의미를 단순하게 어휘의 의미에 문법적 의미를 더한 것으로 보려던 시기를 의미론 연구의 제1단계로 보자면, 문장의 의미를 으레 문맥과 언어 사용자의 심리나 신념에 따라 바뀌게 되어 있는 것으로 보려는 시기가 그것의 제2단계인 것이다.

두말할 것도 없이 정적 의미론에 비하여 모든 면에 있어서 동적 의미론은 복잡하고 고차원적인 의미론일 것이 분명한데, 그중 제일 큰 차이점은 분석의 대상이나 영역이 개별문장이 아니고 담화나 텍스트가 된다는 점이다. 그러니까 이 의미론은 아직도 초창기의 한계성들을 극복하지 못하고 있는 담화 의미론에 머지않아서 새로운 돌파구의 역할을 수행할 수도 있는 것이다. 그리고 또 한 가지 짚고 넘어가야 할 점은 동적 의미론이라는 술어는 원래 1900년대의 끝부분에 이르러 몇 사람들에 의해서 정적 의미론의 한 분류를 가리키는 말로 쓰이게 되었다는 사실이다. 그러니까 사람에 따라서는 얼마든지 이 술어를 정적 의미론과 대등한 위치에 있는 일종의 일반 명사로 보지 않고서, 그것 밑에 있는 일종의 고유 명사로 볼 수가 있는 것이다. 이런 의미에서 볼 때 최근에 Groenendijk와 Stokhof (2006)가 발표한 「동적 의미론(Dynamic Semantics)」이라는 논문의 내용을 살펴보는 것은 우리로 하여금 이것이 고유명사로부터 일반명사로 탈바꿈해가는 과정을 미리 예견해 볼 수 있게 하는 데 큰 도움이 될 것이 확실하다.

우선 이들은 이 의미론의 제일 중요한 특징으로 이것이 형식 의미론의 한 갈래로 시작되었다는 사실을 들고 있다. 그러니까 학문적 근원을 따지자면 원래 형식 의미론이 그랬던 이상 이것도 논리학에서 비롯되었다고 볼 수가 있는 셈인데, 구체적으로 따지자면 이것의 모형이 되었던 것은 「서술문의 프로그래밍」을 위하여 개발되었던 동적 논리체계라는 사실이 이것의 더 큰 특징일 수도 있다. 왜냐하면 프로그램이란 결국에 컴퓨터 작업과 같은 기계적 조작을 위한 것이기 때문이다. 다시 말하자면 두 기계적 상태 간에 의미나 정보가 어떻게 전환되어가는가를 프로그램한 것이 바로 동적 논리체계였는데, 이것을 하나의 의미이론으로 정리한 것이 동적 의미론이었던 것이니까, 이것의 중요한 특징 중의 하나가 최근에 많은 주목을 끌게 된 컴퓨터나 전산언어학의 발전과 밀접하게 연관되어 생겨난 점인 것이다.

그런데 흥미롭게도 이들은 곧 이어서 이 의미론의 등장의 배경을 이런 논리학적 전통에서 찾는 것보다는 오히려 언어학적 전통에서 찾는 것이 더 합리적일지도 모른다는 견해를 나타내고 있는데, 그 이유는 이 무렵에 이미 의미론에서는 「담화 표현 이론」이나 「파일 변경 의미론」과 같은, 의미 분석의 대상과 영역을 독립적 문장으로부터 담화나 텍스트로 바꿀 것을 기본 입장으로 내세우는 이론들이 나와 있었기 때문이었다. 이들 두 이론들이 공통으로 내세우는 바는 기본적으로 담화의 의미해석은 「담화의 구조는 으레 점증적으로 만들어진다.」는 원리대로 해야 한다는 것이었기에, 대용어적 표현과 관련되는 담화적 지시물과 조건 등의 해석이 으레 분석작업의 핵심과제가 되기 마련이었다.(Groenendijk와 Stokhof, 2006, p.273)

특히 이들 두 이론들이 동적 의미론의 등장에 기여한 점은 바로 표준적인 서술논리의 한계성을 극복하기 위하여 동적인 서술논리를 개발한 사실이었다. 동적 서술논리의 강점은 양화사문을 분석하는 경우에 잘 드러나게 되어 있었다. 예컨대 표준적인 서술 논리법에 의할 것 같으면 1) 「A man is walking in the park. He whistles.(한 남자가 공원에서 걷고 있다. 그는 휘파람을 분다.)」와, 2) 「Every farmer who owns a donkey beats it.(당나귀를 소유하는 농부는 그것을 때린다.)」라는 문장들은 3) 「$\exists x(\text{man}(x) \wedge$

walk(x)∧whistle(x))」와 4)「∀x∀y((farmer(x)∧donkey(y)∧own(x, y))→beat(x, y))」처럼 번역될 수 있는데, 3)에는 두 번째 문장의 「he」가 첫 문장의 부정관사라는 존재 양화사의 범위 밑에 들어가게 되는 문제점이 있고, 4)에는 관계사절 내의 목적어에 붙여져 있는 부정관사가 문장 전체에서는 전칭 양화사처럼 해석 되어야 하는 문제점이 있었다. 이런 문제점을 해소하기 위해서는 동적인 서술 논리법에 따라 3)과 4)를 각각 5)「∃x(man(x)∧walk(x)) ∧whistle(x)」과 6)「∀x((farmer(x)∧∃y(donkey (y)∧own(x, y)))→beat(x, y))」처럼 바꿀 수밖에 없었다.(Ibid, p.274)

이들의 견해로는 그런데 앞으로 널리 쓰일 수 있는 동적 의미 이론은 바로 「갱신 의미론(Update Sementics)」이었다. 다른 동적 의미이론에 비하여 이것은 해석의 동적 절차를 보다 단순하고 직관적인 것으로 본다는 장점을 지니고 있기에 실제적인 담화를 분석하는 데 널리 쓰일 수가 있었다. 이 의미론에서는 문장들은 세상의 사실과 관련해서 정적으로 평가되는 것이 아니라 정보 상태에 미치는 영향 면으로 해석되게 되어있는데, 이런 영향에는 크게 「S[∮]=∅」과 「「S[∮]=S」 등의 두 가지가 있었을 수 있었다.(여기에서 S와 ∮는 각각 정보 상태와 문장을 나타냄)

이들 중 첫 번째 것이 나타내는 바는 「∮로 S를 갱신한 결과 정보 상태는 애매한 것, 즉 ∅(공허한 세트)으로 바뀌었다.」는 것이고 두 번째 것의 그것은 「∮로 S를 갱신한 결과 정보 상태는 그대로 S이다.」는 것이니까, 쉽게 말해서 이들은 각각 새로운 문장의 의미가 기존의 문장의 의미와 불일치하는 경우와 새로운 문장의 의미가 아무런 새 정보가 되지 못하는 경우를 가리키고 있는 것이다. 그런데 이 의미이론의 진짜 특징은 이들과 같은 새로운 표기법에 있다기보다는 오히려 이것에 의해서는 응집성이 있는 담화와 그렇지 못한 담화를 쉽게 식별될 수 있다는 데 있다고 볼 수가 있다.

예컨대 「It might be raining outside…It isn't raining outside.(밖에 비가 오고 있을지도 모르겠다…밖에 비가 오고 있지 않다.)」와 「It isn't raining outside…It might be raining outside.(밖에 비가 오고 있지 않다…밖에 비가 오고 있을지도 모르겠다.)」라는 두 담화는 똑같이 「might」라는 상 조동사가 두 문장 중 하나에서 쓰이고 있음에도 불구하고 첫 번째 것은 일관성과 응집성이 있는 제대로 된 것인데 반하여 두 번째 것은 그렇지 못한 것이라는 차이를 보이고 있는데, 이런 차이는 바로 이들의 구성 문장들을 진리조건적 분석법으로써가 아니라 갱신 의미론적 분석법으로써 분석했을 때만 발견될 수 있다. 이들의 구성 문장들을 진리 조건적 분석법으로 분석하게 되면 이들 간에는 아무런 차이가 없다.(Ibid, p.275)

마지막으로 여기에서는 그동안에 논리적 의미론에서 많은 사람들의 끈질긴 노력에도 불구하고 완전히 해결되지는 못하고 있는 과제들을 해결하는 데 앞으로 새로운 돌파구를 제공할 수 있는 것은 오직 동적 의미론뿐이라는 점이 강조되고 있다. 이들이 보기에는 지난날에 진리조건적 의미론에서 집중적으로 검토된 과제들은 하나같이 의미론과 화용론의 경계선상에 있는 것들이라는 사실만큼 앞으로의 의미론의 발전방향을 제대로 제시해주고 있는 것은 없었다. 그것은 바로 동적 의미론을 크게 발전시키는 것인데, 이런 판단의 근거가 될 수 있는 것이 파일 변경 의미론에서 최근에 관사의 대용어적 관계나 전제와 같은 어려운 과제들에 대한 새로운 분석법을 제시하는 데 성공했다는 사실이었다.(Ibid, p.276)

오늘날의 의미론의 양상에서 찾아볼 수 있는 세 번째의 긍정적인 면은 형식주의적인 분석 및 표기법이 크게 발달했다는 점이다. 앞에서 누차 지적했듯이 비형식성은 통사론에 비하여 의미론이 태생적으로 감당해야 할 불리한 점인데, 바로 그렇기 때문에 20세기에 들어서면서 의미론자들은 모두가 이것의 발전의 관건은 얼마만큼 이것이 형식화되느냐에 달려

있다는 것을 깨닫게 된 것이다. 물론 크게 보았을 때는 지금까지 의미 연구는 어휘 의미론과 문장 의미론이라는 두 개의 큰 흐름 안에서 이루어져 왔기에, 형식화를 위한 노력도 당연히 이들 두 의미론 모두에 있어서 똑같이 경주되었다고 볼 수가 있다. 예컨대 어휘 의미론이 20세기를 전후해서 역사적 어휘 의미론으로부터 구조적 어휘 의미론으로 대전환을 하게 된 것도 따지고 볼 것 같으면 이 분야에 종사하던 의미론자들의 형식화를 위한 노력의 결과일 따름이었다.

그리고 사실은 의미론의 형식화 과정이 결국에는 다른 학문들의 학풍의 영향이라는 사실을 보다 극명하게 확인할 수 있는 분야도 바로 어휘 의미론이다. 더 구체적으로는 20세기 이후의 어휘 의미론의 발전과정은 통사론의 발전과정을 거의 그대로 답습한 것이었다. 예컨대 20세기 중반에 이르러 성분 분석법에 의해서 어휘 의미의 대립관계를 밝히는 것을 주된 과제로 삼는 관계 의미론이나 구조 의미론이 등장하게 된 것은 이 무렵에 등장한 구조나 기술언어학의 영향이라고 볼 수가 있고, 또한 어휘론이라는 전통적인 술어 앞에 굳이 생성적이라는 한정사를 붙여져서 생성 어휘론이라는 어휘 의미론을 탄생된 것도 통사론에서 생성주의 이론이 새로운 주도 이론으로 자리 잡게 된 것과 불가분적인 관련성이 있었을 것이 분명하다.

특히 어휘 의미론의 형식화와 관련하여 짚고 넘어가야 할 사실은 의미 연구의 전산화에 크게 기여한 분야는 바로 이 의미론이라는 점이다. 「분배적 자료 분석」이 전산언어학의 분야에서 선도적 역할을 하게 된 사실이 익히 증거하고 있듯이, 어휘적 자료를 수집하고 분류하는 데 있어서는 컴퓨터만한 것이 없다. 따라서 일단은 전산 언어학의 발달로 어휘 의미론의 발전의 속도가 빨라질 것이다. 그러나 전산언어학의 발달로 이른바 전산의미론이라는 새로운 어휘 의미론이 탄생될 공산도 커졌다. 최근에 와서 이래저래 어휘 의미론을 형식화하려는 노력은 더욱 증가하게 되었다는 것은 부인할 수 없는 사실이다.

그러나 의미론을 형식화하는 데 결정적인 역할을 한 사람들은 역시 형식 의미론자들 이었으며, 따라서 이들이 활동한 분야, 즉 형식 의미론이나 문장 의미론에서 그것의 결과는 익히 확인될 수가 있다. 애당초 연구법이나 표기법 등에 있어서 문장 의미론의 모형이 되었던 것은 형식논리학이었기에, 이 분야의 의미론자들은 어휘 의미론과 대비시켜서 이것을 형식 의미론이라고 부르는 데 아무런 거리낌이 없었던 것이다. 물론 형식 의미론은 비교적 짧은 기간 내에 학문적 틀과 능력을 갖추는 데 성공하였으며, 그 결과 진리 조건적 의미론이 일종의 표준적 문장 의미론으로 자리 잡게 되었다.

그런데 사실은 궁극적인 의미에서 볼 때 형식 의미론자들은 처음부터 형식주의의 역설적 과제를 해결하는 데 주력을 쏟아야 했었는데, 그 이유는 자연언어의 문장의 의미를 분석하는 일은 논리학이나 수학에서 문제를 해결하는 일과 크게 다르기 때문이었다. 이들은 특히 머지않아서 자기네들의 진리조건적 의미론은 문맥과 언어사용자의 심리와 같은 언어외적 변수를 고려하지 않았다는 한계성과, 분석의 대상을 담화나 텍스트가 아닌 개별문장으로 제한했다는 한계성을 지니고 있다는 사실을 깨닫게 되었으며, 그 결과 이들의 과제는 이런 한계성들을 극복하는 일이 되고 말았다.

그런데 무엇보다도 놀라운 사실은 이들은 이런 과제들이 아무리 복잡하고 난삽한 것이라고 할지라도 형식주의적 전통만은 절대로 저버려서는 안 된다는 것을 익히 알고 있었다는 점이다. 약간 비꼬아서 말하자면 이들의 이런 집념으로 인하여 결국에 형식 의미론은 점점 더 새로운 기호와 표기법들이 경쟁적으로 저마다의 위력을 과시하는 장으로 바뀌어가게 되었던 것이다. 바꾸어 말하자면 의미론이 차차 정적 의미론의 단계로부터 동적 의미론의 단계로 발전되어감에 따라서 문장의 의미의 분석이나 기술에 쓰이는 기호와 표기법의 새로움과 복합함은 조금씩 증가되어 갔던 것이다.

또한 이런 현상이 더욱 확대 내지는 심화되는 데 중요한 요소로 작용한 사실은 바로 새로운 이론을 내세운 사람들은 저마다 자기 특유의 기호나 표기법을 사용하게 되었다는 사실이다. 크게 보았을 때는 물론 이들에게 서술 논리적 표현법이라는 공통언어가 없던 것은 아니다. 그러나 그런 기본적 표현법에 개인적 수정이나 변경사항들이 가해지게 되면서, 그것은 자연히 일종의 개별언어와 같은 모습을 띠게 되었던 것이다. 그런데 이런 사실을 가장 쉽게 확인할 수 있는 방법이 곧 몇 명의 의미론자들이 사용했던 이른바 「당나귀 문장(donkey sentences)」에 대한 기술법들을 비교해 보는 것이다.

우선 그동안에 당나귀 문장에 대한 분석이 의미론적 논쟁의 중심부에 자리 잡게 된 것은, Seuren(2009)의 말을 그대로 빌릴 것 같으면 자연언어에는 「순전히 외연적 명제를 나타내면서도 실제로 존재하는 대상을 지시하지도 않고, 결속 변항으로서의 분석도 허용되지 않는 항목들을 가지고 있는 문장들이」 있는데, 이들이 바로 당나귀 문장들이기 때문이었다. 이것을 20세기에 이르러 처음으로 학술적 술어로 쓰기 시작한 사람은 영국의 저명한 논리학자 겸 철학자였던 Geach였는데, 원래 이런 문장들이 학술적 논쟁거리로 소개된 것은 14세기에 Burleigh가 지시이론의 대안으로 제시했던 상정이론에서였다.(Sueren, 2009, p.269)

그러니까 결국에는 Burleigh가 일찍이 그랬듯이 Geach도 논리적 번역에서 쓰이는 술어 연산법으로는 제대로 분석이 될 수 없는 문장이 바로 당나귀 문장으로 불리는 양화사문이라는 사실을 익히 알고 있었던 것인데, 그것의 근거로는 그가 예컨대 「Any man who owns a donkey beats it.(당나귀를 소유하는 사람은 누구나가 그것을 때린다)」라는 문장은 선행사가 복합 서술문내의 관계사절 내에 있어서 대명사와 선행사 간의 관계가 제대로 밝혀지지 못한다는 문제점을 지니고 있기 때문에, 결국에 그것은 「Any man, if he owns a donkey, beats it.(만약에 그가 당나귀를 가지고 있다면 누구라도 그것을 때린다)」와 같은 문장으로 바뀌어야 한다고 주장했었다는 사실을 들 수가 있다.

그러나 Sueren이 보기에는 그렇게 복문을 중문으로 바꾼다고 해도 그것이 현대적 서술논리로 번역될 수 없다는 문제점은 그대로 남아있기 마련이었다. 따라서 이런 문제의 최선의 해결책은 그 문장을 「Beat(*x*, *y*)」에서의 「*y*」를 하나의 자유로운 변항으로 간주하는 식으로 해서 「$\forall x[Man(x) \rightarrow [\exists y[Donkey(y) \wedge Own(x, y)] \rightarrow Beat(x, y)]]$」처럼 번역하는 것이었다. 또한 Geach는 일찍이 「Smith owns a donkey and he beats it.(스미스는 당나귀를 소유하고 있는데 그것을 때린다)」라는 문장은 「it」를 하나의 결속 변항으로 취급해서 「$\exists x[Donkey(x) \wedge Own(Smith, x) \wedge Beat(Smith, x)]$」처럼 번역될 수 있다고 내세웠었는데, 그의 견해로는 이것도 맞는 해결책은 아니었다. 그 이유는 이것에는 예컨대 「Smith must own a donkey, and he may beat it.(스미스는 당나귀를 소유하고 있음이 확실한데, 그는 그것을 때릴는지도 모른다.)」나 「I believe that Smith owns a donkey, and I fear that he beats it.(나는 스미스가 당나귀를 소유하고 있다고 믿으며 그가 그것을 때릴까 두렵다.)」, 「This made Smith own a donkey and kept him from beating it.(이것은 스미스로 하여금 당나귀를 소유하게 하고 그것을 때리지 못하게 했다.)」와 같은 문장 등을 망라할 수 있는 일반성이 없기 때문이었다.(Ibid, p270)

당나귀 문장에 대한 비슷한 논쟁은 최근에 동적 의미론의 선도이론으로 등장한 담화표현 이론에서도 이루어지고 있는데, 흥미로운 것은 여기에서 쓰이고 있는 논리적 표기법은 Greach나 Sueren의 그것과 똑같지가 않다는 점이다. 예컨대 Eijck(2009)는 「담화 표현 이론(Discourse Representation Theory)」라는 글에서 당나귀 문장이 으레 지니고 있는 문제, 즉 비표준적 양화사의 문제를 다루고 있는데, 이 자리에서 쓰이고 있는 표현법은 표준적인 것과 약간 다르다. 그가 보기에는 그동안의 담화표현 이론에서는 으레 「Most farmers who own a donkey beat it.(당나귀를 소유하는 대부분의 농부는 그것을 때린다.)」라는 문장을 「((*x*, *y*)(farmer(*x*), donkey (*y*), own(*x*, *y*)))⇒*m*⇒(( )(beat(*x*, *y*)))」처럼 표현해왔는데, 이것은 기본적으로 「R」이라는 표현을 입증하는 대부분의 배당들은 「R′」라는 새로운 표현을 입증하는 배당이 되기도 한다는 의미를 나타내는 「R⇒*m*⇒R′」와 같은 구조를 가지고 있다는 의미에서는 담화표현 이론의 본지를 충실히 반영한 것이라고 볼 수 있었다.

그러나 이런 표현은 바로 양화사가 개별 농부를 한정하지 않고서 「농부－당나귀」라는 짝을 한정하게 된다는 문제점을 지니고 있었다. 이런 문제점을 해결하기 위해서 Kamp와 Reyle(1990)은 일찍이 「((*x*, *y*) (farmer(*x*), donkey(*y*), own(*x*, *y*)))⇒ $\underset{x}{\text{most}}$ ⇒(( )(beat (*x*, *y*)))」와 같은 일종의 수정된 표현을 제안했었는데, 그가 보기에는 이것은 별다른 문제점을 지니고 있지 않은 제대로 된 표현이었다. 간단히 말해서 이것은 원칙상 「most」의 자리에 어떤 일반화된 양화사도 들어설 수 있는 식으로, 일반성이 높은 표현이었다. 즉 「Q」를 모든 일반화 양화사로 보고, 「R, R'」을 한 짝의 표현구체로 보았을 때 이것의 구조는 「$R \Rightarrow \underset{x}{Q} \Rightarrow R'$」 처럼 되어있었다.(Eijck, 2009, p.257)

(나) 부정적인 사실

오늘날의 의미론의 양상은 부정적인 면도 드러내고 있는데, 굳이 긍정적인 면과 균형을 맞추려는 의도에서 나온 결론은 아닌데, 크게 보았을 때 그런 것에는 통합성의 결여와 담화 분석의 부진, 문맥 및 심리적 요소의 난삽성 등의 세 가지가 있다고 볼 수가 있다. 비근한 비유를 사용하자면 의미론도 이제는 앞으로의 전망을 「산 넘어 산」으로 보는 식으로 객관적이고 거시적인 시각에서 해볼 수 있을 만큼 성장한 것인데, 이런 의미에서 보자면 이런 부정적인 면들을 반드시 비관적인 입장에서 바라볼 필요는 없는 것 같다. 다시 말해서 이들과 긍정적인 면 간의 관계는 동전의 앞면과 뒷면의 관계나 비슷한 것이니까, 결국에는 이들을 긍정적인 입장에서 바라보는 것이 합리적인 일이다.

이들 세 가지 사실 중 첫 번째 것은 역시 통합성이 결여되어 있다는 사실인데, 따지고 보자면 이것은 의미론이 그동안까지 꾸준히 메고 왔을 뿐만 아니라 앞으로도 여전히 메고 가야 할 태생적 한계성의 한 가지일 따름이다. 엄밀히 말해서 의미론은 통사론과는 다르게 어휘 의미론과 형식 의미론이라는 두 개의 서로 다른 학문을 가리키는 말인데, 무엇보다도 중요한 특징은 의미론이라는 공통분모를 갖기에 걸맞지 않을 정도로, 이들은 서로 간에 아무런 학문적 교류도 없이 처음부터 오늘에 이르기까지 각각 독자적인 패러다임을 가지고서 발달하고 있다는 점이다. 그러니까 궁극적인 의미에서 볼 것 같으면 양궤도적인 학문의 속성을 그대로 인정하지 않고서, 그것을 그것이 학문적 통일성을 유지하지 못하고 있는 점으로 보려는 것부터가 잘못된 것인지도 모른다.

그러나 의미론의 이런 양궤도성은 앞으로 크게 두 가지 이유에서 수정 내지는 변경되는 것이 바람직한 일이다. 첫 번째로, 오늘날 현대의미론하면 으레 형식이나 문장 의미론을 말하는 사실이 익히 증거하고 있듯이,

사실상 오늘날의 의미론을 이끌고 있는 것은 형식 의미론이며, 따라서 의미론자 모두의 노력으로 이런 움직임이 더 가속화되는 것이 곧 의미론이 통사론과 맞설 수 있게 되는 유일한 길임이 분명하기 때문이다. 가능하다면 물론 언어학의 한 하위분야인 어형론에 어휘 의미론을 포함시켜서 그 이름을 어휘론으로 고치는 것도 의미론을 빠른 시일 내에 단선이나 단궤도적인 학문으로 탈바꿈시킬 수 있는 한 방안이 될 수 있을 것이다.

두 번째로, 일단 언어를 의사소통의 도구로 보게 되면, 개별적 어휘가 아니라 그것들에 의해서 만들어진 문장이나 표현을 그것의 기본 단위로 보는 것이 맞는 일이며, 따라서 이런 입장에서 볼 것 같으면 문장의 의미는 곧 「어휘적 의미+문법적 의미」라는 논리에 입각해서, 어휘 의미론을 형식 의미론의 한 하위 분야로 간주할 수 있기 때문이다. 이렇게 되면 결국에 문장이라는 일종의 문맥 내에서 어휘의 의미를 연구하게 되는 셈이니까 어휘 의미론이 언어적 의미는 으레 상황이나 문맥에서 나온다는 기본 원리를 충실히 지키는 결과가 되는 것이다. 다시 말해서 이렇게 되면 어휘 의미론은 일찍이 Frege가 내세웠던 구호, 즉 「오직 문장의 맥락 안에서만 어휘는 의미를 갖게 된다.」는 원리를 제대로 지키게 되는 것이다.(Chierchia, 2009, p.216)

세 가지 부정적 사실 중 두 번째 것은 의미론이 정적 의미론의 정립을 목표로 하는 제1단계를 지나 동적 의미론의 틀을 모색하는 제2단계에 들어서면서, 그것의 영역과 방법론에 관한 과거의 발상법을 재검토할 필요성이 생기게 되었다는 사실이다. 기본적으로는 물론 이와 같은 발전의 역설성이 이 학문에서만 일어날 수 있는 것은 아니다. 그러나 의미론의 경우는 특수한 특이성을 인정하지 않을 수 없는데, 그 이유는 이 학문은 학문의 존재양식이 바뀌어야 할 처지 즉, 연구 영역의 한계성이 재설정되고 연구방법의 적절성이 재검토되어야 할 처지에 놓이게 되었기 때문이다.

구체적으로 말할 것 같으면 이런 필요성은 의미론자들이 문장의 의미는 「어휘적 의미+문법적 의미」나 「진리조건적 의미+화용적 의미」와 같이 단순하게 분석될 수 있는 것이 아니라, 문맥적 변항과 심리적 변항을 결정적 요소로 개입시켰을 때만 제대로 분석될 수 있다는 사실을 깨닫게 되면서 야기된 것이었다. 예컨대 이와 관련하여 이 학문에서 제일 먼저 제기된 질문은 바로 '과연 의미론과 화용론을 엄격히 구별하려 했던 지난날의 관행이 합리적으로 의미 있는 일이었는가?'였다. 그 다음으로 제기된 질문은 과연 인지적 구조나 지각적 절차와 같은 인간의 정신작용까지를 의미론의 분석 대상으로 삼아야 할 것인가, 바꾸어 말해서 과연 의미론에서는 '일반적인 지력과 의미적 능력 간을 명확히 구별할 수 있을 것인가?'였다.

그들에 이어서 세 번째로 제기된 질문은 '우리를 에워싸고 있는 세계를 이해 가능한 세계로 볼 것 인가?'나, 아니면 '사실적 세계와 가능한 세계 중 어느 것을 주된 분석 대상으로 삼는 것이 마땅한 일인가?'이었다. 그리고 마지막이며 네 번째로 던져진 질문은 과연 이런 문맥이나 상황적 변항과 심리내지는 의지적 변항들도 익히 형식화될 수 있냐나, 아니면 뒤집어 말해서 이런 변항들은 결국에 가서 형식주의적 기술법의 한계성을 드러내게 되는 것이 아닌가 하는 것이었다. 비유적으로 말하자면 이상과 같은 네 가지 질문들은 의미론자들로 하여금 긍정적으로 보자면, 자기네들이 지금 서 있는 곳에서 멀리 떨어져 있는 광대한 지평선을 바라보게 하게 하는 것들이고, 부정적으로 보자면 자기네들의 지금의 위치와 그것과의 대단한 거리를 깨닫게 하는 것들이다. 따라서 그들이 지금 스스로에게 던질 궁극적인 질문은 편의상 학문적 노력을 최소주의적인 것과 최대주의적인 것으로 대별했을 때, 어느 것을 추구하는 것이 현명한 일인가 인지도 모른다.

세 가지 부정적 사실 중 세 번째 것은 담화나 텍스트 수준의 의미연구는 이제 겨우 그것의 필요성을 인정하는 단계에 머물러있다는 사실이다. 일찍이 Grice가 한 문장의 진짜 의미는 명시적으로 표현되어 있는 것이 아니라 묵시적으로 암시되어 있는 것이라는, 함언 이론을 제안하고 나섰을 때, 일부 언어학자들은 화용론은 드디어 의미론이나 언어학의 세계에 일종의 「코페르니쿠스적인 대전환」을 가져오게 할 것이라고 기대했었는데, 불행하게도 오늘날까지도 그들의 장밋빛 기대는 실현되지 못했다. 그 이유는 근본적인 의미에서는 화용론은 통사론이나 의미론보다 훨씬 더 복잡하고 어려울 수밖에 없는데다가, 그동안에 실제로 이룩한 일도 Grice의 협조성 원리나 함언 이론에 대한 소개 및 분석 작업과 그것을 바탕으로 해서 관련성이론과 같은 그것에 대한 대안을 제안하는 것 정도였기 때문이었다.

그런데 원래 Grice가 의도했던 것이 통사론과 형식 의미론의 한계성을 극복하려는 것이었기 때문인지, 그 자신을 위시한 대부분의 화용론자들도 통사론자나 형식의미론자와 마찬가지로 분석의 대상으로 삼은 것은 개별 문장이었다. 예컨대 최근에 Meibauer(2009)는 「함언(Implicature)」이라는 논문에서 문맥1을 「화자A: What time is it?(몇 시지요?) 화자B: Some of the guests are already leaving.(일부 손님은 이미 떠나고 있어요.)」이라는 장면을 잡고, 문맥2를 「화자A: Where's John?(존은 어디 있어요?) 화자B: Some of the guests are already leaving.」이라는 장면으로 잡고서, 특수적 회화함언은 일반적 회화함언과 어떻게 다른가를 비교적으로 설명하고 있으니까 사람에 따라서는 얼마든지 그가 분석의 단위로 삼은 것은 개별문장이 아니라 문맥이나 하나의 짝말이라고 내세울 수도 있을 것이다.

그러나 단도직입적으로 말하자면 그가 여기에서 드러내주고 있는 것은 자기도 화용론적 논의에서는 으레 하나의 짝말만이 사실적인 예로 쓰이게 된다는 타성으로부터 자유롭지 못하는 사실이다. 이 예들은 분명히 두 문맥에서 화자 B가 말하고 있는 것은 동일한 말임에도 불구하고 화자 A가 그것의 짝말로서 어떤 질문을 했는지에 따라서 그것이 함언하는 바는 달라지게 된다는 것을 익히 실증하고 있는 것들이다. 그리고 굳이 따지자면 질문과 응답으로 된 하나의 짝말이 대화의 최소형이라는 것도 누구나 익히 알고 있는 사실이다. 그러나 우선 텍스트는 더 말할 나위가 없고 하나의 대화나 회화의 형태는 보통 여러 개의 문장이나 짝말로 되어 있다. 그리고 한 문장의 의미는 반드시 바로 앞 문장만이 아니라 대화 내의 다른 문장들의 영향을 받게 되어 있다.

그러니까 극단적으로 말하자면 부지불식간에 대부분의 설명이나 논의에서는 하나의 담화나 텍스트가 아니라 개별문장의 의미를 분석하는 것이 화용론의 전통이 되어버린 것인데, 아마도 이것을 확인할 수 있는 가장 좋은 방법 중 하나가 최근에 Borg(2009)가 「말해진 것의 화용적 결정소(Pragmatic Determinants of What Is Said)」라는 논문에서 어떤 예문을 다루고 있는 가를 알아보는 것일 것이다. 궁극적으로 그가 여기에서 내세우는 「발음되지 않은 구성소(Unarticulated Constituents: UCs)이론」은 진리조건적 의미론이나 형식 의미론의 한계성을 지적하기 위한 것이어서 그런지, 문제시되고 있는 예문들은 모두가 개별문장들이다.

예컨대 이 논문의 서두에서 일종의 표적문처럼 제시되고 있는 것이 「Jack」이 「That is better than Jill's book.(저것은 질의 책보다 낫다.)」라고 한 말이다. 그가 보기에는 이 말의 의미를 결정짓는 화용적 요소는 크게 두 가지인데, 그중 첫 번째 것은 「that」라는 지시사의 지시물과, 「is」라는 현재 시제의 사실적인 때를 제시해주게 되는 문맥적 요소이고, 그중 두 번째 것은 상황에 의해서 「better」의 의미를 구체화하는 인지적 요소이었다. 상황에 의한 인지적 요소도 결국에는 일종의 문맥적 요소로 간주할 수 있으니까, 이 예를 통해서 「통사적으로는 표시되어 있지 않으면서도 의미상으로는 해석되지 않을 수 없는 정보」를 문맥이 제공해주고 있다는 것을 익히 알 수 있었다. 이런 비통사적 결정소, 즉 문맥적 결정소를 그는 「발음되지 않은 구성소」라고 불렀다.(Borg, 2009, p.717)

화용론을 일단 일찍이 기호론자인 Morris(1938)가 정의했던 대로 기호와 그것의 사용자 간의 관계를 연구하는 학문으로 보게 되면 그동안처럼 문장 수준이라는 제약 내에서 그것을 발전시키려고 한 것은 결국 초보적 노력에 불과한 것이라는 것이 분명해진다. 간단히 말해서 기껏해야 문장 수준의 화용론은 화용론의 일부일 따름이며, 언어 사용의 단위가 문장이 아니라 담화나 텍스트일 수도 있는 이상은 담화나 텍스트 수준의 화용론도 마땅히 있어야 하는 것이다. 그리고 따지고 보자면 지금까지 개발 된 화용론적 이론들, 예컨대 Grice의 함언이론을 비롯하여 정중성의 이론, 화행이론, 관련성 이론 등의 타당성은 담화나 텍스트를 분석의 대상으로 삼았을 때만 제대로 검토될 수 있는 것이다.

그리고 담화분석론에서 이미 밝혀졌듯이 담화의 구조는 응집성이라는 하나의 원리에 의해서 만들어지게 되어있다. Kehler(2002)는 최근에 한 담화 내에서의 문장 간의 응집적인 관계를 인과적 관계와 유사성 관계, 인접성 관계 등의 세 가지로 잡았는데, 흥미롭게도 이런 분류는 우리의 인지적 절차의 유형과 일치한다. 이런 사실로 미루어 보았을 때 담화분석론은 궁극적으로 형식중심의 학문이 아니라 의미중심의 학문이거나, 아니면 형식과 의미를 통합시킨 접근법이 쓰여야 할 학문이라는 것을 알 수가 있다. 이런 의미에서 보자면 Abbott(2010)이 최근에 굳이 「담화 화용론(Discourse Pragmatics)」을 별도로 독립시키려고 한 것은 헛된 시도임이 분명하다. 화용론하면 응당 담화 화용론을 말하게 되어있는 것이기에 그것을 새삼스럽게 문장 화용론과 담화 화용론으로 나누려고 한다는 것은 이치에 맞지 않는 일이다.(Abbott, 2010, p.425)

6.2 과제

의미론의 현황을 이상과 같이 긍정적인 면과 부정적인 면으로 나누어 파악하다 보면, 앞으로 이것이 마주하게 될 과제에는 어떤 것이 있겠는가에 대한 대답은 이미 나와 있는 것이나 다름이 없다. 쉽게 말해서 의미론이 앞으로 해야 할 일은 그것의 긍정적인 면은 더욱 신장 내지는 확대하면서 그것의 부정적인 면은 수정 내지는 보완하는 것이다. 그러나 이런 식의 대답은 결국에는 지극히 포괄적이고 추상적인 대답이어서, 의미론의 발전에 직접적으로 도움이 될 수 있는 것은 아니다. 이런 의미에서 보자면 의미론의 현황을 파악해보는 일과 그것이 보다 바람직한 모습으로의 발전을 위해서 장차 수행해야 할 과제를 선정해보는 일은 서로 별개의 일인 것이다.

1) 단기적 과제

편의상 의미론이 앞으로 수행해야 할 과제를 단기적인 것과 장기적인 것의 두 부류로 나누어 볼 것 같으면, 먼저 첫 번째 부류에 속하는 것으로는 인지 의미론의 발전과 동적 의미론의 발전, 담화 의미론의 발전 등의 세 가지를 들 수가 있다. 우선 인지 의미론의 발전이 세 가지 단기적 과제 중 첫 번째 것으로 선정된 이유나 근거를 살펴볼 것 같으면 그것에는 다음과 같은 세 가지가 있다. 첫 번째로, 이 의미론은 인지주의라는 최첨단적 학풍을 그대로 수용한 것이어서, 결과적으로는 자료수집이나 분류적 기술을 기본 연구법으로 삼은 전통적 의미론에 대한 하나의 대안이론이 익히 될 수 있기 때문이다. 더구나 이렇게 되면 언어적 의미는 결국에 우리의 개념조직이나 인지절차의 반영체로 볼 수밖에 없다는, 인간중심의 새로운 의미이론을 받아들이는 결과가 되기도 한다.

두 번째로, 이 의미론은 이미 앞으로 크게 도약할 수 있는 기초가 충분히 마련된 의미론이다. 인지 의미론의 약점으로 흔히들 Chomsky의 통사론처럼 그것이 어느 한 개인이 내세운 이론을 가리키는 것이 아니라 여러 사람들이 내세운 이론들의 집합체를 가리키는 점을 들고 있는데, 사실은 그것이 바로 이것만이 가지고 있는 장점이다. 예컨대 이 의미론은 Langacker의 「개념적 구성이론」이나 Lakoff의 「이상적 인지모형 이론」, Taylor의 「언어적 범주화이론」 등을 종합적으로 가리키는 말이니까, 그것의 내용이 그만큼 다양하고 심오하다는 의미가 된다. 특히 이들은 Chomsky의 것과 익히 대결할 수 있을 만큼 강력한, 저마다의 특이한 언어관과 과학관을 앞세우고 있기까지 한다.

세 번째로 이 의미론은 일종의 통합이론을 지향하고 있는 것이다. 이론상 통합이론은 현재 의미론 내에 형성되어있는 어휘 의미론과 문장 의미론 간의 벽을 허무는 이론일 뿐만 아니라, 현재 의미론과 통사론으로 양분되어 있는 언어 연구의 영역을 하나로 합칠 수 있는 이론이어야 하는데, 그동안에 제안된 인지 의미론들은 하나같이 이런 모형을 지향하고 있다. 그것의 가장 비근한 근거는 물론 Langacker(2006)가 인지문법과 인지 언어학, 인지 의미론이라는 술어를 동의어처럼 쓰고 있다는 사실이다. 또 한 가지 이런 근거로 들 수 있는 것은 바로 두 권으로 된 「인지 의미론을 향하여(Towards a Cognitive Semantics)」라는 책의 첫 권에서 Talmy(2000,

2003)가 언어적 구조는 「원리상으로는 어휘적 단일체계임에도 불구하고」 일반적으로는 문법적인 것과 어휘적인 것의 두 하위체계로 구성되어 있는 것으로 알려져 있는데 그 이유는 결국에 「두 체계의 의미적 기능이 불가결적인 것 대 보완적인 것 식으로 다르기 때문이라」는 말과, 「우리는 문장을 (또는 다른 담화부분을) 청자에게서 여기에서 인지적 표현이라 이름 붙여진, 특수한 경험적 복합체를 유발시키는 것으로 간주한다.」라는 말을 하고 있다는 사실이다.(Talmy, 2000, p.21)

그 다음으로 이들 과제 중 두 번째 것으로 동적 의미론이 선택된 이유를 알아볼 것 같으면, 그것에는 크게 다음과 같은 두 가지가 있다고 볼 수가 있다. 첫 번째로 이 의미론은 문장 내지는 형식 의미론의 발달 과정상의 필연성을 그대로 반영하고 있는 것이기 때문이다. 앞에서 이미 약간의 설명이 있었듯이 그동안의 형식 의미론의 모형에서는 원래가 그것은 논리학이나 대수학에서 개발된 것을 언어분석에 그대로 적용했던 것이기에, 문맥과 화자의 심리라는 언어 특유의 두 가지 변항을 으레 고려 요소로 삼지 않았었는데, 그런 방식의 연구가 상당한 수준까지 진척되면서 많은 연구자들은, 전제나 함의와 같은 함축적인 의미의 문제는 고사하고서, 양화사나 대명사와 관련된 문제와 같은 명시적인 의미의 문제를 다루는 데 있어서도 이런 변항을 언어적 표현체의 주요 구성요소로 개입시키지 않을 수 없다는 것을 알게 된 것이다. 다시 말해서 그들은 형식 의미론은 이미 정적 의미론의 단계를 지나서 동적 의미론의 단계에 진입했으며 따라서 바로 동적 의미론의 발달여부가 곧 형식 의미론 전체의 앞으로의 운명을 좌우하게 될 것이라는 것을 인정하게 된 것이다.

두 번째로 이 의미론은 이제 겨우 그동안까지의 진리조건적 의미론의 한계성을 지적하고서 결국에는 동적 서술 논리법의 도입만이 그것의 가장 효과적인 해결책임을 실증하는 데 성공한 단계에 들어섰기 때문에,

앞으로 할 일이 지금까지 한 일보다 훨씬 많게 되어있는 것이기 때문이다. 앞에서 이미 상세히 검토했듯이, 현재로서 이 움직임을 이끌고 있는 이론으로는 담화표현 이론과 파일 변경이론, 갱신 의미론 등의 세 가지를 꼽을 수가 있는데, 그 가짓수도 우선 작고, 이들의 학문적 수준도 모두 초보적이다. 그래서인지 최근에는 이들 간에 일종의 융합적 작업을 시도하는 경향도 나타나게 되었다. 예컨대 Groenendijk와 Stokhof(1999)는 최근에 동적 서술 논리법을 몬태규 논법과 통합시키게 되면 이른바 「동적 몬태규 문법」이 탄생될 수 있다고 주장하고 나섰고, 또한 Muskens(1995)는 비슷한 시기에 몬태규 의미론은 담화표현 이론과 익히 합쳐질 수 있다고 주장하고 나섰다.

세 번째로 이들 과제 중 세 번째 것으로 담화 의미론이 선택된 이유를 알아볼 것 같으면, 앞의 것의 이유와 마찬가지로 이것에도 크게 두 가지가 있다. 첫 번째로, 일단 의미론을 언어사용의 능력을 다루는 학문으로 칠 것 같으면 그것의 연구대상에는 마땅히 담화나 텍스트도 포함되어야 함에도 불구하고 그동안의 의미론에서는 그렇게 하지를 못하였는데 의미론자들이 이제라도 그런 잘못을 깨닫고서 담화 의미론의 발전을 최대한 도모하는 것이 의미론의 제대로 된 발전을 위해서 바람직한 일이기 때문이다. 앞에서 이미 살펴보았듯이 그동안의 의미론의 발전은 어휘 중심의 연구에서 문장 중심의 연구로 옮기는 데까지는 성공적이었는데, 그 다음 과제로 문장 중심의 연구에서 담화 중심의 연구로 옮기는 데는 그렇지를 못하고 있는 것이니까, 그것 앞에는 지금 담화 의미론의 발전이라는 필연적 내지는 역사적 과제가 놓여있는 셈이다.

두 번째로, 어휘 의미론적 과제와 문장 의미론적 과제를 각각 일차적 과제와 이차적 과제로 치자면 삼차적 과제라 할 수 있는 담화 의미론적 과제는 그들보다 훨씬 더 어렵고 복잡한 것이기 때문이다. 역설적으로,

그동안에 형식 의미론의 발전은 문장의 논리적 의미는 문맥과 언어사용자의 의지나 심리에 의해서 적지 않게 달라질 수 있다는 것을 가르쳐주었는데, 그런 사실과 정면으로 맞서려는 움직임이 동적 의미론의 대두였다. 그런데 동적 의미론으로의 이행을 진리조건적 의미론의 기본 틀을 보완 내지는 수정하려는 일차적 움직임으로 치자면 그것의 이차적 움직임에 해당하는 것이 바로 담화 의미론으로의 이행이다.

그런데 담화 의미론으로의 이행을 동적 의미론의 것보다 이렇게 한 차원 높게 보는 이유는 바로 이 의미론에서 이들 두 언어외적 요소 중 결국에는 최종적이거나 결정적인 것으로 작용하게 되는 것은 언어사용자의 의지나 심리라는 것이 보다 분명하게 드러나게 되기 때문이다. 일찍이 Gibbs(1994)가 「의미는 마음 안에 있는 것이다.」라고 한 말의 참뜻을 헤아려 볼 수 있는 곳이 곧 담화 의미론인 것이다. 그런데 간접적으로나마 이런 사실을 뒷받침하고 있는 것이 최근에 발표된 Ariel(2009)의 「접근성 이론(Accessibility Theory)」이라는 논문이다. 이것에서는 우선 담화를 청자가 상황적 상정으로 익히 알고 있을 만한 정보에 화자가 새로운 정보를 통합시키는 절차로 보는 식으로, 일종의 정보처리나 인지적 모형으로 분석하고 있다. 이런 의미에서 이 이론은 일찍이 Sperber와 Wilson이 제안했던 관련성의 이론과 같은 부류의 것이다.

이것의 독창성은 물론 「접근성」이라는 개념을 가지고서 담화에 있어서의 화자와 청자 간의 심리적 상호교섭 관계를 설명하고 있다는 점이다. 먼저 이것에서는 청자가 일정한 언어적 표지에 의하여 정신적 표현체를 포착하게 되는 현상을 접근성의 현상이라고 보면서, 접근성의 표지에 여러 형태의 것이 있음에 따라서 접근성의 정도도 여러 가지로 나뉘어질 수 있다고 보았다. 그런데 이런 시각으로 볼 것 같으면 담화에 있어서 가장 중요한 역할을 수행하는 것 즉, 가장 중요한 접근성의 표지가 되는 것이 바로 대명사나 지정 명사구와 같은 지정 지시 표현체들이었다. 예컨대 화자가 사용한 지정 지시 명사구는 으레 청자로 하여금 그의 백과사전적 지식이나 상황적 인식력에 의해서 일정한 정신적 표현체에 접근할 수 있게 하는 것이었다.

그런데 모든 지정 지시표현체가 동일한 접근성의 표지로서의 힘을 가지고 있는 것은 아니었다. 다시 말해서 그들은 아주 낮은 접근성의 표지로부터 극도로 높은 접근성의 표지로 분류될 수가 있는데, 이런 스케일은 크게 정보성과 경직성, 희석성 등의 세 기준에 의해서 만들어질 수 있었다. 더구나 이런 원리에는 모든 언어에 적용될 수 있는 보편성도 있었다. 그런데 이 논문의 가치는 이중적이라고 보는 것이 마땅한 일인데, 그 이유는 담화를 궁극적으로 두 사람 간의 심리적 내지는 인지적 상호교섭 표현체로 보았다는 점은 하나의 장점이지만, 접근성의 표지의 분류가 규칙이나 기호를 사용한 형식적 표현법으로 이루어지지 않았다는 점은 하나의 단점이기 때문이다. 역시 지금의 담화 의미론의 연구 수준은 다분히 초보적인 것이다.(Ariel, 2009, p.2)

2) 장기적 과제

앞으로 긴 안목을 가지고서 의미론이 수행해야 할 과제를 장기적 과제로 치자면 그것에는 크게 수사학과의 관계를 정립하는 일과 통사론과 통합하려는 노력을 강화하는 일 등의 두 가지가 있다고 볼 수 있다. 두 가지 모두가 언어의 본질을 구명하려는 학문이라는 의미에서 의미론과 불가분적인 관계를 가질 수밖에 없는 학문들인데다가, 그 수준이 최소한 그것과 대등하거나, 아니면 그것보다 더 앞서있는 학문들이기에, 이들과 앞으로 어떤 관계를 설정하느냐에 따라서 이것의 발달의 양상은 크게 달라질 것이 뻔하다. 따라서 어떤 의미에서는 앞에서 살펴본 단기적 과제보다 더 중요하면서도 더 하기 힘든 과제라고 볼 수가 있다.

먼저 앞으로 의미론은 수사학과 어떤 관계를 갖는 것이 바람직할 것인가의 문제를 검토해 볼 것 같으면, 수사학에서 이미 밝혀 놓은 원리나 현상들을 의미론에서 원용하거나 재검토하는 식으로 해서, 의미론과 수사학간의 관계가 그전보다 한층 더 밀접해지도록 하는 것이 바람직한 일인 것 같다. 이런 목표를 달성시킬 수 있는 구체적인 방책으로는 크게 두 가지를 생각할 수가 있는데, 그중 첫 번째 것은 어휘 의미론의 영역에서 예컨대 수사 의미론 이라는 분야를 거의 독립적으로 설정하게 될 만큼 수사학적 문제를 많이 다루는 것이다. 물론 그동안에도 인지나 개념의미론의 주제로 은유와 환유의 현상이 자주 다루어졌었다.

그러나 안타깝게도 이들에 대한 소개는 대개 이들은 결국에 두 개념의 사상이나 혼성이라는 특수한 인지적 절차의 소산이라는 점을 강조하는 정도에서 끝나고, 이들의 화용적 기능, 즉 화자의 새로운 의미를 창출함으로써 의사소통의 효율을 증진시키려는 화용적 책략의 방편이라는 사실을 설명하지는 못하고 있다. 그러니까 쉽게 말하자면 어휘 의미론에서 은유나 환유를 제대로 다룰 수 있으려면 결국에는 그동안까지의 정태적 어휘 의미론으로부터 일종의 동태적 어휘 의미론으로 탈바꿈해야하는 대변혁이 그것에서 일어나야 되는 것이다. 더 나아가서는 어휘 의미론에서는 어휘적 의미의 변화성도 주요 주제의 한 가지로 삼아야 할 텐데, 은유나 환유적 언어사용이 의미변화를 유도하는 큰 원인인 이상, 이때에는 응당 은유와 환유에 대한 설명이 더 많이 필요하게 될 것이다.

그중 두 번째 것은 형식이나 문장 의미론이 그동안까지 수사법이나 수사문에 대한 논의를 정당한 과제의 목록에 포함시키지 않았던 전통을 깨고서, 적어도 어휘 의미론에서 그들을 다루었던 만큼은 그들을 다루게 되는 것이다. 우선 일상 언어에서 쓰이는 문장에는 비수사적인 것만 있는 것이 아니라 수사적인 것도 있는 이상은 수사적 문장을 분석의 대상에서 제외시킨다는 것은 이치에 맞지 않는 일이다. 예컨대 형식 의미론에서 「Fred stole the cookies.(프레드는 그 과자를 훔쳤다.)」와 「It was Fred who stole the cookies.(그 과자를 훔친 것은 프레드였다.)」 사이의 의미적 차이를 전제와 함의의 면에서 찾아내기는 하면서, 「The heart of France is under attack.(프랑스의 심장은 공격을 받고 있다.)」라는 은유문이 어떻게 진리조건에 맞는 문장일 수 있는 지를 밝히지 않는 것은 합리적이기 못한 일인 것이다.(Chierchia, 2009, p.319, Coulson, 2006, p.36)

또한 수사문 가운데는 반어문과 과장문 같은 것도 있는데, 이들의 진리치를 이들 자체만의 논리적 구조에 의해서 알아내는 일은 무의미한 일이다. 뒤집어 말할 것 같으면 이들이야말로 왜 정태적 상태에서의 문장 의미론은 하루 속히 동태적인 것으로나, 더 나아가서는 담화적인 것으로 바꿔어야 하는가를 웅변적으로 실증하고 있는 것이라고 볼 수가 있는데, 그 이유는 이들의 의미나 진리치는 이들이 일정한 문맥이나 상황 안에 들어가 있을 때만 파악될 수 있기 때문이다. 예컨대 「It seems to be a little windy.(약간 바람이 부는 것 같다.)」라는 반어문은 이것이 거센 폭풍이 불어오는 상황 하에서 쓰였을 때만 반어문이 될 수 있는 것이기에, 그것만을 하나의 추출된 문장으로서 독립적으로 분석한다는 것은 무의미한 일이 되고 만다.(Attardo, 2009, p.447)

그런데 다행히도 최근에 이르러 형식 의미론은 조금씩 정적 의미론적인 것에서 동적 의미론이나 담화 의미론적인 것으로 양태를 바꾸어가고 있다. 간단히 말해서 형식의미론자들은 한 문장의 의미는 으레 문맥이나 상황이라는 변항과 화자의 의도나 심리라는 변항에 의해서 크게 바뀐다는 것을 깨닫게 된 것인데, 따지고 보자면 이들로 하여금 이런 각성의 가치를 그 어느 것보다도 확실하게 확인할 수 있게 하는 경우가 바로 반어문과 같은 수사문을 분석하는 경우이다. 물론 「The heart of France is under attack.」이라는 은유문도 일정한 담화나 텍스트의 일부로 분석했을 때만 그것의 수사적 가치가 제대로 드러난다. 이런 의미에서 볼 때 의미론과 수사학 간의 관계를 재정립하기 위해서도 정적인 의미론은 동적인 의미론이나 담화적 의미론으로 발전되는 것이 바람직한 일이다.

두 번째로 앞으로 의미론이 통사론과 어떻게 통합될 수 있겠는가의 문제를 살펴볼 것 같으면, 단도직입적으로 말해서 이 과제는 의미론과 수사학 간의 관계를 정립하는 과제보다 훨씬 더 어려운 일임이 확실한데, 그 이유는 이런 생각은 궁극적으로 언어연구가 시작된 이래 오늘날까지 세워진 문법이나 통사론 중심의 견고한 학풍을 바꾸겠다는 의지의 표명이기 때문이다. 거기에다가 현재로서는 학문적 능력이나 업적으로 보아서 의미론이 통사론보다 적지 않게 뒤져있기까지 하다. 따라서 이런 역사적 및 현실적 불리점을 극복할 수 있는 것은 오직 언어는 원래 의미적 표현체이기에, 통사론은 의미론 내에 포함되는 것이 마땅한 일이라는 일종의 반전통적 언어관뿐이다.

그런데 이런 노력에 무엇보다도 더 큰 힘이 될 수 있는 것은 지금까지 몇 가지 주목할 만한 선례들이 있었다는 사실이다. 물론 그들은 모두가 일종의 시도에 불과한 것들이어서, 어떻게 보자면 이 일의 불가능성만을 보여준 것들이라고 볼 수도 있다. 그러나 그들로써 이 일의 당위성은 충분히 실증되었다고 볼 수가 있다. 이런 선례 중 첫 번째 것은 14세기에 프랑스에서 사변문법 운동의 일환으로 등장한 Thomas의 양태문법이다. 물론 기본적으로는 이것도 전통문법의 모체격인 라틴어 문법을 모형으로해서 만들어졌다. 그렇지만 문법체계는 존재 양태와 이해 양태, 상징양태 등의 세 가지 하위체계로 이루어졌다는 발상법은 분명히 참신한 것이었다. 특히 놀라운 일은 이해양태라는 의미나 사고체계가 중간에서 상징양태라는 언어체계와 존재양태라는 현실세계를 연결하는 교량 역할을 한다고 봄으로써, 결과적으로는 의미론과 통사론의 통합의 필요성을 보여주었다는 사실이다.

그중 두 번째 것은 1970년대에 Chomsky의 생성변형주의적 통사론의 대안으로 제안된 Montague 문법이다. Montague는 우선 아무리 Chomsky의 통사론이 논리주의나 형식주의적 기준으로 훌륭한 문법이론이라고 한들, 그것은 의미문제를 제대로 다루고 있지 않다는 결정적 결점을 지니고 있다고 보았다. 그 다음으로 그는 그 당시에 최선의 의미분석의 모형을 모색하던 언어철학과 철학적 논리학이라는 두 분야 모두에서 자연언어는 논리체계처럼 완전한 것은 못된다고 전제한 것도 잘못이라고 생각했다. 그래서 Janssen(2009)의 말을 그대로 빌리자면「자연언어와 논리적 언어 간에는 중요한 차이가 없다.」는 구호 아래 이들 세 가지 분야의 학리를 하나로 묶을 수 있는 새로운 의미이론을 Montague가 제안하게 된 것이다. (Janssen, 2009, p.565)

그러나 그의 의미이론의 진짜 가치는 그것이 보통 Montague 의미론이 아니라 Montague 문법으로 불리는 사실이 익히 말해주고 있듯이, 통사론을 의미론 내에 포함시켰다는 점이다. 예컨대 그는 합성성의 원리에 따라서 문장의 파생적 수형도를 설정하게 되면 굳이 문장의 통사적 구조를 밝히는 통사적 수형도나 문장을 생성하는 데 필요한 변형 규칙 등을 문법체계에 포함시킬 필요가 없게 된다고 보았다. 그리고 그는 자기 이론의 우월성을 실증하기 위해서 통사론에서 제대로 해결하지 못하던 문제들을 영어의 경우를 가지고서 해결해 보기도 했다. 그런 문제가 바로 양화사를 위시하여 함언, 중의성 등에 관한 것들이었다. 그는 놀랍게도 자기 의미론을 보편문법으로 보기까지 했다. 물론 그의 의미론은 그 후 상황과 화자의 심리 등의 요소를 제대로 개입시키지 않았다는 문제점이 드러나기도 했지만, 오늘날까지도 가장 강력한 의미이론으로서의 그것의 위상에는 아무 이상이 없다. 다만 아쉬운 것은 누구도 그의 야망대로 그의 의미이론을 통합적 문법이론으로는 보지 않는다는 점이다.

그중 세 번째 것은 20세기 후반에 Halliday에 의해서 제안되었던 기능문법이다. 원래 기능주의란 구조주의가 한참 번창할 때 그것에 대한 하나의 안티테제로서 생겨났던 언어사상인데, 그는 그것을 기반으로 해서 기능문법이나 체계문법이라는 자기 나름의 의미중심적 문법을 만들어내게 된 것이다. 그의 문법의 특징을 단적으로 설명해주고 있는 것은 바로 「기능문법 개설(An Itroduction to Functional Grammar)」이라는 그의 책(1994)의 소개부에 나와 있는 「그에 반하여 기능문법에서는 그 방향은 뒤집혀져 있다. 언어는 의미들이 실현될 수 있는 형식을 수반한, 일종의 의미체계로 해석된다.」라는 말이다. 여기에서의 「그 방향」이란 물론 그동안까지의 통사론 중심의 언어연구의 대세를 말한다.(Halliday, 1994, p.XIV)

그의 책의 내용을 살펴보게 되면, 영문법에 대한 전체적인 구도나 설명법이 그동안의 문법이나 통사론적인 것과는 크게 다르다는 것을 당장 알 수가 있다. 예컨대 여기에서는 언어의 기본단위를 문장이 아니라 절로 보고서, 그것의 기능에는 크게 하나의 전언체로서의 것과 대화 시의 교환으로서의 것, 경험을 표현하는 표현체로서의 것 등의 세 가지가 있다고 보았으며, 따라서 전통 문법에서 주어로 간주되던 것이 여기에서는 절의 세 가지 기능에 따라서 각각 주제와 주어, 동작주 등으로 불리게 되었다. 이런 기준에 의하자면 똑같은 「I」도 「I caught the first ball.(나는 첫 번째 공을 잡았다.)」에서는 주제와 주어, 동작주 등의 세 가지 기능을 수행하고 있는데 반하여, 「I was beaten by the second.(나는 두 번째 사람에 의하여 구타당했다.)」에서는 주제와 동작주의 두 기능만을 수행하고 나머지 동작주의 기능은 「두 번째 사람」이 수행하며, 「The third I stopped.(세 번째 것을 나는 붙잡았다.)」에서는 주어와 동작주의 기능을 수행하고 나머지 주제의 기능은 「세 번째 것」이 수행하고 있으며, 「By the fourth I was knocked out.(네 번째 사람에 의해서 나는 녹아웃이 되었다.)」에서는 오직 주어의 기능만을 수행하고, 나머지 주제와 동작주의 기능은 「네 번째 사람」이 수행하고 있었다.(Ibid, p.34)

여기에서는 또한 절이 수행하는 역할을 어군이나 구 복합체 등도 수행하게 된다는 사실을 중요시하고서 이른바 연어나 복합어의 종류나 생성 절차에 대해서 많은 설명을 하고 있다. 그리고 수사학적 원리를 십분 원용한 나머지 절의 기능은 병렬법이나 종위법에 따른 확대된 형태로서도 익히 수행될 수 있다는 사실을 강조하고 있다. 더 나아가서 여기에서는 종전까지는 문법의 영역 밖에 있는 것으로 여겨졌던 문제들, 예컨대 텍스트의 구조와 은유의 형태 등에 관한 문제들도 집중적으로 논의하고 있다. 이들에 관한 발상법들, 즉 텍스트의 구조는 구조적인 차원과 응집성의 차원에서 분석될 수 있다는 발상법이나, 은유는 문법적 은유와 상념적 은유로 대별될 수 있다는 발상법은 모두 다 특이한 것들이다.(Ibid, pp.334~341)

그의 문법이 지향하는 바는 이처럼 자못 이상적이고 독창적인 것임에도, 결론적으로 말해서 이것을 통사론과 의미론을 하나로 묶은 일종의 통합문법으로 볼 수는 없는데, 그 이유로는 크게 두 가지를 잡을 수가 있다. 첫 번째로 이것에는 문법 전체의 윤곽만 있을 뿐, 언어적 표현법에 대한 구체적인 원리나 규칙들은 밝혀져 있지 않다. 언어적 표현법의 제일 큰 특징은 정밀성이나 정교성인데 이 문법에서는 아직 정교하거나 세부적인 사항까지는 다루고 있지 못하다. 두 번째로 이것에서는 어휘적 의미의 문제를 논의 밖의 것으로 보고 있는데, 이것은 의미적 표현의 최소단위는 어휘라는 의미론의 기본원리에 어긋나는 일이다. 예컨대 그는 (2002) 최근에 나온 「문법론(On Grammar)」에서 「의미론은 어휘문법(통사론)으로 실현되고, 어휘 문법은 다시 음운론으로 실현된다.」라는 말을 하면서도 어휘적 의미에 대한 충분한 논의는 하지 않고 있다.(Halliday, 2002, p.197)

6.3 전망

언어가 아무리 정교한 문접적 조직을 가지고 있다고 한들, 그것은 결국에 언어는 으레 의사소통의 수단으로 쓰이고 있다는 사실보다 더 중요한 사실은 될 수가 없을 텐데, 그렇다면 누구라도 일단 의사소통은 서로 간에 일정한 정보나 의미를 교환하는 행위라는 것을 상기하는 것만으로써 의미론의 전망은 다른 어느 분야의 그것보다 밝다는 결론에 이르게 될 것이다. 여기에서의 의미론의 전망이 밝다는 말은 물론 결코 가까운 장래에 언어적 의미 현상의 전모가 드러나게 되거나, 아니면 그것을 설명할 수 있는 원리나 이론이 발견될 수 있을 것을 뜻하는 것은 아니다. 그 말이 의미하는 바는 오히려 의미론의 당위성과 중요성이 확인된 이상, 의미론자들의 그것을 연구하려는 의욕과 노력은 앞으로 더 증가될 것이라는 것이다.

지금까지의 이것의 발단 수준도 이것의 앞날을 이렇게 낙관적으로 보게 하는 데 별로 모자람이 없다. 그동안의 의미론의 연구 업적은 우리로 하여금 크게 다음과 같은 세 가지 사실을 알게 했는데, 그중 첫 번째 것은 의미론은 기본적으로는 통사론과 성격이 크게 다른 학문이고, 궁극적으로는 그것보다 고차원적인 학문이라는 사실이다. 진리조건적 의미론에서는 의미론을 통사론과 대등한 위치에 갖다 놓는 일에 온갖 노력을 다 쏟았는지 몰라도 문장의 의미는 문맥이나 상황에서 나온다는 사실이 알려지면서, 그것은 결국에 통사론의 수준을 넘어서야 할 학문이라는 사실이 분명해진 것이다. 통사론은 언어능력에 관한 학문인 데 반하여 의미론은 언어사용에 관한 학문이기에 이들은 대등한 수준의 학문일 수 없는 것이다.

그중 두 번째 것은 언어사용의 능력은 결국에 추리력으로 귀착된다는 사실이다. 아무리 문장의 의미가 문법과 문맥의 짝에 의해서 표출된다고 하여도 만약에 화자나 청자에게 그것을 포착하고 해석하는 능력, 즉 인지적 추리력이 없다면 그것은 이미 죽은 문장이나 다름이 없게 된다. 물론 넓은 의미에서의 추리력에는 화자로서는 자기의 의도나 태도를 문장의 의미 내에 내포시키는 능력이고, 청자로서는 화자의 의도나 태도를 읽어내는 능력도 포함된다. 이런 의미에서 볼 때, 언어적 의미를 다루는 능력과 일반적 인지능력은 언제나 일정한 상보적인 관계를 유지하고 있다고 볼 수가 있다.

그중 세 번째 것은 의미적 단위나 체계에는 보편적인 면도 있고 개별적인 면도 있다는 사실이다. 우선 지금까지 찾아낸 의미적 원리나 이론들은 모두가 어느 언어에서나 적용될 수 있는 것들이다. 이런 보편성은 물론 개별어휘나 어군의 차원에서뿐만 아니라 문장이나 담화의 차원에서도 익히 드러나 있다. 그러나 각 언어의 어휘조직이나 의미적 표현양식에는 저마다의 개별적 특색도 적지 않게 드러나 있다. 언어마다 흔히 말하는 관용적 표현들을 많이 쓰고 있다는 사실이 이 점을 잘 실증하고 있다. 그런데 관용적 표현들은 으레 그 언어사회의 문화적 특성을 그대로 반영한 문화적 표현들이다. 그러니까 의미적 개별성은 곧 문화성을 의미하는 것이 된다. 보편성과 개별성은 인간의 본성의 두 기본적인 면이다. 이런 의미에서 볼 것 같으면 의미론이야말로 인간의 본성을 구명할 수 있는 최선의 학문이라 할 수가 있다.

일찍이 Saussure의 구조주의적 언어관을 계승하여 언리학이라는 새로운 언어이론과 언어연구법을 창안했던 Hjelmslev(1943)는 그것의 요지를 소개한 「언어이론 서설(Prolegomena to a Theory of Language)」이란 책의 끝부분에서 「언어연구의 궁극적 목표는 보편성과 인간성을 구명」하는 것이라고 말했었는데, 따지고 보자면 이런 목적을 달성하기에 적절한 학문은 통사론이 아니라 의미론인지도 모른다. 그 이유는 의미론에서는 으레 인간의 정신이나 인지작용에 관한 모든 것을 다루게 되어 있기 때문이다. 아무튼 여기에서 우리에게 무엇보다 중요한 것은 이상과 같은 세 가지 사실들은 하나 같이 의미론의 장래는 낙관적이라는 사실을 익히 뒷받침하고 있다는 점일 것이다.

■ 참고문헌

Abbott, B., 2010, *Pragmatics*, In Malmkjar, K.(ed), The Routledge Linguistic Encyclopedia, N.Y.: Routledge.

Aitchison, J., 1987, *Words in the Mind: An Introduction to the Mental Lexicon*, MA: Blackwell Publishing.

Akman, V., 2009, *Situation Semantics*, In Allan, K.(ed), Concise Encyclopedia of Semantics, N.Y.: Elsevier.

Allan, K., 1992, *Semantics: An Overview*, In Bright, W.(ed), International Encyclopedia of Linguistics, Oxford: Oxford Univ. Press.

____, 1994, *Indirect Speech Acts: Inferring Illocutionary Point*, In Asher, R.(ed), The Encyclopedia of Language and Linguistics vol.3, Oxford: Pergamon Press.

____(ed), 2009, *Concise Encyclopedia of Semantics*, N.Y.: Elsevier.

Andrews, A., 1988, *Lexical Structure*, In Newmeyer, F.(ed), Linguistics: The Cambridge Survey I. Linguistic Theory: Foundations, Cambridge: Cambridge Univ. Press.

Ariel, M., 2009, *Accessibility Theory*, In Allan, K.(ed), Concise Encyclopedia of Semantics, N.Y.: Elsevier.

Attardo, S., 2009, *Irony*, In Allan, K.(ed), Concise Encyclopedia of Semantics, N.Y.: Elsevier.

Austin, L., 1962, *How to Do Things with Words*, Oxford: Oxford Univ. Press.

Ayto, J., 2006, *Idioms*, In Brown. K.(ed), Encyclopedia of Language and Linguistics vol.5, N.Y.: Elsevier.

Bach, K., 1994, *Conversational Implicature*, Mind & Language No.9.

Barker, S., 2009, *Intention and Semantics*, In Allan, K.(ed), Concise Encyclopedia of Semantics, N.Y.: Elsevier.

Bauer, L., 1983, *English Word-formation*, London: Combridge Univ. Press.

Bezuidenhout, A., 2006, *Semantics-Pragmatics Boundary*, In Allan, K.(ed),

Concise Encyclopedia of Semantics, N.Y.: Elsevier.
Bierwisch, M., 1983, *Formal and Lexical Semantics*, Linguistische Studien 114.
____ and Long, E.(eds), 1989, *Dimensional Adjectives: Grammatical Structure and Conceptual Interpretation*, Berlin: Spriger.
____ and Schreuder, R., 1992, *From Concepts To Lexical Items*, Cognition 42.
Blackmore, D., 1988, *The Organization of Discourse*, In Newmayer, F.(ed), Linguistics: The Cambridge Survey IV, Cambridge: Cambridge Univ. Press.
Borg, E., 2009, *Pragmatic Determinants of What is Said*, In Allan, K.(ed), Encyclopedia of Semantics, N.Y. Elsevier.
Bourquin, R., 2010, *Port-Royal Grammar*, In Malakjar, K.(ed), The Routledge Linguistics Encyclopedia, N.Y.: Routledge.
Breal, M., 1897, *Essai de Sémantique: Science de Significations*, Paris: Hachette.
Caffi, C., 2009, *Pragmatic Presupposition*, In Allan, K.(ed), Concise Encyclopedia of Semantics, N.Y.: Elsevier.
Callaghan, G. and Lavers, G., 2006, *Logic and Language*, In Allan, K.(ed), Concise Encyclopedia of Semantics, N.Y.: Elsevier.
Carston, R., 2006, *Modularity*, In Brown, K.(ed), Encyclopedia of Language and Linguistics vol.8, N.Y.: Elsevier.
Chierchia, G., 2009, *Formal Semantics*, In Allan, K.(ed), Concise Encyclopedia of Semantics, N.Y.: Elsevier.
Chomsky, N., 1962, *Syntactic Structures*, The Hague, Mouton & Co. Printers.
____, 1965, *Aspects of the Theory of Syntax*, Cambridge. Mass: The MIT Press.
____, 1966, *Cartesian Linguistics*, N.Y.: Harper & Row, Publishers.
____, 1980, *Rules and Representation*, Oxford: Basil Black Blackwell.
____, 1993, *A Minimalist Program for Linguistic Theory*, In Hale, K. and Keyser, S.(eds), The view from Building 20: Essay in Linguistics in honor of Sylvian Bromberger, Cambridge, Mass: MIT Press.

____, 1995, *The Minimalist program*, Cambridge, Mass: MIT Press.
____, 2002, *On Nature and Language*, Cambridge: Cambridge Univ Press.
Cooper, R., 1983, *Quantification and Syntactic Theory*, Dordrecht: Reidel.
Cornish, F., 2009, *Discourse anaphora*, In Allan, K.(ed), Concise Encyclopedia of Semantics, N.Y.: Elsevier
Coulson, S., 2006, *Metaphor and Conceptual Blending*, In Brown, K.(ed), Encyclopedia of Language and Linguistics vol.8, N.Y.: Elsevier.
Cowie, A., 1994, *Phraseology*, In Asher. K.(ed), The Encyclopedia of Language and Linguistics vol.6, N.Y.: Pergamon Press.
____, 2009, *Semantics*, Oxford: Oxford Univ. Press.
Cresswell, M., 1992, *Truth-Conditional and Model-Theoretic Semantics*, In Bright, K.(ed), International Encyclopedia of Linguistics vol.3, Oxford: Oxford Univ. Press.
Cruse, D., 1986, *Lexical Semantics*, Cambridge: Cambridge Univ. Press.
Dobrovolskij, D., 2006, *Idiom Dictionaries*, In Brown. K.(ed), Encyclopedia of Language and Linguistics vol.5, N.Y.: Elsevier
Eaker, E., 2009, *Thought and Language*, In Allan, K.(ed), Concise Encyclopedia of Semantics, N.Y: Elsevier.
Eijck, J., 1994(a), *Formal Semantics*, In Asher, R.(ed), The Encyclopedia of Language and Linguistics vol.3, N.Y: Pergamon Press.
____, 1994(b), *Quantifiers*, In Asher, R.(ed), The Encyclopedia of Language and Linguistics vol.6, N.Y.: Pergamon Press.
____, 2009, *Discourse Representation Theory*, In Allan, K.(ed), Concise Encyclopedia of Semantics, N.Y.: Elsevier.
Elbourne, P., 2011, *Meaning: A Slim Guide to Semantics*, Oxford: Oxford Univ. Press.
Enc, M., 1988, *The Syntax-Semantics Interface*, In Newmeyer, F.(ed), Linguistics: The Cambridge Survey vol.1, Cambridge: Cambridge Univ. Press.
Evans, V., 2009, *Evolution of Semantics*, In Allan K.(ed), Concise Encyclopedia of Semantics, N.Y.: Elsevier.
Fauconnier, G., 1994, *Mental Spaces: Aspects of Meaning Construction in*

Natural Language, Cambridge: Cambridge Univ. Press.

____, and Turner, M., 1998, *Conceptual Integration Networks*, Cognitive Science 22.

Fellbaum, C., 2009, *WordNet(s)*, In Allan, K.(ed), Concise Encyclopedia of Semantics, N.Y.: Elsevier.

Fodor, J., 1983, *The Modularity of Mind*, Cambridge MA, MIT Press.

Fortis, J., 2006, Jackendoff, Ray S., In Brown, K.(ed), Encyclopedia of Language and Linguistics vol.6, N.Y.: Elsevier.

Geeraerts, D., 1994(a), *Laws of Semantic Change*, In Asher, R.(ed), The Encyclopedia of Language and Linguistics vol.7, Oxford: Pergamon Press.

____, 1994(b), *Componential Analysis*, In Asher, R.(ed), The Encyclopedia of Language and Linguistics vol.2, N.Y.: Pergamon Press.

____, 2010, *Theories of Lexical Semantics*, Oxford: Oxford Univ Press.

Gernsbacher, M., 1990, *Language Comprehension as Structure Building*, Hillsdale, N.J.: Lawrence Erlbaum Associates.

____, and Kaschak, M., 2006, *Discourse Processing*, In Brown, K(ed), Encyclopedia of Language and Linguistics vol.3, N.Y.: Elsevier.

Goddad, G., 2009, *Natural Semantic Metalanguage*, In Allan, K.(ed), Concise Encyclopedia of Semantics, N.Y.: Elsevier.

Graesser, A., Millis, K., and Zwaan, R., 1997, *Discourse Comprehension*, Annual Review of Psychology 48.

Grice, H., 1975, *Logic and Conversation*, In Cole, P. and Morgan, J.(eds), Syntax and Semantics vol.Ⅲ Speech Acts, N.Y.: Academic Press.

____, 1989, *Studies in the Way of Words*, Cambridge: Harvard Univ. Press.

Groenendijk, J. and Stokhog. M., 1999, *Dynamic Montague Grammar*, In Kalman, L. and Polos, L.(eds), Papers from the Second Symposium on Logic and Language, Budapest: Akademiai Kiado.

____, 2009, *Dynamic of Semantics*, In Allan, K.(ed), Concise Encyclopedia of Semantics, N.Y.: Elsevier.

Guttenplan, S., 1994, *Logic: Historical Review*, In Asher, R.(ed), The Encyclopedia of Language and Linguistics vol.4, Oxford: Pergamon

Press.
Halliday, MAK., 1994, *An introduction to Functional Grammar* (2nd Ed), London: Edward Arnold.
____, 2002, *On Grammar*, London. Continuum.
Hasan, P., 1970, *Syntax and Semantics*, In Morton, J.(ed), Biological and Social Factors in Psycolinguistics, Urbana, Chicago: Univ of Illinois Press.
Hjelmslev, L., 1943, *Prolegomena to Theory of Language* (Trans by F. Whitefield, 1961), Madison, Wisc: Univ of Wisconsin Press.
Hopper, P. and Traugott, E., 1993, *Grammaticalization*, Cambridge: Cambridge Univ. Press.
Horn, L., 1988, *Pragmatic Theory*, In Newmeyer, F.(ed), Linguistics: The Cambridge Survey vol.1, Cambridge: Cambridge Univ. Press.
Huang, Y., 2006, *Speech Acts*, In Brown, K.(ed), Encyclopedia of Language and Linguistics vol. 11, N.Y.: Elsevier.
Hunter, D., 2006, *Communication, Understanding, and Interpretation: Philosophical Aspects*, In Brown, K.(ed), Encyclopedia of Language and Linguistics vol.2, N.Y.: Elsevier
Hymes, D., 1962, *The Ethnography of Speaking*, In Anthropology and Human Behavior, Washington D.C.: Anthropological Society of Washington.
Jackendoff. R., 1983, *Semantics and Cognition*, Cambridge, MA. MIT Press.
____, 2002, *Foundations of Language : Brain, Meaning, Grammar, Evolution*, Oxford: Oxford Univ. Press.
Janssen, T., 1994, *Montague Grammar*, In Asher, R.(ed), The Encyclopedia of Language and Linguistics vol.5, N.Y.: Pergamon Press.
____, 2006, *Montague Semantics*, In Brown, K.(ed), Encyclopedia of Language and Linguistics, vol.8, N.Y: Elsevier.
____, 2009, *Montague Semantics*, In Allan, K.(ed), Concise Encyclopedia of Semantics, N.Y: Elsevier.
Jespersen, O., 1949, *A Modern English Grammar on Historical Principles* vol.7, London : Geoepe Allan & Unwin.
Jun, J., 2009, *Lexical Conceptual Semantics*, In Allan, K.(ed), Concise

Encyclopedia of Semantics, N.Y: Elsevier.

Kamp, H. and Reyle, U., 1990, *From Discourse to Logic: An Introduction to the Model Theoretic Semantics of Natural Language, Formal Logic, and Discourse Representation Theory*, Dordrecht: Kluwer.

Katz, J. and Fodor, J., 1963, *The Structure of a Semantic Theory*, Language vol.39.

Katz, J., 1966, *The Philosophy of Language*, N.Y.: Harper & Row.

____, 1967, *Recent Issues in Semantic Theory*, Foundations of Language 3.

Keenan, E., 2006, *Quantifiers: Semantics*, In Brown, K.(ed), Encyclopedia of Language and Linguistics vol.10, N.Y.: Elsevier.

Kehler, A., 2002, *Coherence, Reference, and the Theory of Grammar*, Palo Alto, Calif: CSLI.

Kempson, R., 1988, *Grammar and Conversational Principles*, In Newmeyer, F.(ed), Linguistics: The Cambridge survey vol.Ⅱ. Cambridge: Cambridge Univ. Press.

Kintsch, W., 1986, *The Role of Knowledge in Discourse Comprehension: A Construction-Integration Model*, Psychological Review 95.

Koeing. J., 2009, Syntax-Semantics Interface, In Allan. K.(ed), Concise Encyclopedia of Semantics, N.Y: Elsevier.

Koopman., H. and Sportiche, D., 1982, *Variables and the Bijection Principle*, TLR 2.

Koskela, A. and Murphy, M., 2009, Polysemy and Homonymy, In Allan. K.(ed), Concise Encyclopedia of Semantics, N.Y: Elsevier.

Koyama, W., 2009, *Pragmatics and Semantics*, In Allan, K.(ed). Concise Encyclopedia of Semantics, N.Y: Elsevier.

Kruisinga, E., 1932, *A Handbook of Present-Day English* vol.4, Groningen: Noordhoff.

Ladusaw. W., 1988, *Semantic Theory*, In Newneyer, F.(ed), Linguistics: The Cambridge survey vol.1, Cambridge: Cambridge Univ. Press.

Lakoff, G., 1987, *Women, Fire, and Dangerous Things: What Categories Reveal about the Mind*, Chicago: Univ. of Chicago Press.

Lakoff, R., 1973, *The Logic of Politeness: or Minding Your p's and g's*, Papers

from the 9th Regional Meeting of the Chicago Linguistic Society 8.
Langacker, R., 2006, *Cognitive Grammar*, In Brown, K.(ed), Encyclopedia of Language and Linguistics vol.2, N.Y: Elsevier.
Lasnik, H., 2006, *Minimalisrn*, In Brown, K.(ed), Encyclopedia of Language and Linguistics vol.8, N.Y: Elsevier.
Leech, G., 1974, *Semantics*, London: Penguin.
____, 1983, *Principles of Pragmatics*, London: Longman.
Levinson, S., 1983, *Pragmatics*, Cambridge: Cambridge Univ. Press.
____, 1995, *Three Levels of Meaning*, In Palmer, F.(ed), Grammer and Meaning. Cambridge: Cambridge Univ. Press.
Lindblom, K., 2009, *Cooperative Principle*, In Allan, K.(ed), Concise Encyclopedia of Semantics, N.Y Elsevier.
Malmkjar, K., 2010, *Speech Act Theory*, In Malmkjar, K.(ed.), The Routledge Linguistic Encyclopedia, N.Y: Routledge.
Marcu, D., 2006, *Discourse Parsing, Automatic*, In Brown, K.(ed), Encyclopedia of Language and Linguistics vol.3, N.Y. Elsevier.
Margolis, E. and Laurence, S., 2009, *Concepts*, In Allan, K.(ed), Concise Encyclopedia of Semantics, N.Y: Elsevier.
Mautner, T.(ed.), 2005, *The Penguin Dictionary of Philosophy*, Penguin Books.
May, R., 1977, *The Grammar of Quantification*, Unpublished Ph. D. Dissertation, MIT. Press.
McCawley, J., 1968, *Lexical Insertion in a Transformational Grammar without Deep Structure*, In CLS 4.
Meibauer, J., 2009. *Implicature*, In Allan, K.(ed), Concise Encyclopedia of Semantics, N.Y; Elsevier.
Mey, J., 1994, *Pragmatics*, In Asher, R.(ed), The Encyclopedia of Language and Linguistics vol.6, Oxford: Pergamon Press.
Miskovie-Lukovic, M., 2006, *Wierzbicka, Anna*, In Brown, K.(ed), Encyclopedia of Language and Linguistics vol.13, N.Y.: Elsevier.
Mittwoch, A., 1994, *Discourse Anaphora*, In Asher, R.(ed), The Encyclopedia of Language and Linguistics vol.2, N.Y: Pergamon Press.
Montague, R., 1970, *Universal Grammar*, Theoria 36.

____, 1973, *The Proper Treatment of Quantification in Ordinary English*, In Hintikka, K., Moravcsik, J., Suppes, P.(eds), Approaches to Natural Language, Synthese Library 49, Reidel, Dordrecht.

Morris, C., 1938, *Foundations of the Theory of Signs*, Chicago: Univ. of Chicago Press.

Muelen, A., 1988, *Linguistics and the Philosophy of Language*, In Newmeyer, F.(ed.), Linguistics: The Cambridge Survey vol.1, Cambridge: Cambridge Univ. Press.

Muskens, R., 1995, *Combining Montague Semantics and Discourse Representation*, Linguistics and Philosophy 19.

Myers, J. and O'Brien. E., 1998, *Accessing the Discourse Representation during Reading*, Discourse Processes 26.

Nerlich, B., 2006, *Metonymy*, In Brown, K.(ed), Encyclopedia of Language and Linguistics vol.8, N.Y: Elsevier.

Newmeyer, F., 2010, *Generative Semantics*, In Malmkjer, K.(ed), The Routledge Linguistic Encyclopedia, N.Y.: Routledge Taylor & Francis Group.

Norrick, N., 2003, *Discourse and Semantics*, In Schiffrin, D., Tannen, D. and Hamilton, E.(eds), The Handbook of Discourse Analysis, MA, Malden: Blackwell Publishing.

O'Brien, E. and Abrecht, J., 1992, *Comprehension Strategies in the Development of a Mental Model*, Journal of Experimental Psychology: Learning, Memory, and Cognition 18.

Ogden, C. and Richards, I., 1923, The Meaning of Meaning, Cambridge, Cambridge Univ. Press, 김봉주(역), 1986, 『의미의 의미』, 서울: 한신문화사.

Partee, B., 2006, *Montague, Richard(1931~1971)*, In Brown, K.(ed), Encyclopedia of Language and Linguistics vol 8, N.Y: Elsevier.

Pater, W. and Swiggers, P., 2006, *Frege, Gottlob*, In Brown, K.(ed), Encyclopedia of Language and Linguistic vol 4, N.Y: Pergamon Press.

Philipsen, G., 1994, *Ethnography of Speaking*, In Brown, K.(ed), Encyclopedia of Language and Linguistic vol.4, N.Y: Pergamon Press.

Poutsma, H., 1926, *A Grammar of Late Modern English* vol.5, Groningen: Noordhoff.

Prince, E., 1988, *Discourse Analysis: A Part of the Study of Linguistic Competence*, In Newmeyer, F.(ed), Linguistics: The Cambridge Survey. Ⅱ. Cambridge: Cambridge Univ. Press.

Pustejovsky, J. and Boguraev, B.(ed), 1996, *Lexical Semantics: The Problem of Polysemy*, Oxford: Clarendon Press.

Pustejovsky, J., 1996, *The Generative Lexicon*, Cambridge, Mass: MIT Press.

____, 2006, *Lexical Semantics: Overview*, In Brown, K.(ed), Encyclopedia of Language and Linguistics vol.7, N.Y: Elsevier.

____, 2009, *Generative Lexicon*, In Allan, K.(ed), Concise Encyclopedia of Semantics, N.Y.: Elsevier.

Ramsay, A., 2009(a), *Natural Language Understanding, Automatic*, In Allan, K.(ed), Concise Encyclopedia of Semantics, N.Y: Elsevier.

____, 2009(b), *Speech Acts and AI Planning Theory*, In Allan, K.(ed), Concise Encyclopedia of Semantics, N.Y: Elsevier.

Read, S., 1994, *Entailment*, In Asher, R.(ed), The Encyclopedia of Language and Linguistics vol.3, N:Y: Pergamon Press.

Rigotti, E. and Greco, S., 2006, *Communication: Semiotic Approaches*, In Brown, K.(ed), Encyclopedia of Language and Linguistics vol.2, N.Y: Elsevier.

Robins, R., 1988, *Appendix: History of Linguistics*, In Newmeyer, F.(ed), Linguistics: The Cambridge Survey vol. I, Linguistic Theory: Foundations, Cambridge : Cambridge Univ. Press.

Ross, J., 1967, *Constraints on Variables in Syntax*, Doctoral Dissertation, MIT.

Schlenker, P., 2010, *Semantics*, In Malmkjar, K.(ed), The Routledge Linguistic Encyclopedia, N.Y.: Routledge.

Searle, J., 1975(a), *A Taxonomy of Speech Acts*, In Gunderson, K.(ed), Minesota Studies in the Philosophy of Science 9: Language, mind and knowledge.

____, 1975(b), *Indirect Speech Acts*, In Cole, P. and Morgan, J.(eds), Syntax and Semantics 3: Speech acts, N.Y.: Academic Press.

Seuren, P., 1994(a), *Presupposition*, In Asher. R.(ed), The Encyclopedia of Language and Linguistics vol.6, N.Y: Pergamon Press.

____, 1994(b), *Discourse Domain*, In Asher, R.(ed), The Encyclopedia of Language and Linguistics vol.2, N.Y.: Pergamon Press.

____, 2009(a), *Aristotle and Linguistics*, In Allan, K.(ed), Concise Encyclopedia of Semantics, N.Y.: Elsevier.

____, 2009(b), *Discourse Semantics*, In Allan, K.(ed), Concise Encyclopedia of Semantics, N.Y. Elsevier.

____, 2009(c), *Donkey Sentences*, In Allan, K.(ed), Concise Encyclopedia of Semantics, N.Y; Elsevier.

Sperber, D. and Wilson, D., 1981, *Irony and the Use-mention Distiction*, In Cole, P.(ed), Radical Pragmatics, N.Y.: Academic Press.

____, 1986, *Relevance: Communication and Cognition* (2nd ed, 1995), Oxford: Blackwell.

Stalnaker, R., 1974, *Pragmatic Presuppositions*, In Munitz, M. and Unger. P.(eds), Semantics and Philosophy, N.Y.: New York Univ. Press.

Steedmon, M., 1994, *Categorial Grammar*, In Asher, R.(ed), The Encyclopedia of Language and Linguistics vol.2, N.Y.: Pergamon Press.

Steen, G., 2006, *Metaphor: Stylistic Approaches*, In Brown, K.(ed), Encyclopedia of Language and Linguistics vol.8, N.Y.: Elsevier.

Stern, G., 1931, *Meaning and Change of Meaning*, Elanders Boktrycker, Aktiebolag, Gothenburg.

Sullivan, A., 2006, *Reference: Philosophical Theories*. In Allan, K.(ed), Concise Encyclopedia of Semantics. N.Y.: Elsevier.

Sutton, J., 2005, *Memory*, In Borchert, D.(ed.), Encyclopedia of Philosophy. vol.6, N.Y.: Thomson, Gale.

Talmy, L., 2000, 2003, *Towards a Cognitive Semantics* vol.1, 2, Cambridge, MA: MIT Press.

Taylor, J., 2006, *Cognitive Semantics*, In Brown, K.(ed), Encyclopedia of Language and Linguistics vol.2, N.Y.: Elsevier.

Tomasello, M., 1999, *Cultural Origins of Human Cognition*, Cambridge, MA: Harvard Univ. Press.

Traugott, E. and Dasher, R., 2002, *Regularity in Semantic Change*, Cambridge: Cambridge Univ. Press.

Traugott, E., 2006, *Semantic Change: Bleaching, Strengthening, Narrowing, Extension*, In Brown, K.(ed), Encyclopedia of Language and Linguistics vol.11, N.Y.: Elsevier.

Ullman, S., 1962, *Semantics: An Introduction to the Science of Meaning*, Oxford: Basil Blackwell.

Warner, A., 1994, *Generalized Phrase Structure Grammar*, In Asher, R.(ed), The Encyclopedia of Language and Linguistics vol.3, N.Y.: Pergamon Press.

Wierzbika, A., 1996, *Semantics: Primes and Universals*. Oxford: Oxford Univ. Press.

Wilkins, J., 1668, *Essay towards A Real Character and A Philosophical Language*, London: Royal society Reprinted, Menston, England: Scolar Press, 1968.

Yus, F., 2006, *Relevance Theory*, In Brown, K.(ed), Encyclopedia of Language and Linguistics vol.10, N.Y.: Elsevier.

Zwaan, R., Langston, M. and Graesser, A., 1995, *The Construction of Situation Models in Narrative Comprehension: An Event-indexing Model*, Psychological science 6.

『Donga's Prime English-Korean Dictionary』, 2008, 서울: 두산동아.

『민중 엣센스 국어사전』, 2001, 제 5판, 서울: 민중서림.

田中. 春美(편), 1988, 『現代言語学辞典』, 東京: 成美堂.

原口. 中村(편저), 강명윤(역), 1998, 『촘스키 언어학 사전』, 서울: 한신문화사.